G. Bennett · Seeschlachten im 2. Weltkrieg

Geoffrey Bennett

Seeschlachten im 2. Weltkrieg

Übersetzt, bearbeitet und mit einem Nachwort von R. K. Lochner

40 Abbildungen, 24 Karten und 48 Tabellen

wehr & wissen

Das Foto des Schutzumschlages zeigt den Untergang des britischen Zerstörers *Glowworm* am 8. April 1940.

Titel der engl. Originalausgabe
NAVAL BATTLES OF WORLD WAR II
(Verlag B. T. Batsford, London & Sydney, 1975)

Bildnachweis: Imperial War Museum, London (15), R. K. Lochner, Hamburg (11), U. S. Navy Department, Washington (8), Geoffrey Bennett, London (2), National Maritime Museum, Greenwich (1), Press Association, London (1).

Die Karten zeichnete M. Hackner, Ingolstadt

Umfang: 356 Seiten und 16 Bildseiten

Lithos: Repro GmbH, Landshut
Satz, Druck und Bindung: Mohndruck Graph. Betriebe GmbH, Gütersloh
Printed in Germany
ISBN 3-8033-0311-7

Inhalt

Verzeichnis der Kartendarstellungen

Danksagung

Für lesende Mithilfe am Manuskript dieses Buches und für wertvollen Rat bin ich Folgenden zu großem Dank verpflichtet: Admiral Arleigh Burke, USN, Dr. J. E. de Courcy Ireland, Captain W. R. Lapper, RN, Captain Donald Macintyre, RN, Douglas H. Robinson, MD, und Captain Stephen Roskill, RN. Sie haben mir wesentlich geholfen, Fehler in der Tatsachenberichterstattung, Interpretation und Beurteilung zu vermeiden. Für alle verbleibenden Mängel des Buches und alle Meinungen, mit denen sich der Leser nicht einverstanden erklären kann, bleibe ich natürlich allein verantwortlich.

Folgenden Verfassern, Verlagen usw. habe ich für die Erlaubnis zu danken, aus den wie folgt angegebenen Werken zitieren zu dürfen: *War Memoirs* von Admiral of the Fleet Sir Algernon Willis (unveröffentlicht); *The Two-Ocean War* von Samuel Eliot Morison (Little, Brown & Co., Boston, Mass.); *Wings of the Morning* von Ian Cameron (David Higham Associates und Holder & Stoughton, London); *Everyman's History of the Sea War* von A. C. Hardy (Nicholson & Watson, London); *Enemy in Sight* von Esmond Knight, in: *Tales of the Fighting Navy* (William Blackwood & Sons, London); *The Bismarck Episode* von Captain Russel Grenfell (David Higham Associated und Faber & Faber, London); *The Second Word War* von Winston S. Churchill (Cassell & Co., London, und Houghton Mifflin Co., Boston, Mass.); *The Sinking of the Scharnhorst* von R. B. Ramsden, in: *Sea Tales from ›Blackwood‹* (William Blackwood & Sons, London); *A Sailor's Odyssey* von Admiral of the Fleet Viscount Cunningham of Hyndhope (Hutchinson & Co., London), mit Erlaubnis des Verwalters des Nachlasses des Autors; *Battle of Matapan* von S. W. Pack und *Battle of the Atlantic* von Donald Macintyre (beide B. T. Batsford, London).

Die ungeheure Menge der nun verfügbar gewordenen Aktenaufzeichnungen aus dem Zweiten Weltkrieg und die Anzahl der während der letzten 30 Jahre (nicht nur auf Englisch, sondern auch auf Deutsch, Französisch, Italienisch und Japanisch) über diesen Seekrieg erschienen Bücher ist so groß, daß eine umfassende Bibliographie einen Band für sich selbst erfordern würde; die Erstellung einer Auswahl-Bibliographie allein würde eine kaum zu bewältigende Aufgabe bedeuten. Deshalb wurde für dieses Buch keines von beidem versucht. Vier Werke müssen hier jedoch unbedingt erwähnt werden: *The War at Sea 1939–45* von Captain S. W. Roskill, DSC, RN, vier Bände, HM Stationery Office, London; *History of the United States Naval Operations in World War II* von Samuel Eliot Morison, fünfzehn Bände, Little, Brown und Co., New York; *Chronik des Seekriegs 1939–45* von J. Rohwer und G. Hümmelchen, sowie *Verdammte See* von Cajus Bekker, beide Gerhard Stalling Verlag, Oldenburg und Hamburg.

Geoffrey Bennett

Vorwort von Admiral Arleigh Burke, USN

Seine brillante Führung des amerikanischen Zerstörergeschwaders 23 während des Feldzugs gegen die Salomonen 1942–43 brachte ihm den Spitznamen »31 Knoten-Burke« ein; während der zweiten Phase des pazifischen Krieges war er Chef des Stabes des Befehlshabers der Task Force 58. Vierzig Dienstjahre bei der United States Navy konnte er 1955–1961 mit dem Amt als Chief of Naval Operations krönen.

Geoffrey Bennett

Dieses Buch dürfte für alle von größtem Wert sein, die sich für die Kriegsführung zur See interessieren, ebenso wie für alle, die in Vergangenheit, Gegenwart oder Zukunft Stellungen hoher Verantwortung hatten und haben. Für die Teilnehmer an den beschriebenen Seegefechten bringt es viele erregende und berührende Erinnerungen.

Dieses Buch ist auch deshalb wichtig, weil es mit Einsicht in die Notwendigkeit maritimer Operationen geschrieben wurde, wie man sie nur durch eigene Erfahrungen im Kampfgeschehen erlangen kann. Captain Bennetts lange Dienstjahre in der Royal Navy gaben ihm die Grundlagen, auf welchen er die Ursachen für Erfolge und Fehlschläge in dem von ihm beschriebenen Geschehen richtig bewerten konnte.

Die Elemente, die jede Marine zur Erfüllung ihrer Aufgaben braucht, hat er klar herausgearbeitet. Ein Schiff zu bauen dauert Jahre. Dann aber muß es mehrere Jahrzehnte nützlich in Dienst bleiben können. Eine unzweckmäßige Konzeption und ungeeignete Konstruktion eines Waffensystems können nur zu leicht zu Fehlschlägen im Kampfeinsatz führen, zum Verlust einer Schlacht, ja eines ganzen Krieges.

An Hand der von ihm dargestellten Beispiele zeigt Geoffrey Bennett die Notwendigkeit für die schlagkräftige Organisation jeder Marine, mit der die richtigen Verfahrensroutinen im Frieden so intensiv eingeführt werden können, so daß sie im Kriege automatisch und erfolgreich funktionieren.

Er hat auch den Wert der Informationen von Nachrichtendiensten und der Feindaufklärung nachgewiesen, ebenso wie die Notwendigkeit einer schnellen und genauen Analyse der nur spärlich verfügbaren Informationen, aber auch die Bedeutung schnellster Weitergabe an die Befehlshaber, die aufgrund der Informationen handeln können. Er beschreibt die traurigen, ja katastrophalen Folgen, die sich nur zu häufig einstellen, wenn Informationen von den Befehlshabern auf See falsch interpretiert oder ihnen gar vorenthalten werden. Er zeigt die absolute Notwendigkeit für Professionalismus in der gesamten Marine, wenn sie im Krieg ihre Aufgaben leistungsstark erfüllen soll. Dazu gehören Wissen, Erfahrung und Geschick auf allen Rangstufen, von oben bis unten, vom Oberbefehlshaber bis zum letzten Munitionsmann. Jeder einzelne Mann muß seine Aufgabe genauestens kennen, ebenso wie die Funktionen aller derjenigen, die ihm zuarbeiten oder denen er zuarbeitet. Jedem muß genau bekannt sein, was sein Schiff oder seine Einheit zu leisten vermag. Jeder muß sich darauf verlassen können, daß alle, auch bei schwerster Belastung, inmitten der Ausfälle während des Kampfes, ihre Aufgabe voll erfüllen.

Noch wichtiger aber ist, daß der Verfasser die ungeheure Bedeutung der Funktionen der Kommandeure und Befehlshaber herausgearbeitet hat. Er verzeichnet den hohen Grad an Professionalismus, Fähigkeiten, Wissen, physischem Durchstehvermögen und vielen anderen Qualitäten, die von den Männern aller Marinen gefordert werden müssen, damit sie der schweren Aufgabe des erfolgreichen Bestehens von Seegefechten gerecht werden können. In diesem Buch zeigt der Verfasser, wie der Ausgang so vieler der beschriebenen Schlachten und Gefechte ganz wesentlich von der Persönlichkeit und den Fähigkeiten der Kommandeure entschieden wurde. Allen, die je eine Schlacht gegen größte Widrigkeiten gewonnen haben, ist eine grundlegende Eigenschaft gemeinsam: Sie alle hatten die Fähigkeit selbst unter schwersten Belastungen die richtige Entscheidung zu treffen. Sie alle kannten die Bedeutung der Faktoren Zeit und Überraschung. Sie alle wußten, wann sie zu handeln hatten: zumeist sofort. Sie alle besaßen auch die Fähigkeit, Vorzüge und Grenzen der eigenen Streitkräfte genau zu bewerten und verlangten – und erhielten – vollen Einsatz. Vor allem aber hatten sie alle Mut, Kühnheit, Stehvermögen, das Vertrauen der Mitstreiter und Untergebenen – und ein bißchen Glück.

Zur See sollten weder Furchtsame noch Tollkühne gehen.

Arleigh Burke, Admiral, USN

Vorbemerkungen

Sofern nicht ausdrücklich anders angegeben, schließt in diesem Buch jede Bezugnahme auf Großbritannien (d. h. die eigentlichen britischen Inseln), auf die britische Marine oder die Royal Navy auch die früheren britischen Dominien und deren Marinen mit ein. Diese literarische Vereinfachung soll dabei in keiner Weise den Beitrag der Dominien zum Sieg der Sache der Alliierten verkleinern.

Die Bezeichnung »Kreuzer« umfaßt, sofern nicht ausdrücklich anders angegeben, »Panzerkreuzer«, »Schwere Kreuzer«, »Leichte Kreuzer«, »Kleine Kreuzer« usw.
Die Bezeichnung »Zerstörer« umfaßt auch Flottillenführer und Torpedoboote.
Zur Erleichterung der Vergleiche der Artillerie- und Torpedobewaffnung in den Tabellen wurden die Angaben des Buches in metrische Maßeinheiten umgerechnet. Die Umrechnung erfolgten mit Abrundungen.
Die Zeitangabe erfolgte in G. M. T. = Greenwich Meantime.
Die den einzelnen Flotten in Teil I zugeordnete Anzahl Zerstörer und U-Boote und die für die Zeit des Zweiten Weltkriegs angegebenen Verluste beruhen auf den zuverlässigsten Quellen.
Unterschiede zwischen den technischen Angaben für einzelne Schiffe in Teil I und Teil II sind zumeist die Folge von Modernisierung, Umbau und Veränderungen der Bewaffnung.
Folgende Unterschiede in der Bezeichnung erfordern eine Anmerkung: Während des Zweiten Weltkriegs war die britische Marine in geographisch organisierte Flotten (Fleets) unterteilt. Ihre Kreuzer und größeren Schiffe waren normalerweise in Geschwader (Squadrons) gegliedert, Zerstörer und noch kleinere Fahrzeuge in Flottillen (Flotillas), die ihrerseits in Divisionen (Divisions) untergliedert waren. Die für bestimmte Operationen benötigten Schiffe und Einheiten aller Kategorien wurden in mit Buchstaben bezeichneten Kampfgruppen (Forces) zusammengefaßt (z. B. Force H in Gibraltar).
Andere Marinen waren ähnlich organisiert, ausgenommen die USA. Die ebenfalls geographisch gegliederten amerikanischen Flotten wurden auch numeriert, Kreuzer und größere Einheiten in Divisionen (Divisions) gegliedert, Zerstörer und kleinere Fahrzeuge in Geschwader (Squadrons), die ihrerseits in Divisionen (Divisions) untergliedert waren. Die für bestimmte Operationen benötigten Schiffe und Einheiten aller Kategorien wurden in numerierte »Task Forces« mit der Untergliederung in »Task Groups« untergliedert, wobei die Letzteren aus »Task Units« bestanden.
Zitate aus zeitgenössischen Berichten und anderen Quellen wurden aus Platzgründen ohne Bezeichnung der Auslassung durch Punkte abgekürzt und, wo erforderlich, leicht redigiert, ohne solche Zitate durch eine übermäßige Anzahl von Klammern zu entstellen.
Die Anmerkungen erscheinen kapitelweise geordnet am Schluß des Buches.

Teil I: Die Szene wird bereitet

1. Montevideo

»Geschichte ist Unsinn«, urteilte Henry Ford. Winston Churchill war anderer Ansicht: »Geschichte ist unsere einzige sichere Anleitung für die Zukunft, sie – und Vorstellungskraft«.
Tatsächlich bewahrt ja die Geschichte die menschliche Erfahrung aller Zeitalter: Auf keinem Gebiet ist diese These gültiger als für den Krieg. Beweise für die Richtigkeit dieser Ansicht gab es bereits im ersten der zahlreichen Seegefechte des Zweiten Weltkriegs mehr als genug.
Die Admirale Graf von Spee und Franz von Hipper hatten ihrem Land im Ersten Weltkrieg mit Erfolg gedient: Der eine vernichtete ein britisches Geschwader vor Coronel an der chilenischen Küste im November 1914, der andere war in der Schlacht vor dem Skagerrak am 31. Mai 1916 nahe daran, alle Schlachtkreuzer Beattys auf den Grund des Meeres zu schicken. Deutschland gab den Namen des ersteren einem Panzerschiff; den Namen des zweiten erhielt ein Schwerer Kreuzer. Chef des Stabes von Admiral Hipper an jenem 31. Mai 1916 war Korvettenkapitän Erich Raeder. Der Waffenstillstand im November 1918 erzwang vom Deutschen Reich die Auslieferung aller U-Boote und die Internierung des größten Teils der Überwasserflotte. Sie wurde von den eigenen Besatzungen im Juni 1919 in Scapa Flow versenkt. Der Vertrag von Versailles beließ Deutschland eine Mini-Marine von 15 000 Offizieren und Männern. Zu diesen gehörte Raeder. Er hatte besondere Veranlassung, die Gründe der Niederlage seines Landes genau zu erforschen. Die Ursachen für den Fehlschlag des deutschen Versuches, durch den Bau einer Dreadnought-Flotte Großbritannien den Dreizack zu entwinden, war ihm nur zu klar geworden; das gleiche galt auch für den Beinahe-Erfolg des uneingeschränkten deutschen U-Bootkrieges. Dann aber erhielt Raeder den Auftrag zur Bearbeitung der beiden Bände über den Kreuzerkrieg im Rahmen des deutschen Admiralstabswerks »Der Krieg zur See«, dem amtlichen deutschen Geschichtswerk über den Seekrieg im Ersten Weltkrieg. Nun begann er die Erfolge beim Einsatz der zu Beginn der Feindseligkeiten in Übersee stehenden Überwasserschiffe voll zu würdigen: Etwa die Bedrohung, die der Kleine Kreuzer *Emden* für den britischen Handel im Indischen Ozean ausüben konnte oder die vielen Anstrengungen der Alliierten durch Aufbietung zahlreicher Großkampfschiffe und Kreuzer, um die Vernichtung des deutschen Ostasien-Kreuzergeschwaders unter Admiral Graf Spee herbeizuführen. Dies waren Lehren, die Raeder nicht vergessen sollte, als er 1929 an die Spitze seines Berufsstandes trat.
Als Befehlshaber der Reichsmarine erbte Admiral Raeder die von der deutschen Marine erarbeitete Lösung des Problems der Konstruktion

nützlicher Ersatzbauten für die alten Vor-Dreadnoughts im Rahmen der Tonnagebegrenzung auf 10 000 Tonnen gemäß dem Versailler Vertrag. Das erste Panzerschiff, im Ausland als »Westentaschen-Schlachtschiff« apostrophiert, war gerade in Kiel auf Stapel gelegt worden. Nach Fertigstellung als *Deutschland* mit sechs 28-cm-Geschützen und einer Geschwindigkeit von 26 Knoten sollte dieses Schiff artilleristisch stärker sein als alle vorhandenen Kreuzer und schneller als jedes Großkampfschiff der Welt, mit Ausnahme (damals) von vier britischen und vier japanischen Schlachtkreuzern. (Erst nach Fertigstellung des Schiffes im Jahre 1933 wurde klar, daß dieses Konstruktionsziel nur durch die Überschreitung der Tonnagebeschränkungen um mehr als 2 000 Tonnen erzielt worden war. Zu diesem Zeitpunkt waren jedoch infolge anderer und wichtiger Ereignisse alle Proteste der Siegermächte schon vergeblich). Der Dieselantrieb verlieh diesem Schiffstyp einen Aktionsradius von rund 9 000 Seemeilen bei einer ökonomischen Fahrtgeschwindigkeit von 19 Knoten. Daher trat auch ihre hervorragende Einsatzmöglichkeit für die ozeanische Handelskriegführung klar zutage. Die deutsche Kriegsmarine bestellte zwei Schwesterschiffe. Sie wurden nach dem Flottenchef vor dem Skagerrak und dem Sieger von Coronel benannt (*Admiral Scheer* und *Admiral Graf Spee*).
Raeder hätte wohl weitere Schiffe des Typs bestellen wollen. Die Machtergreifung durch Hitler im Jahre 1933, die bald folgende Außerkrafterklärung des Versailler Vertrages durch Deutschland und der Abschluß eines bilateralen Flottenabkommens mit Großbritannien im Jahre 1935 ermöglichten es Deutschland jedoch, bis zu 35 Prozent der Überwassertonnage Großbritanniens zu bauen und seine Unterwasserflotte auf gleiche Stärke mit der britischen zu bringen. Die deutsche Kriegsmarine gab daraufhin zwei Schlachtschiffe von 32 000 Tonnen, zwei Schlachtschiffe von 41 700 Tonnen und acht mit 20,3-cm-Geschützen bestückte Schwere Kreuzer in Auftrag. Alle Einheiten wiesen Fahrstrecken auf, wie sie für eine ozeanische Kriegführung erforderlich waren. Die Inauftraggabe dieser Einheiten erfolgte noch vor der Aufkündigung des deutsch-englischen Flottenvertrages im Jahre 1939, welche die deutsche Kriegsmarine in die Lage versetzte, nun auch den Bau einer größeren und ausgewogenen Flotte von bis zu 13 Schlachtschiffen, vier Flugzeugträgern und 33 Kreuzern sowie 250 U-Booten zu denken (Plan Z).
Nur wenige der im Z-Plan vorgesehenen Überwasserschiffe sollten jemals fertiggestellt werden. Die Folgen des deutschen Einmarsches in Böhmen und Mähren im Frühjahr 1939 zwangen Raeder, sich für einen baldigen Krieg mit Frankreich und Großbritannien vorzubereiten. Gegen die 23 Großkampfschiffe, acht Flugzeugträger und mehr als 80 Kreuzer dieser beiden Mächte konnte Deutschland bei Kriegsausbruch nur zwei Schlachtschiffe, drei Panzerschiffe und acht Kreuzer stellen. Ferner waren 57 U-Boote in Dienst, kaum genug, um jeweils ein Dutzend U-Boote in See zu halten. Deshalb sollte nach den Operationsanweisungen

der Kriegsmarine vom Mai 1939 im Kriegsfall der größere Teil der Flotte in der Nordsee und in der Ostsee stehen, gleichzeitig aber der feindliche Überseehandel angegriffen werden, und zwar nicht nur durch U-Boote im Seegebiet um die britischen Inseln, sondern auch durch in den Weiten der Ozeane agierenden Panzerschiffe.
Als Großadmiral Raeder von den Zeitvorstellungen Hitlers über den beabsichtigten Blitzkrieg gegen Polen erfuhr, entsandte er erste Einheiten auf Wartestellungen, die als günstige Ausgangspositionen im Kriegsfall galten. Am 21. August 1939 verließ das Panzerschiff *Admiral Graf Spee* Wilhelmshaven unter dem Befehl von Kapitän zur See H. Langsdorff. Die *Deutschland* folgte drei Tage später. Die Schiffe hielten sich dicht unter der norwegischen Küste und holten weit nach Norden aus. Unter Ausnutzung von unsichtigem Wetter und der Dunkelheit konnten sie die Faröer umrunden, ohne von der britischen Home Fleet oder dem Coastal Command der Royal Air Force entdeckt zu werden. Als Whitehall und der Quai d'Orsay am 3. September 1939 den Krieg erklärten, stand die *Deutschland* mit ihrem Versorger bereits weit südlich von Grönland, während *Admiral Graf Spee* mit dem Versorger *Altmark* westlich der Kapverdischen Inseln Kurs auf den Südatlantik nahm.
Hitler hoffte nach seinem Blitzsieg über Polen einen Verhandlungsfrieden mit Frankreich und Großbritannien herbeiführen zu können. Deswegen war den beiden Einheiten zunächst befohlen worden, sich aller Feindseligkeiten zu enthalten. Erst am 26. September wurden sie zur »Störung und Vernichtung des feindlichen Handels mit allen Mitteln, vor allem durch plötzliches Auftauchen in weit auseinanderliegenden Seegebieten« angesetzt. Für Raeders Pläne waren die glücklosen Operationen der *Deutschland* eher eine Belastung. Nach Vernichtung eines britischen Frachters am 5. Oktober beschlagnahmte die *Deutschland* den amerikanischen Frachter *City of Flint* und versenkte am 14. Oktober den norwegischen Frachter *Lorenz W. Hansen*. Unter den nur drei Opfern einer Kreuzfahrt von vielen Wochen waren also zwei neutrale Dampfer. Die *Deutschland* erhielt den Rückruf.
Anders verlief der Kreuzerkrieg der *Admiral Graf Spee*. Er begann mit der Versenkung des britischen Dampfers *Clement* vor Pernambuco am 30. September. Fünf Tage später brachte Kapitän zur See Hans Langsdorff den Dampfer *Newton Beech* auf der Route vom Kap nach Großbritannien auf. Am 7. Oktober versenkte er den Dampfer *Ashlea*, 24 Stunden später den Dampfer *Huntsman* in den gleichen Gewässern. Nach Ölergänzung aus der *Altmark* stieß *Admiral Graf Spee* erneut gegen die Dampferwege vom Kap der Guten Hoffnung nach Großbritannien vor und versenkte am 22. Oktober den Dampfer *Trevanion*. Der Funker dieses Schiffes war der erste, der seit dem Angriff auf die *Clement* einen Raider-Alarm funken konnte. Dies zwang Langsdorff, sein Jagdgebiet zu verlegen. Er führte sein Schiff in den Indischen Ozean, aber 10 Tage Kreuzen auf der Dampferroute nach Australien brachten keine Beute.

Deshalb lief Langsdorff nach Norden in die Straße von Mozambique. Dort konnte er am 15. November den Dampfer *Africa Shell* fassen und versenken. Am nächsten Tag sichtete er die holländische *Mapia,* deren Neutralität er jedoch achtete. Unter der Annahme, es sei genug des Guten in diesem Seegebiet, lief er nun zurück auf die für einen weiteren Versorgungstreff vorgesehene Position im Südatlantik.
Dort schrieb er am 23. November 1939 die ahnungsvollen Worte:

> *Admiral Graf Spee* hat nunmehr über 30 000 Seemeilen zurückgelegt. Die Schädigung und Störung der feindlichen Schiffahrt wird so lange wie möglich durchgehalten, um eine größtmögliche Anzahl von Feindstreitkräften zu binden. Die Maschinenanlage erfordert jedoch eigentlich eine Werftüberholung. Unsere Handelskriegsführung nähert sich ihrem Ende. Es braucht daher nicht in gleichem Maße wie bisher auf die Möglichkeit Rücksicht genommen werden, daß das Schiff Treffer erhält. Wenn *Admiral Graf Spee* auf Gefechtsentfernung herankommt, kann damit gerechnet werden, daß die starke Artillerie des Panzerschiffs jeden zu erwartenden Gegner, mit Ausnahme der *Renown,* zumindest so beschädigen wird, daß er als Fühlungshalter ausfällt. *Admiral Graf Spee* wird daher nach Beendigung der Maschinenüberholung (mit Bordmitteln) bis etwa 6. Dezember wieder auf der Kaproute operieren und dort Handelskrieg führen. Abhängig vom Verhalten der Maschinenanlage erfolgt dann Rückmarsch oder Operation gegen den La Plata.

Langsdorff ließ alle Offiziere der versenkten Dampfer an Bord der *Altmark* bringen, gab dieser die Anweisung, nach der späteren Entlassung einen neutralen Hafen anzulaufen, und nahm wieder Kurs auf die afrikanische Küste, wo er am 2. Dezember den Dampfer *Doric Star* versenkte, der aber noch eine Warnung funken konnte. Nachdem er so ein Hornissennest aufgescheucht hatte, steuerte Langsdorff westlichen Kurs und fand als nächstes Opfer den Dampfer *Tairoa.* Drei Tage später bunkerte die *Admiral Graf Spee* zum letzten Mal aus *Altmark.* Am 7. Dezember versenkte sie den Dampfer *Streonshalh.* Nach zehn Wochen Kreuzerkrieg betrug damit die Beute insgesamt neun Handelsschiffe mit etwas über 50 000 Tonnen. Es gereicht Langsdorff zur Ehre, daß dabei nicht ein einziges Menschenleben zu beklagen war. Die Schiffspapiere der *Streonshalh* zeigten ihm, daß die vom La Plata auslaufenden alliierten Handelsschiffe zunächst 300 Seemeilen nach Osten ausholten, bevor sie mit Nordkurs in Richtung Freetown steuerten. Als ihm Berlin funkte, daß am 10. Dezember vier britische Handelsschiffe aus Montevideo auslaufen würden, setzte Langsdorff Kurs dorthin ab.
Am nächsten Tag fiel bei der Rückkehr von einem Aufklärungsflug durch technisches Versagen ein Zylinder an dem einzigen Aufklärungsflugzeug des Schiffes aus. Da die Ersatzteilvorräte der *Admiral Graf Spee* erschöpft waren, konnte das Flugzeug am 13. Dezember nicht katapul-

tiert werden. Es hätte Langsdorff vor dem warnen können, was er nun selbst sehen mußte, als dieser Morgen klar und wolkenlos anbrach. Er hatte als sicher angenommen, daß die britischen Kreuzer in südamerikanischen Gewässern einzeln patrouillierten. Statt dessen »erschienen etwa um 05.52 Uhr Steuerbord voraus zunächst zwei, dann vier dünne Masten. Um 06.00 Uhr war von den Aufbauten des rechten Schiffes genug zu sehen, um es als HMS *Exeter* anzusprechen. Um 06.10 Uhr wurden zwei kleinere Schiffe als HMS *Ajax* und HMNZS *Achilles* ausgemacht.«
Der britische Erste Seelord und Chef des Marinestabes, Admiral Sir Dudley Pound, wie Großadmiral Raeder Veteran der Skagerrakschlacht, und Commodore Henry Harwood, Befehlshaber der Südamerika-Division der Royal Navy, waren geschichtlich interessierte Männer. Beide wußten, daß »nichts unseren Seehandel so sicher und schnell lähmen würde als erfolgreiche Angriffe durch feindliche Überwasserstreitkräfte«. Als Pound und der französische Marineminister Admiral Jean François Darlan von der Versenkung der *Stonegate* und *Clement* erfuhren, wußten sie auch, daß im Atlantik mindestens zwei deutsche Handelsstörkreuzer operieren mußten. Deshalb wurden am 5. Oktober neun britische und französische Jagdgruppen aufgestellt, jede schnell genug, um ein Panzerschiff zu fassen, und artilleristisch stark genug, um es anzuschlagen, wenn nicht zu versenken. Wie von Großadmiral Raeder geplant, bedeutete dies die Bindung von nicht weniger als vier Schlachtschiffen, fünf Flugzeugträgern und 17 Kreuzern des Gegners, während vier weitere Schlachtschiffe und ebenso viele Kreuzer zur Sicherung der Nordatlantik-Konvois erforderlich waren. Angesichts der Notwendigkeit, eine starke Streitmacht auch in Scapa Flow zu unterhalten, um einen befürchteten Durchbruch der deutschen Schlachtschiffe und Kreuzer zu verhindern (*Scharnhorst* und *Gneisenau* hatten einen solchen Versuch schon im November 1939 unternommen, waren jedoch nach Wilhelmshaven zurückgekehrt, weil sie zwischen den Faroern und Island auf den Hilfskreuzer *Rawalpindi* gestoßen waren, den sie vernichtet hatten). Dieser zusätzliche Einsatz auf hoher See bedeutete daher eine schwere Last für die Flotten Frankreichs und Großbritanniens. Infolge der anfänglichen Unwilligkeit Italiens und Japans, ihren Achsenpartner Deutschland sofort zu unterstützen, ging jedoch für die Alliierten zunächst alles glatt. Mussolini wartete einen sicheren deutschen Sieg ab, bevor er seine Karten aufdekken wollte. Japan war in einen langen Krieg mit China verstrickt. So konnten Großbritannien und Frankreich ihre Flottenstreitkräfte aus dem Mittelmeer und dem Fernen Osten zur Verstärkung ihrer Geschwader im Atlantik und im Indischen Ozean gegen die deutschen Handelsstörer abziehen.
Eine der alliierten Kriegsschiffsgruppen, Force G, bestand aus dem mit 20,3-cm-Geschützen bestückten Schweren Kreuzern *Cumberland* und *Exeter,* sowie den mit 15,2-cm-armierten Leichten Kreuzern *Ajax* und *Achilles.*

Sie wurde von Commodore Harwood befehligt. Zur Einschließung der französischen Flotte in Toulon hatte auch Nelson alle seine Linienschiffe gebraucht. Zum Schutz des Stroms der Handelsschiffe über Gibraltar hinaus benötigte er dagegen nur drei mit je 32 Kanonen bestückte Fregatten. Hauptsorge auch Nelsons war damals ein einziges französisches Linienschiff, die in Cadiz liegende, mit 74 Kanonen bestückte *Aigle*.
Nelson gab daher seinem Captain John Gore folgende Anweisung: »Ihre Absicht, dieses Schiff anzugreifen, ist höchst lobenswert; ich glaube aber nicht, daß Ihre Kräfte dazu ausreichen«. Wie Hawke und Howe erachtete auch Nelson ein einziges »Linienschiff« als zu starken Gegner für ein ganzes Geschwader von »Kreuzern«. Dies blieb die anerkannte Lehrmeinung bis in das Dreadnought-Zeitalter. Als Konteradmiral Ernest Troubridge, Befehlshaber einer Gruppe von vier britischen Panzerkreuzern im Ersten Weltkrieg, vor einem Kriegsgericht unter die Anklage gestellt wurde, er habe im August 1914 durch sein Verschulden den deutschen Schlachtkreuzer *Goeben* im Mittelmeer entkommen lassen, statt ihn zum Gefecht zu stellen, befand das Kriegsgericht in seinem Spruch, »es sei gerechtfertigt gewesen, die *Goeben* als überlegene feindliche Streitmacht anzusehen und daher die Jagd aufzugeben«. Pound erinnerte sich nur zu gut an die mißlichen Befehle, welche die britische Admiralität vorher an den Vorgesetzten von Troubridge im Mittelmeer gegeben hatte. Sie hatten das Kriegsgericht gezwungen, diesen milden Spruch zu fällen. Deswegen waren die jetzt von Pound den Jagdgruppen erteilten Befehle ganz anderer Natur. Selbst die nur aus Kreuzern bestehenden Jagdgruppen sollten den Gegner »finden, festnageln, melden und schlagen«. Harwood jedenfalls war entschlossen, jenes Schuldmal nicht an sich zu heften, mit dem die Admiralität im Ersten Weltkrieg trotz ihres Freispruchs Admiral Troubridge für den Rest seiner Karriere gezeichnet hatte.
Mehr als zwei Monate lang patrouillierte das Kreuzergeschwader Harwoods an der Ostküste Südafrikas. Während dieser ganzen Zeit suchten die alliierten Jagdgruppen den Gegner vergeblich. Anfang Dezember stand Harwoods Flaggschiff, der Leichte Kreuzer *Ajax* (Captain C. H. Woodhouse) vor dem La Plata, der von Neuseeländern bemannte Leichte Kreuzer *Achilles* (Captain W. E. Parry) kreuzte vor Rio de Janeiro. Die Schweren Kreuzer *Cumberland* (Captain W. H. Fallowfield) und *Exeter* (Captain F. S. Bell) befanden sich in Port Stanley zum Schutz der Falklandinseln gegen einen feindlichen Angriff, mit dem der Gegner vielleicht die Niederlage des Grafen Spee im Jahre 1914 rächen wollte. Diese Dispositionen wurden sofort geändert, als Harwood die Funkwarnung des Dampfers *Doric Star* auffing. Er war jetzt davon überzeugt, daß *Admiral Graf Spee* bald den regen Dampferverkehr in seinem Suchgebiet angreifen würde. Er kalkulierte so: Langsdorff konnte Rio etwa am 12. Dezember, den La Plata am 13., die Falklandinseln am 14. Dezember erreichen. Er hielt die zweite Möglichkeit für am wahrscheinlichsten und

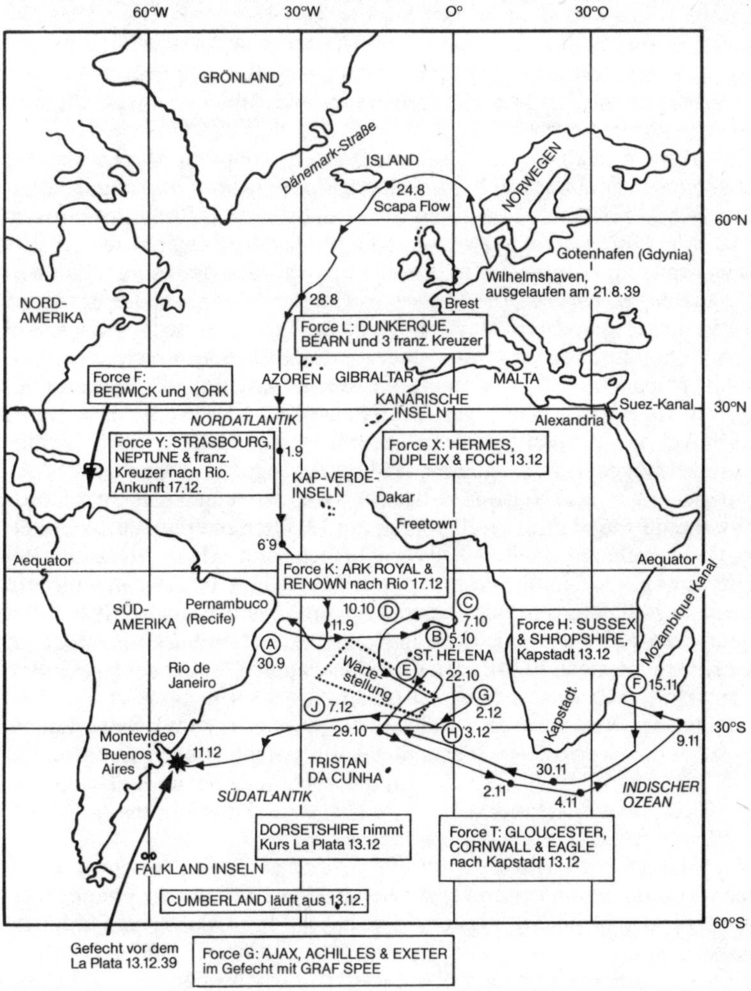

Die Kreuzfahrt der »Admiral Graf Spee«: 21. August bis 13. Dezember 1939. Legende: A: Dampfer »Clement« (5051 BRT) versenkt. B: Dampfer »Newton Beach« (4651 BRT) versenkt. C: Dampfer »Ashlea« (4222 BRT) versenkt. D: Dampfer »Huntsman« (8106 BRT) versenkt. E: Dampfer »Africa Shell« (706 BRT) versenkt. G: Dampfer »Doric Star« (10.086 BRT) versenkt. H: Dampfer »Tairoa« (7983 BRT) versenkt. J: Dampfer »Streonshalh« (3895 BRT) versenkt.

befahl *Exeter* und *Achilles,* sich mit der *Ajax* 150 Seemeilen östlich des La Plata am 12. Dezember um 07.00 Uhr zu vereinigen, während *Cumberland* inzwischen in Port Stanley eine erforderlich gewordene kurze Überholung mit Bordmitteln vornehmen und dabei die Falklandinseln schützen sollte.

Am Morgen nach ihrem Zusammentreffen dampften Harwoods drei Einheiten in Kiellinie mit dem mittleren Kurs von 060 Grad und der ökonomischen Fahrt von 14 Knoten zur Einsparung von Brennstoff. *Exeter* und *Ajax* führten zwar je zwei Bordflugzeuge mit; sie waren aber an diesem Tag nicht zu einer Luftpatrouille bei Anbruch der Morgendämmerung gestartet worden. Ein Augenzeuge an Bord der *Exeter* meinte dazu: »Ich fürchte, wir waren damals noch nicht sehr fliegereibewußt!« Andererseits mußte jedoch Harwood über die kurze Flugeinsatzzeit seiner Maschinen sparsam verfügen, denn die zweite Maschine der *Ajax* war bereits durch einen technischen Defekt ausgefallen. So sollte es sich erst nach Anbruch der Morgendämmerung erweisen, daß Harwoods Einfühlungsvermögen in die möglichen Gedankengänge seines Gegners ebenso treffsicher war, wie Nelsons Vorstellung von den möglichen Operationsabsichten Brueys' im Jahre 1798. Als am 13. Dezember um 06.14 Uhr eine Rauchwolke mit Peilung 320 Grad in Sicht kam, erhielt *Exeter* den Befehl, zur Untersuchung heranzugehen. Zwei Minuten später signalisierte Captain Bell: »Vermutlich Westentaschen-Schlachtschiff«. (Nach den deutschen Kriegstagebucheintragungen hatte *Admiral Graf Spee* den Gegner mindestens 20 Minuten vor seiner eigenen Entdeckung gesichtet. Langsdorff hätte also höchstwahrscheinlich noch unbemerkt ablaufen können, als er erkannte, mit welchen Gegnern er es zu tun hatte. Langsdorff glaubte jedoch, der Gegner müsse ihn gesichtet haben. Er entschloß sich zum Angriff, wohl auch aufgrund der schon vorher im KTB eingetragenen Lageeinschätzung, wonach »die Handelskriegführung der *Admiral Graf Spee* sich ihrem Ende nähere«.

Nach Langsdorffs Absichten mußte »*Admiral Graf Spee* beim Zusammenstoß mit einem Gegner dicht herangehen, um mit der überlegenen Artillerie den Gegner wenigstens so zu beschädigen, daß er als Fühlungshalter ausfiel».

Nun aber sah sich Kapitän z. S. Langsdorff nicht weniger als *drei* Verfolgern gegenüber. Er hätte abdrehen können und seine Angreifer möglichst lange mit seiner weiterreichenden 28-cm-Artillerie bekämpfen können, bevor sie ihn überholten, um die für ihre kleineren Kaliber erforderliche geringere Gefechtsentfernung zu erreichen. Im Dezember 1914 hatten jedoch in den gleichen Gewässern die britischen Schlachtkreuzer *Invincible* und *Inflexible* nicht weniger als 80 Prozent ihrer 30,5-cm-Munition verschießen müssen, um die deutschen Panzerkreuzer *Gneisenau* und *Scharnhorst* zu versenken. Durch Annäherung an den Gegner konnten die schweren Geschütze der *Admiral Graf Spee* schneller schwere Treffer erzielen, insbesondere auf Schiffen, die so leicht geschützt waren wie die

Tabelle 1: Die Teilnehmer am Gefecht vor dem La Plata am 13. 12. 1939

Schiff	Wasserverdrängung (Tons)	Geschwindigkeit (Knoten)	Geschützbewaffnung (cm)	Torpedorohre (cm)	Bord-Flugzeuge	Stärkste Panzerung (mm)
Admiral Graf Spee	12100	26	6 × 28 8 × 15,2	8 × 53,3	1 Schwimmer-Flugzeug	130
Exeter	8390	32	6 × 20,3	6 × 53,3	2 Aufklärungsflugboote	76
Ajax	6985	32	8 × 15,2	8 × 53,3	2 Aufklärungs-Schwimmer-Flugzeuge	105
Achilles	7030	32	8 × 15,2	8 × 53,3	–	105
(Cumberland)	9750	31	8 × 20,3	8 × 53,3	1 Aufklärungs-Schwimmer-Flugzeug	127

britischen Kreuzer, ohne zu viel der unersetzlichen schweren Munition zu verbrauchen. Um 06.00 Uhr ging Langsdorff daher auf volle Fahrt und änderte den Kurs auf die Gegner. Fünfzehn Minuten später, als die Gefechtsentfernung auf etwa 18000 m gesunken war, drehte er nach Backbord auf, um mit beiden schweren Türmen das Feuer auf *Exeter* zu eröffnen.

Harwood hatte es zwar mit einem stärker gepanzerten und armierten Gegner zu tun; er hatte jedoch andere ausgleichende Vorteile auf seiner Seite: Höhere Geschwindigkeit und die Möglichkeit, seine Streitmacht zu teilen, wodurch er den Gegner aus verschiedenen Richtungen mit einer viel größeren Anzahl, wenn schon leichterer Geschütze bekämpfen konnte, die sehr viel schneller schossen. Am 12. Dezember hatte er seinen

Kommandanten mitgeteilt: »Meine Operationsabsicht mit drei Kreuzern beim Treffen mit einem Panzerschiff: Sofort angreifen, bei Tag oder Nacht. Bei Tag ist in zwei Gruppen zu kämpfen, die Erste Division (*Ajax* und *Achilles*), zum anderen *Exeter,* weit auseinandergezogen, um eine Artilleriebeobachtung von den Flanken zu ermöglichen (d. h. die Trefferlage der jeweiligen Division von einer Flankenstellung her zu beobachten) und eine Flankenbedrohung des Gegners zu ermöglichen. Die Erste Division hat dabei die konzentrierte Feuerleitung«. Nach dieser voraufgegangenen Anweisung brauchte Captain Bell jetzt keine weiteren Befehle: Er lag schon jetzt auf einem von *Ajax* und *Achilles* weghaltenden Kurs und brauchte nur noch auf volle Geschwindigkeit zu gehen und *Exeter* auf Peilung 280 Grad zu bringen, um mit seinen drei Türmen um 06.20 Uhr, zwei Minuten nach dem deutschen Panzerschiff, das Feuer zu eröffnen. Inzwischen hatte Harwood für *Ajax* und *Achilles* äußerste Fahrt befohlen und war auf 340 Grad geschwenkt, um die Entfernung schnell zu verringern. Als diese um 06.21 Uhr auf ca. 17000 m gesunken war, eröffnete auch die Erste Division das Feuer. *Achilles* folgte den Bewegungen der *Ajax* mit drei bis bier Kabellängen Abstand.
Bereits die dritte Salve der *Admiral Graf Spee* lag zu beiden Seiten der *Exeter,* ein Nahschuß schlug in Mittschiffshöhe ein. Seine Splitter töteten die Bedienung des Steuerbordtorpedorohrsatzes und beschädigten beide Flugzeuge bevor sie katapultiert werden konnten; sie mußten der Brandgefahr wegen sofort über Bord geworfen werden. Damit war nur noch das Bordflugzeug der *Ajax* für Aufklärungsflüge verfügbar. Die Maschine war zwar schon um 06.37 Uhr erfolgreich katapultiert worden. Es verstrichen jedoch 15 Minuten, bevor eine Funkverbindung hergestellt werden konnte. *Exeter* konnte aus anderen Gründen ihre Flankenposition zur Beobachtung der Trefferlage der Ersten Division nicht einnehmen: Nachdem der Schwere Kreuzer acht Salven gefeuert und bereits einen Treffer erhalten hatte, der jedoch ohne zu detonieren das Deck durchschlug, erfolgte der erste direkte deutsche 28-cm-Treffer auf Turm ›B‹. Er setzte nicht nur diesen Turm außer Gefecht, sondern durchsiebte auch die Brücke mit Splittern, so daß die Brückenbesatzung bis auf zwei Mann getötet wurde und die gesamten Befehlsmittel im Ruderhaus ausfielen. Der im Gesicht verwundete Captain Bell mußte sein Schiff jetzt vom zweiten Leitstand hinter dem achteren Schornstein leiten; alle Befehle konnten von dort nur durch eine improvisierte Meldegängerkette zur achteren Steueranlage weitergegeben werden.
Während *Exeter* gleich auch noch zwei weitere schwere Treffer einstekken mußte, blieb auch der Gegner nicht unversehrt. Eine 20,3-cm-Granate der *Exeter* traf den Leitstand der *Admiral Graf Spee,* und um 06.30 Uhr setzte die Artillerie von *Ajax* und *Achilles* dem deutschen Panzerschiff so zu, daß sein Kommandant Zielwechsel für seine 28-cm-Artillerie befahl. Die beiden britischen Leichten Kreuzer wurden auch fast getroffen, steuerten jedoch mit Höchstfahrt wilde und unregelmäßige Zick-

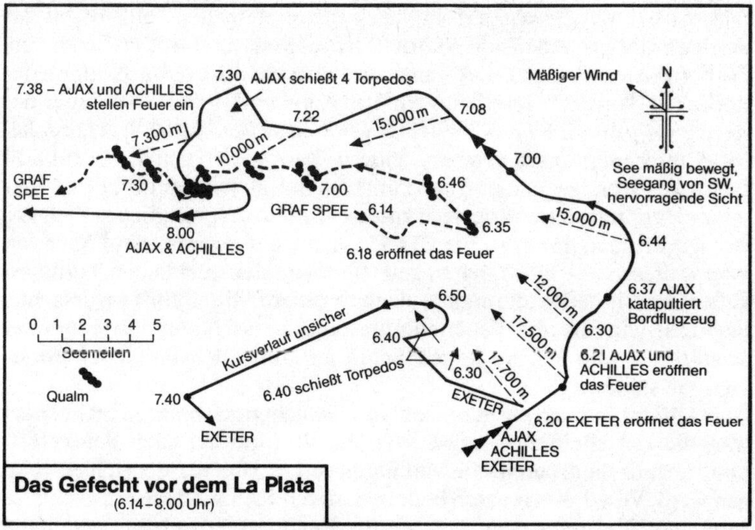

Das Gefecht vor dem La Plata
(6.14–8.00 Uhr)

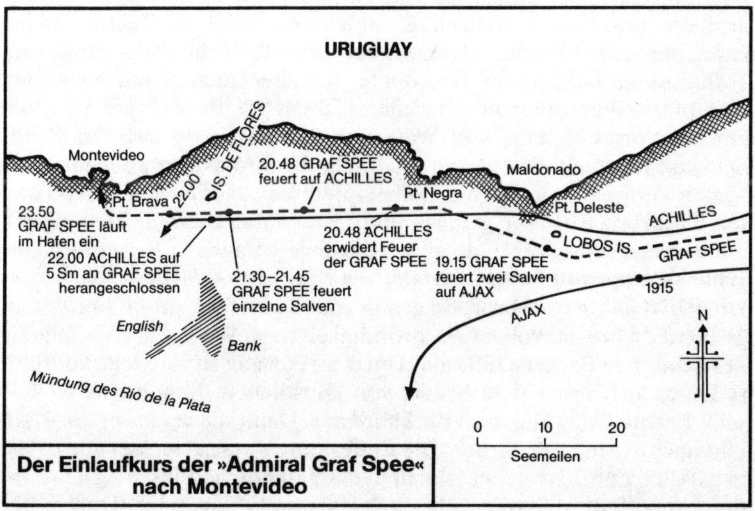

Der Einlaufkurs der »Admiral Graf Spee« nach Montevideo

zackkurse durch die Wasserfontänen und konnten allen Treffern, bis auf wenige Splitterschäden von Nahtreffern ausweichen. Captain Bell nutzte die kurze Atempause zum Abfeuern zunächst der Steuerbord-, dann der Backbord-Torpedorohre. Um den Torpedos und dem Schnellfeuer der Kreuzer *Ajax* und *Achilles* bei der inzwischen auf etwa 12000 m gesunkenen Entfernung auszuweichen, änderte Langsdorff den Kurs auf 150 Grad, weg vom Gegner, und ließ künstlichen Rauch erzeugen. Das Feuer seiner Hauptartillerie verlegte er zurück auf sein ursprüngliches Ziel. *Exeter* wurde nach ihrem zweiten Treffererfolg auf *Admiral Graf Spee* von zwei weiteren 28-cm-Granaten getroffen, von denen eine den Turm ›A‹ außer Gefecht setzte, die andere einen Brand im Mittelschiff verursachte. Dadurch wurden alle Feuerleitmittel und Kreiselkompaßwiederholer zerstört. Captain Bell mußte sein Schiff jetzt mit einem einfachen Bootskompaß steuern.

Zum Glück für *Exeter* war, obwohl das Gefecht noch lange nicht beendet war, die Entscheidung Langsdorffs, nur 20 Minuten nach Feuereröffnung abzudrehen, bereits die Maßnahme eines Mannes, der sich geschlagen weiß. Von drei Kreuzern bedrängt, deren Kommodore rücksichtslos zum Angriff vorging, statt sich mit der Beschattung zu begnügen, hatte Langsdorff anscheinend nicht das Durchstehvermögen, das von ihm geplante Gefecht auf kurze Entfernung energisch durchzuschlagen. Er hätte mit der *Admiral Graf Spee* auf Kurs Südwest gehen und der *Exeter* den Todesstoß versetzen können, auf der nur noch ein Turm gefechtsklar war. Die 15,3-cm-Granaten der *Ajax* und *Achilles* konnten zwar die Panzerung der *Admiral Graf Spee* nicht durchschlagen; doch machte sich Langsdorff Sorgen wegen der Schäden an den Aufbauten und der Ausfälle unter den Bedienungsmannschaften an den ungeschützten Mittelartillerie- und Fla-Geschützen. Er änderte deshalb seine Taktik und begann, die beiden Leichten Kreuzer auf große Gefechtsentfernung, etwa 16000 m, zu bekämpfen. So konnte sich aber auch *Exeter* weiter am Kampf beteiligen, obwohl ein weiterer 28-cm-Treffer mehrere Abteilungen im Vorschiff hatte voll Wasser laufen lassen, so daß das Schiff Schlagseite erhielt. Erst als um 07.29 Uhr die Stromversorgung auch des letzten Turms ›Y‹ ausfiel, brach der tapfere Bell das Gefecht ab, von dessen Besatzung 61 Mann gefallen und 23 verwundet waren. Zwanzig Minuten später schrieb er ins Logbuch der angeschlagenen *Exeter: »Gegner gegen Westen außer Sicht, verfolgt von Ajax* und *Achilles*.«

Um 07.10 Uhr hatte Harwood genug vom Kampf auf große Entfernungen und drehte mit voller Geschwindigkeit nach Westen zur Verfolgung des deutschen Panzerschiffs auf. Um diese Absicht zu vereiteln, vollführte Langsdorff unter dem Schutz von künstlichem Rauch eine weitere scharfe Kursänderung nach Backbord aus. Dann schwenkte er um 07.20 Uhr nach Steuerbord zurück. Die Entfernung war jetzt wieder auf 10000 m gefallen und *Ajax* geriet schnell in das gefährliche Einschlagsfeld von drei 28-cm-Salven. Jetzt erzielte auch Harwoods Flaggschiff Treffer. Auf

Admiral Graf Spee brach mittschiffs ein Brand aus. Fünf Minuten später schlug eine 28-cm-Granate achtern auf *Ajax* ein und setzte die Türme ›X‹ und ›X‹ außer Gefecht. Fast gleichzeitig hatte Woodhouse nach Steuerbord gedreht und vier Torpedos auf 8200 m Entfernung geschossen. Langsdorff riß sein Schiff nach Backbord herum, um dieser Torpedosalve auszuweichen, und drehte dann zurück, um seinerseits den Steuerbordtorpedosatz abzufeuern. Die tödlichen Blasenbahnen wurden jedoch vom Bordflugzeug der *Ajax* rechtzeitig erkannt, so daß auch Harwood den Torpedos ausweichen konnte.
Von diesen Wendungen abgesehen lief *Admiral Graf Spee* weiter nach Westen, die beiden britischen Kreuzer dicht auf den Fersen. Um 07.38 Uhr war die Entfernung auf 7300 m gefallen. Jetzt wurde Harwood gemeldet, *Ajax* habe 80 Prozent der Munition verschoßen. Unter der Annahme, daß auch auf *Achilles* der Munitionsverbrauch ähnlich war, und weil das Feuer der *Admiral Graf Spee* weiterhin unangenehm blieb – eine Salve hatte gerade den Toppgroßmast der *Ajax* gefällt und alle Funkantennen zerstört – entschied sich Harwood zum Abbruch des Gefechts bis nach Einbruch der Dunkelheit. Nach einem heftigen, eine Stunde und 20 Minuten dauerndem Gefecht, setzten sich *Ajax* und *Achilles* um 07.40 Uhr nach Osten ab. Diesen Kurs behielt Harwood einige Zeit bei, obwohl er bald darauf die Meldung erhielt, nur der vordere Turm der *Ajax* habe so viel Munition verschossen.
Kapitän z. S. Langsdorff, der unter zwei Splitterwunden litt, machte keinen Versuch, die Gegner erneut zu stellen. Vielmehr hielt er mit 24 Knoten Kurs West bei. *Ajax* und *Achilles* folgten jetzt erneut, jedoch im sicheren Abstand von etwa 15 Seemeilen. Das deutsche Panzerschiff hatte 60 Prozent seiner Munition verschossen. Da die zwei mit 15,2-cm-Geschützen bestückten britischen Kreuzer den Vorteil höherer Geschwindigkeit hatten, sah Langsdorff jetzt keine Chance mehr, mit der ihm verbleibenden Munition die beiden Kreuzer außer Gefecht zu setzen. Doch selbst wenn ihm das gelungen wäre, hätte *Admiral Graf Spee* beim Versuch der Rückkehr nach Deutschland für jede mögliche Begegnung mit Einheiten der britischen Home Fleet zu wenig Munition gehabt. Außerdem hatte es an Bord der *Admiral Graf Spee* zahlreiche Tote und Verletzte gegeben, darunter war aber keiner der 62 britischen Gefangenen. Neben 36 Toten hatte Langsdorff mindestens 6 Schwerverundete an Bord, die dringlich einer Krankenhausbehandlung bedurften. Ferner waren 53 Männer seiner Besatzung leichter verwundet worden.
Ausschlaggebend für seine Entscheidung dürften aber die Schäden gewesen sein, die durch drei 20,3-cm- und siebzehn 15,2-cm-Treffer verursacht worden waren. Zwar hatte nur einer das Panzerdeck durchschlagen und die Kampfbereitschaft der *Admiral Graf Spee* nicht direkt eingeschränkt. Aber das Schiff hatte vorn am Bug ein großes Leck, das gedichtet werden mußte, bevor das Schiff den schweren Winterstürmen im Nordatlantik begegnen durfte. Ein Großteil der Aufbauten, darunter

Bordküche und Bäckerei, sowie die Anlagen zur Reinigung von Brennstoff und Schmieröl für die Hauptmotorenanlage waren ausgefallen und konnten mit Bordmitteln nicht wiederhergestellt werden. Das Tagebuch hält noch folgendes fest: »Neben den oben erwähnten Beschädigungen kommen dabei in Betracht die starke Bewachsung des Schiffes, welche die Geschwindigkeit herabsetzt. Von der schweren Artillerie-Munition sind nur noch etwa 50 Salven vorhanden, Mittelartillerie durch Ausfall zweier Munitionsaufzüge behindert, von der schweren Fla sind ⅔ ausgefallen, Entfernungsmeßgerät im Vormars ist durch Beschädigung der Optik ausgefallen. Am bedenklichsten aber ist der Zustand der Maschinenanlage, die nach Ableistung der doppelten Motorenbetriebsstunden erhebliche Ermüdungserscheinungen und Zeichen der Überbeanspruchung zeigt, unrunde Kolbenstangen, Risse in Fundamenten und Zylindern u. a., so daß bei Geschwindigkeiten über 17 Knoten keine Betriebssicherheit mehr gewährleistet ist.« Trotzdem reichen auch alle diese Faktoren nicht aus, die Entscheidung Langsdorffs zu erklären, mit *Admiral Graf Spee* in den neutralen Hafen Montevideo einzulaufen. Seine Verteidiger erklären zwar, sein Urteilsvermögen habe durch seine schmerzhafte Verwundung gelitten. Die Wahrheit liegt wahrscheinlich eher darin, daß Kommodore Harwoods außerordentliches seemännisches und taktisches Geschick sowie seine Hartnäckigkeit dem deutschen Kommandanten keine andere Wahl ließen. Harwood und seine Männer hatten bewiesen, daß die britische Marine von 1939 nichts vom Kampfgeist und Mut verloren hatten, der sie in der Vergangenheit allen widrigen Umständen zum Trotz so oft zum Sieg geführt hatte.
Um 08.00 Uhr ließ Harwood das Aufklärungsflugzeug der *Ajax* starten, um die *Exeter* auszumachen und zu erkunden, warum *Exter* auf Funkanrufe nicht mehr antwortete. Bald hatte die Maschine *Exeter* in Sicht: »Anscheinend schwer angeschlagen, im Mittelschiff brennend und nicht in der Lage, ein weiteres Gefecht durchzustehen«, lautete die Meldung. Jedoch brauchte sie nicht sofort Hilfe.
Um 09.16 Uhr funkte Harwood den Befehl an den Schweren Kreuzer *Cumberland,* mit voller Geschwindigkeit von den Falklandinseln aus zu ihm zu stoßen. Obwohl zur Reparatur des Kreuzers die feuerfesten Umkleidungen der Kessel geöffnet worden waren, lief *Cumberland* bereits um 10.00 Uhr aus Port Stanley aus. Captain Fallowfield hatte auf eigene Initiative Dampf aufmachen lassen, als er um 06.30 Uhr Funksprüche auffing, aus denen hervorging, daß der übrige Teil von Force G im Gefecht mit dem Gegner stand. Auch so war es eine lange Fahrt bis zur Mündung des La Plata: 36 Stunden bei 30 Knoten Geschwindigkeit.
Um 10.05 Uhr ging *Achilles* erneut auf 21 000 m an den Gegner heran und zog dabei zwei 28-cm-Salven der *Admiral Graf Spee* auf sich, von denen die zweite wieder unangenehm nahe lag. Parry ließ sofort künstlichen Rauch entwickeln und drehte ab, um den Gegner aus sicherer Entfernung zu beschatten.

Eine Stunde später empfing Harwood ein Signal der *Exeter,* auf der man eine Notantenne hatte ausbringen können. Wie Bell berichtete, war nur ein Geschütz des Turms ›Y‹ noch feuerbereit, und sein Schiff lag mit dem Bug so tief im Wasser, daß die Fahrt auf 18 Knoten beschränkt war. Darauf gab es nur eine Antwort: *Exeter* erhielt den Befehl, mit bestmöglicher Geschwindigkeit Port Stanley auf den Falklandinseln anzulaufen, ohne die wasserdichten Schotten über Gebühr zu beanspruchen.

Ajax und *Achilles,* deren Verluste wie durch ein Wunder insgesamt nur 11 Tote und fünf Verletzte betrugen, beschatteten die *Admiral Graf Spee* für den Rest des Tages. Um 19.15 Uhr, mehr als eine Stunde nach Insichtkommen der Küste von Uruguay, schoß Langsdorff noch einmal zwei Salven auf *Ajax* auf eine Entfernung von 24 000 m ab. Der britische Kreuzer drehte unter Entwicklung von künstlichem Rauch ab. Zuvor hatte Langsdorff bereits nach Berlin gefunkt: »Gehe nach Montevideo«. Großadmiral Raeder hatte geantwortet: »Einverstanden«. Harwood aber war erst um 19.00 Uhr ausreichend über das Ziel seines Gegners informiert, um *Achilles,* welche außer leichten Splittertreffern keine Schäden davongetragen hatte, zu befehlen, der *Admiral Graf Spee* zu folgen, wenn sie einen Kurs westlich der Lobos-Inseln steuern sollte, während *Ajax* nach Süden lief für den Fall, daß *Admiral Graf Spee* auf Gegenkurs ging.
Kurz nach Sonnenuntergang um 20.48 Uhr stand *Admiral Graf Spee* noch immer 50 Seemeilen vom beabsichtigten Einlaufhafen entfernt. Sie schoß drei Salven, damit *Achilles* Abstand hielt, die ihrerseits mit fünf Salven antwortete. Bei einbrechender Dunkelheit ging Parry auf 9 000 m heran, um die Fühlung nicht abreißen zu lassen. Sein Schiff war Ziel der letzten drei deutschen Salven, als *Admiral Graf Spee* zwischen 21.30 Uhr und 21.45 Uhr nördlich der English Bank passierte. Um 22.00 Uhr war das deutsche Panzerschiff als dunkle Silhouette vor den Lichtern von Montevideo deutlich auszumachen. Kurz vor Mitternacht sah Parry seinen Gegner auf der Reede dieses neutralen Hafens Anker werfen.
Dort war für Harwood der Gegner unerreichbar. Er konnte nicht ahnen, wie lange *Admiral Graf Spee* in den neutralen Gewässern bleiben würde. Auf einem seiner Schiffe waren zwei Geschütztürme außer Gefecht. *Cumberland* konnte frühestens in 24 Stunden eintreffen. Unter diesen Umständen vermochte er nichts anderes zu tun, als die La Plata-Mündung nach See hin zu bewachen – *Achilles* in einem Sektor nördlich der English Bank, *Ajax* im Süden – und auf den nächsten Zug des Gegners zu warten. Inzwischen aber konnte kein Zweifel mehr darüber bestehen, wer in diesem Gefecht die Oberhand behalten hatte. Harwoods Erfolg wurde durch seine sofortige Beförderung zum Konteradmiral, die Verleihung der Dekoration KCB und die Worte von Admiral Pound anerkannt: »Ihr Erfolg hat den Spruch des Kriegsgerichts gegen Troubridge Lügen gestraft.« In der New York Herald Tribune schrieb der Kommentator Wal-

ter Lippmann: »Die Niederlage der *Admiral Graf Spee* erfreut alle Amerikaner.«
Es folgte eine Zeit fieberhafter Aktivität in Montevideo und starker Flottenbewegungen der britischen Marine. Die große Frage für die Regierung von Uruguay, für britische und deutsche Diplomaten, für London und Berlin, für den britischen Befehlshaber im Südatlantik Admiral Sir D'Oyly Lyon in seinem Hauptquartier in Freetown ebenso wie für Konteradmiral Harwood und Kapitän z. S. Langsdorff, lautete nun: Wie lange konnte oder durfte die *Admiral Graf Spee* auf der sicheren Reede von Montevideo bleiben?
Admiral Lyon gab dem Schweren Kreuzer *Dorsetshire* den Funkbefehl, Kapstadt zu verlassen und vor den La Plata zu gehen. Admiral Pound ließ das Schwesterschiff *Shropshire* dorthin folgen und entsandte den Schlachtkreuzer *Renown* und den Flugzeugträger *Ark Royal* der Force K zum Bunkern nach Rio de Janeiro. Dort sollte sich vor ihrer eiligen Weiterfahrt nach Süden noch der Leichte Kreuzer *Neptune* anschließen. Als Sperre gegen jedes Entkommen der *Amiral Graf Spee* um das Kap der Guten Hoffnung in den Indischen Ozean, wurden der Flugzeugträger *Eagle*, der Schwere Kreuzer *Cornwall* und der Leichte Kreuzer *Gloucester* nach Durban beordert. Damit hatte Großbritannien eine beträchtliche Machtkonzentration vor der Mündung des Rio de la Plata befohlen. Aber die Entfernungen waren so groß, daß viele der Schiffe weite Strekken zur Befolgung der Befehle zurückzulegen hatten: *Ark Royal* und *Renown* 2 500 Seemeilen; *Dorsetshire* und *Shropshire* mehr als 3 500 Seemeilen. Es bestand also keine Möglichkeit, daß diese Einheiten vor dem 19. Dezember die befohlenen Positionen erreichten.
Die Regierung von Uruguay sah sich vor die Aufgabe gestellt, internationales Recht zu interpretieren und dessen Einhaltung zu überwachen: Die Haager Konvention gestattete dem Kriegsschiff einer kriegführenden Macht einen Aufenthalt von mehr als 24 Stunden in einem neutralen Hafen nur dann, wenn es Schäden erlitten hatte. In diesem Fall durfte das Schiff »lediglich solche Reparaturen ausführen, die zur Wiederherstellung der Seetüchtigkeit unbedingt notwendig waren, nicht jedoch zur Verbesserung der Gefechtsfähigkeit. Die neutrale Macht befindet dabei nach ihrem Ermessen darüber, welche Reparaturen für diesen Zweck als notwendig anzusehen sind.« Der deutsche Gesandte Otto Langmann bestand sogleich darauf, daß *Admiral Graf Spee* 15 Tage im Hafen bleiben dürfe. Langsdorff mußte sein Schiff seetüchtig machen. Er wollte aber auch seine Kampffähigkeit wieder herstellen. Darum konterte der britische Gesandte Millington-Drake sofort: Die *Admiral Graf Spee* habe nach dem Gefecht mit hoher Geschwindigkeit über 300 Seemeilen zurückgelegt. Folglich sei das Schiff seetüchtig. Es dürfe sich also höchstens 24 Stunden in neutralen Gewässern aufhalten. Langmann erhielt den Bescheid, technische Experten der uruguayischen Regierung würden die Schäden der *Admiral Graf Spee* besichtigen; Millington-Drake wurde

daran erinnert, daß im Ersten Weltkrieg der britische Leichte Kreuzer *Glasgow* nach der Schlacht von Coronel fast eine ganze Woche im Dock von Rio de Janeiro hatte zubringen dürfen.
Die neutrale Schadensbesichtigung erfolgte am 14. Dezember. Zuvor hatte Kapitän z. S. Langsdorff seine britischen Gefangenen freigegeben und seine Toten und Verwundeten an Land bringen lassen. Noch bevor die uruguayische Regierung den Bericht ihrer Experten prüfen konnte, hatte Harwood an den Gesandten Millington-Drake gefunkt, er wünsche, daß *Admiral Graf Spee* möglichst so lange aufgehalten werde, bis sein Geschwader um mehr als nur den Schweren Kreuzer *Cumberland* verstärkt war. Dies sollte nun durch Anziehen einer weiteren Klausel der Haager Konvention erreicht werden, wonach ein Kriegsschiff einer kriegführenden Macht einen neutralen Hafen erst 24 Stunden nach Auslaufen eines Handelsschiffes verlassen darf, welches die Flagge des Gegners führt. Daher beeilte sich der Marineattachée in Montevideo, den britischen Dampfer *Ashworth* beschleunigt an diesem Abend aus Montevideo auslaufen zu lassen. Nun mußte Millington-Drake verlangen, daß das deutsche Panzerschiff nicht vor 18.00 Uhr am 16. Dezember ausliefe. Diese etwas peinliche britische diplomatische Kehrtwendung wäre gar nicht erforderlich gewesen: denn die uruguayische Regierung beschied dahingehend, der *Admiral Graf Spee* eine Verlängerung der Aufenthaltsfrist von 72 Stunden zu gewähren. Für Kapitän z. See Langsdorff war diese Entscheidung aber alles andere als günstig: Nach seinen Informationen war der La Plata schon jetzt bereits durch den Schlachtkreuzer *Renown* und den Flugzeugträger *Ark Royal* blockiert. Und in der Tat glaubte sein Artillerieoffizier, diese Schiffe vom Gefechtsmars der *Admiral Graf Spee* aus auch erkannt zu haben. Langsdorff funkte nach Berlin:
»(1) Militärische Lage: Vor Montevideo außer Kreuzern, Zerstörern, *Ark Royal* und *Renown*, nachts enge Absperrung. Ausbruch in freie See und Durchbruch Heimat aussichtslos.
(2) Beabsichtige Auslaufen bis zur Neutralitätsgrenze. Falls durch Einsatz Restmunition Durchbruch nach Buenos Aires erkämpft werden kann, soll dies versucht werden.
(3) Für den Fall, daß Durchbruch zu sicherer Vernichtung *Graf Spee* ohne Möglichkeit Schädigung Feindes führen würde, erbitte Entscheidung, ob Versenkung trotz ungenügender Wassertiefe La Plata Mündung oder Internierung.
(4) Entscheidung durch Funkspruch erbeten.«
Großadmiral Raeder antwortete:
»(1) Mit allen Mitteln Zeitpunkt für Verbleiben in neutralen Gewässern zu verlängern suchen mit dem Zweck, Freiheit des Handelns möglichst lange zu gewährleisten.
(2) Zu Ziffer (2) einverstanden,
(3) Zu Ziffer (3). Keine Internierung in Uruguay. Bei Versenkung wirksame Zerstörung anstreben.«

Die Beurteilung der Lage des Panzerschiffs *Admiral Graf Spee* in Montevideo durch Raeder in Berlin wurde durch die irrtümliche Meldung des Kommandanten, wonach der Flugzeugträger *Ark Royal* und der Schlachtkreuzer *Renown* vor dem La Plata gesichtet seien, stark beeinflußt. Da die Position der beiden Schiffe nach den in Berlin vorliegenden (richtigen) Nachrichten noch als etwa mehrere Tagesmärsche nördlich von Montevideo angenommen wurde, ergab sich darüber eine Diskussion bei der deutschen Seekriegsleitung. Das Ergebnis war, daß im Hinblick auf die eindeutige Meldung aus Montevideo die Anwesenheit der Schiffe vor dem La Plata als sicher angenommen wurde. Danach hatte der Versuch eines Ausbruchs in die freie See tatsächlich keinerlei Aussichten. Bei richtiger Beurteilung der Feindlage wäre die Antwort Raeders wohl anders ausgefallen.
Erneut drang der deutsche Gesandte Langmann in Montevideo auf eine Verlängerung der Aufenthaltsfrist für *Admiral Graf Spee*, jedoch ohne Erfolg. Die Entschlossenheit Uruguays zur Einhaltung des internationalen Rechts, verbunden mit dem von Millington-Drake ausgeübten Drucks, war zu stark. Am frühen Morgen des 17. Dezember nahm Langsdorff sein Schicksal zur Kenntnis. Da ihm die Weisung aus Berlin eine Internierung untersagt hatte, mußte die *Admiral Graf Spee* noch am gleichen Abend Montevideo verlassen. Aufgrund der Berichte, die nach Montevideo geflogene amerikanische Rundfunkreporter nach Hause funkten, hatte sich Harwood davon überzeugt, daß er sich auf solche Nachrichtensendungen als Informationsquelle über die Bewegungen seines Gegners verlassen konnte. Der Aufenthalt der *Admiral Graf Spee* in Montevideo hatte ihn in die Lage versetzt, *Ajax, Achilles* und *Cumberland* zu vereinigen. Nun war er bereit, der *Admiral Graf Spee* gebührend entgegenzutreten, sobald sie die territorialen Gewässer Uruguays verließ. Er beabsichtigte, wie am 13. Dezember, die »Taktik des geteilten Einsatzes« zu verfolgen. »Mein Ziel ist Vernichtung des Gegners«, signalisierte er an seine Kommandanten. Dennoch glaubte auch er, die *Admiral Graf Spee* habe zum Entkommen eine Chance von etwa 70 Prozent. Dies entsprach bei weitem nicht der pessimistischen Einschätzung der Lage durch Kapitän z. S. Langsdorff, der – unter dem festen Eindruck, daß der Schlachtkreuzer *Renown* und der Flugzeugträger *Ark Royal* schon auf ihn lauerten –, an keine Chance für einen Ausbruch glaubte. Seine Offiziere und Männer wollte er daher nicht in den sicheren Tod schicken, wie es britischer Tradition entsprochen hätte, und wie es die tapfere *Exeter* am 1. März 1942 erneut beweisen sollte, nachdem sie in der Schlacht in der Java-See so schwer beschädigt worden war, daß sie dem sicheren Untergang entgegenging. Dies entsprach aber nicht der Tradition, wie Langsdorff sie auffaßte.[1]
Am frühen Morgen des 17. Dezember wurden die geheimen Unterlagen und Einrichtungen des deutschen Panzerschiffs vernichtet, in verschiedenen Abteilungen des Schiffes Sprengsätze angeschlagen. Schließlich

wurden 700 Mann der Besatzung auf den auf der Reede liegenden deutschen Handelsdampfer *Tacoma* überführt. Kurz nach 18.00 Uhr gab Langsdorff dem Rest der Besatzung von etwa 40 Mann den Befehl zum Ankerlichten. Eine nach tausenden zählende sensationsbegierige Zuschauermenge beobachtete das Auslaufen der *Admiral Graf Spee* und der *Tacoma* aus Montevideo. Vier Seemeilen außerhalb des Hafens änderte das Panzerschiff den Kurs scharf nach Westen, stoppte und ankerte erneut. Jetzt wurden die Zeitzünder in Gang gesetzt. Langsdorff und die Restbesatzung verließen das Schiff in eigenen Booten.

Es war ein wunderbarer Abend mit einem malerischen Sonnenuntergang (schrieb der Artillerieoffizier der *Ajax*). Das Schiff war unter Gefechtsverschluß. Alle Geschütze waren geladen. Wir waren für alles Kommende gerüstet. Da erhielten wir die Meldung, daß der Gegner ausgelaufen war. Wir hörten, wie uns Yankee-Radioreporter als ein mit Erbsenspritzen bewaffenetes Selbstmordgeschwader bezeichneten! Dann kam der dramatische Augenblick um 20.00 Uhr: Das Beobachtungsflugzeug der *Ajax* funkte: »*Admiral Graf Spee* hat sich in die Luft gesprengt!« Wir gingen näher heran und allmählich erschien das brennende Wrack über der Kimm. Die Deutschen hatten die Selbstversenkung gründlich durchgeführt. Das Schiff stand lichterloh in Flammen. Gegen Mitternacht gingen wir auf wenige Seemeilen an das brennende Fanal heran. Dann drehten wir ab.

Konteradmiral Harwood und seine Offiziere und Männer konnten aufatmen. Sie hatten die Gewißheit, daß das Gefecht, in dem sie sich vor vier Tagen nach Nelson'scher Tradition geschlagen hatten, mit der Vernichtung des Gegners geendet hatte.
Das Panzerschiff sank in so seichtem Wasser, daß das zerrissene Wrack mit Gefechtsmast, Türmen und den Aufbauten in Rauch und Flammen gehüllt über Wasser blieb. *Tacoma* nahm Langsdorff und die Restbesatzung an Bord. Der Versuch, mit *Tacoma* nach Buenos Aires durchzukommen, wurde jedoch von einem uruguayischen Kriegsschiff vereitelt. *Tacoma* mußte nach Montevideo zurückkehren, nachdem die Besatzung der *Admiral Graf Spee* auf argentinische Schlepper und Tender umgeschifft worden war. Die Besatzung hatte ein herzliches Willkommen und Behandlung als schiffbrüchige Seeleute in Buenos Aires erwartet. Statt dessen wurde Langsdorff von der Presse kritisch angegriffen, weil er nicht mit seinem Schiff untergegangen war. Die argentinische Regierung faßte den Beschluß, die Besatzung der *Admiral Graf Spee* nicht freizulassen, sondern zu internieren. An diesem Abend schrieb der deutsche Kommandant drei Briefe, an seine Frau, an seine Eltern und an den deutschen Botschafter. Im letzten Schreiben führte er dies aus:

Die schwere Entscheidung zur Selbstversenkung der *Admiral Graf Spee* habe ich getroffen, um zu vermeiden, daß das Schiff in die Hände des Gegners fällt. Bei der verbleibenden geringen Munitionsmenge war jeder Durchbruchsversuch in die offene See aussichtslos. Es war klar, daß diese meine Entscheidung zu falschen Auslegungen Anlaß geben konnte. Daher habe ich mich entschlossen, die Folgen zu tragen. Ein Kommandant kann sein eigenes Schicksal nicht von dem seines Schiffes trennen. Für meine Besatzung kann ich jetzt nichts mehr tun. Durch meinen Tod kann ich zeigen, daß die Wehrmacht des Dritten Reiches bereit ist, für die Ehre ihrer Flagge zu sterben. Ich sehe meinem Schicksal in dem festen Glauben an unsere Sache und die Zukunft des Volkes und an den Führer entgegen.

Langsdorff griff zur Waffe. Am nächsten Morgen wurde er in seinem Quartier tot auf der Flagge aufgefunden, die während des Gefechts auf *Admiral Graf Spee* geweht hatte. Die Besatzung wurde in Internierungslagern zurückgehalten, bis sich Argentinien im März 1945 den Alliierten anschloß. Dann waren die Männer bis März 1946 Kriegsgefangene. Einige hundert von ihnen kehrten an Bord des britischen Liners *Highland Monarch* in die Heimat zurück, der – ein ironischer Anflug des Geschicks – durch den Kreuzer *Ajax* geleitet wurde.
Der Kapitän der *Altmark*, des Versorgers der *Admiral Graf Spee,* Kapitän H. Dau, ignorierte Langsdorffs Befehl, seine 299 britischen Gefangenen in einem neutralen Hafen zu landen. Er wartete zunächst auf einer weit südlichen Position die weiteren Ereignisse ab, bis ihm Berlin am 22. Januar 1940 funkte, eine sichere Rückreise sei nun gewährleistet. Am 31. Januar 1940 kreuzte er den Äquator und ging 11 Tage später unbemerkt durch die Dänemarkstraße. Nach drei weiteren Tagen erreichte die *Altmark* die Territorialgewässer des neutralen Norwegens. Das bewaffnete Kommando eines norwegischen Torpedoboots ging am 15. Februar 1940 an Bord. Aber Kapitän Dau verweigerte jede Durchsuchung seines Schiffs. Da es sich um ein Marine-Versorgungsschiff handelte, glaubte der norwegische Kommdant daher, nichts weiter tun zu können. Die Royal Navy war jedoch entschlossen, den Gefangenen an Bord der *Altmark* das Schicksal in einem deutschen Gefangenenlager zu ersparen. Als am Abend des 15. bekannt wurde, daß die *Altmark* vor Bergen stand, funkte der Oberbefehlshaber der britischen Home Fleet, Admiral Sir Charles Forbes, an den Leichten Kreuzer *Arethusa* (Captain Q. D. Graham), der gerade mit fünf Zerstörern von einem Vorstoß in den Skagerrak zurückkam: »Ihr nächstes Ziel ist *Altmark*«.
Die *Altmark* wurde von den britischen Einheiten am nächsten Tag ausgemacht, als sie in den Küstengewässern zwischen den vorgelagerten Inseln und der Fjordküste nach Süden lief. Sofort befahl Graham seinen Zerstörern, gegen das Schiff vorzugehen. Sie konnten das deutsche Schiff jedoch nicht entern, weil sich norwegische Torpedoboote dazwischen legten. Sie blieben längsseits der *Altmark,* bis Kapitän Dau sein Schiff in den Jössingfjord gebracht hatte. Nach Einbruch der Dämmerung lief Cap-

tain P. L. Vian mit seinem Zerstörer *Cossack* in den Fjord ein. Er informierte den befehlshabenden norwegischen Offizier, daß sich an Bord des deutschen Schiffes britische Gefangene befanden und forderte das Recht, nach diesen zu suchen. Der Norweger erklärte, er habe Befehl, Widerstand zu leisten und richtete die Torpedorohre seines Bootes auf die *Cossack*. Vian ließ ab und suchte um Anweisung der Admiralität nach. Sie kam drei Stunden später:

> Sofern nicht ein norwegisches Torpedoboot die *Altmark* bis nach Bergen geleitet und eine gemeinsame britisch-norwegische Wache an Bord ist und ein gemeinsames Geleit erfolgt, sollten Sie die *Altmark* entern, die Gefangenen befreien und das Schiff in Besitz nehmen. Überzeugen Sie den norwegischen Kommandanten davon, daß es mit seiner Ehre vereinbar ist, wenn er Sie angesichts weit überlegener Streitkräfte gewähren läßt.

Dies war genug der Worte für einen Mann von Vians Schlag. Die Kommandanten der norwegischen Torpedoboote konnten tatsächlich zum Abzug überredet werden. *Cossack* lief erneut in den Jössingfjord ein. Kapitän Dau ließ einen Scheinwerfer aufblenden, um die Brückenbesatzung des britischen Zerstörers zu blenden und ging voll achteraus, um den Zerstörer zu rammen. Dies gelang jedoch nicht. Eine beide Schiffe beschädigende Kollision wurde vermieden, als *Altmark* mit dem Heck auf Grund geriet. Jetzt konnte *Cossack* längsseits gehen. Eine bewaffnete Entermannschaft stürmte an Bord des deutschen Schiffes. Die von *Admiral Graf Spee* an Bord belassene kleine Marinewachmannschaft leistete Widerstand: Sechs Mann wurden getötet; sechs Verwundete entkamen an Land. Dann brachen die Männer der *Cossack* die Luken der *Altmark* auf: »Sind da unten Engländer?« Viele hundert Stimmen brüllten: »Ja, wir sind alle Engländer«. Die Antwort der *Cossack*-Matrosen ist in die Analen der britischen Marine-Tradition eingegangen: »Dann kommt rauf: Die Navy ist hier«. *Altmark* mußte zunächst im Jössingfjord liegenbleiben, bis Kapitän Dau das Achterschiff freibekam. Unter dem Schutz der Dunkelheit konnte er auslaufen und sein Schiff nach Deutschland bringen. *Cossack* brachte die befreiten 13 Offiziere und 286 Seeleute sicher in den Hafen von Leith.

Ajax war bereits zur Reparatur nach England zurückgekehrt, *Achilles* nach Neuseeland. Als viel später die schwerbeschädigte *Exeter* schließlich den heimatlichen Plymouth Sound erreichte, zollte Winston Churchill ihrer Besatzung und dem mutigen Verhalten der anderen Schiffe in dem Gefecht vor dem La Plata folgendes Lob:

> In diesen düsteren Wintertagen leuchtet das brilliante Gefecht, in dem Sie so denkwürdige Taten vollbracht haben, wie ein Schimmer des Lichts und der Farbe, als Ermutigung für uns und unsere Verbündeten. Wir gratulieren Ihnen zu dem Glück, das Sie hatten, ein solches Ge-

fecht mit Ihrem Mut nach altem Schrot und Korn durchzustehen; Generationen lang wird diese Tat im Lied und in der Geschichte weiterleben und uns zurückversetzen in die großen Tage unserer Marinegeschichte. Sie haben viele gute Kameraden verloren. Sie aber kehren zurück, nachdem Sie eine würdige Aufgabe getreulich vollendet haben, an Ehren reich, die Pflicht voll getan.

Man mag das Seegefecht vor dem La Plata als ein nebensächliches Ereignis dieses gewaltigen Seekriegs werten. Sein Platz in jeder auswählenden Darstellung der vielen Kriegsereignisse zur See im Zweiten Weltkrieg ist ihm jedoch sicher. Und zwar nicht nur als Beweis für die These, wie viel man aus der Geschichte lernen kann: Es war nicht nur das erste, sondern auch das letzte Seegefecht dieses Krieges, das zwischen einzelnen Schiffen ohne das weitblickende Auge des Radars, ohne U-Boote oder Flugzeuge geschlagen wurde. Und zweitens hatte es zur Folge, daß viele Monate vergingen, bevor Großadmiral Raeder wieder von Hitler die Zustimmung dazu erhielt, deutsche Überwasserschiffe im Atlantik gegen die alliierten Handelsschiffswege vorstoßen zu lassen.
Aber lange vor diesem Treffen vor dem La Plata waren Schlachten völlig anderer Art geschlagen worden, die einen tiefgreifenden Einfluß auf den Verlauf des Zweiten Weltkriegs haben sollten: Lange und erhitzte Wortschlachten und Diskussionen zwischen Konstrukteuren von Schiffen, Flugzeugen und Waffen, scharfe Konflikte zwischen Admiralitäten, Finanzministerien und Parlamenten und vor allem hartnäckige Auseinandersetzungen zwischen den Delegierten der Hauptseemächte am diplomatischen Verhandlungstisch. Diesen früheren Schlachten wollen wir uns im nächsten Kapitel zuwenden.

2. Washington und London

Die erste und wichtigste dieser mit Worten ausgetragenen Schlachten erfolgte in Washington, D. C.
»Die erste befriedigende Überschau über den Seekrieg des Ersten Weltkriegs«, so lautete das freundliche Urteil des bekannten amerikanischen Historikers Arthur Marder[1], einem genauen Kenner der britischen Marinegeschichte nach 1880 über das frühere Buch »Naval Battles of the First World War« des Verfassers. Diese Zustimmung durch einen bedeutenden Marinehistoriker, der nach seinem Landsmann Admiral Alfred T. Mahan der amerikanischen Seekriegsgeschichtsschreibung weiteren Ruhm eingebracht hat, ermutigte den Verfasser auch zu dieser Arbeit. Diese aber konnte aus vielerlei Gründen nicht die gleiche Form erhalten. Einmal dauerte der Erste Weltkrieg »nur« viereinhalb Jahre, während der Zweite Weltkrieg sechs Jahre lang tobte. Vor allem jedoch waren – bei

Vernachlässigung kurzer Scharmützel der Art, wie sie zwischen Einheiten der britischen und deutschen Flotte am 17. November 1917 in der Nordsee ausgefochten wurden – auch Einzelschiffsaktionen und größere Gefechte während des Ersten Weltkriegs nicht eben zahlreich: Kaum mehr als ein halbes Dutzend Seegefechte und Seeschlachten zwischen dem 4. August 1914 und dem 11. November 1918.
Dagegen waren während des Zweiten Weltkriegs allein nicht weniger als vierzig größere Seeschlachten zu verzeichnen. Für dieses Buch mußte deshalb eine strenge Auswahl getroffen werden. Aufgenommen werden durften nur solche Begegnungen, die tatsächlich große Schlachten waren und eine bedeutende Wirkung auf den Verlauf des Krieges hatten oder aus anderen wichtigen Gründen von besonderem Interesse sind. Ein Werk dieser Art kann auch für amphibische Operationen, wie die Landungen in Nordafrika, Italien, in der Normandie und auf den pazifischen Inseln, trotz ihres Ausmaßes und ihrer Einwirkung auf die Entwicklung des Krieges keinen Raum erübrigen. Deshalb sei einschränkend gleich erklärt: Dieses Buch will nicht versuchen, die maritime Seite des Zweiten Weltkriegs insgesamt darzustellen.
Aber es gilt weitere Unterschiede zu verzeichnen: Einmal waren im Ersten Weltkrieg die großen Schlachtflotten Großbritanniens und Deutschlands Hauptteilnehmer des Seekriegs. Die Marinen Österreichs, Frankreichs, Italiens, Japans, Rußlands und der Türkei spielten nur eine untergeordnete Rolle. Die Vereinigten Staaten traten erst 1917 in den Krieg ein. Dagegen hatten im Zweiten Weltkrieg die Marinen Großbritanniens, Frankreichs, Deutschlands, Italiens, Japans und der Vereinigten Staaten Anteil an mehr als einem Gefecht. (Die sowjetische Flotte hingegen war hauptsächlich bei der Verteidigung Leningrads an der Ostsee und zur Unterstützung der Sowjetarmee an der Schwarzmeerküste tätig.) Zum anderen läßt sich die maritime Seite des Ersten Weltkriegs ohne wichtige größere chronologische Überlappungen in drei Phasen einteilen: Übersee, Heimatgewässer und U-Boot-Krieg. Die erste Phase endete praktisch bei den Falklandinseln am 8. Dezember 1914, die zweite am 31. Mai 1916 vor dem Skagerrak, während die dritte erst nach diesem Zeitpunkt ihren Höhepunkt erreichte. Die Schlachten des Zweiten Weltkriegs lassen sich dagegen am besten geographisch gliedern in die Aktionen, die im Atlantik und im Mittelmeer stattgefunden haben und jenen, die im Pazifik ausgefochten wurden, sich jedoch chronologisch überlappen: Die ersten (Atlantik und Mittelmeer) währten vom September 1939 bis Mai 1945, die anderen (Pazifik) dauerten vom Dezember 1941 bis September 1945.
Noch aus einem weiteren Grund mußte dieses Buch sich bemühen, seinem Titel besonders gerecht zu werden: In dem Jahrhundert zwischen den Kriegen gegen Napoleon und dem Ersten Weltkrieg trat der Dampfantrieb an die Stelle des Segelschiffs, gepanzerte Stahlkonstruktionen ersetzten die Holzrümpfe der Segelschiffe, Geschütze von 30,5 cm und noch schwererer Kaliber hatten die 24- und 32-Pfünder-Kanonen abge-

löst, U-Boot, Flugzeug und Luftschiff hatten sich entwickelt, Minen, Torpedo und Funk waren erfunden. Ein Vergleich zwischen den Schiffen und Waffen, mit denen Jellicoe und Beatty vor dem Skagerrak gegen Scheer und Hipper kämpften und jenen, durch die Nelson bei Trafalgar Villeneuve überwand, ist deshalb unmöglich. Unterwasserwaffen hatten zwar die Strategie zur See verändert, und die Form der Nahblockade, wie sie von Cornwallis und Nelson vor Brest und Toulon aufrechterhalten worden war, hatten Jellicoe und Beatty durch die Fernblockade von Scapa Flow und Rosyth aus ersetzen müssen. Doch das Linienschiff in seiner Dreadnought-Ausprägung herrschte im Ersten Weltkrieg noch unangefochten über alle Gewässer. Die Marinetaktik des Jahres 1918 wurde immer noch von der Schiffsartillerie – wenn auch mit modernen Geschützen – bestimmt wie hundert Jahre zuvor durch die glattläufigen Kanonen der Segelschiffsflotten.
Zu erklären gilt es auch, warum 1939 die Kriegsflotten der Hauptseemächte, verglichen mit denen der großen Seekriege von 1805 und 1914, so klein waren. Die wesentlichen technischen Veränderungen der Flotten zwischen 1939 und 1945 sind daher eingehend zu verzeichnen, vor allem, in welchem Ausmaß der Flugzeugträger das Schlachtschiff als Hauptwaffe des Seekriegs ersetzt hatte. Schließlich muß auch der technologische Fortschritt vor und während des Zweiten Weltkriegs Erwähnung finden, der ungleich größer war als während des Ersten Weltkriegs, insbesondere durch bahnbrechende Erfindungen wie Sonar und Radar. All das hatte die denkbar größten Auswirkungen auf die Seekriegsführung des Zweiten Weltkriegs und erklärt, warum z. B. 1941 das Schlachtschiff *Bismarck* im Verlaufe von nur einer Woche in den Weiten des Nordatlantiks zu Tode gejagt werden konnte, während das deutsche Kreuzergeschwader unter Admiral Graf Spee 1914 vier Monate lang ungeschoren die hohe See befuhr, und warum ein Vergleich zwischen der Taktik Jellicoes vor dem Skagerrak im Mai 1916 mit derjenigen der Admirale Fletcher und Spruance unmöglich ist, mit welcher sie Yamamoto und Nagumo im Juni 1942 bei Midway besiegten.[2]
Warum also waren die Flotten aller Hauptseemächte bei Ausbruch des Zweiten Weltkriegs so klein? Dies zu erklären müssen wir uns zunächst in das Jahr 1920 zurückversetzen. Damals, etwa 12 Monate nach Abschluß des Versailler Vertrages, hatten die westlichen Siegermächte erstmals versucht, die Flottenstärken der Nachkriegszeit vertraglich zu begrenzen und festzuschreiben. Großbritannien, Frankreich, Italien, Japan und die USA brauchten dabei die besiegten Mittelmächte Österreich-Ungarn und Deutschland nicht mehr zu berücksichtigen. Die Reste des Habsburger Reiches reichten nicht mehr an die Küste der Adria. Das Deutsche Reich war durch den Friedensvertrag seiner gesamten modernen Flotte beraubt worden. Es hatte nur sechs Vor-Dreadnought-Linienschiffe, eine gleiche Anzahl veralterter Kreuzer und 24 alte Torpedoboote behalten. Diese Kriegsschiffszahl durfte vertragsgemäß nie wieder überschrit-

ten werden. Neubauten als Ersatz für Linienschiffe unterlagen einer Beschränkung auf 10000 Tonnen, solche für Kreuzer auf 6000 Tonnen. Und selbst diese Ersatzbauten durften erst dann ausgeführt werden, wenn Linienschiffe und Kreuzer über 20 Jahre und Zerstörer über 15 Jahre alt waren. Ersatzbauten für Zerstörer (damals bei der deutschen Marine als Torpedoboote bezeichnet) waren auf höchstens 800 Tonnen begrenzt. Flugzeuge und Unterseeboote waren dem Deutschen Reich überhaupt verboten worden.
Für die verbleibenden Seemächte war auch damals noch die Zahl der in Dienst zu haltenden Großkampfschiffe Hauptgesichtspunkt, denn der Dreadnought-Typ herrschte noch immer vor. Großbritannien war 1914 mi 33 Großkampfschiffen in den Krieg gezogen. Im November 1918 flatterte der siegreiche White Ensign über nicht weniger als 44 solcher Einheiten. Allerdings befand sich nur ein Großkampfschiff im Bau. 1920 war der Bestand bereits auf 29 Schlachtschiffe gesunken, von denen die folgenden die modernsten Typen waren:

Tabelle 2: Britische Großkampfschiffe im Jahre 1920

Klasse	Anzahl	Fertigstellung	Wasserverdrängung (Tons)	Hauptbewaffnung (cm)	Geschwindigkeit (Knoten)	Stärkste Panzerung (mm)
Queen Elizabeth	5	1915–16	27500	8 × 38,1	24	330
Renown	2	1916	26500	6 × 38,1	32	152
Royal Sovereign	5	1916–17	25750	8 × 38,1	21	330
Hood	1	1920	41200	8 × 38,1	32	203

Neunundzwanzig Großkampfschiffe: Dies war die Mindeszahl, die Großbritannien damals zum Schutz seiner weltweiten Interessen gegen die schnell wachsenden Schlachtflotten Japans und der USA fordern zu müssen glaubte. Jene beiden Länder waren nicht länger bereit, sich zur Sicherung der Seehandelswege der Welt auf den Schutz durch die britische Flotte zu verlassen, wie dies seit mehr als einem Jahrhundert der Fall gewesen war. Japan war zwar durch das Bündnis aus dem Jahre 1902 mit Großbritannien befreundet, ließ jedoch seine Absicht, zur vorherrschenden Macht im Fernen Osten werden zu wollen, klar zutage treten, als es 1915 seine notorischen 21 Forderungen an China präsentierte. 1920 war Jellicoe von einer Rundreise durch die Dominien zurückgekehrt. Er empfahl dringlich die Bildung einer britischen Fernostflotte von mindestens 16 Großkampfschiffen. Die Admiralität würde zusätzlich zur Flotte in den Heimatgewässern und im Mittelmeer allein alle 29 in Dienst gehaltenen Großkampfschiffe gebraucht haben, nur um eine solche weitere Streitmacht zu unterhalten. Daher plante sie 1921 den Bau von vier 48 000 Tonnen-Schlachtkreuzern mit neun 40,6-cm-Geschützen. Danach sollten vier 48 500 Tonnen-Schlachtschiffe mit neun 45,7-cm-Geschützen in Bau gegeben werden.

An Kreuzern besaß Großbritannien im Jahre 1914 110 Einheiten und 130 im Jahre 1918. 1920 war die Zahl der Kreuzer bereits auf 90 geschrumpft. Am zahlreichsten waren die Schiffe der 4 000 bis 5 000 Tonnen großen, mit 15,2-cm-Geschützen bewaffnete »C«- und »D«-Klasse, die während des Ersten Weltkriegs als »Auge« der Grand Fleet in der Nordsee gedient hatten. Außerdem gab es die fünf Kreuzer der *Hawkins*-Klasse, welche 1917 gegen eine mögliche Bedrohung der alliierten Handelsrouten durch deutsche Kreuzer gebaut worden waren. Diese Klasse trug sieben 19-cm-Geschütze bei einer Wasserverdrängung von 9 850 Tonnen. Großbritanniens 230 Zerstörer (August 1914) hatten sich während des Krieges mehr als verdoppelt. Bei Kriegsende waren 500 Boote vorhanden. Nach dem Waffenstillstand wurde ihre Zahl drastisch auf 200 vermindert. Die britischen Flottillen bestanden praktisch ausschließlich aus den 1 075-Tonnen-Typen der »S«- und »T«-Klasse mit drei 10,5-cm-Geschützen und vier Torpedorohren sowie der 1 275 Tonnen großen »V + W«-Klasse mit vier 10,5 cm oder 12-cm-Geschützen und sechs Torpedorohren. Großbritannien hatte 1914 80 U-Boote in Dienst gehabt. 1918 waren es 165 U-Boote. Bis 1920 war die Zahl wieder auf 100 reduziert worden. Zu den besten Einheiten gehörten die 13/10[3] Knoten (Über- und Unterwassergeschwindigkeit) schnellen Boote der »H«-Klasse von 440/500 Tonnen (Über- und Unterwasserverdrängung) mit vier Torpedorohren sowie die 17/10 Knoten laufende »L«-Klasse von 890/1080 Tonnen mit einer 10,5-cm-Kanone und sechs Torpedorohren.

Während des Ersten Weltkriegs hatte Großbritannien die ersten Einheiten eines neuen Kriegsschiffstyps entwickelt: Er war mit einem Flugzeughangar für Radflugzeuge und mit einem Flugdeck ausgestattet, das die für Start und Landung von Radflugzeugen erforderliche Länge aufwies. 1920 befanden sich zwei dieser Flugzeugträger im Dienst, die 14 000 Tonnen grosse *Argus* mit 20 Flugzeugen und *Furious* (22 450 Tonnen) mit 33 Flugzeugen. Im Bau waren die 22 600 Tonnen verdrängende *Eagle* (21 Flugzeuge) und die 10 850 Tonnen große *Hermes* (15 Flugzeuge). Die überschweren Leichten Kreuzer *Courageous* und *Glorious* waren zum Umbau in gleicher Weise wie *Furious* vorgesehen. Mit insgesamt sechs Flugzeugträgern war die britische Führung in dieser Schiffsklasse unbestritten. Noch hatte kein anderes Land einen Flugzeugträger bei der Flotte in Dienst, wenn auch Japan und die USA je eine Einheit dieser neuen Schiffsart in der Planung hatten.

Die Vereinigten Staaten besaßen 1914 nur zehn fertige Dreadnought-Großkampfschiffe. Als aber der Weltkrieg die Notwendigkeit des Schutzes der weltweiten Seeverbindungen überdeutlich machte, und eine Zeitlang sogar Feinseligkeiten mit Großbritannien nicht völlig ausgeschlossen werden konnten, bis die Mißachtung der Rechte Neutraler durch das Deutsche Reich im U-Bootkrieg schließlich die Waagschale der amerikanischen öffentlichen Meinung eindeutig zu Gunsten Englands ausschlagen ließ, steigerte die US Navy die Anzahl ihrer Großkampfschiffe auf 16 im Jahre 1918 und 19 im Jahre 1920. Und dies waren die neuesten amerikanischen Schlachtschifftypen:

Tabelle 3: Die neuesten Großkampfschiffe der USA im Jahre 1920

Klasse	Anzahl	Fertigstellung	Wasserverdrängung (Tons)	Hauptbewaffnung (cm)	Geschwindigkeit (Knoten)	Stärkste Panzerung (mm)
Nevada	2	1916	27500	10 × 35,6	20	340
Pennsylvania	2	1916	31400	12 × 35,6	21	356
New Mexico	3	1917–1918	32000	12 × 35,6	21	356
California	2	1920	32300	12 × 35,6	21	356

Im Bau befanden sich außerdem vier Schlachtschiffe der 32600 Tonnen großen *Maryland*-Klasse. Sie waren mit acht 40,6-cm-Geschützen bewaffnet. Danach sollten sechs Schlachtschiffe von 43200 Tonnen mit zwölf 40,6-cm-Geschützen sowie sechs 33 Knoten laufende Schlachtkreuzer von 43000 Tonnen mit acht 40,6-cm-Geschützen fertiggestellt werden. Nach der Verschrottung von sechs der ältesten Dreadnoughts hätten die USA also 29 Schlachtschiffe besessen, das heißt ebenso viele Einheiten wie das Britische Reich. Doch wären die meisten amerikanischen Einheiten moderner oder schwerer bewaffnet gewesen.
An Kreuzern mangelte es der amerikanischen Marine dagegen sehr. 1920 besaß sie nur 12 überalterte Einheiten mit einer Höchstgeschwindigkeit von 22 Knoten. Im Bau befanden sich lediglich zehn Leichte Kreuzer, die 7050 Tonnen große *Omaha*-Klasse mit zwölf 15,2-cm-Geschützen. Andererseits besaß Amerika sehr viele Zerstörer, 300 Boote, zumeist 1180 Tonnen große »Flushdecker« mit vier 10,5-cm-Geschützen und zwölf Torpedorohren. Die amerikanische Unterseebootsflotte zählte 120 Einheiten, die leistungsmäßig etwa der britischen »H«, und »L«-Klasse entsprachen.
Das erst um die Jahrhundertwende als größere Seemacht erstarkte Japan, dessen Flotte im Russisch-Japanischen Krieg eine harte Bewährungsprobe siegreich bestanden hatte, schloß sich 1914 den Alliierten an. Damals besaß es vier moderne Großkampfschiffe, deren Anzahl 1920 auf neun angestiegen war (Vergleiche Tabelle 4). Nicht weniger als 16 weitere Einheiten waren geplant: Zwei 33720 Tonnen große Schlachtschiffe der

Mutsu-Klasse mit acht 40,6-cm-Geschützen, sechs noch größere mit zehn 40,6-cm-Geschützen, dazu vier Schlachtkreuzer mit zehn 40,6-cm-Geschützen und vier 41 000 Tonnen große Schlachtkreuzer, die ebenfalls mit zehn 40,6-cm-Geschützen bewaffnet werden sollten. In wenigen Jahren, so schien es damals, würde Japan 24 mächtige Dreadnoughts unter seiner Flagge haben.

Tabelle 4: Die japanischen Großkampfschiffe 1920

Klasse	Anzahl	Fertigstellung	Wasserverdrängung (Tons)	Hauptbewaffnung (cm)	Geschwindigkeit (Knoten)	Stärkste Panzerung (mm)
Settsu	1	1912	21 400	12 × 30,5	20	305
Kongo	4	1913–15	27 500	8 × 35,6	27	203
Fuso	2	1915–17	30 600	12 × 35,6	22	305
Ise	2	1917–18	31 260	12 × 35,6	23	305

An Kreuzern fehlte es Japan ebenso wie den USA. 1920 führte nur ein Dutzend alter und langsamer Schiffe das Banner der aufgehenden Sonne. Sechs weitere mit einer Wasserverdrängung von 5 000 bis 6 000 Tonnen und einer Bewaffnung von sieben 14-cm-Geschützen und acht Torpedorohren befanden sich im Bau. Japan hatte es auch unterlassen, seine Zerstörerflottillen auf die für eine ausgewogene Flotte erforderliche Stärke zu bringen; es besaß weniger als 50 Boote, alle kleiner als die britische »S«-Klasse. Unter den etwas mehr als 50 vorhandenen U-Booten waren nur wenige hochseefähige Typen.

Die Flotten Frankreichs und Italiens waren um eine Größenordnung kleiner. Die französische Flotte hatte es schon vor 1914 aufgegeben, weiterhin ein ernsthafter maritimer Rivale Großbritanniens zu bleiben, eine Ambition, die noch 30 Jahre zuvor zu verzeichnen war. Während des Ersten Weltkriegs war dieser Abstand noch weiter gewachsen. Französische Werften hatten kaum arbeiten können, weil Arbeiter und Rohstoffe fast ausschließlich zur Produktion von Waffen für die hart ringende französische Armee eingesetzt wurden. 1920 besaß Frankreich nur sieben Dreadnoughts, geführt von der 23 500 Tonnen großen *Bretagne*-Klasse mit zehn 34-cm-Geschützen, unterstützt von wenig mehr als einem Dutzend veralterter Kreuzer und etwa zwanzig Zerstörern und rund vierzig U-Booten unterschiedlicher Leistung. Die italienische Flotte war noch kleiner: Nur fünf Dreadnoughts waren fertig, darunter die nur 22 700 Tonnen große *Andrea Doria*-Klasse mit dreizehn 30,5-cm-Geschützen. Vorhanden waren ferner zwölf Kreuzer, die Hälfte überaltert, die anderen nur 3 500 Tonnen groß mit sechs 12-cm-Geschützen, ferner fünfzig Zerstörer und 25 U-Boote.

All dies läßt sich zur folgenden Tabelle zusammenfassen; sie zeigt die Stärke dieser fünf Flotten, wie sie sich bei Durchführung der damals eingeleiteten Bauvorhaben etwa bis Mitte der zwanziger Jahre entwickelt haben würde:

Tabelle 5: Vorausschau der Flottenstärken der Hauptseemächte 1925/26

Typ	Groß-britannien	USA	Japan	Frankreich	Italien
Großkampfschiffe	29	29	24	7	5
Flugzeugträger	6	1	1	–	–
Kreuzer	90	20	20	12	12
Zerstörer	200	200	50	20	50
U-Boote	100	120	50	40	25

Zwei Tatsachen springen sofort ins Auge: Die Vormachtstellung wurde von der Royal Navy zwar noch in den meisten Schiffskategorien gehalten, nicht jedoch für jenen Typ, von dem damals noch der Sieg aller Kriege auf dem Meer abhing: Die britische Schlachtflotte würde in Zukunft nicht stärker sein als die amerikanische und schlimmer: Großbritannien war mit der Notwendigkeit zur Unterhaltung einer gewaltigen Schlachtflotte konfrontiert, die viel größer war als es sich das im Ersten Weltkrieg durch die immense Materialschlacht im Ringen gegen das Kaiserreich Deutschland wirtschaftlich verarmte Großbritannien leisten konnte. Zudem mußte Großbritannien seine Großkampfschiffe zwischen den heimatlichen Gewässern, dem Mittelmeer und dem Fernen Osten aufteilen. Die USA brauchten ihre Flotte nur im Atlantik und Pazifik zu stationieren, Japan dagegen konnte beiden Ländern mit seiner konzentrierten Flotte entgegentreten.

Der Erste Weltkrieg hatte die USA gezwungen, die traditionelle Politik der Isolation nicht nur vorübergehend aufzugeben: Präsident Wilson hatte den Völkerbund als Mittel zur Beilegung zukünftiger internationaler Probleme konzipiert. Jedoch verwarf der US-Kongreß die amerikanische Mitgliedschaft in dieser potentiell nützlichen Organisation. (Nur Wenige erinnern sich heute noch daran, daß der Kongreß mit dieser Weigerung auch die Ablehnung der Ratifizierung des Versailler Vertrages verband, mit der abnormalen Folge, daß die USA sich *de jure* zwei Jahre länger als Großbritannien, Frankreich, Italien und Japan mit dem Deutschen Reich im Kriegszustand befanden, solange nämlich, bis schließlich am 18. Oktober 1921 der amerikanische Kongreß einen separaten Friedensvertrag ratifizierte.) Die folgenden amerikanischen Regierungen konnten sich also nicht des Völkerbundes zur Sicherung des amerikanischen Besitzes der Philippinen und der beträchtlichen US-Interessen in China gegen die japanische Hegemonie im westlichen Pazifik bedienen.

Und dieses japanische Übergewicht im Stillen Ozean war ja gerade durch den Vertrag von Versailles besonders dadurch gestärkt worden, weil Japan den Löwenanteil der deutschen Inselbesitzungen im Stillen Ozean erhalten hatte. Der amerikanische Außenminister Charles Hughes lud daher zur Lösung aller dieser Probleme die neun Hauptseemächte der Welt zu einer Konferenz nach Washington ein.

In Washington verpflichteten sich Großbritannien, Frankreich, Japan und die USA, ihre Rechte im Pazifik gegenseitig zu respektieren. Im Rahmen dieser Vereinbarungen mußte Großbritannien auch das Ende der britisch-japanischen Allianz hinnehmen: Einerseits hatte Japan sich schon während des Ersten Weltkriegs als sehr eigenwilliger Verbündeter gezeigt; andererseits aber sollten die wichtigen angestrebten weiteren Ergebnisse der Konferenz gesichert werden. Entschlossen, eine drastische Verminderung der Verteidigungsausgaben zu erzielen, um die amerikanische öffentliche Meinung zu besänftigen, die aus Prestigegründen aber auch nicht mehr zugestehen wollte, daß sich die USA mit einer kleineren Flotte beschieden als Großbritannien, überraschte der amerikanische Außenminister die Delegierten mit Vorschlägen zur Begrenzung der Flottenstärken. Das Ergebnis der Verhandlungen war nach Überwindung beträchtlicher Einwendungen und Widerstände seitens Großbritanniens und Japans die Unterzeichnung des Washingtoner Flottenvertrages vom 6. Februar 1922.

Dieser in der Neuzeit erste Vertrag einer Begrenzung der Rüstung beschränkte die Zahl der Großkampfschiffe wie folgt: Großbritannien 20; herbeizuführen durch Verschrottungen und Nichtausführung von Neubauten, jedoch mit dem Zugeständnis, daß Großbritannien, weil die britischen Schlachtschiffe älter und schwächer bewaffnet waren als die amerikanischen – innerhalb der unten noch auszuführenden weiteren Beschränkungen – zwei neue Einheiten bauen durfte; die USA 18 Schlachtschiffe; herbeizuführen durch Verschrottungen und Fertigstellung von nur drei Einheiten der *Maryland*-Klasse des Neubauprogramms. Japan 10; herbeizuführen durch Umbau der *Settsu* zum Zielschiff und Fertigstellung von nur zwei Schlachtschiffen der *Mutsu*-Klasse aus dem gesamten gigantischen Bauprogramm. Frankreich 7 (in Wirklichkeit nur 6, weil die *France* 1922 durch Seeunfall verloren ging und nicht ersetzt wurde). Italien 6 (tatsächlich jedoch nur 5, weil das 1916 durch interne Explosion gesunkene und später gehobene Schlachtschiff *Leonardo da Vinci* niemals wieder hergestellt wurde).

Mit dem vorgenannten Zugeständnis an Großbritannien, (ausnahmsweise zwei Großkampfschiffe bauen zu dürfen) sollten neue Großkampfschiffe nur als Ersatz für vorhandene gebaut werden können, wenn diese 20 Jahre alt wurden. Damit hatten Frankreich und Italien das Recht, neue Schiffe im Jahre 1927 auf Stapel zu legen. Großbritannien, Japan und die USA konnten sich die Kosten für Neubauten bis 1931 ersparen. Kein neues Großkampfschiff sollte mehr als 35 000 Tonnen Wasser verdrängen und mit Geschützen eines größeren Kalibers als 40,6 cm bestückt werden. Umbauten von vorhandenen Großkampfschiffen sollten lediglich zusätzliche Deckspanzerung gegen Luftangriffe und Anti-Torpedowulste umfassen und Tonnagevergrößerungen von höchstens 3 000 Tonnen zur Folge haben. Die Gesamttonnage für Schlachtschiffe durfte folgende Zahlen nicht überschreiten: Großbritannien und USA je 525 000 Tonnen; Japan 315 000 Tonnen; Frankreich und Italien je 175 000 Tonnen. In die Geschichte ging dies als »5:5:3:2:2 Standard« ein.

Die Gesamttonnage an Flugzeugträgern war wie folgt beschränkt worden: Großbritannien und die USA je 135 000 Tonnen, Japan 81 000 Tonnen, Frankreich und Italien je 60 000 Tonnen. Jedes Land erhielt das Recht zum Neubau von zwei Flugzeugträgern von bis zu 33 000 Tonnen. Die übrigen Schiffe sollten höchstens 27 000 Tonnen Wasser verdrängen. Kein Flugzeugträger sollte stärker als mit acht 20,3-cm-Geschützen bewaffnet oder vor dem Ablauf von 20 Jahren nach Fertigstellung ersetzt werden dürfen. Andere Kriegsschiffe durften höchstens 10 000 Tonnen Wasserverdrängung und eine Geschützarmierung von höchstens Kaliber 20,3-cm aufweisen. Die letztere Vertragsbedingung führte zur Entwicklung des Typs der sogenannten »Washington«-Kreuzer.

Japan konnte nur dadurch bewogen werden, für sich eine kleinere Flotte hinzunehmen als Großbritannien und die USA, weil diese Seemächte sich Japan gegenüber verpflichteten, ihre bestehenden Stützpunkte im Pazifischen Ozean nicht auszubauen und keine neuen zu errichten. Dies betraf die britische Kronkolonie Hongkong, nicht jedoch Singapur. Für Japan traf dies zu für Formosa und die Pescadoren sowie die Mandatsgebiete der Marianen, Karolinen und Marshall-Inseln, für die USA galt dies für die Aleuten und Guam, nicht jedoch für Hawai. Die Beschränkung der Bestückung »anderer« Kriegsschiffe, d. h. vor allem der Kreuzer und Zerstörer, war insofern befriedigend, als sie einerseits die Entstehung von »Minischlachtschiffen« verhinderte, Großbritannien jedoch die Indiensthaltung der Kreuzer der *Hawkins*-Klasse gestattete. In anderer Beziehung war die Klausel unnötigerweise weit gefaßt, aber es war wohl der beste Kompromiß, den die Konferenz angesichts der unnachgiebigen französischen Forderungen nach Gesamttonnagen für Kreuzer und Zerstörer erzielen konnte, die weit über dem lagen, was den anderen Seemächten als annehmbar erschien.

Bis zum Jahr 1930 bewirkte dieser Flottenabrüstungsvertrag, der bis Ende 1946 oder zwei Jahre nach Kündigung einer der vertragsschließenden Mächte in Kraft bleiben sollte, folgendes: Großbritannien, durch die ungeheuren Verluste seiner Armee in Flandern tief erschüttert und dadurch in dem Glauben bestärkt, daß ein zweiter so großer Krieg niemals wieder ausbrechen könne, wich von dem lange beachteten traditionellen Grundsatz ab, daß die Freiheit der britischen Inseln und der Schutz des weltweiten Empires sowie des gewaltigen britischen Handels zur See nur durch die Unterhaltung einer ausreichend starken Schlachtflotte zu erhalten ist.

So verblieben Großbritannien viel zu wenig Großkampfschiffe, um etwa im Fernen Osten eine ausreichende Streitmacht zusätzlich zu den Streitkräften unterhalten zu können, die in den der Heimat näher liegenden Gewässern benötigt wurden. Dabei mußte Großbritannien jetzt auch noch Japan zu den potentiellen Gegnern zählen. Diese Änderung der strategischen Gegebenheiten schlug sich im Bau eines größeren Marinestützpunktes in Singapur nieder, der durch Batterien von 38,1-cm-Geschützen gegen Angriffe von See her 90 Tage lang zu verteidigen sein sollte, d. h. so lange, wie eine Heranführung von Flottenkräften aus dem Mittelmeer nach dem Osten erforderte. (Verteidungsanlagen zum Schutz gegen Angriffe von Land her, d. h. über die Straße von Johore, wurden jedoch nicht mehr gebaut, weil damals das Vordringen einer großen Angriffsarmee durch den malayischen Dschungel noch für unmöglich gehalten wurde).
Neue Großkampfschiffe wurden von Großbritannien nicht in Bau gegeben, mit Ausnahme der beiden 1927 fertiggestellten 33 900 Tonnen großen Schlachtschiffe *Nelson* und *Rodney* mit einer Bestückung von neun 40,6-cm-Geschützen, einer Panzerung von bis zu 406 mm und der relativ geringen Geschwindigkeit von 23 Knoten. Die Klausel zur Beschränkung der Modernisierung vorhandener Schiffe wurde allerdings nicht so streng eingehalten. Auf britischen Großkampfschiffen wurden Brücken und Leitstände vergrößert. Dies erforderte bei der *Queen Elizabeth*-Klasse die Zusammenfassung der beiden Schornsteine in einen großen. Auf den amerikanischen Schlachtschiffen wurden nicht nur die Gittermasten durch moderne Dreibeinmasten ersetzt, um größere Brücken und Leitstände zu schaffen; auch der Höhenrichtwinkel der schweren Artillerie wurde erhöht und somit die Reichweite der Gefechtsentfernung von 22 000 m auf 35 000 m gesteigert. Dies stellte eine beträchtliche Stärkung der Offensivkraft dieser amerikanischen Schiffe dar, gegen welche Großbritannien – vergeblich – protestierte. Japan ging noch weiter: Seine Großkampfschiffe, insbesondere die Schlachtkreuzer der *Kongo*-Klasse, wurden unter Verletzung der Vertragsbeschränkungen beträchtlich modernisiert, was Japan durch strikte Geheimhaltung erfolgreich verbergen konnte, bis es für die anderen Unterzeichnermächte für einen Protest zu spät war.
Durch den Umbau der 22 450 Tonnen großen *Courageous* und *Glorious*, die mit sechzehn 12-cm-Mehrzweckgeschützen bewaffnet wurden und je 48 Flugzeuge mitführten, steigerte Großbritannien die Zahl seiner Flugzeugträger auf sechs. Die USA beschränkten sich nach Umbau des 11 050 Tonnen großen Kohlenversorgers *Langley* im Jahre 1922 auf den Umbau zweier halbfertiger Schlachtkreuzerneubauten zu Flugzeugträgern. Jeder dieser Träger beförderte 72 Flugzeuge, war mit acht 20,3-cm-Geschützen bewaffnet und hatte eine nominelle Wasserverdrängung von 33 000 Tonnen. (Tatsächlich verdrängten die Schiffe aber mehr als 36 000 Tonnen). Japan überschritt die Vertragsbestimmungen ebenso: Nach

Fertigstellung der 7 470 Tonnen großen *Hosho* (21 Flugzeuge) wurde die 38 200 Tonnen große *Kaga* und 36 500 Tonnen große *Akagi* mit je 90 Flugzeugen und zehn 20,3-cm-Geschützen fertiggestellt und die 10 600 Tonnen große *Ryujo* in Bau gegeben. Ausgenommen Frankreich, wo die 22 100 Ronnen große *Béarn* (40 Flugzeuge) aus einem Schlachtschiffrumpf fertigestellt wurde, beschritt zunächst kein anderer Staat den Weg zum Bau von Einheiten dieses Schiffstyps.

Unweigerlich gingen nur alle Seemächte daran, Kreuzer maximal zulässiger Größe und Geschützarmierung zu bauen. Großbritannien legte die sieben Schiffe der *Kent*-Klasse (9 880 Tonnen und acht 20,3-cm-Geschütze) auf Stapel, gefolgt durch sechs gleiche Einheiten der *London*-Klasse; dann folgte eine Reaktion auf die hohen Bau- und Unterhaltskosten dieses Typs, so daß die Folgeschiffe *York* und *Exeter* nur sechs 20,3-cm-Geschütze bei 8 250 Tonnen Wasserverdrängung erhielten. Die USA bauten zwei Einheiten der 9 100 Tonnen großen *Pensacola*-Klasse mit zehn 20,3-cm-Geschützen, sechs Einheiten der *Northhampton*-Klasse und zwei der *Indianapolis*-Klasse mit einer Bestückung von neun 20,3-cm-Geschützen bei 9 950 Tonnen Wasserverdrängung. Japan legte zwei Einheiten der *Furataka*-Klasse und zwei der *Aoba*-Klasse auf Stapel, die bei etwa 7 000 Tonnen Wasserverdrängung mit sechs 20,3-cm-Geschützen armiert waren, dann vier Einheiten der *Myoko*-Klasse und vier der *Takao*-Klasse mit je zehn 20,3-cm-Geschützen. Diese Klasse verletzte die Vertragsbestimmungen, weil die Wasserverdrängung in Wirklichkeit 13 380 Tonnen betrug. Frankreich gab drei Einheiten der 7 300 Tonnen großen *Dugay-Trouin*-Klasse mit acht 15,2-cm-Geschützen in Bau, dann zwei Einheiten der *Tourville*-Klasse, vier der *Suffren*-Klasse und die *Algérie,* alle 10 000 Tonnen groß und mit acht 20,3-cm-Geschützen armiert. Die Inbaugabe der Schweren Kreuzer war Frankreichs Reaktion auf die italienische Entscheidung zum Bau von zwei Einheiten der *Trento*-Klasse und vier der *Zara*-Klasse bei gleicher Nenngröße[5] und Bestückung, bevor sich Italien dann dem Bau der 5 200 Tonnen großen Leichten Kreuzer der *Condottieri*-Klasse mit acht 15,2-cm-Geschützen und einer Geschwindigkeit von nicht weniger als 37 Knoten widmete.

Großbritannien benötigte erst ab 1918 ein Ersatz- oder Neubau-Programm für Zerstörer. Es wurden jeweils neun Boote pro Jahr gebaut. Die aus der »V + W«-Klasse entwickelten Boote hatten eine Größe von 1 350 Tonnen und führten vier 12-cm-Geschütze und acht Torpedorohre. Aus ähnlichen Gründen – die zahlreichen während des Kriegs in den USA in Bau gegebenen »Flushdecker« waren erst nach Kriegsende fertiggestellt worden – schoben die USA ihr Zerstörer-Ersatzprogramm bis nach 1930 auf. Japan stellte 34 Zerstörer von 1 300 Tonnen mit vier 12-cm-Geschützen und sechs Torpedorohren sowie 12 Zerstörer von 820 Tonnen mit drei 12-cm-Geschützen und vier Torpedorohren fertig, bevor die große aus 24 Einheiten bestehende *Fubuki*-Klasse mit einer Wasserverdrängung von 2 090 Tonnen und einer Bewaffnung mit sechs 12,7-cm-

Geschützen und neun Torpedorohren in Auftrag gegeben wurde. Aber nicht nur Japan baute so große Zerstörer: Neben der Fertigstellung von 26 Torpedobootszerstörern der *Simoun-* und *Alcyon-*Klasse, die etwa den britischen Zerstörerkonstruktionen entsprachen, hatte Frankreich die 2126 Tonnen große *Tigre-*Klasse mit fünf 12,7-cm-Geschützen auf Stapel gelegt und ließ darauf zahlreiche weitere Einheiten von 2440 Tonnen und einer Geschwindigkeit von fast 40 Knoten folgen, durch welche die italienischen zwölf Einheiten der 1940 Tonnen großen *Navigatori-*Klasse, 38 Knoten schnell und mit sechs 12-cm-Geschützen bewaffnet, übertroffen werden sollte.
Den Ersatz seiner alternden U-Bootsflotte begann Großbritannien durch den Bau von neun Booten der »O«-Klasse von 15/9 Knoten nach einem verbesserten »L«-Entwurf. Sie waren 1350/1879 Tonnen groß. Darauf folgte die etwas größere »P«-Klasse mit sechs Einheiten. Die USA begnügten sich mit dem Bau von sechs neuen U-Booten. Dagegen stellte Japan mehr als 50 in Dienst; unter diesen können die 16/8 Knoten laufende *Ro 60-*Klasse von 996/1322 Tonnen mit einem 7,6-cm-Geschütz und sechs 53,3-cm-Torpedorohren sowie die 20/8 Knoten laufende *I 153-*Klasse von 1800/2300 Tonnen mit einem 12-cm-Geschütz und acht Torpedorohren als typisch angesehen werden. Italien baute vier etwa 1450/1904 Tonnen große Boote und zwölf mit einer Wasserverdrängung von 900/1000 Tonnen – ein Bauprogramm, das von Frankreich mehr als überboten wurde.
Im gleichen Zeitraum erfolgte von 1922 - 1930, wenn auch außerhalb des Einflußbereiches der Washingtoner Flottenabrüstungsverträge, so doch von folgenschwerer Bedeutung für den Zweiten Weltkrieg, der Wiederaufbau der deutschen Kriegsmarine. Zunächst wurden vier Kreuzer im Rahmen der Beschränkungen des Versailler Vertrages fertiggstellt: die kleinere *Emden* (III) sowie die drei Kreuzer der »K«-Klasse mit je 6650 Tonnen und mit neun 15,2-cm-Geschützen bewaffnet. Die zwölf neuen Torpedoboote der *Raubvogel-* und *Raubtier-*Klasse überschritten dagegen schon die Beschränkungen des Versailler Vertrages. Mit drei 10,5-cm-Geschützen und sechs Torpedorohren bestückt, verdrängten sie 933 Tonnen (statt 800). Wichtiger noch waren zwei weitere deutsche Entwicklungen. Schon 1922 begann ein deutsches U-Bootskonstruktionsbüro seine Tätigkeit, das in den Haag unter der Deckadresse einer holländischen Firma eingerichtet worden war. Bereits 1928 lief der Prototyp einer neuen U-Bootsklasse bei einer spanischen Bauwerft von Stapel, gefolgt von einem weiteren Typ in Finnland. Somit war Deutschland von 1930 an wieder in der Lage, sogleich mit dem Bau von U-Booten beginnen zu können, wenn die Verbote von Versailles nicht mehr galten. Wie die deutsche Marine ihr anderes dringendes Problem, den Ersatz der alten Vor-Dreadnought-Linienschiffe, löste, wurde bereits in Kapitel 1 geschildert.
Die folgende mit Tabelle 5 auf Seite 39 zu vergleichende Tabelle gibt einen Überblick über das Kräfteverhältnis der Flotten der späteren Haupt-

seemächte des Zweiten Weltkriegs; die in Klammern angeführten Zahlen geben die in Bau befindlichen Einheiten an:

Tabelle 6: Die wichtigsten Flotten der Welt im Jahre 1930

Schiffsart	Großbritannien	USA	Japan	Frankreich	Italien	Deutschland
Schlachtschiffe	16	18	6	6	4	–
Schlachtkreuzer	4	–	4	–	–	–
Panzerschiffe	–	–	–	–	–	(1)
Flugzeugträger	6	3	3 (1)	1	–	–
Kreuzer mit 15,2 cm und 20,3 cm Bestükkung	20 (3)	5 (5)	8 (4)	6	2 (4)	–
Andere Kreuzer	40	10	21	9	6 (5)	6 (1)
Zerstörer	146 (10)	230	120	70 (10)	75 (15)	25
U-Boote	50 (10)	100 (6)	60 (10)	60 (35)	65 (10)	–

Die hier wiedergegebene Situation zeigt, daß die britische Marine gerade eben noch den ersten Platz behauptete, den sie etwa eineinhalb Jahrhunderte lang eingenommen hatte, was jedoch nicht mehr lange andauern sollte.

Die Unterschriften unter dem Washingtoner Flottenvertrag waren kaum getrocknet, als die Seemächte weitere Verhandlungen über Gesamttonnagebeschränkungen für Kreuzer und – was für das Kräfteverhältnis noch wichtiger war – über die Abschaffung des Unterseeboots begannen. Eine im Jahr 1927 in Genf abgehaltene Konferenz konnte jedoch keine Übereinkunft herbeiführen. Das auf der nächsten Konferenz Erreichte war jedoch wesentlich, weil die Welt zu diesem Zeitpunkt die schwere internationale Weltwirtschaftsdepression durchzustehen hatte. Großbritannien und die USA wollten sich der ungeheuren Kostenbürde für die vertraglich zulässigen neuen Großkampfschiffe entledigen, zu deren Inbaugabe sie ein Jahr später berechtigt gewesen wären; auch Frankreich und Italien hatten mit den ihnen zustehenden Ersatzbauten noch nicht begonnen. Durch den Londoner Flottenvertrag vom 22. April 1930, der von den fünf Washingtoner Seemächten vollzogen wurde, verzichteten Großbritannien, Japan (wenn auch widerwillig) und die USA auf die Inbaugabe neuer Großkampfschiffe bis 1936, während sich Frankreich und Italien verpflichteten, höchstens die bereits zugestandenen zwei Einheiten auf Stapel zu legen. Die ersten drei Mächte übernahmen jedoch weitere Verpflichtungen zur Verminderung ihrer Seerüstung: Großbritannien auf 15 Großkampfschiffe, durch Verschrottung des Schlachtkreuzers *Tiger* und dreier Linienschiffe der *Iron Duke*-Klasse; lediglich

Iron Duke sollte als entmilitarisiertes Schulschiff in Dienst bleiben; die USA auf 15 Großkampfschiffe, durch Abwracken von zwei Einheiten der *Utah*-Klasse und Indiensthaltung der *Wyoming* als Schulschiff; Japan verstand sich zur Reduzierung seiner Schlachtflotte auf neun Einheiten durch Entwaffnung des Schlachtkreuzers *Hiei*, der als Schulschiff beibehalten werden sollte.
Der Umfang, in dem Großbritannien seine Flottenstärke der Zahl nach verringerte (um fünf Schlachtschiffe), verglichen mit dem Schritt der USA (nur drei Einheiten) und – was noch stärker zu Buche schlug – gegenüber Japan (um nur ein Schlachtschiff), ist besonders zu unterstreichen. Dies war längst nicht der einzige britische Schritt in Richtung auf die endgültige Aufgabe des Ranges als herrschende Seemacht der Welt. Eine kurzsichtige Labour-Regierung brachte die nachdrücklich gestellte strategische Forderung der britischen Admiralität nach einer Mindeststärke von 70 Kreuzern zu Fall und akzeptierte die folgenden Beschränkungen:

Tabelle 6a: Beschränkung der Kreuzer-Stärken

Typ	Großbritannien	USA	Japan
Mit Bestückung über 15,2 cm	Höchstens 15 mit 146 800 Tons	Höchstens 18, mit 180 000 Tons	Höchstens 12, mit 108 400 Tons
Mit Bestückung von 15,2 cm oder darunter	192 200 Tons	143 500 Tons	100 450 Tons
Insgesamt	339 000 Tons	323 500 Tons	208 850 Tons

Für Großbritannien bedeutete dies mehr als nur die Hinnahme einer kleineren Anzahl Schwerer Kreuzer als für die US Navy statthaft war oder die Notwendigkeit, die 19-cm-Armierung in der *Hawkins*-Klasse durch kleinere Geschütze zu ersetzen. Da sich ein ausreichender Typ mit 15-cm-Armierung nur mit einer Tonnage von mindestens 5 000–6 000 Tonnen konstruieren ließ, sollte deshalb der Gesamtbestand an Kreuzern in der britischen Navy auf nur 50 Einheiten verringert werden. Diese Begrenzung für Großbritannien sollte allerdings erst Ende 1936 in Kraft treten. Zu diesem Zeitpunkt jedoch hatte sich die Weltlage bereits so verändert, daß die damalige britische Regierung eine derart drastische Verminderung nicht mehr zulassen konnte. Frankreich und Italien weigerten sich beharrlich, die Pläne dieser Konferenz zur Herabsetzung der Zahl ihrer Kreuzer oder eine Tonnagebegrenzung auf 100 000 Tonnen anzunehmen.
Im gleichen Verhältnis von 3:3:2 wurden Tonnagebeschränkungen für

die Zerstörerflottillen zwischen Großbritannien, den USA (je 150 000 Tonnen) und Japan (105 000 Tonnen) vereinbart. Kein Boot durfte größer als 1 850 Tonnen sein und mit Geschützen von mehr als 12,7-cm-Kaliber bestückt werden. Als Gegenleistung für die Verminderung der eigenen Zerstörerzahl unter 100 Boote erzielte Großbritannien lediglich eine Klausel, welche den unbegrenzten Bau von Einheiten des Typs Kanonenboot (Sloop) zuließ; dieser sollte allerdings nicht mehr als 2 000 Tonnen groß sein, mit höchstens vier Geschützen von bis zu 15,2-cm-Kaliber bestückt und maximal 20 Knoten schnell. Wie in der Kreuzerfrage weigerten sich Frankreich und Italien auch hinsichtlich der Zerstörerstreitkräfte, irgendwelche Beschränkungen hinzunehmen.
Um die völlige Abschaffung des U-Boots als Seekriegswaffe zu erreichen und auf diesem Wege wenigstens einen ersten Schritt zu tun, vereinbarten Großbritannien, Japan und die USA für ihre Unterwasserflotte eine Beschränkung der Gesamttonnage auf höchstens 52 700 Tonnen, wobei kein U-Boot eine höhere Überwassertonnage als 2 000 Tonnen haben sollte. Daher mußten diese Seemächte ihre U-Bootwaffe auf etwa je 35 Boote beschränken. Aber auch hier wollten sich weder Frankreich noch Italien zu einer Beschränkung verstehen, weil sie das U-Boot als eine wesentliche Waffe gerade für die schwächeren Seemächte ansahen. Immerhin bestätigten im Vertragstext alle fünf Unterzeichnerstaaten, daß »hinsichtlich des Vorgehens gegen Handelsschiffe sich die U-Boote in Zukunft an die Regeln des internationalen Rechts für die Kriegführung durch Überwasserstreitkräfte halten müßten«, eine Klausel, die für die Zukunft schon deshalb recht wertlos war, weil die einzige Seemacht, die während des Ersten Weltkriegs diese Regel für sich nicht hatte gelten lassen, gar nicht Unterzeichner dieser Selbstverpflichtung war: Deutschland.
Diese Vereinbarungen hätten die Flottenstärken der Hauptseemächte der Welt bis Ende 1936 auf folgenden Stand gebracht:

Tabelle 7: Vorschau auf Flottenstärken der Hauptseemächte 1936/37

Schiffsart	Großbritannien	USA	Japan	Frankreich	Italien	Deutschland
Schlachtschiffe	12	15	6	6	5	–
Schlachtkreuzer	3	–	3	–	–	–
Panzerschiffe	–	–	–	–	–	3
Flugzeugträger	6	4	4	1	–	–
Kreuzer mit 20,3 cm Bestückung	15	16	12	8	10	–
Andere Kreuzer	35	10	17	12	14	8
Zerstörer	160	220	120	65	80	24
U-Boote	35	35	35	110	75	–

Die kommenden Ereignisse machten alle diese Zahlen bald zum Gegenstand rein theoretischen Interesses. Der Londoner Flottenvertrag sollte nicht dazu bestimmt sein, zu einem entscheidenden Faktor für die Entwicklung der Seerüstung in den 30er Jahren zu werden.
Die deutsche Entscheidung für den Bau von Panzerschiffen konterte Frankreich mit der Inbaugabe des Schlachtkreuzers *Dunkerque* mit 26 500 Tonnen und einer Armierung von acht 33-cm-Geschützen, auf den drei Jahre später das Schwesterschiff *Strasbourg* folgte. Um sich im Mittelmeer nicht überflügeln zu lassen, glaubte sich Italien gezwungen, nun seinerseits zwei Einheiten der *Littorio*-Klasse auf Stapel legen zu müssen. Diese Einheiten sollten die Tonnagebeschränkungen des Washingtoner Vertrages um mehr als 6 000 Tonnen übersteigen und bei gutem Panzerschutz neun 38,1-cm-Geschütze führen. Mit einer Geschwindigkeit von 28 Knoten waren diese Einheiten als schnelle Schlachtschiffe anzusprechen.
Im Fernen Osten setzte Japan neue Zeichen für seine Absicht, in diesem Raum die Vorherrschaft zu erringen. Unter Nichtachtung von Beschlüssen des Völkerbundes besetzte es 1931 Mukden und andere wichtige Plätze in der Mandschurei und trat 1933 aus dem Völkerbund aus. Darauf folgte die japanische Kündigung des Washingtoner und Londoner Flottenvertrages. Alsbald ging das Kaiserreich im Osten daran, seine Flotte auf gleiche Stärke mit Großbritannien und den USA zu bringen. Die feindselige Haltung Italiens zwang Frankreich, 1935 dem japanischen Beispiel zu folgen und die Flottenverträge zu kündigen. Somit konnte die im Dezember 1935 zum Zwecke der Beschränkung zukünftiger Großkampfschiffe (auf 35 000 Tonnen, bei einer Armierung von höchstens 35,6 cm) und Kreuzer (auf 8 000 Tonnen und höchstens 15,2-cm-Armierung) einberufene Fünf-Mächte-Seeabrüstungskonferenz nur einen geringen Erfolg haben, vor allem deswegen, weil Japan seine Delegation abrief und öffentlich erklärte, es werde künftig jedwede Beschränkungen unbeachtet lassen.
Von umso größerer unmittelbarer Wirkung auf die militärpolitische Entwicklung aber war es, daß Deutschland nach Rücknahme der Unterschrift unter dem Versailler Vertrag 1935 mit Großbritannien ein bilaterales Flottenabkommen abschließen konnte, das die deutsche Überwassertonnage auf 35 Prozent der britischen festlegte, der deutschen U-Boot-Waffe jedoch tonnagemäßig Parität mit der britischen zugestand. (Allerdings verpflichtete sich Deutschland zunächst, seine U-Boot-Tonnage freiwillig auf 45 Prozent zu beschränken.) 1935 begann Italien seinen Krieg in Abessinien gegen alle Beschlüsse des Völkerbunds. Großbritannien sah sich gezwungen, den größten Teil seiner Flotte in Gibraltar und Alexandrien zu konzentrieren, um gegen die zweitrangige italienische Marine gerüstet zu sein. Dies zeigte abermals, in welchem Umfang die Verträge und der politische Grundsatz »Zehn Jahre kein Krieg« schon jetzt die Stärke Großbritanniens zur See ausgehöhlt hatten: Der vom bri-

tischen Kabinett zur Anleitung der für die Wehrmachtsteile zuständigen Ministerien formulierte Planungsgrundsatz mag vielleicht 1919 vernünftig gewesen sein, war jedoch noch 1928 vom Schatzministerium automatisch verlängert worden, als dieses – welche Ironie des Schicksals – von niemand anderem geleitet wurde als von Winston Churchill. Dieser schwächende Grundsatz wurde erst 1933 aufgegeben.
Viel zu spät, jedoch noch vor dem vollen Inkrafttreten des letzten Londoner Vertrages, sah sich Großbritannien zum Beginn einer Wiederaufrüstung gezwungen, die nicht so sehr gegen die potentielle japanische Bedrohung der britischen Besitzungen und Interessen im Fernen Osten, sondern im wesentlichen zum Schutz der Heimatinsel gegen das erstarkende Deutschland gerichtet war. Dort hatte Hitler im Januar 1933 die Macht ergriffen und seine Absichten durch Austritt aus dem Völkerbund (1933), durch Aufkündigung der Rüstungsbeschränkungen des Versailler Vertrages und Wiedereinführung der allgemeinen Wehrpflicht (1935) sowie die Wiederbesetzung des entmilitarisierten Rheinlands (1936) offen zutage treten lassen. Nicht viel später begannen auch die Vereinigten Staaten, ihre Flotte wieder zu verstärken, im wesentlichen mit Blick auf Japan, das 1937 einen neuen Krieg gegen China begonnen hatte. Schon während der Anfangswirren waren dabei das amerikanische Flußkanonenboot *Panay* und zwei Tanker während ihrem nach Völkerrecht gestatteten Aufenthalt auf dem Jangtsekiang durch japanische Flugzeuge versenkt worden. Dies und anderes mehr, vor allem auch der Anschluß Österreichs an das Deutsche Reich im Frühjahr 1938 und die Krise im September 1938, die zum Münchner Abkommen und dem deutschen Einmarsch in die deutschen Gebiete der Tschechoslowakei führte, hatte bis zum Ausbruch des Zweiten Weltkriegs folgende Konsquenzen für die Marinerüstung: Großbritannien legte in schneller Folge die fünf Einheiten der 35 000 Tonnen großen *King George V*-Klasse auf Stapel, schnelle Schlachtschiffe mit zehn 35,6-cm-Geschützen und sechzehn modernen 13,3-cm-Seeziel-/Luftziel-Geschützen als Mehrzweck-Mittelartillerie anstelle der bis dahin üblichen getrennten Seeziel- und Fla-Mittelartillerie. Ihnen folgte nach der Aufkündigung der Flottenbeschränkungen durch Japan die Inbaugabe von vier Einheiten der *Lion*-Klasse von 40 000 Tonnen mit neun 40,6-cm-Geschützen. Das amerikanische Wiederaufrüstungsprogramm zur See begann mit den zwei Einheiten der *North-Carolina*-Klasse und vier Einheiten der *South Dakota*-Klasse, ebenfalls schnelle Schlachtschiffe von 35 000 Tonnen, deren Bau jedoch lange genug hinausgezögert wurde, so daß das Kaliber der Hauptarmierung von 35,6 cm auf neun 40,6-cm-Geschütze abgewandelt werden konnte. Dennoch wurden diese kampfstarken neuen Schlachtschiffe durch die vier japanischen Einheiten der *Yamato*-Klasse weit übertroffen, deren gigantische Größe von 64 800 Tonnen und Schwerstbewaffnung mit neun 45,7-cm-Geschützen der Welt lange Zeit verborgen bleiben sollte. Im gleichen Jahr begann Frankreich den Bau der vier Einhei-

ten der *Richelieu*-Klasse von 35 000 Tonnen und acht 38,1-cm-Geschützen, während Italien die zweite Gruppe von zwei Einheiten der *Littorio*-Klasse in Bau gab. Deutschland wandte sich vom Bau der kleineren Panzerschiffe ab und legte die beiden Schlachtschiffe *Scharnhorst* und *Gneisenau* von 31 850 Tonnen und neun 28-cm-Geschützen auf Kiel, auf welche *Bismarck* und *Tirpitz* folgten, schnelle Schlachtschiffe von 41 700 bzw. 42 900 Tonnen und acht 38,1-cm-Geschützen, sowie das erste Schiff von insgesamt sechs projektierten Einheiten einer neuen Schlachtschiffklasse von 56 000 Tonnen mit acht 40,6-cm-Geschützen.

Zur gleichen Zeit hatte Großbritannien ein Programm zur Modernisierung der vorhandenen Großkampfschiffe in Angriff genommen. Diese sollten eine stärkere Panzerung erhalten, die Reichweite der 38,1-cm-Geschütze vergrößert und die getrennte Mittel- und Fla-Artillerie durch eine moderne 13,3-cm-Mehrzweck-Artillerie ersetzt werden. An die Stelle der alten Dreibeinmasten mit ihren Marsen, Leitständen und gepanzerten Kommandoständen sollten massive Brückenstrukturen nach Art der *Nelson*-Klasse treten. Außerdem sollten die Einheiten neue Maschinen und Kessel erhalten. Doch nur der Umbau des Schlachtschiffs *Warspite* und des Schlachtkreuzers *Renown* wurde bis zum Kriegsausbruch fertig. Der Umbau von *Queen Elizabeth* und *Valiant* war 1940 abgeschlossen; zur Modernisierung der übrigen alten Großkampfschiffe kam es nicht mehr. In den USA war bereits die Teilmodernisierung des Schlachtschiffs *Arkansas* durchgeführt worden. Nun folgte die Modernisierung der zwei Einheiten der *Texas*-Klasse, zwei der *Oklahoma*-Klasse und zwei der *Pennsylvania*-Klasse. Dabei wurde insbesondere die Fla-Bewaffnung auf zwölf 12,7-cm-Geschütze umgerüstet. Auch die drei Schiffe der *New Mexico*-Klasse wurden modernisiert. Frankreich baute die drei Einheiten der *Bretagne*-Klasse um, Italien die zwei Schlachtschiffe der *Conte di Cavour*-Klasse und zwei der *Andrea Doria*-Klasse. Japan schließlich erreichte in der zur Verfügung stehenden knappen Zeit das Maximum: Nicht nur daß alle seine neun Großkampfschiffe vollständig modernisiert wurden, auch die entwaffnete *Hiei* wurde wieder zu einem vollgültigen Großkampfschiff aufgerüstet. All dies ist in der Tabelle 8 mit Stand von September 1939 aufgeführt, wobei die in Klammern angegebenen Zahlen die zu diesem Zeitpunkt in Bau befindlichen Schiffe angeben.

Erst 1939 konnte Großbritannien einen modernen Flugzeugträger in Bau geben, die *Ark Royal,* mit 22 000 Tonnen und sechzehn 11,4-cm-Mehrzweckgeschützen. Der neue Träger konnte auf seinen zwei Hangardecks nicht weniger als 72 Flugzeuge aufnehmen.

Der *Ark Royal* folgten die sehr ähnlichen vier Einheiten der *Illustrious*-Klasse, jedoch mit einer wichtigen Neuerung: Die Flugzeughangare erhielten einen Seitenpanzer von 114 mm und ein 76 mm starkes Panzerdeck. Dadurch wurde zwar die Flugzeugaufnahmekapazität auf die Hälfte reduziert; der große Vorteil dieser starken Schutzmaßnahmen

Tabelle 8: Großkampfschiffe der Hauptseemächte 1939

Typ	Großbritannien	USA	Japan	Frankreich	Italien	Deutschland
Vor 1936 fertiggestellte, nicht modernisierte Schlachtschiffe	*Barham*	*California*	–	*Courbet*	–	–
	Malaya	*Tennessee*	–	*Océan*	–	–
	Ramillies	*Colorado*	–	*Paris*	–	–
	Resolution	*Maryland*	–	–	–	–
	Revenge	*West Virginia*	–	–	–	–
	Royal Oak	–	–	–	–	–
	Royal Sovereign	–	–	–	–	–
	Nelson	–	–	–	–	–
	Rodney	–	–	–	–	–
	9	5	–	3	–	–
Vor 1936 fertiggestellte moderisierte oder in Modernisierung befindliche Schlachtschifft	*Queen Elizabeth*	*Arkansas*	*Fuso*	*Bretagne*	*Conte di Cavour*	–
	Valiant	*New York*	*Yamashiro*	*Lorraine*	*Giulio Cesare*	–
	Warspite	*Texas*	*Hyuga*	*Provence*	*Andrea Doria*	–
	–	*Nevada*	*Ise*	–	*Caio Duilio*	–
	–	*Oklahoma*	*Mutsu*	–	–	–
	–	*Pennsylvania*	*Nagato*	–	–	–
	–	*Arizona*	–	–	–	–
	–	*New Mexico*	–	–	–	–
	–	*Mississippi*	–	–	–	–
	–	*Idaho*	–	–	–	–
	3	10	6	3	4	
Vor 1936 fertiggestellte, nicht modernisierte Schlachtkreuzer	*Repulse*	–	–	–	–	–
	Hood	–	–	–	–	–
	2	–	–	–	–	–

Tabelle 8: Großkampfschiffe der Hauptseemächte 1939 (Fortsetzung)

Typ	Großbritannien	USA	Japan	Frankreich	Italien	Deutschland
Vor 1936 fertigge-	*Renown*	–	*Haruna*	–	–	–
stellte und moder-	–	–	*Hiei*	–	–	–
nisierte Schlacht-	–	–	*Kirishima*	–	–	–
kreuzer	–	–	*Kongo*	–	–	–
	–	–	4	–	–	–
				–		
Schnelle nach	*King George V*	*North Carolina*	*Yamato*	*Clémenceau*	*Littorio*	*Bismarck*
1935 fertiggestell-	*Prince of Wales*	*Washington*	*Musashi*	*Gascogne*	*Vittorio Veneto*	*Tirpitz*
te oder fertigzu-	*Duke of York*	*South Dakota*	–	*Jean Bart*	*Impero*	2 H-Klasse
stellende	*Anson*	*Indiana*	–	*Richelieu*	*Roma*	–
Schlachtschiffe	*Howe*	*Massachusetts*	–	–	–	–
	4 *Lion*-Klasse	*Alabama*	–	–	–	–
	9	6	2	4	4	4
Nach 1935 fertig-	–	–	–	*Dunkerque*	–	*Gneisenau*)*
gestellte Schlacht-	–	–	–	*Strasbourg*	–	*Scharnhorst*)*
kreuzer	–	–	–	2	–	2
Panzerschiffe	–	–	–	–	–	*Deutschland*
	–	–	–	–	–	*Admiral Graf Spee*
	–	–	–	–	–	*Admiral Scheer*
	–	–	–	–	–	3
Insgesamt	15 (+9)	15 (+6)	10 (+2)	8 (+4)	4 (+4)	5 (+4)

*) Wurden in der deutschen Kriegsmarine als Schlachtschiffe bezeichnet

sollte sich dann im Krieg mehr als einmal deutlich beweisen. Außerdem wurde die 14740 Tonnen große *Unicorn* mit einer Kapazität von 35 Flugzeugen in Bau gegeben. Der erste Zugang zur zunächst kleinen amerikanischen Flugzeugträgerflotte lag noch innerhalb der Beschränkungen der Washingtoner Verträge: Der Träger *Ranger* konnte bis zu 86 Flugzeuge bei einer Wasserverdrängung von nur 14500 Tonnen befördern. Bai Ablauf der Verträge legte die US Navy jedoch die drei 20000 Tonnen großen Einheiten der *Yorktown*-Klasse auf Stapel, von denen jede 100 Flugzeuge mitführen konnte; es folgte eine Rückkehr zur Größenordnung des Typs *Ranger* mit *Wasp;* gleichzeitig wurde *Langley* in den Stand eines Flugzeugtransporters zurückversetzt.
Japan baute die 10600 Tonnen große *Ryujo* (48 Flugzeuge) und zwei Einheiten der *Soryu*-Klasse von etwa 16000 Tonnen, die je 73 Flugzeuge mitführen konnten. Eine weitere wichtige Maßnahme blieb von den anderen Seemächten unbemerkt: Japan hatte bauliche Vorkehrungen getroffen, durch welche vier schnelle Tanker und fünf schnelle Passagierschiffe der NYK-Reederei in Tokio unter geringstem Zeitaufwand zu Flugzeugträgern umgebaut werden konnten. Frankreich legte als Träger die *Joffre* und *Painlevé* von je 18000 Tonnen zur Aufnahme von jeweils 40 Flugzeugen auf Stapel. Deutschland begann den Bau der *Graf Zeppelin* mit 23000 Tonnen und einem Fassungsvermögen für 40 Flugzeuge. Sie wurde nicht mehr fertiggestellt, ebensowenig der zweite deutsche Träger »B«. Italien dagegen verharrte weiter bei der Überzeugung, seine Marine bedürfe dieses Schiffstyps nicht. Tabelle 9 faßt die Flugzeugträger-Bauprogramme bis September 1939 zusammen.
Nach dem Bau von acht 7000 Tonnen großen Kreuzern der *Leander*-Klasse mit acht 15,2-cm-Geschützen begann Großbritannien die 5220 Tonnen große *Arethusa*-Klasse mit nur sechs 15,2-cm-Geschützen. Durch die Tonnageverkleinerung sollte die benötigte Anzahl von Kreuzern innerhalb der Tonnagebeschränkungen des Londoner Flottenvertrages erbaut werden können. Das bald folgende Wiederaufrüstungsprogramm umfaßte zunächst die acht Einheiten der 9100 Tonnen großen *Southampton*-Klasse mit zwölf 15,2-cm-Geschützen, gefolgt durch die beiden etwas größeren Einheiten der *Edinburgh*-Klasse. Die Flottenkonferenz von 1935/36 erzwang eine neue Kreuzer-Konstruktion: Jetzt wurden die elf Einheiten der *Fiji*-Klasse bei gleicher Bewaffnung und 8000 Tonnen Wasserverdrängung in Bau gegeben. Nach Fertigstellung waren sie jedoch 8800 Tonnen groß. Gleichzeitg wurde gegen die wachsende Bedrohung durch Luftangriffe eine neue Klasse von Flugabwehr-Kreuzern, die 11 Schiffe der *Dido*-Klasse, in Bau gegeben. Sie waren bei 5770 Tonnen Wasserverdrängung mit zehn 13,3-cm-Geschützen armiert. Die in Dienst gehaltenen älteren Kreuzer umfaßten nicht nur die mit 20,3-cm-Geschützen bestückten Schweren Kreuzer der Nachkriegszeit, sondern auch 23 Einheiten der alten »C«, »D« und »E«-Klasse (von denen sechs zu Fla-Kreuzern mit acht 10,5-cm-Geschützen umgebaut wurden).

Tabelle 9: Flugzeugträger der Hauptseemächte 1939

Typ	Großbritannien	USA	Japan	Frankreich	Italien	Deutschland
Bis 1930 gebaute Flugzeugträger	*Argus*	*Lexington*	*Hosho*	*Béarn*	–	–
	Furious	*Saratoga*	*Kaga*	–	–	–
	Eagle	–	*Akagi*	–	–	–
	Hermes	–	*Ryujo*	–	–	–
	Courageous	–	–	–	–	–
	Glorious	–	–	–	–	–
Nach 1930 auf Stapel gelegte Flugzeugträger	*Ark Royal*	*Ranger*	*Hiryu*	*(Joffre)*	–	*(Graf Zeppelin)*
	(Illustrious)	*Yorktown*	*Soryu*	*(Painlevé)*	–	–
	(Victorious)	*Enterprise*	*(Shokaku)*	–	–	–
	(Formidable)	*(Hornet)*	*(Zuikaku)*	–	–	–
	(Indomitable)	*(Wasp)*	–	–	–	–
Zum raschen Umbau zu Flugzeugträgern auf Stapel gelegte Einheiten	–	–	(9)	–	–	–
Insgesamt	7 (+4)	5 (+2)	6 (+2+9)	1 (+2)	–	(1)

Ferner waren noch die drei Kreuzer der *Hawkins*-Klasse[6] vorhanden, von denen die *Effingham* mit neun 15,2-cm-Geschützen umbewaffnet wurde. Nach Fertigstellung des vertraglich zulässigen Kontingents an Schweren Kreuzern mit 20,3-cm-Geschützen, was mit dem Bau von sieben Einheiten der *Astoria*-Klasse sowie der *Wichita* erreicht wurde, gaben die USA neun Einheiten der 10000 Tonnen großen *Brooklyn*-Klasse in Bau. Dise wurden mit nicht weniger als fünfzehn 15,2-cm-Geschützen armiert. Japan hatte seine Quote an Schweren Kreuzern (mit 20,3-cm-Artillerie) bereits ausgeschöpft und baute die vier Einheiten der *Mogami*-Klasse als Leichte Kreuzer, ebenfalls mit fünfzehn Geschützen vom Kaliber 15,2 cm, bei nur 8400 Tonnen Wasserverdrängung (während des Krieges wurden sie auf Kaliber 20,3 cm zu Schweren Kreuzern umgerüstet). Nach Aufkündigung der Flottenverträge gab Japan zwei 11215 Tonnen große Kreuzer der *Tone*-Klasse mit acht 20,3-cm-Geschützen in Auftrag. In der gleichen Periode begann Japan mit der Vermehrung seiner Leichten Kreuzer durch Inbaugabe von vier 6652 Tonnen großen Kreuzern der *Agano*-Klasse mit sechs 15,2-cm-Geschützen.
Frankreich stellte den Minenkreuzer *Emile Bertin* (5886 Tonnen) und sechs 7600 Tonnen große Einheiten der *La Galissonnière*-Klasse in Dienst, alle waren mit neun 15,2-cm-Geschützen bewaffnet. Die dann auf Stapel gelegte *De Grasse* sollte bei 8000 Tonnen die gleiche Bewaffnung erhalten. Italien hatte sechs Leichte Kreuzer der *Condottierei*-Klasse (5200 Tonnen) mit acht 15,2-cm-Geschützen fertiggestellt und legte dann vier größere mit der gleichen Bewaffnung auf Stapel, denen zwei weitere mit einer Armierung von zehn 15,2-cm-Geschützen folgten. Deutschland stellte die Leichten Kreuzer *Leipzig* (6710 Tonnen) und *Nürnberg* (6980 Tonnen) fertig; beide waren mit neun 15,2-cm-Geschützen bewaffnet. Dann folgten die 13900 Tonnen große *Admiral Hipper* und *Blücher* mit acht 20,3-cm-Geschützen, sowie *Prinz Eugen, Seydlitz* und *Lützow,* für welche bei 14800 Tonnen Wasserverdrängung die gleiche Bewaffnung vorgesehen war. (*Seydlitz* sollte nicht mehr fertig werden. *Lützow* wurde an die Sowjetunion verkauft.) Die 1938 begonnenen Leichten Kreuzer der 8500 Tonnen großen »H-R«-Klasse wurden nach Kriegsausbruch abgebrochen. All dies ist für den Stichtag 1. September 1939 in Tabelle 10 zusammengefaßt.
Die von anderen Mächten inzwischen in Dienst gestellten Großzerstörer zwangen Großbritannien, sechzehn Einheiten der *Tribal*-Klasse mit 1870 Tonnen und acht 12-cm-Geschützen mit vier Torpedorohren auf Stapel zu legen. Danach folgte die 1690 Tonnen große »J« und »K«-Klasse mit sechs 12-cm-Geschützen und acht Torpedorohren. Um schnellere Fahrzeuge als die 34 Geleit- oder Kanonenboote (Sloops) für den Handelsschutz zu erhalten, wurden 15 Zerstörer der »V + W«-Klasse auf Fla-Bewaffnung umgerüstet und eine große Serie neuer Geleitzerstörer der *Hunt*-Klasse von 900 - 1100 Tonnen und vier bis sechs 10,5-cm-Geschützen begonnen. Die USA begannen im Rahmen der Aufrü-

Tabelle 10: Die Kreuzer der Hauptseemächte 1939

Typ	Großbritannien	USA	Japan	Frankreich	Italien	Deutschland
Vor 1922 auf Stapel gelegte Kreuzer	3 *Hawkings*-Klasse	10 *Omaha*-Klasse	2 *Tenruy*-Kl.	–	*Taranto*	–
	Adelaide	–	2 *Kuma*-Klasse	–	*Bari*	–
	13 *C*-Klasse	–	6 *Nagara*-Klasse	–	–	–
	8 *D*-Klasse	–	*Yubari*	–	–	–
	2 *E*-Klasse	–	–	–	–	–
	27	10	14	–	2	–
Nach »Washington«-Kreuzer mit Kaliber über 15,2 cm	13 *County*-Klasse	2 *Pensacola*-Kl.	2 *Furutaka*-Kl.	2 *Duquesne*-Kl.	2 *Trento*-Kl.	*Admiral Hipper*
	2 *Cathedral*-Kl.	6 *Northampton*-Kl.	4 *Aoba*-Klasse	4 *Suffren*-Kl.	4 *Zara*-Kl.	*Blücher*
	–	2 *Indianapolis*-Kl.	4 *Myoko*-Kl.	*Algérie*	*Bolzano*	*(Lützow)*
	–	7 *Astoria*-Kl.	4 *Takao*-Kl.	–	–	*(Prinz Eugen)*
	–	*Wichita*	2 *Tone*-Kl.	–	–	*(Seydlitz)*
	15	18	14	7	7	2 (+3)
Nach »Washington«-Kreuzer mit 15,2 cm Kaliber oder weniger	8 *Leander*-Kl.	9 *Brooklyn*-Kl.	4 *Mogami*-Kl.	3 *Duguay Truin*-Kl.	12 *Condottieri*-Kl.	*Emden*
	4 *Arethusa*-Kl.	–	3 *Sendai*-Kl.	*Jeanne d'Arc*	–	3 *K*-Klasse
	8 *Southampton*-Kl.	–	(4 *Agano*-Kl.)	*Emile Bertin*	–	*Leipzig*
	2 *Edinburgh*-Kl.	–	–	6 *La Galissonnière*-Kl.	–	*Nürnberg*
	(11 *Dido*-Kl.)	–	–	*(De Grasse)*	–	–
	(11 *Fiji*-Kl.)	–	–	–	–	–
	22 (22)	9	7 (4)	11 (1)	12	6
Insgesamt	64 (+22)	37	35 (+4)	18 (+1)	21	8 (+3)

stung ihr Zerstörerbauprogramm im Jahr 1932 mit acht Einheiten der 1 395 Tonnen großen *Farragut*-Klasse mit fünf 12,7-cm-Geschützen und acht Torpedorohren, denen acht Einheiten der 1 850 Tonnen großen *Porter*-Klasse mit der starken Artilleriebewaffnung von acht 12,7-cm-Geschützen folgten. Dann kamen 18 Einheiten der 1 500 Tonnen großen *Fanning*-Klasse mit fünf 12,7-cm-Geschützen und zwölf Torpedorohren sowie weitere fünf Einheiten der verbesserten *Porter*-Klasse. Im September 1939 befanden sich in den USA 22 Einheiten der 1 500 Tonnen großen *Craven*-Klasse im Bau, weitere 12 Einheiten der 1 570 Tonnen großen *Sims*-Klasse sowie die ersten beiden Einheiten der 1 620 Tonnen großen *Benson*- und *Livermore*-Klasse, alle mit der modernen Mehrzweckbewaffnung des Kalibers 12,7 cm.
Japan baute Zerstörer wie die *Shiratsuyu*-Klasse mit 1 580 Tonnen und fünf 12,7-cm-Mehrzweckgeschützen, die *Kagero*-Klasse mit 2 033 Tonnen und sechs 12,7-cm-Geschützen. Beide Klassen waren mit je acht Torpedorohren ausgestattet. Daneben baute die japanische Marine auch weiterhin kleinere Torpedoboote von 800 Tonnen mit drei 12-cm-Geschützen und drei Torpedorohren. Frankreich hatte bereits die 2 100 Tonnen große *Tigre*-Klasse im Dienst und stellte nicht weniger als 24 weitere 37 Knoten schnelle Fahrzeuge von 2 500 Tonnen mit fünf 13,8-cm-Geschützen fertig. Ferner wurden sieben Einheiten der *Mogador*-Klasse von fast 3 000 Tonnen auf Stapel gelegt, welche acht 13,8-cm-Geschütze plus zehn Torpedorohre führen sollten (Es wurden nur *Mogador* und *Volta* fertig). Frankreich baute auch weitere konventionelle Zerstörer von 1 378 bis zu 1 772 Tonnen und vier oder sechs 12,7-cm-Geschützen sowie sechs bis sieben Torpedorohren. Die französische Marine beschaffte schließlich auch kleinere Torpedoboote von 600 bis 1 010 Tonnen mit zwei bis vier 10,5-cm-Geschützen und zwei bis vier Torpedorohren. Italien hatte 15 größere Zerstörer fertiggestellt, wandte sich dann aber dem Bau der 1 640 Tonnen großen *Maestrale*-Klasse mit vier 12-cm-Geschützen und sechs Torpedorohren zu. Dazu stellte die italienische Marine eine große Anzahl von Torpedobooten wie z. B. die 800 Tonnen große *Spica*-Klasse mit drei 10,5-cm-Geschützen und vier Torpedorohren in Dienst. Deutschland begann 1934 den Bau der 16 Einheiten der ca. 38 Knoten schnellen 2 200 Tonnen großen *Leberecht-Maass*-Klasse mit fünf 12,7-cm-Geschützen und acht Torpedorohren, gefolgt von den sechs Booten der 2 800 Tonnen großen *Karl Galster*-Klasse mit gleicher Bewaffnung.
Nach Fertigstellung der drei U-Boote der »R«-Klasse (einer Wiederholung der voraufgegangenen »P«-Klasse) und der drei großen Boote der *Thames*-Klasse mit der hohen Überwassergeschwindigkeit von 22 Knoten sowie sechs größeren U-Boot-Minenlegern konzentrierte sich Großbritannien auf drei neue Typen, im wesentlichen für den Einsatz in den beengten Gewässern der Nordsee und des Mittelmeers: die 670 bis 960 Tonnen große »S«-Klasse mit einem 10,5-cm-Geschütz und sechs Tor-

pedorohren, die 1 090/1 575 Tonnen große »T«-Klasse mit einem 10,5-cm-Geschütz und zehn Torpedorohren und die 540/730 Tonnen »U«-Klasse mit einem 7,6-cm-Geschütz und nur vier Torpedorohren. Mit Blick auf die Erfordernisse eines Krieges im Pazifik legten die USA dreißig größere U-Boote auf Stapel, zumeist von der schnellen »S«-Klasse von 1 435 und 2 210 Tonnen und einem 10,5 cm-Geschütz und acht Torpedorohren und der »T«-Kasse von 1 475 bis 2 370 Tonnen mit einem 12,7-cm-Geschütz und zehn Torpedorohren. Japan legte größten Wert auf eine hohe Reichweite (16 000 Seemeilen) und Seeausdauer (90 Tage) der U-Bootstypen, die eine Wasserverdrängung zwischen 1 570 und 2 330 Tonnen aufwiesen und ein 12,7-cm-Geschütz sowie sechs Torpedorohre führten. Auch große Einheiten von 2 525 bis zu 3 583 Tonnen mit einem 14-cm-Geschütz und sechs Torpedorohren wurden gebaut. Um die Aufklärungsfunktion dieser U-Boote zu verstärken, wurde eine Anzahl dieser Boote mit einem kleinen Schwimmerflugzeug ausgerüstet, das in einem Hangar vor oder hinter dem Turm untergebracht wurde.
Frankreichs starke Befürwortung des U-Boots als Waffe für die schwächeren Seemächte spiegelte sich in einem umfangreichen Bauprogramm wider. Die auf Stapel gelegten Boote hatten eine Größe von zwischen 558 bis 787 Tonnen bei einer Bewaffnung mit je einem 7,6-cm-Geschütz und drei Torpedorohren als Küsten-U-Boote. Boote für eine ozeanische Verwendung waren 1 384 bis 1 570 Tonnen groß und erhielten ein 10,5-cm-Geschütz und 11 Torpedorohre. Der französische U-Kreuzer *Surcouf* (3 250/4 303 Tonnen) war mit zwei 20,3-cm-Geschützen, 12 Torpedorohren und einem in einem Hangar hinter dem Turm mitgeführten Seeflugzeug ausgerüstet. Italien sollte im U-Bootsektor noch baufreudiger sein: Im wesentlichen wurden zwei U-Boot-Grundtypen gebaut: 700 bis 840 Tonnen große Boote mit einem 10,5-cm-Geschütz und sechs Torpedorohren, sowie ein Typ von 1 500/2 000 Tonnen mit zwei 12-cm-Geschützen und acht Torpedorohren. Deutschland dagegen hatte sein Anfangsbauprogramm für die U-Boot-Waffe zunächst auf drei Typen beschränkt: einen von 250/330 Tonnen bei einer Geschwindigkeit von 13 Knoten über und 7 Knoten unter Wasser, mit drei Torpedorohren bewaffnet (Typ II), den größeren Typ von 500/650 Tonnen und einer Geschwindigkeit von 16 Knoten über und 8 Knoten unter Wasser und einem 8,8-cm-Geschütz und fünf Torpedorohren (Typ VII) und den 862/983 Tonnen großen Typ I mit einem 10,5-cm-Geschütz und vier Torpedorohren. Im September 1939 waren 57 deutsche U-Boote fertiggestellt, eine etwa gleich große Anzahl befand sich im Bau.
Die Flottenstärke der sechs Hauptseemächte zum Zeitpunkt der britischen und französischen Kriegserklärung an Deutschland am 3. September 1939 zeigt Tabelle 11:

Tabelle 11: Die Flotten der Hauptseemächte 1939

Typ	Großbritannien	Frankreich	USA	Deutschland	Italien	Japan
Großkampfschiffe	15(9)	8(4)	15(6)	5(4)	4(4)	10(2)
Flugzeugträger	7(4)	1(2)	5(2)	(1)	–	6(2+9)
Kreuzer	64(22)	18(1)	37	8(3)	21	35(4)
Zerstörer	192(28)	70(30)	214(38)	48(14)	112(4)	104(18)
U-Boote	59(14)	78(27)	95(10)	57(50)	104(11)	57(13)

Ein Vergleich mit Tabelle 7 auf Seite 47 zeigt die beträchtliche Vermehrung über den durch die Flottenverträge erreichten Stand der Abrüstung zur See. Trotz aller dieser Anstrengungen aber konnte sich keine der Flotten an Größe, besonders, was die Zahl der Großkampfschiffe und Kreuzer betrifft, mit den Marinen Großbritanniens und Deutschlands messen, mit denen diese 1914 in den Ersten Weltkrieg eingetreten waren.

3. Der Zweite Weltkrieg

Die Flotten der Hauptseemächte der Welt sollten allerdings nicht lange so klein bleiben. Denn während des Zweiten Weltkriegs wurde neben den auf der hohen See gewonnenen und verlorenen Kämpfen auch eine völlig andere, aber ebenso lebenswichtige maritime Schlacht geschlagen: Die Produktionsschlacht der Werften und Zulieferindustrien aller Seemächte, welche das anfängliche Bild schnell beträchtlich veränderten.

Großbritannien stellte während des Krieges seine fünf Schlachtschiffe der *King George V*-Klasse fertig, annullierte jedoch den Bau der vier Einheiten der *Lion*-Klasse, weil die Bauhellige unbedingt gebraucht wurden, und eine Fertigstellung der Schiffe vor dem Ende der Feindseligkeiten unwahrscheinlich erschien. Jedoch wurde die *Vanguard* auf Stapel gelegt. Hier bestand bei Verwendung der alten 38,1-cm-Geschütztürme, die aus den zu Flugzeugträgern umgewandelten Schlachtkreuzern *Courageous* und *Glorious* ausgebaut worden waren, die Hoffnung auf eine rechtzeitige Fertigstellung (Auch dieses Schiff kam erst 1946 in Dienst).

Großbritanniens Kriegsverluste umfaßten das Schlachtschiff *Royal Oak,* das am 14. Oktober 1939 durch das deutsche *U 47* torpediert wur-

Tabelle 12: Von Großbritannien während des Zweiten Weltkriegs gebaute Schlachtschiffe

Name	Fertig-stellung	Wasser-verdrängung (Tons)	Hauptbewaff-nung (cm)	Geschwin-digkeit (Knoten)	Stärkste Panze-rung (mm)
Prince of Wales	3/1941	38000	10 × 35,6	29	406
King George V	11/1941	38000	10 × 35,6	29	406
Duke of York	11/1941	38000	10 × 35,6	29	406
Anson	6/1942	38000	10 × 35,6	29	406
Howe	8/1942	38000	10 × 35,6	29	406
Vanguard	(1946)	44500	8 × 38,1	30	406

de, mit dem Kapitänleutnant Günther Prien so erfolgreich in den Flottenstützpunkt Scapa Flow eingedrungen war. Am 23. Mai 1941 wurde der Schlachtkreuzer *Hood* durch das deutsche Schlachtschiff *Bismarck* vor Island versenkt. Das Schlachtschiff *Barham* wurde von *U 331* unter Kapitänleutnant Freiherr v. Tiesenhausen am 25. November 1941 vor der libyschen Küste versenkt. *Prince of Wales* und *Repulse* wurden am 10. Dezember 1941 im südchinesischen Meer durch japanische Flugzeuge auf den Grund des Meeres geschickt. Da die *Royal Sovereign* Anfang 1944 an die Sowjetunion ausgeliehen worden war (wo sie den Namen *Archangelsk* erhielt), war bei Kriegsende die Zahl britischer Schlachtschiffe auf 14 Einheiten gesunken, nur eine weitere Einheit *(Vanguard)* war im Bau.
Im Gegensatz dazu stellte Großbritannien während des Krieges nicht nur die vier Flugzeugträger der *Illustrious*-Klasse und die kleine *Unicorn* in Dienst, sondern hatte, weil die lebenswichtige Rolle dieses Schiffstyps schnell erkannt wurde, nicht weniger als neun gepanzerte große Flugzeugträger und 24 Flugzeugträger einer einfacheren Konstruktion auf Stapel gelegt, von denen zwei des einen und sechs des anderes Typs noch vor Kriegsende im Pazifik in Dienst gestellt werden konnten.
Unter Verwendung von ursprünglich für Handelsschiffe geplanten Rümpfen und Maschinen, die unter dem Pacht-Leih-Vertrag zwischen den angelsächsischen Mächten zumeist in den USA gebaut wurden, konnten von der britischen Marine zudem nicht weniger als 43 Geleitflugzeugträger (Hilfsflugzeugträger) in Dienst gestellt werden. Der größte Teil dieser Einheiten gehörte zu der 17 Knoten laufenden 11420 Tonnen großen *Ruler*-Klasse, die bis zu 24 Flugzeuge mitführen konnte. Diese Träger waren zwar vornehmlich für den Geleitschutz bestimmt, wurden jedoch auch für eine Vielzahl anderer Aufgaben herangezogen, so etwa zur Jagdschutzsicherung über dem Landungssektor von Salerno im Jahre 1943 und 1944 bei den britischen Operationen gegen Einheiten der deutschen Kriegsmarine in der Ägäis.

Tabelle 13: Von Großbritannien während des Zweiten Weltkriegs gebaute Flugzeugträger

Schiff oder Klasse	Anzahl	Fertig-stellung	Wasser-verdrängung (Tons)	Geschwin-digkeit (Knoten)	Flugzeug-anzahl
Flottenträger:					
Illustrious	1	Mai 1940	23000	31	36
Formidable	1	Nov. 1940	23000	31	36
Victorious	1	Mai 1941	23000	31	36
Indomitable	1	Okt. 1941	23000	31	36
Indefatigable	1	Mai 1944	26000	32	72
Implacable	1	Aug. 1944	26000	32	72
Audacious-Klasse	4	–	36800	31	100
Gibraltar-Klasse	3	–	45000	32	100+
Leichte Flottenträger:					
Unicorn	1	März 1943	14750	24	35
Colossus-Klasse	10	1945:6	13190	25	48
Majestic-Klasse	6	–	14000	24	34
Hermes-Klasse	8	–	18300	29	50

Die Flugzeugträgerverluste umfaßten die durch *U 29* (Kapitänleutnant O. Schuhart) in der südwestlichen Nordsee bereits am 17. September 1939 torpedierte *Courageous,* ferner die *Glorious,* die durch das Artilleriefeuer der deutschen Schlachtschiffe *Scharnhorst* und *Gneisenau* am 8. Juni 1940 vor Norwegen versenkt wurde sowie die *Ark Royal,* die Kapitänleutnant F. Guggenberger *(U 81)* am 13. November 1941 östlich Gibraltar versenkte, ferner die vor Ceylon durch japanische Flugzeuge am 9. April 1942 versenkte *Hermes* und die am 11. August 1942 östlich von Gibraltar durch Kapitänleutnant H. Rosenbaum *(U 73)* versenkte *Eagle.* Schließlich gingen auch vier Geleitflugzeugträger sowie ein der französischen Marine zur Verfügung gestellter Hilfsflugzeugträger verloren. Großbritannien, das mit sieben Flugzeugträgern in den Krieg eingetreten war, beendete ihn mit der gleichen Anzahl von Flottenträgern; eine gleiche Menge war im Bau; außerdem aber waren sieben leichte Flugzeugträger fertig und achtzehn im Bau. Die Royal Navy besaß ferner 38 Geleitflugzeugträger. Dies alles stellt eine beträchtliche Leistung dar, insbesondere wenn man berücksichtigt, daß neben den vielen für diese Träger benötigten Flugzeuge, die zumeist von den USA unter dem Pacht-Leih-Vertrag zur Verfügung gestellt wurden, auch ein großer Bedarf an gut ausgebildeten Piloten gedeckt werden mußte, die alle den britischen Streitkräften entstammten[1].

Neben der Fertigstellung von 11 Kreuzern der *Fiji*-Klasse und 11 Kreuzern der *Dido*-Klasse legte Großbritannien acht Einheiten der *Minotaur*-

Klasse auf Stapel, bei denen anstelle eines der 15,2-cm-Drillingstürme die schwere Fla-Bewaffnung verstärkt wurde. Ferner kamen fünf Kreuzer der modifizierten *Dido*-Klasse in Dienst, auf denen einer der vorgesehenen 13,3-cm-Türme zugunsten verstärkter leichterer Fla-Bewaffnung nicht zum Einbau kam.

Tabelle 14: Von Großbritannien während des Zweiten Weltkriegs gebaute Kreuzer

Klasse	Anzahl	Fertigstellung	Wasserverdrängung (Tons)	Hauptbewaffnung (cm)	Geschwindigkeit (Knoten)
Fiji	11	5 in 1940	8 000	12 × 15,2	33
		3 in 1942	8 000	12 × 15,2	33
		3 in 1943	8 000	12 × 15,2	33
Minotaur	8	1 in 1944	8 800	9 × 15,2	32
		2 in 1945	8 800	9 × 15,2	32
Dido	11	8 in 1940	5 450	10 × 13,3*	33
		2 in 1941	5 450	10 × 13,3*	33
		1 in 1943	5 450	10 × 13,3*	33
Dido (Mod.)	5	1943	5 770	8 × 13,3*	33

* = See- und Luftziel-Geschütze

Die britischen Kreuzerverluste betrugen insgesamt fünf Schwere Kreuzer: *York* wurde durch italienische Einmann-Topedoträger am 26. März 1941 in der Suda-Bucht vor Kreta torpediert; *Exeter* ging im japanischen Artilleriefeuer nach der Schlacht in der Java-See am 1. März 1942 verloren; *Cornwall* und *Dorsetshire* wurden von japanischen Flugzeugen vor Ceylon am 5. April 1942 versenkt; der australische Schwere Kreuzer *Canberra* sank in der Schlacht bei Savo am 9. August 1942. Außerdem gingen 25 Leichte britische Kreuzer verloren (drei im Jahre 1940, acht im Jahr 1941, neun 1942, einer 1943 und vier 1944). Großbritannien besaß demzufolge bei Kriegsende die gleiche Zahl an Kreuzern (nämlich 64) wie zu Beginn des Krieges. In Bau befanden sich nur noch fünf weitere Einheiten. Tatsächlich verfügte die britische Marine in keiner Phase des Krieges über eine ausreichende Menge an Kreuzern, obwohl diese Zahl immer sehr nahe bei der von der Admiralität ursprünglich geforderten und für ausreichend gehaltenen Mindeststärke von 70 Einheiten lag. Es wurden zwar weniger Kreuzer für die eigentliche klassische Aufklärungstätigkeit bei der Flotte verwendet, denn den größten Teil der Aufklärungseinsätze, die im Ersten Weltkrieg noch von Kreuzern wahrgenommen wurden, hatten im Zweiten Weltkrieg Flugzeuge übernommen. Im Krieg 1939–45 wurde aber eine sehr viel größere Zahl von Kreuzern zum

Schutz der alliierten Handelsschiffahrtsstraßen benötigt. Um diese Lükke zu füllen requirierte die britische Admiralität im Jahre 1939 56 Passagierdampfer und wandelte sie in Hilfskreuzer um. Diese wurden mit sechs oder neun 15,2-cm-Geschützen bewaffnet. Fünfzehn dieser Hilfskreuzer gingen verloren, noch ehe sie anderen Aufgaben zugeordnet werden konnten, wie z. B. dem Einsatz als Truppentransporter.

Der Zerstörermangel der britischen Marine war noch besorgniserregender. Hier halfen die USA im August 1940 durch »Austausch« von fünfzig der alten »Flushdeck«-Zerstörer (von denen dann 1944 zehn Einheiten von Großbritannien and UdSSR weiter verliehen wurden) als Gegenleistung für das den USA eingeräumte Recht zur Einrichtung von Marinestützpunkten auf Besitzungen Großbritanniens im Westatlantik, insbesondere der Karibik. Auf eigenen Werften stellte Großbritannien acht Zerstörer der »L«-Klasse, acht der »M«-Klasse und acht der »N«-Klasse, alle mit je sechs 12-cm-Geschützen und acht bis zehn Torpedorohren fertig. Dann bestellte die britische Marine zehn aus je acht Booten bestehende Flottillen, zumeist 1 730 Tonnen groß und mit vier 12-cm-Geschützen und acht Torpedorohren bewaffnet. Sie übernahm auch je eine ähnliche Zerstörerflottille, die für Brasilien und die Türkei im Bau war. Dann gab sie vier weitere Flottillen in Auftrag, deren Boote mit je vier 11,4-cm-Mehrzweckgeschützen bewaffnet waren. Von diesen Fahrzeugen waren bei Kriegsende noch drei im Bau. Im Jahre 1942 hatte die Admiralität erkannt, daß keiner dieser Zerstörertypen für einen Einsatz im Pazifik geeignet war. Sie besaßen dafür weder die notwendige Seeausdauer, noch eine ausreichend starke Fla-Bewaffnung. Daher wurden folgende Zerstörer bestellt: 40 Einheiten der 2 400 Tonnen großen *Battle*-Klasse mit vier oder fünf 11,4-cm-Geschützen und zehn Torpedorohren, 20 Einheiten der 1 980 Tonnen großen *Weapon*-Klasse mit sechs 10,5-cm-Geschützen und zehn Torpedorohren, acht Einheiten der 2 000 Tonnen großen »G«-Klasse mit vier 11,4-cm-Geschützen und zehn Torpedorohren sowie 20 Einheiten der 2 610 Tonnen großen *Daring*-Klasse mit sechs 11,4-cm-Geschützen und zehn Torpedorohren. Von diesen 88 Zerstörern waren bei Kriegsende nur fünf Boote der *Battle*-Klasse fertig. Speziell für den Geleitschutzdienst wurden die 86 Geleitzerstörer der *Hunt*-Klasse gebaut. Die alten Zerstörer der »V + W«-Klasse wurden für ihre neuen Geleitschutzaufgaben umgebaut; das Geschütz auf dem Achterdeck ebenso wie ein Torpedorohrsatz fielen weg, dafür wurden eine zusätzliche Fla-Bewaffnung und Wasserbombenwerfer eingebaut. Andere Boote dieser Klasse wurden dadurch modifiziert, daß ein Kesselraum aufgegeben wurde; zwar sank dadurch die Geschwindigkeit auf 24 Knoten, doch konnte mehr Raum für Ölbunkervorräte gewonnen und so die Seeausdauer der Boote beträchtlich vergrößert werden.

Gegen diese vielen Neuzugänge müssen die beträchtlichen Verluste aufgerechnet werden: Vier Zerstörer gingen im Jahr 1939 verloren, 36 im Jahre 1940, 22 im Jahr 1941, 53 1942, 17 1943, 20 1944 und drei 1945. Insgesamt verlor die Royal Navy im Krieg 155 Zerstörer. Obwohl 20 weitere Zerstörer an die alliierten Marinen der Niederlande, Griechenlands oder Polens übergeben wurden, beendete Großbritannien den Krieg mit der ausreichenden Zahl von 286 Zerstörern, 93 weitere Boote befanden sich im Bau.

Für den größten Teil des Krieges begnügte sich Großbritannien mit dem Weiterbau der bereits erprobten U-Boot-Klassen. Es wurden 42 Boote der »S«-Klasse, ebensoviele der »T«-Klasse und 68 Boote der »U«-Klasse (von denen einige später auch »V«-Namen erhielten) zwischen September 1939 und September 1945 fertiggestellt. Bei Kriegsende befanden sich 38 weitere U-Boote auf den Helligen. Weil keiner dieser Bootstypen für den Einsatz in den pazifischen Weiten geeignet war, wurden 46 Einheiten der neuen 1120/1620 Tonnen großen »A«-Klasse (18/8 Knoten) in Bau gegeben, die mit einem 10,5-cm-Geschütz und zehn Torpedorohren bewaffnet waren. Sie wurden jedoch vor Kriegsende nicht mehr fertig. Die U-Boot-Verluste beliefen sich auf ein Boot im Jahr 1939, 23 im Jahr 1940, zehn 1941, 16 1942, 15 1943, fünf 1944 und ein Boot 1945. Insgesamt gingen 71 britische U-Boote verloren. Sieben noch aus dem Ersten Weltkrieg stammende Boote der »H«-Klasse waren verschrottet, ein Dutzend anderer Boote verbündeten Marinen überlassen worden. Dennoch besaß Großbritannien bei Kriegsende 122 U-Boote, während 80 weitere im Bau waren.

Die schicksalsreiche Geschichte der französischen Marine während des Zweiten Weltkriegs ist höchst kompliziert. Während der ersten neun Monate bis zur französischen Kapitulation in Juni 1940 kämpften die französischen Seestreitkräfte Seite an Seite mit Großbritannien gegen Deutschland. Die letzten zweieinhalb Jahre des Krieges, d. h. nachdem die Alliierten nach ihrer Landung in Nordafrika im November 1942 mit den französischen Befehlshabern eine entsprechende Vereinbarung herbeigeführt hatten, beteiligte sich der Rest der französischen Marine erneut an den Kämpfen gegen die Achsenmächte. In der Zeit vom Juni 1940 bis November 1942 dagegen kämpfte nur eine Handvoll Fahrzeuge unter dem Lothringer Kreuz der Freien Franzosen de Gaulles gegen Deutschland. Einige französische Einheiten hatten in britischen Häfen Zuflucht gesucht oder waren in Alexandrien und Martinique interniert worden. Die große Mehrzahl der französischen Marine-Einheiten war jedoch auf Toulon und die französischen Häfen in Nordafrika gestützt sowie in überseeischen Kolonien tätig und folgte den Anweisungen der Regierung von Marshall Pétain. Die Folgen waren tragisch. Die Neubauten kamen praktisch zum Stillstand. Die französische Marine erlitt durch alliierte Kampfmaßnahmen größere Verluste als vorher (oder nachher) durch Angriffe der Achsenmächte, vor allem durch die britische Beschießung des Stützpunkts von Mers-el-Kebir (bei Oran) am 3. Juli 1940 und bei den

vergeblichen französischen Versuchen, die alliierten Landungen in Nordafrika am 8. November 1942 abzuschlagen. Diese Landungen zwangen Hitler, seine Truppen nunmehr doch in das unbesetzte Frankreich einmarschieren zu lassen. Um sie weder in deutsche noch in alliierte Hände fallen zu lassen, gab Admiral Darlan an alle in Toulon und Hyère liegenden französischen Kriegsschiffe den Befehl zur Selbstversenkung. Diese erfolgte am 27. November 1942.
Von den neuen französischen Großkampfschiffen konnte nur die *Richelieu* rechtzeitig fertiggestellt werden und nach Dakar entkommen, bevor deutsche Truppen im Juni 1940 Brest besetzten. Die *Jean Bart* war unfertig geblieben. Jedoch konnte auch sie mit nur zwei Wellen laufend Casablanca erreichen, wo sie mit nur einem Geschützturm ausgerüstet als schwimmende Batterie lag. Während des amerikanischen Angriffs im November 1942 wurde sie so schwer beschädigt, daß sie erst nach dem Krieg wiederhergestellt werden konnte. Das Schlachtschiff *Bretagne* sank in Mers-el-Kebir im Geschützfeuer der britischen Force H am 3. Juli 1940 mit großen Verlusten; *Provence* und *Dunkerque* gingen bei der Selbstversenkung in Toulon im November 1942 verloren; die dort wieder geborgene *Océan* und *Strasbourg* wurden während des Jahres 1944 durch alliierte Flugzeuge versenkt. Das Schlachtschiff *Courbet* schließlich wurde im Juni 1944 als Teil des künstlichen Hafens vor der Invasionsfront in der Normandie versenkt. Somit besaß Frankreich, das mit acht Großkampfschiffen in den Krieg eingetreten war, während vier weitere noch auf den Helligen lagen, nach dem Krieg nur noch drei Schlachtschiffe sowie die nicht vollendete *Jean Bart*.

Der Flugzeugträger *Béarn* wurde zunächst im Juni 1940 in Martinique abgerüstet, Anfang 1943 jedoch für die Sache der Alliierten wieder verfügbar. Er war als für den weiteren Einsatz als Flugzeugträger zu langsam und wurde deshalb zum Flugzeugtransporter umgewandelt. Als Ersatz erwarb Frankreich später den Geleitträger *Dixmude*. Nur drei der französischen Schweren Kreuzer mit 20,3-cm-Bewaffnung überlebten den Krieg (*Algérie, Colbert, Foch* und *Dupleix* wurden in Toulon versenkt), daneben fünf Leichte Kreuzer und die unfertige *De Grasse* (fünf waren im Krieg verloren gegangen). Neben der Fertigstellung von acht neuen Zerstörern vor dem Zusammenbruch im Juni 1940 erhielt Frankreich später sieben in den USA gebaute. Die französischen Zerstörerverluste betrugen jedoch 57 Einheiten, so daß bei Kriegsende nur noch 28 Einheiten dieses Typs gab. Während des Krieges erhielt Frankreich drei U-Boote von Großbritannien; die Verluste betrugen 59 Boote. Bei Kriegsende waren nur noch 20 U-Boote vorhanden, drei weitere lagen unfertig auf den Helligen.
Deutschland verlor außer den drei Panzerschiffen auch sämtliche Großkampfschiffe, von denen allerdings nur die folgenden vier Einheiten fertiggestellt waren:

Tabelle 15: Von Deutschland nach 1935 gebaute Schlachtschiffe

Name	Fertig-stellung	Wasserver-drängung (Tons)	Hauptbe-waffnung (cm)	Geschwin-digkeit (Knoten)	Stärkste Panzerung (mm)
Gneisenau *	1938	31800	9 × 28	32	350
Scharnhorst *	1938	31800	9 × 28	32	350
Bismarck	1941	41700	8 × 38,1	30	360
Tirpitz	1941	42900	8 × 38,1	30	360

* Werden gelegentlich (besonders in der ausländischen Literatur) auch als Schlachtkreuzer bezeichnet.

Das Panzerschiff *Admiral Graf Spee* wurde nach dem Gefecht vor dem La Plata im Dezember 1939 von der eigenen Besatzung versenkt. *Bismarck* und *Scharnhorst* erlagen dem Artilleriefeuer der britischen Home Fleet, erstere im Atlantik am 27. Mai 1941, letztere vor dem Nordkap am 26. Dezember 1943; *Tirpitz* und *Admiral Scheer* fielen Bomben der RAF zum Opfer, erstere im Tromsöfjord am 12. November 1944, letztere in Kiel am 9. April 1945; die bereits beschädigte *Gneisenau* und *Deutschland* (welche 1940 in *Lützow* umgetauft war) wurden selbstversenkt, erstere in Gotenhafen (Gdynia) am 29. März 1945, letztere am 16. April 1945 vor Swinemünde.
Das Deutsche Reich besaß zu keiner Zeit in der fraglichen Periode eine echte Marineluftwaffe. Der Bau des Flugzeugträgers *Graf Zeppelin* wurde 1940 unterbrochen, später weiter gebaut, aber 1945 unfertig in Stettin selbstversenkt. Das Schwesterschiff »B« war bereits ein Jahr nach der Kiellegung Ende 1939 auf den Helligen abgebrochen worden; der Umbau des Schweren Kreuzers *Seydlitz* und einiger größerer Passagierdampfer zu Flugzeugträgern wurde nie abgeschlossen. Der Schwere Kreuzer *Prinz Eugen* wurde 1940 fertiggestellt; die Schwesterschiffe wurden nicht fertig. Eines davon, *Lützow* wurde noch 1940 an die UdSSR verkauft. Neun Leichte Kreuzer der »M-R«-Klasse mit 15,2-cm-Bewaffnung, welche auf Stapel lagen, wurden nach Kriegsbeginn auf den Helligen verschrottet. Der Schwere Kreuzer *Blücher* ging im Feuer norwegischer Küstengeschütze und Torpedobatterien im Oslofjord am 9. April 1940 unter. *Admiral Hipper* überlebte den größten Teil des Krieges, war aber nach Bombenschäden im Mai 1945 ein Wrack und wurde von der eigenen Besatzung gesprengt. Die beiden Leichten Kreuzer *Königsberg* und *Karlsruhe* gingen im Norwegenfeldzug im April 1940 verloren; der Leichte Kreuzer *Köln* wurde Anfang 1945 in Wilhelmshaven durch Bomben versenkt. *Emden* war in Kiel kurz vor Kriegsende durch Bomben schwer beschädigt worden. Bei Kriegsende waren als schwere deutsche Einheiten nur noch der Schwere Kreuzer *Prinz Eugen* und die Leichten Kreuzer *Nürnberg* und *Leipzig* übrig. (Letztere stark beschä-

digt.) *Prinz Eugen* wurde für den Atombombentest vor Bikini verwendet, *Nürnberg* an die Sowjetunion ausgeliefert, *Leipzig* mit Gasmunition in der Nordsee versenkt.
Während des Krieges rüstete Deutschland insgesamt elf etwa 18 Knoten schnelle Handelsschiffe als Hilfskreuzer aus; die meisten waren mit sechs 15,2-cm-Geschützen und vier Torpedorohren ausgerüstet. Von diesen, um nur vier einzeln aufzuführen, versenkte die *Atlantis* (ex *Goldenfels* der DDG Hansa) im Atlantik, im Indischen Ozean und im Pazifik während einer Kreuzfahrt vom 31. März 1940 bis 22. November 1941 22 Schiffe mit insgesamt 145 697 Tonnen, bis sie vom Schweren Kreuzer *Devonshire* versenkt wurde. Der Hilfskreuzer *Kormoran* (ex *Steiermark* der Hapag) vernichtete in einer denkwürdig schneidigen Überraschungsaktion den australischen Leichten Kreuzer *Sydney* im Indischen Ozean westlich Australiens am 19. November 1941, mußte nach dem Gefecht jedoch von der eigenen Besatzung aufgegeben werden. Der Hilfskreuzer *Komet* (ex *Ems* des NDL) versenkte während seines ersten Einsatzes von fünfzehn Monaten sechs Schiffe und wurde beim Auslaufen zur zweiten Fahrt im britischen Kanal am 14. Oktober 1942 von britischen Motortorpedobooten torpediert und versenkt. Der im Indischen Ozean sehr erfolgreiche Hilfskreuzer *Pinguin* (ex *Kandelfels* des DDG Hansa) wurde am 8. Mai 1941 bei den Seychellen vom britischen Schweren Kreuzer *Cornwall* versenkt.
An Zerstörern und Torpedobooten stellte Deutschland nach Ausbruch des Krieges 45 Einheiten in Dienst. Die Zerstörer erhielten eine Hauptbewaffnung 15,2-cm- bzw. 12,7-cm-Geschützen, die T-Boote waren mit 10,5-cm-Geschützen bestückt. Weitere 20 Zerstörer und T-Boote wurden nicht mehr fertiggestellt. Die Verluste betrugen 62 Einheiten. Daher fielen den Alliierten bei Kriegsende nur 31 deutsche Zerstörer und Torpedoboote in die Hände.
Tatsächlich also war die deutsche Überwasserflotte während dieses Krieges stets so schwach, daß sie niemals auf einen Sieg zur See hoffen konnte. Dennoch war sie stets schlagkräftig genug, um Großbritannien die Unterhaltung einer auf Scapa Flow gestützten Schlachtflotte zur Aufrechterhaltung der Seeherrschaft in den heimischen Gewässern aufzuzwingen, die deutsche Vorstöße in den Atlantik oder gegen Geleitzüge im Eismeer abzuwehren hatte. Die Folge war, daß Großbritannien nach dem Eintritt Italiens in den Krieg und nach der Kapitulation Frankreichs der japanischen Marine im Fernen Osten nichts entgegenstellen konnte, zumal ja nun auch Flottenverbände in Mindeststärke an den Ausgängen des Mittelmeers stationiert bleiben mußten.
Die Entwicklung der deutschen U-Bootwaffe sah zahlenmäßig allerdings ganz anders aus: Die riesige Unterseebootflotte Deutschlands, welche die Alliierten in der Schlacht im Atlantik an den Rand der Niederlage brachte, wurde erst während des Krieges gebaut. In der Hoffnung, daß mit Hilfe des U-Bootkriegs (der Deutschland 1917/18 den Sieg zum

Greifen nahe gebracht hatte) als Tonnagekrieg der Sieg dennoch errungen werden könne, setzten Großadmiral Raeder und sein Nachfolger Großadmiral Karl Dönitz nach Kriegsausbruch fast das gesamte Schiffbaupotential Deutschlands für die Massenproduktion von U-Booten ein. Zahlenmäßig am häufigsten vertreten war der 769/871 Tonnen große Typ VII C mit einer Geschwindigkeit von 18/7 Knoten mit (zunächst) einem 8,8-cm-Geschütz und fünf Torpedorohren. Andere Typen wurden in kleineren Stückzahlen gebaut. Zu spät für eine Fertigstellung zahlenmäßig ausreichender Einheiten vor dem Kriegsende wandte sich Deutschland etwa 1944 u. a. dem Bau des 1621/1819 Tonnen großen Typs XXI zu, mit dem der technologische Durchbruch zum echten Unterwasserschiff gelang. Die Boote trugen etwa die gleiche Bewaffnung, wiesen aber die sehr viel höhere Geschwindigkeit von 15/17 Knoten auf. Sie kamen jedoch zu spät, um den Ausgang des Seekriegs noch beeinflussen zu können.
Die Größe der deutschen U-Bootwaffe zeigt die folgende Tabelle[2]:

Tabelle 16: Von Deutschland während des Zweiten Weltkriegs gebaute und verlorene U-Boote

Jahr	Indienststellungen	Verluste	Endstand
1939	64	9	55
1940	54	26	83
1941	202	38	247
1942	238	88	397
1943	290	245	442
1944	230	264	408
1945	93	139	362
Insgesamt	1171	809	362 (+ ca. 200 im Bau)

Bei Kriegsende in Europa waren in Deutschland über zweihundert weitere U-Boote im Bau. Fünfundsechzig Boote standen im Mittelmeer, vierzig im Südatlantik, dreißig im Indischen Ozean. Fast alle übrigen deutschen U-Boote operierten um die britischen Inseln und im Atlantik sowie vor der nordamerikanischen Küste. Die deutsche U-Boot-Waffe versenkte im Zweiten Weltkrieg etwa 3000 alliierte Handelsschiffe mit über 14 Millionen Bruttoregistertonnen. Sie selbst verlor 27491 Offiziere und Männer von einem Gesamtpersonalbestand von insgesamt 55000. Im Kampf gegen die deutsche U-Bootwaffe, besonders im Jahr 1943, dem kritischsten Jahr der Schlacht im Atlantik, mußten Großbritannien und die USA nicht nur eine Vielzahl von Geleitträgern und Zerstörern sondern auch eine ganze Armada anderer U-Boot-Bekämpfungsfahrzeuge, wie Kanonenboote, Fregatten, Korvetten, bewaffnete Fischdampfer usw. requirieren, umbauen und bemannen, von denen unzählige verloren gingen. Daneben mußte eine enorme Zahl neuer Handelsschiffe als Ersatz für die von den deutschen U-Booten versenkte Tonnage gebaut werden. Der U-Bootkrieg fand also nicht nur auf den Meeren statt, sondern ebenso auf den Werften, in der Industrie und – wie noch zu schildern sein wird – in den wissenschaftlichen Labors. Italien führte seiner Flotte während des Zweiten Weltkriegs drei schnelle Schlachtschiffe zu (*Impero* war beim Waffenstillstand im Jahr 1943 noch unfertig, wurde von der deutschen Marine als Zielschiff benutzt und 1945 versenkt):

Tabelle 17: Von Italien während des Zweiten Weltkriegs gebaute Schlachtschiffe

Name	Fertigstellung	Wasserverdrängung (Tons)	Hauptbewaffnung (cm)	Geschwindigkeit (Knoten)	Stärkste Panzerung (mm)
Littorio (Juli 1943 in »*Italia*« umbenannt)	Aug. 1940	41 377	9 × 38,1	28	356
Vittorio Veneto	Aug. 1940	41 167	9 × 38,1	28	356
Roma	Nov. 1942	41 650	9 × 38,1	30	356

Vor dem Waffenstillstand im September 1943 hatte Italien nur ein Schlachtschiff verloren: die *Conte di Cavour* war am 12. November 1940 beim britischen Flugzeugtorpedoangriff auf Tarent schwer beschädigt, zwar gehoben, aber nicht wiederhergestellt worden. Nach dem Waffenstillstand wurde das Schlachtschiff *Roma* auf dem Wege nach Malta zur Übergabe an die Alliierten am 9. September 1943 durch eine von deutschen Flugzeugen abgeworfene Fernlenkbombe versenkt.

Im Juli 1941 hatte die italienische Marine mit dem Umbau eines Passagierschiffs zum ersten Flugzeugträger der italienischen Marine, der *Aquila,* begonnen. Sie erlitt das selbe Schicksal wie die *Impero*. Einem kleineren Passagierdampfer, dessen Umbau zum Geleitträger *Sparviero* im November 1942 begonnen wurde, erging es nicht besser. Im Spätjahr 1939 hatte Italien dreizehn Kreuzer der 3 747 Tonnen großen *Capitani-Romani*-Klasse auf Stapel gelegt, die mit acht 14-cm-Geschützen bewaffnet werden und die sehr hohe Geschwindigkeit von 43 Knoten erhalten sollten. Eine der Einheiten wurde 1942, weitere zwei in den ersten Monaten des Jahres 1943 fertiggestellt; zu diesem Zeitpunkt wurden die Bauarbeiten an fünf weiteren Einheiten eingestellt. Von den verbleibenden Kreuzern wurde einer durch einen britischen bemannten Torpedoträger (Typ

»Chariot«) in Palermo versenkt, zwei durch alliierte Luftangriffe vernichtet, ein dritter beim Waffenstillstand von der eigenen Besatzung versenkt. Bei Kriegsende waren von diesem Typ nur noch zwei Einheiten vorhanden. Zwei 6000 Tonnen große für Thailand im Bau befindliche Leichte Kreuzer wurden von der italienischen Marine zum Umbau als Fla-Kreuzer requiriert und sollten mit sechs 14-cm-Geschützen bewaffnet werden. Sie mußten jedoch zu nur 60 Prozent fertiggestellt im September 1943 versenkt werden. Die übrigen Kreuzerverluste Italiens waren schwer: Alle Schweren Kreuzer gingen verloren: *Fiume, Pola* und *Zara* in der Schlacht von Matapan am 28. März 1941; *Trento* durch Torpedoangriff des britischen U-Bootes *Umbra,* unter Lieutenant S. L. C. Maydon am 15. Juni 1942; *Trieste* durch alliierten Luftangriff am 19. April 1943; *Gorizia* durch Selbstversenkung beim Waffenstillstand; *Bolzano* wurde in deutscher Hand durch italienisch-britische Einmanntorpedos in La Spezia am 21. Juni 1944 versenkt. Ferner gingen acht der 14 Leichten Kreuzer verloren (einer im Jahr 1940, drei 1941, zwei 1942 und zwei 1943).
Italien hatte nach dem Kriegseintritt 50 Zerstörer auf Stapel gelegt. Zum Zeitpunkt des Waffenstillstands im Herbst 1943 waren davon nur sechs in Dienst gestellt. Zwölf weitere wurden von der deutschen Kriegsmarine fertiggebaut. Die Verluste waren schwer, 74 gingen vor dem Waffenstillstand in Gefechten mit britischen Streitkräften verloren. 30 weitere sanken im Verlauf der Waffenstillstandswirren. Zahlreiche weitere Boote gingen in deutscher Hand verloren. Zum Transport kriegswichtiger Rohmaterialien aus Japan hatte Italien zwölf U-Boote von 2190/2600 Tonnen in Bau gegeben, von denen aber nur zwei fertig wurden. Zwölf neue Boote von 714/860 Tonnen wurden 1941/42 fertiggestellt, dazu acht von 905/1068 Tonnen. Die U-Boot-Verluste Italiens betrugen 90 Boote vor und 20 nach dem Waffenstillstand. Somit besaß Italien bei Ende des Zweiten Weltkriegs eine Flotte von fünf Schlachtschiffen, 13 Kreuzern, über 30 Zerstörern und etwa 20 U-Booten. Der größte Teil der Flotte mußte nach der Kapitulation zunächst einmal ausgeliefert werden, um nach dem Friedensvertrag unter die Alliierten aufgeteilt zu werden. Die UdSSR erhielt auch ihren Anteil, vor allem das Schlachtschiff *Giulio Cesare* (neuer Name *Novorossisk*) und den Leichten Kreuzer *Duca d'Aosta* (der in *Stalingrad* umbenannt wurde). Großbritannien, Frankreich und die USA gestatteten Italien dagegen die auf sie entfallenden Anteile der Flotte, als Anerkennung für die Dienste zu behalten, welche die italienischen Marine der Alliierten Sache nach dem Waffenstillstand geleistet hatte.

Japan stellte während des Krieges nur die beiden Superschlachtschiffe *Yamato* und *Musashi* fertig. Das dritte, *Shinano,* wurde als Flugzeugträger vollendet, die vierte Einheit annulliert, ebenso die beiden geplanten 32000 Tonnen große Schlachtkreuzerneubauten.

Tabelle 18: Von Japan während des Zweiten Weltkriegs fertiggestellte Schlachtschiffe

Name	Fertigstellung	Wasserverdrängung (Tons)	Hauptbewaffnung (cm)	Geschwindigkeit (Knoten)	Stärkste Panzerung (mm)
Yamato	Dez. 1941	64170	9 × 45,7	27	508
Musashi	Dez. 1942	64170	9 × 45,7	27	508

Bis auf eine Ausnahme gingen sämtliche japanischen Großkampfschiffe verloren: *Hiei* und *Kirishima* unterlagen amerikanischen Luft- und Überwasserangriffen in der Schlacht von Guadalcanal im November 1942. *Mutsu* flog im Juni 1943 durch Unfall (interne Magazinexplosion) in der Inlandsee in die Luft. *Fuso, Yamashiro* und *Musashi* sanken mit

Tabelle 19: Japanische Flugzeugträger

Name	Wasserverdrängung (Tons)	Geschwindigkeit (Knoten)	Flugzeug-Anzahl	Schicksal
Vor dem 7. Dezember 1941 fertiggestellt:				
Hosho	7470	25	21	1947 in Osaka abgewrackt
Kaga	38200	28	90	Am 4. 6. 42 in der Schlacht bei Midway gesunken
Akagi	36500	31	91	Am 4. 6. 42 in der Schlacht bei Midway gesunken
Ryujo	10600	29	48	Am 24. 8. 42 in der Schlacht bei den Salomonen gesunken
Hiryu	17300	34	73	Am 4. 6. 42 in der Schlacht bei Midway gesunken
Soryu	15900	34	73	Am 4. 6. 42 in der Schlacht bei Midway gesunken
Shokaku	25675	34	84	Am 19. 6. 44 in der Schlacht in der Philippinen-See gesunken
Zuikaku	25675	34	84	Am 20. 10. 44 in der Schlacht um den Leyte-Golf gesunken

Fortsetzung Tabelle 19

Name	Wasserverdrängung (Tons)	Geschwindigkeit (Knoten)	Flugzeug-Anzahl	Schicksal
Nach dem 7. Dezember 1941 fertiggestellt:				
Shoho (1942)	11 262	28	30	Am 8. 5. 42 in der Schlacht im Korallenmeer gesunken
Zuiho (1942)	11 262	28	30	Am 25. 10. 44 in der Schlacht um den Leyte-Golf gesunken
Chuyo (1942)	17 830	21	27	Am 4. 12. 43 durch US-U-Boot *Sailfish* versenkt
Taiyo (1942)	17 830	21	27	Am 18. 8. 44 durch US-U-Boot *Rasher* versenkt
Unyo (1942)	17 830	21	27	Am 16. 9. 44 durch US-U-Boot *Barb* versenkt
Hiyo (1942)	24 140	25	53	Am 20. 6. 44 in der Schlacht in der Philippinen-See gesunken
Junyo (1942)	24 140	25	53	1947 in Sasebo abgewrackt
Ryuho (1942)	13 360	26	31	1946 von der Kure-Werft abgewrackt
Chiyoda (1943)	11 190	29	30	Am 25. 10. 44 in der Schlacht um den Leyte-Golf gesunken
Kaiyo (1943)	13 600	24	24	Am 10. 8. 45 durch US-Bomber in der Beppu-Bucht versenkt
Shinyo (1943)	17 500	22	33	Am 17. 11. 44 durch US-U-Boot *Spadefish* versenkt
Chitose (1944)	11 190	29	30	Am 25. 10. 44 in der Schlacht um den Leyte-Golf gesunken
Taiho (1944)	29 300	33	53	Am 19. 6. 44 in der Schlacht in der Philippinen-See gesunken
Shinano (1944)	64 800	27	47	Am 29. 11. 44 durch US-U-Boot *Archerfish* versenkt
Unryu-Klasse (1944:1; 1945:3)	17 150	34	65	*Unryu* wurde am 19. 12. 44 durch US-U-Boot *Redfish* versenkt *Amagi, Aso* und *Ikoma* am 24. 7. 45 durch US-Flugzeuge an der Werft Kure zerstört

Artillerie-, Bomben- und Torpedotreffern in der Schlacht um den Leyte-Golf im Oktober 1944. *Kongo* wurde am 7. April 1945 durch das US-U-Boot *Sealion (II)* unter Commander E. T. Reich versenkt; *Haruna* sowie *Hyuga* und *Ise* (letztere waren in hybride Schlachtschiff-Flugzeugträger umgebaut worden) wurden durch US-Trägerflugzeuge an der Kure-Werft im Juli 1945 versenkt. Nur die angeschlagene *Nagato* überstand den Krieg und wurde für den Atomversuch bei Bikini verwendet.

Ganz anders jedoch das Bild bei den Flugzeugträgern: Hier ergänzte Japan, im wesentlichen durch Umbau anderer Schiffstypen, vor allem von Passagierschiffen und schnellen Tankern, die große Zahl seiner Flugzeugträger, die in Tabelle 19 aufgeführt sind.

Zu diesen 25 Flugzeugträgern sind noch die Hybrid-Schlachtschiff-Flugzeugträger *Hyuga* und *Ise* hinzuzuzählen, denen 1943 die beiden achteren Geschütztürme ausgebaut und dafür ein Hangar und Flugdeck eingebaut wurden. Darüber hinaus war zum Zeitpunkt der Kapitulation Japans noch ein weiteres Dutzend Flugzeugträger im Bau oder Umbau. Japan war zwar mit einer Flugzeugträgerstreitmacht in den Krieg eingetreten, die stärker war als die Amerikas, und seine Werften hatten nach dem Angriff auf Pearl Harbor fast 20 Einheiten dieser neuen Schiffsklasse fertiggestellt. Doch trafen diese Schiffsklasse der japanischen Marine lähmende Verluste, zunächst 1942 und dann 1944, so daß zum Zeitpunkt der Kapitulation nur noch drei fahrbereite japanische Flugzeugträger vorhanden waren.

Anders bei den Kreuzern: Diese Schiffskategorie erhielt bei der japanischen Marine während des Krieges nur geringe Zugänge. 1939/40 wurden die vier Einheiten der *Mogami*-Klasse von fünfzehn 15,3-cm- auf zehn 20,3-cm-Geschütze umarmiert. Dadurch wurden sie zu Schweren Kreuzern mit einer Wasserverdrängung von 12400 Tonnen. Die vier mit 15,2-cm-Geschützen bewaffneten Leichten Kreuzer der *Agano*-Klasse wurden 1942/43 fertiggestellt. Von der kleinen Handvoll der nach 1939 auf Stapel gelegten weiteren Kreuzer wurde nur *Oyodo*, ein modifizierter Typ »Agano« mit größerer Tonnage und sechs 15,2-cm-Geschützen, 1943 fertiggestellt. Vier Schwere Kreuzer gingen 1942 im Gefecht mit amerikanischen Schiffen verloren: *Mikuma* in der Schlacht von Midway, *Kako* in der Schlacht von Savo, *Furutaka* in der Schlacht von Kap Esperance und *Kinugasa* in der Schlacht von Guadalcanal. Acht sanken 1944 in der Schlacht um den Leyte-Golf: *Atago, Chikuma, Chokai, Maya, Mogami* und *Suzuya; Nachi* wurde von US-Trägerflugzeugen in der Bucht von Manila und *Kumano*, ebenfalls durch US-Trägerflugzeuge vor Luzon versenkt. 1945 unterlagen drei japanische Kreuzer britischen Streitkräften: *Haguro* wurde bei einem Nachtangriff britischer Zerstörer gegen Penang am 16. Mai versenkt, *Ashigara* am 8. Juni vor Sumatra durch das U-Boot *Trenchant* unter Commander A. R. Hezlet torpediert, während *Takao* an der Werft in der Johore-Straße am 31. Juli 1945 von den britischen Kleinst-U-Booten *XE 1* und *XE 3* versenkt wurde, nachdem diese gebrechlichen Fahrzeuge die 40 Seemeilen lange Passage zu der ehemals britisch gebauten Werft bei Singapur geschickt manövrierend zurückgelegt hatten. (Die Besatzungen erhielten zwei Victoria-Kreuze). Zwei Schwere japanische Kreuzer wurden von US-Flugzeugen an der Kure-Werft versenkt: *Aoba* und *Tone,* beide im Juli 1945. Bei Kriegsende war als einziger Schwerer Kreuzer die schwer beschädigte *Myoko* übriggeblieben.

Auch die Verluste der japanischen Marine an Leichten Kreuzern waren schwer: zwei gingen 1942 verloren, zwei 1943, dreizehn 1944 und drei 1945. Bei der Kapitulation waren nur zwei Leichte Kreuzer übrig.

Japan verstärkte seine Zerstörer-Flottillen während des Krieges um die 20 Einheiten der *Yugumo*-Klasse von 2077 Tonnen mit sechs 12,7-cm-Geschützen und acht Torpedorohren, die 12 Einheiten der *Akitsuki*-Klasse von 2701 Tonnen mit acht 10,5-cm-Geschützen und vier Torpedorohren, und um die 40 Einheiten der *Matsu*-Klasse von 1262 Tonnen mit drei 12,7-cm-Geschützen und vier Torpedorohren. Die Verluste betrugen vier Zerstörer im letzten Monat des Jahres 1941, 16 Zerstörer 1942, 33 1943, 61 1944 und 17 1945. Demnach haben nur wenig mehr als 50 Zerstörer den Krieg überstanden.

Der japanischen U-Bootwaffe war es nicht besser ergangen: Die japanische Marine konnte während des Krieges zwar 150 neue U-Boote in Dienst stellen, von den kleinen *Ha 201*-Klasse mit 377/440 Tonnen, 10/13 Knoten und zwei Torpedorohren, die als Küstenverteidigungs-U-Boote gedacht waren, bis zur gigantischen *I 400*-Klasse von 5223/6560 Tonnen und 18/6 Knoten mit einem 14-cm-Geschütz und acht Torpedorohren, die zusätzlich mit Katapult und Hangar zur Mitnahme von drei kleinen Torpedobombern ausgerüstet waren. Die meisten der neuen japanischen U-Boote waren etwa 2500/3500 Tonnen groß und liefen 23/8 Knoten. Bewaffnet waren sie mit einem 14-cm-Geschütz und sechs bis acht Torpedorohren; sie besaßen Stauraum für ein mit Katapult zu startendes Schwimmerflugzeug oder ein bis zwei Kleinst-U-Boote. Gebaut bzw. umgebaut wurde außerdem eine Anzahl von U-Booten speziell für die Versorgung japanischer Streitkräfte, die auf isolierten Pazifik-Inseln standen, als es durch das Fortschreiten der amerikanischen Operationen zu verlustreich, ja unmöglich wurde, die Garnisonen auf den abgeschnittenen Inseln durch Überwasserschiffe zu versorgen. Die japanischen U-Boot-Verluste betrugen drei im Jahre 1941, 16 1942, 27 1943, 53 1944 und 30 1945, so daß nach dem Krieg nur 78 Einheiten an die Alliierten ausgeliefert werden konnten.

Die US Navy ließ den beiden Schlachtschiffen der *North Carolina*-Klasse vier Einheiten der *South Dakota*-Klasse folgen, sowie die sechs Schlachtschiffe der *Iowa*-Klasse, von denen bis Kriegsende vier fertiggestellt wurden. Ferner wurden sechs Schlachtkreuzer der *Alaska*-Klasse in Bau gegeben, von denen bis Kriegsende nur zwei in Dienst kamen.

Tabelle 20: Von den USA während des Zweiten Weltkrieges gebaute Schlachtschiffe

Name	Fertigstellung	Wasserverdrängung (Tons)	Hauptbewaffnung (cm)	Geschwindigkeit (Knoten)	Stärkste Panzerung (mm)
North Carolina	Aug. 1941	35 000	9 × 40,6	28	457
Washington	März 1942	35 000	9 × 40,6	28	457
South Dakota	Aug. 1942	35 000	9 × 40,6	28	457
Indiana	Okt. 1942	35 000	9 × 40,6	28	457
Massachusetts	Mai 1942	35 000	9 × 40,6	28	457
Alabama	Nov. 1942	35 000	9 × 40,6	28	457
Iowa	Feb. 1943	45 000	9 × 40,6	33	482
New Jersey	Mai 1943	45 000	9 × 40,6	33	482
Missouri	Juni 1944	45 000	9 × 40,6	33	482
Wisconsin	Apr. 1944	45 000	9 × 40,6	33	482
Alaska	Juni 1944	27 500	9 × 30,5	33	330
Guam	Sept. 1944	27 500	9 × 30,5	33	330

Die amerikanischen Schlachtschiffverluste beschränkten sich auf *Oklahoma* und *Arizona*. Sie wurden am 7. Dezember 1941 wie die weiteren damals ebenfalls gesunkenen Schlachtschiffe in Pearl Harbor versenkt, aber nicht wiederhergestellt. Die USA hatten bei Kriegsende im Pazifik nicht weniger als 25 Schlachtschiffe im Dienst, während drei weitere im Bau waren.

Vor dem Kriegseintritt konnten die USA nur noch die drei Flugzeugträger der *Yorktown*-Klasse fertigstellen. Erst der Angriff auf Pearl Harbor überzeugte die US Navy endgültig vom ausschlaggebenden Wert dieses Kriegsschiffstyps, die dann beschleunigt ein ungeheures Bauprogramm in Gang setzte, dessen Anfänge bereits in das Jahr 1940 zurückreichten (siehe Tabelle 21, Seite 76).

Zusätzlich stellte die amerikanische Marine fast 80 Geleit- oder Hilfsflugzeugträger in Dienst, welche der von der britischen Marine bemannten *Ruler*-Klasse sehr ähnlich waren.

Im Jahr 1942 waren die Flugzeugträgerverluste für Amerika schwer: Die berühmte *Lexington* ging am 8. Mai in der Schlacht im Korallenmeer verloren; *Yorktown* wurde durch das japanische U-Boot *I 168* am 6. Juni nach der Schlacht von Midway versenkt und *Wasp* am 15. September durch *I 19* südlich Guadalcanal torpediert; *Hornet* ging in der Schlacht bei Santa Cruz am 26. Oktober 1942 verloren. Danach blieben die amerikanischen Trägerverluste beschränkt auf den leichten Flottenträger *Princeton*, der in der Schlacht um den Leyte-Golf am 24. Oktober 1944 unterging, sowie auf sechs Geleitflugzeugträger. Bei Kriegsende wurden viele Neubauten noch auf den Helligen annulliert. Im September 1945 besa-

Tabelle 21: Von den USA während des Zweiten Weltkriegs gebaute Flugzeugträger

Schiff oder Klasse	Anzahl	Fertigstellung	Wasserverdrängung (Tons)	Geschwindigkeit (Knoten)	Flugzeuganzahl
Flottenträger:					
Yorktown	1	1939	19900	34	100
Enterprise	1	1939	19900	34	100
Hornet	1	1941	20000	34	100
Wasp	1	1941	14700	29	84
Essex	32	1942:1 1943:6 1944:6 1945:4	27100	33	100
Midway	3	–	45000	33	137
Leichte Flottenträger:					
Independence	9	1943:5 1944:4	11000	33	45
Saipan	2	–	14500	33	48

ßen die USA 20 Flottenträger (11 im Bau), 8 leichte Träger (zwei im Bau) und etwa 70 Geleitträger (zehn im Bau).

Die von der amerikanischen Marine teilweise schon kurz nach dem Ausbruch des Krieges in Europa, zumeist aber erst nach dem Schlag gegen Pearl Harbor in Bau gegebenen Kreuzer gehörten den vier in der Tabelle 22 aufgeführten Typen an. Die Verluste betrugen sieben Schwere Kreuzer: *Houston* ging am 1. März 1942 nach japanischen Artillerie- und Torpedotreffern in der Sunda-Straße verloren, *Astoria, Quincy* und *Vincennes* in der Schlacht vor Savo am 9. August 1942, *Northampton* wurde während der Schlacht von Tassafaronga am 30. November 1942 torpediert, *Chicago* am 30. Januar 1943 von japanischen Flugzeugen bei den Salomon-Inseln versenkt, während *Indianapolis* durch das japanische U-Boot *I 58* in der Philippinen-See am 29. Juli 1945 torpediert wurde. Daneben verloren die USA den Leichten Kreuzer *Helena* (1943) und die beiden Fla-Kreuzer *Atlanta* und *Juneau* (1942). Unter Abrechnung jener 19 Einheiten, die angesichts des nahen Sieges annulliert wurden, beendete die amerikanische Marine den Krieg mit 74 Kreuzern, 13 weitere waren im Bau.

In der Produktion von Zerstörern übertrafen die USA – wie bei fast jeder anderen Schiffsklasse auch – alle anderen kriegsführenden Marinen. Die *Craven-* und *Sims*-Klasse war bereits vor dem japanischen Angriff auf Pearl Harbor fertiggestellt worden. Ende 1943 war die Zahl der in Dienst gestellten Zerstörer der *Benson-* und *Livermore*-Klasse auf 96 gestiegen.

Tabelle 22: Von den USA während des Zweiten Weltkriegs gebaute Kreuzer

Klasse	Anzahl	Fertig-stellung	Wasserver-drängung (Tons)	Hauptbe-waffnung (cm)	Geschwin-digkeit (Knoten)
Baltimore	24	1943:2 1944:3 1945:8	13600	9 × 20,3	33
Des Moines	4	–	17000	9 × 20,3	33
Cleveland	40	1942:5 1943:7 1944:8 1945:6	10000	12 × 15,2	33
Atlanta	11	1942:4 1943:1 1944:2 1945:1	6000	16 oder 12 × 13,3*	32

* See- und Luftziel-Geschütze

Darauf folgten die nicht weniger als 179 Einheiten der noch größeren *Fletcher*-Klasse von 2050 Tonnen mit fünf 12,7-cm-Geschützen und zehn Torpedorohren, sowie die 58 Boote der *Allen M. Summer*-Klasse von 2200 Tonnen mit sechs 12,7-cm-Geschützen und zehn Torpedorohren. Die ersten 2424 Tonnen großen Boote der *Gearing*-Klasse mit gleicher Bewaffnung waren während des Krieges zwar auf Stapel gelegt worden, konnten jedoch vor Kriegsende nicht mehr fertiggestellt werden. Beginnend im Jahr 1941 baute die amerikanische Marine fünf Klassen von Geleitzerstörern: Die 1400 Tonnen große, 23 Knoten laufende mit drei 7,6-cm-Geschützen und drei Torpedorohren bewaffnete *Buckley*-Klasse stellte dabei das größte Kontingent. Insgesamt wurden über 400 Zerstörer unter dem Sternenbanner in Dienst gestellt, sowie 56 Zerstörer zu Schnelltransportern umgebaut. Alle weiteren Zerstörerbauten konnten bereits im Juni 1944 annulliert werden. Die amerikanischen Zerstörerverluste während des Krieges betrugen 25 im Jahre 1941/42, 17 1943, 24 1944 und 16 1945, insgesamt also 82. Nach Abzug der schon 1940 an Großbritannien übertragenen 50 alten »Four Stackers« hatten die USA zu Ende des Zweiten Weltkriegs über 850 Zerstörer in Dienst und weitere 105 befanden sich im Bau.
Ihren Kriegsbedarf an U-Booten begann die US Navy nach Fertigstellung von 16 Einheiten der »S«-Klasse und 12 der »T«-Klasse noch vor den Ereignissen von Pearl Harbor mit der Inbaugabe der 1525/2415 Tonnen großen *Gato*-Klasse von 20/10 Knoten zu decken, die mit einem 12,7-cm-Geschütz und zehn Torpedorohren bewaffnet war. Bis zum Ende des Pazifikkrieges wurden von diesem Typ 165 Boote fertiggestellt; 30

befanden sich noch im Bau. Außerdem wurde die 1570/2415 Tonnen große *Tench*-Klasse mit gleicher Geschwindigkeit und Bewaffnung gebaut. Von diesem Typ konnte nur noch ein halbes Dutzend fertiggestellt werden, 30 Boote befanden sich bei Kriegsende im Bau. Die amerikanischen U-Bootverluste blieben verhältnismäßig niedrig: Nur 8 Einheiten 1941/42, 17 Boote 1943, 19 Boote 1944 und 8 Boote 1945, insgesamt also 42. Die amerikanische U-Bootwaffe verfügte bei Ende des Zweiten Weltkriegs über 242 dienstbereite Einheiten, weitere 60 lagen auf Stapel.
Diese gewaltigen Veränderungen der Hauptkriegsflotten der Welt während des Zweiten Weltkriegs sind in der folgenden Tabelle zusammengefaßt (Die in Klammern angegebenen Zahlen geben die in Bau befindlichen Einheiten an):

Tabelle 23: Die Flotten der Hauptseemächte im Zweiten Weltkrieg

Typ	Datum	Groß-britannien	Frank-reich	USA	Deutsch-land	Italien	Japan
Groß-	3.9.39	15	8	15	5	4	10
kampf-	6.40[a]	14	9	15	4	4	10
schiffe	12.41[b]	13	8	16	5	5	10
(Schlacht- schiffe	31.12.42	15	6	19	5	6	10
und	9.43[c]	15	6	21	5	6	9
Schlacht-	31.12.44	14	3	25	3	5[g]	5
kreuzer	5.45[d]	14	3	25	0	5[g]	4
	9.45[e]	14(1)	3(1)	25(3)	–	5[g]	1
Flug-	3.9.39	7	1	5	0	0	6
zeug-	6.40[a]	6	1	5	0	0	7
träger	12.41[b]	11	1	8	0	0	8
(alle	31.12.42	11	1	5	0	0	10
Typen)	9.43[c]	23	0	36	0	0	10
	31.12.44	48	1	62	0	0	3
	5.45[d]	46	1	82	0	0	6
	9.45[e]	52(25)	1	99(23)	–	0	2
Kreuzer	3.9.39	64	18	37	8	21	35
	6.40[a]	64	18	37	6	21	35
	12.41[b]	67	18	37	6	14	35
	31.12.42	57	12	39	6	16	29
	9.43[c]	63	12	45	6	15	27
	31.12.44	61	10	60	6	13[g]	8
	5.45[a]	61	9	70	3	13[g]	8
	9.45[e]	64(5)	9(1)	74(13)	–	13[g]	3
Zer-	3.9.39	192	70	214	48	112	104
störer	1945[f]	268(93)	28	859(105)	31	30[g]	53
U-Boote	3.9.39	59	78	95	57	104	57
	1945[f]	122(80)	20(3)	242(60)	362(200)	16[g]	78

Aufgrund dieser Zahlen fallen drei wesentliche Punkte ins Auge: Die USA verwirklichten endlich das so lang gehegte ehrgeizige Ziel, die größte Flotte der Welt zu besitzen. Zum ersten Mal in der Geschichte der letzten Jahrhunderte wurde die Royal Navy auf den zweiten Platz verwiesen. Zum anderen waren die Kriegsflotten Deutschlands und Japans praktisch ausgelöscht, die Marinen Frankreichs und Italiens wesentlich geschwächt.
Letztlich aber wurde der Seekrieg des Zweiten Weltkriegs ebenso wie auf den sieben Meeren auch durch die Schiffswerften und die Industrie der USA und Großbritannien gewonnen. Dort wurden neben Bau und Reparatur so vieler Kriegs- und Handelsschiffe auch jene riesigen Armaden von Landungsschiffen und Spezialfahrzeugen verschiedenster Art und Größe gebaut, die für die zahlreichen gewaltigen amphibischen Unternehmen und Landungsoperationen in größtem Ausmaß im Krieg benötigt wurden. Diese Fahrzeuge gehören zwar nicht in den Themenkreis dieses Buches. Dennoch ist aber zu vermerken, daß ohne diese Landungsflotten die Armeen der Alliierten weder die Invasion in Italien im Jahr 1943 oder 1944 in Frankreich, noch die Landungen auf den von Japan besetzten pazifischen Inseln ab 1942 hätten durchführen können. Ein Überblick über das Schiffbaugeschehen aber führt auch zu einem sehr ernüchternden Gedanken: Wenn der Krieg gegen Deutschland länger als bis zum Mai 1945 gedauert hätte, so wäre er vielleicht von den deutschen U-Boot-Werften gewonnen worden.

4. Fortschritt: 1919 bis 1945

Vier Jahrhunderte lang hatte der menschliche Erfindergeist dazu gebraucht, um aus einem Segelkriegsschiff der Art der *Henri Grace à Dieu* ein Schlachtschiff wie die *Warspite* zu machen, die nicht nur den deutschen Granathagel in der Schlacht vor dem Skagerrak überstand, sondern auch bei dem schwierigen Landungsunternehmen gegen Salerno im September 1943 den Sieg für die Alliierten Armeen sichern half. Im Gegensatz dazu gelang es dem Menschen in weniger als hundert Jahren, aus den Heißluftballons Montgolfiers die Luftschiffe von 1914 zu entwikkeln. Nur 10 Jahre nahm dann die Konstruktion von Kriegsflugzeugen in

◀ *Anmerkungen:*
a. Unmittelbar vor der Kapitulation Frankreichs
b. Unmittelbar vor dem japanischen Angriff auf Pearl Harbor
c. Unmittelbar vor der Kapitulation Italiens
d. Unmittelbar vor der Kapitulation Deutschlands
e. Unmittelbar vor der Kapitulation Japans
f. Betr. Deutschland, unmittelbar vor der Kapitulation; betr. die anderen Länder, unmittelbar vor der Kapitulation Japans
g. Fast alle Einheiten unter alliierter Kontrolle

Anspruch, die wesentlich besser waren als jene gebrechlichen »Kisten«, mit denen die Gebrüder Wright zum ersten Mal einen richtigen Flug durchgeführt hatten. Es überrascht deshalb nicht, daß die Marine-Luftschiffe Scheers und die Flugzeuge Jellicoes im Ersten Weltkrieg sehr verletzliche und langsame Maschinen waren. Wenn ihnen auch das Wetter nur zu oft die von ihnen erwarteten Funktionen unmöglich machte, wie am 31. Mai 1916, so wurden solche störanfällige Flugmaschinen doch schon im Seekrieg des Ersten Weltkriegs in hohem Maße herangezogen. Dies sei durch das britische Beispiel belegt, daß 1918 2300 Jagd- und Beobachtungsflugzeuge sowie Torpedobomber teilweise von Flugzeugträgern der Grand Fleet, teilweise von den auf Geschütztürmen der Dreadnoughts eingebauten Katapulten operierten. Großbritannien hatte ferner auf den britischen Inseln und im Mittelmeer nicht weniger als 100 Küstenflugstationen vorwiegend zur Bekämpfung von U-Booten und zur Durchführung von Patrouillenflügen sowie für den Schutz von Geleitzügen eingerichtet.
Der Vertrag von Versailles verbot Deutschland für mehr als ein Jahrzehnt den Bau oder die Unterhaltung von Kriegsflugzeugen jedweder Art. Die allgemeine Apathie in den Siegerländern, die sparsam-strenge Begrenzung aller Verteidigungsaufwendungen im Frieden, der auch jetzt noch bestehende Glaube an die Überlegenheit des Schlachtschiffs, das mit seiner schweren Artillerie immer noch als wichtigste Waffe des Seekriegs angesehen wurde – all dies ließ die Marineluftwaffen der anderen Seemächte auf den geringen Stand absinken, der gerade erforderlich war, um die kleine Zahl von Flottenträgern mit Flugzeugen auszurüsten. Daneben gab es jeweils vielleicht noch eine Handvoll küstengestützter Marineflugzeuge. Solche Faktoren hemmten auch die Entwicklung von Flugzeugtypen, die besser waren als die Sopwith »Camels«, mit denen der Royal Naval Air Service 1917/18 gekämpft hatte. Frankreich, Japan und die USA erkannten sehr bald den notwendigen Bedarf an küsten- und trägergestützten Flugzeugen zum gemeinsamen Einsatz mit der Flotte. Sie begannen, die fliegenden Verbände als integralen Bestandteil ihrer Marinen anzusehen. Ihre Kriegsmarinen konnten darum in den Jahren zwischen den Kriegen geeignete Maschinen entwickeln und bauen und – was ebenso wichtig ist – auch fliegende Besatzungen in ausreichender Zahl für den Einsatz im Seekrieg ausbilden. Japan nutzte diesen Vorteil der Vertragsfreiheit auf diesem Sektor am stärksten aus: Im Dezember 1941 war die japanische Marinenflugwaffe nicht nur die größte und am besten ausgerüstete, sondern auch die am hervorragendsten ausgebildete der Welt. Sie verfügte über mehr als 1200 Maschinen, von denen die Hälfte trägergestützt war. Diese Entwicklung hatte für Großbritannien, dessen Fleet Air Arm nur 340 Flugzeuge und dessen Coastal Command 1939 nur 194 Maschinen besaß, und für die USA, die 1941 weniger als 1000 land- oder trägergestützte Flugzeuge besaßen, beinahe katastrophale Folgen.

Die Marinen Deutschlands und Italiens litten dagegen während des Krieges unter dem Nachteil, daß sie von den separaten Flugstreitkräften der Luftwaffe als völlig getrenntem Wehrmachtsteil abhängig waren, für den maritime Operationen stets von sekundärer Bedeutung blieben[1], zum großen Glück für die Alliierten angesichts des Erfolgs, mit dem die Luftwaffen der Achsenmächte gelegentlich die britische Flotte angriffen, besonders im Mittelmeer. Großbritannien stand zunächst nur wenig besser da: Auch die britische Marine hing, was den Luftkrieg betrifft, im wesentlichen von der Royal Air Force ab. Einige Ausnahmen bildeten nur die Besatzungen der schiffsgestützten Flugzeuge. Dieser Zustand dauerte bis wenige Monate vor Ausbruch des Zweiten Weltkriegs. Nach 20 Jahren bitterer Auseinandersetzungen um die Rückgängigmachung der Verschmelzung der Marineluftwaffe (RNAS) mit der separaten Luftwaffe (RAF) im Jahr 1918 errang die Admiralität erneut die volle Kontrolle über ihre schiffsgestützten Flugzeuge. Aber dieses Ereignis kam zu spät, um ausreichende Typen von Marineflugzeugen zu entwickeln und zu produzieren. Während des ganzen Zweiten Weltkriegs konnte die britische Marineluftwaffe ihren Bedarf an fliegendem Gerät nur durch bloße Modifizierung von für die RAF entwickelten Typen (z. B. des Jägers »Seafire«, der eine für den Trägereinsatz abgewandelte Version der »Spitfire« war) oder durch Flugzeugtypen aus den USA decken. Für den Einsatz landgestützter Flugzeuge dagegen war die britische Marine vollständig vom Coastal Command abhängig, das aber so sehr eine Aschenbrödel-Rolle bei der RAF spielte, daß im September 1939 z. B. für den Einsatz über See außerhalb der heimischen Gewässer außer einem einzelnen Aufklärungsgeschwader im Mittelmeer praktisch nichts vorhanden war. Die RAF erwies sich auch bei der Deckung des Bedarfs der Royal Navy an küstengestützten Langstreckenjägern und Angriffsflugzeugen als sehr schwerfällig. Selbst als die Regierung etwa in der Mitte des Zweiten Weltkriegs den Forderungen der Royal Navy nachgab und den Befehl über alle im See-Einsatz befindlichen Flugzeuge der Marine übertrug, wurden dem Coastal Command dennoch die meisten der Langstreckenmaschinen vorenthalten, welche die Admiralität immer wieder vom Luftfahrtministerium anforderte, um den Sieg in der kritischen Schlacht im Atlantik sicherzustellen, von deren Ausgang schließlich alle Operationen gegen Deutschland abhingen.

Nach der sich besonders auf die ersten Kriegsjahre beziehenden kritischen Meinung eines bekannten britischen Admirals »wurden die britischen Kriegsanstrengungen dadurch behindert, daß die RAF dem Luftkrieg gegen Deutschland absolute Priorität einräumte, während die Zusammenarbeit mit anderen Wehrmachtsteilen eine sehr nebengeordnete Rolle spielte.«[2]

Es folgt eine Tabelle typischer Flugzeugmuster, die für den Einsatz der britischen Flotte im September 1939 zur Verfügung standen (* bedeutet schiffsgestützte Typen).

Tabelle 24: Typische britische Marineflugzeuge 1939

Typ	Jahr der Indienststellung	Art	Höchstgeschwindigkeit (km/Std.)	Höchste Reichweite (km)	Bewaffnung	Abwurf Waffenzuladung (kg)
Anson	1936	Aufklärer	303	1255	2 MG	143
Sea Gladiator*	1936	Jäger	407	660	4 MG	–
Skua*	1937	Jäger und Stuka	362	1223	5 MG	336
Swordfish*	1937	Torpedobomber und Aufklärer	222	879	2 MG	730
Walrus**	1937	Aufklärer	217	966	2 MG	–

* Trägergestützt
** Bordflugzeug

Wie viel besser waren da die deutschen Flugzeugtypen, die zur gleichen Zeit zur Zusammenarbeit mit der deutschen Kriegsmarine zur Verfügung standen, die in Tabelle 25 angeführt sind.
Mit Fortschreiten des Krieges sollte sich das Bild jedoch von Grund auf ändern: Aufklärungsflugzeuge übernahmen die Aufklärungsrolle der Kreuzer, Torpedobomber erwiesen sich jetzt als eine der Hauptwaffen des Seekriegs und Jagdflugzeuge als bestes Verteidigungsmittel gegen diese. So kamen standfeste, Ganzmetall-Propeller-Maschinen mit hoher Geschwindigkeit und beträchtlicher Reichweite in Dienst (Düsentriebwerke waren zu spät entwickelt worden, als daß strahlgetriebene Flugzeuge vor Kriegsende noch in großer Stückzahl hätten fertiggestellt werden und in die Kämpfe eingreifen können.) Als Bewaffnung reichten natürlich ein einziges Maschinengewehr und die kleinen 25–60-kg-Bomben oder 35,6-cm-Torpedos, wie sie im Ersten Weltkrieg verwendet wurden, nicht mehr aus. Die neuen Flugzeugtypen wurden mit 2-cm-Bordkanonen ausgerüstet, später kamen auch Raketen zur Verwendung. Die Maschinen führten panzerbrechende Bomben der Gewichtsklassen 250 bis 750 kg zum Abwurf gegen Schiffsziele aus größerern Höhen mit. Zur Steigerung der Wirkung wurden sie durch Sturzkampfangriff ins Ziel getragen. Die schwersten »Brocken« waren die 6 Tonnen schweren »Tallboy«-Bomben, mit denen die RAF im November 1944 das deutsche Schlachtschiff *Tirpitz* in Norwegen versenkte. Poteniell noch gefährlicher waren die von Deutschland während des Krieges entwickelten

Tabelle 25: Deutsche Flugzeugtypen 1939

Typ	Jahr der Indienststellung	Art	Höchstgeschwindigkeit (km/Stunde)	Höchste Reichweite (km)	Bewaffnung	Abwurf Waffenzuladung (kg)
Arado 196*	1936	Aufklärer und Schwimmer-Bordflugzeug	311	1577	2 cm Ka.	100
Focke-Wulf 200 K »Condor«	1937	Aufklärer und Bomber	378	3910	2 MG 4–6 MG	1500
Heinkel He 111	1936	Aufklärer und Schwimmer-Bordflugzeug	405	2060	1 cm Ka. 5 MG	2500
Junkers Ju 88	1939	Kampfflugzeug	450	1700	5 MG	1800
Messerschmitt Me 109	1939	Jäger	575	914	2 cm Ka. 2 MG	–
Junkers Ju 87	1938	Stuka	385	595	3 MG	500

Funkfernlenkbomben, wie z. B. der Typ FX 1 400 von 1 400 kg, mit denen Flugzeuge der deutschen Luftwaffe des italienischen Schlachtschiff *Roma* im September 1943 versenkten oder die Fernlenkbomben HS 293 von 500 kg, die gegen atlantische Geleitzüge eingesetzt wurden.
Flugzeuge führten jetzt auch 45,7-cm-Torpedos zum Angriff gegen Überwasserschiffe mit sich oder Wasserbomben, die gegen schnell tauchende U-Boote wirkungsvoller waren als normale Bomben. Ab Herbst 1944 versuchte Japan in einem letzten Verzweiflungskampf, das alliierte Vordringen durch ein besonderes Kamikaze-Korps aufzuhalten. Inspiriert durch den Bushido-Kampfgeist der alten Samurai, stürzten sich die Piloten mit ihren mit Bomben und Sprengstoff gefüllten Maschinen unter Selbstaufopferung auf ihre Ziele. Nicht weniger als 1 465 solche Kamikaze-Flugzeuge trafen mehr als 400 amerikanische Schiffe während der Landungsoperationen von Okinawa zwischen dem 6. April und 22. Juni 1945. Dabei versenkten sie 21 Einheiten und setzten weitere 56 außer Gefecht. Die Zweckmäßigkeit der britischen Entscheidung zur Panzerung der Flugdecks von Flugzeugträgern stellte sich dabei besonders deutlich heraus.

Die britischen Flugzeugträger bewiesen nun den Wert gepanzerter Stahlflugdecks, die von den amerikanischen Schiffs-Konstrukteuren wegen der angeblich zu hohen Topplastigkeit abgelehnt worden waren. Ein Kamikaze-Treffer auf das Stahldeck eines britischen Flugzeugträgers ließ dieses zwar gelegentlich bersten oder wie eine Sardinenbüchse zerknittern, fügte dem Schiff jedoch keinen weiteren Schaden zu, es sei denn in der unmittelbaren Umgebung des Treffers. Dagegen verursachten Kamikaze-Treffer auf den hölzernen Flugdecks amerikanischer Träger schwerste Brände; die Bomben konnten bis in das Schiffsinnere durchschlagen. Andererseits hatten die britischen Flugzeugträger eine geringere Seeausdauer wegen der beschränkten Bunkerkapazität. Sie mußten sich zum Bunkern häufiger aus dem Einsatzgebiet zurückziehen als die amerikanischen Träger.[3]

Nach den Flugzeugträgern waren die meisten Schlachtschiffe und Kreuzer mit Flugzeugen ausgerüstet: Sie besaßen ein oder zwei Katapulte zum Start von ein bis zu vier Aufklärungsflugbooten oder Schwimmerflugzeugen. Nach 1935 gebaute schwere Einheiten erhielten auch kleine Hangare zur Unterbringung der Bordflugzeuge, entweder mittschiffs hinter der Brückenstruktur oder unter dem Achterdeck. Diese Schwimmerbordflugzeuge wurden jedoch in den ersten Jahren des Zweiten Weltkriegs nur selten verwendet, vor allem deshalb, weil es in Gewässern, in denen U-Boote lauerten, gefährlich war, die Flugzeuge wieder aufzunehmen; denn dazu mußte das Schiff praktisch stoppen. Wegen dieser Schwierigkeiten wurden etwa ab Ende 1943 die meisten Bordflugzeuge wieder an Land abgegeben; danach gebaute große Schiffe wurden mit Schwimmerflugzeugen kaum mehr ausgerüstet.

Während des Zweiten Weltkriegs wurde eine große Vielzahl verschiedenster Flugzeugtypen für den Einsatz über See konstruiert und hergestellt. Sie können hier nicht alle aufgeführt werden. Die folgende Tabelle bringt jedoch eine repräsentative Auswahl in aufsteigender Reihenfolge nach Höchstfluggewicht der Maschinen (* bedeutet schiffsgestützte Flugzeuge):

Tabelle 26: Typische, im Seekrieg des Zweiten Weltkriegs eingesetzte Flugzeuge

Typ	Land	Jahr	Zweck	Max. Geschwindigkeit (km)	Max. Reichweite (km)	Bewaffnung	Abwurf-Waffen-Zuladung (kg)
Zeke* (Zero)	Japan	1939	Jäger	565	1930	2 Kan. 2 MG	60
Wildcat*	USA	1940	Jäger	512	1367	6 MG	–
Seafire*	UK	1942	Jäger	566	748	2 Kan. 4 MG	–

Kate*	Japan	1937	Torp.-Bomber	378	930	1 MG	800
Judy*	Japan	1942	Stuka	575	1519	3 MG	560
Val*	Japan	1941	Stuka	385	1470	3 MG	370
Dauntless*	USA	1941	Stuka und Aufklärer	394	1786	4 Kan. 2 MG	1020
FW 190	Deutsch-land	1941	Jäger	686	835	4 Kan. 2 MG	–
Fulmar*	UK	1940	Jäger	450	1287	8 MG	–
Albacore*	UK	1940	Torp.-Bomber	260	1497	3 MG	730
Hellcat*	USA	1942	Jäger	612	1521	6 MG	–
Corsair*	USA	1943	Jäger	718	1620	6 MG	907
Jill*	Japan	1943	Torp.-Bomber u. Aufklärer	481	1740	2 MG	800
Avenger*	USA	1942	Torp.-Bomber	436	1995	3 MG	907
Barracuda*	UK	1943	Torp.-Bomber u. Aufklärer	367	1104	2 MG	735
Firefly*	UK	1943	Jäger und Aufklärer	509	2092	4 Kan.	907
Helldiver*	USA	1943	Stuka	475	1870	2 Kan. 2 MG	454
Nell	Japan	1940	Bomber	373	4380	1 Kan. 3 MG	800
Beaufort	UK	1939	Torp.-Bomber u. Aufklärer	426	3219	4 MG	680
Beaufighter	UK	1940	Kampfflgz.	536	3219	4 MG	680
Betty	Japan	1941	Bomber	438	6058	2 Kan. 4 MG	1000
Whitley	UK	1937	Aufklärer, U-Jäger	357	2670 (756)	5 MG	1500 (3175)
Wellington	UK	1938	Bomber und Aufklärer	410	2478	6 MG	2540
B 25	USA	1941	Bomber	438	2210	12 MG	1360
Dornier Do 217	Deutsch-land	1940	Bomber u. Aufklärer	498	2350	1 Kan. 5 MG.	4000
Catalina	USA	1936	Aufklärer	280	4830	4 MG	1810
Blohm & Voss BV 138	Deutsch-land	1940	Aufklärer	280	4200	2 Kan. 2 MG	300
Flying Fortress	USA	1941	Bomber	510	3220	13 MG	7980
Liberator	USA	1941	Bomber u. Aufklärer	467	3380	10 MG	4000
Sunderland	UK	1938	Aufklärer-Flugboot	340	4800	12 MG	910
Heinkel He 177	Deutsch-land	1942	Bomber	510	4000	2 Kan. 6 MG	560
Superfor-tress	USA	1943	Bomber	572	6600	1 Kan. 10 MG	9070

* Trägergestützt oder Bordflugzeug

Bis 1945 konnten die britische und amerikanische Marine ihre Seeluftstreitkräfte an Frontflugzeugen auf mehr als je zweitausend Maschinen verstärken. Umgekehrt lag der stärkemäßige Höhepunkt der deutschen Luftwaffe im Seekriegseinsatz und der japanischen Marineluftstreitkräfte weit früher und nahm zahlenmäßig sehr bald immer stärker ab, obwohl das sich verzweifelt wehrende Japan als letzten Trumpf sein Kamikaze-Korps in den Kampf warf. Bei Kriegsende besaß Japan noch 5 350 dieser gefährlichen Flugzeuge, nachdem 2 550 Marineflugzeuge verloren gegangen waren.
Von der neuesten Marinewaffe, dem Flugzeug, zur ältesten: Zur Schiffsartillerie. In dem Jahrzehnt vor dem Ersten Weltkrieg hatten Captain Percy Scott in Großbritannien und Captain W. Sims in Amerika die Schiffsartillerie und ihre Schießverfahren reformieren können. Im Nachkriegsjahrzehnt nach 1919, vor Einführung des radargeleiteten Schießens um die Mitte des Zweiten Weltkriegs, gab es keine vergleichbare Leistungssteigerung. Zwar erhielten die schweren Geschütze eine weitere horizontale Reichweite durch Steigerung der Höhenwinkelstellung, und mit Hilfe des verbesserten Funkverkehrs konnte eine wirksamere Konzentration und Leitung des Feuers von zwei und mehr Einheiten erreicht werden. In anderer Beziehung aber war das zum Artillerieschießen der Überwasserstreitkräfte angewandte Verfahren auch weiterhin eine gewaltige Munitionsverschwendung, wie im Ersten Weltkrieg, auch wenn z. B. in der Royal Navy die Arbeit der Artillerieschießschule in Whales Island und in der US Navy die Bemühungen des Bureau of Ordnance (»Gun Club«) zu Buch schlugen, und in beiden Marinen die meisten fähigen Offiziere Artillerieoffiziere waren, die sich als Elite ihrer Streitkräfte betrachteten und die für alle besseren Kommandos an Bord und an Land praktisch eine Monopolstellung besaßen. Die Ironie des Schicksals aber wollte es, daß im Zweiten Weltkrieg dann nur wenige der wirklich wichtigen Kommandos von Mitgliedern dieser Elitegruppe eingenommen werden sollten. Denn nach Kriegsausbruch erkannten die Marinen der Welt nur zu bald die aus der Luft drohenden Gefahren. Die Flottenstreitkräfte wurden durch Verstärkung der Fla-Bewaffnung vorwiegend auf Kreuzern und größeren Kriegsschiffen darauf vorbereitet. Die älteren Schlachtschiffe der Royal Navy z. B. erhielten acht 10,5-cm-Fla-Geschütze anstelle der beiden alten 7,6-cm-Geschütze, die schon während des Ersten Weltkriegs als Luftabwehrgeschütze eingebaut worden waren. Neue und modernisierte Schlachtschiffe führten als schwere Fla bis zu zwanzig 12,7-cm- oder 13,3-cm-Geschütze. Diese weitreichenden Fla-Waffen wurden zur Nahverteidigung durch vier- oder acht-rohrige Pompoms (»Chicago«-Piano) unterstützt, die Geschosse von bis zu zwei Pfund Gewicht verschossen (bis ca. 4 cm Kaliber). Der Entwicklung genauer Fla-Feuerleitgeräte zum Einsatz von Zeitzündergranaten stellte sich ein zunächst unüberwindliches Problem entgegen. Das amerikanische tachymetrische Gerät war dabei noch am besten. Mit dem britischen goniographischen

Steilwinkel-Feuerleitsystem konnte kaum mehr geleistet werden, als ein abschreckendes Sperrfeuer um einen Flottenverband zu legen. Erste Radargeräte brachten später die Lösung.
Nächstwichtiger Punkt war die Kommunikation: Die Einführung der Bestückung von Funksendern und -Empfängern mit thermionischen Röhren anstelle der alten Lichtbogen-, Funken- und Kristall-Detektoren, ebenso wie die Entdeckung der leistungsstarken Eigenschaften der Kurzwellenübermittlung, sicherten während des Zweiten Weltkriegs weltweite Kommunikationsmöglichkeiten zwischen Schiffen und Küstenstationen. Im Sommer 1914 hatte Admiral Graf Spee seinen Kleinen Kreuzer *Nürnberg* in das neutrale Honolulu schicken müssen, um eine Kabelnachricht über seine weiteren Absichten nach Berlin senden zu können. Dagegen stand 1939 das Panzerschiff *Admiral Graf Spee* zu jeder Zeit in direktem Funkkontakt mit Heimatfunkstationen. Die neuen Funkeinrichtungen gestatteten die Ausnutzung von zahlreichen neuen und getrennten Kanälen für die Übermittlung von Signalen innerhalb einer Flotte und mit eigenen Flugzeugen. Die gegenseitige Störung eigener Schiffe und Flugzeuge auf der gleichen Wellenfrequenz konnte weitgehend vermieden werden. Die britische Entdeckung, daß leistungsstarke Sendungen im niedrigen Frequenzbereich von 16 kHz auch von getauchten U-Booten empfangen werden konnten, machte die Befehlsübermittlung an U-Boote möglich, ohne daß sie aus der Tiefe aufzutauchen brauchten, wo sie gegen Überraschung durch feindliche Fahrzeuge sicher waren. Hingegen hatte die deutsche Hochseeflotte nach der Skagerrakschlacht am 1. Juni 1916 auf dem Rückweg zur Jade drei auf dem Meeresboden lauernde britische U-Boote sicher überlaufen können, denn diese U-Boote erfuhren erst am 9. Juni beim Einlaufen in Yarmouth, daß eine große Seeschlacht stattgefunden hatte.
Alle Marinen ersetzten die auf verschiedensten Verfahren der Umstellung von Buchstaben und Ziffern beruhenden älteren Chiffriersysteme durch neue Geräte unter Anwendung sogenannter Substraktionstabellen. Systeme dieser Art wurden damals als ausreichend sicher für die Verschlüsselung auch der geheimsten Funksprüche angesehen. Die meisten Marinen entwickelten und installierten ferner Chiffriermaschinen, wie etwa die deutsche »Enigma«-Maschine, welche neben zusätzlicher Sicherheit auch eine Beschleunigung des Funkverkehrs brachte. Die britische Marine setzte dagegen an Bord von Schiffen keine Chiffriermaschinen ein, weil man solche Geräte für diesen Zweck als zu kompliziert und anfällig betrachtete.
Die wichtigste zwischen den Kriegen erzielte technologische Neuerung war eine britische Geheimentwicklung: Zwischen 1914 und 1918 litten die alliierten U-Boot-Bekämpfungsfahrzeuge bei ihrem Einsatz unter dem Mangel an Mitteln zur Entdeckung und Ortung untergetauchter U-Boote. So wurde deshalb auch sehr bald ein alliierter Ausschuß eingesetzt, um neue Verfahren auf diesem Gebiet zu entwickeln. Die dort erar-

beiteten Lösungen führten zum ASDIC-Gerät (ASDIC = Allied Submarine Detection Investigation Committee), wie diese Einrichtung zunächst genannt wurde. Nach dem Ersten Weltkrieg konnte Großbritannien auf diesem Sektor einen großen technologischen Durchbruch erzielen: Durch ein Sendegerät wurden kegelförmige Überschallimpulse durch das Wasser abgestrahlt, die von einem untergetauchten Objekt als Reflektion (Echo) zurückgeworfen wurden. Bereits 1939 waren alle britischen Zerstörer mit einem solchen Gerät ausgerüstet. Die Geheimentwicklung wurde Anfang 1939 an Frankreich weitergegeben. 1940 erhielten sie auch die USA, welche zuvor ein ähnliches, wenn auch nicht so leistungsstarkes Gerät entwickelt hatten. Die amerikanische Bezeichnung für Geräte dieser Art, SONAR (Sound Navigation Ranging), kam bald bei den alliierten Marinen allgemein in Gebrauch und ist auch heute noch der allgemeine Begriff für diese Technologie.
Nach der Kapitulation Frankreichs kam Deutschland in den Besitz solcher ASDIC-Geräte und gab diese Geheimkenntnis, wenn schon mit einiger Verzögerung, auch an Italien und Japan weiter. Mit Hilfe von SONAR-Geräten wurden während des Zweiten Weltkriegs viele U-Boote geortet und versenkt. Sie waren jedoch kein Allheilmittel gegen die U-Boot-Gefahr, wie man in Großbritannien noch 1939 zu optimistisch glaubte. Die Reichweite für positive Ortungen betrug höchstens eine Seemeile; ferner konnten die Strahlen des Geräts gewisse Temperaturinversionszonen nicht durchdringen; bei schwerem Wetter waren die Geräte sehr störanfällig; sie konnten auch nur bis höchstens 20 Knoten Fahrt verwendet werden. Schließlich riß der SONAR-Kontakt in der letzten kritischen Phase des Angriffs immer völlig ab. Deshalb konnten sich erfahrene U-Boot-Kommandanten immer wieder erfolgreich der Ortung entziehen und so wertvolle Einheiten wie das Schlachtschiff *Barham* oder die Flugzeugträger *Eagle* und *Ark Royal* im Mittelmeer mitten in operierenden Flottenverbänden torpedieren. Darüber hinaus zeigte das Sonar-Gerät lediglich die Peilrichtung und Entfernung des U-Boots an, nicht aber die Tiefe. Daher mußte stets ein ganzes »Bündel« von Wasserbomben geworfen werden, die gestaffelt in verschiedenen Tiefenlagen detonierten. Fast immer mußten mehrere Wasserbombensalven geschossen werden, um ein U-Boot wirklich zu vernichten. Ein weiterer wesentlicher Nachteil der SONAR-Technik war es, daß solche Geräte aufgetauchte U-Boote nicht orten konnten. Ferner waren sie sehr anfällig für Täusch- und Stör-Manöver, wie z. B. gegen die deutschen »Pillenwerfer«, Geräte, mit denen chemische Substanzen aus den Hecktorpedorohren von U-Booten ausgestoßen wurden, die falsche SONAR-Echos verursachten.
Eine andere wesentliche Weiterentwicklung zwischen den Kriegen, welche sich als eine der gefährlichsten Waffen im Pazifik erweisen sollte, wurde unter größter Geheimhaltung in Japan erreicht. Nach dem Ersten Weltkrieg verwendeten alle Marinen der Welt zunächst 53,3-cm-Torpedo mit Gefechtsköpfen von ca. 270 kg und Kontaktgefechtspistolen. Tor-

pedos wurden durch Druckluftimpuls-Dampfmotoren angetrieben; ihre höchste Reichweite betrug etwa 13 700 m. Von Flugzeugen wurden kleinere 45,7-cm-Torpedos mit einem Gefechtskopf von ca. 135 kg Sprengstoff abgeworfen. Die Sprengwirkung keiner dieser Torpedos genügte zur Versenkung von Großkampfschiffen die mit Torpedowulsten oder ähnlichen in den Schiffsrumpf hineingebauten Unterwasserschutzvorrichtungen ausgestattet waren. Darum entwickelten Großbritannien, Deutschland und die USA sogenannte Magnetpistolen, welche den Torpedo nicht beim Auftreffen an die (gepanzerte) Schiffsseitenwand, sondern unterhalb des verletzlichen Schiffsbodens zur Detonation brachten. Großbritannien konnte den Wert dieser Erfindung beim Trägerflugzeug-Torpedoangriff auf Tarent Ende 1940 beweisen. Alle, besonders die in Deutschland und in den USA produzierten Magnetpistolentorpedos waren jedoch so versageranfällig, daß sie nicht zu größeren Kriegserfolgen führten. Die deutschen Torpedos dieser Art waren auch in der Tiefensteuerung unzuverlässig, und mit Kontaktpistolen unterliefen sie während der ersten neun Monate des Zweiten Weltkriegs so häufig alliierte Kriegs- und Handelsschiffe, ohne Schaden anzurichten, daß der »Torpedoskandal« in der deutschen Marine (der sich besonders während des Norwegenfeldzugs herausstellte) zu einer Reihe von hochnotpeinlichen Untersuchungen bei den für die Entwicklung und Produktion von Torpedos zuständigen Stellen führte und zur Bestrafung vieler Verantwortlicher.

Großbritannien hatte an die Verwendung eines Impulsmotors gedacht, der mit sauerstoff-angereicherter Luft betrieben wurde und eine größere Reichweite und höhere Geschwindigkeit aufweisen sollte. Doch konnte keine für den Fronteinsatz ausreichend betriebssichere Konstruktion entwickelt werden. In Japan war das anders: Bereits Anfang der 30er Jahre produzierte die japanische Marine einen Torpedo mit der Code-Bezeichnung »Long Lance« (Lange Lanze) von 60,9 cm-Durchmesser mit einem 540 kg schweren Gefechtskopf, der mit sauerstoff-angereicherter Luft angetrieben wurde und eine Reichweite von nicht weniger als 40 000 m besaß. Bereits 1941 waren die meisten japanischen Kreuzer und Zerstörer zum Verschießen dieser Torpedos ausgerüstet. Ferner trugen viele Fahrzeuge dieser Schiffsklassen bis zu 24 Torpedoausstoßrohre anstelle der üblichen sechs bis zwölf bei den alliierten Marinen. Andere japanische Kriegsschiffe, auf denen Raum nur für acht oder neun Torpedorohre vorhanden war, führte die doppelte Anzahl Torpedos mit. Sie waren mit besonderen Schnell-Nachladevorrichtungen für Torpedos ausgerüstet. Von gleicher Bedeutung war es, daß Japan zuverlässige 45,7-cm-Flugzeugtorpedos zum Abwurf aus größeren und daher für die Angreifer sicheren Höhen sowie mit größerer Reichweite entwickelte, die den Flugzeugtorpedos der anderen Marinen in jeder Beziehung überlegen waren.

Keine andere nach September 1939 allgemein verwandte technologische Neuerung sollte jedoch eine größere Auswirkung auf den Seekrieg haben als die Entwicklung des Radars (= Radio Detection and Ranging). In

Großbritannien bezeichnete man solche Geräte zunächst bis 1943 als RDF (= Range & Direction Finding), in Deutschland hießen sie Funkbeobachtungs- oder Funkmessgeräte (abgekürzt FuMB, FuMG). In den 30er Jahren hatten Großbritannien, Frankreich, Deutschland und die USA völlig unabhängig voneinander insgeheim Geräte zur Abstrahlung von metrischen Wellen mit sehr kurzen Funkimpulsen entwickelt, mit denen die Peilung (Richtung) und Entfernung eines Schiffes oder Flugzeugs ermittelt werden konnte, weil diese Objekte die ausgestrahlten Wellen zurückwarfen. Diese Reflektionen wurden in einem Kathodenstrahlröhrengerät gemessen. Wie die Royal Air Force erkannte auch die Royal Navy die Wichtigkeit einer solchen Einrichtung, zunächst jedoch nur als Ortungsgerät zur Erfassung hochfliegender Flugzeuge bis zu einer Entfernung von rund 100 Seemeilen.
Zu Beginn des Zweiten Weltkriegs war etwa ein halbes Dutzend britischer Schlachtschiffe und Kreuzer mit einem Gerät dieser Art ausgestattet, welche als Luftwarnradargeräte dienten. Die deutsche Marine dagegen hatte sich mit der Entwicklung von Radargeräten als Entfernungsmesser von größerer Genauigkeit befaßt, als sie die üblichen optischen Meßgeräte aufwiesen. Bereits im August 1939 führten die *Admiral Graf Spee* und ihre Schwesterschiffe je ein solches Gerät, dessen Reichweite allerdings auf 14600 m beschränkt war und das sich z. B. im Gefecht vor dem La Plata von geringem praktischen Wert erwies. Verbesserungen jedoch, insbesondere die britische Erfindung der Bündel-Hohlleiter-Magnetron-Senderöhre und der Siliziumkristall-Empfangsröhre (dem ersten Transistor), mit welchem sehr viel leistungsstärkere Impulse im Zentimeterwellenbereich gesendet und empfangen werden konnten, machten Schiffe bald nicht nur in der Dunkelheit und im Nebel »sehend«, sondern halfen auch, Flugzeuge, Schiffe und über Wasser marschierende U-Boote zu orten und zu verfolgen. Nun waren Messungen der Peilwerte (Richtung) und Entfernung von größester Genauigkeit möglich. Zur Ortung von Flugzeugen war besonders wichtig, daß jetzt auch die Flughöhe recht genau ermittelt werden konnte.
Für die Artillerie der Überwasserstreitkräfte waren Radargeräte sehr bald schon viel genauere Entfernungsmesser als alle bisherigen optischen Meßgeräte. Solange die Leitung des Artilleriefeuers im wesentlichen auf der Sichtbeobachtung der Einschläge beruhte – wie während des Ersten Weltkriegs und noch in den ersten Jahren des Zweiten Weltkriegs – machte die Trefferzahl nur einen verschwindend geringen Anteil am Gesamtmunitionsverbrauch aus. Mit Radarleitung ließen sich jetzt auch Einzelschüsse und -Salven viel genauer beobachten. Ab 1942 konnten deshalb entsprechend ausgerüstete Kriegsschiffe viel schneller und häufiger treffen, vor allem auch nachts oder im Nebel, ohne durch Verwendung von Scheinwerfern oder Leuchtgranaten ihren eigenen Standort preisgeben zu müssen.
Tabelle 27 gibt einen Überblick über die in Großbritannien zwischen

Tabelle 27: Britische Marine-Radargeräte

Verwendungszweck	Typ	Frequenz (mhz)	Wellen-länge	Leistung (kw)	Reichweite (Sm)	Übliche Einbauposition
Luftwarnradar für Kreuzer und größere Einheiten	79	43	7 m	70	90 auf 6100 m	Mastspitze
Luftwarnradar für Fla-Sperrfeuer	279	43	7 m	70	90 auf 6100 m	Mastspitze
Luftwarnradar für Kreuzer und größere Einheiten	281	90	$3\frac{1}{2}$–4 m	350	100 auf 6100 m	Mastspitze
Luftwarnradar für Zerstörer und kleinere Einheiten	286*	214	1,5 m	10	20	Mastspitze
Luftwarnradar für Zerstörer und kleinere Einheiten	291	214	1,5 m	10	20	Mastspitze
Seezielwarnradar für Kreuzer und größere Einheiten	272	3000	10 cm	90	10–25	Über der Brücke
Seezielwarnradar für Kreuzer und größere Einheiten	273	3000	10 cm	90	10–25	Über der Brücke
Seezielwarnradar für Zerstörer und kleinere Einheiten	271	3000	10 cm	90	10–25	Über der Brücke oder achtere Aufbauten
Seeziel- und Tieffliegerwarnradar	277	3000	10 cm	500	25–35	Brücke
Seeziel-Artillerie-Feuerleitradar	284	600	50 cm	25–50	8–12	Hauptartillerieleitstand
Seeziel-Artillerie-Feuerleitradar	274	3000	10 cm	400	20	Hauptartillerieleitstand
Fla-Artillerie-Feuerleitradar	285	600	50 cm	25–50	–	Feuerleitgerät
Fla-Artillerie-Feuerleitradar	275	3000	10 cm	400	–	Feuerleitgerät
Fla-Feuerleitradar für Sperrfeuer der schweren Artillerie	283	600	50 cm	25–50	–	Feuerleitgerät
Nahziel-Fla-Feuerleitradar	282	600	50 cm	25–50	–	Fla-Leitgerät
Luft- u. Zielanzeigeradar	293	3000	10 cm	500	12	Fockmast

* Modifikation des ersten ASV-Geräts der RAF und des FAA

1939 und 1945 hergestellten Bordradargeräte. Aus Tabelle 28 geht hervor, in welchem Umfang solche Geräte während der zweiten Hälfte des Krieges in ausgewählten britischen Kriegsschiffstypen eingebaut wurden.

Besonders nützlich waren Radargeräte auch als Bordgeräte für Flugzeuge bei maritimen Operationen. 1939 hatte Großbritannien sein erstes mit Meterwellen arbeitendes Luft/Schiff-Gerät (Air to Surface Vessel = ASV) produziert; Suchflugzeuge konnten mit diesem Gerät bei Nacht und Nebel Überwasserschiffe also auch an der Oberfläche marschierende U-Boote, auf bis zu 5 Seemeilen Entfernung orten. Diese Reichweite verdoppelten sich, als 1942 mit Zentimeterwellen arbeitende Geräte verfügbar waren. Danach wurden sehr bald die Jagdmaschinen der Marineluftwaffe mit AI (Air Interception)-Radargeräten zum Nachteinsatz ausgerüstet.

Die ersten Einheiten der US Navy erhielten 1940 Radargeräte. Später wurde eine ganze Reihe verschiedenster für alle erforderlichen Spezialzwecke geeignete Radargeräte entwickelt. Sie waren denen der Royal Navy ähnlich, nachdem die britischen Konstruktionsgeheimnisse im September 1940 an die USA weitergegeben worden waren. Französische Kriegsschiffe wurden, sofern sie auf alliierter Seite kämpften, mit britischen und amerikanischen Geräten ausgestattet. Deutschland brauchte zur Herstellung eines umfassenden Sortiments von Radargeräten für die verschiedenen Zwecke sehr viel länger, weil das Kriegsglück ihm erst 1943 ein britisches Magnetron-Gerät in die Hände spielte, das nun kopiert wurde. Deutschland gab diese Radargeheimnisse an die italienischen Verbündeten nie und an Japan nur verzögert weiter, bis es zu spät war. Darum waren auch japanische Kriegsschiffe nie mit so leistungsstarken Radargeräten ausgestattet wie die Einheiten der alliierten Flotten.

Tabelle 28: Typische Radarausrüstung von Kriegsschiffen (Geräte-Nummern)

Zweck	Schlachtschiffe	Flugzeugträger	Kreuzer	Zerstörer	U-Boote
Luftwarnradar	79	281	279	291	291
Seezielwarnradar	272	273	–	271	–
Seeziel- und Tiefflieger-warnradar	–	–	277	–	–
Luft- und Seeziel-Anzeigeradar	293	–	–	–	–
Seeziel-Feuerleitradar	284	–	274	–	–
Fla-Feuerleitradar	4/285	4/285	2/275	285	–
Fla-Feuerleitradar für Sperrfeuer	–	–	–	–	–
Nahziel-Fla-Feuerleit-radar	4/282	4/282	2/282	–	–

Zur Unterscheidung zwischen Freund und Feind (IFF = Identification Friend/Foe) wurden alliierte Flugzeuge (auch kleine Überwassereinheiten wie Schnellboote, Motorkanonenboote usw.) mit sogenannten Responder-Geräten ausgestattet. Diese strahlten automatisch ein kodiertes Signal aus, wenn ein spezielles Interrogator-Gerät entsprechend angestrahlt und aktiviert wurde. Diese Zusatzgeräte waren zumeist am Radargerät eingebaut und nicht immer zuverlässig. Viele Piloten schalteten sie oft nur widerwillig ein, weil sie fälschlich annahmen, die Responder würden ihren Standort auch dem Gegner preisgeben, ebenso häufig vergaßen sie im Drang des Kampfgeschehens das Einschalten überhaupt. So wurden viele Flugzeuge vom Fla-Feuer eigener Schiffe abgeschossen.
Deutschland war dagegen nicht in der Lage, für seine U-Boote ein leistungsfähiges Radargerät mit geeigneter Reichweite für den Einsatz beim Überwassermarsch zu entwickeln. Modernste, gegen Kriegsende fertiggestellte Geräte kamen nicht mehr rechtzeitig in ausreichender Anzahl zum Einbau. Deshalb fertigte man in Deutschland ab 1942 zunächst einem Warnempfänger (Metox-Gerät) zur Erkennung der metrischen ASV-Strahlen der alliierten Einheiten. Aber auch dieses rein passive Gerät kam zu spät in Dienst, um noch von großem Wert zu sein, denn die Alliierten gingen sehr bald auf Dezimeter-ADV-Geräte und dann auf eine neue Dreizentimeter-Version über. Deutschland stellte zwar auch einen passiven Empfänger (Naxos-Gerät) zum Empfang der Strahlung der ersteren her, besaß jedoch bis Kriegsende noch kein Gerät, um dieser Gefahr wirksam begegnen zu können. Die deutsche Kriegsmarine setzte zur Reaktion auf die alliierten Radarverfahren vielmehr auf die sogenannten Schnorcheltechnik. Diese Erfindung geht auf holländische Ursprünge zurück. Sie entstand zu einer Zeit, als ihr keine andere Marine irgendeine kriegswichtige Bedeutung zumaß. Schnorcheleinrichtungen sind relativ komplizierte Luftmasten, mit denen ein U-Boot auch im Tauchzustand mit den Dieselmotoren fahren und die Batterien aufladen kann. Dabei befindet sich lediglich der Kopf des vertikalen Rohrs über Wasser. Dieser Kopf enthält ein Spezialrückschlagventil, das jedes Eindringen von Seewasser verhindert. Der Luftmast dient einem doppelten Zweck: er saugt Frischluft an und stößt die verbrauchte Motorluft ab. Mit solchen Schnorchelgeräten konnten deutsche U-Boote in den letzten Kriegsjahren wieder gegen die alliierte Schiffahrt in Gewässern operieren, die viel näher an Europa lagen als ihre Operationsgewässer etwa 1940. Eine für die Alliierten noch tödlichere Waffe wäre die rechtzeitige deutsche Massenproduktion der neuentwickelten, ersten wirklichen Unterwasserschiffe gewesen, d. h. eines Unterseeboottyps, der mit einem Wasserstoffperoxyd-Antrieb ausgerüstet war. Diese Boote konnten während der gesamten Feindfahrt vollständig untergetaucht operieren. Zum Glück für die Alliierten kamen diese sogenannten *Walther*-Boote zu spät in Dienst, als daß sie noch eine kriegsentscheidende Wende hätten herbeiführen können.

Radargeräte vermochten jedoch mehr, als nur die genaue Entfernung für Fla-Geschütze zu ermitteln oder den Einsatz der Schiffsartillerie bei Nacht zu leiten, ohne das Ziel erst durch Scheinwerfer oder Leuchtgranaten erfassen zu müssen: In den letzten Kriegsjahren entwickelten Großbritannien und die USA Geräte und Geschützlafetten, die mit Radar automatisch »am Ziel« blieben. Die Fla-Waffen konnten jetzt, besonders im Nahbereich, auch bei schnell-fliegenden Flugzeugen mit viel größerer Genauigkeit am Ziel gehalten werden, als dies mit visuellen Visiermitteln und manuell bedienten Richtvorrichtungen möglich war. Eine ebenso wichtige Neuerung bei der Luftabwehr war 1942 wohl die gemeinsame britisch-amerikanische Erfindung der Annäherungs- oder Abstandszünder (Proximity TF Fuse). Dieser Zünder, ein eigener Zwergradar, brachte die Granate zur Detonation, wenn sie sich bis auf ihren Wirkungsbereich einem feindlichen Ziel genähert hatte. Vor Einführung dieser Erfindung wirkte das Fla-Feuer nur durch direkte Treffer oder die Splitterwirkung solcher Granaten, die mehr oder weniger durch Zufall in der Nähe des Ziels durch ihre Zeitzünder zur Detonation gebracht wurden.
Die wachsende Bedrohung aus der Luft erforderte eine beträchtliche Verstärkung der Fla-Bewaffnung, wie aus der folgenden Tabelle am Beispiel der Umbewaffnung des britischen Leichten Kreuzers *Belfast* hervorgeht:

Tabelle 29: Fla-Bewaffnung des britischen Kreuzers *Belfast* im Zweiten Weltkrieg (Anzahl Rohre)

Fla-Geschütze	Bei Fertigstellung 1939	Bei Wiederherstellung 1942	August 1945
10,5 cm	12	12	8
2-Pfünder »Pompom«	16	16	36
40 mm Bofors	–	–	3
20 mm Oerlikon	–	14	8
12,7 mm MG	8	–	–

Größere Kriegsschiffe wurden sogar noch weitergehend umbewaffnet. Typische Bestückungen mit Fla-Waffen, die sich 1945 an Bord der angegebenen Schiffe befanden, waren etwa folgende:

Tabelle 30: Typische Fla-Bewaffnung von US-Kriegsschiffen (Anzahl Rohre)

Kaliber	Schlachtschiffe der Iowa-Klasse	Flugzeugträger der Essex-Klasse
12,7 cm	20	10–12
4 cm	80	44–72
2 cm	50	52

Dennoch blieben trägergestützte Jagdflugzeuge stets die besten Verteidigung von Flottenkräften gegen Luftangriffe. Im Jahr 1942 erkannte man, daß mindestens ein Flugzeugträger, der eine Kampfaufklärungspatrouille (Combat Air Patrol = CAP) von vier Jägern den ganzen Tag über ständig in der Luft halten und bei drohenden Feindangriffen weitere Abwehrkräfte starten lassen konnte, einen wesentlichen Bestandteil für jede größere Kampfgruppe bildete. 1944 trat dazu noch die Anforderung, solche Kampfaufklärungspatrouillen (CAP) bei den Operationen im Pazifik auch während der Nacht durchzuführen, was für jede Kampfgruppe einen weiteren Träger erforderlich machte. Damit übernahm jeweils ein Träger die nächtliche Luftsicherung, während auf den anderen Trägern den Besatzungen die notwendige Ruhe gegönnt werden konnte.
Die alliierte Seite überwand auch das Problem der generellen Ungenauigkeit der mit hydrostatischen (Wasserdruck-) Zündern arbeitenden 136-kg-Wasserbomben. Diese wurden entweder vom Heck des angreifenden Kriegsschiffs abgerollt oder mit Mörsern und Werfern verschossen, wenn es über die vermeintliche U-Boot-Position hinwegfuhr.
In diesem Augenblick ging jedoch der SONAR-Kontakt mit dem U-Boot verloren. Bald aber waren neue Werfer entwickelt, mit denen die Wasserbomben weit vor den Bug des angreifenden U-Jägers geschossen werden konnten, und erstmals wurden die alliierten U-Jagdstreitkräfte mit dem neuen »Hedgehog«-Gerät ausgestattet, das in einem bestimmten Muster Salven von 24 23-kg-Wasserbomben auf die letzte durch SONAR eingepeilte Position eines U-Boots verschoß. Die Genauigkeit dieses Salventeppichs war horizontal und vertikal groß genug, um wenigstens einige der geschossenen Wasserbomben in unmittelbarer Nähe des verletzlichen U-Boot-Rumpfes zur Detonation zu bringen. 1945 wurden die alliierten U-Boot-Abwehrkräfte mit dem leistungsstärkeren Werfergerät »Squid« ausgerüstet.
Deutschland entwickelte für seine U-Boote den akustischen Torpedo »Zaunkönig«. Dieser suchte sein Ziel nach der akustischen Schallentwicklung der Schiffsschrauben feindlicher Schiffe. Mit diesem Torpedotyp erzielten die deutschen U-Boote beträchtliche Erfolge gegen alliierte Geleitzüge, bis die Wirkung durch das alliierte Gerät »Foxer« lahmgelegt wurde. »Foxer« war eine einfache, geräuscherzeugende Vorrichtung, die von alliierten Schiffen achteraus nachgeschleppt wurde; auf sie stellte sich der Torpedo ein und detonierte dort im sicheren Abstand vom Schiffsrumpf. Die Geleitfahrzeuge von Konvois blieben jedoch bis zum Schluß gegen die »Zaunkönig«-Torpedos sehr verletzlich, weil das »Foxer«-Gerät nur bis zu einer Fahrtgeschwindigkeit von höchstens 15 Knoten geschleppt werden konnte.
Italien entwickelte für seine »Torpedoreiter« kleine Unterwasserfahrzeuge mit einem Sprengkopf von 270 kg, die von zwei Mann in Taucheranzügen unter Wasser gefahren wurden. Mit solchen Angriffsmitteln erzielte Italien Erfolge durch Versenkung alliierter Schiffe im Hafen von

Gibraltar, besonders aber durch Beschädigung der britischen Schlachtschiffe *Queen Elizabeth* und *Valiant* auf ihren Liegeplätzen im Hafen von Alexandrien im Dezember 1941, wodurch beide in einer kritischen Phase des Krieges für viele Monate außer Gefecht gesetzt waren. Japan hatte eine etwas größere Unterwasserwaffe hergestellt, Zwerg-U-Boote von etwa 10 Tonnen, etwa 12 m Länge und einer Besatzung von zwei bis vier Mann. Die Boote führten zwei Torpedos oder zwei schwere Sprengladungen mit, die unter verankerten feindlichen Kriegsschiffen abgeworfen wurden. Diese Kleinst-U-Boote wurden durch konventionelle U-Boote bis auf etwa 50 Seemeilen an das Ziel gebracht. Ihren einzigen größeren Erfolg erzielten japanische Zwerg-U-Boote durch Beschädigung des britischen Schlachtschiffs *Resolution* kurz nach der Besetzung der französischen Insel Madagaskar im Jahr 1942, die Großbritannien in seinen Besitz genommen hatte um zu verhindern, daß die Insel zu einem japanischen Flottenstützpunkt wurde. Die vier beim Angriff gegen Pearl Harbor verwendeten japanischen Zwerg-U-Boote gingen verloren, ohne daß sie einen Erfolg erzielen konnten.
Deutschland entwickelte u. a. die Typen *Seehund* und *Hecht*. Großbritannien baute seine »X-Craft«, brauchte aber drei der sehr viel größeren »XE«-Boote von etwa 30 Tonnen, um die mächtige *Tirpitz* 1943 im Tromsöfjord für mehrere Monate außer Gefecht zu setzen. Die USA erkannten den Wert solcher Kleinst-U-Boote erst, als die britischen Zwerg-U-Boote *XE 1* und *XE 3* den japanischen Kreuzer *Takao* 1945 vor der Werft von Singapur versenkten. Dann aber war es für die amerikanische Marine bereits zu spät, um solche Fahrzeuge noch vor Kriegsende fertigstellen zu können.
Ein intensiver Minenkrieg unter Verwendung von Typen, die in Wirkung und Zuverlässigkeit die traditionellen Kontaktminen wesentlich übertrafen, führte dazu, daß alle Seemächte eine unverhältnismäßig große Anzahl von Minensuchern verschiedener Größen und Typen bauen und mit großem Aufwand auch andere Gegenmaßnahmen gegen Minen entwikkeln mußten. Die erste gefährliche Neuentwicklung des Minenkriegs war die Magnetmine. Sie war ursprünglich 1918 in Großbritannien entwikkelt worden, dann nach dem Waffenstillstand aufgegeben worden und praktisch in Vergessenheit geraten. Die ersten Magnetminen wurden im Herbst 1939 durch deutsche Überwasserstreitkräfte, U-Boote und Flugzeuge um die britischen Inseln geworfen. Zu ihren ersten Opfern zählten das Flaggschiff der Home Fleet, das Schlachtschiff *Nelson*, vor dem Stützpunkt von Loch Ewe und der Kreuzer *Belfast*, der im Firth of Forth auf eine solche Mine lief. *Belfast* wurde so schwer beschädigt, daß sie erst zwei Jahre später wieder in Dienst kam. Doch am 23. November 1939 konnte eine der Magnetminen aus dem Watt vor Shoeburyness geborgen werden. Wirksame Gegenmaßnahmen waren schnell entwickelt. Durch das »Wiping«-Verfahren (ein schnelles, aber nur kurzfristig wirksames Verfahren) oder das »Degaussing« (Entmagnetisieren, d. h. Verlegung

einer stark elektrisch geladenen Kabelschleife um Schiffsrümpfe über der Wasserlinie) konnte der Magnetismus der Stahlrümpfe neutralisiert werden, der sonst die Explosion der Magnet-Minen auslöste.
Spätere deutsche Entwicklungen, wie z. B. die akustische Mine, die durch das Geräusch der Schiffsschrauben von darüber fahrenden Schiffen zur Detonation gebracht wurden, und die Druckbeeinflußungsmine (»Auster«), welche durch die von vorbeifahrenden Schiffen verursachte Veränderung des Wasserdrucks zur Detonation gebracht wurden, stellten sich als noch gefährlicher heraus. Zwar wurde auch ihr geheimer Wirkungsmechanismus schnell erkannt, doch gab es gegen sie keine einfachen Gegenmaßnahmen, vor allem nicht gegen die Druckminen. Ihnen fielen in den seichten Gewässern des englischen Kanals während der Invasion in der Normandie im Juni 1944 und danach zahlreiche alliierte Schiffe zum Opfer.
Die Mittel zur Funkverbindung von Schiffen zur Küste und zwischen Schiffen wurden ebenfalls weiterentwickelt, insbesondere in den hohen Frequenzbereichen (3-30 MHz). Dafür wurden wesentlich kleinere aber leistungsstärkere Geräte bei optimaler Frequenztrennschärfe entwickelt und produziert. Alle Marinen hatten sehr lange Zeit darauf bestanden, im Funkverkehr nur handtastenbetriebene Morsefunkgeräte zu verwenden. Ab 1941 erhielten sie auch Geräte für den Funksprechverkehr im Bereich des 2 MHz-Bandes zur Kommunikation zwischen Geleitfahrzeugen und zugeordneten Überwachungsflugzeugen, sowie in der Bandbreite 100–150 MHz für den Funkverkehr mit Einsitzer-Jagdflugzeugen. Diese Kommunikationsart erwies sich bald als praktischeres und schnelleres Verbindungsmittel als der traditionelle Funkverkehr oder visuelle Signalmittel zwischen Schiffen, besonders für unmittelbare Manöversignale zwischen gemeinsam operierender Einheit (TBS = Talk Between Ships). Bei Kriegsende waren auch automatische Hochgeschwindigkeitsmorsegeräte (Vorläufer des Funk-Fernschreibverkehrs) in Gebrauch. Als Folge dieser Verbesserungen der technischen Nachrichtenmittel wurde auch die Leitung sämtlicher Marinestreitkräfte (Schiffe, U-Boote und Flugzeuge) in einem Seegebiet von einem Küstenstützpunkt oder einem Flaggschiff aus leistungsstärker. Insgesamt war die Kommunikation und damit der taktische Einsatz aller Einheiten wesentlich verbessert worden. Auf vielen alliierten Geleitfahrzeugen wurden schließlich Hochfrequenz-Funkortungsgeräte eingebaut, als klar wurde, daß die deutschen U-Boote relativ häufig Funksprüche an ihre Führung abgaben. Mit Funkpeilgeräten, die zwischen der eigentlichen Peilung und ihrem Reziprokwert unterscheiden konnten, sowie durch Kathodenstrahlröhren-Darstellung konnte das H/F-D/F (»Huff-Duff«)-Gerät auch kürzeste Funksprüche genau einpeilen und die Entfernung der Senderposition ermitteln. Dadurch konnten einen Geleitzug bedrohende U-Boote schon dann ausgemacht werden (sofern sie nicht Funkstille bewahrten), wenn sie noch außerhalb des Radarbereichs von etwa 50 Seemeilen standen.

Küstenstationen beider Seiten konnten jetzt ihren Befehlshabern mehr Funkfeindmeldungen bieten, als Großbritannien dies während des Ersten Weltkriegs schon gegen die deutsche Hochseeflotte gelungen war. »Huff-Duff«-Geräte waren ursprünglich nur in Großbritannien aufgestellt worden. Später wurden sie auch an anderer Stelle, hauptsächlich an der Ostküste Kanadas und in den USA errichtet. Sie konnten jeden deutschen U-Boot-Funkspruch orten. Weil die von Admiral Dönitz gegen Geleitzüge angewandte Rudeltaktik häufig Funkmeldungen von U-Booten an die Einsatzzentrale der deutschen U-Boot-Waffe in Lorient erforderte, gelang den Alliierten die Ortung zahlreicher deutscher U-Boote. Geleitzüge und einzeln laufende Schiffe konnten gewarnt werden; sie änderten dann den Kurs, um drohenden U-Boot-Angriffen auszuweichen. Als Mittel gegen diese Ortung entwickelten die Deutschen ein Gerät, das Funksprüche so zu Kurzmeldungen zusammenfaßte, daß sie in weniger als einer Sekunde blitzartig gesendet werden konnten. Aber auch mit dieser Funkabwehrmaßnahme wurden die alliierten Wissenschaftler eher fertig, als es der deutschen Seite gelang, ein Gerät zum Erfassen der Konvoi-Geleitfahrzeug-Funkmeldungen (Gerät »Preßkohle«) zu entwickeln, das erst 1944 auf deutschen U-Booten eingebaut werden konnte.
Da zunächst angenommen worden war, daß die neuesten Chiffriermittel gegen jeden Einbruch absolut sicher waren, löste in Großbritannien Mitte 1940 die Entdeckung große Sorgen aus, daß Deutschland einen sogenannten »B«-Dienst unter der brillianten Leitung von Kapitän z. See Kupfer eingerichtet hatte, der nicht nur die Funksprüche der Royal Navy auffing, sondern viele von diesen auch entschlüsseln konnte. Manche britische Marineoperationen wurden so dem Gegner schon vor der Durchführung bekannt, bevor endlich Ende 1942 ein besseres Verschlüsselungsverfahren, namentlich der One-Time Reciphering Pad und die Chiffriermaschine Typ X in allgemeinen Gebrauch kamen. Die USA hatten ihren »Magic Service«, der 1941 erfolgreich in den Geheimcode der japanischen diplomatischen Chiffriermaschine »Purple« einbrach. Der Erfolg dieses Meisterstreichs wurde zunächst jedoch vertan, weil Präsident Roosevelt und seine Oberbefehlshaber es versäumten, die US-Befehlshaber in Pearl Harbor vor dem bevorstehenden Überraschungsangriff vorzuwarnen. Vielmehr ließen sie die Kommandeure in Pearl Harbor weiter in dem Glauben, der erste japanische Schlag werde gegen die Philippinen erwartet, obwohl es schon damals schwerwiegende Hinweise dafür gab, daß tatsächlich Hawaii das Ziel des japanischen Angriffs sein würde. Die späteren Erfolge des »Magic Service« beim Einbruch in andere japanische Codes und Chiffriermittel versetzten die US-Streitkräfte in die Lage, bei vielen wichtigen Gelegenheiten japanische Streitkräfte überraschend zum Gefecht zu stellen.
Nach anfänglichen Mißerfolgen konnte dann auch die entsprechende britische Einrichtung, die »Y-Organisation«, beträchtliche Erfolge verzeichnen, nachdem 1940 eine deutsche Enigma-Maschine vom Geheim-

dienst nach London gebracht worden war.[4] Ebenso wichtig aber war, daß man in Großbritannien voll erkannt hatte, welche Folgen z. B. das Versäumnis der Admiralität gehabt hatte, an Admiral Jellicoe vor dem Skagerrak nicht sämtliche Nachrichten über den Gegner zu funken, insbesondere, daß Scheer auf Kurs über Horns Riff während der Nacht vom 31. Mai zum 1. Juni 1916 in seinen Stützpunkt zurückkehrte. Im Zweiten Weltkrieg wurden alle aus dem Funkverkehr des Gegners erkannten Feindnachrichten in einem Operationskontrollraum sofort voll ausgewertet und koordiniert. Solche Informationen waren natürlich nicht immer absolut zuverlässig. So mochte z. B. ein Funkspruch, der einen bestimmten Einsatz befahl, abgefangen worden sein, der darauffolgende Widerruf dagegen nicht. Oder es wurde ein falscher Befehl abgefangen und leichtfertig für echt gehalten. Dies könnte wohl auch der Grund dafür gewesen sein, warum Admiral Pound im Juni 1942 so sicher zu sein schien, daß der Eismeergeleitzug PQ 17 in unmittelbarer Gefahr stand, von dem deutschen Schlachtschiff *Tirpitz* angegriffen zu werden, so daß er die Auflösung des Geleitzugs befahl und die Deckungskräfte abzog, mit den bekannten tragischen Folgen, daß die zerstreuten Schiffe dann, von U-Booten und der Luftwaffe angegriffen, zumeist vernichtet wurden. Das deutsche Schlachtschiff jedoch hatte die sicheren norwegischen Fjorde während dieser Zeit überhaupt nicht verlassen.
Alle gepanzerten Kampfschiffe vom amerikanischen *Monitor* im Sezessionskrieg bis zu den Dreadnoughts des Ersten Weltkriegs waren mit gepanzerten Kommandoständen ausgestattet, von denen aus die Kommandanten ihre Schiffe während des Gefechts leiteten. Sie brauchten diesen Schutz, als die optimale Gefechtsentfernung nur etwa 3 600 m betrug. Bei größeren Gefechtsentfernungen allerdings, wie etwa im Gefecht vor der Doggerbank im Januar 1915 oder vor dem Skagerrak am 31. Mai 1916, und angesichts der Bedrohung durch Torpedos und Flugzeuge, war durch die engen und kleinen Schlitze in solchen Panzerständen die Sicht zu beschränkt. Die Kommandanten und Admirale blieben deshalb trotz aller persönlichen Gefahren lieber auf den offenen Brücken. Die schwer gepanzerten Kommandostände verschwanden darum auch bald nach 1918 von den meisten Kriegsschiffskonstruktionen. Im Ersten Weltkrieg hatte sich die Notwendigkeit erwiesen, für alle anderen Einheiten der eigenen Flotte und für die als möglich angenommenen Positionen der über Funk gemeldeten Gegnereinheiten kontinuierlich Kursaufzeichnungen auf Karten vorzunehmen, deren Maßstab größer als der normaler Seekarten war. Nach 1918 gebaute britische Schlachtschiffe und Kreuzer erhielten daher einen separaten Brückenraum mit einem Tisch zum automatischen Kurs-Plotting, wobei auf Spezialkarten die eigene Schiffsposition mit elektromechanischen Mitteln kontinuierlich aufgetragen wurde.
Im Zweiten Weltkrieg ergab sich der Bedarf für einen zweiten Plotting-Tisch, auf welchem die Flugkurse der durch Radar aufgefaßten feindli-

chen Flugzeuge aufgezeichnet wurden, so daß die eigenen Abfangjäger bis in Gefechtsentfernung herangeführt werden konnten. Schließlich wurde gegen Ende des Zweiten Weltkriegs der Radar-Aufzeichnungsschirm (Plan Position Indicator = PPI) verfügbar. Daraus entwickelte sich das Operations-Informationszentrum (CIC = Combat Information Centre), kurz als Operationsraum bezeichnet. Dort wurden sämtliche an Bord des Schiffes anfallenden Sicht-, Funk- und SONAR-Informationen verarbeitet und in Seekarten eingetragen oder auf Radarschirmen angezeigt. Mit diesen Mitteln konnten Kommandanten im Operationsraum ihre Schiffe und deren Waffen, ebenso wie Flugzeuge, besser einsetzen und leiten als von der Brücke aus.

Viele Marinen hatten die Notwendigkeit der Brennstoffversorgung von Kriegsschiffen auf hoher See erkannt und entsprechende Vorrichtungen und Verfahren geschaffen. Eine Brennstoffübernahme konnte jetzt auch während der Fahrt bei Geschwindigkeiten von 12–15 Knoten erfolgen. Schon vor Ausbruch der Feindseligkeiten hatte Deutschland Versorgungsschiffe in überseeische Gewässer zur Versorgung seiner Überwasser-Handelsstörer und U-Boote mit Bunkeröl und sonstigen Versorgungsgütern auf ozeanische Treffpunkte entsandt. Die britische Marine mit ihren vielen Stützpunkten hatte diesem Problem zunächst weniger Aufmerksamkeit gewidmet, was sich bei der Geleitung von Konvois als äußerst nachteilig erwies. Winston Churchill schaltete sich persönlich ein und drängte auf die Entwicklung entsprechender Einrichtungen. Ab 1941 begannen daher auch britische Geleitschutzfahrzeuge während der Fahrt ihre Ölvorräte aus Tankern aufzufüllen, um die Strecken auf den atlantischen Routen zu vergrößern, auf denen die Konvois gegen U-Boote Schutz durch Geleitfahrzeuge erhalten konnten. Doch alle diese technischen Erfolge erscheinen gering neben den Errungenschaften der amerikanischen Marine auf diesem Gebiet. Die ungeheuren Entfernungen, welche die US-Flotte in den Weiten des Pazifik zu überwinden hatte, zwangen sie zur Entwicklung leistungsstärkster Mittel zur Versorgung von Kriegsschiffen während der Fahrt von einem riesigen Flottentross von Versorgern, und zwar nicht allein nur zur Ergänzung von Brennstoff, sondern auch von Flugzeugbenzin, Munition, Lebensmitteln und grundsätzlich allen notwendigen Versorgungsgütern für moderne hochtechnische Kriegsschiffe.

Während des Ersten Weltkriegs war die britische Grand Fleet selten länger als eine Woche in See gewesen. Die Seeausdauer der Schiffe, insbesondere der Zerstörer, war zu gering. Ein Kohlen auf See wurde zwar von deutschen Auslandskreuzern und Hilfskreuzern erfolgreich angewandt, war damals aber in größerem Umfang praktisch noch unmöglich. Während des Zweiten Weltkriegs aber fuhren fast alle Kriegsschiffe mit ölbeheizten Kesseln. Sie hatten damit allein schon einen doppelt so großen Aktionsradius als ihre Vorgänger. Dank dieser Fortschritte und infolge der Einführung ausgeklügelter Verfahren zur Versorgung auf hoher See,

wann und wo immer dies erforderlich war, konnten die amerikanische Dritte und Fünfte Flotte im Pazifik – und ab 1945 auch die britische Pazifik-Flotte – gegen japanische Ziele mit einer Seeausdauer von zwei Monaten und mehr kontinuierlich im Einsatz bleiben, ohne daß die Einheiten abgelöst werden und einen Hafen anlaufen mußten.
Mit dieser kurzen Darstellung sind nur die allerwichtigsten und hervorragendsten technischen Fortschritte zusammengefaßt, die von den Marinen der Welt in den Jahren zwischen 1919 und 1945 erzielt wurden. Doch zeigt sich schon hieraus mehr als deutlich, wie viel die Entwicklungslabors, Industriebetriebe und wissenschaftliche Institute in Großbritannien und in den USA ebenso wie die Werften dieser Länder dazu beigetragen haben, daß die alliierte Seite den Zweiten Weltkrieg zur See siegreich bestehen konnte. Admiral Dönitz schrieb dies 1943 eindrucksvoll nieder:

> Seit einigen Monaten hat der Gegner den U-Bootkrieg wirkungslos gemacht. Er hat dies nicht durch überlegene Taktik oder Strategie erreicht, sondern durch Überlegenheit auf dem Gebiet der Wissenschaft. Diese findet ihren höchsten Ausdruck in der modernsten Kampfwaffe: der Ortung. Durch dieses Mittel hat er die einzige Offensivwaffe im Krieg gegen die angelsächsischen Mächte unseren Händen entwunden.

Es stellt sich hier in Frage, in welchem Maße die maritime Strategie und Taktik durch diese technologischen Entwicklungen beeinflußt wurden, so wie sie etwa im Ersten Weltkrieg durch den Torpedo verändert wurden, was dazu führte, daß Schlachtschiffe sich außerhalb der Torpedo-Reichweite bekämpfen mußten, ebenso wie der Torpedo- und Minenkrieg die Fernblockade anstelle der früher stets gehandhabten Nahblokkade erzwungen hatte. Und eine weitere Frage: Wie beeinträchtigte die zahlenmäßig geringe Stärke der Flotten, mit denen alle Mächte in den Zweiten Weltkrieg eintraten – und die so viel kleiner waren als die Flotten, mit denen Deutschland und Großbritannien den Ersten Weltkrieg begannen – die allgemeine maritime Strategie und Taktik? Maritim ist dabei wohl das bessere Wort als »Marine«, denn der Zweite Weltkrieg wurde ja auf, über und unter der See, auf der See, im Bereich der Wissenschaft ebenso wie auf dem Wirtschafts- und Produktionssektor ausgetragen. »Die Strategie beherrscht die Schiffe, die Waffen dagegen beherrschen die Taktik«, hatte Lord Fisher geschrieben, als sich die britische Schlachtflotte im Jahrzehnt vor 1914 beträchtlich ausgeweitet hatte. Im Zweiten Weltkrieg erwies sich jedoch der erste Teil dieser These nicht immer als zutreffend, und dies nicht nur, weil die Flottenstärken durch den Versailler Vertrag und die Verträge von Washington und London klein gehalten worden waren. Ziel der stärkeren Flotte war nicht mehr ausschließlich die »Seeherrschaft« im Sinne der Beherrschung aller fünf Ozeane. Dies war auch zuvor in keinem Krieg zwischen maritimen Mächten erreicht worden. Die stärkere Flotte kann lediglich auf eine Kontrolle der Seegebiete abzielen, die das eigene Land zur Verfolgung seiner Gesamtstrategie zu beherrschen benötigt: zum Transport von Kriegsmitteln jedweder Art, wie Öl und anderer wichtiger Rohstoffe, von Waffen und Munition, Truppen und Versorgungsgütern, zur Beförderung von allem, was erforderlich ist, um die Bevölkerung zu ernähren, und zur Beförderung all dieser Mittel an die Punkte, an denen sie benötigt werden, aber ebenso der Menschen und des Materials für die Durchführung offensiver Operationen maritimer und amphibischer Art unmittelbar gegen den Gegner selbst. Strategie muß zugleich darauf abzielen, die Benutzung der Meere durch den Gegner für die gleichen Zwecke unmöglich zu machen. Dies wird durch Blockade erreicht. Beispiele für Blockademaßnahmen im Zweiten Weltkrieg waren die ständige Bewachung der nördlichen Zufahrten der Nordsee durch die britische Home Fleet, die – gelegentlich – durch amerikanische Einheiten und stets durch das Coastal Command der RAF unterstützt wurde, ebenso wie die zahllosen Offensivpatrouillen, die seit Beginn des Jahres 1942 von 288 amerikanischen, 30 britischen und 15 niederländischen U-Booten in fernöstlichen Gewässern durchgeführt wurden oder die Gegenblockade durch deutsche U-Boote. Weitere Maßnahmen waren der Schutz der eigenen Handelsschiffahrt (z. B. das weltweite alliierte Konvoisystem oder die italienischen Geleitzüge durch das zentrale Mittelmeer nach Nordafrika) sowie Angriffe gegen feindliche Flottenstreitkräfte, wenn immer sich hierfür günstige Gelegenheiten boten (z. B. die Schlacht bei Kap Matapan und bei den Midway-Inseln).

Der Schutz des Handels und der kriegswichtige Versorgungsgüter befördernden Handelsschiffahrt verdient besonderer Erwähnung. In Großbritannien und den USA kam es zwischen den Befürwortern und Gegnern des Geleitzugsystems zu erbitterten Auseinandersetzungen. Die Geschichte des 18. Jahrhunderts bietet genug Beweise dafür, daß Konvois die beste Form des Handelsschutzes sind. Denn nur wenn Handelsschiffe in größeren Gruppen gemeinsam segelten, konnten sie Schutz durch Kriegsschiffe erhalten. Für das 20. Jahrhundert aber bedeutete die internationale Deklaration von Paris des Jahres 1856, welche den Kaperkrieg (früher das Hauptinstrument im Krieg gegen die feindliche Handelsschiffahrt) für gesetzwidrig erklärte, in Verbindung mit dem viktorianischen Laissez-faire-Glauben, in den Demokratien sei eine staatliche Kontrolle der im Privatbesitz befindlichen Handelsschiffahrt politisch selbst im Krieg nicht zumutbar, daß die Seemächte das Geleitzugsystem aufgegeben hatten. Noch zu Anfang des 20. Jahrhunderts waren weder die von der neuen U-Bootwaffe drohenden potentiellen Gefahren noch die Möglichkeit der Kaperei in ganz neuer Form erkennbar. Die britischen Kriegsoperationspläne des Jahres 1914 sahen darum auch keinerlei Maßnahmen für die Einführung des Geleitzugsystems vor, ausgenommen für Truppentransporte. Als Abwehr gegen die drohenden Angriffe

durch eine Handvoll deutscher Überseekreuzer auf den Ozeanen gab sich die britische Admiralität damit zufrieden, an den Brennpunkten der Handelsschiffahrtsstraßen Kreuzer zur Überwachung und zum Patrouillendienst einzusetzen.
Die lange und erfolgreiche Kaperfahrt des deutschen Kleinen Kreuzers *Emden* im Indischen Ozean 1914 deckten sehr bald die Mängel dieser Strategie auf. Wenn immer Fregattenkapitän Karl v. Müller mit seiner *Emden* ein alliiertes Schiff gekapert hatte, kam es zu einem Stopp aller Abfahrten von Handelsschiffen in weitesten Bereichen des Indischen Ozeans, was insgesamt viel stärkere Verzögerungen verursachte, als wenn die Schiffe auf die Bildung von Geleitzügen hätten warten müssen. Da aber die wenigsten deutschen Überseekreuzer bereits Ende 1914 ausgeschaltet waren, sah die Admiralität keinerlei Notwendigkeit zur Änderung ihrer Pläne. Sie rechnete dabei jedoch nicht mit der Möglichkeit einer deutschen Entscheidung zur Einführung des unbeschränkten U-Bootkriegs, d. h. die Anweisung an U-Boote, innerhalb einer Sperrzone Handelsschiffe ohne Warnung zu versenken, was dem damaligen internationalen Recht widersprach. Die britische Admiralität gab sogar noch im Januar 1917 ein Memorandum heraus, in dem sie zum Ausdruck brachte, daß »das Geleitzugssystem auch für die Gebiete nicht empfohlen wird, in denen U-Bootangriffe möglich erscheinen«. Mittlerweile aber hatten die deutschen U-Boote so viele alliierte Handelsschiffe versenkt, daß Großbritannien Mitte 1917 durch Aushungerung an den Rand der Niederlage geriet. Nun sah sich eine verzweifelte Admiralität dazu gezwungen, das Geleitzugsystem sowohl im Atlantik als auch im Mittelmeer erneut anzuwenden. Das Ergebnis war eine dramatische Wende im Kriegsgeschehen. Die Einführung des Geleitzugsystems war daher vielleicht *die* kriegsentscheidende Maßnahme. Im April 1917 war eines von vier Schiffen, die britische Häfen verließen, nie wieder zurückgekehrt. Ein Jahr später war die britische Verlustrate auf nur 1:100 gesunken.
Trotz des klaren alliierten Sieges über die deutsche U-Bootwaffe im Ersten Weltkrieg wurde das Geleitzugsystem nach dem Krieg wieder aus allen Operationsplänen gestrichen. Großbritannien und die USA betrachteten zunächst nur Japan als nächsten potentiellen Gegner; und in einer bewaffneten Auseinandersetzung mit Japan schien, außer etwa im Fernen Osten und im Pazifik, keinerlei Notwendigkeit für den Schutz der dort nicht lebensnotwendigen alliierten Handelsschiffahrt zu bestehen. Auch wurde damals das Geleitzugsystem allgemein nur als Defensivmaßnahme gewertet. Dem gesamten navalistischen Denken ebenso wie allen Marinekreisen, die das Schlachtschiff immer noch als ausschlaggebendes Instrument für maritime Entscheidungen ansahen, war jede defensive Haltung und Maßnahme fremd. Vergeblich wies in Amerika Admiral William Sims darauf hin, daß der Einsatz von Geleitfahrzeugen zur Absuche der Ozeane gegen marodierende U-Boote gleichbedeutend sei mit der sprichwörtlichen Suche nach einer winzigen Stecknadel in einem

riesigen Heuhaufen, während die Einrichtung von Geleitzügen in Wirklichkeit eine offensive Maßnahme war, denn die in einem Konvoi zusammengefaßten Handelsschiffe wirkten wie ein Köder, so daß die Geleitfahrzeuge eine wirkliche Chance zur Vernichtung der angreifenden U-Boote erhielten. Doch wurde zwischen den Kriegen das Studium der Geleitzugtaktik vernachläßigt – ganz zu schweigen von entsprechenden Übungen. Noch im März 1935 teilte ein Lord der Admiralität dem Parlament mit, daß »Geleitzüge nur eingeführt werden sollten, wenn die Versenkungserfolge des Gegners so anstiegen, daß es sich nicht mehr rechtfertigen ließe, Schiffe einzeln fahren zu lassen.«
Zum Glück für Großbritannien und seine späteren Alliierten aber hatte die Admiralität bereits 1937 in ihren Planstudien erkannt, daß ein Krieg gegen Deutschland nicht nur wahrscheinlich war, wie ein Konflikt mit Japan, sondern potentiell auch viel gefährlicher. Deutschland besaß damals zwar nur wenige U-Boote und hatte soeben erst mit Großbritannien einen Flottenvertrag abgeschlossen, der Deutschland auch zur Einhaltung des internationalen Rechts verpflichtete. Die Admiralität kam jedoch zu der Überzeugung, daß man Hitlers Wort nicht trauen könne. Die britischen Befürworter des Geleitzugsystems behielten im Kampf der Argumente die Oberhand. So wurden nun doch Pläne zur Einführung des Geleitzugsystems bei Ausbruch eines Krieges ausgearbeitet, und die Verstärkung der verfügbaren U-Jagdkräfte (Geleitzerstörer und Kanonenboote u. a.) durch die neu zu bauende *Hunt*-Klasse und andere U-Jagdfahrzeuge intensiv betrieben.
Großbritannien war daher im September 1939 sofort zur Einführung des Konvoisystems bereit, d. h. es gab wenigstens die erforderliche Organisation und Planung. Aber die Entscheidung war zu spät gefallen; nur ein Bruchteil der dringend notwendigen Geleitfahrzeuge hatte schon gebaut werden können. Das Luftfahrtministerium hatte sogar noch weniger getan, um die zur Luftdeckung von Geleitzügen erforderlichen Flugzeuge herzustellen und schon gar nichts, um Geleitzügen den jetzt dringend benötigten Jagdschutz gegen Bomberangriffe der deutschen Luftwaffe zu gewähren. Noch im September 1940 konnte ein nach Übersee auslaufender Geleitzug mit mehr als 30 wertvollen Schiffen nur von einem einzigen Kanonenboot und zwei bewaffneten Trawlern begleitet werden, weil auf Churchills Anweisungen ein beträchtlicher Teil der damals verfügbaren U-Boot-Bekämpfungsfahrzeuge in sogenannten Jagdgruppen zusammengefaßt worden war, deren Wert gering war; die Meinung eines prominenten Geleitschutzgruppenkommandeurs, des heutigen Admiral Sir Peter Gretton, über diese Jagdgruppen ist »für den Druck ungeeignet; sie waren nichts als Zeitverschwendung.«[6]
Der Mangel an Luft- und Seegeleitkräften zum vollen Schutz aller Geleitzüge vor 1942 hatte jedoch drei weitere Gründe. Dazu gehört einmal die deutsche Entscheidung, die gesamten Rüstungsanstrengungen im maritimen Sektor nach 1939 auf den Bau von U-Booten zu konzentrieren. Die

immer größer werdende Zahl der U-Boot-Neubauten überstieg alles, was man in Großbritannien jemals für möglich gehalten hatte. Ferner gaben der Norwegenfeldzug und der Zusammenbruch Frankreichs im Juni 1940 Deutschland hervorragende Stützpunkte an den atlantischen Küsten; die deutschen U-Boote brauchten nicht mehr wie im Ersten Weltkrieg unter dem Nachteil der Einschließung in der Nordsee operieren, die sie erst überwinden mußten. Der anfängliche Erfolg der britischen U-Boot-Bekämpfungsmaßnahmen in den Heimatgewässern zwang die U-Boote, immer weiter draußen zu operieren. Dies konnten sie, weil sie technisch zuverlässiger und seeausdauernder geworden waren. Nun aber mußten die alliierten Geleitzüge praktisch quer über den ganzen Atlantik geleitet werden und nicht nur über einen Radius von etwa 500 Seemeilen um die britischen Küsten.

Aber nicht nur Großbritannien war kurzsichtig vorgegangen: Auch in den USA war ähnlich Wichtiges versäumt worden. Erst der Kriegseintritt der USA in den Ersten Weltkrieg hatte die große Anzahl von Geleitfahrzeugen verfügbar gemacht, wie sie zur Einführung des Geleitzugsystems 1917 benötigt wurden. Zwei Jahre lang hatten auch die USA praktische Erfahrung mit dem U-Bootkrieg sammeln können, ja die Erklärung des uneingeschränkten U-Bootkrieges durch Deutschland im Februar 1917 war formell überhaupt der Grund für die amerikanische Kriegserklärung. Aber auch die USA ließen es zu, daß die Geleitzugstrategie nach Erkämpfung des Sieges 1918 weitgehend in Vergessenheit geriet. Die USA waren zwar bereit, im Dezember 1941 das Geleitzugsystem im Pazifik einzuführen, hatten aber keinerlei Pläne zur Einführung von Konvois an der Ostküste oder in der Karibik vorbereitet. Der Oberbefehlshaber der amerikanischen Flotte (COMINCH) und Chef des Marineoperationsstabes (CNO), Admiral Ernest King, konnte zunächst gegen alle britischen Erfahrungen und Vorstellungen seine Meinung durchsetzen, daß »nicht ausreichend geschützte Geleitzüge schlimmer sind als gar keine«. Als Folge erlitt Amerika in diesen Gewässern während des ersten halben Jahres nach dem Eintritt der USA in den Krieg katastrophale Verluste an Handelsschiffen (deutsche Operation »Paukenschlag«), bevor schließlich auch die US Navy an der Atlantikküste mit von Großbritannien ausgeliehenen Geleitfahrzeugen das Konvoisystem einführte.

Es wurden auch andere und neue Strategien von den Alliierten gegen die deutsche U-Bootwaffe ersonnen und eingesetzt. 1940 wurde eine dichte Sperre tiefstehender Minen quer über die Seestraße zwischen Schottland und Island gelegt. Sie sollte jedoch nur geringe Erfolge zeitigen. Eine offensive Luftaufklärung über der Biscaya brachte kaum größere Erfolge, außer daß die deutschen U-Boote diesen Seebereich hinfort getaucht durchliefen. Auch die massiven und verlustreichen Bombenangriffe gegen deutsche Stützpunkte und Bauwerften vernichteten verhältnismäßig wenige U-Boote, weil diese in Betonbunkern sehr gut geschützt waren. Je-Jedenfalls sollte die deutsche U-Bootproduktion fast den ganzen Krieg

über bis Sommer 1944 kaum wesentlich beeinträchtigt werden. Nicht eine dieser Maßnahmen rechtfertigte die Opfer, Aufwendungen und Anstrengungen. Die für die Bombardierung von Küstenstädten eingesetzten Flugzeuge hätten sehr viel wirkungsvoller zum Schutz der Geleitzüge verwendet werden können. Es besteht kein Zweifel daran, daß schließlich die Einführung des vollständigen Geleitzugsystems den Sieg in der Schlacht im Atlantik für die Alliierten sicherte, aber erst, nachdem »praktisch jede einzelne Erfahrung des Überwasserkrieges und des U-Bootkrieges aus dem Ersten Weltkrieg unter furchtbaren Opfern an Blut, Tränen und Material im Zweiten Weltkrieg erneut gemacht werden mußte.«[6]
Wir wenden uns nun der strategischen Situation der schwächeren Marinen zu: Im Krieg gegen einen zur See übermächtigen Gegner mag eine maritim schwache Macht vielleicht versuchen, die Vorherrschaft durch einen Überraschungsangriff wenigstens zeitweilig zu erzwingen. (Der Schlag gegen Pearl Harbor ist hierfür das notorische Beispiel aus dem Zweiten Weltkrieg). Die kleinere Marine erzielt zumeist auch eine Bedrohung des stärkeren Gegners durch ihre Wirkung als *Fleet-in-being* (wie z. B. die deutschen schweren Einheiten in Norwegen 1942/44 und die britische Eastern Fleet in Kilindini im Jahre 1942). Der schwachen Marine bietet sich auch der ozeanische Handelskrieg (z. B. die weltweiten Operationen deutscher Überwasserstreitkräfte und Hilfskreuzer). Der uneingeschränkte U-Bootkrieg fällt dabei zwischen diese Kategorien: Von Deutschland aus gesehen stellte er eine Blockade Großbritanniens durch die stärkere deutsche Unterseebootflotte dar; für die Alliierten präsentierte er sich als der alte »Guerre de course«, der durch die an Überwasserstreitkräften schwächere Seite angewandt wurde.
In den ersten Jahren des Zweiten Weltkriegs war der Grad, in dem die britische und amerikanische Überwasserflotte bzw. die deutsche U-Bootwaffe ihre Ziele als jeweils stärkere Streitmacht erreichen konnten, durch zahlenmäßige Knappheit in vielen Schiffstypen beschränkt. Die später so mächtige deutsche U-Bootwaffe war bei Kriegsbeginn noch kaum vorhanden (Vergleiche Tabelle 16). Die relativ wenig zahlreichen britischen Großkampfschiffe erwiesen jedoch ihre »Raison d'être« bei der Vernichtung von Einheiten der gleichen Kategorie. *Bismarck* vernichtete im Mai 1941 zwar die »mächtige *Hood*«, wurde aber wenige Tage später durch die Schlachtschiffe *King George V* und *Rodney* selbst zu einem hilflosen Wrack geschossen und versenkt. Im März 1941 wurden *Scharnhorst* und *Gneisenau* vom Angriff gegen zwei alliierte Geleitzüge im Atlantik durch das bloße Auftauchen einmal des Schlachtschiffs *Malaya*, zum anderen der *Rodney* abgehalten. Im Gegensatz dazu konnte der Schwere Kreuzer *Admiral Hipper* im Vormonat einen anderen Geleitzug fast völlig vernichten, weil dieser nicht durch schwere britische Kräfte gedeckt war.
Die schwere Artillerie der Schlachtschiffe bot auch wirkungsvolle Feuerunterstützung für zahlreiche Landungsoperationen gegen starke Gegner. Die starken Fla-Batterien aller Kaliber auf diesen gepanzerten Kolossen

waren ferner von unschätzbarem Wert für den Schutz von Trägerkampfgruppen. Der katastrophale Verlust der britischen Schlachtschiffe *Prince of Wales* und *Repulse,* die im Dezember 1941 von japanischen Flugzeugen im Golf von Siam versenkt wurden, zeigte jedoch, daß Schlachtschiffe nicht mehr unverletzlich waren. Im Bereich feindlicher Flugzeuge konnten sie ohne eigene Luftdeckung nicht mehr sicher operieren. Landgestützte Luftstreitkräfte konnten wegen ihrer beschränkten Reichweite in dem in ozeanische Weiten ausgedehnten Seekrieg diese Luftunterstützung nur selten bieten. Der Durchbruch der *Scharnhorst, Gneisenau* und *Prinz Eugen* von Brest durch die Straße von Dover nach deutschen Häfen im Februar 1942 unter dem Schutz starker Kräfte der Luftwaffe war dabei nur die Ausnahme.

Großbritannien und die USA empfanden zunächst einen schmerzlichen Mangel an Flugzeugträgern. Dieser neue Schiffstyp wurde eben für sehr viel zahlreichere Aufgaben benötigt als nur dazu, Jägerdeckung für Kampfgruppen und Konvois zu stellen oder U-Boot-Bekämpfungspatrouillen zu fliegen. Von seiner ursprünglichen Rolle als Hilfsschiff zur Unterstützung der Schlachtschiffe wurde der Flugzeugträger im Zweiten Weltkrieg zur beherrschenden Waffe des Seekriegs. Die offensive Reichweite eines Schlachtschiffs war auf den Wirkungsbereich der schweren Artillerie (höchstens etwa 20 Seemeilen) beschränkt. Dagegen konnten Torpedos oder panzerbrechende Bomben führende Flugzeuge mit einer effektiven Reichweite von mehreren hundert Seemeilen härteste Schläge austeilen. Der britische Luftangriff gegen die italienische Schlachtflotte in Tarent zeigte dies zuerst. Pearl Harbor bestätigte die neue Situation, ebenso die Schlacht im Korallenmeer im April 1942, jene erste Seeschlacht in der Geschichte, in der größere Einheiten beider Flotten versenkt wurden, ohne daß ein einziges Überwasserschiff auch nur ein Schiff des Gegners in Sicht bekam. Es mußten deshalb jetzt Flugzeugträger in größtmöglichen Stückzahlen gebaut werden, und keine Schlachtschiffe. Waffen und Strategie üben von Fall zu Fall einen bestimmenden Einfluß auf die Schiffe und deren Einsatz aus, wie z. B. vor dem Ersten Weltkrieg die Entwicklung der Torpedowaffe die Einführung des Torpedoboots und damit auch des Torpedobootzerstörers erzwungen hatte.

Es geschah im Zweiten Weltkrieg freilich noch sehr viel mehr, was die bekannten Thesen Admirals Fishers in Frage stellte. So gern die Alliierten auch eine Strategie verfolgt hätten, die nicht von den vorhandenen Schiffen diktiert wurde, so häufig mußten sie strategisch unter dem Zwang des Mangels an Schiffen agieren. Vor 1942 konnten den alliierten Geleitzügen nur selten ausreichende Geleitstreitkräfte beigegeben werden und in den folgenden Jahren herrschte ein ständiger Mangel an Landungsfahrzeugen aller Art, um alle jene Invasionen über See vortragen zu können, für welche die Alliierten an sich genügend Truppen und Kampfmittel besaßen. Andererseits schien eine Reihe von Faktoren auch die Richtigkeit der Fisher'schen Thesen zu unterstreichen: Blockade und Handelskrieg

zwangen Deutschland, den Bau fast aller Typen von Überwasserstreitkräften gänzlich einzustellen und sich auf den U-Bootbau zu konzentrieren. (Es wurden mehr als tausend Unterseeboote fertiggestellt). Die Alliierten mußten U-Jagdschiffe und Flugzeuge in großen Stückzahlen bauen, um den Geleitzügen auf See und in der Luft einen ausreichenden Schutz gewähren zu können. Weil die Alliierten durch ihre Vertreibung vom europäischen Kontinent im Juni 1940 und durch die geographischen Gegebenheiten im Pazifik zu gewaltigen Landungsoperationen gezwungen waren, gilt es. eine weitere These Fishers als zutreffend anzuerkennen, daß nämlich die Armee eines Landes in einem wahren Weltkrieg »am besten als Geschoß verwendet wird, das von der Marine abgeschossen wird.« Großbritannien und die USA mußten in der Tat eine ganze Armada spezieller Landungsschiffe und -fahrzeuge für Invasionen über See entwickeln.
»Entwickeln« ist dabei das richtige Wort; denn 1940 gab es nur wenige begrenzte Vorbilder für amphibische Operationen jener Art, wie sie jetzt erforderlich wurden. Großbritannien kann kaum dafür getadelt werden, daß es amphibische Operationen zwischen den Kriegen aus seinem strategischen und taktischen Denken verbannt hatte: Es hatte sich schließlich 1915 auf Gallipoli beim Unternehmen gegen die Dardanellen die Finger mit einer derartigen Operation gewaltig verbrannt. Nun mußte Großbritannien während des Norwegenfeldzuges den Preis für die Versäumnisse zahlen: Es wiederholte viele, wenn nicht alle Fehler des Jahres 1915, wie z. B. das taktisch falsche Stauen von Waffen und Versorgungsgütern auf Transportfahrzeugen oder den frontalen Angriff auf Dieppe im Jahre 1942 (natürlich läßt sich argumentieren, daß dieser im Lichte der fast katastrophalen Fehlschläge Nelsons bei der Einnahme von Santa Cruz eigentlich überhaupt niemals gegen einen befestigten Hafen hätte geplant werden dürfen). In den USA bestand weniger Abneigung gegen Landungen und Landungsfahrzeuge. Aus Angst vor seiner Auflösung zwischen den Kriegen hatte sich dort das US Marine Corps die Pflege amphibischer Operationen zur ureigensten Aufgabe gemacht und in den 30er Jahren die notwendigen Landungstechniken entwickelt und in gemeinsamen Manövern mit der US Navy geübt, obwohl sich auch die US Navy ebenso zögernd wie die britische Marine zur Einsicht durchringen sollte, daß für amphibische Operationen besonders konstruierte Schiffe und Fahrzeuge erforderlich sind.
Die andere Fisher'sche These, daß »die Waffen die Taktik bestimmen«, muß unter zwei Gesichtspunkten gesehen werden: Einmal dem der Schlachtflotten (oder Schlachtschiff-Kampfgruppen) und der Flugzeugträgerkampfgruppen (d. h. jener Kampfgruppen, in denen der Flugzeugträger Hauptwaffe und Kern darstellt), zum anderen dem Aspekt der zum Angriff und zur Verteidigung von Geleitzügen verwendeten Streitkräfte. Die britische Grand Fleet des Ersten Weltkriegs, zu der ab 1917 stets auch ein Geschwader amerikanischer Schlachtschiffe zählte, hatte auf See in

der Formation von nebeneinander laufenden Divisionskolonnen in Kiellinie operiert. Dies erleichterte das Manövrieren und bot bestmöglichen Schutz gegen U-Bootangriffe durch einen entsprechenden Zerstörerschirm. Warnung über einen sich nähernden Feind erhielt der Oberbefehlshaber einer solchen Flotte von einzeln operierenden Kreuzern, die in gegenseitiger Sichtweite im Abstand von etwa 15 Seemeilen vor der Schlachtflotte als Aufklärungsschirm operierten, ebenso wie von detachierten Schlachtkreuzergruppen mit eigener U-Bootsicherung durch Zerstörer und einem eigenen noch weiter vorgeschobenen ersten Kreuzer-Aufklärungsschirm, der bis zu 60 Seemeilen vor dem Gros stand. Bei Feindberührung während des Tages zogen sich dann Kreuzer und Schlachtkreuzer auf das eigene Gros zurück. Dieses formierte sich zu einer einzigen Kiellinie als Gefechtsordnung für den Artilleriekampf mit der Gegnerflotte, der sich meist auf gleichem Kurs wie der Gegner, auf Gefechtsentfernungen von ca. 14000 m entwickelte. Währenddessen trugen Zerstörer- und Torpedoboot-Flottillen bei jeder sich bietenden Gelegenheit unabhängige Flottillenangriffe vor, die ein Abdrehen der Gegnerflotte zur Vermeidung von Torpedotreffern erzwingen sollten. Man muß hier den Begriff »bei Tage« unterstreichen, denn die britische Marine war im Ersten Weltkrieg allen Nachtkämpfen abhold. Vorherrschende Lehrmeinung der Briten war nämlich, daß es in der Dunkelheit viel zu viel Verwirrung gäbe und der Ausgang eines Nachtgefechts stets einem Hazardspiel gleich käme.
All dies wird durch Jellicoes Taktik während der Schlacht vor dem Skagerrak am 31. Mai 1916 exemplifiziert und beherrschte das taktische Denken der Marinekreise für den größten Teil des Zeitraums zwischen den beiden Kriegen, als man in Großbritannien und den USA nur Japan für den wahrscheinlichen Gegner eines nächsten bewaffneten Konflikts hielt. Alle drei Marinen aber waren sich damals noch einig in der Meinung, daß man sich vornehmlich auf eine Entscheidungsschlacht zwischen den Schlachtflotten vorbereiten müsse. Dazu bemerkte Admiral of the Fleet Sir Casper John: »Die Besessenheit mit den sogenannten Lehren vom Skagerrak grassierte in der britischen Marine wie ein tödliches Virus«. Dennoch waren wenigstens zwei wesentliche positive Entwicklungen auf britischer Seite zu verzeichnen.
Aufgrund der Überlegenheit und der Erfolge der deutschen Hochseeflotte während der Nacht vom 31. Mai zum 1. Juni 1916, die auf den sehr hohen Ausbildungsstand auch für den Nachtkampf zurückzuführen waren und auf die wirksame Verwendung von Leuchtgranaten, fernbedienten und -gesteuerten Scheinwerfern sowie raffinierten Erkennungssignalen, wurden solche Mittel und Verfahren für den Nachtkampf nun auch von der britischen Marine entwickelt. Steigendes Geschick im Einsatz solcher Methoden führte dann auch im taktischen Denken zu der Überzeugung, daß unter bestimmten Umständen selbst Nachtgefechte erfolgreich durchgeschlagen werden konnten. In diesem Sinne bildeten die Admira-

le Sir Ernle Chatfield und Sir William Fisher die britische Mittelmeerflotte während der 30er Jahre aus. Ähnliches ereignet sich auch in der amerikanischen Marine. Zur Vollkommenheit wurde die Nachtkampfausbildung aber in Japan gebracht. Die Früchte all dieser Anstrengungen zeigten sich während der Gefechte bei Matapan, Savo und Guadalcanal, wo der Nachtkampf von beiden Seiten mit wechselndem Kriegsglück angewandt wurde.
Zweitens: Die nur Embryos ihres Typs darstellenden Flugzeugträger des Ersten Weltkriegs hatten stets im Kielwasser der Schlachtflotten operiert und setzten bei Kampfbeginn ihre Flugzeuge von Feuerlee aus ein. In den 30er Jahren wurde diese Taktik dann zugunsten der Eingliederung der Träger in die Schlachtflotte aufgegeben; in deren Mitte stehend sollten sie ja auch den Schutz der eigenen Schlachtschiffe und des Zerstörersicherungsschirms genießen. Erst wenn sich die Schlachtflotte zum Artilleriekampf entwickelte, sollten die Träger zum Einsatz nach Feuerlee detachiert werden. Der Zweite Weltkrieg tobte noch nicht lange, als sich herausstellte, daß bei einem Einsatz von Aufklärungsflugzeugen und Radargeräten ein vorauslaufender Kreuzerschirm nicht mehr erforderlich war, um eine rechtzeitige Warnung vor der Annäherung des Gegners zu erhalten. Im Jahr 1943 operierten die vier Schlachtschiffe, zwei Flugzeugträger und sechs Kreuzer der britischen Force H als kompakte Kampfgruppe in zwei Kolonnen in Kiellinie mit einem offenen V-Schirm von drei Zerstörerflottillen, der als Nahschutz eine Seemeile unmittelbar voraus stand. Erst wenn eine Gefechtsberührung mit italienischen Schlachtschiffen wahrscheinlich erschien, wurden die Flugzeugträger nach Feuerlee entlassen, um dort – vom Artilleriekampf unbehindert – operieren zu können, während das Gefecht mit dem Gegner auf Parallelkurs oder – bei fliehendem Gegner – als Verfolgungsgefecht geführt wurde.
Diese Formationsform hatte jedoch zwei Nachteile: Einmal war sie für Zerstörer ohne Fla-Bewaffnung entwickelt worden, die daher am besten als U-Boot-Abwehrschirm gegen einen Angriff angeordnet wurden, der von vorn zu erwarten war. Als die Zerstörer dann Mehrzweckgeschütze erhielten, vor allem eine starke Fla-Bewaffnung, mußten sie jedoch anders angeordnet werden, um diese Waffen gegen Luftangriffe aus allen Richtungen einsetzen, zugleich aber auch als U-Boot-Sicherung dienen zu können. Zum anderen war diese Formationstaktik in einer Zeit entstanden, als von Flugzeugträgern aus lediglich Aufklärer und Torpedoflugzeuge zum Einsatz gebracht wurden; die ersteren hatten eine Flugausdauer von mehreren Stunden, letztere brauchten erst gestartet werden, nachdem eine feindliche Überwasserstreitmacht gesichtet worden war. Flugzeugträger aber müssen in den Wind drehen, um ihre Flugzeuge zu starten. Damals war dies jedoch aus den genannten Gründen nur relativ selten erforderlich, was deshalb wichtig war, weil jeweils die gesamte Kampfgruppe für diesen Zweck ihren Kurs ändern mußte.

Als dann im Verlaufe des Krieges der Einsatz von Flugzeugträgern in einer Form notwendig wurde, daß tagsüber ständig eine Kampfpatrouille (Combat Air Patrol) von Jagdflugzeugen mit begrenzter Flugdauer in der Luft gehalten werden mußte, waren die Träger etwa einmal in der Stunde gezwungen, in den Wind zu drehen. Die gesamte Kampfgruppe konnte aber nicht so häufig den Kurs derart drastisch ändern. Einmal ging zu viel Zeit auf ungeeignetem Kurs verloren, die verlorene Strecke konnte sonst nur mit Höchstfahrt wieder aufgeholt werden. Außerdem mußte auch der weit auseinandergezogene Zerstörerschirm auf jeden neuen Kurs herumgeworfen werden und dabei sehr weit ausholen, was dann einen zu großen Teil der ohnehin beschränkten Bunkerbestände der Zerstörer in Anspruch nahm. Die britische Lösung bestand daher darin, daß jedes Mal, wenn Flugzeuge gestartet wurden oder landeten, jeweils ein Träger mit einer Sicherung von zwei Zerstörern zeitweilig unabhängig von der Hauptkampfgruppe operierte. Diese Taktik hatte jedoch zwei Nachteile: einmal den unzureichenden U-Bootschutz für eine so wertvolle Einheit wie sie ein Flugzeugträger darstellte, und zum anderen mußte, wenn die Windstärke gering war und der Wind aus einer dem Kurs der Kampfgruppe entgegengesetzten Richtung kam, der Flugzeugträger gefährlich weit und lange detachiert werden.

Die amerikanische Pazifikflotte fand die beste Lösung für Gewässer, in denen die Bedrohung aus der Luft häufig gefährlicher war als die durch U-Boote. Zur neuen Formation wurden die Flugzeugträger als Nabe einer radförmig angeordneten Kampfgruppe in der Mitte konzentriert. Die Speichen dieses Rades bildeten Schlachtschiffe, Kreuzer und Zerstörer. Eine solche Formation ließ sich als Ganzes leicht in den Wind drehen, wenn immer ein Flugzeugträger seine Maschinen starten oder landen lassen mußte. Betrug die Anzahl der verfügbaren Träger mehr als vier oder fünf, dann wurde die Gesamtkampfgruppe (Task Force) in zwei oder mehr fast gleiche kleine Untergruppen (Task Groups) untergliedert, von denen jede in dieser Formation dampfte, und die 12 bis 20 Seemeilen nebeneinander standen. Diese Taktik wurde sowohl für den Marsch als auch zum Schutz gegen Luftangriffe angewandt. Nur wenn japanische Schlachtschiffe auf dem Schauplatz erschienen, wurden die Schlachtschiffe zum traditionellen Artilleriegefecht detachiert und in Kiellinie gegen den Gegner vorgeschickt.
Keine der im Zweiten Weltkrieg kämpfenden Flotten hatte jemals genug Zerstörer, um massenhafte Flottillenangriffe auszuführen, wie sie zwischen den beiden Kriegen so häufig geübt worden waren. Man mußte sich notgedrungen mit Angriffsbefehlen an eine einzige Flottille oder weniger Boote bescheiden, die dann Torpedos schossen, wenn immer sich Erfolgsaussichten in verschiedenen Richtungen ergaben. Falls möglich, sollten die Zerstörer mehr oder weniger zusammenbleiben. Dieses Verfahren erhielt in der britischen Marine die Bezeichnung »Stern-Angriffs-

verfahren«. Captain M. L. Power wandte das sprichwörtliche Nelson'sche blinde Auge seinem Oberbefehlshaber zu, als dieser ihm befahl, sich aus der Straße von Malakka zurückzuziehen. Dieses Verfahren und die Nichtbefolgung des Befehls wurde setzen Power in die Lage, den japanischen Schweren Kreuzer *Haguro* in der Nacht vom 14. zum 15. Mai 1945 zu versenken. Übrigens erwies sich im Gegensatz zu allen gegenteiligen Erfahrungen im Ersten Weltkrieg und während aller Manöver zwischen den Kriegen, daß die beste Gegenmaßnahme bei einem massenhaften feindlichen Torpedoangriff das Aufdrehen der eigenen Linie in Richtung auf den Torpedoangriff ist, was ja auch den Vorteil bot, die Artilleriegefechtsentfernung sinken zu lassen, während beim Abdrehen naturgemäß die Gefechtsentfernung schnell steigen oder die Fühlung ganz abreißen mußte.

Die beschriebene kreisförmige Formation von Flottenstreitkräften wurde von der britischen Marine allgemein angewandt, nachdem der Krieg in Europa und das britische Bauprogramm die Entsendung einer ausreichenden britischen Flottenmacht in den Pazifik erlaubte. Großbritannien übernahm eine weitere amerikanische Neuerung: Da der befehlshabende Kommandeur der Flugzeugträger die Gesamtgruppe für den Flugbetrieb besser manövrieren konnte, erhielt zumeist er während des Tages den taktischen Befehl über die gesamte Kampfgruppe als ›Officer in Tactical Command‹ (OTC), während die Befehlsgewalt während der Nacht, in der wenig Flugbetrieb herrschte, oder wenn im Laufe des Tages feindliche Überwasserangriffe drohten, wieder an den eigentlichen Befehlshaber der Kampfgruppe an Bord eines Schlachtschiffs oder Kreuzers zurückgegeben wurde.

Aber auch die Kreisformation hatte, wie sich herausstellte, einen Nachteil: Sie war so kompakt, daß ihre Radargeräte nicht weit genug reichten, um ausreichend frühzeitig vor Luftangriffen einer feindlichen Streitmacht warnen und somit die eigenen Jagdflugzeuge noch rechtzeitig zur Verstärkung der eigenen Kampfaufklärungspatrouille (CAP) in die Luft bringen zu können. Deshalb wurden einige Zerstörer mit besonders weitreichenden Luftwarnradargeräten ausgestattet und 50 Seemeilen vor der Kampfgruppe schirmartig in den Richtungen angeordnet, aus denen Luftangriffe erwartet wurden. Diese Radar-Zerstörer (Pickets) waren natürlich äußerst gefährdet. Zwar erhielt jeder einzelne von ihnen seine eigene Combat Air Patrol, doch wurden während der Operationen gegen Okinawa Anfang 1945 sechs solcher Radar-Pickets versenkt und 13 schwer beschädigt. Besser war die Anordnung eines Schirms von Frühwarnflugzeugen (Aircraft Early Warning = AEW). Diese Suchflugzeuge wurden mit weitreichenden Luftwarnradargeräten ausgestattet und konnten viel weiter von der eigenen Kampfgruppe entfernt operieren. Dadurch ergaben sich längere Warnzeiten bei feindlichen Luftangriffen; Flugzeuge waren auch weniger anfällig gegen Feindangriffe als Radarwarn-Zerstörer.

So viel zur Flottentaktik. Nun zu den Geleitzügen: Die langsamen Konvois liefen 7 bis 9,5 Knoten, die schnellen machten 10–14,5 Knoten Fahrt. Handelsschiffe mit einer Geschwindigkeit von über 17 Knoten durften häufig als Einzelläufer unabhängig operieren; ihnen sollte dabei ihre hohe Geschwindigkeit als Schutz dienen. Für Truppentransporte eingesetzte Passagierschiffe wurden jedoch auch als Einzelfahrer zumeist geleitet. Die einzige Ausnahme davon war eine Handvoll Superliner, wie z. B. die *Queen Elizabeth,* deren extrem hohe Geschwindigkeit als ausreichender Schutz gegen Angriffe angesehen wurde. Die Größe der Geleitzüge wurde ursprünglich auf eine Höchstzahl von etwa 40 Handelsschiffen beschränkt, nach dem Prinzip: »Je größer der Konvoi, um so größer das Risiko«. Erst um die Mitte des Zweiten Weltkriegs trat dann klar zutage, daß die Stärke der Geleitschutzkräfte von der Seefläche des Geleitzugs abhängig, und nicht nach Anzahl der geleiteten Schiffe zu berechnen war. Mit anderen Worten: Ein sehr großer Geleitzug erforderte relativ weniger Geleitfahrzeuge als zwei oder drei kleinere Geleitzüge. Nach dieser Erkenntnis wurden dann auch bald Geleitzüge von 100 und mehr Schiffen gebildet. Den Konvoi selbst leitete ein Commodore, der erfahrenste Handelsschiffskapitän. Das militärische Kommando führte der Befehlshaber der Geleitkräfte. Die Handelsschiffe dampften zumeist in Kolonnen von bis zu fünf Fahrzeugen in Kiellinie nebeneinander. Standen genügend U-Boot-Abwehrfahrzeuge zur Verfügung, bildeten fünf oder mehr einen Schirm gegen Angriffe von vorn, während ein oder zwei Geleitfahrzeuge achteraus Position bezogen, um U-Boote beim Versuch abzuwehren, am Konvoi von achteraus Fühlung zu halten. Küstengestützte U-Jagdflugzeuge patrouillierten über dem Konvoi so weit nach draußen wie möglich, um U-Boote auszumachen und sie unter Wasser zu drücken, denn das Tauchen bedeutete einen wesentlichen Nachteil für die U-Boote, weil sie wegen ihrer niedrigen Unterwassergeschwindigkeit dann nicht mehr schnell genug in eine günstige Angriffsposition gelangen konnten. Als Schutz gegen Angriffe feindlicher Überwasserhandelsstörer wurde den großen Konvois zumeist ein Schlachtschiff, Kreuzer oder Hilfskreuzer beigegeben. Als die britischen Atlantik-Konvois dann auch besonders unter Angriffen der deutschen Luftwaffe zu leiden hatten, wurde eine Reihe von Handelsschiffen mit Katapulten ausgestattet (CAM-Schiffe; CAM = Catapult Armed Merchant Ships), von denen aus jeweils ein Jagdflugzeug gestartet werden konnte. Jedem Geleitzug wurde nach Möglichkeit ein solches CAM-Schiff mitgegeben. Praktisch war dies jedoch eine aufwendige Maßnahme: Nach Verbrauch des Brennstoffs mußte der katapultierte Jäger auf dem Wasser niedergehen. Der Pilot wurde von einem Geleitfahrzeug gerettet, das Flugzeug ging jedoch nach einmaligem Einsatz verloren. Als später dann Geleitflugzeugträger verfügbar wurden, erhielt jeder Geleitzug nach Möglichkeit einen solchen Hilfsflugzeugträger, dessen Flugzeuge zum Jagdschutz und als U-Bootjagdpatrouillen in den Seegebieten eingesetzt wurden, in denen

landgestützte Flugzeuge ihrer mangelnden Flugausdauer wegen nicht operieren konnten.
Dies war die normale Disposition für die meisten alliierten Atlantik-Geleitzüge, wie sie zunächst nur innerhalb eines Radius von 500 Seemeilen um die britischen Inseln angewandt werden konnte. Auf dieser Position wurden die nach Übersee laufenden Geleitzüge dann aufgelöst; die einzelnen Schiffe liefen voneinander unabhängig zu ihren Bestimmungsorten. Die nach Großbritannien laufenden Geleitzüge versammelten sich dagegen schon in den jeweiligen Abgangshäfen (z. B. Halifax in Neuschottland) und liefen dann in Formation, jedoch noch ohne U-Boot-Geleitschutz bis zu einem Punkt etwa 500 Seemeilen von den britischen Inseln entfernt, wo sie von Geleitkräften aufgenommen wurden. Da die deutschen U-Boote jedoch immer weiter draußen im Atlantik operierten, liefen bald sowohl die von England als auch die nach England laufenden Geleitzüge in Formation unter Geleit. Erst ab 1942 konnten sie für die gesamte Strecke ihres Reisewegs Überwasserstreitkräfte und Flugzeugdeckung zum Schutz gegen U-Bootangriffe erhalten.
Es gab auch Sondergeleitzüge; dies waren Transporte, die durch Gewässer mit stärkster Gefährdung durch Luft-, Überwasser- oder U-Boot-Angriffe laufen mußten, oder Geleitzüge, die Landungstruppen, Panzer, Geschütze, Fahrzeuge, Munition und Versorgungsgüter für amphibische Landungsoperationen beförderten. Zur ersten Kategorie zählten die Geleitzüge von und nach Rußland, wenn diese durch die arktischen Wetter- und Eisbedingungen im Nordmeer gezwungen waren, dicht vor den Stützpunkten der deutschen Luftwaffe in Nordnorwegen und der schweren deutschen Überwasserstreitkräfte und U-Boote in den norwegischen Fjorden zu laufen. Beispiel für diese Art von Geleitzügen waren auch jene durch das Mittelmeer zur Versorgung des belagerten Malta: Sie mußten durch die enge Straße im zentralen Mittelmeer zwischen den Stützpunkten der italienischen Flotte und Luftwaffe spießrutenlaufen. Die Geleitkräfte solcher Sonderkonvois waren unter anderem Flakkreuzer und zahlreiche Zerstörer. Sie erhielten ferner eine Deckung durch Schlachtschiffe, Flugzeugträger und Kreuzer, welche unabhängig 20 bis 100 Seemeilen vom eigentlichen Konvoi entfernt operierten. Geleitzüge für amphibische Angriffsoperationen wurden in gleicher Weise durch Kreuzer, Zerstörer und Geleitflugzeugträger unmittelbar geschützt und durch Kampfgruppen von Schlachtschiffen und Flottenträgern in Eingreifnähe gedeckt.
In den ersten Jahren des Krieges war die Anzahl deutscher U-Boote sehr gering, weil bei Kriegsausbruch erst wenige deutsche U-Boote in Dienst waren (Vergleiche Tabelle 16). Nach der Eroberung der Stützpunkte an der französischen Kanal- und Atlantikküste und in Norwegen durch deutsche Truppen erkannte Admiral Karl Dönitz, daß seit Einführung des britischen Konvoisystems der Atlantik leergefegt war. Die feindlichen Handelsschiffe und Konvois aufzuspüren erwies sich als sehr

schwer, weil die deutsche U-Bootwaffe nur geringe Unterstützung durch die Luftwaffe erhielt. Die von Dönitz bei der mehr als spärlichen ozeanischen Aufklärung angewandte Maßnahme zur Erzielung höchster Versenkungserfolge war die sogenannte Rudeltaktik, die Deutschland beinahe die Schlacht im Atlantik hätte gewinnen lassen. Dabei wurden die U-Boote systematisch einzeln auf Suchposition quer über die Konvoirouten über den Nordatlantik bis herunter zum Ausgang des Mittelmeers und noch weiter in den Südatlantik angesetzt. Sobald ein U-Boot einen Geleitzug sichtete, meldete es Position, Kurs und Geschwindigkeit an die Einsatzleitung der U-Bootwaffe, beschattete den Geleitzug und meldete laufend dessen Bewegungen. Gleichzeitig zog Admiral Dönitz so viele weitere U-Boote an den Geleitzug heran, als innerhalb der jeweiligen Anmarsch-Reichweite standen. Diese U-Boote konzentrierten sich als Rudel vor dem Geleitzug. Erst nachdem eine höchste Konzentration an U-Booten versammelt war (im Jahre 1941 waren dies etwa sechs Boote, 1943 schließlich U-Bootsrudel von 15 bis 20 Booten), erhielten diese den Angriffsbefehl.
Je nach Position und Lage stießen die U-Boote dann einzeln gegen den Konvoi vor, um vorzugsweise von außerhalb des Bewacherschirms, aber häufig auch von der Mitte des Geleitzugs aus ihre Torpedofächer zu schießen. Nach dem Angriff suchte jedes Boot dank seiner größeren Geschwindigkeit wieder eine Position vor dem Geleitzug einzunehmen, Torpedos nachzuladen und erneut zum Angriff anzusetzen. Die geringe Unterwassergeschwindigkeit von U-Booten ließ diese Taktik beim Operieren unter Wasser nicht zu. Daher wurden die Angriffe zumeist bei Nacht über Wasser durchgeführt, weil die Dunkelheit anfangs den U-Booten eine gewisse Sicherheit gegen Abwehrmaßnahmen bot. Die abschirmenden Deckungskräfte der Konvois versuchten dann nach Kräften, diese Angriffe abzuwehren. Sobald ein U-Boot durch ein Flugzeug in der Nähe eines Konvois gesichtet oder mit »Huff-Duff«- oder Radar-Geräten geortet wurde, lief ein Geleitfahrzeug mit höchster Geschwindigkeit entlang des Peilstrahls auf diese Position und zwang das U-Boot zum Wegtauchen. Konnte das Geleitfahrzeug dann auch SONAR-Kontakt erzielen, so schloß sich ihm sofort ein weiterer U-Jäger an, damit je zwei Fahrzeuge ihre Wasserbombenangriffe mit Hedgehog oder Squid koordinieren konnten. Dabei blieb eines der Boote im SONAR-Kontakt und leitete das andere bei seinen Wasserbomben-Anläufen über Funk, weil im kritischen Moment des Endanlaufs der SONAR-Kontakt mit dem U-Boot unweigerlich verloren ging. Diese Operation wurde solange fortgeführt, bis das U-Boot vernichtet oder endgültig vom Geleitzug abgedrängt war.
Um den U-Booten ihre neue Angriffstaktik noch weiter zu erschweren, bei welcher die U-Boote zumeist an der Oberfläche operierten, um ihre höhere Überwassergeschwindigkeit ausnutzen zu können, wurden die alliierten U-Boot-Abwehrfahrzeuge 1942 mit Leuchtraketen vom Typ »Snowflake«, die U-Boot-Abwehrflugzeuge mit dem »Leigh Light« (be-

sonders starke Scheinwerfer) ausgestattet. Mit Hilfe dieser intensiven Beleuchtungsmittel konnten die Bewacher jetzt die Nacht buchstäblich zum Tage machen. Dennoch sahen sich langsame Geleitzüge gelegentlich mehr als eine Woche lang den Angriffen von U-Boot-Rudeln ausgesetzt, bis alle angreifenden U-Boote ihre Torpedos verschossen hatten, abgedrängt oder versenkt worden waren. Schnellere Geleitzüge waren meist glücklicher dran, weil die U-Boote keine ausreichend hohe Überwassergeschwindigkeit hatten, um durch überholende Manöver lange am Geleitzug bleiben zu können.

Als weitere Maßnahme gegen die deutsche U-Boot-Taktik vermehrte die alliierte Seite nach Indienststellung einer ausreichenden Anzahl entsprechender Kriegsschiffstypen den Geleitschutz der Atlantikkonvois durch sogenannte U-Boot-Bekämpfungsgruppen (Support Groups). Sie bestanden aus etwa einem halben Dutzend U-Boot-Abwehrfahrzeugen unter einem erfahrenen U-Bootjagd-Kommandeur. Mehrere dieser Gruppen operierten beispielsweise im Seegebiet westlich von Irland. Sobald der Oberbefehlshaber der Western Approaches in seinem Hauptquartier in Liverpool durch Funkmeldungen von der Annäherung eines U-Bootrudels an einen Geleitzug erfuhr, wurde der nächststehende U-Jagdgruppe das Aufschließen an den gefährdeten Geleitzug befohlen. Dadurch wurde der Abwehrschirm des Geleitzugs wesentlich gestärkt, vor allem aber konnte jetzt offensiv gegen die U-Boote vorgegangen werden.

Für ozeanische Geleitzüge, die durch deutsche Schlachtschiffe oder Kreuzer bedroht wurden, waren andere Taktiken erforderlich. Kam der Angreifer in Sicht, mußte sich der Konvoi schnell auflösen und mit Höchstgeschwindigkeit in alle Richtungen auseinanderstieben, wodurch die Anzahl Handelsschiffe, die ein einzelner den Geleitzug angreifender Handelsstörer versenken konnte, auf ein Minimum beschränkt wurde. Am 5. November 1940 wurde der aus 37 Schiffen bestehende Geleitzug HX 84 durch das deutsche Panzerschiff *Admiral Scheer* im Mittelatlantik gesichtet. Captain E. S. F. Fegan, Kommandant des Hilfskreuzers *Jervis Bay,* befahl dem Geleitzug die sofortige Auflösung und nahm mit seinem ungepanzerten und mit nur acht 15,2 cm-Geschützen bestückten Hilfskreuzer den Kampf mit dem übermächtigen Feind auf. Der Ausgang des Gefechts war vorauszusehen, aber der Opfermut Captain Fegans rettete die Schiffe des Konvois, mit Ausnahme von fünf. Er erhielt posthum das Victoria-Kreuz. Dagegen konnte der vorzeitige Befehl zur Auflösung eines Geleitzugs, noch bevor ein potentieller Gegner tatsächlich gesichtet war, katastrophale Folgen haben. Dies geschah z. B. als Admiral Pound (unglücklicherweise damals schon ein todkranker Mann)[8] dem Geleitzug PQ 17 die Auflösung befahl und dessen Geleitstreitkräfte ebenso wie die Deckungskampfgruppe nach Westen zurückzog. Dies geschah am 4. Juli 1942 aufgrund von Meldungen, wonach der nach Rußland laufende Geleitzug möglicherweise durch das deutsche Schlachtschiff *Tirpitz* angegriffen werden könnte. (Pound hätte diese Nachricht lieber dem Geleitzugkommodore und dem Befehlshaber der Geleitkräfte d. h. den Befehlshabern vor Ort, übermitteln und es ihnen überlassen sollen, welche Maßnahmen sie aufgrund dieser Information treffen wollten). Tragische Konsequenz dieser Fehlentscheidung war es, daß nicht weniger als 24 von insgesamt 36 britischen und amerikanischen Frachtern mit für Archangelsk bestimmtem Kriegsmaterial voll bis an den Rand beladen, durch deutsche U-Boote und Bomber während des langen und einsamen Weges um das Nordkap herum versenkt wurden.

Doch genug von den Schiffen, Maschinen, Waffen und Geräten, mit denen der Zweite Weltkrieg zur See geschlagen wurde. Genug auch von den Veränderungen, welche diese Neuerungen in der maritimen Strategie und Taktik verursachten. Vielmehr gilt es jetzt, sich dem Gebrauch zuzuwenden, den die Männer der sich auf das Zehnfache ihrer Friedensstärke ausweitenden alliierten Flotten und in den Marinen der Achsenmächte von diesen Maschinen, Waffen und Schiffen im eigentlichen Kampf zur See machten, – in den Gefechten und Schlachten auf allen Meeren, die ihnen Sieg oder Niederlage, Erfolg oder Tod brachten.

Teil II: Kampf im Atlantik und im Mittelmeer

5. Narvik

Die beiden im April 1940 innerhalb weniger Tage erfolgten und als Erste und Zweite Schlacht um Narvik bekannt gewordenen Seegefechte stellen in mehr als nur einer Beziehung ein einzigartiges Seekriegsereignis dar. Natürlich verzeichnete die Geschichte zuvor auch andere Schlachten oder Gefechte zwischen Schiffen in beschränkten Gewässern, z. B. den Sieg Nelsons in der Bucht von Abukir 1798, Codringtons bei Navarino 1827, Farraguts in Mobile Bay 1864 und Deweys in Manila Bay 1898. Aber kein Seegefecht war jemals in so engen Gewässern erfolgt wie sie norwegische Fjorde darstellen, deren umgebende Berghänge jede Salve mit ungeheurer Vielfalt als donnerndes Echo verstärken.

Wie Vizeadmiral Wegener in seinem 1926 veröffentlichten Buch »Die Seestrategie des Weltkriegs« waren auch andere deutsche Marineoffiziere davon überzeugt, daß bei einer Besetzung Norwegens durch Deutschland im Jahr 1914 die von Tirpitz geschaffene deutsche Hochseeflotte frei gewesen wäre, innerhalb der Reichweite ihrer Einheiten von den norwegischen Fjorden aus gegen die alliierte Schiffahrt im Nordatlantik zu operieren, anstatt tatenlos in ihren Stützpunkten liegen zu müssen, eingeschlossen durch die von der britischen Grand Fleet von Scapa Flow aus aufrechterhaltene Fernblockade. Angesichts britischer Absichten in Richtung Skandinavien legte Großadmiral Raeder im Oktober 1939 diese Gedanken Hitler vor und erwähnte dabei zwar auch den Wert der norwegischen Fjorde als vorgeschobene Stützpunkte, von denen aus die deutschen Überwasserstreitkräfte und U-Boote gegen die Handelsrouten des Gegners vorgehen konnten, ohne Spießruten durch den Ärmelkanal laufen zu müssen, wo die britische Home Fleet und das Coastal Command der RAF drohten. Jedoch lautete Raeders eindeutige Schlußempfehlung: Das Fortbestehen der Neutralität Norwegens sei derzeit für Deutschland am vorteilhaftesten. Hitler war zunächst auch gegen einen Angriff auf das neutrale Norwegen, solange es ihm noch als möglich erschien, daß Großbritannien und Frankreich sich vielleicht doch noch bewegen ließen, einen Verhandlungsfrieden mit Deutschland zu schließen, nachdem der deutsche Blitzsieg über Polen den Grund für den Krieg für die beiden Länder, nämlich ihre Verpflichtung, Polen zu helfen, gegenstandslos gemacht hatte.

Das Schicksal wollte es anders. Hitlers Optimismus über eine mögliche Friedensbereitschaft Englands und Frankreichs hatte sich bald in Luft

aufgelöst. Im Dezember 1939 legte Raeder erneut Planungen vor. Er erklärte, die deutsche Besetzung Norwegens könne wohl durch die Unterstützung erleichtert werden, die man sich in Norwegen selbst von Sympathisanten der Partei Vidkun Quislings erhoffe. In diesen Monaten des »faulen Krieges« – der in England diesen Namen erhielt, weil er, abgesehen von den Ereignissen zur See, fast ohne kriegerische Handlungen ablief – wurde Hitler zunehmend durch Nachrichten beunruhigt, wonach Großbritannien in Norwegen und Schweden um die Erlaubnis nachsuche, eine aus Freiwilligen bestehende Streitmacht zum Kampf auf finnischer Seite zu entsenden, nachdem Finnland am 30. November 1939 von der Sowjetunion überfallen worden war. Großbritannien und Frankreich bemühten sich ferner um die Genehmigung zur Stationierung britischer Truppen zur Stärkung der norwegischen Garnisonen in den drei für diese Operation in Aussicht genommenen Häfen Stavanger, Bergen und Drontheim.
Auf diese Nachrichten folgten weitere Informationen des deutschen B-Dienstes, wonach der Erste Lord der Admiralität Winston Churchill das britische Kabinett seit langem bedränge, die sogenannten Leads, d. h. das Fahrwasser zwischen Norwegens zahlreichen Inseln und dem Festland vom Westfjord bis herunter nach Stavanger durch die Home Fleet verminen zu lassen. Auf dieser Route aber erhielt Deutschland die wichtigen hochgradigen Eisenerze, die im nördlichen Schweden abgebaut und über norwegische Häfen, insbesondere Narvik, während der Wintermonate verschifft wurden, wenn die sichere Ostseeroute über Lulea und den Golf von Bothnien durch Eis verschlossen war. Jetzt genehmigte Hitler die Ausarbeitung eines Plans (Unternehmen »Weserübung«) für die Besetzung Norwegens durch Streitkräfte unter Großadmiral Raeder und General von Falkenhorst. Der Plan sollte auch den Fall berücksichtigen, daß Norwegen trotz der Bemühungen Quislings Widerstand leisten würde. Dieser Widerstand brauchte nicht als sehr stark bewertet zu werden, weil die norwegischen Streitkräfte in langen Jahrzehnten konsequenter Neutralitätspolitik auf einen sehr kampfschwachen Stand abgesunken waren. Zusätzlich bedeutete ein solcher Plan allerdings die Notwendigkeit zur gleichzeitigen Besetzung Dänemarks, dessen Streitkräfte jedoch noch schwächer waren als die Norwegens.
Im Januar 1940 begann dann Großbritannien endgültig mit der Planung von Expeditionen zur Unterstützung Finnlands und zur Verminung der norwegischen Küstengewässer, auch wenn Norwegen seine Einwilligung hierzu nicht geben sollte. Als sich dann der in Kapitel 1 beschriebene *Altmark*-Vorfall im Jössingfjord ereignete und zu erkennenzugeben schien, daß Norwegen nicht entschlossen war, sich gegen Verletzungen seiner Neutralität zur Wehr zu setzen,wurde der Zeitpunkt für diese Operationen auf Mitte März festgelegt. Hitler wertete den *Altmark*-Vorfall jedoch umgekehrt als Beweis dafür, daß Großbritannien die norwegische Neutralität nur so lange zu achten gesonnen war, als dies im britischen In-

teresse lag. Zur Abwehr einer britischen Besetzung Norwegens vor dem durch Deutschland für eine eigene Aktion geplanten Zeitpunkt beraumte er die Besetzung Norwegens mit viertägiger Frist ab 10. März an, trotz der warnenden Einwände durch Großadmiral Raeder, wonach diese Operationen

> ohne Schwierigkeiten nur dann durchgeführt werden können, sofern wir die Überlegenheit zur See besitzen. Dies ist nicht der Fall. Das Unternehmen muß vielmehr angesichts einer stark überlegenen britischen Flotte durchgeführt werden. Sofern uns eine vollkommene Überraschung gelingt, können und werden wir unsere Truppen dennoch erfolgreich nach Norwegen befördern. Der schwierigste Teil der Operation ist jedoch der Rückmarsch unserer Seestreitkräfte, der sicher ihren Durchbruch durch überlegene britische Streitkräfte erfordern wird.

Am 10. März 1940 jedoch nahm Finnland Waffenstillstandsverhandlungen mit der Sowjetunion auf. Damit entfiel für Großbritannien jeder politische Vorwand für eine Besetzung norwegischer Häfen. Die entsprechenden britischen Pläne wurden annulliert, doch konnte sich das britische Kabinett den wiederholten Vorstellungen Churchills zur Verminung der norwegischen Küstengewässer nicht mehr entziehen, zumal diese Pläne nun auch von der französischen Regierung befürwortet wurden. Die Verminungsoperation wurde jetzt für den 5. April angesetzt. Weil dieses Unternehmen sicher deutsche Gegenmaßnahmen auslösen mußte, wurde ein neuer Plan erstellt, wonach 18 000 Mann britischer, französischer und polnischer Truppen zur Verstärkung der norwegischen Garnisonen in Stavanger, Bergen, Drontheim und Narvik landen sollten, falls »die Deutschen einen Fuß auf norwegischen Boden setzen oder klare Anzeichen für eine solche Absicht zu erkennen geben.«
Diese »Wenn«-Klausel, welche die Härte und schnelle Entschlossenheit der deutschen Kampfführung völlig außer Acht ließ, sollte für die alliierte Seite fatal werden, als eine rein zufällige technische Verzögerung in letzter Minute einen Aufschub der Verminungsoperation vom 5. auf den 8. April erzwang. Der deutsche B-Dienst konnte Großadmiral Raeder nicht nur davon in Kenntnis setzen, daß die Alliierten ihre Hilfsaktion für Finnland aufgegeben hatten, sondern lieferte auch genügend Informationen über das geplante Minenunternehmen. Jetzt konnte Raeder Hitler dazu bewegen, die Besetzung der beiden skandinavischen Länder in einer der dunklen Nächte der nächsten Neumondsperiode anzuordnen. Der Stichtag für gleichzeitige deutsche Überraschungslandungen in Dänemark und Norwegen wurde auf den 9. April 1940, die Stunde Null auf 05.15 Uhr angesetzt. Für dieses schwierige und wagemutige Unternehmen entschloß sich Raeder, praktisch seine gesamte Überseeflotte (ausgenommen das Panzerschiff *Admiral Scheer*, den Schweren Kreuzer *Prinz Eugen* und die Leichten Kreuzer *Leipzig* und *Nürnberg*, welche zur Ausrüstung oder Reparatur in Werften lagen) sowie die Mehrzahl der zu die-

sem Zweck aus dem Atlantik zurückgerufenen U-Boote unter dem Kommando von Admiral Dönitz einzusetzen. Unternehmen »Weserübung« war angelaufen.

Die ersten deutschen Transportschiffe verließen deutsche Häfen am 3. April mit der Order, kurz vor dem 9. April vor Stavanger, Drontheim und Narvik einzutreffen. Es waren sieben Frachter, welche mit in den Laderäumen versteckten 7000 Mann Truppen als »trojanische Pferde« dienen sollten. Die Hauptstreitkräfte liefen am 7./8. April aus: Die Schlachtschiffe *Gneisenau* (Kapitän z. See H. Netzbandt) und *Scharnhorst* (Kapitän K. Hoffmann) unter dem Befehl des Vizeadmirals G. Lütjens liefen nach Norden; 31 U-Boote nahmen vor dem Westfjord (vor Narvik), vor Drontheim, Bergen und Stavanger und östlich der Orkney- und Shetland-Inseln Aufstellung, um das deutsche Landungsunternehmen gegen Störaktionen der britischen Flotte zu sichern.

Die aus zehn Zerstörern bestehende Kriegsschiffsgruppe Eins unter Kommodore F. Bonte beförderte 2000 Mann Gebirgstruppen nach Narvik. Gruppe Zwei, der Schwere Kreuzer *Admiral Hipper* (Kapitän z. See H. Heye) und vier Zerstörer, überführte 1700 Mann nach Drontheim. Kriegschiffgruppe Drei, angeführt vom Leichten Kreuzer *Köln* unter Konteradmiral H. Schmundt, zu der u. a. der Leichte Kreuzer *Königsberg* gehörte, beförderte 1900 Mann nach Bergen. Die vom Leichten Kreuzer *Karlsruhe* (Kapitän z. See Rieve) geführte Gruppe Vier war für Kristiansund bestimmt. Kriegsschiffgruppe Fünf mit dem Schweren Kreuzer *Blücher* unter Konteradmiral O. Kummetz, dem Panzerschiff *Lützow* (ex *Deutschland*) und dem Leichten Kreuzer *Emden* sollte 2000 Mann nach Oslo bringen. Kriegsschiffsgruppe Sechs, vier Minensucher mit 150 Mann Heerestruppen, lief nach der Kabelstation in Egersund. Es folgten ferner 15 Transporter mit 3761 Mann Heerestruppen sowie Geschützen, Fahrzeugen und Ausrüstungsgut. Zur Bebunkerung der deutschen Zerstörer in Narvik, die vor der langen Rückreise nach Deutschland unbedingt notwendig war, wurden die Tanker *Kattegat* und *Jan Wellem* (ein ehemaliges Walfangmutterschiff) nach Narvik und der Tanker *Skagerrak* nach Drontheim befohlen. Fünf weitere Kriegsschiffsgruppen beförderten Truppen in dänische Häfen.

Die gesamte Unternehmung – die erste große amphibische Operation des Krieges – wurde so genau geplant und so gut durchgeführt, daß sie, mit Ausnahme der Schlappe der Kriegsschiffsgruppe Fünf, wie später darzustellen sein wird, und drei kleinerer, aber wichtiger Fehlschläge zunächst erfolgreich ablief. Verzögert durch das norwegische Unvermögen eine ausreichende Anzahl Lotsen zu stellen, erreichte keiner der als »trojanische Pferde« vorausgeschickten deutschen Transporter den Bestimmungsort vor der Stunde Null und nur ein einziger danach. Die übrigen Schiffe wurden von alliierten Einheiten abgefangen und versenkt. Die große Anzahl deutscher U-Boote erlitt fast ausschließlich Mißerfolge, weil alle Torpedoangriffe gegen britische Kriegsschiffe infolge von

Mängeln der Tiefensteuerung und der Magnetpistolen der neuen Torpedos wirkungslos blieben. Alles, was die deutsche U-Boote versenken konnten, waren zwei britische U-Boote und sechs Handelsschiffe; dabei gingen auf deutscher Seite vier U-Boote verloren.
Im Gegensatz zum deutschen entschlossenen und harten Zuschlagen war die alliierte Reaktion zögernd, improvisiert und schlecht koordiniert. Zunächst wurde die Home Fleet durch den deutschen Schlag während des Anlaufs ihrer ausgedehnten Minenoperation und inmitten der Vorbereitungen zur Landung von Garnisonstruppen in norwegischen Häfen überrascht. Am 7. April hatten zwei britische Zerstörer Minenlegoperationen vor Kristiansund simuliert, vier weitere hatten eine Minensperre vor Bodö gelegt. Der Minenleger *Teviot Bank* und vier Zerstörer befanden sich auf dem Wege zum Werfen einer weiteren Minensperre. Zur Deckung dieser Einheiten gegen eventuelle deutsche Gegenmaßnahmen war unter Vizeadmiral William Whitworth der Schlachtkreuzer *Renown* (Captain C. E. B. Simeon) mit acht Zerstörern zur Überwachung der Gewässer westlich von Drontheim angesetzt. Vierundzwanzig Stunden früher hatte die Admiralität beunruhigende Informationen über eine ungewöhnlich starke Tätigkeit in deutschen Häfen erhalten, ebenso wie die Meldung über das Auslaufen der Schlachtschiffe *Scharnhorst* und *Gneisenau*. Sie wurden an den Oberbefehlshaber der Home Fleet Admiral Forbes weitergegeben, der außerdem Meldungen von RAF-Aufklärern über das Auslaufen der deutschen Kriegsschiffsgruppen Eins und Zwei und deren Sichtung nördlich von Horns Riff mit Nordkurs erhalten hatte. Admiral Forbes war jedoch nicht sofort zum Abfangen dieser deutschen Streitkräfte in See gegangen, weil ihm die Admiralität ferner mitgeteilt hatte, »alle diese Meldungen sind von zweifelhaftem Wert und können sich sehr wohl als eine weitere taktische Finte im Nervenkrieg erweisen«. Immerhin wurde der Schwere Kreuzer *Devonshire* unter Vizeadmiral John Cunningham, die Schweren Kreuzer *Berwick* und *York* und der Leichte Kreuzer *Glasgow* sowie sechs Zerstörer nach Rosyth befohlen, wo sie die für Norwegen bestimmten Garnisonstruppen an Bord nehmen sollten.
Alle Zweifel wurden am nächsten Tag hinlänglich beseitigt: Am 7. April sichteten RAF-Flugzeuge eine deutsche Kampfgruppe im Skagerrak mit Nordkurs. Jetzt ließ Admiral Forbes alle verfügbaren Einheiten um 20.15 Uhr auslaufen: Die Schlachtschiffe *Rodney* (Flaggschiff) und *Valiant*, den Schlachtkreuzer *Repulse*, die Leichten Kreuzer *Penelope* und *Sheffield* und zehn Zerstörer. Ihnen schlossen sich der französische Leichte Kreuzer *Emile Bertin* unter Konteradmiral Derrien und zwei französische Zerstörer an. Die alliierten Streitkräfte liefen mit Kurs Nord aus Scapa Flow aus, während Vize-Admiral Sir George Edward-Collins die Leichten Kreuzer *Galatea* und *Arethusa* mit acht Zerstörern mit Nordostkurs nach Stavanger führte. Gleichzeitig wurde der für Bergen bestimmte Geleitzug ON 25 zurückbeordert. Sein Geleitschutz, der Leichte Kreuzer *Manchester* unter Vizeadmiral Geoffrey Layton, der Leichte Kreuzer

Southampton und vier Zerstörer, erhielten Befehl, sich der Home Fleet unter Admiral Forbes anzuschließen. Auch der Minenleger *Teviot Bank* wurde zurückgerufen und seine Begleitzerstörer ebenfalls Admiral Forbes zur Verfügung gestellt. Vizeadmiral Sir Max Horton setzte 26 seiner U-Boote in Marsch, um deutsche Aktionen unter Wasser anzugreifen. Bemerkenswert ist, daß bei diesen Unternehmungen keine Seite Flugzeugträger einsetzte: Der erste deutsche Flugzeugträger *Graf Zeppelin* war noch nicht fertig; Großbritannien hatte weniger stichhaltige Gründe: *Ark Royal* und *Glorious* waren wegen der besseren Wetterverhältnisse zur Ausbildung der fliegenden Besatzungen zeitweilig in das Mittelmeer entsandt worden, während *Furious* für Operationen nicht sofort einsatzbereit im Clyde lag.
Für den größten Teil des folgenden Tages (8. April 1940) verwarfen die Admiralität ebenso wie Admiral Forbes zwar nicht mehr die Möglichkeit einer deutschen Invasion in Norwegen, glaubten jedoch immer noch, daß die gemeldeten deutschen Bewegungen nur auf einen erneuten Versuch der Schlachtschiffe *Scharnhorst* und *Gneisenau* zum Ausbruch in den Atlantik hindeuteten.
Dies schien auch durch einen zufälligen Vorfall an diesem Morgen zunächst bestätigt zu werden, sodaß die Home Fleet zur Deckung des nördlichen Ausgangs der Nordsee angesetzt wurde, um dort die deutschen Einheiten abzufangen. Whitworth hatte seinen Begleitzerstörer *Glowworm* zur Suche nach einem über Bord gespülten Mann zurückgelassen. Danach lief Lieutenant-Commander G. B. Roope mit der *Glowworm* mit Höchstfahrt nach Norden, um wieder Anschluß an *Renown* zu gewinnen. Im morgendlichen Schneesturm wurde er plötzlich von zwei deutschen Zerstörern der Kriegsschiffsgruppe Zwei gesichtet und beschossen. Die deutschen Zerstörer riefen den Schweren Kreuzer *Admiral Hipper* herbei, dessen 20,3-cm-Geschütze den britischen Zerstörer binnen kurzem zum Wrack schossen. Roope hielt lange genug vom Gegner ab, um seine Hauptaufgabe zu erfüllen, eine Feindmeldung zu funken. Damit bewies er, daß die Royal Navy diese wesentliche Lehre aus dem Fehlverhalten der Grand Fleet während des Ersten Weltkriegs gezogen hatte, als nämlich am 17. Oktober 1917 ein erfolgreicher deutscher Überfall auf einen britischen Norwegen-Geleitzug erfolgte, ohne daß die Admiralität gleich etwas davon erfuhr. Jetzt, als ein Entkommen gegen die schwere See unmöglich schien, drehte Commander Roope mit seinem zerschossenen Zerstörer gegen den übermächtigen Feind auf, in der letzten Hoffnung, vielleicht einen Torpedotreffer erzielen zu können.
Als dieser Torpedo fehlging, stieß Roope mit seinem brennenden und sinkenden Boot direkt gegen den feindlichen Kreuzer vor und rammte ihn an der Steuerbordbugseite, glitt an der hohen Bordwand entlang und riß dabei ein etwa 40 m langes Stück des Panzergürtels und den Steuerbordtorpedorohrsatz des Kreuzers ab. Kapitän z. See Heye ist es hoch anzurechnen, daß er auf einen so kühnen Gegner auf diese mörderisch kurze

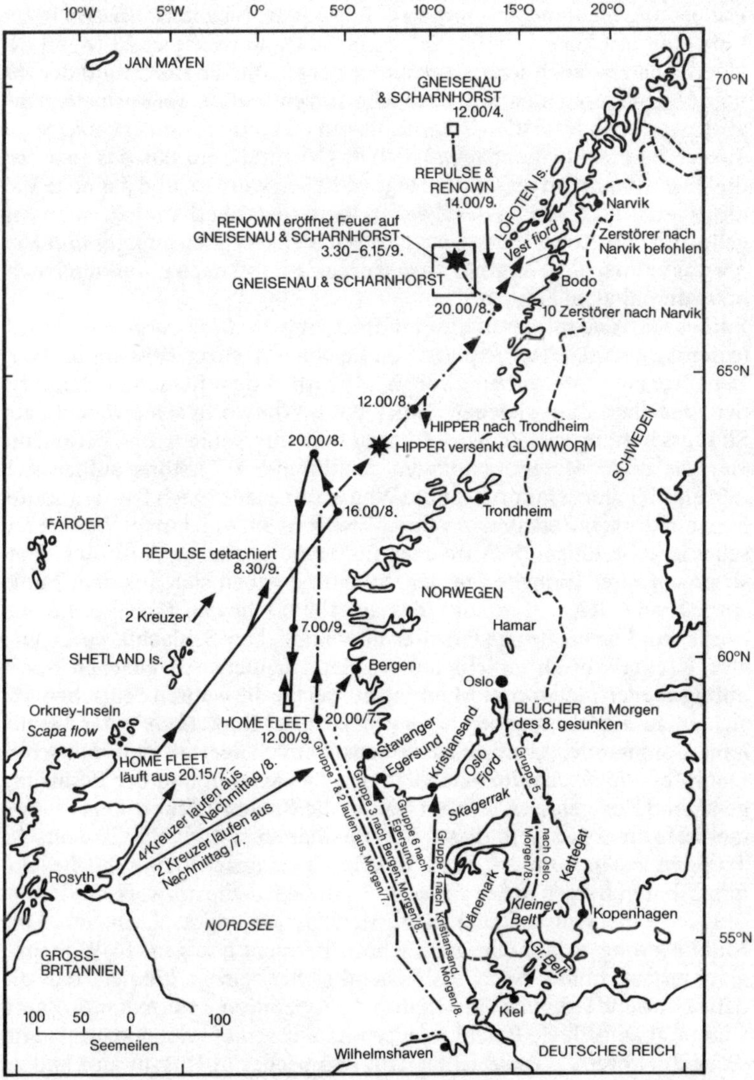

DAS NORWEGEN-UNTERNEHMEN

Bewegungen britischer und deutscher
Seestreitkräfte 7.–9. April 1940

Entfernung nicht mehr feuern ließ. Er wartete, bis die *Glowworm* in die Luft flog und kurz nach 09.00 Uhr sank. Dann rettete er 38 Mann der Überlebenden, auch Roope war unter denen, die die Bordwand der *Admiral Hipper* erreichten, war aber schon zu entkräftet, um noch einen der ausgeworfenen rettenden Tampen fassen zu können, und ertrank. Seine Tapferkeit brachte ihm nachträglich das Victoriakreuz ein, das erste von dreien, die während dieses Feldzugs verliehen wurden, und das erste Victoriakreuz, das während des Zweiten Weltkriegs überhaupt an einen Angehörigen der Royal Navy ging. Der Schaden des Kreuzers *Admiral Hipper* war jedoch nicht so groß, als daß er seine Fahrt nach Drontheim nicht hätte durchhalten können.
Forbes reagierte sofort auf die Feindmeldung der *Glowworm*. Er entsandte den Schlachtkreuzer *Repulse,* den Leichten Kreuzer *Penelope* und vier Zerstörer zur Unterstützung von Whitworth in dem Bemühen, den Gegner zu stellen. Zum gleichen Zweck hatte Whitworth seine *Renown* auf Südkurs herumgerissen, bis die Admiralität intervenierte und befahl, die vier vor Bodö Minenoperationen ausführenden Zerstörer sollten sich ihm anschließen. Dadurch mußte Whitworth wieder nach Norden abdrehen, um die vier Zerstörer vor dem Westfjord aufzunehmen. Weitere anscheinend bestätigende Anzeichen für einen möglichen Ausbruch deutscher schwerer Einheiten in den Atlantik ergaben sich aus dem Funkspruch eines RAF-Flugzeugs, das um 14.00 Uhr den Kreuzer *Admiral Hipper* und seine Begleitzerstörer als feindlichen Schlachtkreuzer und zwei Kreuzer vor Drontheim mit Westkurs meldete. Am gleichen Nachmittag aber erfolgten erste Meldungen, welche die wahren deutschen Absichten zu erkennen gaben: Das polnische U-Boot *Orzel* unter Lieutenant-Commander Grudzinski versenkte im Skagerrak den deutschen Dampfer *Rio de Janeiro,* nachdem den Passagieren und der Besatzung genügend Zeit gelassen worden war, in die Boote zu gehen. Das U-Boot meldete, die Passagiere dieses Schiffes hätten sich dabei als deutsche Truppen in Uniform entpuppt, das Schiff sei anscheinend mit Bestimmungshafen Bergen in See gewesen. Dennoch tat die norwegische Regierung nicht mehr, als lediglich die Küstenverteidigung zu alarmieren. Eine Mobilisierung wurde dagegen nicht in Betracht gezogen. In Whitehall glaubte man immer noch ausreichend sicher sein zu können, daß die deutsche Seite lediglich eine atlantische Operation unternahm. Admiral Cunningham erhielt Befehl, die bereits auf seinen vier Kreuzern und sechs Zerstörern eingeschifften Truppen wieder in Rosyth an Land zu setzen. Dies geschah gerade in dem Augenblick, in dem diese Truppen in Norwegen von allergrößtem Wert gewesen wären. Darauf sollte sich Cunningham der Hauptflotte unter Admiral Forbes anschließen.
An diesem Abend kamen jedoch zwei weitere alarmierende Meldungen: Der britische Marineattaché in Kopenhagen meldete die Kriegsschiffsgruppe Fünf auf ihrem Weg durch den Belt mit Nordkurs. Das U-Boot *Trident* berichtete über Funk von seinem fehlgeschlagenen Torpedoan-

griff gegen das Panzerschiff *Lützow*, das mit Kurs auf den Oslofjord weiterlaufe. Aus diesen Anzeichen schloß Admiral Forbes nunmehr, daß eine deutsche Landung in Norwegen im Gang war. Er teilte jedoch die Lageeinschätzung der Admiralität, wonach ein gleichzeitiger Ausbruch deutscher Seestreitkräfte in den Atlantik dennoch wahrscheinlich war, und daher entsprechende Gegenmaßnahmen auch dagegen getroffen werden müßten. Forbes riß auf einer Position 80 Seemeilen vor der norwegischen Küste seine Hauptflotte auf Südkurs in Richtung auf die westlich von Bergen patrouillierenden schwachen Streitkräfte unter Edward-Collins. Die Admiralität wünschte jedoch andere Operationen; Cunninghams Kreuzer und der französische Leichte Kreuzer *Emile Bertin* wurden zur Aufklärung nördlich der mittleren Nordsee angesetzt. Die Einheiten unter Layton und Edward-Collins sollten in den gleichen Gewässern verbleiben. Damit beließ die Admiralität bei Forbes nur noch dessen eigene kleine Kampfgruppe. Diese wurde 60 Seemeilen vor der norwegischen Küste nach Süden angesetzt. Forbes versuchte seine Position dadurch zu verbessern, daß er seine Kreuzer näher an die norwegische Küste herangehen ließ. Die Admiralität gab ihm aber prompt einen Gegenbefehl. Und nun sollte es Befehle und Gegenbefehle hageln. Die daraus resultierende Verwirrung läßt sich leicht vorstellen. Diesmal hatte die übereilte Einmischung der Admiralität in die Maßnahmen des Seebefehlshabers während der Nacht vom 8. zum 9. April noch keine folgenschweren Konsequenzen. Die Stunde Null für die Landung der deutschen Truppen war nämlich schon für 05.15 Uhr festgesetzt. Jetzt war es jedenfalls für die britische Home Fleet zu spät, die deutsche Invasion rechtzeitig abzuwehren. Alle 11 deutschen Angriffsgruppen näherten sich bereits ihren jeweiligen Bestimmungsorten und standen kurz davor, ihre Truppen auf norwegischem und dänischem Boden zu landen.

Bevor dies jedoch endgültig geschah, stießen die Streitkräfte unter Admiral Forbes erneut auf einen Gegner. Um 17.45 Uhr hatten sie sich vor dem Eingang des Westfjords mit den Zerstörern, deren Minenunternehmung abgeblasen worden war, vereinigt. Whitworth holte mit *Renown* und seinen Begleitzerstörern erneut gegen die hohe See aus, in der Hoffnung, die deutschen schweren Einheiten abfangen zu können, die nach (falschen) RAF-Meldungen westlich von Drontheim operierten. Wie Admiral Forbes glaubte auch Whitworth, es handele sich dabei um deutsche schwere Überwasserstreitkräfte, die in den Atlantik auszubrechen versuchten. Auf seinem Kurs verfehlte er nun um Haaresbreite die deutschen Zerstörer unter Kommodore Bonte, die mit höchster Fahrt in Richtung Narvik liefen. Jetzt hatte die Admiralität Whitworth auch gefunkt, er solle sich vornehmlich auf einen Angriff gegen deutsche Streitkräfte konzentrieren, die eventuell nach Narvik liefen. Inzwischen aber war Admiral Whitworth mit seinen Schiffen in einen Nordmeersturm geraten, der so stark war, daß er der Admiralität antworten mußte: »Patrouilliere vor Eingang Westfjord bis Wetterbesserung.«

Um 02.30 Uhr des nächsten Morgens, dem 9. April 1940, hatte sich die See so weit beruhigt, daß Whitworth mit Kurs Südost von der Küste ablaufen konnte. Eine Stunde später, um 03.37 Uhr sichtete er 50 Seemeilen seewärts vor dem Eingang des Westfjords im Osten die fernen Silhouetten der deutschen Schlachtschiffe *Scharnhorst* und *Gneisenau,* die befehlsgemäß Kurs Nordwest steuerten, um Vorstöße britischer schwerer Einheiten gegen die deutschen Landungsgruppen, insbesondere gegen die für Narvik bestimmte Kriegsschiffsgruppe Eins abzuwehren. Fälschlicherweise wurde eine der deutschen Einheiten für den Schweren Kreuzer *Admiral Hipper* gehalten. Daher ging Captain Simeon mit dem Schlachtkreuzer *Renown* sofort mit Höchstgeschwindigkeit an den Gegner heran. Als die Entfernung auf ca. 17 000 m gesunken war, eröffnete er das Feuer mit seinen 38,1-cm-Geschützen. Die beiden deutschen Schlachtschiffe standen jetzt im ersten Morgenlicht in der ungünstigeren Position. Sie wurden durch das Gegenfeuer völlig überrascht: Das Aufblitzen der Geschütze der *Renown* und die hohen Wasserfontänen der Einschläge der 38,1-cm-Geschütze um *Gneisenau* waren für sie die ersten Anzeichen dafür, daß sie auf einen schweren Gegner gestoßen waren.
Die deutschen Schlachtschiffe erwiderten das Feuer der *Renown* jedoch sehr schnell mit allen achtzehn 28-cm-Geschützen. Auf parallelem Kurs entwickelte sich ein Artillerieduell, das jedoch nicht lange dauern sollte. Die 12-cm-Geschütze der britischen Zerstörer konnten natürlich auf die große Entfernung bei dem schweren Wetter dem Gegner keinen Schaden zufügen. Dennoch konnten die britischen Zerstörer einem Angriff nicht widerstehen. Im Halbdunkel sprach Admiral Lütjens ihr Mündungsfeuer als von der *Repulse* stammend an (dieser zweite Schlachtkreuzer hatte aber noch nicht an *Renown* aufschließen können). Während des Gefechts erhielt *Renown* zwei Treffer, die wenig Schaden erzielten; *Gneisenau* hatte drei Treffer erhalten, wovon einer den vorderen Artillerieleitstand außer Gefecht setzte. Lütjens entschied sich dagegen, die beiden einzigen Großkampfschiffe seines Landes im Kampf gegen eine anscheinend gleichstarke britische Kampfgruppe aufs Spiel zu setzen und drehte nach Nordosten ab.
Whitworth verfolgte die deutschen Schiffe inmitten des rasenden Sturms, wobei Simeon mit *Renown* die Höchstgeschwindigkeit von 29 Knoten durchzuhalten versuchte. Allen Schäden trotzend, welche die schwere See seinen Schiffen schlug (auf beiden wurde der vorderste Geschützturm durch Seeschäden verwendungsunfähig), gelang es Lütjens sich langsam vom Gegner abzusetzen. Bei größer werdender Gefechtsentfernung erzielte keine Seite mehr weitere Treffer. Um 06.15 Uhr verloren sich die schweren Einheiten gegenseitig aus den Augen. Whitworth hielt seinen Kurs noch einige Zeit bei in der Hoffnung, die Fühlung mit dem Feind wieder herstellen zu können. Dies gelang jedoch nicht, und bald nach 09.00 Uhr begannen andere Meldungen seine Aufmerksamkeit von seinem taktischen Sieg auf wichtigere Ereignisse zu lenken.

Von Dänemark, dessen bewaffnete Streitkräfte verglichen mit den deutschen Invasionskräften verschwindend klein waren, und das darüber hinaus noch den Nachteil einer gemeinsamen Grenze mit dem Deutschen Reich besaß, konnte ein wesentlicher Widerstand gegen den deutschen Einfall nicht erwartet werden. Die deutschen Kriegsschiffsgruppen Sieben bis Elf stießen daher bei der Besetzung Kopenhagens und der anderen Häfen Dänemarks auf keinen Widerstand. Das Königreich Dänemark sollte für den Rest des Krieges von Deutschland besetzt bleiben.
Anderes aber widerfuhr den meisten deutschen Kriegsschiffsgruppen, die nun gegen die Abkömmlinge der furchtlosen und kampfbegierigen Wikinger vorgingen. Dem Einlaufen der Kriegsschiffsgruppe Fünf in den Oslofjord stellte sich zunächst das kleine norwegische Patrouillenboot *Pol III* (214 Tonnen und mit einem einzigen Geschütz bewaffnet) entgegen. Es wurde schnell versenkt, nachdem der Kommandant W. Olsen tödlich verwundet worden war, als er mit seinem Boot das deutsche Torpedoboot *Albatross* erfolgreich gerammt hatte. Der folgende Versuch von Admiral Kummetz, Landungstruppen beim Marinestützpunkt Horten an Land zu setzen, wurde durch das Dazwischentreten des norwegischen Minenlegers *Olav Tryggvason* unter Kapitän Briseid verzögert, dessen vier 12-cm-Geschütze das deutsche Räumboot *R 17* versenkten und das Torpedoboot *Albatross* weiter beschädigten, bevor die *Olav Tryggvason* von den deutschen Streitkräften niedergekämpft war.
Kummetz ließ sich auch nach diesen Vorwarnungen über den norwegischen Widerstand nicht davon abhalten, mit der Geschwindigkeit von nur 12 Knoten weiter in Richtung auf die Dröbak-Enge zu steuern, wo der Oslofjord nur etwa 450 m breit und stark befestigt war. Die Norweger hielten sich geschickt mit der Feuereröffnung zurück, bis die führende *Blücher* in Kernschußweite vor ihnen stand. Dann aber setzte das Feuer von 20,3-cm- und 28-cm-Granaten der *Blücher* gefährlich zu. Der Schwere Kreuzer erlitt starke Schäden und geriet in Brand. Schließlich machten ihn Torpedotreffer von einer Torpedo-Landbatterie zum hilflosen Wrack. Um 6.30 Uhr kenterte das Schiff und nahm einschließlich der an Bord eingeschifften Heerestruppen über 1 000 Offiziere und Männer mit sich auf den Grund des Fjords.
Vor dieser Katastrophe für die deutschen Kriegsschiffsgruppe hatte auch die *Lützow* drei 28-cm-Treffer erhalten. Kapitän z. See A. Thiele war klugerweise auf Gegenkurs gegangen und hatte *Emden* und den Rest der Gruppe zunächst wieder den Fjord abwärts geführt und seine Truppen unterhalb der Dröbak-Enge gelandet. Ebenso wurde der gleichzeitige Angriff von Luftlandetruppen unter dem Befehl von General von Falkenhorst gegen die norwegische Hauptstadt durch Nebel aufgehalten. Der deutsche Plan zur Besetzung Oslos war daher bereits um 05.15 Uhr zeitlich so weit verzögert, daß die norwegische königliche Familie und die Regierung die Möglichkeit erhielten, mit einem Sonderzug gegen 07.30 Uhr eilends nach Hamar zu entkommen. Als die deutschen Seestreitkräf-

te und Luftlandetruppen schließlich gegen Mittag in Oslo ankamen, fanden sie dort nur eine inzwischen von Quisling gebildete Regierung vor, die jedoch über keinerlei Einfluß oder Befehlsgewalt im übrigen Land verfügte, das weiterhin treu zu König Haakon VII. stand.
Die vom Leichten Kreuzer *Karlsruhe* geführte Kriegsschiffgruppe Vier war zunächst durch Nebel aufgehalten worden und stieß dann auf hartnäckigen Widerstand der mit schwerer Küstenartillerie bestückten norwegischen Forts, welche die Zufahrt nach Kristiansand schützten. Trotz der Bombenangriffe der deutschen Luftwaffe war Kapitän z. See Rieve zunächst gezwungen, unter Qualmentwicklung nach See hin abzudrehen. Als er dann erneut versuchte, durch die Einfahrt zu gehen, war die Sicht so schlecht geworden, daß *Karlsruhe* beinahe auf Grund geraten wäre. Ein dritter gegen Mittag unternommener Versuch war dann erfolgreich, weil der Kommandeur der norwegischen Befestigungen durch eine Finte getäuscht werden konnte: Die deutschen Kriegsschiffe hatten in englischer Sprache gefunkt: »Britische und französische Zerstörer kommen Ihnen zu Hilfe. Nicht Schießen.« Um 17.00 Uhr waren Stadt und Hafen von Kristiansand von deutschen Truppen besetzt. Weiter im Norden hatte der norwegische Zerstörer *Sleipner,* der die Alarmwarnung des Bewachers *Pol III* erhalten hatte, den deutschen Frachter *Roda* vor Stavanger gesichtet. Von den vorgegebenen Gründen, weshalb das deutsche Schiff in den Hafen einlaufen wolle, nicht getäuscht, zögerte *Sleipner* nicht, diesen deutschen Transporter zu versenken. Aber auch der Verlust dieses »trojanischen Pferdes« verhinderte die deutsche Besetzung des besten Flughafens in Norwegen nicht, auf dem die Luftwaffe sogleich mehrere Stukageschwader stationierte.
Die Kriegsschiffgruppe Drei hatte mehr Glück. Der bei Annäherung an Bergen herrschende Nebel hatte die deutschen Kriegsschiffe den Blicken der Besatzung eines Aufklärers des Coastal Command am Nachmittag des 8. April in einem Augenblick entzogen, als die Kampfgruppe unter Edward-Collins die deutsche Kriegsschiffgruppe noch in den Abendstunden hätte abfangen können. Auch hier wurden die norwegischen Küstenverteidiger durch eine Kriegslist getäuscht. Konteradmiral Schmundt ließ sie glauben, seine Schiffe seien britische Kreuzer. Als dann nach Tagesanbruch die Wahrheit offenbar wurde, stand er schon zu dicht an der Stadt. Dennoch erhielt der Leichte Kreuzer *Königsberg* drei, das Artillerieschulschiff *Bremse* einen 20,3-cm-Treffer, bevor die deutschen Schiffe in den Hafen einlaufen und ihre Truppen landen konnten, die jeden weiteren norwegischen Widerstand an Land bis 09.00 Uhr brechen konnten.
Kriegsschiffsgruppe Zwei hatte das meiste Glück. Die Befestigungen an der Hafeneinfahrt nach Drontheim waren durch keinerlei Alarmnachrichten vorgewarnt. Der Kreuzer *Admiral Hipper* setzte falsche Morsesprüche auf Englisch ab. Daher konnte Kapitän z. S. Heye alle seine Schiffe mit 25 Knoten Fahrt an den Forts vorbeiführen, ohne daß auch nur ein Schuß fiel.

Um 08.00 Uhr waren Stadt und Hafen in deutscher Hand. Allerdings bedurfte es zweier weiterer Tage um den norwegischen Widerstand zu brechen, der jetzt verspätet auch in den Forts erwacht war, die aber dem Kreuzer *Admiral Hipper* den Weg nicht hatten verlegen können.
Schlechtes Wetter und mangelhafte britische Dispositionen, vor allem der Rückruf der Zerstörer von ihren Minenoperationen am Eingang des Westfjords durch die Admiralität in einem kritischen Augenblick, gestatteten auch der wichtigen deutschen Kriegsschiffsgruppe Eins während der Nacht ohne Behinderung und Entdeckung ihren Endanlauf durchzuführen. Um 04.10 Uhr morgens standen die zehn Zerstörer von Kommodore Bonte mit Gebirgstruppen unter Generalmajor E. Dietl an Bord vor dem Eingang des Ofotfjords. Dort detachierte Bonte drei Zerstörer nur Niederkämpfung der erwarteten (aber in Wirklichkeit gar nicht vorhandenen) Forts an der Ramnes-Enge. Vier Zerstörer sollten die kleine Stadt Elvegaard im Herjangsfjord besetzen. Bonte führte mit seinem Führerboot *Wilhelm Heidkamp* die Zerstörer *Bernd von Armin* und *Georg Thiele* auf die Stadt Narvik zu.
Genau zur Stunde Null, um 05.15 Uhr, machte Bonte vor sich den mit Handelsschiffen vieler Nationen überfüllten Hafen von Narvik aus. Zuerst aber galt es, mit dem norwegischen Küstenpanzerschiff *Eidsvold* unter Korvettenkapitän Willoch fertig zu werden. Dieses Schiff war zwar schon 1900 in Dienst gestellt worden, besaß aber die für kurze Entfernungen gefährliche Armierung von zwei 20,3-cm-Geschützen und sechs 15,2-cm-Geschützen. Kommodore Bonte sandte in einem Boot einen Offizier als Parlamentär zu dem norwegischen Küstenpanzer, um freie Durchfahrt zu fordern. In der Zwischenzeit waren die Torpedorohre seiner Zerstörer auf das norwegische Schiff gerichtet worden. Als der deutsche Offizier eine rote Leuchtkugel schoß um anzuzeigen, daß die Norweger die unbehinderte Durchfahrt verweigerten, klatschten zwei Torpedos ins Wasser. Unter einer gewaltigen Detonation sank *Eidsvold* auf den Grund des Fjords, Korvettenkapitän Willoch und die ganze Besatzung bis auf eine Handvoll Überlebender mit sich nehmend. Die Explosion ließ auch das Schwesterschiff, den Küstenpanzer *Norge* unter Korvettenkapitän Askim, erwachen. Er sah, wie der Zerstörer *Bernd von Arnim* am Landungspier anlegte und deutsche Truppen von seinem Deck an Land schwärmten. Der norwegische Küstenpanzer eröffnete das Feuer. Aber die alten Geschütze des Schiffes waren den modernen 12,7-cm-Geschützen der deutschen Zerstörer nicht ebenbürtig. Auch die *Norge* wurde von deutschen Torpedos schnell versenkt; nur knapp 50 Überlebende konnten geborgen werden. Danach stieß Kommodore Bonte auf keinen weiteren Widerstand, weil der Kommandeur der Garnison der Quislingbewegung angehörte und seinen Truppen die Niederlegung der Waffen befohlen hatte. General Dietl und seine Gebirgsjäger hatten die Stadt Narvik noch vor den Mittagsstunden fest in der Hand.
Insgesamt war also der Plan von Großadmiral Raeder und General von

Falkenhorst bisher über Erwarten erfolgreich und verlustarm aufgegangen. Überraschung, Wagemut, Schnelligkeit und Härte ermöglichten es, daß deutsche Kriegsschiffe und Truppen in nur wenigen Stunden die norwegische Hauptstadt und die wichtigsten Häfen und Flughäfen des Landes in ihren Besitz brachten. Einziger wesentlicher Verlust war der unnötige Untergang des Schweren Kreuzers *Blücher*.
Der Norwegenfeldzug war damit aber längst noch nicht beendet. Die alliierten Gegenschläge liefen jetzt erst richtig an: Am 9. April um 06.30 Uhr hatten die Admiralität und Admiral Forbes endlich Gewißheit über die wahren deutschen Absichten.
Die Masse der britischen Home Fleet war etwa 90 Seemeilen westlich von Bergen konzentriert. Als erste Reaktion sollte zunächst der Versuch gemacht werden, wenigstens diesen Hafen für die Alliierten zu retten. Layton teilte seine Kampfgruppe um 11.30 Uhr: Seine sieben Zerstörer sollten in der Morgendämmerung den Fjord hinaufgehen, die vier Leichten Kreuzer zu ihren Unterstützung vor den Einfahrten liegen bleiben. Wäre diese Aktion ausgeführt worden, so wäre Layton dabei auf die *Köln* gestoßen und hätte sie vielleicht versenken können, denn dieser deutsche Kreuzer befand sich zu diesem Zeitpunkt bereits auf dem Rückweg nach Deutschland. Bei einem weiteren entschlossenen Vorstoß hätte Layton wohl auch die beschädigte *Königsberg* und *Bremse* vernichten können. Aber der Admiralität kamen während des Nachmittags starke Bedenken, als sie die Funkmeldung eines Aufklärers erhielt, wonach im Hafen von Bergen zwei deutsche Kreuzer lägen. Daher sagte die Admiralität diese Operation ab und befahl Layton, sich wieder dem Oberbefehlshaber der Home Fleet anzuschließen.
In der Zwischenzeit wurden die Streitkräfte von Forbes und Layton von deutschen Flugzeugen angegriffen. Es handelte sich jedoch um Hochbomber, und die deutsche Luftwaffe mußte erst noch lernen, schnellfahrende Schiffe aus einer Höhe von etwa 3 000 m zielgenau zu bombardieren; zum Glück für die britischen Schiffe, die nur ihre unzureichende Fla-Bewaffnung als Schutz besaßen, denn sie standen zu weit von den schottischen Flughäfen entfernt, um eine Luftdeckung durch langestützte Jäger der RAF zu erhalten.
Die Leichten Kreuzer *Southampton* und *Glasgow* wurden durch Nahtreffer beschädigt, das Schlachtschiff *Rodney* durch eine schwere Bombe getroffen, die das Panzerdeck durchschlug, jedoch nicht detonierte. Der Zerstörer *Gurkha* allerdings wurde versenkt. Diese Luftangriffe überzeugten Forbes von der Zweckmäßigkeit, mit seiner Flotte weiter nördlich zu operieren. Zunächst steuerte er nach Westen, um zwei wesentliche Verstärkungen aufzunehmen: Das vor kurzem aus dem Mittelmeer zurückgerufene Schlachtschiff *Warspite* (Captain V. A. Crutchley) und den Flugzeugträger *Furious,* der in der Zwischenzeit seine Flugzeuge an Bord genommen hatte und nun Anschluß an die britische Hauptflotte suchte.

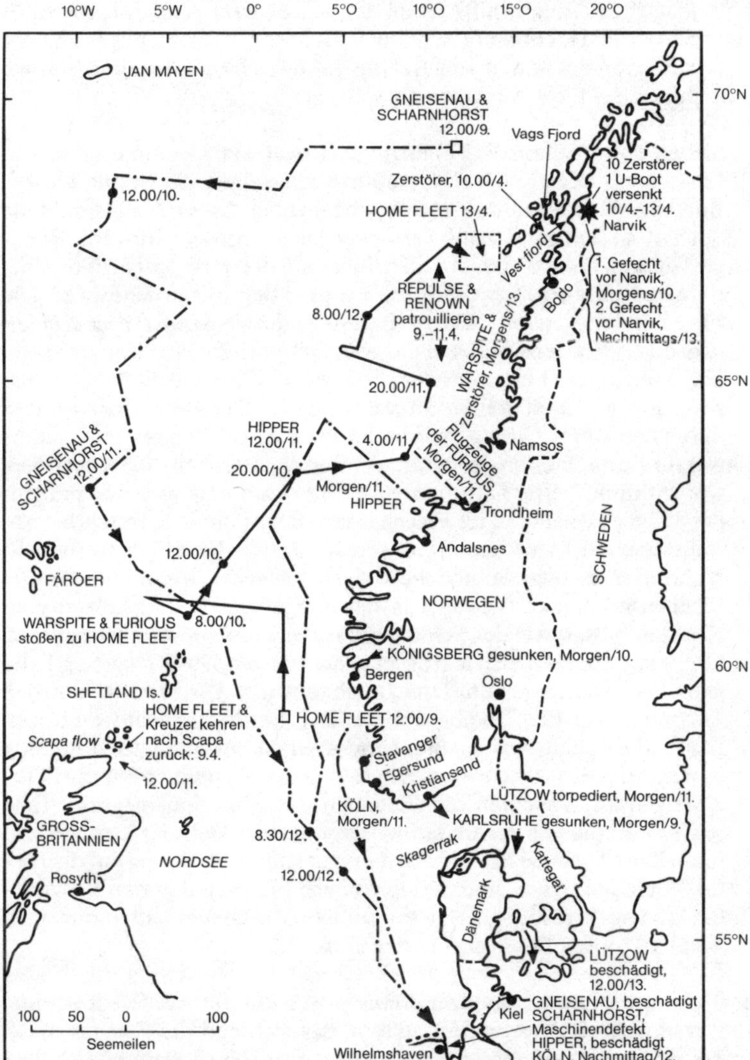

DAS NORWEGEN-UNTERNEHMEN

Bewegungen britischer und deutscher Seestreitkräfte 9.–13. April 1940

Die deutschen Kriegsschiffe in Bergen wurden am Abend des 9. April durch 24 RAF-Hochbomber wirkungslos angegriffen. In der Frühe des nächsten Morgens waren von Hatson auf den Orkney-Inseln gestartete Maschinen des Fleet Air Arm erfolgreicher:

> Sieben von Captain R. T. Partridge (Royal Marines) und neun von Lieutenant W. P. Lucy, RN, geführte Maschinen waren mit 226-kg-Bomben beladen worden und flogen nun nach Osten. Meile um Meile quälten sie sich auf der 300 Seemeilen langen Strecke vorwärts. Wenige Minuten nach 07.00 Uhr überflogen sie die norwegische Küste bei Bergen. Blutig-rot stieg die Sonne über die Berghänge der Fjorde. Die Flugzeuge stiegen auf 2 400 m. Bald konnten sie den Kreuzer *Königsberg* erkennen. Jetzt bildeten die zwei Geschwader eine Formationslinie; dann kippte Lucy mit seiner führenden Maschine die Tragflächen zu einem 60 Grad steilen Sturzflugangriff. Die Deutschen wurden durch den Angriff völlig überrascht. Erste Anzeichen für eine Gefahr war für sie das Pfeifen der heranrauschenden Bomben. Die *Königsberg* wurde durch Treffer halb aus dem Wasser emporgerissen und mit großer Wucht gegen die Pier geschleudert. Bevor die Besatzung das Abwehrfeuer eröffnen konnte, hatte die *Königsberg* bereits 15 Treffer und Nahtreffer erhalten. Sobald die übrigen deutschen Streitkräfte das Geschehen erkannten, wurde von den umgebenden Bergen und vom Kreuzer selbst sowie den Schiffen im Hafen das Abwehrfeuer eröffnet. Drei Flugzeuge wurden getroffen, eines schwer. Die *Königsberg* hatte jedoch schwer zu leiden. Drei Bomben waren Direkttreffer auf den Turm »A«, je eine Bombe traf das Backbordachterschiff und mittschiffs. Das Schiff war ein brennendes Wrack. Als das letzte Flugzeug in Richtung See verschwand, neigte sich die *Königsberg* auf die Seite. Kurz darauf erreichten die Flammen das Munitionsmagazin. Eine schwere Explosion zerriß den Kreuzer in zwei Teile. Er kenterte und sank. Die britischen Maschinen nahmen Kurs in Richtung auf die Heimatflughäfen. Nach einem Flug von vier Stunden und dreißig Minuten landete Partridge in Hatston. Einige Maschinen hatten nur noch wenige Tropfen Brennstoff in den Tanks.[1]

Der deutsche Leichte Kreuzer *Königsberg* hatte die zweifelhafte Ehre, daß erste größere Kriegsschiff zu sein, das während des Zweiten Weltkriegs durch Flugzeugbomben versenkt wurde. Nach diesem britischen Luftangriff flogen am 11. April Torpedobomber des Flugzeugträgers *Furious* mehrere Angriffe auf Drontheim. Aber wie die *Köln* aus Bergen, war auch der Schwere Kreuzer *Admiral Hipper* bereits aus dem Hafen ausgelaufen, und die verbliebenen Zerstörer, die auf einen Tanker zum Bunkern warteten, lagen in so seichtem Wasser, daß die britischen Torpedos auf Grund gingen und harmlos explodierten, statt richtig zu laufen und zu treffen.

Bereits zu diesem Zeitpunkt mußte Admiral Forbes zahlreiche seiner Einheiten nach Scapa Flow zur Ölergänzung entlassen. Mit dem Rest seiner Streitkräfte steuerte er nach Norden, in der Hoffnung, Narvik retten zu können. Damit bringt uns das Geschehen jetzt zu der Schilderung jener beiden Gefechte, die das Hauptthema dieses Kapitels bilden. Zuvor aber sollen noch die Erfolge der britischen Unterseeboote unter Admiral Max Horton verzeichnet werden. Drei von ihnen waren in das Kattegatt, drei in den Skagerrak und drei an die Westküste Dänemarks entsandt worden. Sechs weitere lauerten auf den Ansteuerungswegen zu den Häfen der Helgoländer Bucht. Der erfolgreiche Angriff des U-Boots *Orzel* gegen den deutschen Dampfer *Rio de Janeiro* wurde bereits erwähnt. Ebenfalls am 8. April versenkte das U-Boot *Trident* den deutschen Tanker *Posidonia*. Am nächsten Tag torpedierte die *Sunfish* den beladenen Tanker *Amasis* und schickte ihn auf den Meeresgrund. Um 19.00 Uhr dieses Tages torpedierte und versenkte die *Truant* unter Lieutenant-Commander C. H. Hutchinson den Leichten Kreuzer *Karlsruhe* auf dem Rückmarsch von Kristiansand. *Truant* entkam den Fängen der deutschen Abwehrkräfte, die das U-Boot viele Stunden mit Wasserbomben verfolgten. Das britische U-Boot *Thistle* dagegen wurde von *U 4* torpediert und versenkt.
Um 04.30 Uhr am 10. April versenkte die *Triton* unter Lieutenant-Commander E. F. Pizey die Dampfer *Friedenau* und *Wigbert* mit 900 Mann nach Oslo bestimmter Truppen. Ein dritter Torpedo versenkte das Geleitfahrzeug *V 1507*. Die *Triton* verdankte ihr Entkommen aus der Gewalt der deutschen Geleitfahrzeuge, die 87 Wasserbomben teilweise unangenehm nah warfen, dem Schwesterboot *Spearfish*, das unmittelbar später in einem nahe gelegenen Patrouillenbereich seine Anwesenheit verriet. *Spearfish* wurde hartnäckig bis eine halbe Stunde nach Mitternacht verfolgt. Das Boot war daher nicht lange genug an der Oberfläche, um die Batterien aufzuladen und die schlechte Luft im Boot erneuern zu können, als Lieutenant-Commander J. G. Forbes die *Lützow* (Kapitän z. S. Thiele) sichtete, die mit hoher Geschwindigkeit in Richtung Deutschland zurücklief. Er griff sofort an. Einer der Torpedos traf das Panzerschiff achtern, zerstörte Schrauben und Ruder und ließ die *Lützow* als hilfloses Wrack treiben. Die Batterien des U-Boots waren zum Tauchen noch immer nicht ausreichend aufgeladen. Forbes konnte auch nicht wissen, daß Kapitän z. See Thiele sein Panzerschiff ohne Geleitkräfte nach Deutschland zurückführte. Forbes glaubte daher, nicht länger auf dem Schauplatz bleiben zu können, um seine Rohre für einen Gnadenschuß nachzuladen. So konnte die fast sinkende *Lützow* schließlich durch den Belt nach Kiel eingebracht werden. Es dauerte zwölf Monate, bis sie wieder seefähig war.
Weitere britische U-Boot-Erfolge waren die Versenkung des Transporters *Ionia* durch *Triad* an der Mündung des Oslofjords am 11. April, des Versorgers *August Leonhardt* durch *Sealion* im Kattegat am gleichen

Nachmittag, des Tankers *Moonsund* am nächsten Morgen durch *Snapper* und des Transporters *Florida* durch *Sunfish* am 14. April. *Starlet* war jedoch nicht so glücklich: Nach der Versenkung des Artillerieschulschiffs *Brummer* am 15. April wurde das U-Boot bei einem Angriff der deutschen U-Jäger *UJ 125, 126* und *128* mit der gesamten Besatzung vernichtet. Dennoch hatten die britischen U-Boote die von der Admiralität gefunkte Belobigung, »Ihr habt alle Eure Pflicht hervorragend getan« mehr als verdient, auch wenn die eigentlichen Ziele, die wichtigen schweren Einheiten *Gneisenau, Scharnhorst* oder *Admiral Hipper* diesen U-Booten nicht vor die Rohre gekommen waren.
Nachdem er sich der *Renown* am frühen 9. April entzogen hatte, glaubte Admiral Lütjens, seine Schlachtschiffe könnten nach Vollzug ihrer Aufgabe, die Landungen nach See hin zu decken, einen Zusammenstoß mit der britischen Flotte, die jetzt an die norwegische Küste herankam, vermeiden, wenn er zunächst nach Westen steuerte. Erst um die Mittagszeit des 10. April ging Lütjens Richtung Süden in die mittlere Nordsee, wo er am frühen 12. April den Schweren Kreuzer *Admiral Hipper* und später am gleichen Tag den Leichten Kreuzer *Köln* aufnahm. Alle vier Schiffe wurden daher weder von den Einheiten des Admiral Forbes noch durch die britischen U-Boote erfaßt. Jedoch wurden sie am frühen 12. April durch die RAF ausgemacht, die 52 Bomber zum Angriff gegen sie vorschickte. Die britischen Bomber fanden jedoch ihr Ziel nicht, so daß die vier deutschen Schiffe Wilhelmshaven am Abend dieses Tages sicher erreichen konnten; drei von ihnen benötigten allerdings dringender Instandsetzungsarbeiten, bevor sie wieder einsatzbereit waren.
Nachdem er Narvik so schnell und fast widerstandslos besetzt hatte, hätte Kommodore Bonte noch am Abend des 9. April seine zehn Zerstörer mit hoher Geschwindigkeit wieder in Richtung Deutschland auslaufen lassen können und sollen. Sie wären dann nicht von überlegenen britischen Streitkräften eingeschlossen worden. Aber seine Zerstörer waren die lange Strecke von fast 1000 Seemeilen mit hoher Fahrt nach Norden gelaufen. Die Rückfahrt konnten sie deshalb ohne Aufüllung der fast erschöpften Ölvorräte nicht antreten. In der kurzen Zeit konnten sie nicht alle ihre Bunker füllen, weil einer der erwarteten Tanker nicht angekommen war. Jetzt mußten sie nacheinander bei *Jan Wellem* längsseits gehen und schleppend langsam Öl übernehmen. So verzögerte sich das Auslaufen der Zerstörer auf den 10. April. Inzwischen hatte Bonte einen seiner Zerstörer zur Bewachung des Eingangs des Ofotfjords entsandt und zwei nach Ballagen, etwa 10 Seemeilen westlich Narviks. Andere ließ er im Herjangsfjord vor Anker gehen, während die übrigen im Hafen von Narvik blieben, wo sie aus *Jan Wellem* bunkern sollten. Nach diesen Dispositionen ging Bonte in der Nacht vom 9. zum 10. April voll Hoffnung auf verdiente Ruhe in die Koje. Vorher hatte er noch von *U 51* um 20.22 Uhr die Meldung erhalten, fünf britische Zerstörer liefen im Westfjord mit Kurs Südwest, d. h. weg von der Einfahrt des Ofotfjords.

Diese Zerstörer waren *Hardy* (Captain B. A. Warburton-Lee), *Hunter* (Lieutenent-Commander L. de Villiers), *Havock* (Lieutenant-Commander R. Courage), *Hotspur* (Commander H. F. Layman) und *Hostile* (Commander J. P. Wright), welche von Admiral Forbes nach Narvik entsandt worden waren, um »sicherzustellen, daß keine Feindtruppen landen«. Sie sollten den Hafen von Narvik etwa um 20.00 Uhr erreichen. Aber auf dem Wege dorthin hatte Warburton-Lee die Information erhalten, daß »ein deutsches Schiff in Narvik angekommen sei und dort eine kleine Streitmacht gelandet habe.« Danach hielt er es für richtig, zunächst am Eingang des Fjords zu stoppen und Nachrichten von der norwegischen Lotsenstation über die Lage in Narvik einzuholen, bevor er weiterfahren wollte, »um feindliche Kriegsschiffe zu versenken, Dampfer zu kapern und Landungsmannschaften abzusetzen, wenn es wegen der nur geringen Anzahl etwaiger feindlicher Streitkräfte für möglich gehalten wird, Narvik einzunehmen.«
Gegen 16.00 Uhr erhielt er von der norwegischen Lotsenstation Informationen, die das Bild völlig änderten: Es sei nämlich nicht ein, sondern mindestens sechs deutsche Zerstörer, von denen ja jeder größer und stärker armiert war als seine eigenen, sowie ein U-Boot im Ofotfjord eingelaufen, dessen Eingang nun vielleicht sogar von den Deutschen vermint worden war. Dies schreckte Warburton-Lee jedoch nicht ab, sofort zum Gefecht vorzustoßen. Er signalisierte an Whitworth und Forbes »Beabsichtige[2] Angriff bei Morgengrauen und Hochwasser« (dadurch konnte er den Vorteil der Überraschung nutzen, und seine Zerstörer hatten die Möglichkeit, gefahrlos über eventuell ausgelegte Minen zu laufen). Er wendete nach Südwest und steuerte bis nach Einbruch der Dämmerung den Westfjord hinunter, um den Feind in die Irre zu führen, der ihn vielleicht sichten würde. In der Tat hatte ihn *U 51* ausgemacht und, wie bereits erwähnt, durch diese Sichtmeldung Kommodore Bonte in ein Gefühl falscher Sicherheit gewiegt.
Um 21.00 Uhr genehmigte die Admiralität Warburton-Lees Angriffsabsicht und fügte hinzu: »Viel Glück.« Ferner wies ihn die Admiralität an, zunächst am Eingang des Ofotfjords Patrouille zu fahren, damit die deutschen Zerstörer nicht während der Nacht entkommen konnten. Diesem Befehl gehorchte er zu seinem Glück nicht, denn dies hätte zum Zusammentreffen mit dem von Bonte am Fjordeingang stationierten Wachzerstörer geführt. Damit wäre der Vorteil der Überraschung verloren gegangen. Auch als ihm die Admiralität noch eine weitere Warnung zukommen ließ, weil sie Warburton-Lees Operation für zu gefährlich hielt (Ihr Signal lautete: »Die norwegischen Küstenpanzer *Eidsvold* und *Norge* können in deutscher Hand sein; nur Sie allein können beurteilen, ob unter diesen Umständen ein Angriff ausgeführt werden sollte. Wir unterstützen Sie, wie immer Sie sich entscheiden.«), änderte Warburton-Lee seine Pläne nicht. Die Admiralität hatte somit endlich einmal eine Entscheidung Befehlshaber »vor Ort« überlassen. Als er diese an sich besorgnis-

erregende Meldung erhielt, tasteten sich Warburton-Lees Zerstörer bereits vorsichtig ihren Weg durch den Schneesturm in den Offotfjord hinein.
Dennoch war die Intervention der Admiralität für die britische Seite unglücklich: Bei Empfang des ersten Funkspruchs von Warburton-Lee mit Angabe der Stärke der deutschen Kräfte in Narvik hatte Whitworth, dessen Flaggschiff nun durch *Repulse, Penelope* und mehrere Zerstörer verstärkt war, daran gedacht, der gegen Narvik vorgehenden Streitmacht den Kreuzer *Penelope* und weitere Zerstörer mitzugeben. Nun entschied er sich dagegen, teils weil dies den Angriff von Warburton-Lee verzögert haben würde, teils weil er nur ungern eine Aktion in Verwirrung bringen wollte, die ihm die Admiralität bereits aus der Hand genommen hatte. Und er war es nicht allein, der im Lichte der folgenden Ereignisse diese Entwicklung bedauern sollte. Die 15,2-cm-Geschütze der *Penelope* würden wohl bereits auf den ersten Anhieb die Vernichtung der Streitkräfte von Kommodore Bonte erzielt haben. Das aber konnte man zu diesem Zeitpunkt nicht ahnen. Seine Entscheidung war auch deshalb verständlich, weil sowohl Forbes (zu Recht) als auch die Admiralität (mit sehr viel weniger Berechtigung) viele Befehle direkt an Einheiten gaben, die eigentlich unter seinem Kommando als Befehlsführendem Offizier im Seebereich Narvik standen.

Tabelle 31: Die Teilnehmer des 1. Gefechts bei Narvik am 10. 4. 1940

Name	Wasserverdrängung (Tons)	Geschwindigkeit (Knoten)	Geschütze (cm)	Torpedorohre (cm)	Bemerkungen
Hardy	1505	36	5 × 12	8 × 53,3	Versenkt
Havock					–
Hostile	1340	35	4 × 12	8 × 53,3	–
Hotspur					Beschädigt
Hunter					Versenkt
Wilhelm Heidkamp					Versenkt
Hermann Künne					Beschädigt
Hans Lüdemann	2411	38	5 × 12,7	8 × 53,3	Beschädigt
Diether von Roeder					Beschädigt
Anton Schmitt					Versenkt
Bernd von Arnim					Beschädigt
Erich Giese					–
Erich Koellner	2230	38	5 × 12,7	8 × 53,3	–
Georg Thiele					Beschädigt
Wolfgang Zenker					–

Um 01.00 Uhr am 10. April passierten die britischen Zerstörer die Lotsenstation Tranöy in der Reihenfolge *Hardy, Hunter, Havock, Hotspur, Hostile.* Langsam dampften sie in Kiellinie durch die unsichtige Nacht. Heftiger Schneefall ließ die Sichtweite weiter sinken. Mancher spannungsvolle Augenblick war zu bestehen, da oft nur um Haaresbreite ein Auflaufen auf Felsen verhütet werden konnte. Dann kam es fast zu einer Kollision mit einer norwegischen Passagierfähre. Der Weg den Fjord hinauf wurde den britischen Zerstörern jedoch nicht, wie von Bonte geplant, von dem patrouillierenden Zerstörer *Diether von Roeder* verlegt, als sie nach Osten in den Ofotfjord drehten: Der Kommandant des deutschen Zerstörers hatte sich unter Fehlinterpretation seiner Befehle von der Vorpostenstation zurückgezogen, ohne auf die Ankunft des ihn ablösenden Zerstörers *Hans Lüdemann* zu warten. Auch wurden die sich annähernden britischen Zerstörer infolge des Nebels und schweren Schneetreibens weder von den vor Ballangen noch von den im Harjangsfjord vor Anker liegenden deutschen Zerstörern gesichtet. Warburton-Lee war also die geplante Überraschung des Gegners völlig gelungen: Seine Zerstörer erreichten die Einfahrt zum Hafen Narvik, ohne daß die deutschen Einheiten die geringste Vorwarnung über seine Annäherung erhalten hatten. Jetzt wurden *Hotspur* und *Hostile* detachiert, um Landbatterien zu erkunden und niederzukämpfen, die (irrtümlich) als von den Deutschen am Nordufer eingerichtet angenommen wurden. Das Führerboot *Hardy* führte *Hunter* und *Havock* zum Angriff auf den Hafen.

Um 04.20 Uhr wurde die dämmerige weiße Stille dieses Fjordmorgens plötzlich durch den Donner der ersten Breitseite der *Hardy* zerrissen. Gleichzeitig liefen sieben Torpedos in Richtung auf die Schiffe auf der Reede. Kommodore Bonte und ein großer Teil der Besatzung des Führerzerstörers *Wilhelm Heidkamp* starben im Schlaf, als ein Torpedotreffer das achtere Magazin in die Luft fliegen ließ. Zwei weitere Torpedos ließen den Zerstörer *Anton Schmitt* auf Grund gehen. Die anderen vier Torpedos trafen wahllos deutsche und alliierte Handelsschiffe oder explodierten am felsigen Ufer. All dies geschah in weniger als fünf Minuten, während deren von deutscher Seite kein Schuß fiel. Als die ersten deutschen Matrosen ihre Geschütze bemannt hatten, zog sich *Hardy* bereits zurück, so daß nun *Hunter* und *Havock* das Feuer eröffnen konnten. Sie nahmen es zunächst mit dem Zerstörer *Hans Lüdemann* auf, der zum Bunkern bei *Jan Wellem* längsseits lag. *Hans Lüdemann* warf schnell los; in diesem Augenblick setzten Treffer ein Geschütz außer Gefecht, achtern einschlagende Granaten verursachten einen gefährlichen Brand, der die Flutung des Magazins erzwang. Der zweite bunkernde Zerstörer *Hermann Künne* erlitt keine Schäden. Seine Maschinen waren jedoch durch die Erschütterungen der Torpedoexplosion der sinkenden *Anton Schmitt* zeitweilig ausgefallen. Der Zerstörer kam daher nicht vom Tanker klar. Unterstützt durch *Hotspur* und *Hostile,* die inzwischen festgestellt hatten, daß die gesuchten deutschen Küstenbatterien nur der Phan-

tasie eines Nachrichtenoffiziers entsprungen waren, setzten *Hunter* und *Havock* dem deutschen Zerstörer *Diether von Roeder* so stark zu, daß das Boot fahrunfähig am Postpier liegen bleiben mußte.
So weit, so gut für die britische Seite. Nach Ortung, Bekämpfung und Niederkämpfung praktisch aller deutscher Zerstörer (mit einer Ausnahme), die er in Narvik vorzufinden erwarten konnte, ohne selbst ernste Schäden einstecken zu müssen, überlegte Warburton-Lee einen Augenblick lang, ob er die Stadt Narvik durch ein kleines Landungskorps besetzen sollte. Aber schnell machte er sich klar, daß eine Handvoll seiner Seeleute keine Chance gegen die Truppen General Dietls hatten, zumal er seine Schiffsgeschütze nicht zur Feuerunterstützung einsetzen konnte, ohne norwegisches Leben zu gefährden. Als einzige Alternative blieb der Rückzug. Daher liefen seine fünf Zerstörer um 05.30 Uhr mit 15 Knoten Fahrt nach Westen durch den Ofotfjord ab. Der Munitionsbestand war noch ausreichend, der Torpedobestand jedoch beträchtlich gesunken.
Nun aber wandte sich das Glück, welches so häufig dem Tapferen hold ist, gegen die britischen Zerstörer. Als diese den Harjangsfjord passierten, schossen plötzlich an Steuerbord völlig überraschend die deutschen Zerstörer *Wolfgang Zenker, Erich Giese* und *Erich Koellner* aus dem Fjord, das heißt zwei deutsche Zerstörer mehr, als im Ofotfjord vermutet worden waren. Sie liefen eilends verspätet von ihrem Ankerplatz aus, weil sie über die Vorgänge in Narvik erst um 05.15 Uhr eine Meldung erhalten hatten. Warburton-Lee sprach die deutschen Einheiten als einen Kreuzer und drei Zerstörer an und ging auf Höchstfahrt von 30 Knoten. Beide Seiten eröffneten das Feuer. Warburton-Lee hätte den deutschen Zerstörern wohl entkommen können; sie hatten nämlich noch nicht gebunkert, nicht alle Kessel klar und hätten keine so hohe Geschwindigkeit mithalten können. Doch der Plan Kommodore Bontes enthielt noch zwei weitere Trümpfe gegen Warburton-Lee. Jetzt erschienen auch die Zerstörer *Georg Thiele* und *Bernd von Arnim* auf der Szene. Während der Nacht hatten sie im Ballangenfjord geankert. Durch Nebel behindert, waren sie erst gegen 05.40 Uhr nach Empfang von Alarmnachrichten aus Narvik ausgelaufen. Diese beiden deutschen Zerstörer tauchten jetzt direkt vor *Hardy* auf. Nicht genug, daß sich die britischen Zerstörer überraschend zwischen zwei deutschen Zerstörergruppen eingekeilt sahen: Gleich die erste der vielen genauen deutschen Salven traf die Brücke des britischen Flottillenführers.

> Captain Warburton-Lee wurde getroffen, ein schwerer Schlag für uns. Lieutenant Cross war sofort tot, Lieutenant-Commander Gordon-Smith schwer verwundet. Paymaster Lieutenant Stanning übernahm das Kommando des Schiffes. Jetzt war unser Boot in einem schlimmeren Zustand als alle anderen. Aber wir hatten ja immer noch ein paar klare Geschütze, und diese feuerten gegen die großen deutschen Zerstörer. Bald war die Steuerung ausgefallen. Wir liefen aus dem Kurs in

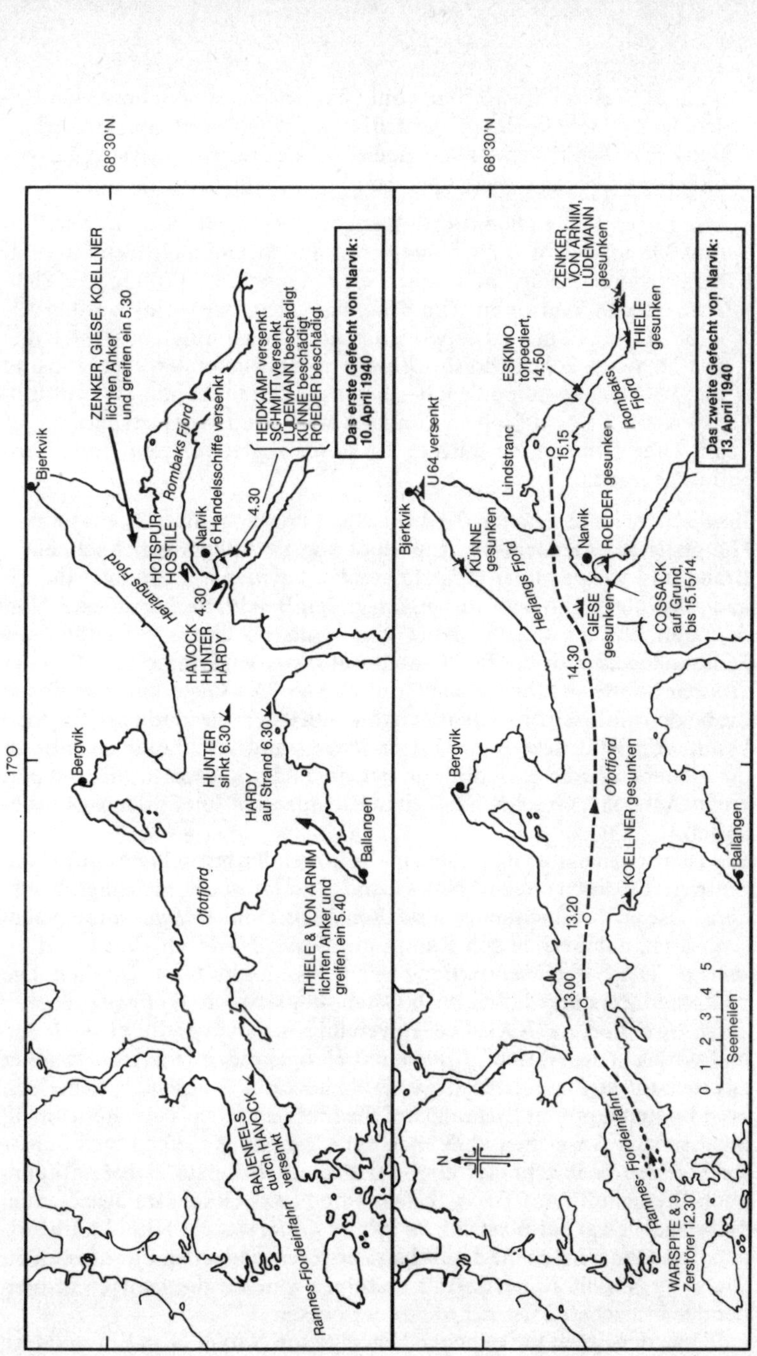
Das erste Gefecht von Narvik: 10. April 1940
68°30'N
17°O
Bjerkvik
Bergvik
Narvik
Ballangen
Herjangs Fjord
Rombaks Fjord
Ofotfjord
Ramnes-Fjordeinfahrt
ZENKER, GIESE, KOELLNER lichten Anker und greifen ein 5.30
HOTSPUR HOSTILE
6 Handelsschiffe versenkt
4.30
HAVOCK HUNTER HARDY
HEIDKAMP versenkt
SCHMITT versenkt
LÜDEMANN beschädigt
KÜNNE beschädigt
ROEDER beschädigt
HUNTER sinkt 6.30
HARDY auf Strand 6.30
THIELE & VON ARNIM lichten Anker und greifen ein 5.40
RAUENFELS durch HAVOCK versenkt
Das zweite Gefecht von Narvik: 13. April 1940
68°30'N
U 64 versenkt
KÜNNE gesunken
Lindstranc
ESKIMO torpediert, 14.50
ZENKER, VON ARNIM, LÜDEMANN gesunken
THIELE gesunken
Rombaks Fjord
15.15
ROEDER gesunken
GIESE gesunken
14.30
COSSACK auf Grund, bis 15.15/14.
KOELLNER gesunken
13.20
13.00
WARSPITE & 9 Zerstörer 12.30
Ramnes- Fjordeinfahrt
0 1 2 3 4 5
Seemeilen
N

seichtes Wasser. Etwa 250 m vom Ufer lief unser Boot auf einen Felsen. Jetzt erhielt die Besatzung den letzten Befehl von Captain Warburton-Lee: »Schiff verlassen,« rief er, »jeder für sich selbst. Und viel Glück.«

Wir gingen schnell über Bord. Lieutenant Heppell rettete mindestens fünf Mann, indem er zwischen Schiff und Strand mehrfach hin- und herschwamm. Schließlich kamen wir an Land, etwa 170 von uns. Siebzehn waren schon an Bord im Kampf gefallen, zwei Leute wurden vermißt. 200 m vor uns sahen wir ein Haus. Wir kämpften uns durch den fast 2 m tiefen Schnee dorthin durch. In dem Haus taten eine Frau und ihre Tochter alles nur mögliche, um uns zu helfen. Captain Warburton-Lee war auf einem Floß an Land gebracht worden. Aber kaum war er ans Ufer gebracht, da starb er. Er wurde später von den Norwegern dort begraben.[3]

Inzwischen hatte *Hunter* die britische Linie angeführt. Sie war nun Hauptziel des Gegners und das Boot von de Villiers geriet schnell in Brand und wurde außer Gefecht gesetzt. Layman auf *Hotspur,* der als nächster folgte, gab dem Rudergänger den Befehl, das Schiff vom Vordermann klar zu steuern. Aber eine deutsche Granate zerstörte die Steueranlage, bevor der Befehl ausgeführt werden konnte. Der Bug der *Hotspur* bohrte sich in die glücklose *Hunter.* Der Gegner überschüttete die beiden hilflosen britischen Zerstörer mit einem Granathagel. Layman konnte von der Brücke zum achteren Steuerstand durchkommen und von dort sein beschädigtes Schiff von der sinkenden *Hunter* losbringen und erneut mit hoher Geschwindigkeit in Richtung auf den Fjordausgang ablaufen.
Die Deutschen hatten ihr Feuer auf die führenden britischen Schiffe konzentriert. Dadurch bleiben *Havock* und *Hostile* fast unbeschädigt. Nachdem diese an den ineinander verkeilten *Hunter* und *Hotspur* vorbeigelaufen waren, nahmen sie den Kampf mit *Georg Thiele* und *Bernd von Arnim* auf. Die Gefechtsentfernung war auf Kernschußweite gefallen. Die deutschen Zerstörer liefen nach Osten, um sich mit *Wolfgang Zenker, Erich Giese* und *Erich Koellner* zu vereinigen. Courage drehte noch einmal zurück in der Absicht, *Hunter* und *Hotspur* durch sein Artilleriefeuer zu unterstützen und sie durch Rauch abzudecken. Während er mit seinen zwei Booten tapfer in Richtung auf die fünf deutschen Zerstörer zuhielt, ergaben sich Anzeichen, daß auch der Gegner das Gefecht nicht mehr fortzusetzen beabsichtigte. Drei der deutschen Zerstörer hatten kaum noch Brennstoff. Auf *Georg Thiele* waren zwei Geschütze ausgefallen, ein Magazin war geflutet; auf *Bernd von Arnim* war ein Kesselraum ausgefallen. Daher liefen die deutschen Zerstörer wieder den Fjord hinauf in Richtung Narvik. Ihnen dorthin zu folgen wäre für die wenigen verbleibenden britischen Zerstörer tollkühn gewesen.
Und hier das Ergebnis des ersten Gefechts von Narvik: Von Kommodore

Bontes zehn Zerstörern waren *Wilhelm Heidkamp* und *Anton Schmitt* gesunken. Drei (*Diether von Roeder, Georg Thiele* und *Bernd von Arnim*) waren so stark beschädigt, daß sie kaum noch seefähig waren. Auf *Hans Lüdemann* war ein Magazin geflutet worden. Auf *Hermann Künne* waren die Maschinen ausgefallen. Nur *Wolfgang Zenker, Erich Giese* und *Erich Koellner* waren noch unbeschädigt; aber sie hatten kaum noch Brennstoff in den Tanks und der Munitionsbestand war auf die Hälfte geschrumpft. Warburton-Lees Streitmacht hatte nur die auf Strand gelaufene *Hardy* und die in der Fjordmitte gesunkene *Hunter* verloren, wo das eisige Wasser viele Männer erfrieren ließ, bevor 50 Überlebende von den deutschen Booten gerettet wurden. Dafür, daß er so viel erreicht und mit seinem Leben dafür bezahlt hatte, wurde Warburton-Lee das Victoria-Kreuz verliehen.

Das Ende des denkwürdigen Gefechts war jedoch noch immer nicht gekommen. Als *Hostile* vor *Havock* und der beschädigten *Hotspur* durch die Engen in Richtung See steuerte, sichtete Wright ein großes Handelsschiff in der Einfahrt zum Fjord. Durch einen Schuß vor den Bug wurde es schnell zum Stoppen gebracht. Ein zweiter Schuß traf das Schiff und zwang seine Besatzung von Bord zu gehen. Die Männer wurden von der *Havock* aufgefischt. *Havock* schickte eine Entermannschaft an Bord des Schiffes, das sich nun als deutscher Versorger *Rauenfels* entpuppte. Zu seiner Versenkung brauchte Courage nur zwei Sprenggranaten. Die zweite ließ die Ladung des deutschen Schiffes mit einer gewaltigen Explosion in die Luft fliegen. Schiffstrümmer wurden mehr als 1000 Meter weit durch die Luft geschleudert. Die verbliebenen deutschen Zerstörer hatten mit diesem Transporter auch ihren letzten Munitionsnachschub verloren.

Warburton-Lees letzter Funkspruch, durch den er einen Kreuzer und drei Zerstörer des Gegners meldete, die aus dem Harjangsfjord hervorstießen, erreichte Whitworth um 06.00 Uhr. Sofort befahl er Captain Yates mit *Penelope* und acht Zerstörern vorzugehen, um das Ablaufen der von Narvik zurückkehrenden fünf Zerstörer zu decken. Danach sollte Yates vor dem Eingang des Westfjords patrouillieren, »um den Durchbruch von weiteren Feindkräften nach Narvik zu verhindern«. Yates erfüllte den ersten Auftrag, indem er die drei restlichen britischen Zerstörer aufnahm; *Hostile* detachierte er zur Begleitung der *Hotspur* nach dem Skjelfjord auf den Lofot-Inseln. Dort sollte *Hotspur* wieder seefähig gemacht werden. Die *Havock* nahm Yates in seine eigene Kampfgruppe auf. Dann richtete er vor der Fjordeinfahrt eine Patrouille ein, die »verhindern sollte, daß deutsche Verstärkungen Narvik erreichen«. Dies wurde durch einen Befehl der Admiralität um die Mittagszeit bestätigt, die ihm befahl, »ebenso zu verhindern, daß Feindstreitkräfte aus Narvik entkommen.«

»Verliere nie eine Stunde«, hatte Nelson einmal geschrieben. Der Glaube an die Richtigkeit dieser These hatte Warburton-Lee zu seinem Erfolg gebracht. Zu selten erinnerten sich in jenen sorgenvollen Tagen jedoch andere britische Seebefehlshaber an diese Maxime Nelsons. Die Admiralität und Forbes zögerten vor der Einleitung weiterer Maßnahmen zur Abwehr der deutschen Angriffe gegen Norwegen. Zu dieser Unentschlossenheit gehörte auch der Widerruf des Befehls an Layton, mit seinen Kreuzern und Zerstörern gegen Bergen vorzugehen. Die Admiralität und Whitworth ließen kostbare Stunden verrinnen, bevor sie dem Erfolg Warburton-Lees ein zweites Unternehmen folgen ließen. Erst am Abend des 10. April sandte die Admiralität diesen Befehl an Yates: »Wenn Sie dies als zu rechtfertigende Operation ansehen, gehen Sie mit den verfügbaren Zerstörern in den Raum Narvik und greifen Sie den Gegner heute abend oder morgen früh an.«

Eine goldene Gelegenheit war für Yates gekommen. Er hätte den Nachfolger Bontes, Fregattenkapitän E. Bey, bei dem verzweifelten Versuch überrascht, die acht verbliebenen deutschen Zerstörer einigermaßen gefechtsklar zu machen. Nur *Erich Giese* und *Wolfgang Zenker* waren am Nachmittag gefechtsbereit, *Erich Koellner* konnte erst um Mitternacht »klar« melden. *Diether von Roeder* war zu schwer beschädigt. Er mußte als schwimmende Batterie am Postpier im Hafen liegenbleiben. Auf den vier anderen Zerstörern waren noch zwei Tage hart zu arbeiten, um sie seetüchtig zu machen. Bei einem sofortigen Angriff hätten sie wohl alle mit einem Schlag vernichtet werden können. Yates antwortete jedoch: »Erachte Angriff gerechtfertigt, obwohl Überraschungsmoment verloren. Navigation gefährlich wegen der Wracks heute versenkter Schiffe, schließt Chance für einen erfolgreichen Nachtangriff aus.« Soweit so gut. Aber sein Funkspruch ging noch weiter: »Vorschlage Angriff bei Morgengrauen Freitag 12., weil *Operationsbefehle nicht rechtzeitig für morgen ausgegeben werden können, wegen gegenwärtiger Disposition der Zerstörer auf Patrouille.«* Unsere Hervorhebung des letzten Satzes ist mehr als gerechtfertigt; es war dies eine lahme Entschuldigung dafür, daß die Deutschen eine Atempause von weiteren 24 Stunden erhielten, um sich für den erneuten Kampf zu rüsten.

Dies weitere Beispiel einer direkten Befehlsgabe an die ihm unterstellten Streitkräfte durch die Admiralität veranlaßte Whitworth, darauf hinzuweisen, daß ein solcher Angriff im Widerspruch stehe zu seinem Befehl, dafür zu sorgen, daß den deutschen Kräften in Narvik keinerlei Verstärkung über See zugeführt werden konnte. Churchill und Pound ließen sich jedoch nicht so leicht von der Genehmigung des Plans von Yates zum Angriff für den frühen Morgen des 12. April abbringen. Am Nachmittag des 10. April erhielt Fregattenkapitän Bey aus Berlin den Befehl, Narvik an diesem Abend mit allen seetüchtigen Zerstörern zu verlassen. Daher lief er, allerdings nur mit *Erich Giese* und *Wolfgang Zenker,* nach Eintritt der Dunkelheit in den Ofotfjord aus. Als er in den Westfjord steuerte, sichtete er den britischen Kreuzer *Penelope* und zwei Zerstörer, ohne selbst gesehen zu werden. Daraufhin kehrte er nach Narvik zurück und funkte nach

Berlin, daß überlegene britische Streitkräfte vor dem Westfjord jeden Versuch einer Rückkehr nach Deutschland unmöglich machten, selbst wenn vielleicht bald einige weitere seiner Zerstörer seeklar würden.

Inzwischen hatte sich während der Nacht des 10. ein unerwarteter Vorfall ereignet, der sich ungünstig auf den Plan von Yates auswirken sollte. *U 25* feuerte vor der Einfahrt zum Ofotfjord zwei Torpedos auf seine Patrouillen-Zerstörer. Wegen ihrer defekten Magnetpistolen detonierten sie harmlos vor dem Zerstörer *Bedouin* (Commander J. A. McCoy). *U 25* konnte annehmen, zwei Feindfahrzeuge versenkt zu haben. McCoy hingegen glaubte, seine Boote seien in ein ferngesteuertes Minenfeld geraten. Er zog sich aus dem Gebiet zurück und funkte, ein »Angriff gegen Narvik kann jetzt nicht mehr durchgeführt werden.« Etwa um die gleiche Zeit erhielt Whitworth die anscheinend sehr wichtige Meldung von *Hostile,* welche die beschädigte *Hotspur* nach dem Skopfjord geleitete, daß nach Angaben der norwegischen Polizei ein deutsches Kriegsschiff im 50 Seemeilen südlicheren Tennholmfjord läge, um auf einen großen Tanker zu warten, der nach Norden zu bringen war, und dabei auch mehrere Transporter aus Bodö abzuholen; diese Schiffe seien für Narvik bestimmt. Am frühen Morgen des 11. April erhielt Yates deshalb den Befehl, mit dem Kreuzer *Penelope* und zwei Zerstörern zunächst nach Bodö, dann zum Tennholmflord zu laufen, um die Gegnerschiffe vor beiden Orten zu vernichten. Dieser Auftrag solle »Vorrang vor dem Angriff auf Narvik haben«.

Für Yates waren die Folgen des Befehls beinahe katastrophal. Zunächst fand er in Tranöy keinen Lotsen und lief daher ohne Lotsen mit *Eskimo* und *Kimberley* weiter nach Süden. Um 15.00 Uhr stieß *Penelope* auf dem Weg nach Bodö auf einen nicht in den Seekarten verzeichneten Felsen und wurde so schwer beschädigt, daß sie durch *Eskimo* zum Skopfjord zurückgeleitet werden mußte. Der beinahe erfolgte Totalverlust des wertvollen Kreuzers war völlig sinnlos, denn der Bodö anlaufende Zerstörer *Kimberley* fand den Hafen leer und erfuhr, daß es sich bei dem gemeldeten Handelsschiff um den deutschen Versorger *Alster* gehandelt hatte, der bereits vom Zerstörer *Icarus* im Westfjord gekapert worden war. An diesem Tag sollte aber nicht nur die britische Seite Unglück haben: Am Abend des 11. April waren sieben der noch vorhandenen acht deutschen Zerstörer einigermaßen seetüchtig. Vom Unfall der *Penelope,* deren Anwesenheit vor dem Westfjord ja der Hauptgrund dafür war, daß die Zerstörer den Rückrufbefehl Großadmirals Raeders nicht ausführten, hatte Bey nichts erfahren. An diesem Abend nun liefen beim Manövrieren im Hafen von Narvik die Zerstörer *Erich Koellner* und *Wolfgang Zenker* auf Grund, wobei der erstere Schäden erlitt, die mit Bordmitteln nicht mehr zu beheben waren und die Geschwindigkeit des zweiten auf 20 Knoten herabsetzten.

Die Beschädigung der *Penelope* hatte einen Angriff auf Narvik am Morgen des 12. April in voller Stärke unmöglich gemacht. Daher befahl die

Admiralität Forbes jetzt, den erneuten Angriff für den 13. April festzusetzen. Diesmal sollte Unterstützung durch ein Schlachtschiff erfolgen. Am frühen Morgen des 12. April wurde sein aus dem Flaggschiff, *Warspite, Valiant* und *Furious* bestehendes Geschwader durch *Renown* und *Repulse* weiter verstärkt. An diesem Abend führten Maschinen der *Furious* den bereits erwähnten fehlschlagenden Angriff auf Drontheim durch. Whitworth setzte seine Flagge auf dem Schlachtschiff *Warspite* und entfernte sich mit vier Zerstörern der *Tribal*-Klasse und vier weiteren Zerstörern von der Hauptstreitmacht mit dem Befehl, Narvik am nächsten Tag anzugreifen. Gleichzeitig erfuhr Forbes, daß zur eventuellen Ausnutzung eines Erfolges ein halbes Bataillon der Scots Guards von Scapa Flow auf der *Southampton* nach Narvik gebracht werde und daß am nächsten Tag ferner der Rest der Guards Brigade und die 146. Brigade auf fünf Transportern dorthin überführt werden sollten, zu deren Deckung die Schlachtschiffe *Valiant* und *Repulse* abgestellt wurden.

Das Gesamtkommando über das Expeditionskorps wurde dem Admiral of the Fleet The Earl of Cork and Orrery übertragen, der seine Flagge auf dem Leichten Kreuzer *Aurora* setzte. Er hatte keinerlei Zweifel darüber, daß die Admiralität von ihm die Besetzung Narviks erwartete, unmittelbar nachdem Whitworth die deutschen Zerstörer im Ofotfjord vernichtet haben würde. Der aus London heraneilende Heereskommandeur der Expedition, Major-General P. J. Mackesy, fuhr jedoch auf der *Southampton* (anstatt sich an Bord des Flaggschiffs des Earl of Cork zu begeben). Ferner hatte er Anweisungen des War Office erhalten, wonach »es nicht beabsichtigt ist, daß Sie eine Landung gegen feindlichen Widerstand durchführen.« Ein möglicher Erfolg dieser kombinierten Operation wurde außer dieser mangelnden Koordination auch durch die Kürze der verfügbaren Zeit in Frage gestellt. So war es z. B. nicht mehr möglich gewesen, die Truppen, Waffen, Munition und Versorgungsgüter in der taktisch richtigen Reihenfolge zu laden, denn das Material war ja vor kurzem erst in aller Eile von den Kreuzern Laytons übernommen worden.

Dank der Arbeit des B-Dienstes konnte Großadmiral Raeder Fregattenkapitän Bey in Narvik rechtzeitig warnen, daß starke britische Kräfte am 13. April in den Ofotfjord einlaufen würden. Bey verlegte seine kampffähigen Zerstörer nach Ballanger und in den Herjangsfjord, von wo sie die britischen Schiffe in die Zange nehmen konnten, wie dies mit den Streitkräften Warburton-Lees geschehen war. Aber wie so viele britische Kommandeure während dieser Tage handelte auch er nicht nach der Nelson'schen Maxime »Verliere keine Stunde«. Erst um 13.00 Uhr wurde die beschädigte *Erich Koellner* durch *Hermann Künne* in Richtung Lindstrand geleitet, wo sich beide in den Hinterhalt legen sollten. Jetzt aber kam Whitworths Kampfgruppe bereits beim Einlaufen in die Enge in Sicht, während die übrigen deutschen Zerstörer noch vor Narvik ohne Dampf auf den Kesseln vor Anker lagen. (Sie mußten das kostbare Öl sparen). Erst nachdem *Hermann Künne* eine Feindsichtmeldung ge-

Tabelle 32: Die Teilnehmer des 2. Gefechts bei Narvik am 13. 4. 40

Schiff	Wasserverdrängung (Tons)	Geschwindigkeit (Knoten)	Geschütze (cm)	Torpedorohre (cm)	Bemerkungen
Warspite	30 600	24	8 × 38,1 12 × 15,2	–	Mit 4 Bordflugzeugen
Bedouin *Cossack* *Eskimo* *Punjabi*	1870	36	8 × 12	4 × 53,3	–
Forester *Foxhound*	1375	35	4 × 12	8 × 53,3	–
Hero	1340	35	4 × 12	8 × 53,3	–
Icarus	1530	36	4 × 12	10 × 53,3	–
Kimberley	1690	36	6 × 12	10 × 53,3	–
Hermann Künne *Hans Lüdemann* *Diether von Roeder*	2411	38	5 × 12,7	8 × 53,3	Alle versenkt oder zerstört
Bernd von Arnim *Erich Giese* *Erich Koellner* *Georg Thiele* *Wolfgang Zenker*	2230	38	5 × 12,7	8 × 53,3	

funkt hatte, konnte *Hans Lüdemann,* gefolgt von *Wolfgang Zenker* und *Bernd von Arnim,* auslaufen. *Georg Thiele* und *Erich Giese* kamen erst später in Fahrt. Die beschädigte *Diether von Roeder* mußte im Hafen am Postpier liegen bleiben. Whitworth hatte sich entschlossen, den Angriff erst am Nachmittag und nicht am Morgen vorzutragen, da er ohnehin nicht mehr auf eine Überraschung des Gegners hoffen konnte; außerdem hatte ihm dies auch der Kommandant der *Havock,* Lieutnant-Commander Courage, geraten, weil zu dieser Tageszeit die Gegnerzerstörer in den Seitenfjorden wahrscheinlich weniger durch schlechte Sicht verdeckt sein würden. Die Sicht war sehr schlecht und betrug nur sechs Seemeilen.

Als das Schlachtschiff *Warspite* in Sicht kam, lief *Hermann Künne* gleich wieder in den Fjord zurück. *Erich Koellner* steuerte in die Bjervikbucht, wo der Zerstörer vielleicht unentdeckt geblieben wäre, wenn Crutchley nicht bereits das Bordflugzeug zur Aufklärung hätte starten lassen. Diese Maschine meldete zunächst die beiden deutschen Zerstörer und flog dann weiter in den Herjangsfjord, wo sie *U 64* an der Oberfläche sichtete und durch einen Direkttreffer mit einer 160-kg-Bombe versenken konnte. Fast ebenso schnell eröffneten *Bedouin* und *Eskimo* das Feuer mit Geschützen und Torpedos, gefolgt von den 38,1-cm-Salven der *Warspite.*

Nach kurzem Kampf sank *Erich Koellner* auf den Grund des Fords, nachdem ihre Torpedos die britischen Einheiten verfehlt hatten.
Petty-Officer Reardon erlebte das Gefecht als Lademeister im Geschützturm »A« des Schlachtschiffs *Warspite* mit:

> Backen und Banken wird heute früher befohlen, bevor das Schiff klar zum Gefecht macht. Die Bedienung unseres Geschützturms ist bald kampfbereit. Der Turmkommandant gibt mir den Befehl zum Laden. Wir hören die Munitionsaufzüge und Ladeschalen klirrend herauf und nach außen zu den Ansetzern fahren. Wir spüren, wie das Schiff die Fahrt steigert. Schwere Explosionen schütteln es. Unsere Zerstörer greifen ein U-Boot an. Plötzlich kommt der Befehl: »Salve feuern«. Das rechte Geschütz ist feuerbereit. Die Geschütze stehen fast waagerecht. Die Gefechtsentfernung muß sehr kurz sein. Dann hören wir das grelle »Ding-Ding« der Feuergongs. Das rechte Geschütz bewegt sich kurz, dann steht es still. Jetzt fällt der erste Schuß, dessen Rückstoß den ganzen Turm erzittern läßt. Dann ist das linke Geschütz fertig und feuert, während das rechte Geschütz nachgeladen wird. Der Turmkommandant ruft: »Wir haben einen Zerstörer getroffen, er brennt lichterloh.« Dann ruft der Richtkanonier: »Teufel auch, noch ein Zerstörer ist getroffen«. Bisher hat jedes Geschütz sechzehn Schuß abgegeben. Dann heißt es: »Feuer einstellen«. Und »Besatzungen können nach draußen auf den Turm gehen«. Was für ein Anblick sich vor uns dort bietet: Brennende und sinkende Feindschiffe rings um uns. Unsere eigenen Zerstörer durchsuchen jeden Winkel, in dem etwas versteckt sein kann.«

Weiter innen im Ofotfjord traf die Kampfgruppe Whitworths auf *Hermann Künne, Hans Lüdemann, Wolfgang Zenker* und *Bernd von Arnim,* die sich, tapfer kämpfend, langsam vor dem übermächtigen Gegner zurückzogen, der ihnen schwere Schläge versetzte. Die britischen Schiffe waren nicht ihr einziger Feind: Aus den niedrigen Wolken stießen zehn Flugzeuge herab, die Admiral Forbes von der *Furious* angefordert hatte. Sie erzielten aber keine Treffer. Zwei britische Flugzeuge wurden abgeschossen.
Den deutschen Zerstörern ging nun endgültig die Munition aus, weil sie seit dem Einlaufen in Narvik keinen Nachschub erhalten hatten. *Eskimo* verfolgte *Hermann Künne* in den Herjangsfjord, wo deren Kommandant das Boot aufsetzte, um die Besatzung an Land entkommen zu lassen. Commander Micklethwait vernichtete das stillliegende Wrack durch einen Torpedo. *Wolfgang Zenker* und *Bernd von Arnim* zogen sich in den Rombaksfjord zurück. In der Zwischenzeit hatten auch britische Zerstörer schwere Schäden erlitten: *Punjabi* war mehrfach getroffen worden, Commander H. T. Lean und seine Besatzung mußten Brände löschen, als das Schiff plötzlich durch Bruch des Hauptdampfrohrs bewegungsunfähig liegen blieb. Die Reparatur dauerte Stunden.

Als die übrigen Einheiten Whitworths nun am Hafen von Narvik vorbeifuhren, trafen sie auf *Erich Giese*, den sie schnell zum brennenden Wrack schossen. Nächstes Ziel war die festliegende *Diether von Roeder;* zuerst wurde der deutsche Zerstörer von *Warspite*, danach von *Cossack* beschossen, dann wurde das Boot von der eigenen Besatzung in die Luft gesprengt, kurz bevor Lieutenant-Commander Peters seine *Foxhound* mit dem Befehl zur Kaperung an den brennenden Feindzerstörer heranbrachte. *Cossack* seinerseits hatte acht Treffer erhalten. Alle Verbindungen zwischen Brücke und Maschinenraum waren unterbrochen. Das Boot geriet außer Kontrolle und strandete am Südufer des Fjords. General Dietls Truppen hatten jedoch keine schwere Artillerie erhalten, so daß Commander R. St. V. Sherbrookes Besatzung nur sporadisch von einem kleineren Feldgeschütz beschossen wurde, als sie sich eilends daran machte, die Schäden während der nächsten zwölf Stunden zu reparieren.
Micklethwait erkannte, daß sich die restlichen deutschen Zerstörer in den Rombaksfjord zurückzogen. Er folgte ihnen mit *Eskimo, Bedouin, Forester, Hero* und *Icarus*. Das Flugzeug der *Warspite* warnte ihn, daß zwei Gegner in die Tiefe des Fjords gelaufen, zwei andere aber nur drei Seemeilen innerhalb des nur 400 m breiten Zugangs zum Fjord lauernd liegengeblieben waren, um von dort aus ihre Torpedos zu schießen. Ein Torpedo des Zerstörers *Georg Thiele* traf. Seine Explosion riß dem Zerstörer *Eskimo* das Vorschiff ab. Korvettenkapitän M. Wolff, der verwundete Kommandant des deutschen Zerstörers, setzte sein Boot jetzt auf das felsige Ufer, wo es kenterte. Durch geschicktes Manövrieren konnten die anderen britischen Zerstörer den von *Georg Thiele* und *Hans Lüdemann* gefeuerten weiteren Torpedos ausweichen. Auch der letztere deutsche Zerstörer hatte jetzt seine restliche Munition verschossen und lief auf das Ende des Fjords zu, wo *Bernd von Arnim* und *Wolfgang Zenker* bereits im seichten Wasser von ihren Besatzungen versenkt und verlassen waren. Dies geschah auch mit *Hans Lüdemann*. Eine britische Bootsbesatzung ging an Bord des Wracks und hißte eine weiße Flagge über der deutschen Kriegsflagge. Da festgestellt wurde, daß eine Bergung des Wracks unmöglich war, wurde es von einem britischen Torpedo zerstört.
Das zweite Gefecht von Narvik endete mit der Vernichtung aller verbliebenen deutschen Zerstörer. Diese hätte vermieden werden können, wenn die seetüchtigen Schiffe 36 Stunden vorher den Befehlen Raeders gemäß in Richtung Deutschland ausgelaufen wären. Bey hatte großes Glück: Er hatte nicht nur das Gefecht überlebt. Auch sein Ansehen sollte trotz dieses Fehlschlags nicht leiden. Wir werden ihn später als Konteradmiral auf einem sehr viel wichtigeren Kommandoposten wiedertreffen.
Eine deutsche Einheit konnte entkommen: *U 51* lag bei Beginn des britischen Angriffs im Hafen von Narvik, tauchte schnell und entkam auf hohe See. Dabei hatte das U-Boot die britischen Streitkräfte nicht schädigen können. Dennoch sollte die Anwesenheit dieses U-Boots die folgenden Ereignisse wesentlich beeinflussen. Whitworth hatte seinen Auftrag

erfolgreich erfüllt und den heroischen Tod Warburton-Lees gerächt. Nun stand er vor der Entscheidung, ob er sich wieder aus dem Fjord zurückziehen oder vor Narvik bleiben sollte, um die Stadt durch ein Landungskorps zu besetzen, nachdem sich die Gebirgsjäger General Dietls während des Seegefechts in die Berge zurückgezogen hatten. Whitworth entschied sich für den Rückzug, weil er bezweifeln mußte, daß ein paar hundert britische Seeleute Narvik gegen Dietls zweitausend Soldaten verteidigen konnten, zumal die deutschen Verteidiger durch so viele Matrosen der versenkten deutschen Zerstörer verstärkt worden waren. *Southampton* mit der ersten Vorausabteilung britischer Truppen unter Mackesy würde frühestens in 48 Stunden ankommen. Ferner erfuhr Whitworth von *Foxhound,* daß ein deutscher Überlebender der *Erich Giese* erklärt habe, in den Fjorden seien mehrere U-Boote. Von diesen war aber nur eines versenkt worden. Großbritannien besaß zu wenige Großkampfschiffe, als daß die wertvolle *Warspite* für die Einnahme einer Stadt wie Narvik hätte riskiert werden können. Die wenigen Zerstörer, die Whitworth zu diesem Zweck hätte zurücklassen können, nachdem die beschädigte *Cossack, Eskimo* und *Punjabi* abgebracht waren und das Schlachtschiff den erforderlichen U-Boot-Schutz erhalten hatte, waren für eine solche Aufgabe nicht stark genug.
Dennoch wartete Whitworth noch ab, nachdem er die Verwundeten von *Eskimo* und *Cossack* an Bord genommen und zwölf Tote den Tiefen des Ofotfjords übergeben hatte. *Cossack* wurde am nächsten Morgen um 03.15 Uhr abgebracht und durch *Forester* geleitet in Richtung Skjelfjord für weitere Reparaturen entlassen. *Eskimo,* die nach Verlust des Vorschiffs auch auf Grund gesetzt werden mußte, war bereits vorher von *Forester* und *Punjabi* abgeschleppt worden und befand sich auf dem Wege zum gleichen Hafen. Whitworth nahm auch noch die Überlebenden der *Hardy* an Bord, als er von *Ivanhoe* erfuhr, daß diese Männer durch die norwegische Bevölkerung von Ballangen vor den deutschen Truppen versteckt gehalten worden waren. Von dort rettete *Ivanhoe* auch die Besatzungen der britischen Handelsschiffe, die in Narvik durch den deutschen Überfall überrascht worden waren. Zunächst waren sie auf dem Dampfer *North Cornwall* gefangen gesetzt worden. Zu ihrem Glück war dies eines der wenigen Schiffe, das durch den ersten britischen Angriff nicht versenkt worden war. Während des zweiten Gefechts bei Narvik konnten die Gefangenen von dem Schiff entkommen. Die Überlebenden der *Hunter* hatten fast ebenso viel Glück: Sie waren durch den deutschen Zerstörer, der sie nach dem ersten Gefecht aufgefischt hatte, an Land gesetzt worden. Ein freundlicher deutscher Matrose hatte ihnen den Weg in das neutrale Schweden gewiesen. Diesem Wink folgten sie während der Verwirrung des zweiten Gefechts. Sie gelangten wohlbehalten nach Schweden.
Nach all diesen Geschehnissen verließen *Warspite* und ihre Zerstörer Narvik am Abend des 13. April und liefen in die offenen Gewässer im

Westfjord. Von dort funkte Whithworth »Feindliche Landstreitkräfte in Narvik durch heutige Aktion in Verwirrung. Empfehle Stadt ohne Zögern durch Hauptlandungskräfte zu besetzen«. Diese Landungstruppen konnten jedoch frühestens in 48 Stunden vor Narvik eintreffen. Am nächsten Tag funkte Whitworth erneut: »Norwegische Quellen schätzen 1 500 bis 2 000 Mann (deutsche) Truppen. Bin überzeugt, daß Narvik durch direkten Angriff ohne ernsthaften Widerstand genommen werden kann.« Lord Cork, der jetzt an Bord des Leichten Kreuzers *Aurora* in Richtung Westfjord lief, machte sich diese Einschätzung der Lage zu eigen. General Mackesy an Bord der *Southampton* hatte dagegen nicht die Absicht, ein größeres Risiko einzugehen. Er entschied sich zur Landung in Harstadt im Vaagsfjord, nördlich des Ofotfjords. Dort sollten die Versorgungsgüter ungestört ausgeladen und die Truppen und Geräte sortiert werden, bevor der Marsch nach Süden angetreten wurde. Das sollte natürlich viel länger dauern, als jene Stunde, die Nelson ebenso wie Napoleon für so überaus wertvoll und unwiederbringlich hielten. Warburton-Lee und Whitworth hatten in zwei Gefechten zehn deutsche Zerstörer bei einem Verlust von nur zwei britischen Einheiten vernichtet. Dennoch wurden die Früchte der mutigen Initiative des ersteren und der endgültige Erfolg des letzteren hauptsächlich deshalb verschenkt, weil es das War Office in Whitehall versäumt hatte, Mackesy ebenso klare und entschlossene Befehle zu geben, mit denen Churchill und Pound Admiral Lord Cork zum Vorgehen angefeuert hatten.
Zwischen dem 14. April und 2. Mai versuchten die Alliierten, Drontheim wieder in Besitz zu nehmen. Dazu hatten sie bei Aandalsnes und Namsos 30 000 Mann gelandet. Die Operation mißlang aber wegen der Luftüberlegenheit der deutschen Luftwaffe, insbesondere wegen der furchterregenden Angriffe der Stukas. Außerdem zeigte es sich, daß die deutschen Truppen für den Einsatz und Kampf in bergigem, schneebedeckten Gelände besser ausgebildet waren. Ein Versuch, den Deutschen die Benutzung des Flugplatzes von Stavanger wieder streitig zu machen, war der Ansatz des Schweren Kreuzers *Suffolk* (Captain J. Durnford) zur Beschießung dieses Flugplatzes am 17. April. Die Aktion schlug jedoch fehl und endete damit, daß der durch Stukas schwer beschädigte britische Kreuzer mit fast unter Wasser stehendem Achterdeck lahmend nach Scapa Flow laufen mußte.
Der Vormarsch der alliierten Landungstruppen gegen Narvik begann sehr verspätet am 24. April, der Hafen und die Stadt wurden durch den französischen General Béthouart jedoch erst am 28. Mai eingenommen, nachdem General Mackesy durch General C. J. Auchinleck abgelöst worden war. Die Angriffe gegen Drontheim und Narvik waren aber amphibische Operationen, die nicht in den Rahmen dieses Buches fallen. Es genügt zu vermerken, daß das Eingreifen der alliierten Flotten auch noch den Kreuzer *Effingham* kostete, der im Westfjord strandete. Ein weiterer Kreuzer, zehn Zerstörer und Kanonenboote gingen verloren, eine gleiche

Anzahl wurde beschädigt. Die Verluste, zumeist durch deutsche Stukaangriffe verursacht, wären noch viel größer ausgefallen, wenn nicht die vielen Torpedoversager die deutschen U-Boote um ihren Erfolg gebracht hätten. Einige weitere Ereignisse des Norwegenfeldzuges müssen jedoch dargestellt werden, weil sie ein anderes wichtiges Seegefecht zur Folge hatten.

Die große Verzögerung der Einnahme von Narvik durch die Alliierten hatte unwägbare schwere Folgen. Als der Hafen endlich eingenommen war, und die deutschen Truppen unter General Dietl im Raum von Narvik beinahe nach Schweden abgedrängt waren, hatte die deutsche Wehrmacht inzwischen nicht nur die Niederlande und Belgien überrannt, sondern befand sich auch in Frankreich auf schnellem Vormarsch. Nun wurde jeder alliierte Soldat auf dem Kernkontinent gebraucht, um die gefährliche deutsche Offensive aufzuhalten. Die alliierten Regierungen entschlossen sich daher zur Evakuierung, nachdem die Hafeneinrichtung von Narvik gründlich zerstört worden war. König Haakon und seine Regierung mußten Norwegen für die Dauer des Krieges in deutschen Händen lassen. Das Unternehmen »Weserübung« war vollständig gelungen. Hitler bezahlte den wertvollen Zugewinn der Stützpunkte in den norwegischen Fjorden allerdings damit, daß für die Dauer des gesamten Krieges einige der besten deutschen Divisionen gegen die Gefahr einer Landung (die auf alliierter Seite nie ernsthaft erwogen wurde) in Norwegen stationiert bleiben mußten.

Die Evakuierung Narviks erforderte 15 große Truppentransporter und eine Reihe von Versorgern. Sechs schnelle Passagierschiffe liefen am 7. Juni aus, die anderen am 9. Juni, nachdem sie 25 000 Mann alliierter Truppen an Bord genommen hatten. Unter einem Luftschirm von RAF-Jägern, die vom Flugplatz Bardufoss und den aus dem Mittelmeer kommenden, am 2. Juni auf dem Schauplatz erscheinenden Flugzeugträgern *Ark Royal* und *Glorious* aus operierten, ging dies glatt von statten. Die Evakuierungsgruppe Eins wurde nur von dem Werkstattschiff *Vindictive,* einem ehemaligen Kreuzer, Gruppe Zwei vom Flugzeugträger *Ark Royal* sowie den Kreuzern *Southampton* (Flaggschiff von Lord Cork) und *Coventry* sowie fünf Zerstörern geleitet. Weitere Evakuierungsoperationen umfaßten zwei langsame Konvois mit Versorgungsschiffen. Cunninghams Flaggschiff, der Schwere Kreuzer *Denvonshire,* lief mit König Haakon und seiner Regierung an Bord nach Scapa Flow. Der Flugzeugträger *Glorious* unter Captain D. O'Oyly Hughes (er war im Ersten Weltkrieg mit dem Victoriakreuz ausgezeichnet worden) wurde ebenfalls detachiert nach England zurückbeordert. Die eigene Flugzeugausrüstung des Trägers war so zusammengeschmolzen, daß RAF-Maschinen aus Bardufoss an Bord genommen werden mußten. Die *Glorious* hatte ferner nicht genügend Bunkeröl, um mit Höchstgeschwindigkeit laufen zu können. Daher akzeptierte Lord Cork den Vorschlag des Träger-Kommandanten, das wertvolle Schiff, nur von den Zerstörern *Acasta* (Commander

C. Glasfurd) und *Ardent* (Lieutenant-Commander J. F. Barker) begleitet, unabhängig nach Hause laufen zu lassen.
All diese Evakuierungsbewegungen sollten durch eine Schlachtschiffkampfgruppe der britischen Home Fleet gedeckt werden. Eine Falschmeldung am 5. Juni über zwei nicht identifizierte Kriegsschiffe 200 Seemeilen nordöstlich der Faröer-Inseln verleitete Forbes abermals zu der Annahme, deutsche schwere Überwasserstreitkräfte seien dabei, in den Atlantik auszubrechen. In einem Blinde-Kuh-Spiel entsandte er die Schlachtkreuzer *Renown* und *Repulse* sowie die Kreuzer *Newcastle* und *Sussex* auf die Suche nach diesen Einheiten. Sie wurden nie gefunden. Das Schlachtschiff *Rodney* mußte als Einsatzreserve für den Fall zurückgehalten werden, daß Deutschland nun gefährliche Operationen zur Bekämpfung des jetzt lebenswichtig gewordenen Fährverkehrs gegen den Englischen Kanal unternahm. So besaß Forbes nur noch das Schlachtschiff *Valiant*, um die vielen von Narvik aus zurückkehrenden Schiffe zu decken. *Valiant* schloß sich am 8. Juni den Passagierschiffen und Transportern der Gruppe Eins an und geleitete sie sicher über die Faröer-Inseln hinaus und lief dann nach Osten zurück, um am 10. Juni die Schiffe der Gruppe Zwei aufzunehmen.
Alles wäre für die britische Seite gut gegangen, wenn nicht die Admiralität zufällig eben zu diesem Zeitpunkt erneute Schritte unternommen hätte, ihr Geheimcodesystem noch sicherer zu gestalten. Großadmiral Raeder konnte darum gerade jetzt nichts über die alliierte Evakuierung Narviks erfahren, weil sein B-Dienst und andere Stellen erst wieder den neuen britischen Code knacken mußten. Infolge dieses völligen Informationsmangels entschied sich Raeder dafür, die sich für die deutschen Truppen im Gebiet von Narvik anscheinend anbahnende katastrophale Lage durch einen Angriff schwerer deutscher Seestreitkräfte auf die alliierten Schiffe vor dem Vagsfjord zu verbessern. Zu dieser Unternehmung gingen die Schlachtschiffe *Scharnhorst* (Flaggschiff des Admiral W. Marschall) und *Gneisenau* sowie der Schwere Kreuzer *Admiral Hipper* und vier Zerstörer am 4. Juni von Kiel aus in See. Durch unsichtiges Wetter begünstigt, konnten die deutschen Einheiten weit nach Norden gelangen, ohne von der alliierten Luftaufklärung oder britischen U-Booten erfaßt zu werden.
Admiral Marschall beabsichtigte, das Seegebiet vor dem Vagsfjord während der Nacht vom 8. zum 9. Juni anzugreifen, als er am Abend des 7. Juni von deutschen Aufklärern Meldungen über starke Bewegungen alliierter Schiffe vor Narvik erhielt, aus denen er schließen konnte, daß Narvik tatsächlich von den Alliierten geräumt wurde. Er mißachtete daher seine anderslautenden Befehle aus Berlin, welche noch auf einer völlig anderen Lagebeurteilung beruht hatten, und änderte den Kurs, um einen Schlag gegen die alliierte Schiffsgruppe Eins zu führen. Er unterschätzte jedoch die Geschwindigkeit dieser Transporter, alles ehemalige Passagierschiffe. Er fand sie nicht. Aber seine Streitkräfte sichteten am frühen

Morgen des 8. Juni den allein fahrenden Öltanker *Oil Pioneer*, der von einem einzigen bewaffneten Fischdampfer eskortiert wurde. Kurz nachdem diese Schiffe auf den Meeresgrund geschickt waren, entdeckte ein deutsches Bordflugzeug den Truppentransporter *Orama*, der – als für die Evakuierung nicht mehr erforderlich – leer zusammen mit dem Lazarettschiff *Atlantis* nach Scapa Flow zurückgeschickt worden war. Die 20,3-cm-Granaten der *Admiral Hipper* ließen die *Orama* schnell auf den Grund des Meeres sinken. Die Immunität der *Atlantis* wurde nach den Regeln der Genfer Konvention respektiert. Von diesen Vorfällen erreichte die alliierten Befehlsstellen keinerlei Warnung, weil die deutschen Einheiten die Feindsichtmeldung der sinkenden britischen Schiffe erfolgreich gestört hatten, die *Atlantis* aber ohne Verletzung der Regeln der Genfer Konvention ihr Funkgerät nicht benutzen durfte. Dennoch konnte Admiral Marschall nicht erwarten, daß seine Anwesenheit in diesem Seegebiet noch länger unerkannt bliebe. Er entschloß sich deshalb, nur mit *Scharnhorst* und *Gneisenau* gegen die wertvollen Feindschiffe vorzugehen, welche ihm die Luftwaffe jetzt meldete: die britischen Flugzeugträger *Ark Royal* und *Glorious*. Den Kreuzer *Admiral Hipper* und seine Begleitzerstörer ließ er nach Drontheim einlaufen.
Gegen 16.00 Uhr am 8. Juni überraschten die deutschen Schlachtschiffe den Flugzeugträger *Glorious*. Der britische Träger lief zwar schnell, fast mit Höchstgeschwindigkeit, doch kamen die deutschen schweren Einheiten rasch auf die Reichweite ihrer 28-cm-Geschütze heran. Um 16.30 Uhr eröffneten sie das Feuer. Der Flugzeugträger konnte keine Flugzeuge zu einem Torpedoangriff starten lassen. Dies wäre seine einzige wirksame Verteidigung gewesen. Zu schnell trafen deutsche Granaten die Flugzeuge und verwandelten das Hangardeck in ein glühendes Inferno. Die beiden Begleitzerstörer *Acasta* und *Ardent* hatten nichts unversucht gelassen, den wertvollen Träger zu schützen. Tapfer legten sie künstliche Rauchwolken zwischen die *Glorious* und die deutschen Angreifer. Gegen 17.00 Uhr traf eine deutsche schwere Granate die Brücke des Flugzeugträgers, der schnell außer Kontrolle geriet. Nun schlug Treffer auf Treffer ein. Es wurde klar, daß der Träger verloren war. Die Besatzung erhielt Befehl, das Schiff zu verlassen. Um 17.40 Uhr sank das Schiff, Captain D'Oyly Hughes und die ganze Besatzung, bis auf 43 Mann, sowie zahlreiche Offiziere und Mannschaften der RAF mit auf den Meeresgrund nehmend.
Die beiden britischen Zerstörer waren entschlossen, die deutschen schweren Schiffe nicht ungeschoren davonkommen zu lassen. Zuerst hatte *Ardent* zum Torpedoangriff angesetzt. *Scharnhorst* und *Gneisenau* mußten abdrehen, wodurch *Glorious* eine kurze Atempause erhalten hatte. Die britischen Torpedos gingen aber fehl. *Ardent* wurde schnell versenkt. Nur zwei Männer der Besatzung überlebten. Nun war die Reihe zum Angriff an *Acasta* gekommen Diesen Angriff hat der einzig Überlebende, Leading Seaman Carter, beschrieben:

Der Kommandant gab an alle Gefechtsstationen durch: »Ihr glaubt vielleicht, daß wir jetzt vor dem Feind weglaufen. Das tun wir aber nicht. Unser Schwesterschiff (*Ardent*) ist versenkt, die *Glorious* sinkt. Das Mindeste, was wir tun können, ist eine anständige Vorstellung zu geben.« Dann änderten wir Kurs, direkt in unsere Rauchwand hinein. Als wir auf der anderen Seite der Rauchwand herausstießen, sah ich zum ersten Mal den Feind. Jetzt feuerte ich zwei Torpedos; einem der Gegnerschiffe stieg ein gelber Blitz empor, eine große Rauchwolke, gemischt mit Wasser, erhob sich. Wir wußten, daß wir getroffen hatten. Nachdem wir unsere Torpedos abgeschossen hatten, liefen wir wieder in die Rauchwand zurück. »Torpedos nachladen«, lautete der Befehl. Aber als wir das nächste Mal die Nase wieder aus dem Qualm heraussteckten, war es um uns geschehen. Eine schwere Granate traf den Maschinenraum, ich wurde an das achtere Ende der Torpedorohre geschleudert. Das Schiff blieb ohne Fahrt liegen und nahm Schlagseite nach Backbord an. Ich feuerte die letzten Torpedos. Die Geschütze der *Acasta* feuerten ununterbrochen. Der Gegner traf uns noch mehrmals. Achtern ereignete sich eine schwere Explosion. Jetzt gab der Kommandant den Befehl zum Verlassen des Bootes. Als ich im Wasser war, sah ich ihn auf der Brücke stehen. Er nahm eine Zigarette aus seinem Etui und zündete sie an. Er winkte uns zu: »Lebt wohl und viel Glück«. Das war das Ende dieses tapferen Mannes.«

Der Opfergang Glasfurds rettete den Flugzeugträger *Ark Royal* und so manches andere alliierte Schiff, das sich damals auf dem Rückmarsch zwischen Narvik und britischen Häfen in See befand. Der Torpedotreffer auf *Scharnhorst* hatte nicht nur den Steuerbord- und mittleren Maschinenraum vollaufen lassen und damit die Geschwindigkeit auf 20 Knoten vermindert, sondern auch den achteren Turm außer Gefecht gesetzt und zwei Offiziere und 46 Mann getötet. Admiral Marschall brach das Unternehmen ab und lief mit seinen Schlachtschiffen direkt den Hafen von Drontheim an.
Die erfolgreiche Störtätigkeit der deutschen Funker verhinderte, daß Nachrichten über diese Ereignisse zu Admiral Forbes gelangten. Nur der Kreuzer *Devonshire* fing Bruchstücke der Feindmeldungen von *Glorious* auf; sie waren aber so unverständlich, daß Cunningham es nicht für gerechtfertigt hielt, das Leben seiner prominenten Passagiere durch Brechen der Funkstille zu gefährden. Das erste Schiff, das Admiral Forbes etwas von den Vorkommnissen melden konnte, war das Schlachtschiff *Valiant*, das am frühen 9. Juni auf das Lazarettschiff *Atlantis* traf und von diesem durch Morsespruch etwas vom Schicksal der *Orama* erfuhr. Erst jetzt, als Admiral Marschall mit seinen Schlachtschiffen bereits Drontheim erreicht hatte, wurden *Rodney, Renown* und *Repulse* mit zwei Kreuzern und mehreren Zerstörern, natürlich viel zu spät, zur Sicherung der von Narvik nach England laufenden Schiffe angesetzt.

Wegen der Beschädigung der *Scharnhorst* machte Admiral Raeder seinem Flottenchef Admiral Marschall große Vorwürfe und ließ ihn ablösen; denn die Vernichtung der *Glorious* hielt er nicht für ein Verdienst, sondern einen bloßen Glücksfall. Aber dem Nachfolger, Vizeadmiral G. Lütjens, erging es auch nicht besser. Als er mit *Gneisenau* und *Admiral Hipper* am 29. Juni einen Vorstoß unternahm, um die britische Aufmerksamkeit von der nach Deutschland zurückfahrenden *Scharnhorst* abzulenken, traf ein Torpedo des U-Boots *Clyde* (Lieutenant-Commander D. C. Ingram) den Bug der *Gneisenau*. Jetzt waren wieder beide deutschen Schlachtschiffe für Monate außer Gefecht.
Es ist nicht leicht, jemandem die Verantwortung für den Verlust der *Glorious* anzulasten. Wohl hätte das Schiff wirksamer Widerstand in der Weise leisten können, wie die amerikanischen Geleitträger dies in der Schlacht von Samar so erfolgreich vermochten, die in einem späteren Kapitel dieses Buches zu beschreiben sein wird. Eine richtig organisierte Lufteinsatzleitung an Bord der *Glorious* hätte sehr wohl in der Lage sein müssen, gegen die Feindschiffe rechtzeitig eine Torpedoangriffswelle starten zu lassen, so wie dies Konteradmiral Clifton Spragues »Baby Flat-Tops« gegen die Schlachtschiffe und Schweren Kreuzer Vizeadmiral Kuritas in der Schlacht vor dem Leyte-Golf am 25. Oktober 1944 gelang. Als Befehlshaber der Narvik-Streitkräfte ist es Lord Cork anzulasten, daß er den unzweckmäßigen Vorschlag von Captain D'Oyly Hughes überhaupt angenommen hatte, ein so wichtiges, aber schwach bewaffnetes Schiff mit dem unzureichenden Schutz von nur zwei Zerstörern allein zurücklaufen zu lassen. Als Oberbefehlshaber der Home Fleet andererseits war Admiral Forbes dafür verantwortlich, daß er den Hauptteil der ihm verfügbaren schweren Streitkräfte einfach aufgrund einer höchst unsicheren Meldung auf eine Jagd ins Blaue geschickt hatte, anstatt mit diesen Einheiten die große Anzahl wertvoller von Narvik zurückkehrender Schiffe zu schützen. Die Verantwortung für diesen Verlust liegt letztlich jedoch wohl bei der britischen Admiralität, insbesondere deshalb, weil sie als Befehlshaber der Narvik-Streitkräfte einen Admiral of the Fleet eingesetzt hatte, der einen höheren Rang hatte als Forbes. Dadurch konnte Admiral Forbes die ganze Operation von Narvik als seinem Befehlsbereich entzogen betrachten. So war ein System getrennter Befehlsverhältnisse entstanden, das ja schon immer zurecht als Gefahrenquelle und Keim für katastrophale Entwicklungen galt. Aus diesem Grund machte die Admiralität auch niemanden für den Verlust der *Glorious* verantwortlich. Nachdem Lord Cork seine Flagge um Mitternacht am 9. Juni 1940 niedergeholt hatte, beging die Admiralität jedoch nie wieder den Fehler, einen Admiral of the Fleet (Großadmiral) als untergeordneten Befehlshaber einzusetzen.
Zwei der zeitlos gültigen Prinzipien aller Kriegsführung wurden durch die maritimen Aspekte des Norwegenunternehmens erneut bestätigt: Ohne den durch Kühnheit und Überraschung ausgezeichneten Plan für

das Unternehmen »Weserübung« hätte Deutschland Norwegen nicht so schnell überrennen können. Der Lohn bestand in den wertvollen Fjorden, von denen aus deutsche Überwasserschiffe und U-Boote, durch die Luftwaffe unterstützt, von nun an operieren konnten. Diese deutsche Position sollte sich als starke Bedrohung für die Alliierten vor allem zu jenem Zeitpunkt herausstellen, als die Eismeerkonvois zur Unterstützung der Sowjetunion notwendig wurden, nachdem Deutschland diesen seinen früheren »Verbündeten« am 21. Juni 1941 angegriffen hatte. Für die deutsche Seite rechtfertigte der Erfolg des Norwegenunternehmens sicherlich die Verluste. Es ist festzuhalten, daß der größte Teil der Verluste und Beschädigungen von Einheiten der deutschen Kriegsmarine erst auftraten, *nachdem* die deutschen Truppen sicher gelandet waren, und daß sie keineswegs höher lagen als Großadmiral Raeder für das kühne Unternehmen erwartet hatte. Diese Wertung gilt auch für das erste Gefecht von Narvik. Warburton-Lees mutige Initiative, die ihn zwei seiner Zerstörer und das eigene Leben kostete, hatte das Auslaufen der restlichen Zerstörer unter Fregattenkapitän Bey so lange verzögert, bis sie durch eine stärkere Kampfgruppe vernichtet werden konnten.
Der Wert des Faktors Zeit und die Notwendigkeit schnellen Handelns werden durch die Folgen der fatalen Verzögerung des Auslaufens der deutschen Zerstörer unterstrichen. Deutschland hätte dadurch zahlreiche noch seetüchtige Zerstörer retten können. Der Zeitfaktor wird aber auch durch das Versäumnis von Yates unterstrichen, die goldene Gelegenheit zum sofortigen Angriff auf Narvik unverzüglich zu nutzen, nur weil er glaubte, 24 Stunden seien allein dazu erforderlich, um die nötigen Befehle für den Angriff an alle seine Einheiten auszugeben. Vor allem jedoch sind die Verwirrung und das Zögern zu kritisieren, die während der ersten Wochen dieses Feldzugs so augenscheinlich bei der britischen Admiralität herrschten, wie sie durch Churchill und Pound und den britischen Flottenoberbefehlshaber Admiral Forbes personifiziert war. Daß Forbes mit der Entscheidung, wie er der überraschenden deutschen Offensive begegnen sollte, zögerte, als eine wagemutige, sofortige und entschlossene Reaktion die deutschen Pläne noch hätte durchkreuzen können, mag verständlich wenn nicht entschuldbar sein. Die allgemeine Konzeptionslosigkeit und die Verwirrung, die deshalb entstand, weil die Admiralität den Befehl über die Operationen zur See nicht in den Händen des Oberbefehlshabers und seinen Hauptuntergebenen, im wesentlichen Whitworth, belassen wollte, bedarf der tadelnden Bemerkung auch deshalb, weil es nicht das erste Mal war, daß die Admiralität in dieser nachteiligen Weise direkt eingegriffen hatte (z. B. beim *Altmark*-Vorfall). Auch sollte es weder das letzte Mal noch der katastrophalste Fehler dieser Art bleiben: Man denke nur an die tragische Vernichtung des Eismeerkonvois PQ 17.
Die Verteidiger der Admiralität gegen solche Kritik führen im wesentlichen drei Argumente ins Feld: Wenn immer der Oberbefehlshaber der

Home Fleet in See war, wollte man es ihm ersparen, die Funkstille unterbrechen zu müssen. Zweitens verfügte die Admiralität häufig über wichtige Nachrichten und Informationen, die jedoch dem Oberbefehlshaber nicht übermittelt werden konnten, weil dafür kein ausreichend sicheres Codesystem zur Verfügung stand und man daher das Risiko der Kompromittierung so wichtiger Quellen nicht eingehen wollte. Drittens habe man durch direktes Eingreifen wertvolle Zeit dadurch einsparen können, verglichen mit den wesentlichen Verzögerungen, die auf dem Wege von Nachrichten und Befehlen eintraten, wenn diese zunächst an den Oberbefehlshaber auf See gingen, der dann erst entsprechende Befehle an die ihm unterstellten Einheiten weiterleiten mußte. Ohne jeden Zweifel gab es Situationen, für welche alle diese Argumente durchaus stichhaltig erscheinen. Weil dadurch aber bei sehr viel zahlreicheren anderen Gelegenheiten nur eine verheerende Folge von Befehlen, Gegenbefehlen und Verwirrung verursacht wurde, hätte während der schon zwölfmonatigen Dauer des Krieges andere Lösungen gefunden werden müssen, statt die Dinge bis nach Kriegsende so laufen zu lassen.

Im Ersten Weltkrieg wurden alle wichtigen Operationen in der Nordsee von der gesamten Grand Fleet oder einen wesentlichen Teil derselben (z. B. der Schlachtkreuzerflotte) in der Erwartung durchgeführt, man werde mit der ganzen deutschen Hochseeflotte zusammentreffen. Deshalb war es gerechtfertigt, daß Jellicoe und Beatty ihr Kommando von Flaggschiffen auf See ausübten. Während des Zweiten Weltkriegs lagen die Dinge aber anders. Großbritannien und Deutschland operierten schließlich mit viel kleineren Streitkräften in einem viel größeren Seegebiet als es die Nordsee darstellt. Als z. B. Konteradmiral R. H. C. Hallifax, der die Zerstörer der Home Fleet vom Leichten Kreuzer *Aurora* aus befehligte, erkannte, daß es praktisch unmöglich war, dreißig oder mehr weit verstreut operierende Zerstörer von einem Flaggschiff aus zu befehligen, das selbst auf Patrouillenfahrten bis zu zehn und mehr Tage in See stand, während denen es die Funkstille nicht brechen durfte, erhielt er die Erlaubnis, seine Flagge auf einem Depotschiff in Scapa Flow zu setzen, diejenigen Fälle ausgenommen, in denen seine direkte Befehlsführung für bestimmte Operationen von einem in See stehenden Flaggschiff aus dringend notwendig schien.

Der Wert des Kommandosystems, bei dem der Oberbefehlshaber seine Einheiten von Land aus leitet, hatte sich bereits 1914 erwiesen, als der Oberbefehlshaber der Chinastation, Admiral Sir Martyn Jerram, feststellte, daß die weit ausfächernde Jagd nach dem deutschen Ostasienkreuzergeschwader unter Admiral Graf Spee nicht von einem Kreuzer aus geleitet werden konnte, der dauernde Funkstille bewahren mußte. Er hatte deshalb schließlich seine Befehlsstelle an Land in Singapur eingerichtet. Daher war 1939 dieses Prinzip allgemein anerkannt. Alle britischen Oberbefehlshaber in Übersee sollten ihre Befehlszentren an Land errichten, in Bermuda, Freetown, Colombo und Singapur. Selbst ein so kampfbegieriger Seemann wie Admiral Sir Andrew Cunningham konnte davon überzeugt werden, wenige Monate nach dem Kriegseintritt Italiens das gleiche in Alexandrien zu tun. Er blieb nur widerwillig an Land und ging zwar auch in der Folge oft mit der Flotte in See, jedoch stets nur für bestimmte wichtige Operationen. In gleicher Weise hätte der Oberbefehlshaber der Home Fleet sein Hauptquartier auch an Land, in Scapa Flow oder Rosyth, einrichten müssen, wo er in ununterbrochener, direkter, sofortiger und sicherer Fernmeldeverbindung mit der Admiralität stand und nicht unter der Beschränkung des Funkverkehrs litt. Von dort konnte er auch eng mit dem östlichen Kommandeur des Coastal Command der RAF zusammenarbeiten. Dann hätten Forbes und seine Nachfolger darauf dringen können, daß sämtliche Befehle an Einheiten der Home Fleet stets von ihnen als Oberbefehlshabern und nicht von der Admiralität ausgingen. Aber weder Admiral Forbes noch sein Nachfolger Admiral Sir John Tovey haben dies jemals vorgeschlagen, obwohl Tovey einmal feststellte, daß die Leitung der Eismeerkonvois für ihn am zweckmäßigsten und leichtesten war, wenn sein Flaggschiff in Scapa Flow vor Anker lag.[4]

Die Admiralität hatte auch nie argumentiert, daß dies eine unzweckmäßige Verwendung eines der wenigen britischen Schlachtschiffe darstelle. Toveys Nachfolger, Admiral Sir Bruce Fraser und Admiral Sir Henry Moore, genossen den Vorteil, daß Admiral Cunningham als Erster Seelord die Kunst des Delegierens überlegen anwandte und der Admiralität nur selten einen direkten Eingriff in die Operationen gestattete. Die Richtigkeit der Lösung, wonach der Oberbefehlshaber sein Hauptquartier an Land aufzuschlagen hat, wird am besten dadurch belegt, daß einige Jahre nach dem Krieg der Oberbefehlshaber der britischen Marine endgültig sein Befehlszentrum in Northwood in Nord-London neben dem Hauptquartier des Befehlshabers der Seeluftstreitkräfte der RAF aufschlug. Dort ist das Befehlszentrum des Oberbefehlshabers der britischen Flotte bis auf den heutigen Tag verblieben, ausgenommen die kurzen Zeiträume, für die es jeweils als notwendig erachtet wird, daß der Oberbefehlshaber selbst in See oder in die Luft geht oder wenn er Schiffe und Stützpunkte in seinem nunmehr weltweiten Kommandobereich besucht.

Der amerikanische Admiral King, der stets einer der stärksten Befürworter der Delegierung von Befehlsgewalt war, hat als COMINCH und CNO (was der Funktion des britischen Ersten Seelords entsprach) äußerst selten (und nie in Angelegenheiten größerer Bedeutung) von seinem Hauptquartier in Washington, DC, Befehle direkt an Einheiten ergehen lassen, die an Operationen beteiligt waren. Die Kriegführung beließ er ganz in den Händen seiner jeweiligen Oberbefehlshaber, die gleich von Beginn der Feindseligkeiten an ihre Hauptquartiere an Land aufgeschlagen hatten, d. h. der Oberbefehlshaber im Atlantik (CINCLANT) in Norfolk und im Pazifik (CINCPAC) in Pearl Harbor. Dort hatten sie

stets direkte und sichere Nachrichtenverbindung mit Washington und konnten von allen Funkmitteln unbeschränkt Gebrauch machen.
Um in dieser Beziehung Gerechtigkeit walten zu lassen sei hinzugefügt, daß zwar alle deutschen Gruppenkommandos ihre Hauptquartiere an Land hatten, es aber weder Großadmiral Raeder noch später Großadmiral Dönitz unterließen, gelegentlich Befehle direkt an in See stehende Einheiten herausgehen zu lassen, mit allen aus einem solchen Verfahren folgenden Verwirrungen, wie z. B. den Ereignissen, die zur Absetzung von Admiral Marschall als Flottenchef führten. Sowohl Raeder wie auch Dönitz mußten natürlich unter sehr viel stärkerer direkter Intervention durch Hitler in Fragen ihrer beruflichen Verantwortung als Seebefehlshaber arbeiten, als dies Pound oder später Cunningham jemals von Churchill zu vergegenwärtigen hatten, während der amerikanische Admiral King unter Präsident Roosevelt im wesentlichen überhaupt sein eigener Herr war. In Japan vereinigte Admiral Yamamoto natürlich die Funktionen des amerikanischen COMINCH und CINCPAC, was in den Jahren 1941/42 gut funktionierte, selbst wenn er seine Flagge auf einem Schlachtschiff setzte, das an den Operationen teilnahm. Hingegen erwies sich diese Lösung 1944 als Katastrophe, als sein Nachfolger Admiral Toyoda versuchte, die Schlachten in der Philippinen-See und die Entscheidungsschlacht um den Leyte-Golf vom fernen Tokio aus zu leiten.
Diese Kritik am britischen Marine-Befehlssystem während des Krieges soll jedoch nicht die wesentliche Rolle herabsetzen, welche die Admiralität und insbesondere Admiral Pound in jener anderen Schlacht spielten, die in Kapitel 7 dieses Buches beschrieben ist. Dabei war die direkte Intervention einfach deshalb gerechtfertigt, weil es sich dabei um den Einsatz von mehr Streitkräften handelte, als nur um die Home Fleet. Zunächst aber müssen wir uns den wichtigen Ereignissen in einem anderen Meer zuwenden: dem Mittelmeer.

6. Matapan

In keinem der Meere, auf denen der Zweite Weltkrieg tobte, erwiesen sich die Lehren der Geschichte klarer und schlagender als im Mittelmeer. Im Ersten Weltkrieg hatte die italienische Marine eine wenig eindrucksvolle Rolle gespielt. Sie war zwar der österreich-ungarischen Flotte wesentlich überlegen, da sechs italienische Dreadnoughts und fünf Vor-Dreadnoughts gegen nur vier bzw. drei solche österreichische Einheiten standen. Aber eine der von Italien (das eigentlich mit Deutschland und Österreich verbündet war) geforderte Vorbedingungen für den Kriegseintritt auf Seiten der Alliierten am 24. Mai 1915 war die Verstärkung der auf Tarent gestützten italienischen Flotte durch vier alliierte Vor-Dreadnoughts und die Stationierung eines französischen Schlachtgeschwaders in Korfu. Trotz dieser gewaltigen Überlegenheit in der Adria verfolgte Italien im

ganzen Seekrieg eine überaus vorsichtige Defensivstrategie. Die österreich-ungarische Flotte beschränkte sich zwar auch nur auf gelegentliche von Pola und Cattaro über die Adria vorgetragene Überraschungsschläge gegen die italienische Küste, gegen Konvois und die Otranto-Straße. Ein energischer österreichischer Flottenvorstoß zur Vernichtung der Sperre von Otranto im letzten Kriegsjahr war abgebrochen worden, nachdem italienische Torpedoschnellboote das Schlachtschiff *Szent Istvan* kurz nach dem Auslaufen versenkt hatten. Die italienische Flotte aber wurde noch seltener zu mehr eingesetzt, als etwa zur Deckung von Nachschubgeleitzügen zur Versorgung und zur Evakuierung der serbischen Armee nach deren Niederlage, sowie zum Schutz der Kreuzer und kleineren Fahrzeuge, welche ähnlich wie britische und französische Einheiten in der Dover-Straße, eine mächtige Sperre in der Straße von Otranto bewachten, durch welche die von Pola und Triest aus operierenden österreichischen und deutschen U-Boote in der Adria eingeschlossen werden sollten, was allerdings nicht gelang. Die Offensive ergriff die italienische Marine lediglich auf einem Gebiet: In der Entwicklung und im Einsatz von Motortorpedobooten (MAS) und anderen Kleinkampf-Angriffsmitteln. Durch solche wurden außer der schon genannten *Szent Istvan* vor Premuda im Juni 1918, allerdings erst nach Waffenstillstand die bereits an Jugoslawien übergebene *Viribus Unitis* im Hafen von Pola am 1. November 1918 durch Sprengladungen versenkt, die von Kampfschwimmern angebracht worden waren.
War es daher zu erwarten, daß nur wenig mehr als zwanzig Jahre später, im Jahre 1940, sich dieser etwas furchtsame Leopard in ein mutiges Raubtier verwandelt hatte? Würde die materiell zwar starke und moderne Flotte eine wagemutige Rolle spielen, als Italien sich am 10. Juni 1940 entschloß, auf der Seite Deutschlands in den Krieg einzutreten? Der Oberbefehlshaber der britischen Mittelmeerflotte, Admiral Sir Andrew Cunningham, hatte den größten Teil des Ersten Weltkriegs in diesen Gewässern zugebracht. Er war daher in der Lage, die Mängel und das Ungenügen der damaligen italienischen Seestrategie zu erkennen. Es wäre durchaus verständlich gewesen, wenn er das Bramarbasieren Mussolinis einfach abgetan und sein Handeln unter die Annahme gestellt hätte, die italienische Marine stelle keine ernsthafte Bedrohung der alliierten Seeherrschaft im Mittelmeer dar. Diese Beherrschung übte Großbritannien in der östlichen Hälfte durch eine auf Alexandrien gestützte Flotte aus, denn wegen dringenderen Bedarfs auf anderen Kriegsschauplätzen hatte die Inselfestung Malta trotz ihrer Verletzlichkeit durch Angriffe von sizilianischen Flughäfen aus keine ausreichende Luftsicherung erhalten. Die britische Seeherrschaft in der westlichen Hälfte des Mittelmeers beruhte auf der in Gibraltar stationierten Force H. Dennoch machte keiner der beiden britischen Oberbefehlshaber im Mittelmeer den Fehler, die italienische Stärke zur See zu unterschätzen oder auch zu überschätzen, selbst als nach dem Ausscheiden Frankreichs aus dem Krieg am 22. Juni

1940 die alliierte Seemacht im Mittelmeer auf fünf Schlachtschiffe, zwei Flugzeugträger und zehn Leichte Kreuzer zusammengeschmolzen war, die auf Gibraltar und Alexandrien aufgeteilt waren. Hingegen besaß die italienische Flotte zu diesem Zeitpunkt immerhin vier Schlachtschiffe, sieben Schwere Kreuzer und vierzehn Leichte Kreuzer. Diese Flotte war im zentralen Mittelmeer konzentriert und wurde durch die volle Kampfstärke der italienischen Luftwaffe unterstützt. Keine der beiden britischen Kampfgruppen im Mittelmeer besaß anfänglich Flugzeugträger oder landgestützte Jäger zur Luftverteidigung[1]. Admiral Pounds nüchtern-warnende Einschätzung der Lage vom 20. Mai 1940 lautete: »Die eine Lehre, die wir (in der Admiralität) gelernt haben, ist diese: Jagdschutz für Flotteneinheiten ist beim Operieren in Reichweite feindlicher Bomber absolut notwendig. Sie jedoch werden ohne einen solchen Schutz operieren müssen, und es läßt sich noch nicht absehen, wann und wie diese Lage korrigiert werden kann.«

Admiral Cunningham war jedoch nicht der Mann, den solche Aussichten erschrecken konnten. »Sie können sicher sein«, schrieb er am 6. Juni an die Admiralität, »daß wir alle von dem brennenden Wunsch besessen sind, unsere Kräfte mit der italienischen Flotte zu messen«. Cunningham beabsichtigte also sofort die Offensive zu ergreifen. Aus zwei Gründen war dies allerdings nicht einfach. Mussolini hatte seine Marine zwar angewiesen, »die Offensive an allen Punkten innerhalb und außerhalb des Mittelmeers zu ergreifen«. Sein Marinestabschef Admiral Cavagnari war jedoch davon überzeugt, daß eine solche Strategie zu unersetzlichen Verlusten führen mußte, während alle auf alliierter Seite eintretenden Verluste von außerhalb des Mittelmeers wieder ergänzt werden konnten. Daß die italienische Marine also nur defensiv kämpfen würde, erwies sich sogleich, als schon im ersten Monat der Feindseligkeiten die italienische U-Boot-Waffe mit ihren mehr als einhundert Booten wenig erfolgreich blieb und starke Verluste erlitt: Bis Ende Juni waren zehn italienische Boote vernichtet. Ihre Erfolge blieben mager, wenn dazu auch die Torpedierung des Fla-Kreuzers *Carlisle* durch das U-Boot *Bagnolini* unter Korvettenkapitän Tosoni-Pittoni[2] gehörte. Diese Gegebenheiten hinzunehmen bedeutet jedoch einen krassen Verstoß gegen eine in den britisch-französischen Seekriegen im 17. und 18. Jahrhundert ebenso wie im Ersten Weltkrieg in der Nordsee erhärtete strategische Wahrheit. Sicher ist es manchmal notwendig, daß die schwächere Flotte die Rolle einer »Fleet-in-being« spielt (wie die britische Fernost-Flotte 1942 während des Zeitraums, in dem sich die US-Pazifikflotte nach dem japanischen Schlag gegen Pearl Harbor erst wieder erholen mußte). Mit einer solchen Strategie läßt sich aber nie ein Krieg gewinnen.

Cunningham konnte freilich nicht ahnen, daß sich Cavagnari entschieden hatte, den Einsatz seiner auf Tarent gestützten Flotte auf den Schutz der für die italienischen Besitzungen in Nordafrika und im Dodekanes erforderlichen Geleitzüge zu beschränken, statt seine Flotte zu offensiven

Einsätzen wie z. B. einem sofortigen Angriff gegen Malta zu führen. An Luftstreitkräften besaß Cunningham nur eine Handvoll teils in Gibraltar, teils in Malta und teils in Alexandrien stationierten RAF-Langstrecken-flugbooten. Sie reichten jedoch keinesfalls zur Sicherstellung seiner Unterrichtung über die Bewegungen der zahlreichen italienischen Flottenstreitkräfte aus. Cunningham sah die damalige Lage so: »Unsere Aufklärung über See war sporadisch; große Bereiche mußten notwendigerweise unüberwacht bleiben.«[3] Im Gegensatz dazu wurden die Bewegungen britischer Schiffe durch die italienische Luftwaffe zumeist (wenn auch nicht immer) erfaßt.

Kurz nach dem Eintritt Italiens in den Krieg waren zwei britische Konvois von Malta aus nach Alexandrien zu bringen, von denen einer alle »unnützen Münder« evakuierte, die man zum Verlassen der belagerten Inselfestung hatte bewegen können, während ein langsameres Geleit mit dringlich benötigten Versorgungsgütern in umgekehrte Richtung nach Malta ging. Cunningham ließ zur Deckung der Geleitzüge sofort den größten Teil seiner Flotte antreten. Am 7. Juni ging sein Flaggschiff *Warspite* (Captain D. B. Fisher) mit den beiden anderen Schlachtschiffen *Royal Sovereign* (Konteradmiral Henry Pridham-Wippell) und *Malaya* sowie dem Flugzeugträger *Eagle,* fünf Leichten Kreuzern und siebzehn Zerstörern von Alexandrien nach Westen in See. Um 8.00 Uhr des nächsten Morgens meldete das U-Boot *Phoenix* zwei italienische Schlachtschiffe, die *Conte di Cavour* (Flaggschiff des Vizeadmirals Campioni) und *Giulio Cesare,* 200 Seemeilen östlich Maltas. Sie waren als Deckung für einen Konvoi von fünf Versorgungsschiffen in See, der nach Libyen bestimmt war.

Cunningham ging sofort gegen diese Kampfgruppe vor, ungeachtet zahlreicher Hochbomberangriffe durch italienische Flugzeuge vom Dodekanes aus. Ein Bombertreffer zerschmetterte die Brücke des Kreuzers *Gloucester,* wo dessen Kommandant Captain F. R. Garside fiel. Auch ließ sich Cunningham weder durch die Meldung eines RAF-Flugboots um 15.10 Uhr schrecken, wonach die italienische Kampfgruppe durch sechs Kreuzer verstärkt worden war, noch durch eine weitere Meldung am nächsten Morgen, dem 9. Juli, daß die Anzahl der italienischen Kreuzer inzwischen auf zwölf gestiegen war. (Es handelte sich tatsächlich sogar um sechs Schwere und sechs Leichte Kreuzer). Betroffener war er sicher über die bald folgende Meldung, daß fast alle italienischen Schiffe mit hoher Fahrt wieder in Richtung Tarent zurückliefen.

Um sie dennoch zu fassen, ließ Cunningham um 12.00 Uhr, als er noch 90 Seemeilen östlich des Gegners stand, die langsamere *Malaya, Royal Sovereign* und *Eagle* achteraus sacken und drängte mit *Warspite* mit der Höchstfahrt von 24 Knoten zur Unterstützung seiner Kreuzer nach, die bereits mit 30 Knoten auf den Gegner zustürmten. Cunninghams Chef des Stabes schrieb darüber: »Admiral Cunningham war überzeugt, daß jetzt, da die italienische Schlachtflotte endlich in See war, das Eingehen

jedes Risikos gerechtfertigt war um sie zu stellen. Es war dies die erste Gelegenheit, bei der er sich als Meister des kalkulierten Risikos erwies.«[4] Diese Lehre hatte er aus der taktisch unentschiedenen Schlacht vor dem Skagerrak gezogen, einem Mißerfolg, der wenigstens teilweise darauf zurückzuführen war, daß Jellicoe auf der Konzentration der gesamten Schlachtflotte beharrte.
Zweimal, um 11.45 Uhr und vier Stunden später, ließ der Träger *Eagle* (Captain A. M. Bridge) 15 Angriffsflugzeuge in der Hoffnung starten, durch Torpedotreffer die hohe Geschwindigkeit wenigstens einer der schweren italienischen Einheiten herabsetzen zu können. Die britischen Torpedos verfehlten jedoch alle Ziele. Aber bei den hervorragenden Sichtverhältnissen dieses schönen Mittelmeertages sichteten die Kreuzer Vizeadmiral John Toveys, die 10 Seemeilen vor *Warspite* zu einem breiten Aufklärungsschirm auseinandergezogen waren, die leichten Feindstreitkräfte kurz vor 15.00 Uhr. Zehn Minuten später konnte der Leichte Kreuzer *Neptune* funken: »Feindliche Schlachtflotte in Sicht«. Weitere sechs Minuten später standen Toveys Einheiten im Gefecht mit vier italienischen Schweren Kreuzern, von denen sie *Bolzano* beschädigen konnten. Das Feuer »der Italiener lag gut und unsere Kreuzer und die *Warspite* waren auf 25 600 bis 27 400 m Gefechtsentfernung dauernd von Wasserfontänen umgeben.«[5] Die Italiener konnten jedoch keine Treffer erzielen, bevor dieses Treffen um 15.30 Uhr endete, als *Warspite* mit ihren 38,1-cm-Geschützen das Feuer eröffnete, woraufhin sich die schnelleren italienischen Einheiten hinter dem Schutz einer künstlichen Rauchwand zurückzogen.
Aber zwanzig Minuten später kam das britische Flaggschiff erneut auf Gefechtsreichweite an das italienische Schlachtschiff *Giulio Cesare* heran. Admiral Cunningham erinnerte sich, daß das Feuer der *Warspite* ausgezeichnet lag. Um 16.00 Uhr sah ich den großen orangefarbenen Blitz einer schweren Explosion an der Basis der Schornsteine des gegnerischen Flaggschiffs; das Schiff war von uns auf die große Entfernung von 13 Seemeilen getroffen worden. Dies war zu viel für den italienischen Admiral. Seine Schiffe drehten ab. *Warspite* mußte daher nach insgesamt 17 Salven das Feuer einstellen. Über dem gesamten Horizont lagerte eine dichte Qualmwolke, hinter welcher der Feind vollständig verschwand.«[6]
Eine einzige 38,1-cm-Granate eines britischen Schlachtschiffs sollte eine moralische Wirkung haben, die den Grad der verursachten Beschädigung bei weitem überstieg; denn nicht nur entschloß sich nach diesem einen Treffer eine überlegene italienische Streitmacht in diesem Gefecht vor Kalabrien zur Flucht. Der Treffer bewirkte auch, daß sich von nun an italienische Schlachtschiffe aus eigenen Stücken nicht mehr auf ein Gefecht mit britischen Schlachtschiffen einließen. »Das war schade, denn solange eine italienische Schlachtflotte bestand, mußten wir im Mittelmeer etwas Vergleichbares unterhalten, nur für die entfernte Möglichkeit, daß sich die Italiener doch einmal zum Gefecht stellen würden.«[7]

Die britischen Einheiten suchten jetzt die künstlichen Qualmwolken flankierend zu überholen, in denen die sich zurückziehenden Italiener verborgen waren. Als der Gegner schließlich bis auf nur 25 Seemeilen unter die eigene Küste verfolgt worden war, mußte Cunningham um 17.35 Uhr die Hoffnung aufgeben, die italienischen Schiffe noch zum Gefecht stellen zu können, bevor sie in die für sie sichere Straße von Messina einliefen. Von 16.40 Uhr bis 19.25 Uhr wurde die britische Flotte mehrfach von italienischen Hochbombern angegriffen (Allerdings auch die zurücklaufende italienische Streitmacht selbst). Die Treffgenauigkeit der Bombenschützen der italienischen Luftwaffe war zwar etwas besser als die der deutschen in der Nordsee während der ersten Kriegsmonate, aber gegen eigenen Schiffe auch nicht viel sicherer als gegen britische: Obwohl Cunningham den Bombenangriff als »beunruhigend« bezeichnete, wurde keines seiner Schiffe getroffen. Seine Streitmacht setzte die Operation südlich von Malta noch 36 Stunden fort und änderte am 11. Juli um 8.00 Uhr den Kurs auf Alexandrien, wobei sie auf der Rückfahrt von libyschen Flugplätzen aus noch mehrfach von italienischen Bombern angegriffen wurde. Mit Ausnahme einiger Toter und Verwundeter auf dem Leichten Kreuzer *Liverpool* durch Nahtreffer erzielten auch diese weiteren italienischen Flugzeugangriffe keine Schäden. Das gleiche geschah auch dem langsameren Geleitzug. Der erste, schnelle Konvoi dagegen war dem Gegner überhaupt völlig entgangen und konnte seinen Bestimmungshafen ohne jeden besonderen Vorfall erreichen.
Auf dieses Gefecht folgte zehn Tage später das Gefecht bei Kap Spada. Am 19. Juli 1940 stießen bei Tageslicht fünf britische Zerstörer, die nördlich von Kreta eine Aufklärungsfahrt unternommen hatten, auf zwei italienische Kreuzer, die sofort das Feuer eröffneten. Die britischen Zerstörer zogen sich, vom Gegner verfolgt, auf den zu ihrer Deckung entsandten eigenen Kreuzer, die australische *Sydney* (Captain J. Collins, RAN) zurück. Dieser stand, von den Italienern unentdeckt, 40 Meilen entfernt. Auf die Feindmeldung der Zerstörer hin dampfte Collins mit Höchstfahrt auf den Kampfplatz. Bald konnte er die Italiener zum Gefecht stellen, doch drehten diese in der Hoffnung auf Flucht ab, obwohl sie doppelt so stark waren. Es gelang jedoch dem italienischen Kreuzer *Bartolomeo Colleoni* (Capitano Navaro) nicht, den Salven der *Sydney* zu entgehen. Nach einem Gefecht von etwa zwei Stunden sank dieser italienische Leichte Kreuzer. Die *Giovanni delle Bande Nere* (Capitano F. Maugeri), Flaggschiff des Konteradmirals Casardi, konnte entkommen, obwohl er beim Ablaufen bereits mehrere Treffer erhalten hatte, weil auf dem australischen Kreuzer langsam die Munition ausging.
In den folgenden zwei Monaten unternahm die italienische Marine keine ernsten Anstrengungen zur Behinderung britischer Operationen. Als Gegner für die britischen Streitkräfte trat in dieser Zeit nur die italienische Luftwaffe auf. Anfang August stieß der alte Flugzeugträger *Argus*, von Admiral Sir James Somervilles Force H geleitet, von Gibraltar bis

südlich Sardinien vor, um die dringend benötigten ersten modernen Jagdflugzeuge zur Verteidigung Maltas dorthin zu fliegen. Mitte des Monats beschossen die Schlachtschiffe *Warspite, Malaya* und *Ramillies* den libyschen Hafen Bardia und Fort Capuzzo, eine italienische Befestigung westlich von Sollum. Anfang September entsandte die Admiralität als Reaktion auf Cunninghams dringliche Anforderung ein weiteres schnelles Schlachtschiff ins Mittelmeer, welches wie *Warspite* modernisiert war und stärkere Panzerung, größere Reichweite und bessere Fla-Artillerie aufwies, sowie einen modernen Flugzeugträger zum Jagdschutz für die Mittelmeerflotte, das Schlachtschiff *Valiant* und den Flugzeugträger *Illustrious* (Captain D. W. Boyd), Flaggschiff von Konteradmiral A. L. St. G. Lyster. Beide Einheiten gelangten zusammen mit zwei Fla-Kreuzern sicher von Gibraltar nach Alexandrien. Ende September beförderten die Leichten Kreuzer *Liverpool* und *Gloucester* 2000 Mann zur Verstärkung der Garnison nach Malta. Mehrere Versorgungsgeleitzüge wurden zur Insel durchgebracht. Der Schwere Kreuzer *Kent* wurde am 17. September, der Leichte Kreuzer *Liverpool* am 10. Oktober durch italienische Torpedobomber beschädigt. Im November erhielt Cunninghams Flotte weitere Verstärkung durch das Schlachtschiff *Barham,* die Schweren Kreuzer *York* und *Berwick* sowie den Leichten Kreuzer *Glasgow*. Nun hatte Cunningham aber auch die zusätzliche Aufgabe zu erfüllen, Truppen und Versorgungsgüter nach Kreta und Griechenland durchzubringen, da ein italienischer Angriff von Albanien aus drohte.

Keine dieser Operationen konnte erfolgen ohne die ständige Gefahr eines Zusammenstoßes mit der italienischen Flotte, deren Kern inzwischen aus sechs Schlachtschiffen bestand. Tatsächlich wurden bei mehr als nur einer Gelegenheit fünf italienische Schlachtschiffe als in See befindlich gemeldet, was eine beträchtliche Bedrohung für die jeweils laufende britische Operation darstellte. Aber es kam nicht zur Fühlung mit dem Gegner, im wesentlichen aufgrund von Fehlleistungen der Aufklärer auf beiden Seiten, wobei für die RAF natürlich der akute Mangel an Aufklärungsflugzeugen ins Feld geführt werden kann. Admiral Cunningham war jetzt aber entschlossen, einen wirkungsvollen Schlag gegen den Gegner zu führen. Dabei verfuhr er in der Weise, wie Admiral Beatty dies in den letzten Kriegsmonaten gegen die deutsche Hochseeflotte auf der Jade geplant hatte. (Damals, Ende 1918, besaß die Royal Navy endlich genügend Flugzeugträger und Torpedobomber. Ein großer Schlag war von Beatty für 1919 geplant worden. Er sollte gegen Wilhelmshaven und die Jademündung geführt werden.) Nachdem die *Illustrious* mit ihren 12 Jägern und 22 Torpedobombern und Aufklärern im Mittelmeer eingetroffen war, begann Cunningham mit den Vorbereitungen für einen Überraschungsangriff gegen Tarent am Trafalgartag 1940 unter Beteiligung der Träger *Illustrious* und *Eagle*. Ein Brand im Hangar der *Illustrious* erzwang jedoch einen Aufschub. Zwei Tage vor dem verschobenen Auslaufen stellten sich auf *Eagle* Maschinendefekte heraus, die die Teilnahme des Trägers an der Operation ausschlossen. Es wurden jedoch fünf der Torpedobomber der *Eagle* mit ihren Besatzungen auf *Illustrious* überführt.

Mit nur diesem einen Träger lief Cunningham dann am 6. November in Richtung zentrales Mittelmeer aus Alexandrien aus. Der Träger wurde von *Warspite, Malaya* und *Ramillies,* sieben Kreuzern und dreizehn Zerstörern begleitet. Während der nächsten fünf Tage wurden die Bewegungen der britischen Kampfgruppe von italienischen Flugzeugen erfaßt. Ihre Meldungen gaben jedoch keine ausreichende Klarheit über diese Operation, so daß sich Campioni nicht zum Auslaufen entschloß. Diese Zurückhaltung sollte er teuer bezahlen. Am 11. November beobachtete ein RAF-Flugboot aus Malta, daß alle sechs italienischen Schlachtschiffe im Außenhafen von Tarent vor Anker lagen. Cunningham befahl seinen Einheiten jetzt die Durchführung einer Operation, die er unmittelbar nach dem Kriegseintritt Italiens geplant hatte. *Illustrious* lief von den Schweren Kreuzern *Berwick* und *York* sowie den Leichten Kreuzern *Glasgow* und *Gloucester* begleitet auf eine Position 180 Seemeilen südöstlich von Tarent. Pridham-Wippell ging mit den Leichten Kreuzern *Ajax, Orion* und *Sydney* nach Norden, um einen Angriff gegen die Straße von Otranto vorzutäuschen. Cunningham selbst nahm mit den Schlachtschiffen eine Position ein, von der aus er beiden Kampfgruppen schnell zu Hilfe eilen konnte.

Pridham-Wippells Kreuzer überraschten an diesem Abend einen italienischen Konvoi vor Valona und versenkten alle vier Schiffe, nachdem diese von ihrem Geleitzerstörer im Stich gelassen worden waren. Der Träger *Illustrious* ließ um 20.40 Uhr eine Angriffswelle von 12 Torpedobombern (geführt von Lieutenant-Commander K. Williamson) und eine weitere um 21.30 Uhr starten. Die zweite wurde von Lieutenant-Commander J. W. Hale geführt. Beiden Angriffswellen gelang die völlige Überraschung des Gegners. Trotz aller Torpedonetze und Sperrballons im Hafen von Tarent und des bald erwachenden starken Fla-Feuers von Schiffen und Küstenbatterien konnten diese alten Swordfish-Maschinen im Lichte von Leuchtbomben ihre Torpedos so zielgenau abwerfen, daß die Schlachtschiffe *Littorio* mit drei Treffern und *Conte di Cavour* sowie *Caio Duilio* mit je einem Treffer auf Grund gingen. Somit war die Hälfte der italienischen Schlachtschiffe zeitweilig außer Gefecht gesetzt. Das war bei einem Verlust von nur zwei britischen Flugzeugen erreicht worden. Die übrigen Maschinen kehrten sicher zur *Illustrious* zurück.

> Es war ein großes Unternehmen, das die hervorragende Leistung der Piloten und Beobachter des Fleet Air Arm und der Flugleitung auf dem Flugzeugträger unterstreicht. Es scheint unglaublich, daß eine gut geschützte Flotte in ihrem eigenen Hafen von diesen einmotorigen Doppeldeckern erfolgreich angegriffen werden konnte, deren maximale Geschwindigkeit nur 130 Knoten betrug. Anscheinend haben es die

Italiener einfach nicht glauben wollen, daß die Flugzeuge so langsam waren. Daher detonierten die meisten Flakgranaten weitab von den angreifenden Flugzeugen.[8]

In einem Flugeinsatz von insgesamt sechseinhalb Stunden hatten 21 britische Torpedoflugzeuge der italienischen Flotte mehr Schaden zugefügt, als die gesamte britische Grand Fleet der deutschen Hochseeflotte vor dem Skagerrak. *Illustrious* und ihre Flugzeugbesatzungen hatten das lobende Signal wohl verdient, das auf Cunninghams Befehl alle seine Schiffe setzten, als der Flugzeugträger am nächsten Tag zur Schlachtflotte stieß. Es war jenes klassische Understatement, das in der Royal Navy als höchstes Lob angesehen wird: »Manoeuvre well executed« (Unternehmen gut ausgeführt).

Die Auswirkungen dieses erfolgreichen Angriffs, des ersten seiner Art in der Geschichte, waren beträchtlich: Von den auf Grund gesetzten italienischen Schlachtschiffen sollte die *Conte di Cavour* nie wieder in Dienst gestellt werden. Die Wiederherstellung der anderen dauerte etwa ein Jahr. Die wichtigste Folge war jedoch, daß Italien seine verbleibenden Schlachtschiffe von Tarent nach Neapel verlegte. Dadurch wurde die Bedrohung der alliierten Bewegungen im zentralen Mittelmeer so weit vermindert, daß Cunningham die Schlachtschiffe *Malaya* und *Ramillies* zum Einsatz in anderen Seegebieten freigeben konnte. Auf der anderen Seite der Erdkugel wurde dieser Erfolg eines Luftangriffs vom Oberbefehlshaber der japanischen Kriegsflotte, Admiral Isoroku Yamamoto, mit größter Aufmerksamkeit zur Kenntnis genommen. Er sollte die Lehren von Tarent mit großem Erfolg selbst anwenden, als sich Japan am 7. Dezember 1941 entschloß, mit dem Überraschungsangriff auf Pearl Harbor den Krieg im Pazifik zu beginnen.

Auf die nächsten Gelegenheiten für einen Schlag gegen die italienische Flotte mußte Cunningham über vier Monate warten. Inzwischen aber waren seine Einheiten mehr als beschäftigt: Sie unterstützten die britische Achte Armee an der libyschen Küste, beschossen den albanischen Hafen Valona, beförderten Truppen und Nachschub nach Griechenland und deckten die Geleitzüge von und nach Malta. Während einer dieser Geleitzugschlachten wurde die *Illustrious* durch deutsche Stukas schwer beschädigt: Zum ersten Mal war die deutsche Luftwaffe im Mittelmeer aufgetreten. *Illustrious* konnte sich jedoch zu provisorischen Reparaturen nach Malta retten und überstand auch die schweren Bombenangriffe, die dort während der Dockliegezeit über den Träger ergingen. Schließlich konnte *Illustrious* sicher nach Alexandrien gebracht werden, von wo sie durch den Suezkanal und das Kap der Guten Hoffnung nach Norfolk, Virginia, zur endgültigen Instandsetzung ging. Bevor dieser Flugzeugträger aber durch den eben erst fertiggestellten Träger *Formidable* ersetzt werden konnte (er brachte am 10. März 1941 Jäger und Torpedoflugzeuge nach Malta), war für Cunninghams Schlachtflotte das zentrale Mittelmeer jetzt für Operationen nicht mehr sicher. Die britische Offensive ge-

gen die italienischen Nordafrika-Geleitzüge mußte daher allein der kleinen Anzahl Kreuzer und Zerstörer der »Striking Force« in Malta und den britischen U-Booten überlassen werden.
Am 16. März griffen zwei deutsche Torpedoflugzeuge eine kleine britische Kampfgruppe 30 Seemeilen westlich von Kreta an. Mit der auch für alle anderen Luftwaffen der Welt charakteristischen Übertreibung von Fliegern berichteten ihre Piloten Treffer auf zwei Einheiten, »wahrscheinlich Schlachtschiffen«. Diese ermutigende Nachricht bewog Admiral Riccardi, der Admiral Cavagnari in Rom ersetzt hatte, den deutschen Forderungen nach einer Offensive gegen die Konvois endlich nachzugeben, die Großbritannien jetzt von Alexandrien nach Kreta und Griechenland laufen ließ. (Hitler plante nämlich gerade den Einmarsch deutscher Truppen in Griechenland für April 1941, um den Achsenmächten den Sieg auf dem Balkan zu sichern, nachdem die Italiener bei einer allein vorgetragenen Offensive gegen Griechenland eine bedeutende Schlappe erlitten hatten).
Eine Woche später lief Vizeadmiral A. Iachino, der seine Flagge auf dem Flaggschiff *Vittorio Veneto* (Capitano Sparzani) gesetzt hatte, aus Neapel aus und vereinigte sich am 27. März mit den Schweren Kreuzern *Zara* (Capitano L. Corsi), Flaggschiff des Konteradmirals C. Cattaneo, *Pola* (Capitano M. da Pisa) und *Fiume* (Capitano G. Giorgis), sowie *Trieste,* Flaggschiff des Konteradmirals L. Sansonetti, *Trento* und *Bolzano* sowie den Leichten Kreuzern *Duca degli Abruzzi,* Flaggschiff von Konteradmiral A. Legnani und *Giuseppe Garibaldi* sowie zehn Zerstörern, auf einem Treffpunkt südlich der Straße von Messina. Admiral Iachino beabsichtigte einen Angriff auf einen britischen Geleitzug, der auf dem Wege nach Piräus war. Wenn er dort auf Feindkräfte stieß, so hoffte er, würde er es höchstens mit einigen britischen Kreuzern und Zerstörern aufnehmen müssen.
Der italienische Oberbefehlshaber wurde nicht nur durch die beiden Falschmeldungen deutscher Bomberpiloten irregeführt. Cunningham besaß bessere Informationsquellen. Er wußte, daß ein deutscher Angriff gegen Griechenland unmittelbar bevorstand. Daher erwartete er auch einen Angriff der italienischen Flotte gegen die britischen Geleitzüge. Die Funkaufklärung schien auf größere Bewegungen der italienischen Flotte zu deuten. Ein RAF-Flugboot sichtete und meldete drei italienische Kreuzer südlich von Kreta. Cunningham rief einen der Geleitzüge von See zurück und schob das Auslaufen weiterer Konvois aus Alexandrien und Piräus auf. Cunningham selbst verließ Alexandrien mit dem Schlachtschiff *Warspite* (Captain D. B. Fisher) am 27. März um 19.00 Uhr, d. h. nach Einbruch der Dunkelheit, so daß weder italienische Aufklärungsflugzeuge noch Agenten an Land sein Auslaufen vor dem nächsten Morgen melden konnten. Begleitet wurde er von den Schlachtschiffen *Barham* (Captain G. C. Cooke), Flaggschiff des Konteradmirals Henry Rawlings, und *Valiant* (Captain C. E. Morgan) sowie dem Flug-

zeugträger *Formidable* (Captain A. W. La T. Bissett), auf dem Konteradmiral Douglas Boyd nunmehr seine Flagge gesetzt hatte. Der britische Verband wurde durch neun Zerstörer gegen U-Boote gesichert.
Schnell stieß Cunningham auf eine Position südlich von Kreta vor, wo er auf den Feind zu treffen hoffte, wenn auch ohne große Erwartungen, daß es tatsächlich zu einem Gefecht kommen sollte, weil sich der Gegner bisher als so schwer faßbar erwiesen hatte. Dort sollte sich Pridham-Wippell, der gerade mit den Kreuzern *Orion* (Captain G. R. B. Back) und *Ajax* (Captain D. B. McCarthy), *Gloucester* (Captain H. A. Rowley) und *Perth* (Captain Sir P. W. Bowyer-Smith) und vier Zerstörern, ein Unternehmen im ägäischen Meer durchführte, der Hauptflotte aus Alexandrien anschließen.
Während der ganzen Nacht steuerte die britische Schlachtflotte Nordwest-Kurs auf eine Position südlich der Insel Gavdo, Pridham-Wippell brachte seine Kreuzer aus der Ägäis durch den Kithera-Kanal an die Westküste Kretas. Inzwischen hatte Iachino mit seiner Streitmacht mit Ostkurs das gleiche Gebiet angesteuert. Sansonettis drei Kreuzer standen 20 Seemeilen Backbord voraus, Cattaneos und Legnanis Kreuzer 40 Seemeilen entfernt etwa in gleicher Richtung vor *Vittorio Veneto*. Um 6.00 Uhr im Morgengrauen des 28. März startete *Formidable* eine Aufklärungspatrouille. Diese sichtete Sansonettis Geschwader nach einer Stunde und zwanzig Minuten. Weitere neunzig Minuten später meldete ein anderes Flugzeug auch die Einheiten Cattaneos und Legnanis. Da beide Gruppen nur 20 Seemeilen voneinander entfernt und südlich der Gavdo Insel gesichtet wurden, bestanden anfänglich Zweifel, ob sich diese beiden Meldungen nicht eventuell auf ein und dieselbe Kampfgruppe bezogen. Cunningham steuerte jetzt Kurs 310 Grad in Richtung auf die immer noch 150 Seemeilen entfernte Position der Feindmeldung. Seine Schlachtschiffe waren auf Höchstfahrt gegangen.
Die britischen Kreuzer waren dem Gegner schon näher. Nach dem Kreuzen des Kurses der italienischen Flotte um 07.45 Uhr sichtete Pridham-Wippell die *Trieste, Trento* und *Bolzano,* deren Silhouetten sich achteraus über den Horizont schoben. Da diese drei Einheiten mit 20,3-cm-Geschützen bewaffnet waren, gegenüber der nur 15,2-cm-starken Armierung der britischen Kreuzer, änderte Pridham-Wippell Kurs auf 140 Grad und ging mit der Fahrt auf 28 Knoten. Er wollte die italienischen Kreuzer auf die britische Schlachtflotte ziehen, obwohl Meldungen von Maschinen der *Formidable* darauf hindeuteten, daß ihm der Weg durch *Zara, Fiume, Pola, Giuseppe Garibaldi* und *Duca degli Abruzzi* verlegt werden könne, welche gerade eben über dem nordöstlichen Horizont standen.
Um 8.12 Uhr eröffneten Sansonettis drei schnelle Kreuzer das Feuer auf *Gloucester,* erzielten aber keine Treffer. Erst als die Entfernung auf 21 500 m gesunken war, konnten auch die britischen Kreuzer das Feuer erwidern. Beide Seiten beschossen sich dann eine Zeitlang ohne Wirkung auf höchste Schußentfernung, bis Iachino um 08.55 Uhr Sansonetti be-

Tabelle 33: Die größten Einheiten der Schlacht bei Kap Matapan am 28. 3. 1941

Name	Typ	Fertigstellung	Wasserverdrängung (Tons)	Geschwindigkeit (Knoten)	Geschütze (cm)	Torpedorohre (cm)	Stärkste Panzerung (mm)
Barham	Schlachtschiff	1915	31 100	24	8 × 38,1 12 × 15,2	–	330
Valiant (R)	Schlachtschiff	1916	32 700	24	8 × 38,1 20 × 11,4	–	330
Warspite	Schlachtschiff	1915	30 600	24	8 × 38,1 8 × 15,2	–	330
Formidable (R)	Flugzeugträger	1940	23 000	31	16 × 11,4 Ferner: 36 Jäger und Torpedobomber	–	118
Ajax (R)	L. Kreuzer	1935	6 985	32	8 × 15,2	8 × 53,3	105
Gloucester	L. Kreuzer	1939	9 400	32	12 × 15,2	6 × 53,3	105
Orion (R)	L. Kreuzer	1935	7 215	32	8 × 15,2	8 × 53,3	105
Perth	L. Kreuzer	1936	6 980	32	8 × 15,2	8 × 53,3	105
Vittorio Veneto	Schlachtschiff	1940	41 167	28	9 × 38,1 12 × 15,2	–	356
Bolzano	S. Kreuzer	1933	11 065	34	8 × 20,3	8 × 53,3	105
Fiume	S. Kreuzer	1931	11 700	29	8 × 30,3	–	152
Zara	S. Kreuzer	1931	11 700	29	8 × 20,3	–	152
Pola	S. Kreuzer	1932	11 700	29	8 × 20,3	–	152
Trieste	S. Kreuzer	1928	10 500	31	8 × 20,3	8 × 53,3	105
Trento	S. Kreuzer	1929	10 500	31	8 × 20,3	8 × 53,3	105
Duca degli Abruzzi	L. Kreuzer	1937	9 959	31	10 × 15,2	8 × 53,3	140
Giuseppe Garibaldi	L. Kreuzer	1937	9 387	31	10 × 15,2	6 × 53,3	140

(R) = Mit Warnradar ausgerüstet

fahl, mit seinem Kreuzergeschwader nach Nordwesten zu schwenken, so daß die Entfernung wieder über Geschützreichweite stieg. In der richtigen Erkenntnis, daß es seine Hauptpflicht war, Fühlung mit dem Gegner zu halten, drehte Pridham-Wippell den italienischen Kreuzern nach. Er wußte natürlich nicht, daß auch Iachino seinerseits versuchte, die britischen Kreuzer in die Reichweite der schweren Geschütze der *Vittorio Veneto* zu locken. Iachino ahnte freilich nicht, daß sein Flaggschiff in Richtung auf Cunninghams Schlachtflotte lief. Iachino hatte nämlich der Meldung einer von Rhodos aus gestarteten Aufklärungsmaschine keinen Glauben geschenkt, die mit ungenauer Position eine in See befindliche feindliche Schlachtflotte meldete. Er nahm an, der Aufklärer habe irrtümlich seine eigenen Verbände ausgemacht. Immerhin hätte ihm die Tatsache, daß in der Meldung von einem Flugzeugträger und zwei

Schlachtschiffen ebenso wie von Kreuzern und Zerstörern die Rede war, stärker zu denken geben müssen.

In der Zwischenzeit hatte Cunningham der Marineflugstation in Maleme am Westende von Kreta um 08.49 Uhr den Angriff gegen Sansonettis Kreuzer befohlen. Wegen Verzögerungen bei der Signaldurchgabe konnten die drei hierfür verfügbaren Flugzeuge erst um 10.50 Uhr starten. Als sie ihre Torpedos kurz nach Mittag abwarfen, vermochten die italienischen Kreuzer erfolgreich auszuweichen. Zuvor hatte jedoch *Formidable* um 09.56 Uhr sechs von Lieutenant-Commander G. Saunt geführte Torpedoflugzeuge gestartet, um die gleichen italienischen Kreuzer anzugreifen. Bevor diese Maschinen ihr Ziel erreichen konnten, sichtete jedoch Pridham-Wippell ein Schiff, das die Lage völlig verwandelte: Um 10.58 Uhr erkannte er die *Vittorio Veneto* 16 Seemeilen entfernt etwa genau im Norden stehend. Sofort funkte er drei dringliche Befehle an seine Streitkräfte: »Qualmen«. »Zusammen auf Gegenkurs gehen« und »Auf äußerste Fahrt gehen«. Die Funksprüche wurden auf *Warspite* aufgefangen. Sie reichten aus, um Cunningham davon zu überzeugen, daß seine Kreuzer auf italienische Schlachtschiffe gestoßen waren.

Vittorio Veneto eröffnete das Feuer und Sansonetti führte seine Kreuzer nach Südosten ausholend vor, um ebenfalls in den Kampf gegen die britischen Kreuzer eingreifen zu können. Der von beiden Seiten durch schnellere und stärkere Schiffe bedrohte Pridham-Wippell war in eine kritische Lage geraten. Die auf eine Entfernung von etwa 12 Seemeilen abgegebenen 29 Salven der italienischen 38,1-cm-Geschütze der *Vittorio Veneto* vermochten jedoch nur einige Nahschüsse zu erzielen. Noch glücklicher für die britische Seite aber war es, daß um 11.27 Uhr die Maschinen der *Formidable* das Schlachtfeld erreichten. Lieutenant F. H. E. Hopkins, Beobachter der Maschine von Lieutenant-Commander Saunt, berichtet:

> Wir sichteten ein großes Kriegsschiff, das von vier Zerstörern begleitet wurde, und mit Kurs auf unsere Kreuzer steuerte. Da das Schlachtschiff mit einer Geschwindigkeit von 30 Knoten lief, war klar, daß unsere Kreuzer jetzt in Schwierigkeiten waren. Wenn wir nicht schnell Treffer erzielen konnten, mußte einer unserer Kreuzer nach dem anderen durch das italienische Schlachtschiff *Vittorio Veneto* erledigt werden. Leider standen wir noch etwas achteraus und unsere Fluggeschwindigkeit betrug nur 90 Knoten, so daß wir nur mit der relativen Geschwindigkeit von etwa 60 Knoten aufholen konnten. Es dauerte fast 20 Minuten, bis wir eine geeignete Angriffsposition erreicht hatten. Die erste Staffel von drei Maschinen stürzte sich zum Angriff von der Steuerbordseite her auf das Ziel und warf ihre Torpedos ab. *Vittorio Veneto* drehte scharf vor den Torpedos ab, so daß diese harmlos vorbeiliefen. Dabei wurde sie jedoch von der zweiten Staffel angegriffen.[9]

Auch dem zweiten Angriff der Torpedoflugzeuge konnte *Vittorio Veneto* ausweichen, wenn auch nur knapp. Admiral Iachino kam daher zu dem

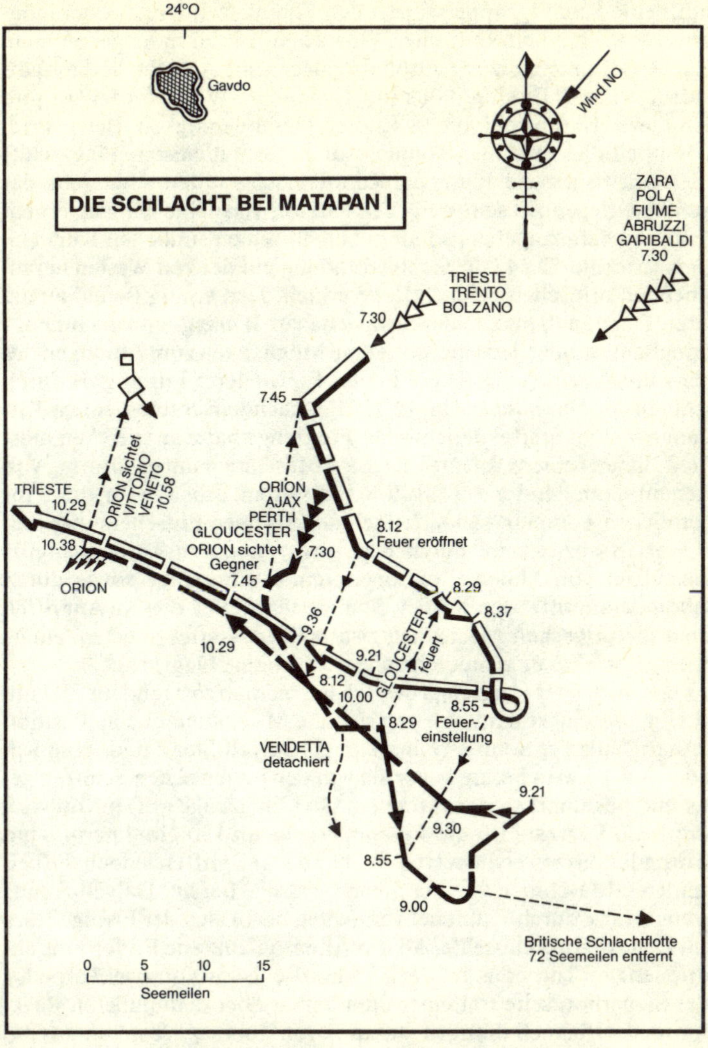

DIE ERSTE PHASE DES GEFECHTS

Das Kreuzergefecht von
8.12–8.55 Uhr und die
Sichtung des italienischen
Schlachtschiffs um 10.58 Uhr
am 28. März 1941

Schluß, seine Kampfgruppe sei jetzt den Flugplätzen Kretas oder möglicherweise auch einem britischen Flugzeugträger zu nahe gekommen. Da eigene Luftunterstützung ausblieb, gab er seine Absicht, in die Ägäis einzudringen, auf. Er ging daher auf Gegenkurs West-Nord-West und verließ dieses Kampffeld mit 18 Knoten Geschwindigkeit. Bevor Pridham-Wippell dies erkennen konnte, waren das italienische Flaggschiff und Sansonettis Kreuzer hinter der Kimm verschwunden. Angesichts der starken Unterlegenheit seiner eigenen Kreuzer versuchte er nicht, erneut auf Fühlung heranzugehen, sondern behielt seinen südlichen Kurs bei, bis *Gloucester* um 12.24 Uhr Sichtverbindung mit der von Westen herankommenden britischen Schlachtflotte erhielt. Jetzt erging Befehl an die Kreuzer, Position in maximaler Sichtweite vor *Warspite* einzunehmen.
Cunningham verblieb jetzt nur noch eine Möglichkeit zum Abfangen des Gegners durch seine langsamere Flotte: Ein weiterer Luftangriff durch Maschinen der *Formidable*. Um 12.25 Uhr, nachdem er selbst einem Torpedoangriff einer Staffel italienischer Flugzeuge hatte ausweichen müssen, ließ Bissett seine verbleibenden fünf Maschinen unter Führung von Lieutenant-Commander J. Dalyell-Stead starten. Aber bevor diese ihr Ziel erreichen konnten, sah sich Iachino in seiner Entscheidung, sich nach Westen abzusetzen, durch den zuvorgenannten Torpedoangriff landgestützter von Maleme aus operierender Flugzeuge sowie durch Hochbomberangriffe der RAF weiter bestärkt. Bei diesen Angriffen konnten die britischen Maschinen zwar keinen Treffer erzielen, einige Bomben lagen aber ungemütlich nahe bei Iachinos Flaggschiff.
Die zweite Welle der Flugzeuge des Trägers *Formidable* fand ihr Ziel um 15.19 Uhr. Geschickt manövrierten sich die Maschinen in eine Position zum Angriff aus der Sonne. Daher kamen Dalyell-Stead und seine Kameraden auf 1 500 m heran, bevor sie von den italienischen Schiffen gesichtet und bekämpft werden konnten. Drei Flugzeuge griffen von vorn an. Capitano Sparzani riß die *Vittorio Veneto* um 180 Grad herum, um den Torpedos auszuweichen. Unmittelbar danach griffen jedoch die beiden anderen Maschinen von der Steuerbordseite her an. Dalyell-Steads Flugzeug wurde durch Flakfeuer vernichtet, bevor sich der Erfolg dieses geschickten Angriffs einstellte. Aber von den auf kürzeste Entfernung abgeworfenen drei Torpedos auf der Backbordseite und von zwei Torpedos auf der Steuerbordseite traf einer unmittelbar über dem äußeren Backbordpropeller. Schnell drangen tausende von Tonnen Wasser in das italienische Schlachtschiff ein. Um 15.30 Uhr mußten die Maschinen gestoppt werden. Die *Vittorio Veneto* sackte achtern tief ins Wasser und erhielt Schlagseite nach Backbord. Zwanzig Minuten später konnte ein britischer Aufklärer die Beschädigung des italienischen Flaggschiffs an Cunningham melden.
Cunninghams Schlachtflotte stand aber in diesem Augenblick immer noch 50 Seemeilen vom Gegner entfernt. Cunningham entschied sich dagegen, allein aufgrund von Flugzeugmeldungen zu operieren, die sich

nur allzu oft als falsch und verwirrend erwiesen hatten. Er wollte sich selbst über die Bewegungen des Gegners Gewißheit verschaffen, vor allem, als bald angenommen werden mußte, daß *Vittorio Veneto* wieder Fahrt aufgenommen hatte. Deshalb befahl er um 16.44 Uhr Pridham-Wippell, mit Höchstgeschwindigkeit dem Schlachtgeschwader vorauszueilen, um Fühlung mit dem Gegner-Schlachtschiff herzustellen und zu melden, ob für Cunninghams schwere Einheiten eventuell doch noch die Möglichkeit bestand, das italienische Schlachtschiff vor Einbruch der Nacht zu fassen. Der *Formidable* wurde erneut befohlen, in der Abenddämmerung einen weiteren Angriff vorzutragen: Acht mit Torpedos beladene Maschinen starteten um 17.35 Uhr unter dem Kommando von Saunt. Um 18.10 Uhr stießen dazu noch zwei weitere von Maleme aus gestartete Maschinen.

Zehn Minuten später waren Cunninghams Zweifel über den Gegner durch eine Reihe von Meldungen geklärt. Eine kam vom Bordflugzeug der *Warspite* selbst: Die *Vittorio Veneto* stand etwa 45 Seemeilen vor dem britischen Flaggschiff und steuerte bei 13 Knoten Fahrt Kurs 300 Grad. Das beschädigte Schlachtschiff war an Steuerbordseite durch Cattaneos drei Schwere Kreuzer und an Backbordseite durch Sansonettis Kreuzer als Nahsicherung stark beschützt. Außerhalb des Kreuzerschirms liefen Zerstörer. Legnanis zwei Leichte Kreuzer waren vorausgesandt worden, um allein nach Brindisi zu laufen. Cunningham erkannte sofort, wie viel jetzt davon abhing, daß der Angriff der Maschinen von *Formidable* in der Abenddämmerung zum Erfolg führte. Da sich *Warspite* der *Vittorio Veneto* nur mit einer relativen Geschwindigkeit von weniger als 10 Knoten annäherte, konnte Cunningham das Schiff nicht vor Einbruch der Morgendämmerung des nächsten Tages erreichen. Zu diesem Zeitpunkt hätte er sich jedoch nur noch 250 Seemeilen vor der Straße von Messina befunden, was der Küste zu nahe war, von welcher die große Gefahr von Stukaangriffen der deutschen Luftwaffe drohte.

Schnell brach die Dämmerung herein. Um 19.15 Uhr drehte Iachino erneut zeitweilig auf Kurs West. Aber auch diese Absetzbewegung wurde von den Flugzeugen der *Formidable* erkannt, als sie einige Zeit achteraus der italienischen Flotte auf der Stelle kreisten, um den besten Augenblick für ihren Angriff abzuwarten, von dem so viel abhing. »Als wir dann um 19.30 Uhr alle gemeinsam (schrieb Saunts Beobachter) von der dunklen Seite her angriffen, wobei die italienischen Schiffe als scharfe Silhouette gegen das letzte Licht der untergehenden Sonne im Westen am Horizont standen, mußten wir feststellen, daß man uns dennoch erfaßt hatte. Heftiges Flakfeuer schlug uns entgegen. Wir waren gezwungen, erneut abzudrehen und uns in einzelne Gruppen aufzuteilen, um dann erneut aus verschiedenen Richtungen und Winkeln anzugreifen.« Die meisten Piloten waren der Meinung, daß sie ihre Torpedos auf das Schlachtschiff abgeschossen hatten. Aber um mit Saunt zu sprechen, »Erfolge waren unter den gegebenen Lichtverhältnissen schwierig zu beobachten. Es wurde je-

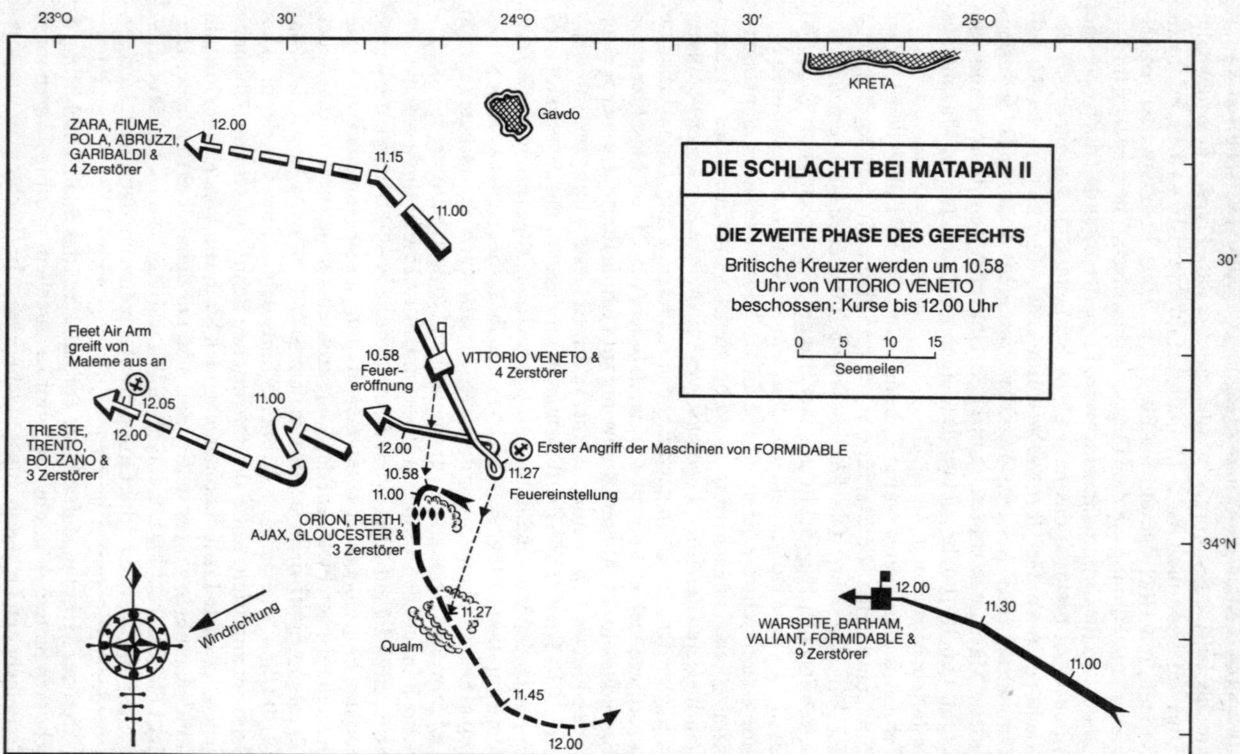
DIE SCHLACHT BEI MATAPAN II
DIE ZWEITE PHASE DES GEFECHTS
Britische Kreuzer werden um 10.58 Uhr von VITTORIO VENETO beschossen; Kurse bis 12.00 Uhr
0 5 10 15
Seemeilen
23°O
30'
24°O
30'
25°O
30'
34°N
KRETA
Gavdo
ZARA, FIUME, POLA, ABRUZZI, GARIBALDI & 4 Zerstörer
12.00
11.15
11.00
Fleet Air Arm greift von Maleme aus an
12.05
12.00
TRIESTE, TRENTO, BOLZANO & 3 Zerstörer
11.00
10.58 Feuer-eröffnung
VITTORIO VENETO & 4 Zerstörer
12.00
Erster Angriff der Maschinen von FORMIDABLE
10.58
11.27
11.00
Feuereinstellung
ORION, PERTH, AJAX, GLOUCESTER & 3 Zerstörer
11.27
Qualm
11.45
12.00
Windrichtung
12.00
11.30
11.00
WARSPITE, BARHAM, VALIANT, FORMIDABLE & 9 Zerstörer

doch wenigstens ein Treffer auf einem Kreuzer beobachtet.« Saunt führte seine Flugzeuge zum Flugplatz Maleme auf Kreta, weil Boyd die Maschinen nicht während der Nacht auf seinem Träger landen lassen wollte. Dazu hätte er die helle Flugdeckbeleuchtung anschalten müssen, was den zahlreichen Gegnerstreitkräften die Anwesenheit des Flugzeugträgers verraten hätte.

Der beobachtete Torpedotreffer hatte in der Tat den italienischen Schweren Kreuzer *Pola* an Steuerbordseite zwischen den Maschinen- und Kesselräumen angeschlagen. Drei wasserdichte Abteilungen liefen schnell voll, die Hauptmaschinen mußten gestoppt werden und die gesamte elektrische Versorgung fiel aus. Capitano da Pisa konnte nichts anderes tun, als sein Schiff aus der Kiellinie ausscheren zu lassen. Der beschädigte Kreuzer sackte schnell achteraus. Erst eine halbe Stunde später erfuhr Iachino, daß die *Pola* lahmgeschossen war. Der italienische Oberbefehlshaber hatte inzwischen Funkmeldungen von Aufklärern erhalten, aus denen sich ergab, daß das Schlachtschiff *Warspite* und der Träger *Formidable* tatsächlich in See standen. Aber genauso wie er am Morgen die Meldung der Maschine von Rhodos als unwahrscheinlich verworfen[10] und nicht erkannt hatte, daß mindestens einige der ihn angreifenden Flugzeuge trägergestützte Maschinen sein mußten, entschied er sich auch jetzt, diese Meldungen als lediglich auf die Kreuzer Pridham-Wippells bezogen anzusehen. Eine andere Gefahr schien ihm nicht zu bestehen. Zum Schutz der *Pola* ließ er Cattaneo um 20.48 Uhr mit *Zara* und *Fiume* sowie vier Zerstörern mit dem Befehl zurücklaufen, die beschädigte *Pola* nach Tarent einzubringen. Der italienische Konteradmiral drehte mit seinen Kreuzern auf Gegenkurs Südost und lief mit 16 Knoten Geschwindigkeit zurück, nicht ahnend, in welche Falle er jetzt tappte. Weder er noch Iachino »hatten den leisesten Verdacht, daß in nur geringer Entfernung von ihnen die gesamte britische Mittelmeerflotte stand.«

Kein Oberbefehlshaber hätte zu einer katastrophaleren Lageeinschätzung kommen können. Kurz nach 19.00 Uhr meldete Pridham-Wippell, der etwa 20 Seemeilen vor *Warspite* stand, »zwei unbekannte Fahrzeuge direkt voraus in Sicht, etwa 10 Seemeilen entfernt.« Cunningham nahm jetzt an, die gesamte italienische Kampfgruppe sei dem manövrierunfähig geschossenen Schiff zu Hilfe geeilt.

> Der schwierige Augenblick der Entscheidung war gekommen (schrieb Cunningham). Ich war davon überzeugt, daß es unklug sei, nachdem wir nun so weit (bis südlich Kap Matapan) gekommen waren, die Vernichtung der *Vittorio Veneto* nicht zu vollenden. Allerdings schien auch der italienische Admiral unsere Position zu kennen. Kein britischer Admiral hätte an seiner Stelle gezögert jetzt jeden Zerstörer, den er hatte, unterstützt durch seine Kreuzer, mit ihren Torpedos zum Angriff gegen eine ihn verfolgende Flotte anzusetzen. Einige der Offiziere meines Stabes argumentierten, es sei unklug, blindlings mit unseren

> drei schweren Schiffen und der *Formidable*, die wir ja auch noch dekken mußten, einem sich zurückziehenden Feind nachzusetzen und dadurch die Gefahr einzugehen, daß eines unserer Schiffe innerhalb der Reichweite feindlicher Sturzkampfbomber manövrierunfähig liegen blieb und bei Ausbruch des nächsten Tages in ernste Gefahr geriet. Ich hörte mir diese Meinungen höflich an und erklärte dann, ich würde zunächst einmal zu Abend essen und dann meine Entscheidung bekanntgeben.[11]

Einer der Offiziere seines Stabes erinnerte sich allerdings an die genaue damals von Cunningham gebrauchte sprachliche Formulierung: »Ihr seid eine Horde feiger Stinktiere. Ich gehe jetzt essen. Nachher sehen wir dann, ob nicht meine Kampfmoral besser ist als die Eure.« Dieser Wortlaut dürfte dem Kampfgeist Cunninghams allerdings viel eher gerecht werden. Um den gleichen Stabsoffizier zu zitieren: »Sobald Cunningham wieder an Deck erschien wurden insgesamt acht Zerstörer vor die Flotte entsandt. Sie sollten eine Angriffsgruppe unter Captain P. J. Mack an Bord der *Jervis* bilden, während sich die Schlachtflotte durch nur vier Zerstörer geschützt auf das Nachtgefecht vorbereitete.«[12]

Um 20.37 Uhr erhielt Captain Mack den Befehl: »Feindliche Schlachtflotte mit Torpedos angreifen«. Er ging sofort auf Kurs 300 Grad und 28 Knoten Fahrt und stürmte in Richtung auf die letztbekannte Feindposition. Er erwartete Iachino etwa 30 Seemeilen vor sich zu finden. Diese Position war jedoch unter der Annahme berechnet worden, daß *Vittorio Veneto* eine Geschwindigkeit von nur 15 Knoten halten konnte. Tatsächlich lief das italienische Schlachtschiff inzwischen schon wieder fast 20 Knoten. Außerdem hatte Iachino um 20.48 Uhr seinen Kurs von 300 auf 323 Grad geändert. Um 21.15 Uhr funkte Mack, daß er beabsichtige, außer Sichtweite an der Steuerbordseite des beschädigten Schlachtschiffs vorbeizuziehen, um dann seinen Torpedoangriff von vorn vorzutragen.

Dazu wollte er seine Zerstörer in zwei Divisionen teilen, die auf einander entgegengesetzten Kursen gegen den Feind zwischen dem Schlachtschiff und den Kreuzern vorstoßen sollten, so daß auf jeder Seite die Gefechtsentfernung etwa 450 m betrug. Damit hoffte er die Gegner so in Verwirrung zu bringen, daß sich diese schließlich auch noch gegenseitig beschießen würden. Es war ein kühner Plan, ganz im Geiste des Oberbefehlshabers, der sich der Nelson'schen These verschrieben hatte: »Zum Gefecht näher an den Feind.« Aber dieser wohldurchdachte Plan sollte nicht aufgehen.

Um 22.00 Uhr änderte Mack seinen Kurs auf 285 Grad. Kurz danach sichtete *Ajax* auf dem Radarschirm drei nicht identifizierte Schiffe mit Peilung zwischen 190 und 252 Grad auf eine Entfernung von fünf Seemeilen und meldete sie. Dies waren jedoch Cattaneos Kreuzer und Zerstörer, die ahnungslos zur manövrierunfähigen *Pola* zurückliefen. Die Lage auf dem Radarschirm von *Jervis* schien jedoch darauf hinzudeuten,

daß es sich um die übrigen Kreuzer Pridham-Wippells handeln müsse. Daher ließ Mack diese Schiffe zunächst unbeobachtet.
Die acht britischen Zerstörer hielten ihren Kurs bis 23.20 Uhr bei. Kurz darauf fing Mack einen für ihn rätselhaften Funkbefehl Cunninghams auf: »Alle nicht unmittelbar mit der Versenkung von Feindschiffen beschäftigten Streitkräfte nach Nordosten absetzen«. Er drehte daher ab und fragte, ob der Befehl auch für seine Zerstörer gelte. Cunningham antwortete: »Nach Ihrem Angriff«. Daher drehte Mack wieder auf Kurs West. Zwanzig Minuten später glaubte er *Vittorio Veneto* weit genug überholt zu haben und drehte auf Kurs 200 Grad. Er fand jedoch nichts. Denn zu diesem Zeitpunkt stand das italienische Schlachtschiff bereits 30 Seemeilen weiter voraus und nördlich von der Position, auf der die britische Seite es vermutete. Cunningham sollte später die Entscheidung Macks, nördlich um *Vittorio Veneto* herumzugehen, als »höchst unglücklich« kritisieren, weil dies »dem Gegner die südliche Flanke zum Entkommen offen ließ« und weil dadurch »die Operation der eigenen Kreuzer beschränkt würde«. Der erste Punkt der Kritik ist allerdings kaum gerecht, da Iachinos einzige Chance zum Entkommen eindeutig im Nordwesten lag.
Andererseits nahmen jetzt Pridham-Wippells Kreuzer die Verfolgung der italienischen Flotte mit 30 Knoten Geschwindigkeit auf. Sie waren auf eine Linie mit Peilung 20–200 Grad auseinandergezogen und standen dabei in einem Abstand von sieben Seemeilen. Als *Orion* um 19.15 Uhr zwei unbekannte Schiffe zehn Seemeilen voraus meldete, konzentrierte der Vizeadmiral sein Kreuzergeschwader in Kiellinie. Eine halbe Stunde später verminderte die einfallende Dunkelheit die Sicht auf vier Seemeilen und er verlor den Gegner wieder aus der Sicht. Um 20.14 Uhr meldete *Orion* Radarkontakte sechs Meilen voraus an Pridham-Wippell. Eine weitere Meldung um 20.40 Uhr lautete »unbekanntes Schiff bewegungslos voraus«. Pridham-Wippell hielt dieses Schiff für die beschädigte *Vittorio Veneto*. Sie zu vernichten war ja Aufgabe von Mack (*Jervis* aber hatte diese Meldung überhaupt nicht aufgefangen). Wenn dies jedoch ein anderes Schiff war, so verblieb immer noch die Erfüllung der ursprünglichen Aufgabe, Fühlung mit der Hauptflotte des Gegners herzustellen.
Das erforderte, daß er ausholend nach Norden um die manövrierunfähige *Pola* gehen mußte, bevor er auf Kurs West drehte. Jetzt wurde ihm plötzlich klar, daß die Zerstörer unter Captain Mack auf mit ihm konvergierendem Kurs liefen. Als er schließlich um 21.55 Uhr den bereits erwähnten Funkspruch mit der Meldung dreier nicht identifizierter Schiffe von *Ajax* erhielt, schloß er daraus, daß es sich um die Zerstörer Macks handeln müsse; ebenso wie Mack annahm, diese Schiffe seien Pridham-Wippells Kreuzer. Um jede Gefahr eines selbstmörderischen Gefechts sicher auszuschließen, ging er weiter nach Norden, auf Kurs 340 Grad, in der Absicht, wieder zurück auf Kurs Westen zu drehen, sobald die Ge-

fahr eines Aufeinanderstoßens eigener Kräfte nicht mehr bestand. Zuvor aber erhielt er den erwähnten Befehl Cunninghams, daß alle Einheiten sich nach Nordwesten abzusetzen hätten. Jetzt schwenkte er mit seinen Kreuzern auf Kurs 60 Grad, wodurch er die *Vittorio Veneto* und ihre Begleitung nur um 35 Seemeilen verfehlte. Macks Zerstörer stießen 30 Seemeilen an ihrem Ziel vorbei ins Leere.
Zuvor hatte sich an anderer Stelle vieles ereignet. Eine Stunde zuvor, um einen Offizier an Bord eines Zerstörers von Mack zu zitieren, »sahen wir Backbord achteraus ein Aufblitzen über dem Horizont, eine Leuchtgranate schwebte vom Himmel auf das Wasser nieder. Dann erfolgte ein weiterer noch viel stärkerer Blitz, dann ein erstes großes Aufblitzen an Steuerbord, ein Flammenturm schoß in die Luft, der die See ringsum beleuchtete. Offensichtlich war die Schlachtflotte auf etwas gestoßen«. In der Hoffnung, daß das gemeldete bewegungslose Schiff vor ihm die *Vittorio Veneto* war, hatte Cunningham um 21.00 Uhr seiner Schlachtflotte befohlen, mit Kurs 280 Grad auf diese etwa 20 Seemeilen voraus entfernte Position mit 20 Knoten zuzulaufen, und zwar in der Reihenfolge *Warspite, Valiant, Formidable* und *Barham*. Die Zerstörer *Stuart* und *Havock* waren eine Seemeile nach Steuerbord, die Zerstörer *Greyhound* und *Griffin* eine Meile nach Backbord vorausgesetzt worden. Um 22.03 Uhr faßte das Radargerät der *Valiant* das bewegungslose Schiff sechs Seemeilen Backbord voraus auf. Seine schweren Schiffe mit dem Geschick eines erfahrenen Zerstörerkommandanten manövrierend, ließ Cunningham seine Schlachtflotte sofort gemeinsam um 40 Grad nach Backbord schwenken und befahl *Greyhound* und *Griffin* zu *Stuart* und *Havock* nach der Steuerbordseite zu gehen, um sie aus dem Schußfeld des Gefechts mit dem erwarteten Feind herauszuhalten.
Die britischen Besatzungen waren auf Gefechtsstation. Alle Geschütztürme zeigten bereits in die zu erwartende Gefechtsrichtung. Alle Geschütze waren geladen und schußbereit. Die drei britischen Schlachtschiffe stürmten dem Feind nach Backbord achteraus gestaffelt entgegen, als um 22.23 Uhr der Zerstörer *Stuart* plötzlich ein abgedunkeltes Schiff Steuerbord voraus meldete. Den Kurs der britischen Flotte von rechts nach links fast kreuzend steuerten in etwa zwei Seemeilen Entfernung ahnungslos der Zerstörer *Alfieri* vor dem Schweren Kreuzer *Zara*, gefolgt vom Schwesterschiff *Fiume* und den Zerstörern *Gioberti, Carducci* und *Oriani*. Einen Moment später wurden diese Einheiten auch von der Brücke der *Warspite* aus gesichtet. Sofort brachte Cunningham seine Flotte in Kiellinie auf den fast parallelen, aber zum Gegner entgegengesetzten Kurs von 130 Grad. Um 22.27 Uhr eröffneten *Warspite* und *Valiant* das Feuer mit der Haupt- und Mittelartillerie auf eine Gefechtsentfernung von nur 2 700 bis 3 600 m.

Man hörte das »Ting-ting-ting« der Feuergongs. Dann zuckte ein großer orangefarbener Blitz auf, das Schiff erbebte und zitterte, der Donner rollte. Die schweren Geschütze hatten gefeuert. *Greyhound* schaltete seinen Scheinwerfer auf die *Alfieri* ein. Silberblau erstrahlte der italienische Zerstörer in der Dunkelheit. Unser eigener Scheinwerfer leuchtete mit der ersten Breitseite auf. Jetzt bot sich ein schauriger Anblick. Ich sah unsere großen Granaten durch die Luft fliegen. Fünf trafen kaum zwei Meter unter der Oberdeckskante der *Fiume* und barsten unter brilliantfarbenem Funkensprühen und Flammenzungen. Die Italiener waren völlig überrascht und unvorbereitet: die Geschütze befanden sich noch in Ruhestellung. Die Schiffe waren zu hilflosen brennenden Wracks geschossen worden, bevor sie den geringsten Widerstand leisten konnten.[13]

Für die falsche Entscheidung, seine Schiffsbesatzung zum Schlafen in den Hängematten zu entlassen statt sie auf Gefechtsstation zu halten, mußte Admiral Cattaneo einen teuren Preis und mit dem eigenen Leben bezahlen. (Gerechterweise ist zu vermerken, daß er nicht der einzige Befehlshaber blieb, der sich während des Zweiten Weltkriegs einer solchen Fehleinschätzung der Lage schuldig machte: In einem späteren Kapitel dieses Buches wird über jene Nacht bei Savo zu berichten sein, in der auch eine alliierte Kampfgruppe für einen gleichen Fehler ebenso teuer bezahlen mußte). Von vorn bis achtern lichterloh brennend, scherte Gingis Kreuzer mit schwerer Schlagseite nach Steuerbord aus der Kiellinie aus. Der achterste Turm wurde durch eine Explosion über Bord geschleudert. Eine dreiviertel Stunde später, um 23.15 Uhr, sank der Kreuzer.
Nach dieser ersten vernichtenden Breitseite wechselte *Valiant* das Feuer auf *Zara*. *Warspite* folgte mit zwei weiteren Salven. Jetzt feuerten beide ihre schweren 38,1-cm-Granaten im Direktbeschuß auf Cattaneos Flaggschiff, das wie *Fiume* völlig unvorbereitet war und ohne jede Gegenwehr überwältigt wurde. *Barham* tat das gleiche von ihrer Position hinter *Formidable* aus, die sich nach Steuerbord aus der Gefechtslinie nach voraus verholt hatte. *Barham* schoß eine Breitseite auf den Zerstörer *Alfieri*, der als loderndes Wrack liegenblieb. Jetzt explodierten die Kessel der brennenden *Zara*, ein Backgeschützturm wurde durch die Explosionen weit in die See geschleudert.
Ein paar Minuten später, um 22.31 Uhr, sah Cunningham die drei achteraus von den italienischen Kreuzern laufenden Zerstörer nach Backbord drehen und Torpedos schießen. Cunningham reagierte sofort: Alle Einheiten drehten gleichzeitig um 90 Grad nach Steuerbord vom Gegner ab. Gleichzeitig wurde das schwere Artilleriefeuer der Schlachtschiffe auf die Zerstörer verlegt. Dann befahl er seine eigenen vier Zerstörer zum Angriff, um dem Gegner den Garaus zu machen. Jetzt ließ er den schon zweimal erwähnten mißverständlichen Funkbefehl absetzen.
In der allgemeinen Melée (schrieb ein Offizier seines Stabes) konnten unsere Schlachtschiffe natürlich nur zu leicht von Feindzerstörern oder unseren eigenen Zerstörern torpediert werden. Aus diesem Grund setzte

ich ein Signal auf, welches lautete »Alle nicht unmittelbar mit der Versenkung von Feindschiffen beschäftigten Streitkräfte sich mit Kurs Nordost absetzen«. Der Oberbefehlshaber stimmte zu. Wir führten die Schlachtflotte auf diesen Kurs, Das Signal sollte sich jedoch unglücklich auswirken, weil es Pridham-Wippell dazu veranlaßte, seinen Auftrag zur Beschattung der ablaufenden italienischen Einheiten abzubrechen. Dies war aber weder von mir noch vom Oberbefehlshaber jemals beabsichtigt gewesen. Auch glaubten wir ein solches Mißverständnis deshalb ausschließen zu können, weil bei unserer gesamten Friedensausbildung ja immer wieder eingehämmert worden war, daß Kreuzer unter keinen Umständen die Fühlung mit dem Gegner abreißen lassen dürften.[14]
Nach Cunningham sollte dieser Befehl sicherstellen, daß sich die schweren Einheiten auf Parallelkurs, aber klar von der Zerstörer-Melée absetzen würden. Er erfolgte unter dem Eindruck, daß Pridham-Wippells Kreuzer und Macks Zerstörer Fühlung mit dem Gegner hatten. Unglücklicherweise aber bestand diese Fühlung noch nicht, und der Vizeadmiral setzte sich nach Nordosten ab. Er hatte 30 Minuten früher in einer Entfernung Nordwest ein rotes pyrotechnisches Signal gesichtet und zog seine Streitkräfte jetzt zur Aufklärung auseinander. Dieses rote Signal war gleichzeitig auch von Mack in Richtung der Position von Pridham-Wippell gesichtet worden. Da er aufgrund der Funkmeldung von Pridham-Wippell wußte, daß auch dieser das Rotfeuer gesichtet hatte, unterließ er es, dies genauer aufzuklären. Dieses Signal aber muß vom Rest der italienischen Flotte ausgegangen sein, die sich nach Nordwesten zurückzog.[15]
»Unterließ es, dies aufzuklären«: Angesichts dieser kritischen Bemerkung Cunninghams über die oben dargestellten taktischen Entscheidungen Macks hätte man erwarten können, daß Cunningham noch kritischere Worte für Pridham-Wippells Vorgehen gefunden haben würde, weil doch die absolute Priorität der Fühlungshaltung mit dem Gegner durch Kreuzer eine der wichtigsten Lehren war, welche die Grand Fleet im Ersten Weltkrieg erst hatte bitter lernen müssen. Wie dem auch sei: *Formidable* scherte um 23.20 Uhr wieder in die Kiellinie der Schlachtflotte ein. Diese lief nun während der Nacht nordöstlich ab und überließ den Zerstörern »die Vollendung der Arbeit.«
In einem praktisch nur drei Minuten dauernden Gefecht waren Cattaneos drei führende Schiffe in brennende Wracks verwandelt worden. Der Zerstörer *Alfieri* durch zwei Breitseiten der *Barham,* der Kreuzer *Zara* durch vier Breitseiten der *Warspite* und fünf von *Valiant,* der Kreuzer *Fiume* durch zwei von *Warspite* und einer von *Valiant.* Alle Breitseiten waren unter 3 600 m Gefechtsentfernung abgegeben worden, was Cunningham später veranlaßte, mit grimmigem Humor zu schreiben: »Die richtige Kampfentfernung für alle Schiffe der Mittelmeerflotte bei Aufnahme des Gefechts mit dem Gegner ist Kernschußnähe, da auf eine solche Entfernung selbst Artillerieoffiziere nicht danebenschießen können.« Die Opfer des Gefechts waren nicht nur völlig überrascht worden:

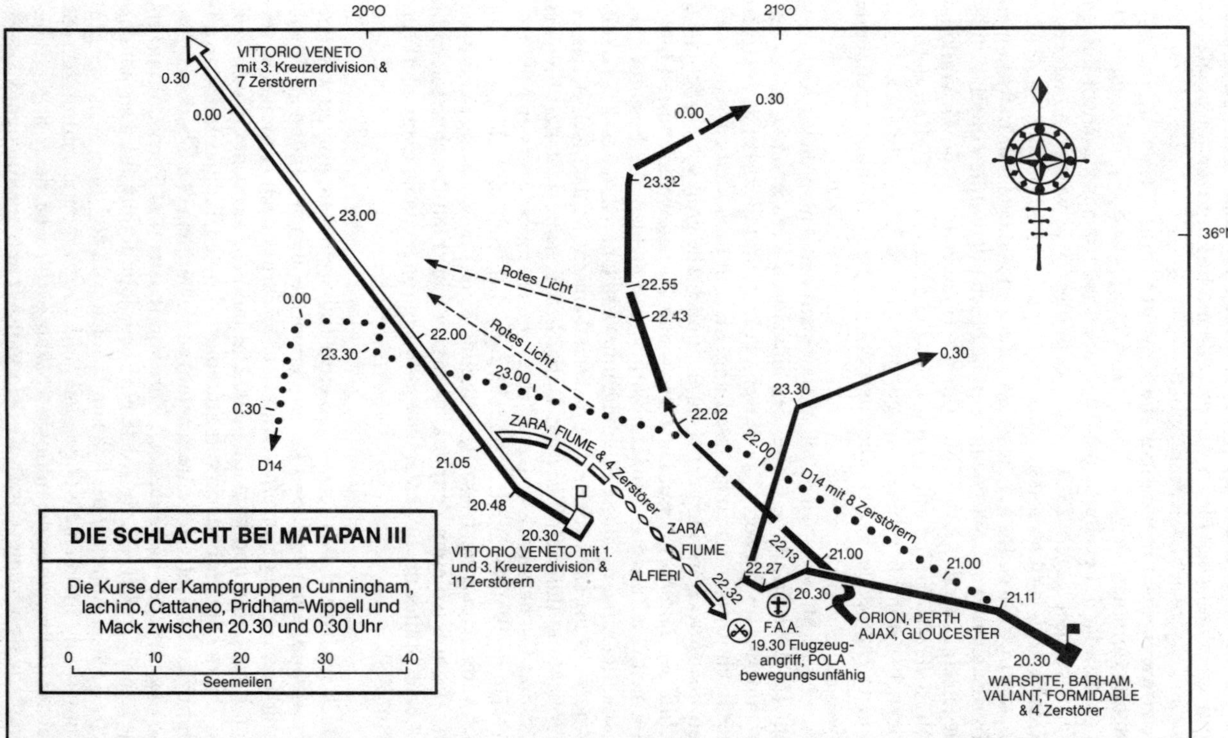
20°O
21°O
36°N
VITTORIO VENETO
mit 3. Kreuzerdivision &
7 Zerstörern
0.30
0.00
23.00
22.00
21.05
20.48
20.30
VITTORIO VENETO mit 1.
und 3. Kreuzerdivision &
11 Zerstörern
0.00
23.30
0.30
D14
23.00
Rotes Licht
Rotes Licht
0.00
0.30
23.32
22.55
22.43
22.02
ZARA, FIUME & 4 Zerstörer
ZARA
FIUME
ALFIERI
22.32
F.A.A.
19.30 Flugzeug-
angriff, POLA
bewegungsunfähig
22.00
D14 mit 8 Zerstörern
23.30
0.30
22.13
22.27
20.30
21.00
ORION, PERTH
AJAX, GLOUCESTER
21.00
21.11
20.30
WARSPITE, BARHAM,
VALIANT, FORMIDABLE
& 4 Zerstörer
DIE SCHLACHT BEI MATAPAN III
Die Kurse der Kampfgruppen Cunningham,
Iachino, Cattaneo, Pridham-Wippell und
Mack zwischen 20.30 und 0.30 Uhr
0
10
20
30
40
Seemeilen

Im Gegensatz zu der Lektion vom Skagerrak, welche die deutsche Flotte der Grand Fleet erteilt hatte, und entgegen der Praxis der japanischen und amerikanischen Flotte, war die italienische Flotte für Nachtgefechte weder ausgerüstet noch ausgebildet.
Jetzt waren noch drei italienische Zerstörer übrig. Diesen liefen *Greyhound* (Commander W. R. Marshall-A'Deane) und *Griffin* (Lieutenant-Commander J. Lee-Barber) nach, kamen jedoch nur zu einem kurzen Feuerwechsel gegen 23.20 Uhr, bevor die Ziele wieder hinter einer Rauchwand verschwanden. *Stuart* (Captain H. M. L. Waller, RAN) feuerte ihre Torpedos auf die wracke *Zara* und erzielte mindestens einen Treffer. Dann versenkte sie die bereits beschädigte *Alfieri* durch Artilleriegefecht gegen 23.15 Uhr. *Havock* (Lieutenant C. R. G. Watkins) schoß vier Torpedos auf *Carducci* und erzielte einen Treffer, der den Gegnerzerstörer liegenbleiben ließ, bevor er um 23.30 Uhr sank. Dann feuerte *Havock* die letzten vier Torpedos auf die noch immer brennende *Zara*.
Eine halbe Stunde später stieß Watkins auf den Anlaß dieser Katastrophe für die italienische Flotte, den glücklosen Kreuzer *Pola*. Er lag bewegungslos im Wasser, ohne Maschinenkraft und Elektrizität; auch seine Geschütze standen in Ruhestellung. Im Lichte des kleinen Scheinwerfers der *Havock* erschien der Kreuzer zunächst so groß wie ein Schlachtschiff der *Littorio*-Klasse. Da *Havock* alle Torpedos verschossen hatte, zog sich der Zerstörer zunächst zurück und meldete die Position über Funk. Bei Eingang dieser Meldung um 00.30 Uhr nahm Mack verständlicherweise an, es handele sich um das italienische Schlachtschiff, dessen Vernichtung ihm befohlen war. Daher ließ er seine acht Zerstörer auf Ost-Süd-Ost herumschwenken. Zehn Minuten nach der ersten Meldung korrigierte Watkins seine Sichtmeldung »Nicht Schlachtschiff, sondern Schwerer Kreuzer«. Diese Berichtigung erreichte Mack aber erst nach 01.30 Uhr. Zu diesem Zeitpunkt hatte sich seine Flottille schon seit mehr als einer Stunde mit hoher Geschwindigkeit von Iachinos Flaggschiff entfernt.

Mack schätzte, daß er jetzt schon etwa 100 Seemeilen, also zu weit entfernt stand, um die *Vittorio Veneto* dennoch einholen zu können. Er entschied sich daher gegen einen Kurswechsel zurück nach Westen, hielt seinen Kurs weiter und kam um 02.00 Uhr morgens auf dem Gefechtsfeld an. Er fand die See bedeckt von Trümmern, Booten, Flößen und Schwimmern. Seinen Schlußzerstörern befahl er die Bergung von Überlebenden. *Jervis* ging gegen die verlassene *Zara* vor, feuerte fünf Torpedos und erzielte drei Treffer. Jetzt erfolgte eine gewaltige Explosion. Der italienische Kreuzer rollte auf die Seite und sank um 02.40 Uhr.
Mittlerweile hatten sich *Greyhound* und *Griffin* dem Zerstörer *Havock* bei der Beobachtung der hilflosen *Pola* angeschlossen, deren an Deck befindliche Besatzung vollständig demoralisiert und nur von dem Wunsch

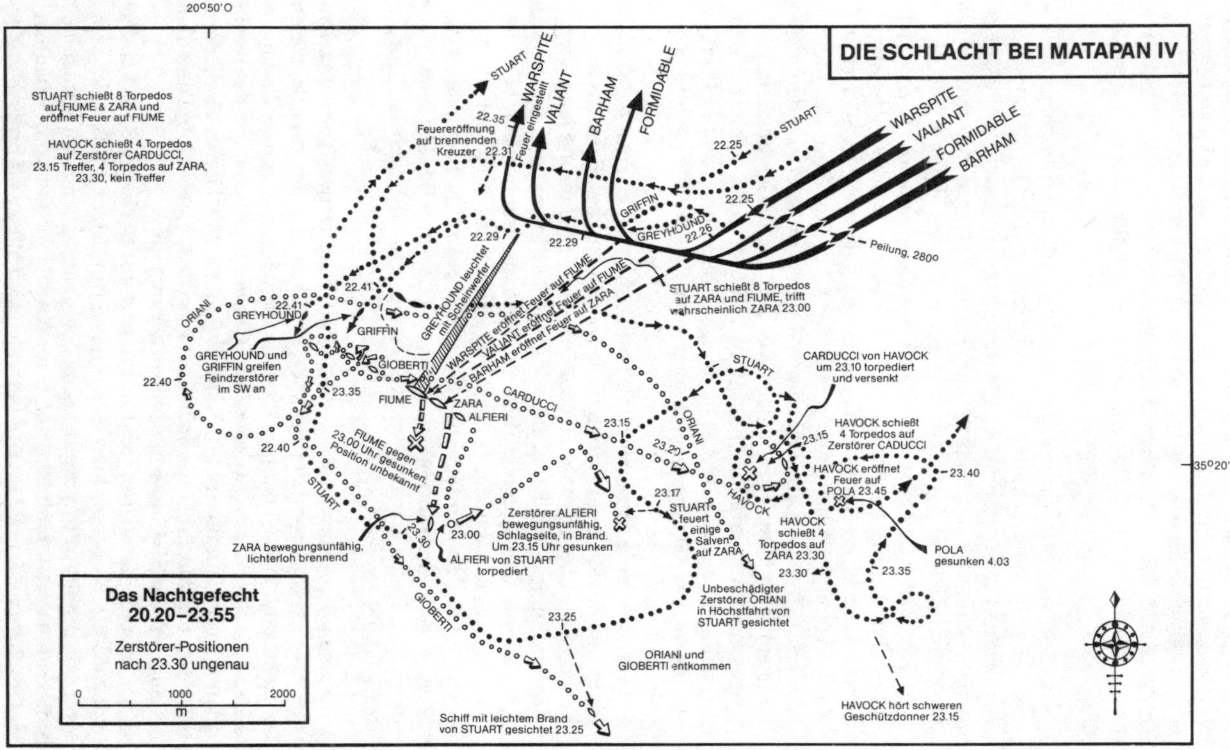
DIE SCHLACHT BEI MATAPAN IV
20°50'O
35°20'N
STUART schießt 8 Torpedos auf FIUME & ZARA und eröffnet Feuer auf FIUME
HAVOCK schießt 4 Torpedos auf Zerstörer CARDUCCI, 23.15 Treffer, 4 Torpedos auf ZARA, 23.30, kein Treffer
STUART
WARSPITE
VALIANT
BARHAM
FORMIDABLE
Feuer eingestellt
22.35
Feuereröffnung auf brennenden Kreuzer
22.31
22.25
STUART
WARSPITE
VALIANT
FORMIDABLE
BARHAM
22.25
GRIFFIN
GREYHOUND
22.26
22.29
22.29
Peilung, 280°
GREYHOUND leuchtet mit Scheinwerfer
WARSPITE eröffnet Feuer auf FIUME
VALIANT eröffnet Feuer auf FIUME
BARHAM eröffnet Feuer auf ZARA
STUART schießt 8 Torpedos auf ZARA und FIUME, trifft wahrscheinlich ZARA 23.00
22.41
22.41
ORIANI
GREYHOUND
GRIFFIN
GREYHOUND und GRIFFIN greifen Feindzerstörer im SW an
GIOBERTI
22.40
23.35
FIUME
ZARA
ALFIERI
CARDUCCI
22.40
FIUME gegen 23.00 Uhr gesunken, Position unbekannt
STUART
ZARA bewegungsunfähig, lichterloh brennend
23.30
23.00
ALFIERI von STUART torpediert
Zerstörer ALFIERI bewegungsunfähig, Schlagseite, in Brand. Um 23.15 Uhr gesunken
23.15
ORIANI
23.20
23.17
STUART feuert einige Salven auf ZARA
STUART
CARDUCCI von HAVOCK um 23.10 torpediert und versenkt
23.15
HAVOCK schießt 4 Torpedos auf Zerstörer CADUCCI
HAVOCK eröffnet Feuer auf POLA 23.45
23.40
HAVOCK
HAVOCK schießt 4 Torpedos auf ZARA 23.30
23.30
POLA gesunken 4.03
23.35
Unbeschädigter Zerstörer ORIANI in Höchstfahrt von STUART gesichtet
GIOBERTI
23.25
ORIANI und GIOBERTI entkommen
Schiff mit leichtem Brand von STUART gesichtet 23.25
HAVOCK hört schweren Geschützdonner 23.15
Das Nachtgefecht 20.20–23.55
Zerstörer-Positionen nach 23.30 ungenau
0
1000
2000
m

beseelt zu sein schien, schnell zu kapitulieren, obwohl die Kriegsflagge noch am Mast wehte. Wie man am besten mit einem so viel größeren Schiff in diesem Zustand umgeht, ist der Anfrage von Watkins zu entnehmen: »Soll ich Enterkommando an Bord schicken oder das Heck des Schiffes durch Wasserbomben absprengen?« Die von Mack gewählte Lösung, als er um 03.25 Uhr auf diesem Schauplatz erschien, schildert der Erste Offizier der *Jervis* so:

> Nachdem wir um den bewegungslosen Kreuzer herumgefahren waren, rief Captain Mack »Ich gehe längsseits; der I. O. soll Leinen und Fender an der Steuerbordseite klarmachen«. Die Bedienung des ersten Geschützes bewaffnete sich mit Entersäbeln und Pistolen, um das Gegnerschiff durch Entern zu stürmen. Es folgte ein perfektes Anlegemanöver. Dann flog die schwere Leine hinüber, »da nehmt, Ihr Wichser«, schrie der Bootsmann. Unter blutrünstigen Schreien schwärmten unsere Männer an Bord des Gegners. (Es gab keinerlei Widerstand) Zurückkommende berichteten über das Chaos an Bord des italienischen Schiffes. Die Offizierskabinen waren geplündert worden. Überall lagen leere Chianti-Flaschen. Nur 256 Mann der Besatzung von Insgesamt 1000 waren noch an Bord verblieben. Sie hockten zusammengekauert auf der Back. Die übrigen waren bereits über Bord gesprungen. Die Gefangenen, gefolgt vom Ersten Offizier und Kommandanten, wurden an Bord unseres Zerstörers geführt. Einige zeigten unverkennbar die Anzeichen von Trunkenheit. Nach etwa 20 Minuten konnte ich melden, daß alle an Bord des italienischen Kreuzers befindlichen Leute übernommen seien. *Jervis* warf los, dampfte langsam um den bewegungslosen Kreuzer und beleuchtete ihn mit dem Scheinwerfer. Dann befahl Captain Mack der *Nubian,* ihm mit Torpedos den Rest zu geben, nachdem er einen Augenblick mit dem Gedanken gespielt hatte, den feindlichen Kreuzer die etwa 500 Seemeilen lange Strecke nach Alexandrien zu schleppen. Zu seinem Bedauern mußte er dann aber diesen Plan doch verwerfen, denn für den nächsten Morgen waren mit Sicherheit schwere Luftangriffe zu erwarten.[16]

Die *Nubian* (Commander R. W. Ravenhill) feuerte zwei Torpedos. Um 04.03 Uhr explodierte die *Pola* und sank. Von der aus drei Schweren Kreuzern und vier Zerstörern bestehenden Kampfgruppe Cattaneos konnten nur die Zerstörer *Gioberti* und *Oriani* dem Feuerhagel der Nacht entkommen und in ihren Stützpunkt einlaufen. Mit *Fiume, Pola, Zara, Alfieri* und *Carducci* aber waren der italienische Konteradmiral und über dreitausend seiner Männer in den Tod gegangen.

Bis zur Morgendämmerung verblieben jetzt nur noch drei Stunden. Die Schlachtflotte brauchte ihren Zerstörerschirm. Mack mußte alle seine Boote von ihrem Auftrag zur Bergung der italienischen Schiffsbrüchigen zurückrufen und lief mit 20 Knoten auf Kurs Nord-Ost vom Schauplatz des Geschehens. Um 07.00 Uhr befanden sich alle zwölf britischen Zerstörer wieder bei der Schlachtflotte. Auch Pridham-Wippells Kreuzer hatten sich angeschlossen. Um 08.00 Uhr lief die gesamte britische Flotte noch einmal auf das Schlachtfeld zurück. In etwas weniger als einer Stunde am frühen Morgen des 29. März konnten viele weitere italienische Matrosen geborgen werden. Die Zahl der Gefangenen betrug jetzt 905. Dann erschien ein deutsches Flugzeug als ausreichende Warnung dafür, daß ein Angriff landgestützter Bomber zu erwarten stand. Eine bei Anbruch der Morgendämmerung gestartete Aufklärungspatrouille des Trägers *Formidable* hatte von der italienischen Flotte nichts mehr entdecken können. Iachino war nunmehr bereits 200 Seemeilen entfernt. Auch Cunningham mußte die humanitäre Aufgabe der Bergung von Überlebenden einstellen und Kurs auf Alexandrien nehmen. Jedoch unterließ er es nicht, die Position der noch im Wasser Treibenden in offener Sprache an die italienische Admiralität zu funken. So konnte noch zwei Tage später das italienische Lazarettschiff *Gradisca* 160 Überlebende retten. Zuvor waren noch 110 Italiener von griechischen Zerstörern aus dem Wasser gefischt worden. Diese Zerstörer hätten eigentlich auf britischer Seite an der Schlacht teilnehmen sollen, wenn nicht eines Dechiffrierfehlers wegen ihnen ein Signal befohlen hätte, »auf Tanker zu warten«, während das Signal »Befehle folgen« gelautet hatte.

Der erwartete Luftangriff auf die zurückfahrende Flotte Cunninghams erfolgte erst um 15.00 Uhr. Er beschränkte sich auf den Angriff von nur zwölf Sturzkampfbombern. Sie konnten jedoch durch Jäger der *Formidable* und schweres Fla-Feuer abgewehrt werden. Am nächsten Morgen befanden sich die britischen Einheiten bereits außerhalb der Reichweite der deutschen oder italienischen Maschinen. Am Abend ankerten sie im Hafen von Alexandrien, nicht nur als Sieger triumphierend, sondern auch glücklich darüber, daß wie durch ein Wunder keine der zahlreichen britischen Einheiten Schäden erlitten oder auch nur einen Toten oder Verwundeten zu beklagen gehabt hätte, ausgenommen die Besatzung einer der Maschinen der *Formidable*. Wohlverdient war die Grußbotschaft König Georgs VI an Admiral Cunningham: »Meine herzlichsten Glückwünsche allen Offizieren und Männern unter Ihrem Kommando zu Ihrem großen Sieg.« Dennoch herrschte auch bei der britischen Mittelmeerflotte Enttäuschung. In seiner offiziellen Meldung schrieb Cunningham: »Der Erfolg dieser Aktion kann nicht zur völligen Zufriedenheit gereichen, da die beschädigte *Vittorio Veneto* entkommen konnte. Das Unvermögen der Kreuzer und Zerstörer während der Nacht die Fühlung mit dem Gegner herzustellen war sehr unglücklich und ist höchst bedauernswert.« Jeder Hinweis darauf, wie die Vernichtung von Iachinos beschädigtem Flaggschiff dennoch hätte erzielt werden können, könnte keinem anderen Zweck dienen, als mit anderen Worten sein Eingeständnis zu wiederholen, daß sein eigenes Abdrehsignal für alle Einheiten während des Melée-Gefechts unglücklich war. Cunningham schrieb dazu selbst:

Rückblickend bin ich mir jedoch sehr wohl der Tatsache bewußt, daß Manches hätte besser getan werden können. Aber die besinnliche Rückerinnerung, wenn man im Lehnstuhl sitzt, bei voller und genauer Kenntnis der tatsächlichen Geschehnisse ist etwas ganz Anderes als die Leitung einer Operation von der nächtlichen Brücke eines Kriegsschiffs im Angesicht des Feindes. Wichtigste Entscheidungen müssen in wenigen Sekunden getroffen werden. Inmitten schnell manövrierender Schiffe in allernächster Nähe des Gegners und inmitten des Donners der schweren Geschütze ist völlig klares Denken nicht eben einfach. Nirgend sonst als bei Nachtgefechten auf hoher See senkt sich der alles verhüllende, neblige Vorhang des Krieges so vollkommen, daß er den Beteiligten nur zu oft die Wahrheit des ringsum Geschehenden verfälscht und verbirgt.

Es kann aber kein Zweifel darüber bestehen, daß Cunningham die Auszeichnung mit dem Ritter-Großkreuz des Bath-Ordens mehr als verdient hat, denn wir konnten beträchtliche Erfolge für uns buchen. Jene drei italienischen Schweren Kreuzer mit ihren 20,3-cm-Geschützen waren durch Panzerung gegen 15,2-cm-Feuer wohl geschützt und waren stets eine beachtliche Bedrohung für unsere kleineren und leichter bewaffneten Kreuzer gewesen. Was aber noch wichtiger ist: Die Untätigkeit der italienischen Flotte während unserer darauffolgenden Evakuierung Griechenlands und Kretas war unmittelbar dem Eindruck der Härte dieses Gefechts und den schweren Verlusten zuzuschreiben, die die italienische Flotte vor Kap Matapan erfahren hatte. Hätte die feindliche Überwasserflotte in diese Operationen eingegriffen, wäre unsere an sich schon schwierige Aufgabe wohl unlösbar geworden.[17]
Cunningham hätte noch die sehr viel länger währende Aufgabe der Verstärkung und Versorgung Maltas, bei der auch die von Gibraltar aus operierende Force H eine wesentliche Rolle spielte, erwähnen können, und daß diese mehr als drei Jahre belagerte, so nahe an Sizilien und an der Spitze des italienischen Stiefels liegende tapfere kleine Insel es auch diesem Sieg verdankte, wenn sie nie ernstlich in Gefahr geriet, kapitulieren zu müssen.
Neun Monate sollten vergehen, bis das Schicksal auch gegen Cunninghams Schlachtflotte zuschlug, bis sich die italienische Marine rächen konnte, bevor sich Ereignisse der Art wiederholten, wie damals, als die italienische Marine gegen Ende des Ersten Weltkriegs überraschende Unternehmungen mit Kleinkampfmitteln gegen die österreich-ungarische Schlachtflotte durchgeführt hatte. Zuvor aber, am 25. November 1941, konnte das deutsche U-Boot *U 331* unter Kapitänleutnant Freiherr v. Tiesenhausen nördlich von Bardia bei einem britischen Flottenvorstoß den sichernden Zerstörerschirm geschickt unterlaufen und die *Barham* mit drei Torpedos treffen. Beim Kentern des Schiffes explodierten seine Magazine. Captain Cooke und 861 seiner Männer kamen ums Leben.

Admiral Pridham-Wippell war unter den 450 Überlebenden. Dann aber, in der Nacht vom 18. zum 19. Dezember, setzte das italienische U-Boot *Sciré* unter Fregattenkapitän Fürst Borghese drei von den italienischen Marineoffizieren Durand de la Penne, Marceglia und Martellotta gefahrene Unterwassersprengboote unmittelbar vor dem Hafen von Alexandrien ab. Diesen Unterwassertorpedoreitern gelang es im Kielwasser von in den Hafen einlaufenden britischen Zerstörern die Balkensperre zu durchfahren und die Haftladungen ihrer Unterwasserfahrzeuge unter dem Kiel der Schlachtschiffe *Queen Elizabeth* und *Valiant* sowie des Tankers *Sagona* festzumachen. Alle drei Schiffe wurden durch die nachfolgenden Explosionen schwer beschädigt. Wäre die Wassertiefe nicht so gering gewesen, und wären die Schiffe daher nicht auf Grund gesackt, sie wären für immer verloren gewesen. Damit waren die britischen Streitkräfte im östlichen Mittelmeer zum ersten Mal ohne ein einziges kampfbereites Schlachtschiff, und das zu einem Zeitpunkt, als wegen der dringend notwendigen Entsendung von Großkampfschiffen in den Indischen Ozean zur Begegnung der von Japan ausgeübten Bedrohung keinerlei Ersatz in Aussicht gestellt werden konnte.

Auch als der Oberbefehlshaber Admiral Riccardi schließlich vom Erfolg dieser Aktion gegen Alexandrien erfuhr machte er keinerlei Anstrengungen zur vollen Ausnutzung der Situation. Selbst jetzt verharrte die italienische Strategie in furchtsamer Zurückhaltung. Alle italienischen Großkampfschiffe waren nicht nur durch den immer stärker werdenden Ölmangel in ihrer Bewegungsfreiheit eingeschränkt, sie verblieben auch unter dem Kommando Iachinos, der ängstlich besorgt war, auch nicht eines von ihnen zu verlieren, selbst wenn ihre Bewegungen auf das zentrale Mittelmeer beschränkt blieben. Er war es auch gewesen, der es im ersten und vor allem im zweiten Gefecht vor der Sirte (17. Dezember 1941 und 22. März 1942) nicht wagte, energisch gegen eine Handvoll britischer Kreuzer vorzugehen, die Geleitzüge nach Malta begleiteten, weil sie von dem bewährten Haudegen Konteradmiral Philip Vian geschickt und mutig geführt wurden.

Kriege lassen sich weder ohne offensives Vorgehen gewinnen, noch können Schlachten erfolgreich durchgefochten werden, ohne ein kalkuliertes Risiko einzugehen. Von allen Admiralen, welche britische Einheiten im Zweiten Weltkrieg befehligten, bewies dies keiner besser, als jener, der später als Admiral of the Fleet von seinem König den Adelstitel Viscount Cunningham of Hyndhope erhielt. Kein anderer britischer Führer zur See hat es mehr verdient als er, daß nach seinem Tode seine Büste auf dem Londoner Trafalgar Square neben denen von Jellicoe und Beatty aufgestellt wurde, im mahnenden Schatten jener Säule, die das Andenken Nelsons bewahrt.

7. *Hood* und *Bismarck*

Am 8. April 1805 entkam die französische Flotte unter Admiral Villeneuve aus Toulon, steuerte durch die Straße von Gibraltar und nahm Kurs nach Westindien. Nelson setzte mit der Mittelmeerflotte eilends nach. Nach einem Monat Kleinkrieg gegen britische Handelsschiffe und Besitzungen im Karibischen Meer und nach vergeblichem Warten auf die beabsichtigte Vereinigung mit der Flotte von Brest unter Admiral Ganteaume (diese konnte dort die Blockade des Admirals Cornwallis nicht durchbrechen), nahm der französische Admiral Kurs Ost in die Biscaya in der Hoffnung, vielleicht dort mit Ganteaume zusammenzutreffen und als vereinigte Streitkraft in der Straße von Dover die Seeherrschaft an sich zu reißen, um so Napoleons Grand Armée die Invasion in England ermöglichen zu können. Nelson folgte Villeneuve. Zunächst hatte er Meldungen an die Admiralität über dessen Rückkehr durch eine schnelle Brigg vorausgeschickt. Sie erreichte England so rechtzeitig, daß Lord Barham Cornwallis befehlen konnte, eine ausreichende Streitmacht zum Abfangen des zurückkehrenden Gegners bereitzustellen. Das Gefecht Calders vor Ferrol am 22. Juni blieb zwar unentschieden, lenkte aber Villeneuve ab und bewog ihn, zunächst nach Ferrol und dann südlicher nach Cadiz zu gehen. Bei seinem Auslaufen aus diesem Hafen sollte ihm nur noch die vollständige Vernichtung seiner Flotte bei Kap Trafalgar am 21. Oktober 1805 bevorstehen. Mit anderen Worten, der größte Teil der britischen Marine, d. h. die Heimatflotte, die atlantische und die Mittelmeer-Flotte, waren sechs Monate dadurch gebunden, daß eine starke französisch-spanische Streitmacht gejagt werden mußte, bevor sie vernichtet werden konnte. Aus zwei Gründen dauerte dies damals so lang: Die Geschwindigkeit der Segel-Linienschiffe dieser Tage war äußerst gering. Die Weiterleitung von Nachrichten und Befehlen erforderte damals viel Zeit und war von der Geschwindigkeit der Segelschiffe abhängig.

Dieses Kapitel beschreibt die Geschichte einer vergleichbaren Aktion, die sich über ein etwa gleichgroßes Seegebiet erstreckte. Im Mai 1941 war dank der Dampfturbinen, Flugzeuge und des Funks eine deutsche Kampfgruppe, die den alliierten Handel im Nordatlantik angreifen wollte, in nur fünf Tagen gejagt, gefunden und vernichtet worden. Wie die zuvor geschilderte Begebenheit ist auch diese wegen der intuitiven Reaktionen der verschiedenen beteiligten britischen Kommandeure erwähnenswert, die damals unter der allgemeinen Leitung der Admiralität standen. Reaktionen auf Nachrichten über die Bewegungen der französischen Flotte führten zu Unternehmen, die dann durch Nelsons größten Sieg gekrönt wurden. Das hier zu beschreibende Geschehen ist bemerkenswert wegen der Weise, in der die Admiralität und der Oberbefehlshaber der Home Fleet für die Operationen allein acht Schlachtschiffe, zwei Flugzeugträger, elf Kreuzer und zahlreiche Zerstörer sowie viele Flugzeuge

des Coastal Command und des Fleet Air Arm einsetzten, um das Hauptziel, die Vernichtung des Gegners, zu erreichen.
Der im ersten Kapitel beschriebene Verlust der *Admiral Graf Spee* hatte Großadmiral Raeder ein ganzes Jahr kein weiteres deutsches Überwasser-Kriegsschiff in den Atlantik entsenden lassen. Erst vom 23. Oktober 1940 bis zum 1. April 1941 kreuzte wieder das Panzerschiff *Admiral Scheer*, nunmehr als Schwerer Kreuzer bezeichnet, unter Kapitän z. S. T. Krancke in überseeischen Gewässern und versenkte auf seiner Fahrt 99 059 BRT alliierten Handelsschiffsraum sowie den Hilfskreuzer *Jervis Bay*. Während des gleichen Zeitraums ab 5. Dezember 1940 führte auch der Schwere Kreuzer *Admiral Hipper* unter Kapitän z. See W. Meisel ein dreiwöchiges Unternehmen im Atlantik durch, in dessen Verlauf er u. a. vom 25. bis 27. den Truppengeleitzug WS 5A angriff, jedoch von den Geleitkreuzern abgewehrt wurde; auf einer zweiten Unternehmung vom 1. bis 15. Februar 1941 konnte er u. a. am 12. Februar den Geleitzug SLS 64 angreifen und dabei sieben der 19 Schiffe des Konvois versenken. Die Schlachtschiffe *Gneisenau* (Kapitän z. See Fein) und *Scharnhorst* (Kapitän z. See Hoffmann) operierten unter Admiral Lütjens vom 3. Februar bis 22. März 1941 im Atlantik. Bemerkenswert war dabei, daß die deutsche Kampfgruppe vom Angriff gegen den Geleitzug HX 106 infolge der Anwesenheit des Schlachtschiffs *Ramillies* und vom Angriff gegen den Geleitzug SL 67 am 7. März wegen des Auftauchens des Schlachtschiffs *Rodney* befehlsgemäß absah. Die deutschen Schlachtschiffe liefen wohlbehalten in Brest ein. Bei anderen Operationen dieser Art hatten die beiden Einheiten unter Admiral Lütjens 115 622 BRT alliierten Schiffsraum versenkt. Admiral Lütjens erhielt dann den Befehl, seine Flagge auf dem neuen mit 38,1-cm-Geschützen bestückten Schlachtschiff *Bismarck* (Kommandant Kapitän z. S. E. Lindemann) zu setzen. Großadmiral Raeder hatte sich entschlossen, dieses mächtigste Schiff seiner Flotte in Begleitung des Schweren Kreuzers *Prinz Eugen* (Kapitän z. S. H. Brinkmann) zu einer ähnlichen Unternehmung anzusetzen. Er hatte zwar beabsichtigt, gleichzeitig auch *Gneisenau* und *Scharnhorst* vorstoßen zu lassen. Beide waren inzwischen aber durch Luftangriffe der RAF auf Brest zu schwer beschädigt worden, so daß sie nicht zum gleichen Zeitpunkt eingesetzt werden konnten.
Das Schlachtschiff *Bismarck* und der Schwere Kreuzer *Prinz Eugen* gingen am 18. Mai 1941 von Gotenhafen aus in See, liefen am 19. Mai durch Belt und Sund und am 21. Mai zur Ergänzung der Bunkerbestände in den Korsfjord in der Nähe von Bergen. Von dort sollten sie mit der hohen Fahrtstufe von 25 Knoten nördlich der Faröer-Inseln in das Eismeer gehen. Die *Bismarck* sollte alliierte Geleitzüge mit Schlachtschiffdeckung angreifen, *Prinz Eugen* allgemeinen Handelskrieg führen. Auf geeigneten Treffpunkten waren für das Unternehmen mit der Bezeichnung »Rheinübung« sieben Tanker und Versorger im Nordatlantik bereitgestellt worden.

Der damalige Oberbefehlshaber der britischen Home Fleet, Admiral Tovey, erhielt bereits am 20. Mai eine erste Vorwarnung über einen drohenden deutschen Vorstoß, als die deutschen Einheiten im Kattegat vom schwedischen Flugzeugkreuzer *Gotland* gesichtet wurden. Englandfreunde in der schwedischen Marine gaben die Sichtmeldung an den britischen Marineattaché in Stockholm weiter, der sie an die Admiralität in London übermittelte. Vierundzwanzig Stunden später sichteten Aufklärungsmaschinen des Coastal Command das Schlachtschiff *Bismarck* und den Schweren Kreuzer *Prinz Eugen* im Korsfjord. Ein Bombenangriff stieß ins Leere. Admiral Tovey ließ den Schlachtkreuzer *Hood* (Captain R. Kerr) als Flaggschiff von Vizeadmiral L. E. Holland sowie das Schlachtschiff *Prince of Wales* (Captain J. C. Leach) von sechs Zerstörern begleitet in Richtung Hvalfjord auf Island auslaufen. Diese Kampfgruppe sollte als Deckung für die an den Durchfahrten nördlich und südlich Islands Wache haltenden Kreuzern dienen. Der Schwere Kreuzer *Norfolk* (Captain A. J. L. Phillips), Flaggschiff von Konteradmiral W. F. Wake-Walker, war auf dem Wege, die in der Dänemarkstraße patrouillierende *Suffolk* (Captain R. M. Ellis) abzulösen. Die Leichten Kreuzer *Arethusa, Birmingham* und *Manchester* bewachten die breitere Durchfahrt zwischen Island und den Faröer-Inseln.
Den übrigen unmittelbar verfügbaren Schiffen, dem Schlachtschiff *King George V* (Captain W. R. Patterson), dem Leichten Kreuzer *Galatea*, Flaggschiff des Konteradmirals A. T. B. Curteis, den Leichten Kreuzern *Aurora, Kenya* und *Neptune* sowie dem Fla-Kreuzer *Hermione* und fünf Zerstörern (zu denen durch Zurückhaltung eines WS-Geleitzugs die Admiralität noch den Flugzeugträger *Victorious* unter Captain H. C. Bovell und den Schlachtkreuzer *Repulse* unter Captain W. G. Tennant treten ließ) gab Admiral Tovey den Befehl zum sofortigen Seeklarmachen in Scapa Flow. Das Schlachtschiff *Prince of Wales* war gerade erst fertiggestellt worden und eigentlich noch nicht völlig einsatzbereit. Noch immer arbeiteten Techniker der privaten Lieferfirmen an den 35,6-cm-Türmen. Wenn das Schiff auch noch nicht ganz eingefahren war, bei der jetzt drohenden schweren Gefahr mußte die Admiralität alle nur verfügbaren Kräfte einsetzen.
Infolge wetterbedingter sehr schlechter Sichtverhältnisse erhielt Tovey erst am Abend des 22. Mai eine weitere Meldung, als eine einzelne Maschine des Fleet Air Arm von den Orkney-Inseln über den Korsfjord fliegen und im Raum Bergen Aufklärung betreiben konnte. Der erfahrene Beobachter dieser Maschine, Commander G. A. Rotherham, funkte um 19.09 Uhr, daß die schweren Schiffe des Gegners ausgelaufen waren. Auf diese Nachricht hin verließ Admiral Tovey mit seinen Hauptstreitkräften den Stützpunkt um 22.45 Uhr und lief nach der Position, von der aus er seine Kreuzer auf beiden Seiten Islands am besten unterstützen konnte. Das gleiche schlechte Wetter, das ein früheres Erfassen des Auslaufens der deutschen Einheiten aus dem Korsfjord verhindert hatte, hinderte

Das deutsche Panzerschiff *Admiral Graf Spee* wurde am 17. Dezember 1939 vor Montevideo von seiner Besatzung selbst versenkt.

▲
Britische Einheiten des Gefechts vor dem La Plata am 13. Dezember 1939: Schwerer Kreuzer *Exeter* (oben), nach seiner Wiederherstellung auf den Falklandinseln wieder im Heimathafen einlaufend, und der leichte Kreuzer *Ajax* (unten) im Geleitdienst.
▼

Das deutsche Panzerschiff *Deutschland* wurde unter den Beschränkungen des Versailler Vertrages gebaut. Das Konstruktionsprinzip »schneller als stärkere und stärker als schnellere Gegner« sollte sich im Krieg als Fehlspekulation erweisen.

Ein typischer »Washington«-Kreuzer: Der Schwere Kreuzer *Admiral Hipper* sollte vielfältigere Einsätze bei der deutschen Kriegsmarine erleben als die meisten schweren Einheiten. Nach Bombentreffern in Kiel wurde er von der eigenen Besatzung am 3. Mai 1945 gesprengt.

Britisches Schlachtschiff *Rodney* mit 40,6 cm-Bestückung. Mit dem Schwesterschiff *Nelson* einzige durch den Washington-Vertrag von 1921 zum Fertigbau durch die Royal Navy zugestandene Schlachtschiffe.

Das deutsche Schlachtschiff *Scharnhorst* im Nordmeer. Mit dem Untergang der *Scharnhorst* am 26. Dezember 1943 vor dem Nordkap verlor die deutsche Kriegsmarine ihr letztes voll einsatzfähiges Schlachtschiff.
Für die deutsche Marine war dieses Treffen auch das letzte Gefecht schwerer Überwasserstreitkräfte.

Sie trugen die Hauptlast der Schlacht im Atlantik auf deutscher Seite: U-Boote des Typs VII C im Nordatlantik.

▲ Deutsches U-Boot *U 968* wird am 19. Juli 1944 von einem Liberator-Bomber des britischen RAF Coastal Command angegriffen. Das VIIC-Boot konnte jedoch entkommen.

◀ Britisches Kleinst-U-Boot vom Typ X. Solche Einheiten beschädigten am 22. Sept. 1943 das deutsche Schlachtschiff *Tirpitz* im Altafjord (Norwegen).

Deutsches Zweimann-U-Boot, Typ *Hecht* (XXVII), 1944. ▼

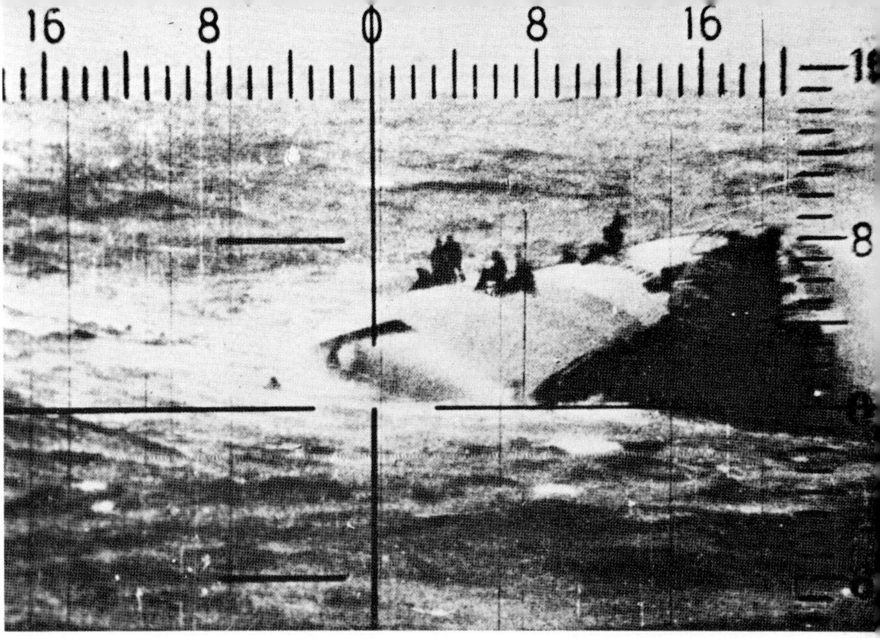

Der britische Zerstörer *Glowworm* sinkt am 8. April 1940 vor der norwegischen Küste nach tapferem Kampf, in dessen Verlauf er sogar den deutschen Schweren Kreuzer *Admiral Hipper* rammte und beschädigte (Aufnahme durch ein Zielfernrohr der *Admiral Hipper*)

Der deutsche Schwere Kreuzer *Blücher* kentert brennend in den frühen Morgenstunden des 9. April 1940 im Oslofjord, nachdem er in der Nacht in der Dröbak-Enge durch Torpedos und 28-cm-Granaten einer norwegischen Küstenbatterie getroffen worden war (Norwegische Aufnahme).

Das britische Schlachtschiff *Warspite,* Flaggschiff zweier wichtiger Seegefechte, dem zweiten Gefecht vor Narvik am 13. 4. 1940 und in der Schlacht bei Matapan am 28. März 1941.

Der italienische leichte Kreuzer *Bartolomeo Colleoni* sinkt nach dem Gefecht im Mittelmeer am 19. Juli 1940 mit dem australischen Kreuzer *Sydney.*

Das italienische Schlachtschiff *Conte di Cavour* liegt nach britischen Torpedotreffern nach dem kühnen Trägerflugzeugangriff auf Tarent am 11. November 1940 auf Grund. Die japanische Marine zog aus diesem Erfolg ihre Schlüsse und plante den Schlag gegen Pearl Harbor.

Das britische Schlachtschiff *Barham* sinkt am 25. November 1941 im östlichen Mittelmeer nach Torpedotreffern des deutschen U-Boots *U 31* unter Kapitänleutnant Freiherr v. Tiesenhausen.

Mittelmeer, 10. September 1943: Die italienische Flotte fährt zur Kapitulation nach Malta. Von links nach rechts: Schlachtschiff *Vittorio Veneto,* Leichte Kreuzer *Duca d'Aosta* und *Eugenio di Savoia* und ein weiteres Schlachtschiff, das an diesem Tage von *Littorio* in *Italia* umgetauft wurde.

▲ Britisches Swordfish-Torpedoflugzeug. In den ersten Kriegsjahren erfolgreichstes britisches Trägerflugzeug.

◀ Bei Ausbruch des Krieges im Pazifik erfolgreichstes Flugzeug in diesem Seegebiet: Japanisches Jagdflugzeug Reisen Zero (Alliierte Code-Bezeichnung Zeke).

Unten rechts: Britisches Langstrecken-, Aufklärungs- und U-Bootbekämpfungsflugboot Sunderland.

Für den Seekrieg 1939/45 wichtige Flugzeugtypen

Unten links: Deutscher Jäger Messerschmitt Me 109. Der von diesem Typ im Frühjahr 1939 für Kolbenmotor-Flugzeuge von Flugkapitän Wendel eingestellte Rekord von über 700 km/h wurde nie offiziell überboten.

Links: Großadmiral Dr. h. c. Erich Raeder, Oberbefehlshaber der deutschen Kriegsmarine bis 1943.
Rechts: Großadmiral Karl Dönitz, Befehlshaber der U-Boote bis Januar 1943, dann Oberbefehlshaber der deutschen Kriegsmarine. Vom 30. April bis zur Gefangennahme der deutschen Regierung am 23. Mai 1945 in Flensburg Reichspräsident.

Alliierte Befehlshaber (von links nach rechts): US-Marine-Oberbefehlshaber Admiral Ernest King, Premierminister Winston Churchill, Erster Lord der Admiralität A. V. Alexander und Erster Seelord Admiral Sir Dudley Pound.

Lange Jahre das größte Schlachtschiff der Welt, der britische Schlachtkreuzer *Hood,* Stolz der Royal Navy. Am 24. Mai 1941 im Gefecht mit *Bismarck* und *Prinz Eugen* in der Dänemarkstraße in die Luft geflogen.

Das deutsche Schlachtschiff *Bismarck* nach dem siegreichen Gefecht am 24. Mai 1941. Das Schiff liegt mit dem Bug tief im Wasser, Folge eines ernsten Treffers, wahrscheinlich von *Prince of Wales,* der die Ölzellen anschlug und den Abbruch des Unternehmens erzwang.

Alliierter Geleitzug im Eismeer, von einem Geleitschutz-Flugzeug aufgenommen. Ohne den ungeheuren Materialnachschub der Alliierten wäre Rußland vielleicht wie im Ersten Weltkrieg zusammengebrochen.

Der britische Flugzeugträger *Ark Royal* sinkt im Mittelmeer nach Torpedotreffern des deutschen U-Boots *U 81* unter Kapitänleutnant Guggenberger. (Der Zerstörer *Legion* ist zur Bergung der Überlebenden längsseits gegangen).

Der britische Schwere Kreuzer *Dorsetshire* sinkt nach einem Angriff japanischer Träger-Sturzkampfbomber in der Nähe Ceylons am 5. April 1942.

Am 9. April 1942 sinkt auch der britische Flugzeugträger *Hermes* nach einem Angriff von Trägerflugzeugen der gleichen japanischen Kampfgruppe.

Der in der Schlacht im Korallenmeer am 7. Mai 1942 von japanischen Torpedos getroffene US-Flugzeugträger *Lexington* wird durch eine Explosion zerrissen.

Eines der beiden gewaltigsten Schlachtschiffe der Welt, die japanische *Yamato*. Sie sank bei einem selbstmörderischen Vorstoß am 7. April 1945. Das Schwesterschiff *Musashi* war schon am 24. Oktober 1944 in der Schlacht um den Leyte-Golf untergegangen. Dem amerikanischen Bomben- und Torpedohagel konnten auch diese Panzerkolosse nicht widerstehen.

Nach Angriffen von US-Trägerflugzeugen sinkt am 5. Juni 1942 in der Schlacht von Midway der japanische Flugzeugträger *Hiryu*. Von dem Verlust von vier Flugzeugträgern in dieser Schlacht, die die Wende im Seekrieg im Pazifik brachte, sollte sich die japanische Marine nicht wieder erholen.

Auch der japanische Schwere Kreuzer *Mikuma* wurde in der Seeschlacht bei den Midway-Inseln von US-Trägerflugzeugen in einen glühenden Trümmerhaufen verwandelt. Das Schiff sank wenig später.

Der von seiner Besatzung am 4. Juni 1942 nach schwerer Beschädigung durch japanische Trägerflugzeuge in der Schlacht bei den Midway-Inseln aufgegebene US-Flugzeugträger *Yorktown*. Er wurde am folgenden Tag durch das japanische U-Boot *I 168* torpediert und versenkt.

Unten: Der Oberbefehlshaber der japanischen Flotte: Admiral Isoroku Yamamoto (Links). Der Oberbefehlshaber der amerikanischen Flotte im Pazifik: Fleet Admiral Chester W. Nimitz (Rechts).

Einer der vielen in den USA gebauten Geleitflugzeugträger, die sich im Zweiten Weltkrieg in der britischen und amerikanischen Marine im Pazifik und im Atlantik in zahllosen Gefechten tapfer schlugen. Ihr Auftreten im Nordatlantik im April/ Mai 1943 versetzte der deutschen U-Bootwaffe eine Schlappe, von der sie sich nicht wieder erholte.

Eine in den letzten Kriegsmonaten noch in Dienst gestellte technische Spitzenleistung: Eine der ersten Einheiten des deutschen U-Boottyps XXI: *U 2035* auf der Elbe. Der Einsatz dieser ersten echten Unterwasserkampfschiffe kam jedoch zu spät, um das Kriegsglück zugunsten der deutschen Kriegsmarine zu wenden.

andererseits auch die Aufklärer der deutschen Luftwaffe zu entdecken, daß die Home Fleet nicht mehr in Scapa Flow lag. Aber auch die Anstrengungen des Coastal Command, den Gegner zu erfassen, wurden vom Wetter gelähmt. Wo war der Feind geblieben? Wie er dann endlich ausgemacht wurde, beschrieb ein Offizier des Schweren Kreuzers *Suffolk:*

> Um 19.22 Uhr sichtete plötzlich einer unserer Ausguckleute die *Bismarck* und *Prinz Eugen,* wie sie zwischen uns und dem Packeis der Dänemarkstraße aus einer kleinen Schneeböe auftauchten. Die Gegnerschiffe fuhren schnell in Südwestrichtung, also parallel zu uns. Sofort gingen wir auf Gefechtsstation. Der Maschinentelegraph ging auf volle Geschwindigkeit. Durch scharfe Kursänderung zogen wir uns in den Nebel zurück. Die erste Feindmeldung ging über Funk hinaus. Für uns war es schließlich wichtiger Radarkontakt zu halten, als vom Gegner vernichtet zu werden. Etwa eine Stunde später schloß sich uns die *Norfolk* an. Wir begannen den Gegner zu beschatten. Bei hoher Fahrtgeschwindigkeit dauerte die Verfolgungsjagd die ganze Nacht über, wobei wir im wesentlichen parallel zur Küste Grönlands steuerten.

Der Kreuzer *Norfolk* wurde von den deutschen Schiffen kurz, aber erfolglos auf die Entfernung von ca. 12000 m beschossen, bevor die beiden britischen Kreuzer sich unter Qualmentwicklung zurückzogen, um die erste Feindberührung an Tovey per Funk zu melden, dessen Hauptflotte in diesem Augenblick 600 Seemeilen östlich entfernt war. Admiral Holland, dessen zwei schwere Schiffe viel näher standen, hatten die Sichtmeldung der *Suffolk* inzwischen aufgefangen und liefen mit 27 Knoten Fahrt auf den gemeldeten Gegner zu.

Während des größten Teils der Nacht erfüllten die beiden britischen Schweren Kreuzer dank ihrer Radargeräte ihre Hauptaufgabe – die Beschattung des sehr viel stärkeren Gegners – trotz Regen, Schnee und Eis in hervorragender Weise, wobei sie jeweils außerhalb der Reichweite der Geschütze der *Bismarck* blieben. Währenddessen kamen *Hood* und *Prince of Wales* mit Höchstfahrt von Süden heran. In der Erwartung etwa um 1.40 Uhr am Morgen des 24. Mai in Gefechtsberührung zu kommen, ließ Holland auf seinen Schiffen »Klarschiff zum Gefecht« machen und bereitete sich auf ein Nachtgefecht vor. In diesem kritischen Augenblick verloren die Kreuzer Wake-Walkers eine kurze Zeit vorübergehend den Radarkontakt mit dem Gegner. Admiral Holland erhielt keine Meldungen mehr über die Kursbewegungen des Gegners. In der Annahme, daß der deutsche Admiral vielleicht eine größere Kursänderung vorgenommen haben könnte, drehte Holland von West auf Nord, mit der Folge, daß er auf diese Weise die Peilung auf den Gegner verlor, der immer noch Kurs Südwest steuerte.

Um 00.31 Uhr gab Holland durch Signal seinen Kampfplan an die begleitende *Prince of Wales* durch: Die beiden schweren Schiffe sollten ihr

Feuer auf *Bismarck* konzentrieren. Dabei war es seine Absicht, es den beiden Kreuzern Wake-Walkers zu überlassen, mit *Prinz Eugen* fertig zu werden. Auf diese Weise waren die britischen Streitkräfte den deutschen um das Doppelte überlegen. Da er seine Annäherung dem Feind nicht durch Brechen der Funkstille verraten wollte, informierte er die beiden Kreuzer nicht davon, daß er bereits unmittelbar vor dem Gefecht mit den deutschen Einheiten stand. Aus dem gleichen Grund gestattete Holland übrigens auch nicht, daß *Prince of Wales* das Suchradargerät einschalte-te. *Hood* war damit noch nicht ausgerüstet. So erfuhr er auch nicht, daß Lütjens inzwischen einen Nummernwechsel befohlen hatte, und somit *Prinz Eugen* jetzt die deutsche Kiellinie anführte. Damit war *Bismarck* in der besten Position zur Bekämpfung und Abschüttelung der beschattenden britischen Kreuzer, wenn sich diese zu nahe heranwagen sollten. Wake-Walker seinerseits unternahm nichts zur Verringerung der Entfernung, aus der er die Gegnerschiffe beschattete. Als dann das Gefecht zwischen Lütjens und Holland begann, standen seine Kreuzer etwa 15 Seemeilen entfernt, und damit zu weit, um eingreifen zu können.

Um 02.03 Uhr drehte Holland, noch immer in Unkenntnis der wahren Position von Lütjens, seine schweren Schiffe auf Kurs Süd ab. Er wollte auf den Einbruch des vollen Tageslichts warten. Seine Begleitzerstörer suchten weiterhin die See gegen Norden ab, mit der Folge, daß sie während des folgenden Gefechts für einen Torpedoangrif nicht zur Vefügung standen. Um 02.47 Uhr gelang es *Suffolk* schließlich, den Radarkontakt mit der deutschen Kampfgruppe wieder herzustellen und *Hood* mit ununterbrochenen Meldungen über die Position des Gegners zu versorgen, der mit 28 Knoten Fahrt Kurs Südwest steuerte. Um 03.40 Uhr ging Holland mit der Fahrt herauf und drehte auf einen mit dem Gegner konvergierenden Kurs. Die Sicht betrug jetzt etwa 12 Seemeilen. *Prince of Wales* versuchte jetzt, ihr Aufklärungsflugzeug zu starten. Da jedoch Seewasser in den Brennstoff geraten war, mußte der Start ausfallen.

Jetzt unterliefen Admiral Holland zwei folgenschwere Fehler. Zunächst führte er selbst die Gefechtslinie an, statt die stärker gepanzerte *Prince of Wales* als Nummer Eins vorauflaufen zu lassen, wodurch diese dann den Hauptteil des gegnerischen Feuers auf sich gezogen hätte. Tovey war stark versucht, Holland seine Meinung über die Notwendigkeit einer solchen Maßnahme über Funk mitzuteilen, unterließ dies allerdings zu seinem späteren Bedauern. »weil er nicht beim Befehlshaber vor Ort intervenieren wollte«. Zum anderen, und das stand im Gegensatz zu allen Lehren der Skagerrakschlacht, ließ Admiral Holland unter seiner eigenen direkten Befehlskontrolle seine beiden Schiffe sehr eng hintereinander laufen (nur 550 m), anstatt den Abstand zwischen ihnen zu vergrößern (auf etwa 900 m) und Captain Leach die Freiheit zum eigenständigen Manövrieren und Handeln zu geben.

Noch folgenschwerer aber war seine zweistündige Kursänderung auf Nord während der Nacht. Er kannte die Schwäche seiner *Hood* bei einem Kampf gegen ein Schiff der *Bismarck*-Klasse genau. Daher beabsichtigte er, die Gefechtsentfernung so schnell wie möglich auf nur 12000 m zu verringern. Bei dieser Entfernung nämlich hätten deutsche Granaten bei flacher Geschoßbahn den Seitenpanzer der *Hood* und nicht als Steilfeuer das schwächer gepanzerte Deck getroffen. Hätte er schließlich den Gegner auf scharf von vorn herangehendem Kurs angegriffen, so wäre die überlegene Feuergewalt seiner beiden schweren Schiffe gegen den deutschen Gegner (ein schweres Schiff und ein Kreuzer) voll zum Tragen gekommen, was hätte entscheidend sein können. Als er jedoch die deutschen Schiffe zum ersten Mal sichtete, stand er 17 Seemeilen ab und fast dwars. Die Feindsichtung erfolgte um 05.37 Uhr, so daß er die Entfernung nur relativ langsam verringern konnte, und das auf einem Kurs, bei dem seine Schiffe nur etwa die Hälfte ihrer schweren Bewaffnung zum Tragen bringen konnten (d. h. vier 38,1-cm-Geschütze statt acht und fünf 35,6-cm-Geschütze statt neun; eines der vorderen Geschütze der *Prince of Wales* war ohnehin schon vor dem Gefecht nicht verwendungsfähig. Mit anderen Worten, er konnte das Gefecht mit nicht mehr schweren Geschützen eröffnen, als auch von der *Bismarck* insgesamt zum Tragen gebracht wurden (*Bismarck* hatte acht Geschütze vom Kaliber 38,1 cm). Um 05.53 Uhr eröffneten beide Seiten etwa gleichzeitig das Feuer. Die Entfernung betrug ca. 24000 m.

Das waren jedoch noch nicht alle Fehler der Briten: Beide deutsche Schiffe konzentrierten ihr Feuer auf die führende *Hood; Prince of Wales* wählte richtig die *Bismarck* zum Ziel, *Hood* dagegen die relativ schwache

Tabelle 34: Die Einheiten des Gefechts in der Dänemark-Straße am 24. 5. 1941

Name	Fertigstellung	Wasserverdrängung (Tons)	Geschwindigkeit (Knoten)	Geschütze (cm)	Stärkste Seiten-Panzerung (mm)	Stärkste Decks-Panzerung (mm)
Hood	1920	42100	31	8 × 38,1 6 × 14 10 × 10,2	305	100
Prince of Wales	1941	35000	29	10 × 35,6 16 × 13,3	381	152
Norfolk (K)	1930	9925	32	8 × 20,3	–	105
Suffolk (K)	1928	9800	31,5	8 × 20,3	127	30
Bismarck	1940	41700	30	8 × 38,1 12 × 15,2	320	120
Prinz Eugen (K)	1940	14240	32	8 × 20,3 12 × 10,5	80	50

(K) = Schwere Kreuzer

Prinz Eugen, weil sie das führende Schiff der deutschen Einheiten war. Alle neueren größeren deutschen Schiffe zeigten ein zum Verwechseln ähnliches Profil. Die deutschen Schiffe standen auch weit genug auseinander, so daß sie von den britischen E-Messern kaum gleichzeitig erfaßt werden konnten, so daß kein direkter Größenvergleich möglich war. Bei der im stumpfen Winkel erfolgenden Annäherung der britischen Linie stand *Bismarck* auch relativ weiter ab, *Prinz Eugen* erschien viel größer. Diese Verwechslung brachte der deutschen Seite Vorteile: Vier britische 38,1-cm-Geschütze beschossen *Prinz Eugen,* fünf 35,6-cm-Geschütze bekämpften *Bismarck,* während acht deutsche 38,1-cm-Geschütze und acht 20,3-cm-Geschütze gleichzeitig ihr Feuer auf *Hood* konzentrierten. Außerdem scheinen damals die Artillerieleitradargeräte beider Seiten auf diese Entfernung nicht sehr wirksam gewesen zu sein. Die deutsche Seite aber konnte sich wie schon immer auf ihre guten stereoskopischen E-Messer verlassen, die britische Seite arbeitete noch immer mit den weniger genauen Koinzidenz-E-Meßgeräten, obwohl man vor dem Skagerrak und in den Jahren danach die Überlegenheit der deutschen optischen Geräte erkannt hatte. Die Admiralität hatte trotz Anerkennung der größeren Güte der stereoskopischen Geräte deren Einführung nach dem Ersten Weltkrieg mit der wenig überzeugenden Begründung verworfen, daß zu ihrer Bedienung besonders fähige und ausgebildete Leute erforderlich waren.

Die Folge war, daß keine der ersten Salven der *Hood* die *Prinz Eugen* ernstlich in Gefahr brachte und *Prince of Wales* die Entfernung der *Bismarck* erst richtig erkannte, als bereits die sechste Salve gefallen war. Die deutschen Einheiten dagegen hatten sich sofort auf den britischen Schlachtkreuzer genau eingeschossen. Schon die zweite und dritte Salve der *Bismarck* schlugen im Mittelschiff von Hollands Flaggschiff ein, während Granaten der *Prinz Eugen* einen Brand in der Fla-Bereitschaftsmunition verursachten. Um 06.00 Uhr, als das britische Geschwader gerade den Kurs leicht änderte, um nunmehr alle Geschütze zum Tragen zu bringen, wurde *Hood* erneut durch deutsche schwere Granaten getroffen, die anscheinend die Decks durchschlugen und in den achteren Magazinen detonierten. Eine gewaltige Explosion folgte. Der Schlachtkreuzer flog in die Luft. Er verschwand so schnell in den Wellen, daß es für die folgende *Prince of Wales* kaum notwendig war, den Kurs zu ändern, um nicht mit Wrackteilen zu kollidieren. Mit dem Schlachtkreuzer waren Admiral Holland, Captain Kerr und die Besatzung von 95 Offizieren und 1 324 Mann gestorben, ausgenommen nur einen Midshipman und zwei Matrosen, die später vom Zerstörer *Elektra* gerettet wurden. Der bekannte Schauspieler Esmond Knight, der damals als Lieutenant RNVR an Bord der *Prince of Wales* diente, erinnerte sich:

> Plötzlich erschienen die Toppmasten zweier Schiffe über der Kimm. »Feind in Sicht«. Geräuschlos drehten sich die Leitgeräte in diese Richtung, gefolgt von den großen 35,6-cm-Geschützen. Die Minuten

vergingen wie im Fluge. Dort waren sie, als scharfe Silhouetten am Horizont – *Bismarck* und *Prinz Eugen,* die ohne Rauchentwicklung in Kiellinie dahinrasten. Die Entfernung verringerte sich mit besorgniserregender Schnelligkeit. Die beiden Feindschiffe, die mit etwa 30 Knoten Fahrt dahinrasten, liefen uns praktisch vor den Bug. Endlich kam das Signal von *Hood:* »Feuer eröffnen«. Große orangefarbene Blitze schossen aus den Rohren, mächtige schwarze Rauchwolken quollen aus den vorderen Türmen, als *Hood* die erste Salve gefeuert hatte. Sie traf achteraus von den Feindschiffen, man konnte die großen Wasserfontänen zum Himmel emporsteigen sehen. Fast gleichzeitig sahen wir grell-orangenfarbenes Mündungsfeuer auf *Bismarck* aufblitzen, gefolgt von den gleichen schwarzen Qualmwolken. Jetzt liefen die verzweifelt wichtigen Sekunden, während der unsere Geschütze wieder nachgeladen wurden; die erste Salve des Gegners kam durch die Luft auf uns zu. Man wurde sich der herankommenden Granaten durch den Lärm bewußt, der wie ein Crescendo schnell zunahm und dann plötzlich aufhörte, als die ersten großen Wasserfontänen knapp hinter *Hood* aus dem Wasser emporstiegen. Es war unmöglich, ein Zeitgefühl zu bewahren, da wir jetzt Salve auf Salve feuerten; und wieder kam dieser furchtbare und rauschende, pfeifende Ton, die enormen Geiser von Wasser, die auf unserer Steuerbordseite emporschossen, weil dort die Granaten der *Bismarck* als Nahschüsse einschlugen.
Dann sah ich plötzlich den heftigen Brand auf dem Bootsdeck der *Hood.* Und dann geschah das Unvorstellbare: Eine riesige Explosionswolke erhob sich mittschiffs, blasrote Flammenzungen schossen in die Luft, Wolken von weiß-gelbem Qualm stieben nach oben, gigantische Stücke von hellbrennenden Wrackteilen wurden durch die Luft geschleudert. Eine Explosion hatte *Hood* in Stücke gerissen.[1]

Dies war das katastrophale Ende des vierten von Lord Fishers schlecht konzipierten Schlachtkreuzern mit schwacher Panzerung und schwerer Bewaffnung, der im Kampf verloren gegangen war: Drei waren vor dem Skagerrak gesunken, nun die *Hood,* zerstört durch die falsche Annahme seiner Konstrukteure, daß Geschwindigkeit so gut sei wie Panzerschutz. Admiral of the Fleet Lord Chatfield (Erster Seelord von 1933-38), der so hart darum gerungen hatte, die alten britischen Großkampfschiffe modernisieren zu lassen, urteilte darüber so: »Die *Hood* war vernichtet worden, weil sie gegen ein Schiff antreten mußte, daß 22 Jahre moderner war als sie selbst.« In diesen 22 Jahren aber »hatten sich Ingenieurwesen, Technologie und das Verhältnis von Schlagkraft zu Gewicht über jedes Vorstellungsvermögen hinaus verändert.«[2]
Das schnelle Ende der *Hood* ermöglichte Admiral Lütjens jetzt die Konzentrierung der gesamten Haupt- und Mittelartillerie seiner beiden Schiffe auf die *Prince of Wales.* Die Entfernung betrug 16 500 m. Fast gleichzeitig mit dem Untergang der *Hood* um 06.02 Uhr wurde die Brücke dieses

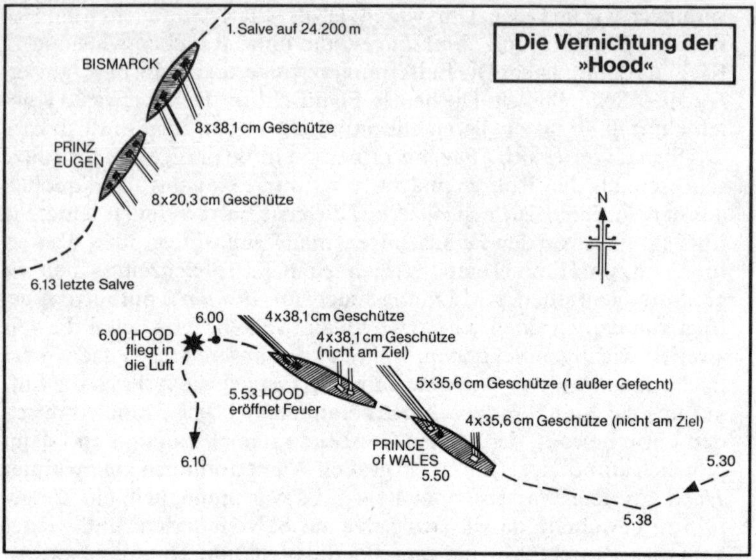

englischen Schlachtschiffs von einem Treffer heimgesucht, der fast das gesamte Brückenpersonal mit Ausnahme des Kommandanten tötete oder verwundete. Nach diesem Schlag folgten vier weitere 38,1-cm-Treffer und drei 20,3-cm-Treffer. Die Gefechtsentfernung war auf 13 200 m gefallen. Schon waren fünf der vierzehn 35,6-cm-Geschütze der *Prince of Wales* ausgefallen. Captain Leach entschloß sich daher, das Gefecht gegen den nunmehr überlegenen Feind abzubrechen. Um 06.13 Uhr drehte er unter Qualmentwicklung ab in der Absicht, mit seinem nun beschädigten Schlachtschiff die Kreuzer Wake-Walkers beim Fühlunghalten am Gegner zu unterstützen, bis Admiral Tovey mit der Home Fleet auf dem Platz des Geschehens erscheinen konnte. Captain Leach konnte allerdings nicht wissen, daß sein erst kurz zuvor in Dienst gestelltes Schiff selbst drei Treffer auf *Bismarck* erzielt hatte, von denen einer eine verräterische Ölspur aus zwei wichtigen Brennstofftanks des deutschen Flaggschiffs austreten ließ, während das Öl in anderen Tanks von Seewasser verschmutzt wurde. Aufgrund der Brennstofflage entschied sich daher Admiral Lütjens um 08.00 Uhr seine Unternehmung im Atlantik abzubrechen und St. Nazaire anzusteuern, den einzigen Hafen an der Atlantikküste Frankreichs, der ein zur Aufnahme seines Flaggschiffs ausreichend großes Trockendock besaß. Die Rückkehr durch die Dänemarkstraße nach Deutschland erschien Admiral Lütjens zu gefährlich, da er sicher sein konnte, daß ihn bereits ein Großteil der britischen Flotte jagte. Auch Lütjens kannte die Mängel und Schäden an Bord des Gegnerschif-

fes nicht. Hätte er davon Kenntnis gehabt, so hätte es seine Entscheidung sein müssen, auch die *Prince of Wales* niederzukämpfen und zu vernichten.
Die beiden deutschen Schiffe steuerten weiter Kurs Südwest, beschattet durch *Norfolk* und *Suffolk,* die durch *Prince of Wales* unterstützt wurden. Die jetzt am nächsten stehenden britischen Kräfte waren das Gros der Home Fleet unter Admiral Tovey: Das Schlachtschiff *King George V,* der Schlachtkreuzer *Repulse,* der Flugzeugträger *Victorious,* vier Kreuzer und neun Zerstörer. Diese Kampfgruppe aber stand noch 330 Meilen entfernt im Südosten. Der früheste Zeitpunkt, zu dem sie auf die deutschen Schiffe treffen konnte, war 07.00 Uhr am nächsten Morgen (25. Mai). Es waren dies aber nicht die einzigen britischen Kriegsschiffe, die auf dem Weg zum Schauplatz dieses Geschehens waren. Die Admiralität hatte Somervilles Force H aus Gibraltar heranbefohlen, die gerade einen Truppenkonvoi vom Clyde zum Kap der Guten Hoffnung ein Stück des Weges begleitete. Nun stieß die Kampfgruppe mit höchster Fahrt nach Norden vor. Das Schlachtschiff *Rodney* (Captain F. H. G. Dalrymple-Hamilton) und drei Zerstörer, die als Schutz von Geleitzügen 550 Seemeilen südöstlich standen, wurden ebenfalls herangeordert. Auch das Schlachtschiff *Ramillies* mußte seinen Geleitzug verlassen und auf eine Position westlich des Gegners steuern. Dem Schlachtschiff *Revenge* wurde sofort das Auslaufen aus Halifax befohlen. Der im Mittelatlantik auf Patrouille stehende Leichte Kreuzer *Edinburgh* schloß heran, um sich den beschattenden Kreuzern anzuschließen. Aber trotz der Hilfe, die von den Aufklärungsflugzeugen des Coastal Command zu erwarten war, und trotz der wichtigen Meldung Wake-Walkers um 13.20 Uhr, wonach *Bismarck* auf Kurs Süd gedreht und die Geschwindigkeit auf 20 Knoten verringert hatte, mußte Tovey noch immer damit rechnen, daß es den deutschen Schiffen gelang, aus dem riesigen Netz zu entkommen, das die britische Admiralität gegen sie über dem Nordatlantik zusammenzuziehen begonnen hatte.
Bei dem Versuch, ein Entkommen der *Bismarck* zu verhindern, befahl er um 14.40 Uhr am 24. Mai dem durch Kreuzer unter Admiral Curteis geleiteten Flugzeugträger *Victorious* aus einer Position etwa 100 Seemeilen vom Feind einen Luftangriff durchzuführen. Da der Träger aber von der Aufgabe abgerufen worden war, Nachschub an Jägern nach Malta zu bringen, waren die einzigen für diesen Einsatz geeigneten Flugzeuge an Bord des Trägers lediglich neun Torpedobomber und sechs Aufklärer. Sie starteten um 22.10 Uhr und flogen durch heftige Regenböen gegen den Feind. Um 23.27 Uhr erhielten sie Radarkontakt mit den deutschen Schiffen. Drei Minuten später wurde die *Bismarck* gesichtet. Der Sichtkontakt ging aber wieder verloren, wobei die Flugzeuge vom deutschen Schlachtschiff aus erkannt worden waren. Die beschattenden britischen Kreuzer konnten die Flugzeuge um Mitternacht erneut an ihre Ziele heranführen, nachdem sie durch die zufällige Anwesenheit eines neutralen

US-Küstenwachkutters im gleichen Seegebiet zunächst einer falschen Fährte nachgesetzt hatten. Als die britischen Flugzeuge nun endlich ihren Angriff ausführen konnten, war das Überraschungsmoment verloren gegangen. Dennoch erzielten sie auf *Bismarck* mittschiffs einen Torpedotreffer. Dieser schlug jedoch direkt gegen den Panzer und verursachte keinen oder nur geringfügige Schäden. Nach dem Angriff flogen die Maschinen zur *Victorious* zurück, wo sie auch sicher wieder landeten, mit Ausnahme von zwei der Fühlungshaltermaschinen, die ins Meer stürzten, deren Besatzungen jedoch geborgen werden konnten.

Diese Flugzeuge hatten nur die *Bismarck* gesichtet; denn gegen 18.30 Uhr hatte Admiral Lütjens den Schweren Kreuzer *Prinz Eugen* mit dem Befehl entlassen, den vorgesehenen Handelskrieg jetzt allein zu führen. Das von den britischen Beschattern unbemerkte Absetzen des deutschen Kreuzers hatte er dadurch erleichtert, daß er mit dem Schlachtschiff zeitweilig zurückgefallen war, aufgedreht und das Feuer gegen die britischen Verfolger eröffnet hatte. Ein ähnlicher kurzer Schußwechsel erfolgte gegen 01.00 Uhr am 25. Mai. Die nun folgenden Ereignisse riefen auf britischer Seite große Bestürzung hervor. Um 04.01 Uhr mußte Ellis melden, daß *Suffolk* den Radarkontakt mit dem Feind verloren hatte. Alle Versuche, ihn wieder zu gewinnen, schlugen fehl, weil sie alle von der Vorstellung ausgingen, daß *Bismarck* jetzt abgedreht und Kurs nach Westen in die Weiten des Atlantik genommen habe. In Wirklichkeit aber steuerte das deutsche Schiff mit Kurs Südost in Richtung St. Nazaire an der französischen Atlantikküste. Tovey, dessen Flaggschiff nur noch 100 Seemeilen entfernt stand, sah sich nun der Hoffnung beraubt, das deutsche Schlachtschiff in etwa drei Stunden zum Gefecht stellen zu können.

Admiral Lütjens konnte zwar in dieser Entfernung um 08.00 Uhr und später sogar noch dichter *Rodney* und *Edinburgh* passieren ohne erkannt zu werden, dennoch zog sich das Netz gegen das einsame deutsche Schiff immer enger. *Norfolk* und *Suffolk* suchten nach Westen und Südwesten von der letztbekannten Position aus. *Victorious* erhielt Befehl, weitere Luftpatrouillen im Nordwesten zu fliegen. Dabei wurde der Träger durch die Aufklärungsfahrten der Kreuzer unter Admiral Curteis unterstützt. Tovey konnte den Zielhafen von Lütjens nicht erahnen. Er hielt es für wahrscheinlich, daß Lütjens auf einen Treffpunkt mit einem Tanker südlich von Grönland zusteuerte, um dort zu bunkern, bevor er zum eigentlichen Angriff gegen die atlantische Handelsschiffahrt ansetzte. Auch der südöstliche Sektor war nicht unbewacht. Dort standen die von der Admiralität heranbefohlenen Schlachtschiffe *Rodney* und *Ramillies* und der Kreuzer *Edinburgh*, ebenso die *Dorsetshire* unter Captain B. C. S. Martin, die einen nach Süden laufenden Konvoi begleitet hatte. Und 1 300 Seemeilen entfernt im Süden stand Somervilles Flaggschiff, der Schlachtkreuzer *Renown* (Captain R. R. McGrigor) mit dem Flugzeugträger *Ark Royal* (Captain L. E. H. Maund) und dem Kreuzer *Sheffield* (Captain C. A. A. Larcom). Während des Morgens konnte eine falsch interpretierte Meldung der Admiralität über Einpeilungen der Funksprüche des Schlachtschiffs *Bismarck* Tovey nunmehr darauf schließen lassen, daß *Bismarck* in Richtung auf die Straße zwischen Island und den Faröer-Inseln lief. So jagten nun ab 10.47 Uhr sein Flaggschiff und viele andere Einheiten mit hoher Geschwindigkeit dieser falschen Fährte nach, wodurch sie sich noch weiter vom Gegner entfernten. Erst gegen 19.24 Uhr wies die Admiralität Tovey direkt darauf hin, daß ihrer Lageeinschätzung nach das deutsche Schiff Kurs auf Brest genommen haben könnte. Der Oberbefehlshaber der Home Fleet war jedoch schon eine Stunde früher zu der gleichen Überzeugung gelangt und hatte den Kurs einer Flotte entsprechend herumgerissen. Doch als *King George V* nun wieder auf dem richtigen Kurs lag, stand sie 150 Seemeilen hinter dem Gegner. Tovey schien keinerlei Aussicht zu haben, das feindliche Schlachtschiff jetzt noch einholen zu können. Glücklicherweise hatte die Admiralität ähnliche Meldungen schon früher, nämlich um 11.00 Uhr, an Admiral Somerville gegeben, der bereits mit hoher Geschwindigkeit nach Norden lief, um den Gegner abzufangen.

In der Zwischenzeit hatten auch häufige Suchflüge von Aufklärern des Coastal Command bei immer schlechter werdendem Wetter die *Bismarck* während des ganzen 25. Mai nicht erfassen können. Diese Aufklärungsflüge wurden jedoch mit Hartnäckigkeit und großem Geschick durch einen Befehlshaber geleitet, der sich auf See ebenso gut wie in der Luft auskannte. Air Marshall Sir F. W. Bowhill hatte seine Karriere in der Royal Navy begonnen und hatte fast den gesamten Ersten Weltkrieg beim RNAS gedient, bevor er 1918 zur neugebildeten RAF übergetreten war. Und nach mehr als 24 höchst zermürbenden Stunden für Admiral Pound und Admiral Tovey, die die Hoffnung zur Vernichtung des Gegners immer mehr schwinden sehen mußten, konnte eine der Maschinen Bowhills[3] die *Bismarck* am 26. Mai um 10.30 Uhr ausmachen, als sie weniger als 700 Meilen westlich von Brest stand, welches sie wohl in den Abendstunden des nächsten Tages erreichen konnte. Zuvor aber würde sie starke Unterstützung durch Einheiten der deutschen Luftwaffe in Gewässern erhalten, in denen auch von Admiral Dönitz von den Handelsrouten abgezogene und zur Unterstützung des Schlachtschiffs heranbeorderte U-Boote standen. Es waren nur noch kostbare 24 Stunden verblieben, während deren die britischen Einheiten das deutsche Schiff noch abfangen konnten. Tovey hatte bereits *Prince of Wales, Repulse* und die Kreuzer von Curteis sowie deren Begleitzerstörer nach Island bzw. Neufundland zum Bunkern entlassen müssen. Ihren Platz hatte das Schlachtschiff *Rodney* einnehmen können. Seinem artilleristischen Vorteil von neun 40,6-cm- und zehn 35,6-cm-Geschützen gegen nur acht 38,1-cm-Geschütze der *Bismarck* mußte Tovey freilich den Nachteil aufrechnen, daß *Rodney* höchstens 22 Knoten lief. Ferner würden *Rodney* und *King George V* bald den Schauplatz verlassen müssen, um ihrerseits

zum Bunkern einzulaufen. Die Chancen für einen britischen Erfolg waren somit gering geworden.
Alles hing jetzt von den aus dem Süden heranstürmenden Einheiten Somervilles ab. Als *Bismarck* am 26. Mai erneut gesichtet wurde, stand Somervilles Force H nur 70 Seemeilen entfernt im Osten, die einzige britische Streitmacht, die dem deutschen Schiff jetzt noch den Weg verlegen konnte. Der Schlachtkreuzer *Renown* konnte nach den Erfahrungen mit *Hood* nicht allein zum Angriff angesetzt waren. Die Admiralität verbot dies auch in einem ausdrücklichen Funkbefehl. Aber es ließen sich jetzt die Flugzeuge der *Ark Royal* einsetzen. Durch einen Luftangriff konnte die Geschwindigkeit des Gegnerschiffes vielleicht so weit herabgesetzt werden, daß die zwei Schlachtschiffe Toveys auf Gefechtsentfernung aufholen konnten. Trotz schwersten Wetters, bei dem das Deck des Flugzeugträgers in einer Weise stampfte und rollte, daß normalerweise kein Flugbetrieb erfolgt wäre, wurden zunächst Suchflugzeuge gestartet, welche die *Bismarck* auch fanden und beschatteten. Um die Maschinen heranführen zu können, war auch der Kreuzer *Sheffield* abgestellt worden. Um 14.50 Uhr starteten von *Ark Royal* vierzehn Torpedoflugzeuge, deren Besatzungen jedoch wegen eines Mißverständnisses keine Kenntnis von der Aufgabe der *Sheffield* als Fühlungshalter hatten. Sie flogen über die stürmische See und verwendeten ihre Radargeräte zur Aufklärung und Navigation. Dann stießen sie durch die niedrige Wolkendecke und warfen ihre Torpedos, bevor sie das undeutliche Ziel genau erkannt hatten. Glücklicherweise richteten diese Flugzeuge keinerlei Schaden an. Sie hatten nämlich den eigenen Kreuzer *Sheffield* angegriffen. Einige Torpedos konnte der Kreuzer durch drastische Ausweichbewegungen ausmanövrieren, andere explodierten wegen versagender Magnetpistolen nicht.
Sobald diese Maschinen wieder an Bord der *Ark Royal* waren ließ Maund um 19.10 Uhr eine zweite Angriffswelle von fünfzehn Flugzeugen starten. Diese waren nun eingeweiht und ihre Torpedos nicht mit Magnet-, sondern Kontakt-Pistolen ausgerüstet. Sie sollten zunächst an *Sheffield* als Fühlungshalter heranfliegen und sich von dort auf das richtige Ziel leiten lassen. Dieses Ziel fanden sie nach 20.30 Uhr. Schlechte Sicht, eine niedrige Wolkendecke, Wind von fast Sturmstärke, grobe See und schnell verdämmerndes Tageslicht sowie das schwere und genaue Fla-Feuer der *Bismarck* machten jede Koordinierung des Angriffs unmöglich. Obwohl die Flugzeuge jetzt innerhalb eines Zeitraums von mehr als einer halben Stunde einzeln angreifen mußten, konnten sie nah genug herankommen und 13 Torpedos abwerfen. Darunter waren zwei Treffer. Wie bei den Torpedos der Flugzeuge der *Victorious* schlug einer mittschiffs gegen den Panzergürtel des Schlachtschiffs, wo er keinen Schaden anrichtete. Der andere Torpedo aber besiegelte das Schicksal des deutschen Schlachtschiffs. Er traf achtern, zerschmetterte die Ruderanlage und verklemmte die Ruder des Schiffes in einer Stellung 10 Grad nach

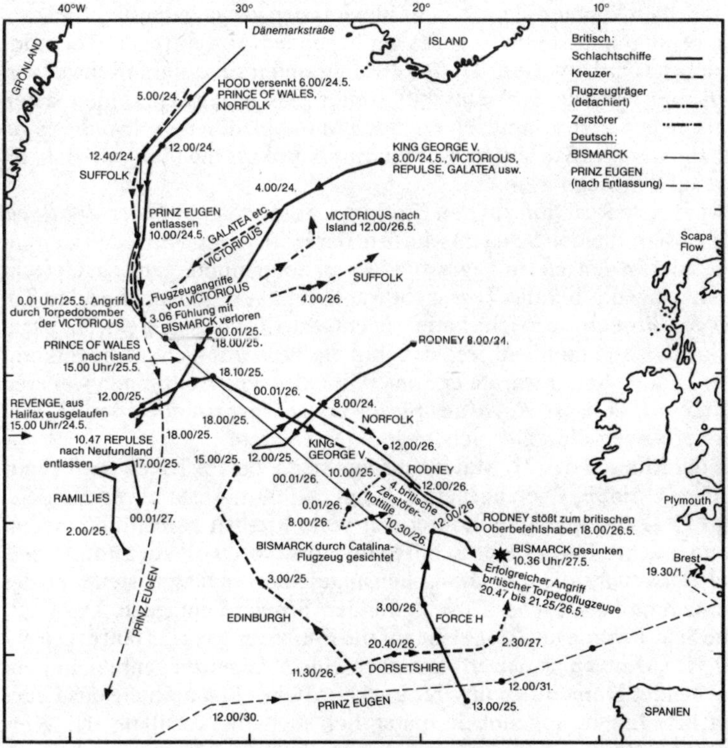

Die Verfolgung der BISMARCK, 24.–27. Mai 1941

Backbord. Admiral Lütjens war sich sofort über die Folgen klar. Um 21.40 Uhr funkte er nach Berlin: »Schiff manövrierunfähig. Wir kämpfen bis zur letzten Granate.«

Kurz nach diesem Erfolg der britischen Torpedoflieger kamen auch fünf Zerstörer unter dem kämpferischen Captain Vian (Führerzerstörer *Cossack*) heran. Die Admiralität hatte diese vom Geleitschutz eines Konvois freigesetzt, um die zum Bunkern abgelaufenen Sicherungszerstörer Toveys zu ersetzen. Vian hatte jedoch die Sichtmeldung der Flugzeuge des Coastal Command an diesem Morgen aufgefangen und sich entschlossen, direkt Kurs auf den Gegner zu nehmen. Seine Intuition besiegelte das Schicksal der *Bismarck* endgültig. Vians Boote beschatteten die *Bismarck* während der ganzen Nacht und lieferten Tovey häufige und genaue Berichte über alle Bewegungen des beschädigten Gegners. In der

Dunkelheit konnten sie immer wieder aus den verschiedensten Richtungen herankommen und trotz des gut liegenden Abwehrfeuers Torpedos schießen. Durch weitere Treffer verlangsamten sie das nun schwer verwundete deutsche Schlachtschiff weiter, das jetzt auch keinen steten Kurs mehr halten konnte. Nur mit den Maschinen steuernd mußte es gegen die schwere See laufen, was nur mit Nordkurs möglich war, d. h. direkt auf den Gegner zu.
Toveys erste Reaktion auf den Erfolg des Torpedoangriffs der *Ark Royal* war es, seine beiden Schlachtschiffe in der Hoffnung nach Süden zu wenden, noch in den letzten Tagesstunden vor Sonnenuntergang ein Gefecht zu erzwingen. Aber das Tageslicht war bereits verloschen, ohne daß Tovey die *Bismarck* erreicht hatte. Er entschied sich gegen ein Nachtgefecht: Es stand nunmehr fest, daß ihm die *Bismarck* nicht mehr entkommen konnte. Somit warnte er Somerville, der seinerseits einen weiteren Luftangriff von *Ark Royal* aus für die ersten Tagesstunden des 27. Mai plante: Somerville sollte nicht mehr intervenieren.
Als der Morgen des 27. Mai heraufdämmerte, befahl Tovey *Rodney* zur offenen Ordnung überzugehen, d. h. auf ca. 900 m Abstand von *King George V*. Dalrymple-Hamilton erhielt volle Freiheit zum Manövrieren. Dann brachte Tovey beide Schiffe von Kurs Nordwest auf Süd. *Norfolk* und *Dorsetshire*, die sich inzwischen angeschlossen hatten, steuerten der langsam und erratische Kurse laufenden *Bismarck* entgegen. Das deutsche Schiff wurde um 08.43 Uhr auf die Entfernung von 23 000 m gesichtet. Vier Minuten später erfolgte nach einem Augenzeugenbericht »ein krachendes Donnern an unserer Backbordseite. *Rodney* hatte das Feuer eröffnet. Einen Augenblick später fiel auch die Artillerie der *King George V* ein.«

»Mit meinem Glas betrachtete ich die *Bismarck*. Alle ihre Geschütze feuerten, die vorderen Türme zuerst. Die Deutschen hatten den Ruf, daß bereits ihre ersten Salven deckend waren. Die ersten Einschläge lagen in Höhe des Vorschiffs der *Rodney*, gingen aber zu weit.«[4] Danach wurde das Schießen der *Bismarck* schnell unregelmäßiger und ungenauer, da beide britischen Schlachtschiffe bald nach 09.00 Uhr auf eine Entfernung von nur noch 14 500 m »die beiden vorderen Geschütztürme der *Bismarck* außer Gefecht setzten. Ein weiterer Treffer zerstörte den vorderen Leitstand. Sehr bald fiel auch der achtere Leitstand aus.«[4] Dennoch sollte es noch Fünfviertelstunden dieses Feuers auf Kernschußnähe brauchen, bis der Gegner endlich schwieg. »Während dieser Zeit sahen wir das kupferne Aufglühen der Treffer unserer Mittelartillerie in den Aufbauten des Gegnerschiffs; sie wurden immer häufiger. Dann schoß eine Große Stichflamme von der Basis der brennenden Aufbauten empor und loderte augenblickslang bis zum Mars am Großmast. Eine Zeitlang feuerten dann noch die achteren Türme der *Bismarck* einzeln. Gegen 10.00 Uhr schwiegen alle ihre Geschütze.«[4] Das deutsche Schlachtschiff

Tabelle 35: Die Einheiten beim Endkampf der *Bismarck* am 27. 5. 1941

Name	Fertigstellung	Wasserverdrängung (ts)	Geschwindigkeit (Knoten)	Geschütze (cm)	Stärkste Panzerung (mm)
King George V	1940	35 000	29	10 × 35,6 16 × 13,3	406
Rodney	1927	33 900	23	9 × 38,1 12 × 15,2	406
Norfolk (K)	1930	9 925	32	8 × 20,3 8 × 53,5 TR	76
Dorsetshire (K)	1931	9 975	32	8 × 20,3 8 × 53,3 TR	76
sowie zahlreiche Zerstörer					
Bismarck	1940	41 700	30	8 × 38,1 12 × 15,2	356

(K) = Schwere Kreuzer

war ein brennendes aber noch schwimmendes Wrack, was viel für dessen Festigkeit und wenig für die britische artilleristische Leistung spricht. *King George V* allein hatte 339 Stück 35,6-cm-Granaten verschossen; *Rodney* nicht weniger als 380 40,6-cm-Granaten, von denen nur wenige getroffen hatten. Tovey jedenfalls war über die artilleristischen Leistungen seiner Schlachtschiffe auf nächste Entfernung gegen ein fast stilliegendes wrackes Ziel so empört, daß er dem Artillerieoffizier seiner Flotte erzürnt zurief: »wenn er mit seinem Fernglas werfe, habe er wohl bessere Chancen, das Gegnerschiff zu treffen.«
Als sich die britischen Schlachtschiffe ohne Schäden, aber ernstem Brennstoffmangel zurückziehen mußten, gingen *Norfolk* und *Dorsetshire* an das deutsche Schiff heran und feuerten Torpedos gegen das hilflos in der See treibende Wrack. Ob diese Torpedos oder aber Sprengsätze der eigenen Besatzung dem Schiff den Todesstoß gaben, ist eine offene Frage. Ich zitiere einen überlebenden Offizier der *Bismarck:*

> Der Kampflärm wurde immer unregelmäßiger, bis dann nur noch eine Reihe sporadischer Detonationen erfolgte. Der Maschinentelegraph von der Brücke war ausgefallen. Alle drei Turbinenräume füllten sich mit Qualm. Um 10.15 Uhr erhielt ich den Befehl: »Schiff zur Versenkung vorbereiten«. Langsam sank das Schiff tiefer. Wir wußten, daß es schließlich kentern würde. Nach einem dreifachen »Siegheil« befahl ich: »Schiff verlassen«. Wir waren kaum frei, als das Schiff nach Backbord kenterte. Der Bug stieg in die Luft, dann ging die *Bismarck* mit dem Heck voran in die Tiefe.«[4]

Toveys anerkennendes Signal, »Die *Bismarck* hat einen hervorragend tapferen Kampf in aussichtsloser Lage gekämpft, würdig der alten Tradition der kaiserlich-deutschen Marine; sie ist mit wehender Flagge gesunken«, brachte ihm einen Verweis der Admiralität ein: »Aus politischen Gründen ist es wesentlich, daß keinerlei Gefühle der in Ihrem Signal 11.19 ausgedrückten Art in der Öffentlichkeit verbreitet werden.« Um 10.36 Uhr sank das deutsche Schiff mit Admiral Lütjens, Kapitän z. See Lindemann und fast der gesamten Besatzung von 2400 Mann. Nur 119 Mann konnten gerettet werden. Die Versuche der deutschen Luftwaffe, der *Bismarck* zu Hilfe zu eilen, vermochten nichts, außer den Zerstörer *Mashona* zu versenken und einen weiteren Zerstörer der *Tribal*-Klasse zu beschädigen. Die deutschen U-Boote erreichten noch weniger. Kapitänleutnant H. Wohlfarth auf *U 556,* zum Beispiel, mußte mit ohnmächtigem Zorn die ganze Force H in idealer Torpedoschußposition an sich vorbeiziehen lassen. Sein U-Boot hatte alle seine Torpedos bereits verschossen und befand sich auf dem Rückmarsch.
Zur Zerstörung dieses eindrucksvollen Monuments der Fähigkeiten deutscher Schiffskonstrukteure und Schiffbauer hatten die britischen Streitkräfte nicht weniger als 71 Torpedos aufwenden müssen, von denen mindestens acht, wahrscheinlich aber zwölf, Treffer waren. Ferner hatten sie riesige Mengen Panzersprenggranaten verschossen. Tovey würdigte die »Zusammenarbeit, das Geschick und Verständnis, das alle beteiligten Streitkräfte während dieser langen Jagd gezeigt haben. Die Admirale und Kommandanten aller detachierten Einheiten haben ausnahmslos bevor oder ohne daß sie von mir hierzu Instruktionen erhielten, jene Maßnahmen ergriffen, welche zu ergreifen ich ihnen gewünscht hätte.« Ferner lobte er die »Genauigkeit der Information, welche die Admiralität mit großer Geschwindigkeit übermittelte. All das war bemerkenswert. Das Gleichgewicht zwischen Information und Anweisungen, die den Streitkräften übermittelt wurden, die ich selbst nicht erreichen konnte, schien mir ideal.«
Über diese Gesamtunternehmung so vieler verschiedener und getrennt operierender Einheiten zur See und in der Luft läßt sich schwerlich ein gerechteres und besseres Urteil fassen als dieses:

»Ohne jenen Aufklärungsflug des Coastal Command wäre die *Bismarck* nicht in den norwegischen Fjorden ausgemacht worden. Ohne den weiteren Aufklärungsflug des Fleet Air Arm hätte ihr Auslaufen nicht entdeckt werden können. Ohne die Kreuzer wäre sie nicht beim Durchlaufen der Dänemarkstraße gesichtet worden. Ohne Gefecht mit den schweren Schiffen am nächsten Morgen hätte das Schiff nicht getroffen werden können, so daß der Ölverlust seinen Kurs so beeinflußte, daß die *Bismarck* schließlich auf die Position gelangte, wo das Flugzeug der *Victorious* einen Torpedotreffer anbringen konnte. Ohne Aufklärungsflüge des Coastal Command wäre die Fühlung nach ihrem Abreißen nicht wieder hergestellt worden. Und ohne die Flugzeuge der *Ark Royal* hätte die *Bismarck* nicht so wesentlich verlangsamt werden können, daß sie eingeholt wurde. Ohne die Zerstörer wäre es schwierig gewesen, während der Nacht genau am Feind zu bleiben. Und ohne die beiden Schlachtschiffe wäre es schließlich nicht möglich gewesen, das deutsche Schiff zu versenken.[5]

Der Erfolg der Aktionen gegen die *Bismarck* ist vor allem drei Männern zu danken: Während einer sorgenvollen Woche unterdrückte Admiral Pound nicht nur die ihm angeborene Neigung, die Funktionen des Oberbefehlshabers an sich zu reißen (und vermochte auch Premierminister Winston Churchill zur gleichen Haltung zu überreden, der dazu eine noch ausgeprägtere Neigung besaß)[6], sondern spielte genau die gleiche wichtige Rolle bei der Zerstörung der *Bismarck,* wie seinerzeit Admiral Barham, der durch seine Maßnahmen sicherstellte, daß Villeneuve 1805 vor Trafalgar zum Kampf gestellt werden konnte. Auch Bowhill darf nicht vergessen werden; ihm war die bereitwillige und wirkungsvolle Zusammenarbeit des Coastal Command zu danken. Größtes Lob aber geht an Tovey, einen Mann vom Schlage Nelsons. Er führte nach dem anfänglichen bitteren Verlust der *Hood* eine »verschworene Schar« in der langen Verfolgungsjagd. Sie endete mit dem einzigen Triumph, mit dem sich Nelson je zufrieden gegeben hatte: Der Vernichtung des Gegners. Daher verzeichnet man gern, daß trotz aller späteren Differenzen mit Pound und Churchill[7], insbesondere über die Führung der Eismeergeleitzüge, Toveys Verdienst gebührend anerkannt wurde und sein Name in der sehr kurzen Liste jener britischen Admirale erschien, deren Leistung nach dem Kriege durch Verleihung eines Adelstitels ausgezeichnet wurde.
Nachdem er von *Bismarck* am 24. Mai entlassen worden war, lief der Schwere Kreuzer *Prinz Eugen* nach Süden. Im Mittelatlantik wurde gebunkert. Fünf Tage später traten an der Maschine so ernste Mängel auf, daß Kapitän z. See Brinkmann sich entschloß, den bisher ergebnislosen Vorstoß in den Atlantik abzubrechen. Ein Aufklärungsflugzeug des Coastal Command sichtete den Kreuzer am 27. Mai mit Kurs auf Brest. Da jetzt aber so viele britische Kriegsschiffe im Hafen lagen, um nach der aufregenden Jagd auf *Bismarck* zu bunkern und ihre Magazine aufzufüllen, konnte der deutsche Kreuzer den Hafen von Brest am 1. Juni sicher erreichen.
Die Alliierten konnten freilich nicht ahnen, daß dieser Ausgang des Unternehmens »Rheinübung« das Ende aller Pläne Großadmiral Raeders bedeutete, die deutschen schweren Überwasserstreitkräfte zu Schlägen gegen die alliierte Handelsschiffahrt im Atlantik einzusetzen. Die Fahrten der *Admiral Hipper* und *Prinz Eugen* hatten gezeigt, daß die Konstruktion der Maschinenanlagen diese Schweren Kreuzer für derartige Operationen ungeeignet machte. *Scharnhorst* und *Gneisenau* waren zu diesem Zeitpunkt durch die britische Luftwaffe in Brest immobilisiert.

Als dann später im gleichen Jahr 1941 das Schwesterschiff der *Bismarck*, die *Tirpitz*, fertig wurde, und *Scharnhorst*, *Gneisenau* und *Prinz Eugen* am 12. und 13. Februar 1942 erfolgreich durch den Ärmelkanal nach Deutschland durchgebrochen waren, wurden die deutschen schweren Einheiten für andere Aufgaben benötigt. Sie wurden nach dem hohen Norden in die norwegischen Fjorde am Polarmeer verlegt, um gegen die alliierten Versorgungsgeleitzüge nach Rußland zu operieren. Dies brachte der britischen Seite den Vorteil, daß zahlreiche Schlachtschiffe von der aufreibenden Aufgabe des Schutzes atlantischer Geleitzüge freigesetzt und in fernöstliche Gewässer entsandt werden konnten, wo ihre Anwesenheit als Gegengewicht zum Eingreifen Japans in diesen Weltkrieg auf Seiten der Achsenmächte dringend erforderlich geworden war.

8. Geleitzugschlachten

Gegen Ende September 1941, nur drei Monate nach Beginn des Unternehmens »Barbarossa«, dem deutschen Angriff auf die zuvor mit dem Deutschen Reich verbündete Sowjetunion, ging der erste große alliierte Geleitzug nach dem Bestimmungsort Archangelsk im Nordmeer. Vor Jahresende folgten noch mehrere Konvois. Jeder erhielt einen Nahschutz von Zerstörern und anderen U-Boot-Abwehrkräften und zur Ferndekkung jeweils eine Kampfgruppe, die zumeist aus Kreuzern bestand. Die Geleit- und Deckungskräfte wurden von der britischen Home Fleet gestellt. Diese Geleitzüge liefen zunächst ohne Feindbehinderung von und nach den sowjetischen Häfen, auch im Winter nach dem Zufrieren des Weißen Meeres. Während dieser Monate gingen die Konvois nach Murmansk in der Kola-Bucht. Ende des Jahres 1941 begann die deutsche Führung den Umfang zu begreifen, in welchem auf dieser Route kriegswichtiges Material nach der Sowjetunion gebracht wurde, und wie sehr diese Versorgungsgüter die Sowjetunion in die Lage versetzten, dem deutschen Ansturm immer nachhaltiger zu widerstehen. (Am 4. Oktober 1941 hatten sich Großbritannien und die USA verpflichtet, der Sowjetunion monatlich vierhundert Flugzeuge, 500 Panzer, 200 gepanzerte Fahrzeuge, 22000 Tonnen Gummi, 41000 Tonnen Aluminium, 3860 Tonnen Werkzeugmaschinen und größere Mengen an Lebensmitteln, medizinischen Versorgungsgütern und anderen Rohstoffen zu liefern. Bis März 1942 waren 110 Transportschiffe in solchen Geleitzügen nach der Sowjetunion gebracht worden. Dabei war nur ein einziges Schiff verloren gegangen). Im Januar 1942 begann Großadmiral Raeder seine Überwasserstreitkräfte und U-Boote in die Fjorde um Drontheim und noch weiter nördlich zu verlegen. Von dort sollten sie gemeinsam mit der Luftwaffe in stets stärkeren und bedrohlicheren Angriffsoperationen gegen diese Geleitzüge vorgehen. Dabei konnten sie den Vorteil nützen,

daß diese Geleitzüge durch die geographischen Gegebenheiten und die arktische Eisgrenze gezwungen waren, durch einen Korridor von nur 250 Seemeilen Breite um das Nordkap in die Barents-See zu laufen.
Von nun an mußten die Alliierten die Nahsicherung ihrer Geleitzüge mit Geleitflugzeugträgern und Luftabwehreinheiten wesentlich verstärken und als Ferndeckung sogar Schlachtschiffe einsetzen. Der am 22. September 1942 aus Loch Ewe in Schottland auslaufende und aus 46 Handelsschiffen bestehende Geleitzug PQ 18 erhielt eine Nahdeckung von einem Geleitflugzeugträger, drei Luftabwehreinheiten und nicht weniger als 20 Zerstörern sowie eine Ferndeckung durch eine aus dem Schlachtschiff *Duke of York* und vier Kreuzern bestehende Kampfgruppe. Dennoch mußte dieser Geleitzug den Verlust von 13 Handelsschiffen hinnehmen. Sie wurden von deutschen U-Booten und Flugzeugen versenkt, bevor der angeschlagene Konvoi Archangelsk erreichen konnte. Dabei war dies noch ein günstigeres Ergebnis, verglichen mit dem unmittelbar voraufgegangenen Geleitzug PQ 17, von dessen 33 Schiffen nicht weniger als 23 versenkt wurden. Nach Einbruch des Winters mit seinen langen Nächten und mit dem stürmischen Wetter im Nordmeer, so argumentierte Tovey, liefen alle großen Geleitzüge Gefahr, in kleinste Gruppen aufgesplittert zu werden, die feindlichen Angriffen nur allzuleicht zum Opfer fielen. Admiral Pound stimmte ungern zu, daß der nächste Geleitzug, dessen Bezeichnung aus Sicherheitsgründen von PQ 19 auf JW 51 abgeändert worden war, in zwei kleineren Gruppen in Marsch gesetzt wurde.
Die aus 16 Handelsschiffen bestehende Gruppe JW 51A verließ Loch Ewe am 15. Dezember 1942, die von sieben Zerstörern und fünf kleineren U-Boot-Abwehrfahrzeugen begleitet wurde. Geleitzug JW 51B mit 14 Handelsschiffen ging eine Woche später in See. Er wurde von sechs Zerstörern und fünf U-Boot-Abwehrfahrzeugen begleitet. Gesichert wurden beide Konvois durch die Leichten Kreuzer *Sheffield* (Captain A. W. Clarke), Flaggschiff des Konteradmirals Bob Burnett, und *Jamaica* (Captain J. L. Storey) sowie das in größerer Entfernung laufende Schlachtschiff *Anson* mit dem Schweren Kreuzer *Cumberland*. Konvoi JW 51A wurde vom Gegner nicht erfaßt und erreichte die Einfahrt in die Kolabucht am Weihnachtstag. JW 51B hate weniger Glück: Bei einem mörderischen Wintersturm ging am 6. Tage die Fühlung mit fünf Transportern und zwei Geleitfahrzeugen verloren. Daraufhin wurde der Minensucher *Bramble* zur Suche abgestellt. Vier dieser versprengten Handelsschiffe und ein Geleitfahrzeug konnten sich später wieder dem Konvoi anschließen. Das fünfte sowie der bewaffnete Trawler *Vizalma* (Lieutenant J. R. Angleback, RNVR) erreichten unabhängig vom Geleitzug ihren Bestimmungsort.
Inzwischen hatte Burnett seine Kreuzer mit JW 51A durch die Kola-Einfahrt gebracht, dort Öl ergänzt und war am 27. Dezember 1942 wieder in See gegangen, um das Einlaufen von JW 51B zu sichern. Zunächst stieß er weit nach Westen vor, dann lief er zurück nach Osten, und wandte sich

schließlich nach Süden auf die Konvoiroute. Am 30. Dezember steuerte er nach Nordwesten, in Richtung auf eine Position etwa 40 Seemeilen achteraus vom Geleitzug. Er erwartete nämlich Angriffe deutscher Überwasserstreitkräfte entlang der Konvoiroute von West nach Ost. In Wirklichkeit lag die ihm vom Oberbefehlshaber um 16.00 Uhr am 29. Dezember übermittelte Positionsangabe für den Geleitzug jedoch etwa 150 Seemeilen Ost-Nord-Ost von der wahren Position des Konvois entfernt. Deshalb kreuzten Burnetts Kreuzer die Route des Geleitzugs auch weit vor diesem. Am 31. Dezember um 08.30 Uhr stand Burnett etwa 30 Meilen nördlich des Geleitzugs, ohne Kenntnis dieser Lage, die sehr ungünstige Folgen haben konnte, wenn der Gegner wirklich angreifen sollte. Trotz des überaus schlechten Wetters und der wenigen Stunden Tageslicht hatte ein Aufklärer der deutschen Luftwaffe den Konvoi JW 51B am 24. Dezember südlich der Bäreninsel gesichtet und gemeldet. Auch *U 354* (Kapitänleutnant K. Herbschleb) meldete ihn. Daraufhin befahl das deutsche Oberkommando die Vernichtung des Geleits. Am Nachmittag des 30. Dezember ging Vizeadmiral O. Kummetz mit seinem Flaggschiff, dem Schweren Kreuzer *Admiral Hipper* (Kapitän z. S. H. Hartmann), gefolgt vom Panzerschiff *Lützow* (Kapitän z. S. R. Stange) und sechs Zerstörern vom Altenfjord aus zum Unternehmen »Regenbogen« in See. Kummetz hatte Befehl, Nahgefechte mit Geleitkräften des Geleitzugs zu vermeiden, um die dabei für die deutschen schweren Einheiten besonders auftretende Gefahr von Torpedotreffern auszuschließen. Vielmehr sollte er den Gegner nur bei Tag bekämpfen, wenn dieser schwächer als die eigenen Kräfte war. Außerdem war für Kummetz die Handlungsfreiheit weiter dadurch eingeengt worden, daß *Lützow* nach Abschluß des Unternehmens einen erneuten Ausbruchversuch in den Atlantik unternehmen sollte.

Kummetz plante, genau wie Admiral Burnett angenommen hatte, den Geleitzug von achteraus zu überholen. *Admiral Hipper* und drei Zerstörer sollten aus dem Nordwesten angreifen. Ein Befehlshaber, der seine Kräfte teilt, setzt sich immer der Kritik aus, daß er damit auch einem schwächeren Gegner die Chance gibt, jede Teilstreitkraft einzeln zu vernichten oder doch wenigstens erfolgreich abzuwehren. Die Entscheidung von Kummetz wäre jedoch voll gerechtfertigt gewesen, wenn Stange nicht so sorgsam darauf bedacht gewesen wäre, selbst die geringsten Schäden an der *Lützow* vor ihrem geplanten Ausbruch in den Atlantik zu vermeiden. Stange war also beträchtlich durch eine doppelte Aufgabenstellung gehemmt, die selten Aussicht auf Erfolg hat.

Am 31. Dezember, um 08.30 Uhr, waren die britischen Einheiten in diesem Seegebiet in vier Gruppen aufgesplittert. Der Hauptgeleitzug, bestehend aus zwölf Handelsschiffen und acht Geleitfahrzeugen, steuerte mit Kurs Ost. Ein weiteres Handelsschiff und der bewaffnete Trawler *Vizalma* liefen etwa 45 Seemeilen nördlich. Der Minensucher *Bramble* stand 15 Meilen nordöstlich. Burnetts zwei Kreuzer schließlich befanden sich

30 Seemeilen weiter nördlich. Zu diesem Zeitpunkt kreuzte *Admiral Hipper* mit seinen drei Zerstörern den Kurs des Geleitzugs etwa 20 Seemeilen hinter diesem. *Lützow* mit ihren drei Zerstörern stand 50 Seemeilen südlich und schloß auf. Das Wetter war einigermaßen sichtig, kürzere Schneeschauer ausgenommen. Die Sicht betrug zwischen sieben und zehn Seemeilen. Zerstörer und kleinere Schiffe litten jedoch schwer unter den eisigen Temperaturen, welche die über sie sprühende Gischt sofort zu Eis erstarren ließen, wenn sie mehr als 20 Knoten liefen. Für sie war es praktisch unmöglich, die Geschütze auf der Back zu verwenden.

Die Korvette *Hyderabad* (Lieutenant S. C. B. Hickman, RNVR) sollte als erste den herannahenden Gegner erkennen. Es war 08.20 Uhr. In der Annahme, bei den Begleitzerstörern von *Admiral Hipper* handele es sich um sowjetische Verstärkungen, unterließ *Hyderabad* jedwede Meldung. Zehn Minuten später sichtete der Zerstörer *Obdurate* (Lieutenant-Commander C. E. Sclater) auf der Steuerbordseite des Konvois achteraus passierende Schiffe. Er funkte unverzüglich eine Meldung an den Geleitschutzführer, das Flottillenführerboot *Onslow*, ohne die unbekannten Schiffe identifizieren zu können. Captain R. St. V. Sherbrooke befahl Sclater sofort die Indentität der Schiffe zu klären. *Obdurate* ging mit Höchstfahrt vor. Er mußte bis auf vier Seemeilen herangehen und konnte erst um 09.30 Uhr erkennen, daß es sich um einen Gegner handeln mußte. Dieser hatte sich durch Feuereröffnung zu erkennen gegeben. Sclater drehte gleich ab. Die deutschen Zerstörer machten keine Anstalten, ihm zu folgen.
Sherbrooke hatte seine Maßnahmen für den Fall eines gegnerischen Überwasserangriffs bereits vor dem Auslaufen festgelegt. Sofort ging er mit *Onslow* zur *Obdurate,* gefolgt von *Obedient* (Lieutenant-Commander D. C. Kinloch) und *Orwell* (Lieutenant-Commander N. Austen). Nur *Achates* (Lieutenant-Commander A. H. T. Johns) und drei kleinere Korvetten verblieben als Schutz beim Konvoi, um den sie eine Rauchwand legten.
Burnett hatte etwa eine Stunde vor der Feindmeldung des Zerstörers *Obdurate* die richtige Position des Konvois erfahren und war mit seinen Kreuzern mit Südkurs darauf zugesteuert. Eine Annäherung wurde jedoch zwischen 09.00 und 10.00 Uhr dadurch verzögert, daß er in der noch herrschenden Dunkelheit einen Schiffskontakt genau untersuchte, der sich als die *Vizalma* mit dem einzeln fahrenden Handelsschiff entpuppte, die beide unabhängig vom Geleit nach Osten liefen. Obwohl er um 09.30 Uhr Mündungsfeuer über dem Horizont sichtete, mußte Burnett, der keine weiteren Meldungen erhalten hatte, annehmen, daß es sich um britisches Fla-Feuer zur Abwehr deutscher Flugzeugangriffe handle. Daß sich jedoch eine ernste Bedrohung für den Konvoi anbahnte, wurde ihm erst klar, als er um 09.40 Uhr die Feindmeldung von *Onslow* erhielt und fast gleichzeitig um 09.46 Uhr schweres Geschützfeuer im Süden be-

Tabelle 36: Die Einheiten des Gefechts in der Barents-See am 31. 12. 1942

Name	Typ	Fertigstellung	Wasserverdrängung (Tons)	Geschwindigkeit (Knoten)	Geschütze (cm)	Torpedorohre (cm)
Sheffield	L. Kreuzer	1938	9600	32	12 × 15,2	6 × 53,3
Jamaica	L. Kreuzer	1941	8000	33	12 × 15,2	6 × 53,3
Onslow	Flottillenführer	1941	1550	36	4 × 10,5	8 × 53,3
Obdurate *Obedient* *Orwell*	Zerstörer	1942	1540	36	4 × 10,5	8 × 53,3
Achates	Zerstörer	1931	1350	35	4 × 12,3	8 × 53,3
Bramble	Minensucher	1939	875	17	1 × 10,5	–
Hyderabad *Rhododendron*	Korvetten	1941	925	11	1 × 10,5	–
Ocean Gem	Bewaffneter Fischdampfer	?	ca. 600	11	1 × 10,5	–
Vizalma	Bewaffneter Fischdampfer	1940	608	11	1 × 10,5	–
Lützow	Panzerschiff	1933	11700	26	6 × 28 8 × 15,2	8 × 53,3
Admiral Hipper	S. Kreuzer	1939	14050	32	8 × 20,3 12 × 10,5	12 × 53,3
Friedrich Eckoldt	Zerstörer	1938	2239	38	5 × 12,7	8 × 53,3
Richard Beitzen	Zerstörer	1937	2232	38	5 × 12,7	8 × 53,3
Theodor Riedel	Zerstörer	1938	2171	38	5 × 12,7	8 × 53,3
Z 29 *Z 30* *Z 31*	Zerstörer	1942	2603	38	5 × 15,2	8 × 53,3

obachtete. Jetzt ging Burnett auf höhere Geschwindigkeit und funkte an Sherbrooke, daß er ihm zu Hilfe käme.
Dieses Geschützfeuer hatte *Admiral Hipper* auf *Achates* gerichtet. Als er diesen Gegner erkannte, griff Sherbrooke mit *Onslow* und *Orwell* sofort an. Geschickt stieß er aus den Qualmwolken hervor und simulierte Torpedoangriffe. Mit dieser Taktik konnte er den Gegner eine halbe Stunde lang hinhalten. *Obedient* und *Obdurate* wurden zurück zu *Achates* gesandt, um den Konvoi gegen die andere inzwischen erkannte Gefahr zu schützen: Die drei kampfstarken Zerstörer von Kummetz. Die Güte des Artilleriefeuers der *Admiral Hipper* gegen *Onslow* und *Orwell* lag an diesem Tag weit unter dem üblichen deutschen Standard. Von britischer Seite wurde es als zunächst »ziellos und streuend« beschrieben. Allerdings waren die Lichtverhältnisse sehr schwierig. Um 10.20 Uhr »aber schien sich«, so Kinloch, »der deutsche Kreuzer plötzlich zusammenzureißen«

und auf *Onslow* richtig einzuschießen. Die Hälfte der Bewaffnung des Zerstörers wurde außer Gefecht gesetzt. Der Maschinenraum erhielt Treffer. Das Schiff brannte. Sherbrooke wurde so schwer verwundet, daß er das Kommando über die Geleitschutzverbände an Kinloch an Bord der *Obedient* übertragen mußte. Er weigerte sich jedoch, die Brücke der *Onslow* zu verlassen, bevor nicht sichergestellt war, daß Kinloch das Kommando tatsächlich übernommen hatte. Diese Meldung erhielt Sherbrooke um 10.35 Uhr, als die *Admiral Hipper* plötzlich in einer Schneeböe verschwand.

Die Kreuzer *Sheffield* und *Jamaica* preschten mit 30 Knoten nach Süden. Burnett sah kurz etwas vom Gefecht zwischen *Onslow* und *Orwell* gegen *Admiral Hipper*, konnte aber die britischen und deutschen Einheiten nicht unterscheiden. Auch mußte er um 10.32 Uhr abermals abdrehen, um zwei nicht identifizierte Radarechos näher zu untersuchen. Erneut blitzte schweres Geschützfeuer auf, diesmal Steuerbord voraus. Der Minensucher *Bramble* (850 Tonnen und mit nur einem 10,5-cm-Geschütz bewaffnet) war unversehens auf *Admiral Hipper* gestoßen und wurde durch 20,3-cm-Salven des deutschen Kreuzers in die Luft geblasen. Commander H. T. Rust und die gesamte Besatzung fielen. Um 10.45 Uhr sah Burnett für einen Augenblick selbst das Flaggschiff von Admiral Kummetz, konnte aber nicht sogleich nachsetzen, weil die Gesamtlage, wie sie von den Radargeräten angezeigt und sich auf den Kurskarten an Bord der *Sheffield* darbot, mehr als unübersichtlich und verwirrend erschien.

Sobald *Admiral Hipper* im Schneetreiben verschwunden war, vergewisserte sich Kinloch zunächst einmal, daß alle seine fünf Zerstörer einschließlich der beschädigten *Onslow* wieder beim Konvoi standen, der um 10.20 Uhr Kurs auf Südwest geändert hatte. Gegen 10.40 Uhr sichtete *Hyderabad* nicht identifizierte Schiffe im Süden. Wiederum unterblieb eine Meldung. (*Hyderabad* war übrigens auch das einzige Schiff, das die Feindmeldung der *Bramble* erhalten, aber ebenfalls nicht weitergegeben hatte.) *Rhododendron* sichtete und meldete um 10.45 Uhr die *Lützow* und die drei kampfstarken deutschen Zerstörer, als diese nur zwei Seemeilen entfernt standen. Kapitän z. S. Stange stand nun in einer Position, die zur Vernichtung des Geleitzugs denkbar günstig war. Er ließ die große Chance jedoch ungenutzt verstreichen. Als eine Regenböe dann zeitweise seine Ziele verdeckte, ließ er von seinem Angriff ab, »um zu warten, bis das Wetter aufgeklart ist«.

Gegen 11.00 Uhr sichteten die britischen Zerstörer die Kampfgruppe *Lützow* erneut im Süden. Geschickt manövrierend brachte Kinloch seine Einheiten zwischen den Gegner und den in Qualm gehüllten Konvoi. Dann tauchte *Admiral Hipper* wieder im Norden auf und schoß mit einigen wenigen wohlgezielten Salven die *Achates* lahm. An Bord dieses Schiffes fielen viele Männer, auch der Kommandant Lieutenant-Commander Johns. Alsdann verlegte Kapitän z. S. Hartmann das Feuer sei-

ner 20,3-cm-Artillerie auf die *Obedient*, jedoch mit weniger Erfolg: Mehrere Salven setzten nur die Funkanlage Kinlochs außer Gefecht. Dies war jedoch Grund genug, die Führung des Geleitschutzes an den Kommandanten der *Obdurate* zu übergeben. Durch britische Zerstörertorpedos sich bedroht wähnend, setzte sich *Admiral Hipper* ab, um plötzlich mitten in Schnellfeuersalven aus dem Norden zu geraten. Die Kreuzer *Sheffield* und *Jamaica* hatten den deutschen Kreuzer gesichtet und um 11.30 Uhr mit allen vierundzwanzig 15,2-cm-Geschützen das Feuer auf eine Entfernung von 12 800 m eröffnet. Bei guter Lage der Salven wurden schnell Treffer erzielt, welche die Geschwindigkeit der *Admiral Hipper* auf 28 Knoten herabsetzten.
Admiral Hipper wurde durch das unerwartete Auftauchen der Kreuzer Burnetts so überrascht, daß die Gegenwehr sehr langsam erfolgte. Bevor *Admiral Hipper* abdrehen konnte, erhielt der Schwere Kreuzer zwei weitere Treffer. Kummetz erkannte, daß er zwischen britischen Kreuzern im Norden und Zerstörern im Süden stand. Kummetz schien auch nur den einen Gedanken gehabt zu haben, seine strikten Anweisungen zu befolgen, die ihm lediglich einen Kampf mit unterlegenen Gegner gestatteten. Er befahl seinen Zerstörern, sich nach Westen abzusetzen. Doch um 11.43 Uhr tauchten plötzlich zwei deutsche Zerstörer nur 3 600 m vor Burnetts Kreuzern auf. Die Geschütze der *Sheffield* verwandelte den Zerstörer *Friedrich Eckoldt* (Kapitän z. S. A. Schemmel) der irrtümlich einen britischen Kreuzer als *Admiral Hipper* angesprochen hatte, in ein brennendes Wrack. Die artilleristische Leistung der *Jamaica* war weniger gut: *Richard Beitzen* konnte in die Regenböe entkommen, welche bereits den Schweren Kreuzer *Admiral Hipper* verhüllt hatte.
Etwa zur gleichen Zeit eröffnete *Lützow* aus einer Entfernung von 16 500 m das Feuer auf den Geleitzug und beschädigte ein Handelsschiff, bevor noch der Kommodore des Geleitzugs durch ein Notmanöver den ganzen Geleitzug herumreißen und abziehen konnte. Sclater führte die vier ihm verbliebenen Zerstörer umgehend zum Angriff vor und ließ sie eine künstliche Rauchwand legen.
Lützow stellte umgehend das Feuer ein, was für die britische Seite äußerst günstig war, zumal in diesem Augenblick *Admiral Hipper* erneut von Norden her auf dem Gefechtsfeld erschien. Als Sclater seine Zerstörer dorthin wandte, lagen sie unter dem gezielten 20,3-cm-Feuer dieses Kreuzers. Nicht lange, denn um 11.49 Uhr wiederholte Kummetz seinen Befehl zum Absetzen. *Admiral Hipper* verschwand im Dunst des unsichtigen Wetters.
Die britischen Zerstörer schlossen wieder an den Geleitzug heran, wo sie um 13.15 Uhr erfuhren, daß die beschädigte *Achates* dringend Hilfe brauchte.

> *Achates* sollte zur Deckung des Konvois Wände aus künstlichem Rauch legen. Der Feind hatte uns als erstes Ziel für sein Feuer gewählt.

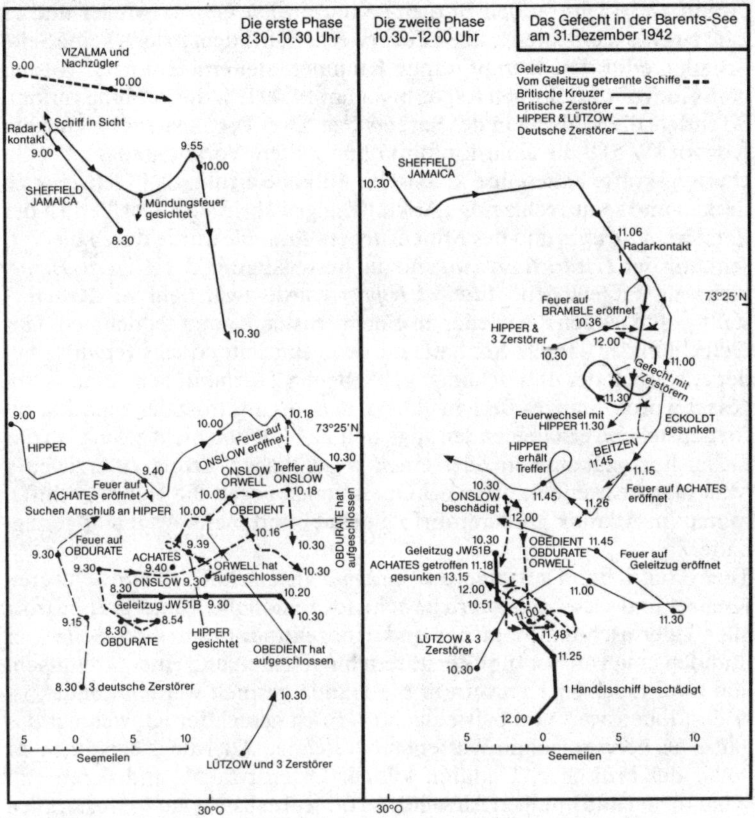

Der deutsche Kreuzer traf uns gleich beim ersten Mal. Er schoß uns ein riesiges Loch in den Rumpf. Wir versuchten, das Leck mit einem Büchergestell zu schließen, aber es rutschte einfach durch das Leck in die See. Dann begriffen wir, daß die Zeit gekommen war, andere Gefilde aufzusuchen. Wir eilten schleunigst an Deck. Bis zum Schluß wurde geulkt und gesungen. Viele lagen auf dem sich immer schräger neigenden Rumpf, bis uns bewußt wurde, daß die gute alte *Achates* untergehen mußte. Wenn man in das eisige Wasser fiel, wurde man in wenigen Minuten ganz starr. Ich paddelte verzweifelt auf einen Trawler zu, der etwa eine halbe Seemeile entfernt stand. Ich kam überhaupt nicht recht vorwärts und war schon sehr müde, als jemand wie ein Rekord-Krauler an mir vorbeischwamm. Ich dachte bei mir, wenn der das kann, kannst du das auch. Ich war eher beim rettenden Trawler als er. Sein Vorbild hat mir wahrscheinlich das Leben gerettet.

Gegen 12.30 Uhr fanden Burnetts Kreuzer den Gegner wieder und es kam zu einem erneuten kurzen Feuerwechsel, bei dem jedoch keine Seite Schaden erlitt. Die Kampfgruppe Kummetz steuerte nun nach Westen vom Konvoi weg. Burnett folgte, bis er um 14.00 Uhr die Fühlung verlor. So endete die Schlacht in der Barents-See. Drei Tage später erreichte der Konvoi JW 51B die Kola-Einfahrt ohne weitere Vorkommnisse. Die Sicherungskräfte hatten ihre klassische Aufgabe erfüllt, den Geleitzug zu decken und seine rechtzeitige Ankunft zu gewährleisten. Der Verlust des Zerstörers *Achates* und des Minensuchers *Bramble* wurde durch die Versenkung der *Friedrich Eckoldt* und die Beschädigung der *Admiral Hipper* mehr als aufgewogen. *Admiral Hipper* wurde zwar bald wiederhergestellt, sollte jedoch nie wieder an einem ernsten Kampf teilnehmen. Das Gefecht in der Barents-See hatte die deutsche Seite so sehr verwirrt, daß der Ausbruch der unbeschädigt gebliebenen *Lützow* in den Atlantik abgesagt wurde. Stanges Bericht gab zu, daß »es uns trotz der zunächst zufriedenstellend erscheinenden allgemeinen Situation nicht gelang, an das Geleit heranzukommen oder einen wesentlichen Erfolg zu erzielen«. Man mag bezweifeln, ob er bei Operationen gegen die Handelsschiffsrouten im Atlantik größeren Erfolg gehabt und mehr Wagemut gezeigt hätte.
Tovey schrieb: »Daß eine aus einem Panzerschiff, einem Schweren Kreuzer und sechs Zerstörern bestehende feindliche Kampfgruppe trotz aller Überraschungsmomente und Konzentration auf ihrer Seite vier Stunden lang von nur fünf Zerstörern hingehalten und einer Streitmacht von zwei Leichten Kreuzern in die Hände gespielt werden konnte, ist höchst lobenswert und befriedigend.« Er ist gerechtfertigt, wenn er das ganze als hervorragende Waffentat bezeichnet. Allerdings entsprach sie völlig der britischen Tradition kühner Offensivtaktik und deren entschlossenen und mutigen Anwendung ohne Rücksicht auf Verluste, allen Widrigkeiten zum Trotz, so daß Tovey dies nicht für hervorkehrenswert erachtete. Selbst unter Berücksichtigung aller von Berlin aus auferlegten lähmenden Einschränkungen waren die deutschen Einheiten bei dieser Gelegenheit mit geradezu furchtsamer Vorsicht geführt worden. Dies gilt namentlich für *Lützow* und deren Begleitzerstörer.
Für seine tapfere und entschlossene Führung und das große Geschick, mit dem er über eine Stunde lang den Konvoi JW 51B vor der sicheren Vernichtung durch eine überlegene deutsche Kampfgruppe geschützt hatte (einem Verhalten, dem auch Admiral Kummetz in seinem Gefechtsbericht seine Bewunderung nicht versagen konnte) erhielt Sherbrooke das Victoria-Kreuz. »Niemals gab es hervorragendere Aktionen in den Analen der Royal Navy« erklärte der Erste Lord der Admiralität A. V. Alexander. Der Berichterstatter kann mit Genugtuung feststellen, daß die Admiralität sich später dieses Nelson'schen Geistes erinnerte: Sherbrookes Wunden heilten; ein Auge blieb blind. Die Marine verlieh ihm bald den verdienten Admiralsrang.

Tovey und die Admiralität kritisierten dagegen Burnett dafür, daß er nach Empfang der Feindmeldung von *Onslow* zu lange gebraucht habe zum Schutz des Konvois nach Süden vorzustoßen. Diese Kritik wurmte Burnett bis zum Ende seiner Karriere nach dem Krieg als Oberbefehlshaber in Plymouth. Doch erhielt er noch 1943 die Chance, bei der Vernichtung eines noch mächtigeren Gegners eine wichtige Rolle zu spielen.

Das Seegefecht in der Barents-See sollte jedoch allergrößte Auswirkungen in Deutschland haben. In einem seiner Wutausbrüche über den mißlichen Ausgang des Unternehmens »Regenbogen« erklärte Hitler dem Oberbefehlshaber der Marine, alle großen deutschen Überwasserschiffe leisteten überhaupt keinen Beitrag zu einem deutschen Sieg. Darum sei es sein »fester und unverbrüchlicher Entschluß« sie alle außer Dienst zu stellen und ihre Besatzungen anderswo nutzbringender einzusetzen. Großadmiral Raeder protestierte und ging so weit, seinen Rücktritt anzubieten. Der Rücktritt wurde angenommen. Admiral Karl Dönitz wurde zum Großadmiral befördert und Raeders Nachfolger als Oberbefehlshaber der deutschen Kriegsmarine. Es ist eine Ironie des Schicksals, daß dieser hervorragende Befehlshaber der deutschen U-Bootwaffe mehr für die »Dickschiffe« erreichen konnte als Hitler lediglich dazu zu bringen, seinen Befehl zurückzunehmen: Dönitz konnte alle schweren Einheiten vor der Verschrottung retten und erhielt darüber hinaus viel größere Handlungsfreiheit. Er konnte später den Befehlshabern in See bei künftigen Operationen viel mehr Spielraum gewähren, als sie der glücklose Kummetz am letzten Tag des Jahres 1942 erhalten hatte.

Von dieser Konvoischlacht wechseln wir zu einer anderen von unterschiedlicher, aber typischer Art. Von allen Kämpfen, die von alliierten Streitkräften gegen die deutsche U-Bootsrudel in den unwirtlichen, stürmischen Gewässern des Atlantik bestanden werden mußten, verdient die Abwehr des deutschen Angriffs auf den Geleitzug ONS 5 besonders hervorgehoben zu werden, nicht nur als Beispiel für diese Form des Seekriegs, sondern auch deshalb, weil dieses Ereignis einen Wendepunkt bedeutete, denn ab diesem Zeitpunkt konnte die lange, erbitterte Schlacht im Atlantik, während der das Überleben Großbritanniens so lange in Gefahr gewesen war, von der alliierten Seite endgültig als entschieden angesehen werden.

Der aus 60 Handelsschiffen bestehende Geleitzug SC 122 war am 5. März 1943 von New York aus in See gegangen. Er sowie der drei Tage später auslaufende schnellere Konvoi HX 229 mit 40 Schiffen wurde während seiner Fahrt nach Osten über den Atlantik von mehr als 40 U-Booten bedroht. Beide Geleitzüge wurden auf der gesamten Strecke von britischen und amerikanischen Zerstörern, Fregatten und Korvetten begleitet. Luftunterstützung erhielten sie von landgestützten Flugzeugen für einen beträchtlichen Teil der Fahrtstrecke. Dennoch verloren die beiden Konvois insgesamt 21 Handelsschiffe in einer gewaltigen Schlacht, die mitten im Atlantik zwischen dem 16. und 19. April 1943 tobte. Deutsch-

land büßte in dieser Geleitzugschlacht nur *U 384* ein, das durch ein RAF-Flugboot versenkt wurde. Dönitz mußte zwar vermerken, daß »fast alle anderen Boote Schäden durch Wasserbomben und Fliegerbomben erlitten hatten, zwei sogar schwere Beschädigungen«, dennoch war dies ein klarer deutscher Sieg.
Der aus 40 Handelsschiffen bestehende Geleitzug ONS 5 unter Commodore J. Brooks, RNR, lief weniger als einen Monats später aus der Irischen See aus. Er wurde durch Escort Group B7 begleitet. Diese Kampfgruppe bestand aus dem Zerstörer *Duncan* (Commander P. W. Gretton), der Fregatte *Tay,* sowie den Korvetten *Sunflower, Loosestrife, Snowflake* und *Pink.* Später schloß sich auch der Zerstörer *Vidette* mit drei Handelsschiffen aus Island dem Geleitzug an. Während der ersten fünf Tage mußte sich Grettons Eskorte mit ihren Schäflein langsam nach Westen durch einen schweren Sturm mit haushohen Wellen hindurchkämpfen. Der Sturm drohte den Geleitzug auseinanderzureißen. Als sich das Wetter am 27. April ein wenig besserte, wurde ein Handelsschiff durch Kollision beschädigt und mußte zur Reparatur nach Island entlassen werden. Ein weiteres Handelsschiff war vermißt. Es war so langsam, daß es weit zurückgeblieben war. Der Zerstörer *Duncan* (von nur geringer Seeausdauer) konnte von einem Tanker Öl übernehmen und brauchte deshalb nicht eigens zur Auffüllung der Brennstoffvorräte einen isländischen Hafen anzulaufen. Er blieb beim Konvoi.
Am Tag darauf sichtete und meldete ein U-Boot den Geleitzug. Ein Befehl von Dönitz versammelte ein »Wolfsrudel« vor dem Geleitzug. Wie so viele deutsche Funkbefehle wurde auch dieser abgefangen und entziffert. Gretton konnte rechtzeitig vor der drohenden Gefahr gewarnt werden. Kurz vor Einbruch der Dunkelheit erfaßten Huff-Duff-Geräte die Peilung von U-Bootfunksignalen. Sofort liefen *Duncan* und *Tay* in diese Richtung. Sie kamen rechtzeitig um ein deutsches U-Boot noch an der Oberfläche zu sichten. Die See war jedoch zu rauh, als daß nach dem Wegtauchen des U-Bootes ein SONAR-Kontakt erzielt werden konnte. Gretton mußte *Tay* vor Ort belassen um das U-Boot bis nach Einbruch der Dunkelheit unter Wasser zu halten. Vom Coastal Command schnell auf den Schauplatz entsandte Flugboote hingegen hatten mehr Glück. Sie überraschten drei U-Boote südlich des Konvois an der Wasseroberfläche, als diese auf den Konvoi zuliefen. *U 710* wurde vernichtet, die beiden anderen zum Tauchen gezwungen.
Während der folgenden Nacht versuchten U-Boote den Konvoi sechsmal anzugreifen. Jedes Mal wurden sie aber von den Radargeräten der Geleitfahrzeuge erfaßt, gejagt und zum Tauchen gezwungen. Sie beurteilten die Erfolgschancen bei diesem Wetter für gering. Dönitz rief das Rudel daher ab und führte es auf einer südwestlicheren Position mit einer weiteren Gruppe von U-Booten zusammen, die auf einen anderen Punkt der vermeintlichen Fahrtroute des Konvois konzentriert wurden. Von dort konnten sie auf den nach Osten laufenden Konvoi SC 128 angesetzt

werden, dessen Auslaufen der deutsche B-Dienst erkannt hatte. Ein U-Boot hatte den erwähnten Befehl der U-Boot-Einsatzleitung nicht aufgefangen und lag daher vor dem Kurs von ONS 5. Dieses Boot fuhr während des 29. April einen erfolgreichen Unterwasserangriff, der den Konvoi sein erstes Schiff kostete. Sonst verging der Tag ohne weitere Vorkommnisse, nur das Wetter hatte sich erneut verschlechtert.
Die dem Konvoi nun bei einer Weiterfahrt drohende Gefahr ging aus den Erkenntnissen des britischen Y-Dienstes eindeutig hervor. Der Befehlshaber Western Approaches in Liverpool, Admiral Sir Max Horton, ließ die aus fünf Zerstörern bestehende und von *Offa* geführte 3. Escort Group von St. Johns (Neufundland) aus in See gehen und die Sicherungsstreitkräfte Grettons verstärken. Während der nächsten fünf Tage hatten der Geleitzug ONS 5 und seine Geleitkräfte praktisch beigedreht, um einen furchtbaren Sturm abzuwettern, der vor weiteren U-Bootangriffen zeitweilig schützte. Der im gleichen Seegebiet auf einer weiter südlichen Route stehende Geleitzug SC 128 war nicht nur ebenso sicher, sondern er kam auch viel schneller voran, weil dort der Wind mit Sturmstärke und gewaltiger See mehr von achtern kam.
Am 2. Mai um 20.00 Uhr stieß die 3. Escort Group zum Geleitzug ONS 5. Weil das Wetter am nächsten Tag ein Bunkern auf See nicht zuließ, mußte Gretton mit *Duncan* zur Ölergänzung nach St. Johns gehen. Gretton übergab das Kommando über seine Gruppe an Lieutenant-Commander E. R. Sherwood an Bord der Fregatte *Tay*. Einen Tag später war es erforderlich, daß drei der Geleitschiffe der Gruppe *Offa* zur Ergänzung ihrer erschöpften Brennstoffvorräte einen Hafen anlaufen mußten. Als Ersatz befahl Horton der 1. Escourt Group unter Commander G. N. Brewer an Bord der Sloop *Pelican* mit drei Korvetten und einem der Royal Navy unter Pacht-Leih-Vertrag übergebenen US-Küstenwachkutter von St. Johns aus in See zu gehen. Auch an diesem Tag besseren Wetters ergaben sich konkrete Hinweise für die bevorstehenden Gefahren. Flugzeuge der kanadischen Luftwaffe sichteten und bombten mehrere U-Boote, die von Norden her an die Route des Geleitzugs ONS 5 heranschlossen, konnten aber nur *U 630* mit einigen wohlgezielten Wasserbomben vernichten.
Die eigentliche Schlacht zwischen den nun auf die Fregatte *Tay*, die Zerstörer *Offa* und *Oribi* und vier Korvetten beschränkten britischen Geleitkräften des Konvois ONS 5 und den deutschen U-Booten begann in der Nacht vom 4. zum 5. Mai. Ein Rudel von 30 U-Booten stand mehr zufällig auf dieser Route und nicht auf dem Weg des Konvois SC 128. Sie griff mit Torpedos an, wurde aber durch Wasserbombenangriffe abgedrängt. Dieses Kampfgeschehen wiederholte sich ständig. Danach besaß der Geleitzug ONS 5 nicht mehr 30, sondern nur noch 26 Schiffe. Erst nachdem vier weitere Schiffe durch die U-Boote versenkt waren, konnte während des Tageslichts am 5. Mai die Korvette *Pink* (Lieutenant R. Atkinson, RNR) etwas zur Aufbesserung des alliierten Kontos beitragen. Die Kor-

vette vernichtete *U 192*. Die Kämpfe waren so verlustreich und dramatisch, daß der Kommandant der *Offa* an jenem Abend in sein Tagebuch schrieb: »Der Konvoi schien jetzt der völligen Vernichtung entgegenzugehen.« Alle Kommandanten der Geleitfahrzeuge litten unter der Belastung der vielen Tage furchtbarsten Wetters und der schlaflosen Nächte bei der Verteidigung des Geleitzugs. Die U-Boote besaßen den Geleitschutzkräften gegenüber eine zahlenmäßige Überlegenheit im Verhältnis 6 : 1.

Dieses für die britische Seite ungünstige Stärkenverhältnis wurde am 5. Mai durch Ankunft der Support Group Brewers wesentlich verbessert. Jetzt konnten die vereinigten Geleitkräfte hart zurückschlagen. Weil ONS 5 bald unter den Luftschirm kanadischer Flugzeuge aus Neufundland kommen würde, befahl Dönitz seinen U-Booten für diese Nacht eine letzte große Anstrengung. »Etwa 24 Angriffe erfolgten aus allen Richtungen, außer von ganz vorn. Die Schlacht dauerte ohne jede Unterbrechung bis 04.20 Uhr morgens.« Die Situation war verwirrend. Brewers »Einheiten schlugen sich mit Wagemut und Entschlußkraft. Niemand wartete auf Befehle, jeder wußte, was zu tun war.« Nicht nur wurden alle Angriffe zurückgeschlagen, sondern auch vier der angreifenden U-Boote versenkt: *U 638* durch die Korvette *Loosestrife* (Lieutenant Stonehouse), *U 125* durch *Vidette* (Lieutenant R. Hart), *U 531* durch *Oribi* (Lieutenant-Commander J. C. Ingram) und *U 438* durch Brewers *Pelican*.

Es war dies das Ende des deutschen Versuchs zur Vernichtung des Geleitzugs ONS 5. Bei Anbruch des Tageslichts und nachdem der Konvoi und seine Geleitkräfte in einer großen Nebelbank verschwunden waren, wurde dem U-Bootrudel befohlen, sich nach Osten abzusetzen und sich zum Angriff auf andere Ziele bereitzustellen. An diesem Tage erhielten die völlig erschöpften Geleitfahrzeuge willkommene Verstärkung und Ablösung durch die Western Local Escort-Kräfte. Sie brachten die verbliebenen Schiffe des Konvois sicher an ihre Bestimmungsorte. Immerhin hatte der Geleitzug zwölf wertvolle Handelsschiffe verloren. Entschieden wichtiger jedoch war es, daß neun U-Boote vernichtet worden waren, weil neben den sieben durch britische Schiffe und Flugzeuge versenkten U-Booten zwei weitere U-Boote miteinander kollidiert waren, als sie in der Dunkelheit dem Konvoi nachsetzten. Dazu waren mehrere Boote durch die entschlossenen Wasserbombenangriffe der Geleitkräfte stärker beschädigt worden. Zum ersten Mal in der Schlacht um den Atlantik hatten die deutschen U-Boote eine ernste Schlappe erlitten.

Aber dies war noch nicht alles. Das U-Bootrudel wurde nun nach Süden befohlen, um die Geleitzüge HX 237 und SC 129 anzugreifen, als diese in der Sicherungslücke im Mittelatlantik ohne Luftdeckung laufen mußten, weil die landgestützten Flugzeuge des Coastal Command dort nicht hinreichten. Diese Geleitzüge waren aber durch den Geleitträger *Biter* gesichert. HX 237 verlor nur drei Schiffe, während die gleiche Anzahl von U-Booten verlorenging. SC 129 büßte nur zwei Schiffe ein, auch dort san-

ken zwei deutsche U-Boote. Auf diese Fehlschläge der U-Boote folgte der sprichwörtliche Tropfen, der den Krug zum Überlaufen brachte: SC 130, dessen 38 Schiffe Halifax am 11. Mai verlassen hatten und durch Grettons Escort Group geschützt wurden, erreichte ohne jeden Verlust die Bestimmungshäfen in Großbritannien. Jedoch waren *U 954* und *U 258* durch Flugzeuge des Coastal Command, *U 209* durch die Fregatte *Jed* und das frühere US-Küstenwachfahrzeug *Sennen, U 381;* durch Grettons *Duncan* und *U 273* durch ein Flugzeug der RAF vernichtet worden. Zur gleichen Zeit waren der Geleitzug HXC 239 und seine Geleitschutzkräfte ebenfalls erfolggekrönt, wobei dort die Ergebnisse gegen die U-Boote im wesentlichen durch Flugzeuge des britischen Geleitträgers *Biter* und des amerikanischen Geleitträgers *Bogue* erzielt wurden.
Churchill schrieb:

> Die Schlacht im Atlantik beherrschte das Geschehen des ganzen Krieges. Keinen einzigen Augenblick lang konnten wir vergessen, daß alles, überall, zu Land, zur See und in der Luft letztlich von ihrem Ausgang abhing. Die Seeleute unserer Handelsmarine legten dabei hervorragende Eigenschaften an den Tag. Die Bruderschaft aller unserer Seeleute wurde niemals unverbrüchlicher unter Beweis gestellt, als durch ihre Entschlossenheit, den endgültigen Sieg über die U-Bootwaffe zu erringen.[2]

Im Mai 1943 war diese Schlacht für die Alliierten gewonnen. Angesichts des Verlustes von insgesamt 33 U-Booten in den drei Wochen seit dem 1. Mai befahl Dönitz am 22. Mai den Rückzug der Boote, verlor aber noch weitere acht U-Boote, bevor der Monat zuende war. Die Admiralität erkannte das »plötzliche Aufhören der U-Boot-Aktivitäten an oder um den 23. Mai. SC 130 war der letzte Konvoi, der ernsthaft bedroht wurde.« Noch bedeutsamer sind die Worte von Dönitz: »Die gewaltige Überlegenheit der feindlichen Abwehrkräfte erwies sich schließlich ohne jeden Zweifel bei den Operationen gegen die Geleitzüge SC 130 und HX 239«. Um den britischen offiziellen Marinehistoriker zu zitieren: »Nach 45 Monaten unaufhörlichen Kampfes der härtesten und furchtbarsten Art – härter und schrecklicher, als die Nachwelt sich dies je wird vergegenwärtigen können – hatten unsere Geleitschutzkräfte den Triumph an ihre Fahnen geheftet, den sie so sehr verdienten.«[3]
Das Ende der Schlacht im Atlantik war jedoch noch keineswegs gekommen. »Immer und immer wieder«, schrieb Dönitz, »erörterten wir, ob eine Fortführung des U-Bootkrieges bei diesen schweren Verlusten gerechtfertigt war. Aber angesichts der Tatsache, daß unsere U-Boote ungeheure Feindkräfte banden, kamen wir immer wieder zu dem gleichen Schluß: Der U-Bootkrieg mußte mit allen verfügbaren Kräften fortgesetzt werden. Die in keinem Verhältnis zum erzielten Erfolg stehenden Verluste mußten daher hingenommen werden, so bitter sie auch sein

mochten.« So ging die Schlacht im Atlantik weiter, wenn auch südlicher, wo die Abwehrerfolge dann hauptsächlich an die amerikanischen Escort Groups fielen, vor allem während und nach der alliierten Landung in Nordafrika. Niemals aber nach dem siegreichen Kampf der Geleitkräfte des Konvois ONS 5 sollte ein weiterer Geleitzug im Nordatlantik schwere Verluste erleiden.

Zurück ins Eismeer. Bei dem deutschen Angriff gegen den Konvoi JW 51B in der Barents-See konnten die schweren Einheiten der Dekkungsstreitkräfte, das Schlachtschiff *Anson* und der Schwere Kreuzer *Cumberland,* keine Rolle spielen. Sie hatten zu weit entfernt im Westen gestanden, um nach der Meldung vom Insichtkommen der deutschen Einheiten noch eingreifen zu können; denn sie konnten nicht ohne besonderen Grund der Gefahr von Luftangriffen ausgesetzt werden, die von den deutschen Absprungbasen im nördlichen Norwegen ausging.

Bei den Geleitzügen JW 55B und RA 55A im Dezember 1943 war dies allerdings anders. Nach einer Pause im Sommer dieses Jahres, in der keine alliierten Geleitzüge nach der Sowjetunion in Marsch gesetzt wurden, weil dies während der langen Tage zur Zeit der Mitternachtssonne als zu gefährlich angesehen wurde, ging im November der Geleitzug RA 54A mit 13 leeren Handelsschiffen von Archangelsk ohne Verluste nach Großbritannien. JW 54A und JS 54B mit insgesamt 32 Handelsschiffen, die beide später im gleichen Monat aus Loch Ewe nach Rußland liefen, waren ebenso erfolgreich. Dies gilt auch für den aus 19 Schiffen zusammengesetzten Konvoi JW 55A. Aber zu diesem Zeitpunkt (am 20. Dezember) begann der ebenfalls aus 19 britischen und amerikanischen Handelsschiffen bestehende Konvoi JW 55B seine 2 000 Seemeilen lange gefährliche Reise vom gleichen Versammlungsort, während das Geleit RA 55A mit 22 Schiffen drei Tage später aus der Kola-Bucht in Richtung Großbritannien auslief, jeder mit einem Geleitschutz von zehn britischen Zerstörern und drei oder vier kleineren Geleitfahrzeugen. Die deutsche Führung wußte nun, daß die Alliierten die Geleitzugtätigkeit im Norden wieder aufgenommen hatten. Dönitz gab den Befehl zum Angriff auf dieses Geleit nicht nur an 24 U-Boote in Bergen und Drontheim, mit einer jetzt ausreichenden Unterstützung durch die Luftwaffe. Er setzte auch die deutschen Überwassereinheiten ein.

Die größte der zu diesem Zeitpunkt einsatzbereiten deutschen Einheiten in nordnorwegischen Gewässern war das Schlachtschiff *Scharnhorst*[4] (Kapitän z. See F. Hintze), auf dem in Abwesenheit des auf Urlaub weilenden Admiral Kummetz Konteradmiral Bey seine Flagge gesetzt hatte, jener Zerstörerführer, der das Glück hatte, beide Gefechte von Narvik zu überleben. Nachdem sowohl RA 55A als auch JW 55B von der deutschen Luftwaffe erfaßt worden waren, lief Bey mit der *Scharnhorst* und fünf Zerstörern am 1. Weihnachtsfeiertag um 14.00 Uhr aus und richtete Kurs nach Norden. Sein Ziel war der eine oder andere dieser Konvois, die er am Morgen des 2. Weihnachtstages angreifen wollte. Er war entschlossen, »die taktische Situation geschickt und wagemutig auszunutzen«, sich aber »abzusetzen, falls er auf schwere Einheiten stieß«. Mit anderen Worten, er sollte Erfolg erringen, ohne ein Risiko einzugehen; eine Taktik die, wie wir schon mehrfach bemerkten, nicht der richtige Weg zum Erfolg ist.

Um 09.01 Uhr am 25. Dezember – in dieser Jahreszeit gibt es im Nordmeer zwischen 09.00 und 15.30 Uhr nur Dämmerlicht – erfaßte *U 601* den Konvoi JW 55B und hielt Fühlung, trotz mehrfacher energischer Versuche der Geleitkräfte, den lästigen Fühlungshalter abzudrängen. Dies war für Admiral Bey günstig, da die Aufklärer der deutschen Luftwaffe wegen des schlechten Wetters nicht starten konnten. Bey erfuhr, daß die Deckungskräfte des Konvois aus drei Kreuzern bestanden. Es handelte sich um die Leichten Kreuzer *Belfast* (Captain E. R. Parham), Flaggschiff Admiral Burnetts, und *Sheffield* (Captain C. T. Addis), sowie um den Schweren Kreuzer *Norfolk* (Captain D. K. Bain). Der deutsche Admiral hatte jedoch keinerlei Kenntnis davon, daß der Geleitzug auch noch durch eine weiter ab stehende schwere Kampfgruppe des Oberbefehlshabers der Home Fleet unter Admiral Sir Bruce Fraser gedeckt wurde. Diese Fernsicherung bestand aus dem Schlachtschiff *Duke of York* (Captain The Hon. G. H. Russell) und dem Kreuzer *Jamaica* (Captain J. Hughes-Hallett), sowie vier Zerstörern. Sie kam von Island heran.

Admiral Fraser war noch am Heiligen Abend aufgrund ihm zugehender Informationen zu der Überzeugung gekommen, daß *Scharnhorst* diesmal tatsächlich in See gehen würde. Er steigerte die Fahrt seiner Kampfgruppe auf 19 Knoten und bezog eine Position in der Nähe des Geleitzugs JW 55B. Er hielt es für wahrscheinlicher, daß dieser und nicht RA 55A vom Gegner angegriffen werden würde. Dennoch entsandte er vier Zerstörer zum Geleitschutz des letzteren, um auch diesen ausreichend stark zu machen. Zerstörer konnten *Scharnhorst* vielleicht abwehren oder sogar durch einen Torpedotreffer so verlangsamen, daß sie dann dem Feuer der *Duke of York* zum Opfer fiele. Als sich die britische Kampfgruppe mit Ostkurs durch den Wintersturm aus Süd-Süd-Ost bei immer höher gehender See in der Nacht vom 25. zum 26. Dezember durchkämpfte, bestätigte die Meldung des Y-Dienstes der Admiralität, daß aller Wahrscheinlichkeit nach die *Scharnhorst* in See gegangen war. Das Kalkül des britischen Oberbefehlshabers war aufgegangen.

Um 04.00 Uhr dieses Morgens hatte der durch den schweren Sturm weit auseinandergetriebene Konvoi RA 55A das Nordkap umrundet und stand nordwestlich davon, ohne daß der deutschen Seite die Bewegungen des Geleitzugs seit dem 22. Dezember bekannt geworden wären. Das Geleit JW 55B stand im Begriff, das Kap 100 Seemeilen nördlicher zu passieren. Burnetts Kreuzer standen jetzt 150 Seemeilen östlich, die Kampfgruppe *Duke of York* 200 Seemeilen südwestlich. Beide kämpften sich mit der höchstmöglichen Geschwindigkeit durch das schwere Wetter heran. *Scharnhorst* und ihre Begleitzerstörer waren jedoch in der vorteilhaf-

Tabelle 37: Die Einheiten des Gefechts am Nordkap am 26. 12. 1943

Schiff	Typ	Fertig-stellung	Wasser-verdrän-gung (Tons)	Geschwin-digkeit (Knoten)	Geschütze (cm)	Torpe-do-rohre (cm)	Stärkste Panze-rung (mm)
Duke of York	Schlacht-schiff	1941	35 000	29	10 × 35,6 16 × 13,3	–	406
Jamaica	L. Kreuzer	1941	8 000	33	12 × 15,2	–	80
Belfast	L. Kreuzer	1939	11 500*	32	12 × 15,2	6 × 53,3	114
Sheffield	L. Kreuzer	1938	9 600	32	12 × 15,2	6 × 53,3	105
Norfolk	S. Kreuzer	1930	9 925	32	8 × 20,3	8 × 53,3	105
Matchless	Zerstörer	1942	1 920	36	6 × 12	8 × 53,3	–
Musketeer	Zerstörer	1942	1 920	36	6 × 12	8 × 53,3	–
Opportune	Zerstörer	1943	1 540	37	4 × 12	8 × 53,3	–
Saumarez *Savage* *Scorpion* *Stord* *Virago*	Zerstörer	1943	1 710	37	4 × 12	8 × 53,3	–
Scharnhorst	Schlacht-kreuzer	1938	31 800	32	9 × 28 12 × 15,2	6 × 53,3	350

*) Siehe Anmerkung 5 zu diesem Kapitel

ten Lage, daß sie nur wenig mehr als 50 Seemeilen südwestlich des Geleitzugs standen. Der Wind kam für sie von achteraus, so daß die deutschen Schiffe verhältnismäßig schnell vorankamen.
Um 07.30 Uhr befahl Admiral Bey seinen Zerstörern, vor seinem Schlachtschiff einen Aufklärungsstreifen zu bilden und nach dem Konvoi JW 55B zu suchen. Ein schwerwiegender Signalfehler führte dazu, daß die fünf Zerstörer bald die Fühlung mit ihrem Flaggschiff verloren, denn an den nachfolgenden Ereignissen sollten sie keinen Anteil mehr haben. Statt dessen erhielten sie um 14.18 Uhr den Rücklaufbefehl, als keine Möglichkeit mehr zu bestehen schien, daß sie zum deutschen Flaggschiff aufschließen konnten. Ebenso unglücklich für Bey war es, daß ihm der deutsche B-Dienst keinerlei Warnung darüber geben konnte, in welche Falle zu laufen er jetzt im Begriff war. Eine solche Funkaufklärung gelang dem deutschen B-Dienst nicht, obwohl Fraser und seine Einheiten mehrfach Funksprüche absetzten, um sich einander ihre Positionen mitzuteilen. Denn jede Unübersichtlichkeit, die nur zu Pannen oder Katastrophen führen konnte, sollte auf jeden Fall vermieden werden; das war wichtiger als völlige Funkstille.
Um 08.15 Uhr steuerte Burnett mit seinen Kreuzern Kurs West in Richtung auf den Geleitzug. Er lief 24 Knoten. Fünfundzwanzig Minuten später erhielt zuerst *Norfolk*, dann *Belfast* Radarkontakt mit der *Scharnhorst*

auf eine Entfernung von 32000 m, mit Peilung etwa Nord zu West. Das deutsche Schlachtschiff stand jetzt höchstens noch 30 Meilen vor dem Konvoi. An Bord der sich auf Abfangkurs schnell annähernden britischen Kreuzer erhaschte das Brückenpersonal der *Sheffield* um 9.21 Uhr einen Moment lang den Anblick des deutschen Schlachtschiffs durch das stürmische Dunkel des arktischen Morgens. Die Entfernung betrug jetzt 12000 m. Drei Minuten später versuchte *Belfast,* das gefährliche Ziel mit Leuchtgranaten zu beleuchten, bevor *Norfolk* und *Sheffield,* gefolgt vom Flaggschiff, unter Radarfeuerleitung mit ihren 20,3-cm- und 15,2-cm-Geschützen den Artilleriekampf eröffneten. Mit ihren für *Scharnhorst* überraschenden Salven erzielten sie drei Treffer. Einer setzte das Feuerleitsystem für die 15,2-cm-Backbordbatterie der *Scharnhorst* außer Gefecht, bevor Bey unter Abgabe einiger für die britischen Kreuzer harmlosen 28-cm-Salven nach Südosten abdrehte. Schlimmer für *Scharnhorst:* Das vordere Radargerät war ausgefallen.

Die britischen Kreuzer setzten nach. Bei dem jetzt herrschenden schweren Wetter konnte das Schlachtschiff natürlich auch gegen die See viel schneller laufen als die im Seegang schwer arbeitenden britischen Kreuzer. *Scharnhorst* konnte sich allmählich von den Kreuzern absetzen. Um 09.55 Uhr änderte Bey Kurs zurück auf Nordost in dem weiteren Versuch, ausholend den Geleitzug dennoch zu fassen. Burnett wußte, daß seine Hauptaufgabe der Schutz des Geleitzugs war. Deshalb änderte er seinen Kurs auf Nordwest, um sein Kreuzergeschwader zwischen das zu schützende Geleit und den im Dunkeln drohenden Gegner zu bringen. Als Folge dieser Kursänderung verlor er um 10.19 Uhr die Feindfühlung.

In der Zwischenzeit hatte um 09.40 Uhr Admiral Fraser in der Weise interveniert, daß er den Kurs des Konvois zeitweilig auf Norden abdrehen ließ und dem Geleitkommandeur Captain J. A. McCoy auf dem Zerstörer *Onslow* befahl, vier seiner Zerstörer zu detachieren. Sie sollten sich den Kreuzern Burnetts anschließen. McCoy entsandte dazu *Musketeer* (Commander R. L. Fisher), *Opportune, Virago* und *Matchless.* Nachdem Burnett seine Kampfgruppe um 10.45 Uhr auf eine Position etwa 10 Seemeilen vor den Geleitzug gebracht hatte, setzte er die Zerstörer zur Abschirmung seiner Kreuzer ein. Nun erfuhr Fraser, daß die Feindfühlung verloren gegangen war. Er funkte ungehalten: »Sofern die Fühlung nicht wiederhergestellt werden kann, besteht keine Aussicht, daß ich den Gegner finde«. In seinem darauffolgenden Bericht sollte er Burnetts Entscheidung, die Kreuzer nicht zur Suche nach *Scharnhorst* anzusetzen, jedoch nicht kritisieren.

Frasers Schwierigkeiten, die unter anderem auch darin bestanden, daß der Brennstoffvorrat seiner Zerstörer bedenklich zur Neige ging, wurden dadurch gelöst, daß *Belfast* kurz nach 12.00 Uhr erneut die Feindfühlung herstellen konnte. Burnetts Vermutung, daß der Gegner immer noch eine Gelegenheit zum Angriff auf den alliierten Konvoi suchte, stellte sich als richtig heraus. Wieder war es Addis, der um 12.21 Uhr signalisierte:

»Feind in Sicht«. Alle drei Kreuzer Burnetts eröffneten gleichzeitig das Feuer auf 10000 m Entfernung mit Breitseiten. Die Zerstörer setzten zum Torpedoangriff an, konnten jedoch nicht in eine günstige Schußposition gelangen, bevor dieses Gefecht zwanzig Minuten später abbrach, weil *Scharnhorst* mit hoher Fahrt nach Nordosten (ahnungslos dem schweren Gegner entgegen) ablief. Während dieser Zeit hatte *Norfolk* die Hauptwucht der deutschen 28-cm-Salven zu spüren bekommen. Ein Geschützturm und alle Radargeräte waren ausgefallen. Auf *Sheffield* hatte es Splitterschäden gegeben. Auch die britische Seite hatte eine Reihe von Treffern auf dem mächtigen Gegner erzielt, darunter einen Treffer neben dem Turm »Anton« und einen auf dem Achterdeck.
Belfast hielt jetzt hartnäckig Radarfühlung, während *Scharnhorst* versuchte, auf südsüdöstlichen Kursen um die britischen Kreuzer herumzuholen. Burnett beurteilte jetzt die Absichten des Gegners so: Seinen Plan, den Geleitzug erneut anzugreifen habe er nun wohl aufgegeben. In der Tat hatte Bey, nachdem er erneut auf die drei Kreuzer gestoßen war, die Absicht zu einem neuen Anlauf gegen den Geleitzug fallen gelassen. Von der unerbittlichen Annäherung der Kampfgruppe *Duke of York* hatte er auch jetzt noch keine Kenntnis. Russells Radar erhielt um 16.17 Uhr ein weiteres Radarecho, als *Scharnhorst* etwa 20 Seemeilen nordnordöstlich stand. Bei schnell abfallender Entfernung gingen die abschirmenden Zerstörer *Savage* (Commander M. D. G. Meyrick), *Saumarez, Scorpion* und die von der norwegischen Marine bemannte *Stord* zum Torpedoangriff über.
Um 16.50 Uhr befahl Fraser, *Belfast* solle den Gegner mit Leuchtgranaten beschießen. Fast gleichzeitig wurde Admiral Bey durch das einsetzende schwere Artilleriefeuer von *Duke of York* und der *Jamaica* überrascht. »Als die ersten Leuchtgranaten den Gegner ins Licht tauchten«, schrieb ein Offizier des Zerstörers *Scorpion,* »konnte ich sehen, daß die Geschütztürme in Ruhestellung standen. Fast gleichzeitig wurde das deutsche Schiff durch eine Wand von Wasser verdeckt. Es waren die Einschläge der ersten 35,6-cm-Salve von *Duke of York.* Als die *Scharnhorst* wieder in Sicht kam, standen die Türme anders.«
Ein Offizier des Kreuzers *Jamaica* erinnert sich so:

> Ich glaube, wir haben zwei oder drei Breitseiten gefeuert, bevor der Gegner antwortete. Die erste Entgegnung waren Leuchtgranaten. Ihr Licht beleuchtete die See taghell. Es schien eine Ewigkeit zu dauern, bis diese Leuchtgranaten in einen Schauer von hellen Funken übergingen und erloschen. Gerade als wir wieder in die beruhigende, schützende Dunkelheit gehüllt waren, sah ich das zornige Aufblitzen der ersten deutschen 28-cm-Breitseite. Ein fahler Blitz zuckte an Steuerbord voraus, dann Krach-Krach-Krach, ein Donnern und Dröhnen, und das Heulen von Splittern, die überall in der Nähe umherfuhren. Jetzt feuerten wir wieder eine 15,2-cm-Breitseite, und wenige Sekunden später er-

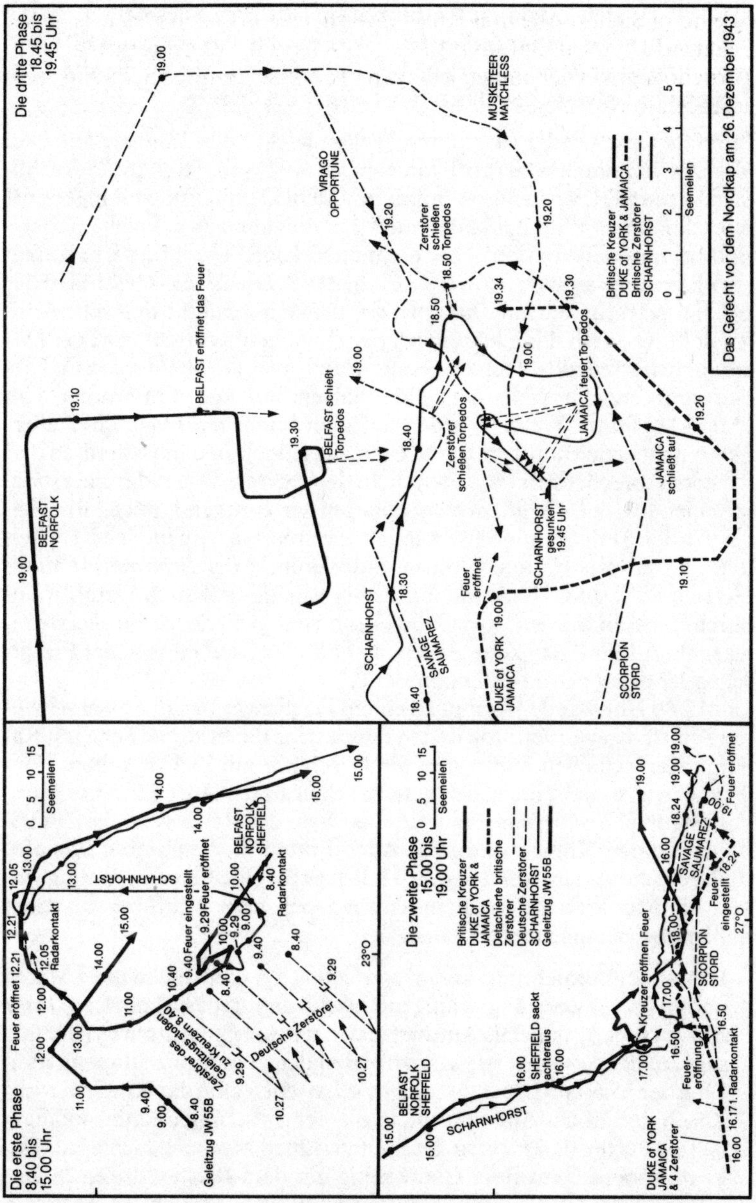

Das Gefecht vor dem Nordkap am 26. Dezember 1943

folgte das gleiche zornige Aufblitzen am Horizont. Diesmal sah ich die deutschen Granaten zerbersten: Wasserfontänen stiegen auf, masthoch, und unangenehm nahe bei *Duke of York*, die zu diesem Zeitpunkt im Salvenschnellfeuer den Gegner bekämpfte.[6]

Burnetts Geschwader (das durch Wellendefekte der *Sheffield* auf zwei Kreuzer vermindert war) griff von Norden an, Fraser Streitkräfte von Süden. Verzweifelt versuchte Admiral Bey, dem klammernden Zangengriff zu entkommen. Eine Zeitlang schien ihm dies auch zu gelingen, und die Entfernung steigerte sich. Aber nicht mehr lange. Um 17.24 Uhr funkte er: »Bin umgeben von schweren Einheiten«. Die 28-cm-Geschütze der *Scharnhorst* feuerten auf *Duke of York*. Zunächst war die deutsche Artillerieleitung durch das Eingreifen Frasers völlig überrascht worden. Das anfänglich streuende deutsche Feuer wurde aber sehr bald stetig und genau und erzielte viele deckende Salven auf die Entfernung von 15000-18000 m. Treffer wurden auf dem britischen Flaggschiff allerdings nicht erzielt, außer in die Masten, die jedoch zu dünn waren, so daß die panzerbrechenden Granaten nicht detonierten. Das radarunterstützte Schießen der *Duke of York* war dagegen hervorragend; mit 52 Breitseiten wurden 31 deckende Salven erzielt, darunter waren genügend Treffer, um die schweren Türme »Anton und »Bruno« der *Scharnhorst* außer Gefecht zu setzen. Noch wichtiger aber war es, daß auch Dampfrohre durchschossen wurden, so daß die Geschwindigkeit der *Scharnhorst* weiter sank. Admiral Bey konnte nicht mehr hoffen, den Fängen der Fraserschen Jagdgruppen zu entkommen.
Um 17.40 Uhr war der Kampf zu einem Duell zwischen den zwei schweren Schiffen geworden, von denen mindestens die britische Seite mit Radargeräten schießen mußte, um die Geschütze am Ziel zu halten. Vom Gegner war zumeist nicht viel mehr zu sehen als das Aufblitzen des Mündungsfeuers. *Scharnhorst* lag jetzt außerhalb der Reichweite der Artillerie der beiden Kreuzer Burnetts. Auch Frasers Begleitkreuzer *Jamaica* stellte das Feuer ein, weil Hughes-Hallett es für eine Verschwendung von 15,2-cm-Munition hielt, auf ein schwer gepanzertes Schiff bei so extrem hohen Entfernungen zu schießen.

Es war ein Vernichtungskampf zwischen Giganten, die in ihrer Macht und in ihrem Zorn überwältigend erschienen. Jedes Mal, wenn *Duke of York* feuerte, kam als Antwort gleich das zornige Aufblitzen der Geschütze der *Scharnhorst;* wir verfolgten den geradezu zeitlupenhaften Flug der 35,6-cm-Leuchtgranaten; inzwischen kam das Krach-Krach-Krach der 28-cm-Antwort, die in die See einschlug und das unangenehme Surren und Heulen der Splitter. Einen Moment dachte ich, *Duke of York* sei getroffen. Gleichzeitig mit dem Bersten dreier 28-cm-Granaten in der Nähe des Schiffs zuckte ein rotes Glühen irgendwo vorn auf und beleuchtete die gesamte Brückenstruktur des britischen Schiffes. Es war jedoch nur der Widerschein des aufblitzenden eigenen Mündungsfeuers des Turms »A«, aus dessen Geschützmündungen Korditqualm gedrungen war und diesen optischen Eindruck hervorgerufen hatte.

Um 18.24 Uhr sah sich Bey zu dem Funkspruch veranlaßt: »Wir kämpfen bis zur letzten Granate«. Der letzte der drei schweren Geschütztürme der *Scharnhorst* war außer Gefecht gesetzt. Als Fraser dies erkannte, und annehmen mußte, daß die 35,6-cm-Granaten der *Duke of York* auf so kurze Entfernung bei extrem flacher Flugbahn wahrscheinlich den starken Seitenpanzer des Gegners nicht durchschlagen konnten, befahl er seinem Flaggschiff die Feuereinstellung und drehte nach Südosten ab.

Gegen 18.40 Uhr waren die Zerstörer *Savage, Saumarez, Scorpion* und *Stord* auf fünf Seemeilen an den Gegner herangekommen. Unter dem genauen Abwehrfeuer der Mittelartillerie der *Scharnhorst* setzten die ersten beiden Zerstörer von Nordwesten zum Angriff an und feuerten Leuchtgranaten zur Beleuchtung des Ziels. Die beiden anderen kamen von Südosten ungesehen auf 2700 m heran und konnten um 18.49 Uhr ihre Torpedos losmachen. Kapitän z. S. Hintze riß seine *Scharnhorst* nach Backbord herum; zu spät, um diesen Torpedos auszuweichen. Mindestens einer der von *Scorpion* geschossenen Torpedos traf. Dieses Abdrehen der *Scharnhorst* gab nun auch *Savage* und *Saumarez* die Gelegenheit zum Torpedoschuß. Unter den jetzt von den britischen Zerstörern losgemachten 12 Torpedos trafen mindestens drei ihr Ziel und setzten die Geschwindigkeit der *Scharnhorst* noch weiter herab. *Saumarez* wurde durch das gegnerische Abwehrfeuer beschädigt.

Während sich diese britischen Zerstörer nun unter Qualmentwicklung absetzten, eröffneten *Duke of York* und *Jamaica* erneut das Feuer von Südwesten. Dieses neuerliche Artilleriegefecht begann um 19.01 Uhr auf die Entfernung von 9000 m. Kurz darauf fielen auch die Leichten Kreuzer Burnetts wieder ein. »An Bord der *Scharnhorst* mußte die Hölle herrschen. Die 35,6-cm-Granaten des Flaggschiffs trafen oder sprangen vor der See als Abpraller empor. Heftige Brände und Explosionen erleuchteten blitzartig die Nacht. Dumpf dröhnte der Donner des Geschützfeuers über dem arktischen Wasser. Noch immer antwortete das deutsche Schlachtschiff, wenn auch nur gelegentlich mit den wenigen Geschützen der Mittelartillerie, die noch nicht ausgefallen waren.«[8]

Um 19.30 Uhr war die *Scharnhorst* nur noch ein loderndes Wrack, das sich mit kaum fünf Knoten Fahrt dahinschleppte. »Gegner mit Torpedos erledigen«, signalisierte Fraser an seine Kreuzer. Von beiden Seiten gingen die britischen Kreuer jetzt vor und erzielten abermals mehrere Torpedotreffer. Auch Fishers Zerstörer waren auf dem Gefechtsfeld erschienen und stießen von zwei Seiten gegen den wracken Gegner vor. *Musketeer, Opportune, Virago* und *Matchless* feuerten ihre Torpedos auf etwa 1800 m in das dumpf glühende Wrack, von dem sie nur einen gelegentlichen Feuerschein durch eine dicke Qualmwolke erkennen konnten. Das Schicksal der *Scharnhorst* war endgültig besiegelt: Um etwa 19.45 Uhr ereigneten sich mehrere schwere Explosionen. Das Schiff sank. In dem schweren Wetter konnten nur 36 von insgesamt 1968 Mann der Besatzung von britischen Einheiten aus dem eisigen, mit Wrackteilen übersäten Nordmeer gerettet werden.

Admiral Bey und seine Männer hatten für schlechte Planung, unzureichende Aufklärung und eine zu vorsichtige Ausführung der Unternehmung bezahlt. Wie die Besatzung der *Bismarck* kämpften auch die Männer der *Scharnhorst* mit nicht erlahmender Tapferkeit bis zum letzten Augenblick gegen die weit überlegenen britischen Streitkräfte. Der lange Todeskampf der *Scharnhorst* ist ein Tribut auch für die deutschen Konstrukteure, denn das Schiff widerstand mindestens dreißig schweren 35,6-cm-Treffern aus 80 Breitseiten und vielen 15,2-cm-Treffern und sank erst, nachdem es von wenigstens elf der insgesamt 55 geschossenen Torpedos getroffen worden war.

Auf der britischen Seite muß das Hauptlob für diesen Erfolg an diejenigen gehen, die für die Genauigkeit der Aufklärung und Unterrichtung Frasers gesorgt haben. Fraser selbst ist für die zweckmäßige Anwendung aller Nachrichten und den meisterhaften Einsatz seiner weit auseinanderstehenden Streitkräfte zu loben. Auch Burnett und seine Kreuzer verdienen Lob. Sie beschatteten den Gegner, bis die Kampfgruppe *Duke of York* auf dem Gefechtsfeld erscheinen konnte. Damit hatte er sein teilweises Mißgeschick im Gefecht in der Barents-See zu Sylvester 1942 mehr als wettgemacht. Auch das Geschick und der Mut, mit dem die Zerstörer ihre Torpedoangriffe vortrugen, darf nicht vergessen werden. Aber, in den Worten von Frasers Bericht, »*Duke of York* war der Hauptfaktor in diesem Gefecht. Sie bekämpfte die *Scharnhorst* während der Nacht und behielt die Oberhand.« Historisch gesehen war dies auch der letzte Kampf in der Seekriegsgeschichte, bei dem ein Großkampfschiff ein anderes im Artillerieduell herkömmlicher Art, ohne Beteiligung von U-Booten oder Flugzeugen versenkte. Bei dieser Aktion spielten Flugzeugträger keine Rolle, weil in diesem Teil der Welt im Winter ein Flugbetrieb nur selten möglich war. Ihre entscheidende Rolle auf anderen Kriegsschauplätzen aber war inzwischen von allen Marinen erkannt.

Zum Abschluß der Darstellung dieses denkwürdigen Gefechts vor dem Nordkap verbleibt nur zu berichten, daß der Konvoi JW 55B mit den Geleitkräften und Deckungsstreitkräften am 27. Dezember die Kolabucht sicher erreichte. Niemals wieder in diesem Krieg sollten deutsche Überwasserstreitkräfte den Versuch unternehmen, einen alliierten Eismeergeleitzug anzugreifen. Mit Blick auf das Gesamtthema dieses Buches ist außerdem festzuhalten, daß es seitdem weder im Atlantik noch im Eismeer zu Gefechten zwischen Überwasserstreitkräften kommen sollte, weil die schweren Einheiten der deutschen Kriegsmarine für diesen Zweck nicht mehr einsatzfähig waren. Großbritannien konnte nun die Stärke der Home Fleet wesentlich verringern und im Pazifik eine schlagkräftige Flotte zum Endkampf gegen Japan aufbauen.

Teil III: Krieg im Pazifik

9. Midway

Mit Ausnahme der deutschen hatte keine andere große Marine der Welt eine so kurze Geschichte wie die kaiserlich-japanische Marine, keine aber dürfte größeren Nutzen aus dem genauen Studium der Geschichte, der Tradition und den Erfahrungen eines anderen Landes – Großbritanniens – gezogen haben. Schließlich wurde die japanische Marine in den wichtigen Anfangsjahren von Großbritannien unterstützt und ausgebildet. Bis zum Jahre 1914 beschaffte Japan die meisten seiner Kriegsschiffe in Großbritannien. Auch hat keine andere Marine innerhalb der kurzen Zeit von nur 25 Jahren so viele große Siege errungen. Weder 1846, als ein amerikanisches Geschwader unter Commodore Biddle vor der japanischen Küste auftauchte, noch im Juni 1853 bei der noch wichtigeren Ankunft Commodore Matthew Perrys in der Sagami-Bucht hatte es eine japanische Flotte gegeben. Diese Ereignisse bewogen das fremdenscheue Japan, dem europäischen und amerikanischen Handel einige Vertragshäfen zu öffnen. Mit dieser einschneidenden Entwicklung begann der kometenhafte Aufstieg Japans, die Wandlung des mittelalterlich-feudalen Kaiserreichs mit seiner Politik strengster Isolation zur modernen Weltmacht. Auch 1872 gab es noch keine japanische Marine, welche die als »Strafe« erfolgende Beschießung und Niederbrennung von Kagoshima durch ein britisches Geschwader hätte verhindern können. Etwa 20 Jahre später konnte eine japanische Flotte bereits die stärkere chinesische Marine im chinesisch-japanischen Krieg von 1894/95 vernichten, im wesentlichen in der Seeschlacht vor dem Jalufluß. In Graf Heihachiro Togo (1847–1934) brachte dann Japan einen Admiral hervor, der als Nacheiferer Nelsons die russische Fernostflotte in Port Arthur schlagartig ausschaltete und blockierte und schließlich die zum Ersatz herangeführte baltische Flotte des russischen Admirals Rožestvenskij am 27./28. Mai 1905 in der Vernichtungsschlacht von Tsushima, der einzigen größeren Schlacht des Vor-Dreadnought-Zeitalters, auslöschte und seinem Land im Fernen Osten für lange Zeit Handlungsfreiheit sicherte.
Aber selbst der Glanz dieser Triumphe über China und Rußland verblaßt neben den Erfolgen der kaiserlich-japanischen Marine in den Jahren 1941/42. Für Amerika wird der Tag von Pearl Harbor (7. Dezember 1941) zwar stets als »Tag der Infamie« weiterleben. Dies kann jedoch die Leistungen des Admiral Isoroku Yamamoto (1884-1943) nicht schmälern, der sich wie kaum ein anderer Marinebefehlshaber seiner Generation darüber im klaren war, daß Flugzeugträgerkampfgruppen an Reichweite und Zerstörungskraft die klassischen, aus geschützbestückten und

gepanzerten Schlachtschiffen bestehenden Flotten bei weitem übertrafen, eine Erkenntnis, die durch den Erfolg des britischen Angriffs auf Tarent im November 1940 untermauert wurde. Yamamotos vereinigte Flotte fügte der amerikanischen Pazifikflotte an jenem Morgen des 7. Dezember 1941 einen fast tödlichen Schlag zu. Unter voller Ausnutzung des Überraschungsmoments konnten seine durch 76 Jagdflugzeuge begleiteten 374 Torpedo- und Sturzkampfbomber, die von sechs durch zwei Schlachtkreuzer gedeckten Flugzeugträgern unter Vizeadmiral Chuichi Nagumo gestartet waren, in einem kaum zwei Stunden währenden Angriff acht der neun in Pearl Harbor liegenden Schlachtschiffe des amerikanischen Admirals Husband Kimmel versenken oder außer Gefecht setzen.

Nur durch Umstände, die Yamamoto für seine Pläne nicht hatte vorhersehen können, verfehlte der Angriff ein ganz wesentliches Teilziel, die Vernichtung auch der drei amerikanischen Flugzeugträger. *Enterprise* und *Lexington* befanden sich nämlich in See, um Flugzeugverstärkungen nach den Inseln Midway und Wake zu bringen. *Saratoga* befand sich wie *Colorado* (das einzige den ersten Kriegstag überlebende Schlachtschiff der amerikanischen Pazifikflotte) an der Westküste Amerikas. Die anderen fünf amerikanischen Schlachtschiffe standen bei der Atlantikflotte und wurden dort für mögliche Feindseligkeiten gegen Deutschland in Bereitschaft gehalten. Zwei Tage später war der Kern der von Großbritannien kurz zuvor gebildeten Fernostflotte, das Schlachtschiff *Prince of Wales* und der Schlachtkreuzer *Repulse,* im Südchinesischen Meer durch japanische Flugzeuge vernichtet. In dem durch Vichy-Frankreich kontrollierten Indochina hatte sich Japan Flughäfen gesichert, von denen aus das erfolgreiche 22. Luftgeschwader des Konteradmirals Sadaichi Matsunaga operierte, das den Vernichtungsschlag gegen Admiral Sir Tom Phillips führte, der im Vertrauen aller Artilleriespezialisten, denen es an Erfahrungen im modernen Seekrieg fehlte, jene Lehren ignoriert hatte, welche die britische Marine selbst in den Heimatgewässern und im Mittelmeer hatte lernen müssen: Daß nämlich Schlachtschiffe innerhalb der Reichweite feindlicher Luftstreitkräfte nur noch dann operieren konnten, wenn sie ausreichend durch eigene Jagdflugzeuge gedeckt wurden.

Diese beiden großen japanischen Erfolge bildeten jedoch nur das Vorspiel für eine Reihe amphibischer Operationen in einem Ausmaß, wie sie die Alliierten vor Ende 1942 auf keinem Kriegsschauplatz durchführen konnten. In Blitzoperationen nahmen japanische Streitkräfte Hongkong ein, marschierten von den Landungsstränden bei Singora und Kota Bharu die malayische Halbinsel herunter, nahmen den wichtigen britischen Marinestützpunkt Singapur ein, landeten in Borneo und erreichten die Kapitulation der dortigen Streitkräfte, besetzten die Philippinen und landeten auf Guam, Wake und bei Rabaul, und all das zwischen dem 7. Dezember 1941 und dem 23. Januar 1942. Etwa einen Monat später, am

27.–28. Februar, wurde die letzte größere alliierte Marinekampfgruppe im Fernen Osten, ein halbes Dutzend britischer, niederländischer und amerikanischer Kreuzer und Zerstörer unter dem Befehl des niederländischen Konteradmirals Karel Doorman in den Seegefechten in der Java-See und in der Sunda-Straße praktisch ausgelöscht. Eine weitere Woche später hatte die letzte der niederländischen ostindischen Inseln – Java – kapituliert. In nur 90 Tagen – anstatt der ursprünglich geplanten 150 Tage – hatte Japan alle jene Gebiete erobert, die es zu seiner Versorgung mit Öl, Gummi, Zinn und anderen kriegswichtigen Rohmaterialien besitzen zu müssen glaubte, nachdem es von den USA mit britischer und holländischer Unterstützung durch wirtschaftliche Sanktionen Anfang 1940 aller Bezugsquellen für diese Rohstoffe beraubt worden war. Diese Sanktionen waren verhängt worden, um Japan zum Abbruch seines 1937 in China begonnenen Invasionskriegs zu zwingen.
Kein maritimer Feldzug eines solchen Ausmaßes in der gesamten Weltgeschichte ist jemals erfolgreicher gewesen. Politisch konnte er für Japan jedoch nicht das gesteckte Ziel erreichen: Der Abschluß eines für Japan vorteilhaften Verhandlungsfriedens, um dessentwillen das japanische Kabinett die überraschende militärische Offensive im Pazifik ja eigentlich ergriffen hatte. Bereits im Februar 1942 begannen erste alliierte Gegenschläge durch Luftstreitkräfte – der einzig verfügbaren Waffe. Die von Japan besetzten Marshall- und Gilbert-Inseln mußten zahlreiche Luftangriffe durch amerikanische Flugzeuge über sich ergehen lassen, die von einer Flugzeugträgerkampfgruppe (Task Force – TF) unter Admiral William Halsey mit den Flugzeugträgern *Yorktown* und *Lexington* durchgeführt wurden. Zwei Tage später erfolgten alliierte Luftangriffe gegen Wake und ein weiterer gegen Rabaul durch Bomber, die ihre Basen an der australischen Küste hatten. Diese Luftangriffe waren allerdings noch nicht stark genug, um große Schäden hervorzurufen. Bei der japanischen Flotte verursachten sie jedoch so ernste Besorgnis, daß Japan vorsorglich planen mußte, seine Verteidigungslinien noch weiter, in großem Bogen in den Pazifik hinaus zu verlegen. Dieser Bogen vorgeschobener Stützpunkte sollte sich von den westlichen Aleuten über Midway, Samoa, die Fidschi-Inseln, Neu Kaledonien und Port Moresby auf Neuguinea im Pazifik und von dort bis hin zu den Andamanen-Inseln im Indischen Ozean und nach Burma erstrecken. Der ehrgeizige Plan verkannte jedoch die ungeheuren Seetransportprobleme, die zur ausreichenden Versorgung so vieler und weit entfernter Inselgarnisonen entstehen mußten.
Diese weitreichende zweite Phase der japanischen Operationen wurde am 19. Februar 1942 durch einen große Schäden hervorrufenden trägergestützten Luftangriff auf Darwin in Nordaustralien eingeleitet. Die neuen Operationen gingen aber nicht planmäßig vonstatten. Zwar wurden am 23. März die Andamanen genommen. Nagumos fünf Flugzeugträger, die von vier Schlachtkreuzern begleitet waren, stießen jedoch im Indischen Ozean auf eine härtere Luftverteidigung (unter dem entschlosse-

nen Kommando von Admiral Sir Geoffrey Layton) als vor Singapur, als sie am 5. April Colombo und vier Tage später Trincomali angriffen. Ferner wurden diese japanischen Vorstöße in den Indischen Ozean auch durch die neue britische Eastern Fleet bedroht, deren Kern aus fünf Schlachtschiffen und drei Flugzeugträgern bestand. Diese Streitmacht wurde von Admiral Sir James Somerville so ausgezeichnet geführt, daß die japanische Kampfgruppe bei ihrem Vorstoß in den Indischen Ozean nur den Flugzeugträger *Hermes* und die Schweren Kreuzer *Cornwall* und *Dorsetshire* vernichten konnte. Auf ihren neuen Stützpunkt in Kilindini an der Ostküste Afrikas gestützt, konnte der Kern der britischen Fernostflotte Japan davon abschrecken, eine größere Marinestreitmacht für längere Zeit im Indischen Ozean zu belassen.
Noch wichtiger aber waren die ersten Niederlagen, die Japan jetzt im Süden und Osten einstecken mußte. Die japanische Besetzung der Inseln im Bereich des Bismarck-Archipels wurde zwar im April 1942 mit Landungen auf den Salomon-Inseln abgeschlossen. Der folgende Versuch, auch ganz Neuguinea zu besetzen, verlief jedoch ganz anders. Unter dem Gesamtkommando von Vizeadmiral Shigeyoshi Inouye an Bord des Kreuzers *Kashima* setzte Japan von Rabaul aus zwei amphibische Operationen in Gang. Die erste sollte Tulagi in den Süd-Salomonen zur Errichtung eines Luftstützpunkts für Japan in Besitz bringen, von wo aus die Salomonen-See beherrscht werden konnte. In einem zweiten Vorstoß sollte Port Moresby in Papua erobert werden. Die kleinere Streitmacht, für die erste dieser Landungen, gruppierte sich um den Minenleger *Okinoshima,* Flaggschiff des Konteradmirals Shima. Die größere Streitmacht für die zweite Landung umfaßte ein Dutzend Transportfahrzeuge und wurde nicht nur vom Kleinen Kreuzer *Yubari,* Flaggschiff von Konteradmiral Kajioka, geleitet, sondern auch durch eine Kampfgruppe unter Konteradmiral Aritomo Goto mit dem Flugzeugträger *Shoho* und vier Schweren Kreuzern gedeckt.
Während die ersten beiden Kriegsschiffsgruppen von Rabaul und die dritte von Truk vom Norden her in der Salomonen-See eindrangen, sollte Vizeadmiral Takeo Takagi mit den großen Flugzeugträgern *Shokaku* und *Zuikaku,* begleitet von zwei Schweren Kreuzern, von Osten her in dieses Gebiet über das Korallen-Meer eindringen um sicherzustellen, daß keine alliierten Flotteneinheiten diese Landungen bedrohten. Aus Mangel an ausgebildeten Piloten nach den Ausfällen während der ersten Kriegsmonate – während dieser Zeit gingen 855 japanische Flugzeuge verloren – waren die anderen großen Flugzeugträger Japans zeitweilig nicht verfügbar. Dies besorgte die Japaner aber deshalb nicht, weil sie annahmen, daß derzeit nur ein einziger kampfbereiter amerikanischer Flugzeugträger im Südpazifik stand.
Admiral Kimmel, den man zum Prügelknaben für die Katastrophe von Pearl Harbor gemacht hatte, war inzwischen als amerikanischer Oberbefehlshaber im Pazifik (CINCPAC) durch Admiral Chester W. Nimitz er-

setzt worden. Aufgrund der guten amerikanischen Funkaufklärung hatte Nimitz bereits am 17. April genügend gesicherte Kenntnis von den japanischen Vorhaben, um Konteradmiral A. W. Fitch zu befehlen, mit dem Träger *Lexington* und zwei Schweren Kreuzern von Pearl Harbor aus zur Vereinigung mit dem durch drei Schwere Kreuzer gedeckten Flugzeugträger *Yorktown* des Admiral Fletcher und der Streitmacht von Konteradmiral J. G. Crace (zwei australischen und einem amerikanischen Kreuzer) in das Korallen-Meer zu gehen. Diese Einheiten, welche Anfang Mai 1942 im Korallen-Meer und der Salomonen-See gegen einen nur kleinen Teil der japanischen Flotte antraten, waren praktisch alles, was Admiral Nimitz zur Zeit an alliierten Kriegsschiffen zur Verfügung stand. Dies läßt sich am besten anhand einer Tabelle vergleichen:

Tabelle 38: Die Einheiten in der Schlacht im Korallenmeer und bei den Salomonen im Mai 1942

	Alliierte	Japaner
Große Flugzeugträger	2	2
Kleine Flugzeugträger	–	1
Schwere Kreuzer (20,3-cm-Geschütze)	7	6
Leichte Kreuzer	1	3
Zerstörer	13	15

Fitch und Fletcher – der letztere führte den Oberbefehl – trafen am 1. Mai zusammen. Crace schloß sich ihnen drei Tage später an. Inzwischen war die erste Runde dieser Schlacht bereits an die Japaner gegangen: Shimas Kräfte besetzten Tulagi ohne Widerstand am 3. Mai. Fletcher erfuhr dies erst gegen 19.00 Uhr an diesem Tag von landgestützten Aufklärungsmaschinen. Die amerikanischen Flugzeugträger waren damals noch nicht mit der für einen Nachteinsatz von Flugzeugen notwendigen Decksbeleuchtung und den sonstigen dafür erforderlichen technischen Ausrüstungen versehen. Auch waren die amerikanischen Piloten für Nachteinsätze noch nicht ausgebildet. So mußten *Yorktown* und *Lexington* bis zum nächsten Morgen warten, bevor sie 90 Flugzeuge zu einem Angriff gegen Tulagi in die Luft senden konnten, wo diese einen japanischen Zerstörer und drei kleine Minensucher versenkten. Diese Luftoperation stieß auf keinen größeren Widerstand, da Inouye unter Mißachtung des Zeitfaktors – eine Unterlassungssünde, die sich im Krieg stets als verhängnisvoll erwies – die Ankunft der Träger Takagis um zwei Tage verzögert hatte. Sie sollten nämlich zunächst eine kleine Gruppe von neun Jagdmaschinen in Rabaul landen. Deshalb konnten erst am 5. Mai die gegnerischen Trägerkampfgruppen die Suche nach dem Gegner beginnen, zunächst ohne Erfolg, weil die Sicht an diesem und dem folgenden Tag sehr schlecht war. Immerhin hatten sich die gegnerischen Streitkräfte jetzt auf nur 70 Seemeilen angenähert.

Auf japanischer Seite erfolgte am 7. Mai eine Panne, welche erneut jene Lehre unterstrich, die Großbritannien, Deutschland und Italien bereits gelernt hatten: Fliegende Besatzungen sind bei der Erkennung und Meldung von Schiffen, insbesondere von Kriegsschiffen, sehr unzuverlässig. Eine im Morgengrauen von den Trägern *Shokaku* und *Zuikaku* aus gestartete Aufklärungspatrouille sichtete den amerikanischen Tanker, aus dem die Einheiten Fletchers bereits gebunkert hatten, sowie dessen Begleitzerstörer. Die Flieger meldeten diese kleine Gruppe als einen Flugzeugträger und einen Kreuzer. Dies hatte für die japanische Seite schwerwiegende Fehlentscheidungen zur Folge, weil nämlich nicht weniger als 60 Torpedobomber und Stukas, von Jagdflugzeugen begleitet, um 09.30 Uhr zur Vernichtung der gemeldeten wichtigen alliierten Schiffe angesetzt wurden. Deshalb blieben die Streitkräfte Fletchers für diesen Zeitraum von Angriffen verschont. Allerdings waren ihre Erfolge auch nicht viel größer. Um 08.15 Uhr meldete ein Aufklärer von *Yorktown* die Sichtung von zwei Schweren Kreuzern und zwei Zerstörern. Infolge falscher Code-Verwendung sprach die Meldung aber von zwei Flugzeugträgern und vier Schweren Kreuzern. Die Folge war, daß *Lexington* und *Yorktown* um die Mittagszeit 93 Bomber und Torpedobomber mit Jagdschutz zum Angriff starten ließen. Alles, was sie auf der gemeldeten Position antrafen, war die kleine Streitmacht Gotos. Sie konnten jedoch den kleinen Träger *Shoho* (Kapitän Izawa) in weniger als zehn Minuten mit 13 Bomben und sieben Torpedotreffern versenken, so daß nur 100 Mann der Besatzung gerettet werden konnte. Dieser Luftangriff alarmierte Inouye jedoch so sehr, daß er Kajioka befahl, den Vormarsch gegen Port Moresby bis auf weiteres zu verschieben.
So ist es nicht überraschend, daß die zur Ermittlung des Standorts von Goto angesetzten Einheiten Craces keinen Erfolg hatten. Jedoch manövrierte der britische Admiral mit seiner gemischten Streitmacht so geschickt, daß sie keinen Schaden erlitt, als sie von küstengestützten japanischen Bombern von Rabaul aus angegriffen wurde, und auch nicht, als ihn später übereifrige amerikanische Heeresluftwaffenbomber aus Queensland mit Bomben belegten. Mit der für Flugzeugbesatzungen charakteristischen Übertreibung meldeten die Japaner jedoch, sie hätten ein amerikanisches Schlachtschiff versenkt und ein weiteres torpediert, obwohl es völlig ausgeschlossen war, daß überhaupt solche schweren Einheiten in diesem Seegebiet standen. Um das ganze Blinde-Kuh-Spiel zu krönen ließ Takagi gegen Abend eine Aufklärungs- und Angriffswelle gegen die vermeintlichen amerikanischen Träger starten. Bei dem herrschenden schlechten Wetter verfehlten die japanischen Flugzeuge jedoch ihr Ziel; die Dunkelheit zwang sie zum nutzlosen Abwurf ihrer Bomben und Torpedos in das Meer und zur Rückkehr zu ihrem Träger. Daher überflogen sie die mit Radar ausgerüsteten Schiffe Fletchers, deren Jäger die zurückkehrenden japanischen Flugzeuge teilweise abfingen. Neun japanische Flugzeuge wurden abgeschossen. Sechs versuch-

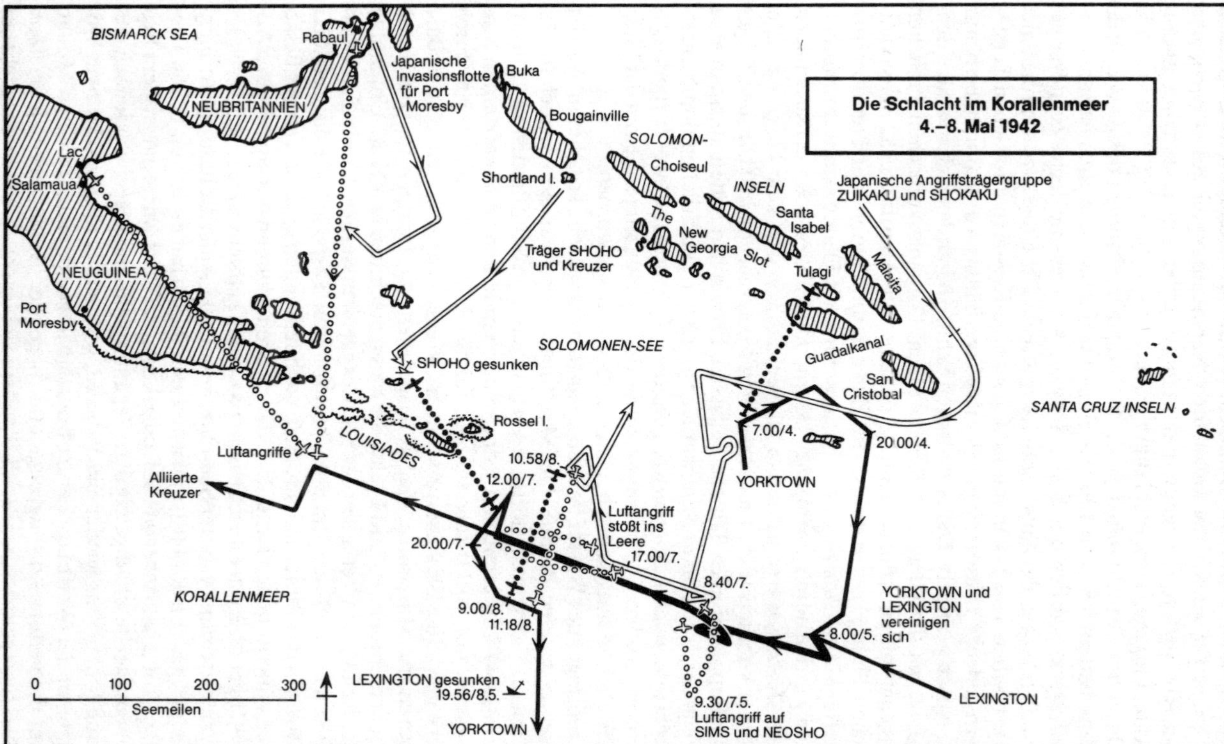
Die Schlacht im Korallenmeer
4.–8. Mai 1942
BISMARCK SEA
Rabaul
Japanische Invasionsflotte für Port Moresby
Buka
Bougainville
NEUBRITANNIEN
SOLOMON-
INSELN
Choiseul
Shortland I.
Lac
Salamaua
NEUGUINEA
Port Moresby
The New Georgia Slot
Santa Isabel
Tulagi
Malaita
Japanische Angriffsträgergruppe ZUIKAKU und SHOKAKU
Träger SHOHO und Kreuzer
SOLOMONEN-SEE
Guadalkanal
San Cristobal
SANTA CRUZ INSELN
SHOHO gesunken
Rossel I.
LOUISIADES
Luftangriffe
Alliierte Kreuzer
10.58/8.
12.00/7.
7.00/4.
20.00/4.
YORKTOWN
Luftangriff stößt ins Leere
17.00/7.
20.00/7.
8.40/7.
KORALLENMEER
9.00/8.
11.18/8.
YORKTOWN und LEXINGTON vereinigen sich
8.00/5.
0 100 200 300
Seemeilen
LEXINGTON gesunken 19.56/8.5.
YORKTOWN
9.30/7.5.
Luftangriff auf SIMS und NEOSHO
LEXINGTON

ten sogar, auf *Yorktown* zu landen, weil sie den Träger für ihren eigenen hielten. Elf gingen bei versuchten Nachtlandungen auf den eigenen Schiffen verloren. Insgesamt kehrten nur sieben der gestarteten japanischen Flugzeuge unbeschädigt zurück.
Das letzte Gefecht dieser Schlacht erfolgte am Morgen des 8. Mai. Jede Seite hatte noch etwa 120 Maschinen verfügbar. Die japanischen Flugzeugträger wurden durch vier Schwere Kreuzer und sechs Zerstörer geschützt. Wegen der Abwesenheit der Streitkräfte Craces wurden die amerikanischen Träger von nur fünf Schweren Kreuzern und sieben Zerstörern gedeckt. Dieses fast gleiche Kräfteverhältnis wurde durch die Natur drastisch geändert. Die japanischen Schiffe befanden sich in einem Seegebiet mit tiefhängenden Regenwolken. Die amerikanischen Einheiten lagen inmitten schönsten Sonnenscheins. Ein Angriff von 82 amerikanischen Flugzeugen verfehlte die *Zuikaku* und konnte nur drei Bombentreffer auf *Shokaku* erzielen. Nicht weniger als 33 amerikanische Maschinen wurden durch japanische Flak und Jäger abgeschossen. Die Schäden der *Shokaku* waren jedoch so schwer, daß von dort kein Flugzeug mehr starten konnte. Deshalb entschloß sich Takagi gegen 12.00 Uhr, den Träger zur Reparatur nach Truk zu entlassen. Inzwischen hatten 90 japanische Flugzeuge die *Yorktown* angegriffen und einen gefährlichen Bombentreffer erzielt; auch *Lexington* war durch zwei Bomben und zwei Torpedos getroffen worden. Die Japaner verloren dreißig Flugzeuge, die von der Flugabwehr und amerikanischen Jägern abgeschossen wurden.
Eindringendes Wasser ließ die *Lexington* Schlagseite annehmen. An vier Stellen wüteten Brände. Die Maschinenanlage war jedoch noch intakt. Captain F. Sherman hoffte zuversichtlich, sein Schiff retten zu können. Um 12.47 Uhr erreichten jedoch austretende Benzindämpfe einen Motorgenerator; elektrische Funken zündeten und das Schiff wurde durch eine gewaltige Explosion erschüttert. Weitere Explosionen folgten. Bald waren die Maschinenanlagen ausgefallen, die Pumpen funktionierten nicht mehr, Feuer- und Leckwehr waren machtlos. Um 17.07 Uhr mußte der Befehl zum Verlassen des Schiffes gegeben werden. Um 19.53 Uhr erhielt das Schiff den Gnadenschuß von fünf Torpedos, die der Zerstörer *Phelps* in das Wrack hineinschoß, nachdem er den größten Teil der Besatzung übernommen hatte. 251 Mann waren während des japanischen Angriffs gefallen oder durch die Explosionen getötet worden.
Wer hatte nun in dieser Seeschlacht gesiegt? Amerika hatte einen Flugzeugträger von 36 000 Tonnen verloren, Japan nur einen von 11 260 Tonnen. Auf japanischer wie auf amerikanischer Seite war je ein großer Flugzeugträger beschädigt worden; der amerikanische Träger war jedoch Anfang Juni bereits wieder einsatzbereit, während der japanische zwei Monate an der Werft lag. Ferner brauchte *Zuikaku* mehr als einen Monat, um die verlorenen Flugzeuge und fliegenden Besatzungen zu ersetzen. *Yorktown* stand daher für eine weitere viel entscheidendere Schlacht zur Verfügung, die bald an anderer Stelle geschlagen werden sollte. An die-

sem wichtigen Treffen konnten weder *Shokaku* noch *Zuikaku* teilnehmen, wo sie vielleicht den Ausschlag hätten geben können. Die Schlacht im Korallen-Meer kann auch deshalb am ehesten als alliierter Erfolg gewertet werden (wenn sie auch keiner Seite zu großem Ruhm gereicht), weil Admiral Inouye die gegen Port Moresby bestimmten Angriffskräfte Kajiokas, die jetzt ohne Luftschirm in Gefahr waren, nach Rabaul zurückbefahl. Zum ersten Mal seit dem 7. Dezember 1941 war der japanische Vormarsch nach Süden ernstlich aufgehalten worden.
Dies war die erste Seeschlacht der Geschichte zwischen zwei Flotten auf hoher See, deren Einheiten einander niemals sichteten. In der Tat, sie standen auch niemals näher als 50 Seemeilen beieinander. Es war die erste Seeschlacht, in der trägergestützte Flugzeuge mit Bomben und Torpedos die Hauptwaffe bildeten, während nicht eine einzige Granate aus Schiffsgeschützen gegen ein feindliches Schiff abgefeuert wurde. Die Schlacht im Korallen-Meer markiert das endgültige Abtreten der schiffsgestützten schweren Artillerie als wesentlichste Seekriegswaffe.
Von Interesse ist auch, daß es die erste Schlacht war, in der die Oberbefehlshaber – Fletcher und Takagi –, welche ihre Flaggen auf Schweren Kreuzern gesetzt hatten, das taktische Kommando (OTC) ihrer Streitkräfte den Admiralen auf den Flugzeugträgern übertrugen, an Fitch auf *Lexington* und Konteradmiral Chuichi Hara auf *Zuikaku*. Dort war der Befehlshaber in sehr viel günstigerer Position, die häufigen und blitzschnellen Manöver zu erkennen, zu übersehen und anzuordnen, die für Flugzeugträger zum zweckmäßigsten Einsatz ihrer Maschinen bei Angriff und Abwehr auszuführen waren.
Admiral Yamamotos Plan zur Besetzung der Midway-Inseln, jenem Atoll von sechs Seemeilen Durchmesser, dessen Hauptinsel lang genug war, um darauf eine Flugzeugstartbahn zu errichten, war jedoch für einen Monat später angesetzt. Mit diesem Unternehmen war mehr beabsichtigt, als nur diese strategisch wichtige Insel für Japan zu sichern, von wo aus Angriffe landgestützter Bomber (1136 Seemeilen) gegen Pearl Harbor möglich waren. Yamamoto hoffte bei dieser Gelegenheit auch die verbleibenden Einheiten der amerikanischen Pazifikflotte, vor allem die letzten Flugzeugträger, vernichten zu können, die dem Desaster von Pearl Harbor am 7. Dezember 1941 entkommen waren und jetzt die planmäßige Einnahme von Port Moresby verhindert hatten. Zu diesem Zweck setzte der japanische Oberbefehlshaber den größten Teil der japanischen Marine an und ließ gleichzeitig einen Täuschungsangriff gegen die Aleuten vortragen.
Für das Ablenkungsmanöver gegen die Aleuten erhielt Vizeadmiral Moshiro Hosogaya eine aus den Flugzeugträgern *Ryujo* und *Junyo* sowie drei Schweren und drei Leichten Kreuzern bestehenden Kampfgruppe. Mit seinen trägergestützten Flugzeugen bombardierte er zunächst den amerikanischen Stützpunkt Dutch Harbor auf den Aleuten am 3. und 4. Juni. Drei Tage später wurden die unbewohnten Inseln Attu und Kiska in den

westlichen Aleuten von japanischen Streitkräften besetzt. Konteradmiral Sentaro Omori landete 1 200 Mann auf Attu, Kapitän T. Ohno weitere 1 250 Mann auf Kiska. Den weiteren Versuch zur Besetzung von Adak vereitelte ein amerikanischer Gegenschlag durch Heeresluftwaffenbomber. Sonst aber traf dieses Täuschungsmanöver der Japaner auf keinen nennenswerten amerikanischen Widerstand.

Bis zum 27. Mai hatte sich Admiral Nimitz aufgrund der Funkaufklärungsmeldungen ein ausreichendes Bild über die Pläne Yamamotos gemacht, um seine sich auf Dutch Harbor stützenden nordpazifischen Streitkräfte um zwei Schwere und drei Leichte Kreuzer zu verstärken. Deren Befehlshaber, Konteradmiral R. A. Theobald, unterliefen jedoch zwei miteinander zusammenhängende Fehleinschätzungen. Erstens mißtraute er den Funkaufklärungsinformationen des Oberbefehlshabers im Pazifik. Er hielt es für wahrscheinlicher, daß Hosogaya darauf abzielte, auch Dutch Harbor zu besetzen. Da er sich um den Schutz dieses Stützpunktes sehr viel mehr Sorgen machte, als um die Abwehr von Angriffen auf eine Reihe unbewohnter kleiner Inseln, hatte er seine Streitkräfte 400 Seemeilen südlich von Kodiak konzentriert, nicht jedoch in den Gewässern der westlichen Aleuten. Damit hatte er eine defensive, statt einer offensiven Position gewählt. Somit war er nicht in der Lage, die gegen Attu und Kiska vorgehenden japanischen Invasionskräfte nachdrücklich zu bekämpfen. Bei der in diesen Breiten vorherrschenden schlechten Sicht konnte er ferner die beiden japanischen Flugzeugträger überhaupt nicht finden. Dieser Umstand mag vielleicht für die alliierte Seite sogar glücklich gewesen sein, weil auf diese Weise auch die amerikanischen Einheiten vor der Entdeckung und vor Angriffen durch japanische Flugzeuge sicher waren.

Gegen Midway führte Yamamoto, der seine Flagge auf dem neuen gigantischen Schlachtschiff *Yamato* gesetzt hatte, folgende Streitkräfte:

Tabelle 39: Die japanischen Seestreitkräfte in der Schlacht von Midway im Juni 1942

Streitmacht	Schlachtschiffe u. Schlachtkreuzer	Große Flugzeugträger	Kleine Flugzeugträger	Schwere Kreuzer (20,3 cm)	Leichte Kreuzer	Zerstörer
Gros *(Admiral Yamamoto Vize-Admiral Shiro Takusu)*	7	–	–	–	3	21
Träger-Angriffsgruppe *(Vize-Admiral Nagumo, Konter-Admirale Tamon Yamaguchi und Hiroaki Abe)*	2	4	–	2	1	12

Fortsetzung Tabelle 39:

Streitmacht	Schlachtschiffe u. Schlachtkreuzer	Große Flugzeugträger	Kleine Flugzeugträger	Schwere Kreuzer (20,3 cm)	Leichte Kreuzer	Zerstörer
Invasions-Flotte *(Vize-Admirale Nobutake Kondo, Takeo Takagi und Takeo Kurita)*	2	–	1	8	2	20
Insgesamt	11	4 (272 Flugzeuge)	2 (32 Flugzeuge)	10	6	53

Yamamoto hatte außerdem 15 U-Boote auf Positionen zwischen Midway und Pearl Harbor vorgeschickt. Sie sollten ihn vor der Annäherung amerikanischer Streitkräfte warnen. Er konnte ferner auf Konteradmiral Minoru Maedas 24. Luftgeschwader mit 72 Jägern, 72 Torpedobombern und 18 Flugbooten zählen, das landgestützt von Aur, Jaluit, Kwajalein und Wotje aus operierte. Allerdings sollten von diesen Luftstreitkräften in den kommenden Kämpfen nur wenige Maschinen eine Rolle spielen. Gegen diese gewaltige Armada japanischer Kriegsschiffe und Flugzeuge hatte Nimitz am 28. Mai nur sehr schwache Streitkräfte aus Pearl Harbor auslaufen lassen können.

Tabelle 40: Die amerikanischen Seestreitkräfte in der Schlacht von Midway im Juni 1942

Task Force (TF)	Große Flugzeugträger	Schwere Kreuzer (20,3)	Leichte Kreuzer	Zerstörer
TF 16 *(Konter-Admiral Raymond Spruance)*	2	5	1	11
TF 17 *(Konter-Admiral Frank Fletcher)*	1	2	–	6
Insgesamt	3 (233 Flugzeuge)	7	1	17

Nimitz hatte auch am 31. Mai zwei Schlachtschiffe unter Konteradmiral Anderson aus San Francisco, und einen weiteren Flugzeugträger, das Flaggschiff *Saratoga* von Admiral Fitch, aus San Diego am 1. Juni aus-

laufen lassen. Diese Einheiten konnten jedoch das Seegebiet um die Midway-Inseln nicht mehr rechtzeitig erreichen. Auf Midway besaß Nimitz jedoch 115 landgestützte Flugzeuge. Bei aller Größe der Stärkeunterschiede der Flottenstreitkräfte[2] war die Kampfstärke der Luftgeschwader auf beiden Seiten jedoch etwa gleich. Dabei wurde die bessere technische Leistung der damaligen japanischen Flugzeugtypen durch die Ausrüstung mit Radargeräten aufgewogen, welche nur die amerikanischen Schiffe besaßen.
Zwar mußte jetzt David gegen Goliath kämpfen, aber David besaß mehr als nur einen Kieselstein in seiner Schleuder. Ein wesentlicher Vorteil für die amerikanische Seite war die rechtzeitige Vorwarnung, die Nimitz von der ausgezeichnet arbeitenden amerikanischen Funkaufklärung über die Pläne Yamamotos erhielt. Daher konnte er seine zwei Kampfgruppen auf eine Position 200 Seemeilen nördlich der Midway-Inseln aufstellen, wo sie wohl kaum von japanischen trägergestützten Aufklärungsmaschinen gesichtet werden konnten, bevor die japanischen Träger ihrerseits durch die auf Midway gestützten amerikanischen Flugzeuge mit größerer Reichweite ausgemacht wurden. Schließlich stand eine der amerikanischen Kampfgruppen rein zufällig auch außerhalb des Aufklärungsbogens, den Yamamotos 15 patrouillierenden U-Booten bildeten. Der andere Vorteil entsprang einer Laune der menschlichen Natur: In diesem kritischen Moment mußte der eigentliche Kommandeur der TF 16, Vizeadmiral William Halsey, ins Krankenhaus eingeliefert werden. (Eine ähnliche Schicksalsrolle spielte der Tod von General Gott, der als neuer Kommandeur die britische 8. Armee in Nordafrika übernehmen sollte, als im August 1942 das ihn nach Kairo bringende Flugzeug abgeschossen wurde. Dadurch mußte ein Nachfolger bestimmt werden: General Montgomery erhielt damit die Chance, seine Fähigkeiten in der Schlacht von El Alamein zu beweisen). In der Schlacht um Midway sollte nun Admiral Raymond Spruance seine wahren Fähigkeiten als Ersatzmann unter Beweis stellen. »Sie werden«, schrieb Nimitz in seinen Anweisungen an Spruance und Fletcher, »dem Gegner größtmöglichen Schaden zufügen, indem Sie die härteste Abnutzungstaktik zur Schwächung des Gegners anwenden. Sie werden sich dabei durch das Prinzip eines kalkulierten Risikos leiten lassen. Sie wollen es vermeiden, Ihre Streitkräfte durch überlegene Gegnerstreitkräfte angreifen zu lassen, ohne daß dabei eine ausreichende Aussicht dafür besteht, daß Sie dem Gegner größere Schäden zufügen.« Keine operative Anweisung konnte klüger sein. Kein Einsatzbefehl ist jemals umsichtiger ausgeführt worden.
Zunächst einmal ging jedoch – wie bei so manchen guten Plänen großer Männer – auch mit den Absichten von Admiral Nimitz alles schief: Eine niedrige Wolkendecke hinderte die auf Midway gestützten amerikanischen Flugzeuge an der Entdeckung der Trägerangriffsgruppe Nagumos vor dem 3. Juni. Jetzt aber stand der Gegner nur noch 200 Seemeilen nordwestlich Midways, nur vier Tage später sollte die Insel nach den ja-

panischen Plänen besetzt werden. Ein hastig angesetzter Nachtangriff der Maschinen von Midway aus konnte am 4. Juni um 01.43 Uhr nur einen Treffer auf einem japanischen Tanker erzielen. Schließlich erreichten die ersten Feindsichtmeldungen sowohl Fletcher wie auch Spruance erst nach 06.00 Uhr an diesem Morgen. Zu diesem Zeitpunkt hatten die Flugoperationen, d. h. die Notwendigkeit, zum Start in den Wind zu drehen, Fletchers *Yorktown* sehr viel weiter vom Gegner entfernt, als *Enterprise* und *Hornet* unter Spruance. Fletcher ließ daher Spruance sofort in Südwestrichtung laufen, mit dem Befehl zum Ansatz eines Luftangriffs, sobald Nagumos Flugzeugträger geortet waren. Er beabsichtigte, mit *Yorktown* Unterstützung zu gewähren, sobald alle Flugzeuge von der Morgenpatrouille zurückgekehrt waren.
In der Zwischenzeit hatte Admiral Nagumo kurz vor Sonnenaufgang und ohne Kenntnis der Anwesenheit von nicht weniger als drei amerikanischen Flugzeugträgern (die japanische Feindaufklärung ließ ihn maximal mit nur einem amerikanischen Flugzeugträger in dieser Gegend rechnen), den ersten Teil des japanischen Unternehmens in Gang gesetzt. Die Träger *Akagi, Hiryu, Kaga* und *Soryu* hatten aus einer Position 200 Seemeilen nördlich von Midway 108 Flugzeuge (Torpedobomber und Stukas unter begleitendem Jagdschutz) gestartet, um durch einen ersten Luftangriff die Bodenverteidigung der Insel niederzukämpfen. Die Radarerfassung dieses japanischen Angriffs 93 Seemeilen vor seinem Zielpunkt rettete die amerikanischen Maschinen vor der Zerstörung am Boden. Die amerikanischen Jäger waren aber zur Sprengung der japanischen Angriffswellen weder zahlreich noch schnell genug. Der japanische Angriff begann um 6.30 Uhr und dauerte 20 Minuten. Auf Midway entstanden beträchtliche Schäden.
Jetzt beging aber der zu siegesgewisse Nagumo einen Fehler, der Japan den Sieg in dieser Schlacht kosten sollte. Die zurückkehrenden Flugzeugbesatzungen berichteten, die Inselverteidigung müsse durch einen weiteren Angriff sturmreif gemacht werden. Diese Beurteilung schien durch einen wenig später erfolgenden Angriff von 52 auf Midway gestützten amerikanischen Torpedobombern und Stukas bestätigt zu werden. Von diesen gingen 17 Maschinen verloren, ohne daß dieser amerikanische Angriff einen Treffer erzielen konnte. Weil ferner die morgendlichen japanischen Aufklärungspatrouillen keinen Gegner gesichtet hatten, befahl nun Nagumo, die verbleibenden 93 Flugzeuge unter Deck zu bringen und mit Brand- und Sprengbomben umzurüsten. Dies waren zwar zum Angriff auf Flughafeneinrichtungen und Befestigungen auf der Insel die geeignetsten Abwurfwaffen; sie sind jedoch beim Einsatz gegen Schiffe weniger wirksam. Fünfzehn Minuten später las ein nunmehr doch besorgter Nagumo den Funkspruch des Bordflugzeugs einer seiner Kreuzer: Zehn Feindschiffe stehen im Nordosten. Da diese Meldung nichts von einem Flugzeugträger erwähnte, verstrich eine weitere Viertelstunde, bevor Nagumo seine bisherigen Pläne änderte. Die Flugzeuge in

den Hangars unter Deck waren daher noch nicht wieder mit Torpedos und panzerbrechenden Bomben umgerüstet, als um 08.35 Uhr die erste Angriffswelle aus Midway zurückkehrte und auf den Flugzeugträgern landen mußte.

In Admiral Spruance hatte dagegen die amerikanische Marine einen Befehlshaber, der Nagumo an Geistesgegenwart mehr als ebenbürtig war. Spruance war einer der Menschen, die richtig erahnen können, was die Zukunft bringt, eine Art Intuitionsgabe, die jeder hervorragende Kommandeur besitzen muß. Er rechnete sich aus, daß die goldene Gelegenheit für einen amerikanischen Angriff auf die japanischen Träger, deren Nähe ihm durch einen Aufklärer um 05.34 Uhr gemeldet wurde, in jenem Augenblick käme, in dem die für den zweiten Angriff auf Midway bestimmten Flugzeuge gerade wieder aufgetankt wurden. Daher ließen zwischen 07.00 und 08.00 Uhr in einer Position 175 Seemeilen nordöstlich des Gegners *Enterprise* (Captain G. D. Murray) und *Hornet* (Captain Marc Mitscher) eine Angriffswelle von 116 Torpedobombern und Stukas mit Jagdschutz starten. Eine Stunde später folgte eine weitere Angriffswelle von 35 Maschinen von der *Yorktown* (Captain E. Buckmaster).

Die letzten Maschinen von Nagumos erster Angriffswelle gegen Midway waren zum Treibstoffauffüllen und Bombennachfassen wieder zurückgekehrt, bevor die übrigen Flugzeuge umgerüstet waren. Um 09.17 Uhr hatte der japanische Admiral jedoch mit seiner Kampfgruppe eine Kursänderung auf Nord-Nord-Ost durchgeführt, »um den Gegner zu fassen und zu vernichten.« (Seine vier Träger dampften in einer Karréeformation, die durch zwei Schlachtkreuzer, drei Kreuzer und 11 Zerstörer geschützt wurde. Diese Formation ähnelte der Kreisformation, welche die amerikanische Pazifikflotte später entwickelte, als sie die numerische Überlegenheit an Flugzeugträgern besaß. Jedoch bestand dabei eine wesentliche Ausnahme: Anstatt zur Deckung seiner Träger gegen einen Luftangriff alle verfügbaren Schlachtschiffe und Kreuzer zu verwenden, wie dies die amerikanische und britische Flotte zu tun pflegten, hatte Yamamoto den taktischen Fehler begangen, die nicht nach Norden zur Unterstützung des Unternehmens gegen die Aleuten entsandten Streitkräfte viele Seemeilen westlich bei der Invasionsflotte Kondos zurückzuhalten, obwohl ihm bekannt war, daß zu diesem Zeitpunkt nur zwei amerikanische Schlachtschiffe im Pazifik einsatzbereit waren.

Als Folge dieser Kursänderung konnten die Stukas und Jäger der *Hornet* ihr Ziel nicht finden. Auf dem Rückflug mußten sie auf Midway landen. Alle 15 amerikanischen Torpedobomber, die ohne Jagdschutz angriffen, wurden abgeschossen.

Den Torpedobombern der *Enterprise* ging es nicht besser. Zehn von 14 Angriffsmaschinen gingen verloren. Auch die Maschinen von *Yorktown* hatten nicht mehr Glück. Jetzt aber kamen die Stukas der *Enterprise* und *Yorktown*. Um 10.26 Uhr stürzten sich 37 Maschinen der *Enterprise*, ge-

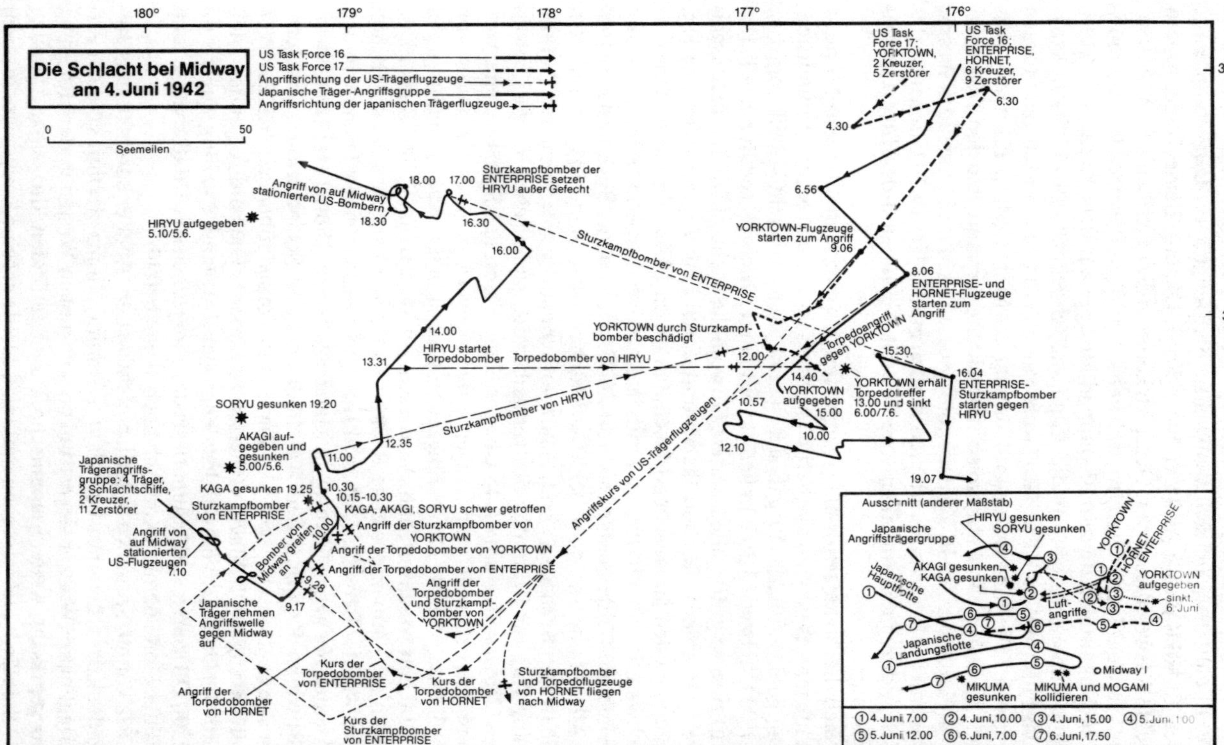

Die Schlacht bei Midway am 4. Juni 1942
US Task Force 16
US Task Force 17
Angriffsrichtung der US-Trägerflugzeuge
Japanische Träger-Angriffsgruppe
Angriffsrichtung der japanischen Trägerflugzeuge
0
50
Seemeilen
180°
179°
178°
177°
176°
32°
31°
US Task Force 17: YORKTOWN, 2 Kreuzer, 5 Zerstörer
US Task Force 16: ENTERPRISE, HORNET, 6 Kreuzer, 9 Zerstörer
4.30
6.30
6.56
YORKTOWN-Flugzeuge starten zum Angriff 9.06
8.06
ENTERPRISE- und HORNET-Flugzeuge starten zum Angriff
Angriff von auf Midway stationierten US-Bombern
18.00
17.00
Sturzkampfbomber der ENTERPRISE setzen HIRYU außer Gefecht
18.30
16.30
HIRYU aufgegeben 5.10/5.6.
16.00
Sturzkampfbomber von ENTERPRISE
14.00
YORKTOWN durch Sturzkampfbomber beschädigt
HIRYU startet Torpedobomber
13.31
Torpedobomber von HIRYU
12.00
Torpedoangriff gegen YORKTOWN
15.30
16.04
14.40
YORKTOWN aufgegeben 15.00
YORKTOWN erhält Torpedotreffer 13.00 und sinkt 6.00/7.6.
ENTERPRISE-Sturzkampfbomber starten gegen HIRYU
10.57
10.00
12.10
19.07
SORYU gesunken 19.20
Sturzkampfbomber von HIRYU
AKAGI aufgegeben und gesunken 5.00/5.6.
12.35
11.00
Angriffskurs von US-Trägerflugzeugen
Japanische Trägerangriffsgruppe: 4 Träger, 2 Schlachtschiffe, 2 Kreuzer, 11 Zerstörer
KAGA gesunken 19.25
10.30
10.15-10.30
KAGA, AKAGI, SORYU schwer getroffen
Sturzkampfbomber von ENTERPRISE
Angriff der Sturzkampfbomber von YORKTOWN
Angriff von auf Midway stationierten US-Flugzeugen 7.10
Bomber von Midway greifen an
10.00
Angriff der Torpedobomber von YORKTOWN
Angriff der Torpedobomber von ENTERPRISE
9.28
9.17
Japanische Träger nehmen Angriffswelle gegen Midway auf
Angriff der Torpedobomber und Sturzkampfbomber von YORKTOWN
Kurs der Torpedobomber von ENTERPRISE
Kurs der Torpedobomber von HORNET
Sturzkampfbomber und Torpedoflugzeuge von HORNET fliegen nach Midway
Angriff der Torpedobomber von HORNET
Kurs der Sturzkampfbomber von ENTERPRISE
Ausschnitt (anderer Maßstab)
HIRYU gesunken
SORYU gesunken
Japanische Angriffsträgergruppe
YORKTOWN
HORNET
ENTERPRISE
AKAGI gesunken
KAGA gesunken
Japanische Hauptflotte
YORKTOWN aufgegeben
sinkt, 6. Juni
Luftangriffe
Japanische Landungsflotte
Midway I
MIKUMA gesunken
MIKUMA und MOGAMI kollidieren
① 4. Juni, 7.00
② 4. Juni, 10.00
③ 4. Juni, 15.00
⑤ 5. Juni, 12.00
⑥ 6. Juni, 7.00
⑦ 6. Juni, 17.50

führt von Lieutenant-Commander C. W. McClusky und Lieutenant W. E. Gallaher, auf die japanischen Flugzeugträger *Akagi* (Kapitän z. See T. Aoki) und *Kaga* (Kapitän z. See I. Okada). Beide Träger fuhren wilde Ausweichmanöver. Dennoch konnten die amerikanischen Maschinen so viele Treffer erzielen, daß beide Schiffe aufgegeben werden mußten. Nagumo setzte seine Kommandoflagge auf dem Kreuzer *Nagara*. Eine Explosion zerstörte die *Kaga*, die schließlich um 19.25 Uhr sank. Das hilflose Wrack der *Akagi* wurde um 05.10 Uhr am nächsten Morgen versenkt. Die von Lieutenant-Commander M. F. Leslie geführten Stukas der *Yorktown* waren ebenso erfolgreich: Sie verwandelten den Träger *Soryu* (Kapitän z. See R. Yamagimoto) gleichfalls in ein brennendes Wrack, das von der Besatzung verlassen werden mußte. Um 19.20 Uhr wurde das Schiff durch das amerikanische U-Boot *Nautilus* auf den Meeresgrund geschickt.

Nach drei so katastrophalen Angriffen in wenig mehr als sechs Minuten hätte man es Nagumo sicherlich nachgesehen, wenn er sofort zum Rückzug geblasen hätte. Er gab sich jedoch nicht so leicht geschlagen. Um 11.00 Uhr bzw. 13.30 Uhr ließ er vom Träger *Hiryu* (Kapitän z. See T. Kaku) zwei Angriffswellen starten. Obwohl die Mehrzahl dieser 40 Maschinen von amerikanischen Jägern und durch Flak abgeschossen wurden, gelangen den japanischen Maschinen gegen 14.45 Uhr mindestens drei schwere Bombentreffer und mindestens zwei Torpedotreffer. *Yorktown* zeigte bald eine Schlagseite von 26 Grad. Captain Buckmaster befahl »Alle Mann aus dem Schiff«. Fletcher setzte seine Flagge auf dem Schweren Kreuzer *Astoria*. Schon vorher hatte er einen weiteren Aufklärungsflug zur Erfassung des verbleibenden japanischen Trägers befohlen. *Hiryu* wurde um 14.45 Uhr gesichtet. Sofort ließ Spruance eine weitere Angriffswelle vom Träger *Enterprise* starten. Auch sie wurde von Gallaher geführt. Diese Flugzeuge beschädigten Kakus Schiff gegen 17.00 Uhr so schwer, daß es am nächsten Morgen um 05.00 Uhr sank.

Admiral Yamamotos erste Reaktion auf diese katastrophalen Meldungen war der Befehl an Admiral Hosogaya, seine kleinen Träger von den Aleuten her gegen Midway in Marsch zu setzen. Dann befahl er Kondos Schweren Kreuzern den Anschluß an seine Schlachtflotte. Zunächst hoffte er also noch, seine Artillerie- und Torpedoüberlegenheit zur Weiterführung der Schlacht einsetzen zu können. Die bald folgenden Meldungen über den Verlust aller vier großen Träger mit 250 Flugzeugen und 2200 Offizieren und Männern setzten ihm jedoch so zu, daß er am 5. Juni seiner Flotte den Rückmarsch nach Japan befahl.

Dies konnte Spruance natürlich nicht wissen. Aber er handelte stets eingedenk des Operationsbefehls von Admiral Nimitz, der ihm Vorsicht auferlegt hatte. Wäre er siegestrunken sofort nach Westen in der Hoffnung vorgeprescht, weitere japanische Träger zu finden, die seiner Meinung nach in dem Gebiet stehen mußten, so hätte er seine Streitkräfte in einen höchst gefährlichen Nahkampf mit der Hauptschlachtflotte Yamamotos

verwickelt. Stattdessen steuerte er bis gegen Mitternacht in der Nacht vom 4. zum 5. Juni nach Ost, bevor er den Kurs änderte. Kurz danach – und vor Erteilung des allgemeinen Rückzugbefehls – hatte Yamamoto auch die geplante weitere Beschießung Midways durch Kuritas vier Schwere Kreuzer aufgegeben, jedoch nicht rechtzeitig genug, um einen weiteren Verlust zu vermeiden. *Mikuma* (Kapitän z. See S. Sakiyama) rammte *Mogami* (Kapitän z. See A. Soji) beim wilden Manövrieren, um Torpedos des amerikanischen U-Boots *Tambor* auszuweichen. Die beiden lahmenden Kreuzer wurden bald von amerikanischen Aufklärern entdeckt und zunächst erfolglos von auf Midway stationierten Flugzeugen, dann aber um 8.00 Uhr am 6. Juni von Spruances Stukas angegriffen. *Mikuma* sank, die schwer beschädigte *Mogami* konnte sich nach Truk zurückschleppen.
Bei Erhalt der Meldung über den ersten amerikanischen Angriff von Trägerflugzeugen gegen diese beiden Kreuzer ließ Yamamoto eine starke Kreuzerkampfgruppe zur Ortung und Vernichtung der *Enterprise* und *Hornet* vorstoßen und drehte mit seiner Schlachtflotte zur Unterstützung dieser Unternehmung erneut auf. Spruance, dessen taktische Leitung während dieser Schlacht hervorragend war, tat alles, sich von so überlegenen Streitkräften nicht fangen zu lassen. Er war bereits mit Kurs Ost abgelaufen, um seine Einheiten aus dem Flottentroß bunkern zu lassen. Daher mußte Yamamoto am 7. Juni die Jagd abbrechen und am nächsten Tag das Gesamtunternehmen gegen Midway abblasen.
Verbleibt noch das Ende der beschädigten *Yorktown* zu erzählen: Das japanische U-Boot *I 168* (Kapitänleutnant Tanabe) sichtete das Schiff im Schlepp des Minensuchers *Vireo* während der Tagesstunden des 6. Juni, mehr als 24 Stunden nach dem japanischen Luftangriff. Es hatte sich inzwischen herausgestellt, daß der Träger vielleicht zu früh von seiner Besatzung verlassen worden war. Das japanische U-Boot schoß zwei Torpedos. Einer zerriß den längsseits liegenden Zerstörer *Hammann,* der die Bergungsmannschaften mit Strom und Druckluft versorgte. Ein Torpedo traf den Träger. Aber selbst jetzt blieb die »Waltzing Matilda«, wie die *Yorktown*-Besatzung ihr Schiff liebevoll nannte, noch bis zum 7. Juni 06.00 Uhr über Wasser. Dann ging sie auf 2000 m Tiefe, ein schlimmer Schlag für die Alliierten. Ebenso wie der britische Träger *Ark Royal,* der im Mittelmeer am 13. Oktober 1941 von dem deutschen U-Boot *U 81* unter Kapitänleutnant Guggenberger vernichtet worden war, hätte auch dieser Träger vielleicht bei einwandfreier Erkennung der Lage des Schiffes durch schnelles Gegenfluten zur Korrektur der gefährlichen Schlagseite gerettet werden können.
Midway war der erste große Sieg für die US Navy im Zweiten Weltkrieg. Der hervorragende Gesamteinsatz der schwachen Streitkräfte durch Nimitz, die geschickte Taktik von Spruance mit seinen zwei Flugzeugträgern, das fliegerische Geschick sowie der stahlharte Mut von weniger als 200 amerikanischen Piloten[3] hatten mehr erreicht, als nur die Besetzung

Midways durch die Japaner abzuschlagen: Sie hatten den Kern der japanischen Flotte, seine Angriffsträgerkampfgruppe vernichtet. Niemals zuvor in der gesamten Seekriegsgeschichte war eine so gewaltige Armada von so wenigen Männern besiegt worden. Für den, der die Zeichen der Zeit erkannte, bedurfte es jetzt keines Beweises mehr dafür, daß das Schlachtschiff als Hauptseekriegswaffe in weniger als zwei Jahrzehnten vom Flugzeugträger (denn älter war dieser Schiffstyp noch nicht) zum Alten Eisen gemacht worden war. Wichtiger für den Fortgang des Zweiten Weltkriegs aber war dies: Die Schlacht von Midway stellte eine markerschütternde Katastrophe für die japanische Marine dar, ein Stalingrad zur See. Trotz aller verzweifelten Anstrengungen sollte sich die japanische Marine nie wieder von diesen Verlusten an Trägern und erfahrenen Piloten erholen. Midway brachte auch das Ende der japanischen Offensive, den Wendepunkt des Krieges im Pazifik. Von nun an arbeitete die Zeit erbarmungslos für die USA mit ihrem ungeheuren industriellen Potential. Die USA hatten sich jetzt die Atempause erkämpft, die zum Wiederaufbau der amerikanischen Schlachtflotte und zum Bau der Flugzeugträger-Kampfgruppen sowie der riesigen Transport-, Versorgungs- und Landungsflotten erforderlich war, um Japan sein hastig zusammengerafftes Inselreich im Pazifik wieder abzunehmen und den Krieg schließlich bis in die japanischen Heimatgewässer vorzutragen. Nach diesem »Inselspringen« und »Zurückrollen« der japanischen Welle, nach Ende des Krieges in Europa und spätestens nach der letztminütlichen sowjetrussischen Kriegserklärung im August 1945 sowie nach dem Abwurf der Atombomben mußte auch der letzte nachdenkliche Mensch im Kaiserreich Japan erkennen, daß ein weiterer Krieg aussichtslos war und die Kapitulation hingenommen werden mußte.[4] Aber zwischen den Tagen der Schlacht von Midway und dem Ende des pazifischen Krieges lagen noch mehr als drei Jahre eines gewaltigen und blutigen Ringens.

10. Guadalcanal

Von zwei wichtigen Seekriegsereignissen, in denen trägergestützte Flugzeuge die Hauptwaffe darstellten, wenden wir uns nun konventionelleren Seegefechten zu, die keineswegs alle von den Alliierten gewonnen wurden und bewiesen, daß der japanische Sieg in der Schlacht in der Java-See (ausschließlich von Überwasserstreitkräften bestrittene Gefechte, in denen die japanischen Streitkräfte im Gegensatz zum gemischten alliierten Verband ihre gute Ausbildung und beste Zusammenarbeit auf See bewiesen) kein Einzelfall gewesen war. Auch die jetzt zu beschreibenden Gefechte bewiesen einmal mehr, daß die japanische Marine mit ihren Schiffen ebenso gut zu kämpfen verstand, wie der Gegner und daß die mächtigen »Long Lance«-Torpedos eine tödlichere Waffe waren als das bordgestützte Geschütz.

Die Schlacht von Midway hatte die ansteigende Flut der japanischen Operationen im Pazifik aufgehalten. Für die Alliierten im Pazifik, unter denen die Vereinigten Staaten mehr als nur Primus inter pares waren, stellte sich nunmehr die Aufgabe, durch Offensiven die japanische Angriffswelle zurückzurollen. Die allgemeine Strategie war dabei klar genug. Nach den bald nach Pearl Harbor im Februar 1942 geschriebenen Worten des Oberbefehlshabers der US-Flotte im Pazifik, Admiral Ernest J. King, war es »die Errichtung von starken Stützpunkten, von denen aus Schritt für Schritt der Vormarsch über die Neuen Hebriden, Salomonen und den Bismarck-Archipel vorangetrieben werden konnte. Mit anderen Worten, jetzt mußten amphibische Angriffsoperationen gegen einen Punkt der Außenverteidigung des japanischen Inselvorfeldes, und nach Sicherung eines solchen Brückenkopfes, gegen den nächsten und wieder nächsten vorgetragen werden. Dabei mußte jeder Ansatzpunkt näher an die Philippinen und das japanische Mutterland heranrücken. Diese Operationen sind unter der Bezeichnung »Inselspringen« in die Geschichte eingegangen. Eine solche Strategie aber gegen einen so kampferfahrenen Gegner mit den beschränkten, den Alliierten Mitte 1942 im Pazifik zur Verfügung stehenden Streitkräften in die Tat umzusetzen, war alles andere als eine leichte Aufgabe.
Als erstes Ziel setzten sich die amerikanischen Stabschefs die Eroberung der britischen Insel Guadalcanal der früher zum deutschen Kolonialreich gehörigen Salomonen-Inseln am nordöstlichen Rand des Korallen-Meers. Diese Insel lag etwa 600 Seemeilen von Rabaul entfernt, wo Japan eine Marinebasis errichtet hatte. Von dort aus hoffte die japanische Führung auch nach der Schlappe in der Schlacht im Korallen-Meer durch einen Landfeldzug quer über Neuguinea Port Moresby dennoch erobern zu können. In Rabaul lag in der letzten Woche des Juli 1942 die Achte Japanische Flotte unter Vizeadmiral Gunichi Mikawa, der beim Angriff auf Pearl Harbor als Stellvertreter Admiral Nagumos fungiert hatte. Sie umfaßte damals fünf Schwere Kreuzer, zwei Leichte Kreuzer, eine Handvoll Zerstörer und Seeflugzeugtender sowie Konteradmiral Yamadas 25. Luftgeschwader mit 24 Bombern und 30 Jagdflugzeugen. Der japanische Hauptverband, einschließlich der drei noch vorhandenen größeren Flugzeugträger, stand weit weg in den Heimatgewässern. Die nächste weitere japanische Kampfgruppe war Inouyes Vierte Flotte mit zwei Kreuzern und vier Zerstörern, die sich auf das 1000 Seemeilen weiter im Norden gelegene Truk stützte. So viel jedenfalls war den Alliierten aufgrund ihrer Luftaufklärung sowie der anderen Aufklärungs- und Nachrichten-Tätigkeit bekannt.
Die gegen Guadalcanal angesetzte alliierte Landungsflotte umfaßte praktisch alle verfügbaren Einheiten der amerikanischen Pazifikflotte. Sie stand unter dem Oberbefehl von Vizeadmiral Robert Ghormley, der sein Hauptquartier in Neuseeland aufgeschlagen hatte und von dort aus den gesamten südwestpazifischen Raum befehligte. Der Angriff war ei-

gentlich für einen späteren Zeitpunkt des Jahres vorgesehen, war aber auf Bestehen Admiral Kings vorverlegt worden, als bekannt wurde, daß Japan nach Errichtung einer Seeflugzeugbasis in Tulagi damit begonnen hatte, unter Einsatz von Bulldozern und anderen Baumaschinen auf Guadalcanal einen Flugplatz zu bauen. Er sollte in die Geschichte unter dem Namen »Henderson Field« eingehen. Japan beabsichtigte inmitten des Dschungels in der Nähe von Lunga Point an der Nordseite von Guadalcanal einen richtigen Flugzeugstützpunkt zu errichten. Sobald sich am 26. Juli die amerikanischen und australischen Einheiten in der Koro-See 400 Seemeilen südlich der Fidschi-Inseln vereinigt hatten, lief das alliierte Unternehmen an. Konteradmiral Richmond Turners Task Force 62 bestand aus 19 Transportschiffen mit 19 000 US Marines unter dem Befehl von Generalmajor Alexander Vandegrift. Sie wurde durch Task Group 62.2 (drei Schwere Kreuzer, ein Leichter Kreuzer sowie 9 Zerstörer unter Konteradmiral Victor Crutchley der Royal Navy, Träger des Victoria-Kreuzes wegen seines Anteils an dem allerdings nicht erfolgreichen Versuch zur Sperrung der Einfahrt von Ostende zur Blockierung der deutschen U-Boote im Mai 1918) und die Beschießungsgruppen TG 62.3 (drei Schwere Kreuzer und vier Zerstörer) sowie TG 62.4 (ein Leichter Kreuzer und zwei Zerstörer) in Angriffsposition geleitet.
Turner konnte auf die Unterstützung durch auf Queensland und in Port Moresby stationierte amerikanische und australische Suchflugzeuge sowie durch die Bomber und Jäger von Konteradmiral John McCain rechnen. Die Hilfe des letzteren, die von seinem Hauptquartier in Noumea aus geleitet wurde, war jedoch dadurch beeinträchtigt, daß alle seine Stützpunkte außerhalb der Jägerreichweite von Guadalcanal und Tulagi entfernt lagen. Für die Luftnahunterstützung während des eigentlichen Angriffs konnte sich TF 62 daher im wesentlichen nur auf die südlich von Guadalcanal operierende TF 61 stützen. Unter dem Befehl von Admiral Fletcher, der Turners Vorgesetzter war, gruppierte sich diese Gruppe um die Flugzeugträger *Saratoga, Enterprise* und *Wasp*. Sie wurde durch das neue schnelle Schlachtschiff *North Carolina* und sechs Schwere Kreuzer geleitet und unterstützt.
Der Angriff wurde auf den 7. August vorverlegt. Zwar hatten Vandegrifts Marines bisher nur eine einzige nicht recht befriedigende Manöverlandung auf den Fidschi-Inseln durchführen können. Ferner war, was sich später als sehr viel nachteiliger herausstellen sollte, die Zeit zu kurz gewesen, als daß Crutchley seine australischen und amerikanischen Einheiten hätte zu einer homogenen Kampfgruppe zusammenschweißen können. Zunächst aber schien für die Allierten alles glatt zu gehen. Als am 7. August um 07.25 Uhr Mikawa vom Erscheinen der TF 62 vor Tulagi und Guadalcanal erfuhr, hatten die US Marines schon auf beiden Inseln ihre Landeoperationen begonnen. Durch die Flugzeuge der TF 61 gegen Yamadas Flugzeuge wirkungsvoll unterstützt, hatten 6000 US-Marinesoldaten am Nachmittag des 8. August Tulagi besetzt. Zu diesem Zeit-

punkt waren auch bereits 11 000 Mann amerikanischer Truppen auf Guadalcanal gelandet. Infolge der durch die jetzt einsetzenden japanischen Luftangriffe verursachten Unterbrechungen und Verzögerungen war das Löschen des lebenswichtigen Versorgungsguts aus den Transportern vor Einbruch der Nacht am zweiten Tag der Operationen immer noch nicht abgeschlossen. Weitere 24 Stunden waren erforderlich, während der Hälfte dieser Zeit aber war ein Jagdschutz nicht verfügbar, wenn Fletcher seine Absicht zum Abzug der TF 61 wahrmachen sollte, bevor einer der wertvollen Flugzeugträger japanischen Luftangriffen zum Opfer gefallen war.

Kurz nach Ankunft der TF 62 vor dem Landungsziel am 7. August waren die Kampfgruppen TG 62.2, 62.3 und 62.4 reorganisiert worden. Konteradmiral Norman Scott, mit dem Leichten Kreuzer *San Juan* (Flaggschiff) und dem australischen Leichten Kreuzer *Hobart* sowie zwei Zerstörern, erhielt den Auftrag, den beiden vor Tulagi und Lunga Point vor Anker liegenden Transportgeschwadern bestmöglich gegen die an sich verhältnismäßig unwahrscheinliche Möglichkeit eines japanischen Gegenschlags aus dem Osten zu schützen. Zu diesem Zweck organisierte Scott eine Patrouillenkette auf halbem Wege zwischen diesen Inseln. Als Schutz gegen einen Angriff von Westen erhielt Crutchley sechs Schwere Kreuzer und sechs Zerstörer.

Mit diesen Streitkräften hatte Crutchley zwei Möglichkeiten: Er konnte seine Kreuzer etwa 20 Seemeilen westlich der Insel Savo konzentrieren, wo genügend Seeraum vorhanden war, und seine Zerstörer als Warnschirm weiter nach Westen vorschieben. Er entschied sich allerdings dafür, eine Position zwar auch westlich, aber unmittelbar vor der Insel Savo einzunehmen, wo seine Bewegungen innerhalb der nur 20 Seemeilen breiten Straße zwischen Tulagi und Guadalcanal behindert wurden und ihn die geographischen Verhältnisse des Archipels zwangen, seine Kreuzer in zwei getrennte Gruppen zu teilen. Mit den australischen Schweren Kreuzern *Australia* (Captain H. B. Farncomb) als Flaggschiff und *Canberra* (Captain F. E. Getting) sowie dem amerikanischen Schweren Kreuzer *Chicago* (Captain H. D. Bode) schützte er selbst die Durchfahrt zwischen Kap Esperance und der kleinen vor der Küste von Guadalcanal gelegenen Insel Savo. Die amerikanischen Schweren Kreuzer *Vincennes* (Captain F. L. Riefkohl), *Quincy* (Captain S. N. Moore) und *Astoria* (Captain W. G. Greenman) erhielten den Auftrag, die Durchfahrt zwischen Savo und Tulagi zu decken. Crutchley behielt vier seiner Zerstörer als freilich unzureichende U-Boot-Abschirmung für die Kreuzergruppen zurück. Die übrigen beiden Zerstörer postierte er als Radaraufklärer weiter draußen, *Ralph Talbot* nordwestlich und *Blue* im Südosten von Savo, wo ihre Bewegungen allerdings nicht ausreichend koordiniert werden konnten. Denn jedesmal, wenn *Blue* am südlichsten Grenzpunkt des Patrouillengebietes angekommen war, *Ralph Talbot* dagegen am nördlichsten Punkt, klaffte in dem von ihren Radargeräten überstrichenen Seebe-

reich eine wesentliche Lücke. Drittens unterließ es Crutchley, seinen Einheiten, insbesondere Captain Riefkohl als Befehlshaber der nördlichen Gruppe, klare Anweisungen für das Verhalten im Fall feindlicher Angriffe zu geben.
Ausgenommen Luftangriffe während der Tagesstunden vergingen der 7. August und die darauffolgende Nacht ohne wesentliche Zwischenfälle. Am nächsten Tag sollte es anders kommen. Der Bereich zwischen Guadalcanal und Rabaul galt als durch landgestützte alliierte Suchflugzeuge ausreichend gedeckt; außerdem operierten mehrere amerikanische U-Boote in diesem Seegebiet. Aber alle diese alliierten Aufklärungskräfte konnten keine wichtigeren Feindmeldungen abgeben, als daß japanische Einheiten im St. Georgs-Kanal in der Nähe von Rabaul operierten und daß ein weiterer japanischer Verband östlich von Rabaul stand. Die letztere Meldung wurde jedoch in der Durchgabe etwa acht Stunden verzögert, weil die Piloten der sie absetzenden zwei Maschinen der Anweisung zur Einhaltung der Funkstille größte Priorität beimaßen. Erst um 18.45 Uhr erfuhren Turner und Crutchley, daß bei diesem japanischen Verband auch drei Kreuzer standen. Weil sich dabei aber auch zwei Seeflugzeugtender befanden, schlossen beide alliierten Admirale, es müsse sich dabei um jene japanische Kampfgruppe handeln, die auf einer der Inseln eine neue Seeflugzeugbasis einrichten sollte, nicht aber um eine Streitmacht mit offensiven Absichten. An diesem Abend standen die alliierten Befehlshaber unter dem festen Eindruck, daß während der kommenden Nacht ein Angriff durch japanische Überwasserstreitkräfte nicht zu erwarten war. In Wahrheit aber hatten die beiden Aufklärer einen Teil der größeren Kreuzerstreitmacht Mikawas gesichtet, die jetzt mit großer Entschlossenheit gerade einen solchen Schlag gegen die alliierte Landungsflotte auszuführen ansetzte.
Turner machte sich vor allem wegen einer anderen Meldung Sorge, die er etwas mehr als eine Stunde zuvor erhalten hatte: Obwohl die endgültige Entlöschung der Transportflotten einen ganzen weiteren Tag in Anspruch nehmen würde, hatte Admiral Fletcher voll frischer Erinnerungen an den Verlust der Träger *Yorktown* und *Lexington* in den voraufgegangenen Schlachten die Absicht geäußert, die gesamte TF 61 in dieser Nacht abzuziehen. Der Oberbefehlshaber im Südwestpazifik, Vizeadmiral Ghormley, war mit diesem Rückzug einverstanden (Turner, Fletchers Untergebener, dagegen nicht. Er war bereits ohne Erfolg mit Protesten vorstellig geworden), obwohl die Transporter vor Tulagi und Guadalcanal dann am nächsten Tag (9. August) ohne jede Deckung aus der Luft vor der Küste lagen. Turner und Vandergrift waren dieser Entwicklung wegen so besorgt, daß Turner um 20.32 Uhr Crutchley zu einer Konferenz an Bord des vor Lunga Point ankernden Transporters *McCawley* (Flaggschiff) berief.
Admiral Crutchley wiegte sich mit katastrophalen Folgen in einem so falschen Gefühl der Sicherheit, wie es die Italiener den Verlust von drei

Schweren Kreuzern in der Schlacht von Matapan gekostet hatte. Crutchley gehorchte dem Ruf zu dieser Besprechung, indem er die Gruppe südwestlich von Savo weiter schwächte: Er unternahm die 20 Seemeilen lange Reise nach Lunga Point mit seinem Flaggschiff *Australia,* anstatt sich auf einem Zerstörer dorthin zu begeben. Das Kommando über seine Streitkräfte übergab er an Captain Bode auf *Chicago,* unterließ es aber, Riefkohl auf *Vincennes,* als nunmehr ältesten befehlsführenden Offizier im Bereich von Savo, davon zu unterrichten, daß er, Crutchley, während dieser Nacht nicht anwesend sei. Ferner beließ er es bei der Wachanordnung für die alliierten Schiffe, wonach nur die Hälfte der Geschütze bemannt zu sein brauchten, während die übrigen Besatzungsmitglieder in ihren Kojen und Hängematten schlafen durften.
Jetzt braute sich Schreckliches für die Alliierten zusammen. Kaum hatte Mikawa von der amerikanischen Landung am 7. August erfahren, als er alle detachierten Einheiten zu sich berief. Später an diesem Tag lief er mit dem Schweren Kreuzer *Chokai* (Kapitän z. See M. Hayakawa) als Flaggschiff, den Schweren Kreuzern *Aoba* (Kapitän z. See Y. Hisamune, Flaggschiff von Konteradmiral Goto, der in der Schlacht im Korallen-Meer die *Shoho* verloren hatte), *Kinugasa* (Kapitän z. S. M. Sawa), *Furutaka* (Kapitän z. See T. Araki) und *Kako* (Kapitän z. S. Y. Takahashi) sowie den Leichten Kreuzern *Tenryu* (Kapitän z. S. S. Asno) und *Yubari* (Kapitän z. S. M. Ban) und einem Zerstörer zum Vorstoß gegen die Alliierten aus. Das amerikanische U-Boot *S 38* (Lieutenant-Commander Munson) sichtete diese Kampfgruppe am Abend, stand jedoch für einen Tropedoangriff ungünstig nahe. In der von ihm kurz darauf gefunkten Meldung hatte er die Stärke der japanischen Kampfgruppe wegen der Dunkelheit und dem etwas unsichtigen Wetter beträchtlich unterschätzt.
Wenn man *Australia* und Scotts vier Schiffen abrechnet, war die Lage so: Fünf japanische Kreuzer mit insgesamt vierunddreißig 20,3-cm-Geschützen und achtundvierzig 60,8-cm-Torpedorohren gingen gegen die gleiche Anzahl alliierter Kreuzer vor, die mit vierundvierzig 20,3-cm-Geschützen aber nur sechzehn 53,3-cm-Torpedorohren bestückt waren. Auf dem Papier mag sich dies als unwesentlich unterschiedliche Stärke ausnehmen. Tatsächlich aber besaßen die Japaner den wesentlichen Vorteil der Überraschung. Sie waren ferner eine homogene, kampfgeschulte Streitmacht, die hier gegen eine geteilte, aus verschiedenen Marinen zusammengesetzte antrat. Außerdem hatten die Japaner die Überlegenheit ihrer tödlichen »Long Lance«-Torpedos.
Die Japaner besaßen zwar noch keine Radargeräte, waren sonst aber für Nachtgefechte hervorragend ausgerüstet und ausgebildet. Andererseits besaßen die meisten amerikanischen Einheiten wohl Radargeräte des einen oder anderen Typs, doch hatte bisher keine in den voraufgegangenen acht Monaten auch nur einmal in einem Nachtgefecht gestanden. Manche alliierte Schiffe hatten schon seit mehr als einem Jahr keine Nachtgefechtsübungen durchgeführt.

Tabelle 41: Die Einheiten in der Schlacht bei Savo am 9. 8. 1942

Schiff		Wasserverdrängung (Tons)	Geschwindigkeit (Knoten)	Geschütze (cm)	Torpedorohre (cm)
HMAS *Australia* (Flaggschiff)		9870	31	8 × 20,3	8 × 53,3
HMAS *Canberra*		9850	31	8 × 20,3	8 × 53,3
USS *Chicago* (SO)		9300	31	8 × 20,3	–
USS *Patterson* USS *Bagley* USS *Blue*	(Z)	1500	36	4 × 12,7	16 × 53,3
USS *Vincennes* (SO)		9400	32	9 × 20,3	–
USS *Quincy*		9375	32	9 × 20,3	–
USS *Astoria*		9950	32	9 × 20,3	–
USS *Helm* USS *Wilson* USS *Ralph Talbot*	(Z)	1500	36	4 × 12,7	16 × 53,3
USS *San Juan* (Flaggschiff)		6000	32	16 × 12,7	8 × 53,3
HMAS *Hobart*		7150	32	8 × 15,2	8 × 53,3
USS *Monssen* (Z)		1630	37	5 × 12,7	10 × 53,3
USS *Buchanan* (Z)		1630	37	4 × 12,7	5 × 53,3
Chokai (Flaggschiff)		13160	34	10 × 20,3	16 × 60,9
Aoba (Flaggschiff)		9380	33	6 × 20,3	8 × 60,9
Kako		9150	33	6 × 20,3	8 × 60,9
Kingusa		9380	33	6 × 20,3	8 × 60,9
Furutaka		9150	33	6 × 20,3	8 × 60,9
Tenryu		3230	33	4 × 14	6 × 53,3
Yubari		2890	35	6 × 14	4 × 60,9
Yunagi (Z)		1270	37	4 × 12	6 × 53,3

SO = Senior Officer, d. h. kommandoführender rangältester Kommandant
Z = Zerstörer

Während der dunklen Stunden der Nacht vom 7. zum 8. August führte Mikawa seinen Verband an der Insel Buka vorbei und stand am Vormittag des 8. nördlich von Bougainville. Hier meldeten ihm seine Aufklärer die Disposition der alliierten Streitkräfte. Jetzt plante er einen entschlossenen Angriff für die folgende Nacht. Um 13.30 Uhr steigerte er seine Fahrt auf 24 Knoten und lief mit seinen Schiffen auf Südkurs in die enge Straße ein, den »Slot«, wie die Amerikaner den in Ostwestrichtung zwischen den Hauptinselketten der Salomonen verlaufenden langen Meereskanal nannten. Der japanische Admiral hoffte mit seiner Kampfgrup-

pe von Westen her »wie der Wolf in eine Schafsherde einzubrechen«, jeden Widerstand der alliierten Kriegsschiffe zu brechen und dann unter den alliierten Transportern zunächst vor Guadalcanal, sodann vor Tulagi eine Katastrophe zu verursachen. »Laßt uns angreifen in dem sicheren Gefühl des Sieges bei diesem für die kaiserlich-japanische Marine traditionellen Nachtkampf. Möge jeder von uns besonnen sein Äußerstes tun«, signalisierte er an seine acht Einheiten kurz bevor sich die Dunkelheit auf die von einem bedeckten Himmel überzogene See senkte. Mikawa hatte keine Meldung über die Anwesenheit amerikanischer Flugzeugträger erhalten. Dennoch rechnete er mit der möglichen Gefahr von Luftangriffen bei seinem Rückzug bei Tageslicht am folgenden Tage nach dem Gefecht.
Um 23.13 Uhr katapultierten die Schweren Kreuzer *Chokai, Aoba* und *Kako* ihre Bordflugzeuge zur Ortung des Gegners. Kurz vor dem Gefecht sollten sie alle Gegnerschiffe mit Leuchtbomben beleuchten. Diese Flugzeuge wurden von mehreren alliierten Kriegsschiffen kurz nach Mitternacht gehört, jedoch zu schnell als eigene angesprochen und nicht bekämpft, da die Maschinen ohne feindselige Handlungen über die alliierten Einheiten flogen. *Canberra* und *Chicago* liefen in Kiellinie in ihrem Deckungssektor auf und ab. Die Zerstörer *Patterson* und *Bagley* standen jeweils voraus nach See hin. Die Fahrtgeschwindigkeit betrug 12 Knoten, die Position war südöstlich Savo. Die Kreuzer *Vincennes, Quincy* und *Astoria,* durch die Zerstörer *Helm* und *Wilson* gedeckt, führten ihren Wachdienst im Nordosten in einer quadratischen Kursanordnung durch. Um 01.00 Uhr hatten inzwischen Turner, Vandergrift und Crutchley auf ihrer Konferenz beschlossen, die Transporter kurz nach Einbruch der Morgendämmerung aus Mangel an Schutz durch Jagdflugzeuge auf hohe See zurückzuziehen. Crutchley ging wieder an Bord der *Australia,* lief jedoch wegen der sehr dunklen Nacht nicht sofort durch die gefährlichen Gewässer zu seiner Gruppe südöstlich Savos zurück. Vielmehr blieb er bei den Transportschiffen vor Anker liegen. Diese Entscheidung hatte jedoch keine kritischen Folgen, weil die Würfel des Kriegsglücks schon gegen die alliierten Verbände gefallen waren. Um 00.54 Uhr sichtete der japanische Schwere Kreuzer *Chokai* den amerikanischen Radarvorposten, den Zerstörer *Blue,* fünf Meilen Steuerbord voraus. Mikawa ließ sofort die Geschwindigkeit seiner Einheiten drosseln, um sich nicht durch phosphoreszierend aufleuchtende hohe Bug- und Heckwellen zu verraten, und änderte den Kurs leicht nach Backbord, nur um dort die *Ralph Talbot* fünf Meilen Backbord voraus von seinem Flaggschiff aus zu sichten. Da keine Reaktion von seiten des Zerstörers *Blue* erfolgte, der die japanischen Streitkräfte weder sichtete noch auf dem Radarschirm entdeckte (auch der *Ralph Talbot* ging es nicht besser), ging Mikawa auf seinen früheren Kurs zurück und steigerte die Fahrt, so daß er um 01.30 Uhr durch die nur sieben Seemeilen breite Wasserstraße zwischen Savo und Guadalcanal lief.

Vier Minuten später sichteten die japanischen Schiffe den Zerstörer *Jarvis,* der mit nur acht Knoten Fahrt in Richtung Sydney zu Reparaturen hinkte, da er während der Luftangriffe des voraufgegangenen Tages beschädigt worden war. Da seine Kampfgruppe auch von *Jarvis* nicht gesichtet wurde, ließ der japanische Admiral auch jetzt seine Geschütze schweigen. Er entsandte jedoch den Zerstörer *Yunagi* um sicherzustellen, daß weder *Jarvis* noch die amerikanischen Zerstörer seine Pläne störten. Von der Brücke der *Chokai* aus waren jetzt durch die lichtstarken Nachtgläser zwei sehr viel größere Ziele auf eine Entfernung von 16 500 m zu erkennen, die Kreuzer *Canberra* und *Chicago*. Um 01.38 Uhr liefen die ersten japanischen Torpedos in Richtung dieser beiden Kreuzer. Erst fünf Minuten später sichteten die Zerstörer *Patterson, Bagley* und der Kreuzer *Canberra* die japanischen Schiffe direkt vor sich, störten sich jedoch durch aufgeregte und hastige gleichzeitige Funkmeldungen »Fremde Schiffe einlaufend« gegenseitig so sehr, daß kein anderes alliiertes Fahrzeug diese Warnungen empfing.
Die beiden amerikanischen Zerstörer drehten zum Torpedoschuß auf. Da sie jedoch völlig überrascht worden waren, konnte nur *Bagley* vier Torpedos schießen, als die Ziele bereits wieder ausgewandert waren. Jetzt aber ließen Mikawas Bordflugzeuge ihre Leuchtbomben über Turners Transportern niedergehen. Dadurch zeichneten sich die Silhouetten der *Canberra* und *Chicago* klar ab, während die japanischen Kreuzer vor den dunklen Bergen der Insel Savo fast unsichtbar blieben. Die halbe Besatzung der *Canberra* wurde jetzt durch »Klar Schiff« aus den Hängematten aufgeschreckt und eilte auf Gefechtsstationen. Die vier 20,3-cm-Doppeltürme der *Canberra* waren jedoch noch in Ruhe-Stellung, als zwei Torpedos den Kreuzer vorn trafen und die Japaner bereits ihre Breitseiten in das sinkende Schiff feuerten. Schnell verwandelte sich der australische Kreuzer in ein hilfloses Wrack voller Toter und Verwundeter. Der Kommandant, Captain Getting war gefallen, das Schiff brannte lichterloh und hatte alle Maschinenkraft verloren.
Achteraus von *Canberra* beobachtete Captain Bode in aufgeschreckter Verwirrung dieses kurze Massaker, als plötzlich Torpedolaufbahnen auf der Steuerbordseite der *Chicago* ausgemacht wurden. Er ließ das Ruder hart umlegen, um den Torpedos zu entgehen. Es war zu spät. Um 01.47 Uhr detonierte ein »Long Lance«-Torpedo an der Backbord-Bugseite und riß ein riesiges Leck aus dem Boden unter dem Ankerkettenkasten. Bode konnte immer noch kein Gegnerschiff richtig erkennen, um es mit seiner noch intakt befindlichen Artillerie zu bekämpfen. Er ließ Leuchtgranaten feuern, insgesamt 16, aber keine entzündete sich vorschriftsmäßig. Auf jeden Fall waren sie auch in die falsche Richtung geschossen worden, denn Mikawas Verband hatte bereits vor seinem Bug den Kurs gekreuzt und jagte in Richtung Nordosten. Der durch die Lage verwirrte Bode sichtete dann einen Scheinwerferstrahl, der einen Augenblick lang den detachierten japanischen Zerstörer *Yunagi* im Westen in sein Blickfeld

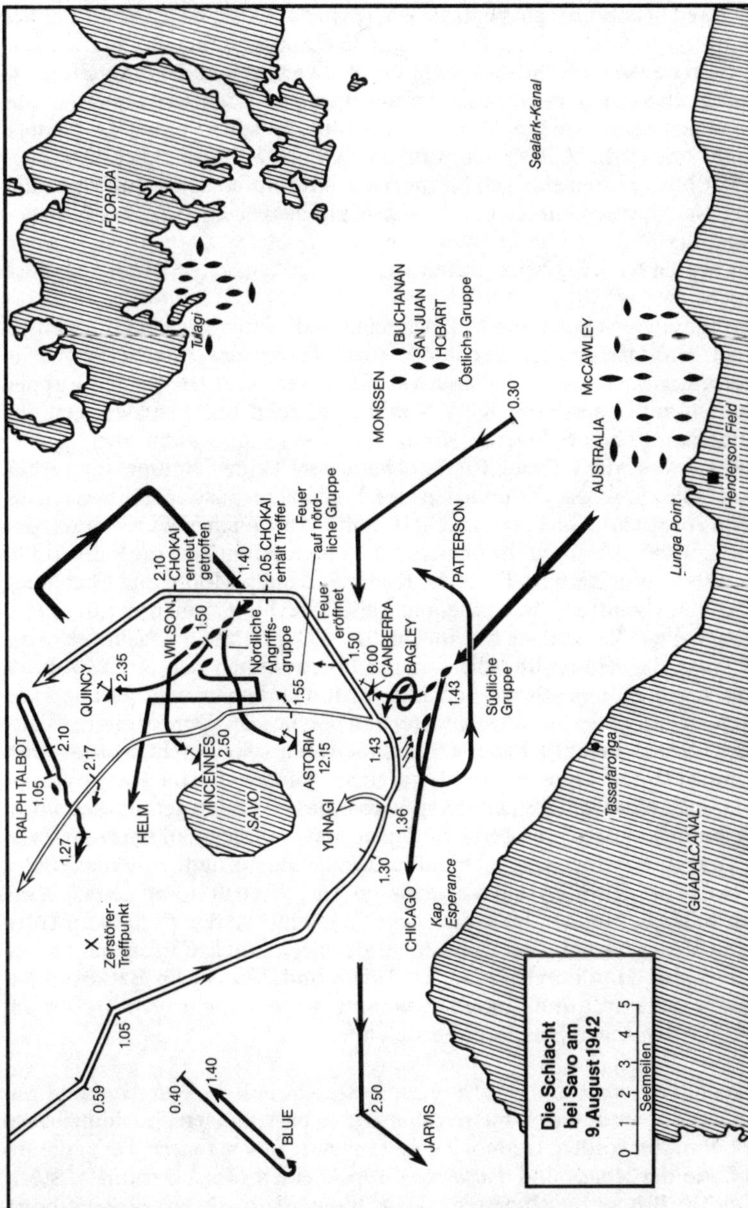
Die Schlacht
bei Savo am
9. August 1942
0 1 2 3 4 5
Seemeilen
FLORIDA
Tulagi
Sealark-Kanal
MONSSEN
BUCHANAN
SAN JUAN
HCBART
Östliche Gruppe
0.30
McCAWLEY
AUSTRALIA
Henderson Field
Lunga Point
PATTERSON
BAGLEY
8.00
CANBERRA
1.50
Feuer eröffnet
Feuer auf nördliche Gruppe
2.05 CHOKAI erhält Treffer
1.40
2.10 CHOKAI erneut getroffen
WILSON
1.50
Nördliche Angriffsgruppe
QUINCY
2.35
1.55
ASTORIA
12.15
1.43
1.43
Südliche Gruppe
RALPH TALBOT
1.05
2.10
2.17
1.27
HELM
VINCENNES
2.50
SAVO
YUNAGI
1.36
1.30
CHICAGO
Kap Esperance
Tassafaronga
GUADALCANAL
Zerstörer-Treffpunkt
1.05
0.59
0.40
1.40
BLUE
2.50
JARVIS

geraten ließ. Sofort ging er trotz des Torpedotreffers mit der Fahrt auf 26 Knoten und lief in diese Richtung. Die Funkdisziplin der alliierten Einheiten war so schlecht, daß Bode aus dem Durcheinander der sich gleichzeitig überschreienden Stimmen nur wenig von dem verstehen konnte, was sich jetzt abspielte. Mehr als zwei Stunden suchte er nach diesem japanischen Irrlicht. Als er dann auf das Schlachtfeld zurückkehrte, leistete die *Chicago* ihren einzigen Beitrag zu den Kämpfen der Katastrophe dieser Nacht, einen kurzen Feuerwechsel mit dem eigenen Zerstörer *Patterson,* der in der Nähe der außer Gefecht gesetzten *Canberra* ausgeharrt hatte. Glücklicherweise trafen diese amerikanischen Granaten auch nicht.
Lange zuvor schon hatte Mikawa sein Geschwader in zwei Gruppen geteilt. *Furutaka* und die Leichten Kreuzer *Tenryu* und *Yubari* gingen dichter unter Savo als die anderen vier Schweren Kreuzer. Beide Gruppen hatten mit hoher Fahrt Kurs Nordost gesteuert und machten jetzt den amerikanischen Schweren Kreuzer *Vincennes* und dann auch *Quincy* und *Astoria* aus. Captain Riefkohl hatte noch keine Feindmeldung erhalten. Allerdings war er durch den Geschützdonner aus dem Südwesten davon vorgewarnt, daß etwas nicht stimmte. Aber auch er wurde durch den plötzlichen Angriff völlig überrascht. Er hatte kaum Zeit, die Fahrt auf 15 Knoten zu steigern und, wie die Kommandanten Moore und Greenman auf ihren Schiffen, die Besatzungen auf Gefechtsstationen zu rufen. Jetzt brach die Hölle über sie herein. Um 01.50 Uhr erfaßten Scheinwerfer der *Chokai* die *Astoria* und die Japaner überwältigten den Kreuzer durch deckende 20,3-cm-Breitseiten. Einige Momente später wurden auch *Vincennes* und *Quincy* so angeleuchtet und beschossen. Der Artillerieoffizier der *Astoria* befahl »Feuer eröffnen«. Doch sein Befehl wurde sofort durch Captain Greenman widerrufen der glaubte, daß die Kampfgruppe inmitten eines anderen alliierten Verbandes im Süden geraten sei, wobei jeder den anderen für den Feind hielt. Bevor Greenman überzeugt werden konnte, seinen Gegenbefehl zurückzunehmen, hatte eine ganze Salve sein Schiff getroffen und die gesamten Aufbauten in Brand gesetzt. *Astoria* blieb als brennendes Wrack liegen und hatte starke Verluste an Toten und Verwundeten. Der Kreuzer wurde zuerst durch *Chokai* von Steuerbord und dann durch *Furutaka, Yubari* und *Tenryu* von Backbord aus niedergekämpft und konnte seinerseits nur einen einzigen Treffer auf dem japanischen Flaggschiff erzielen.

Auch *Vincennes* und *Quincy* erging es nicht besser. Wie *Canberra* war auch Moores Kreuzer mit in Ruhestellung befindlichen Geschütztürmen überrascht worden. Dennoch konnte er zwei Salven feuern, bevor die Artillerie der *Aoba-* und *Furutaka-*Gruppe einen Geschützturm zerstörte und die Brücke zerschmetterte. Dann traf ein Torpedo an der Steuerbordseite im Maschinenraum. Das Schiff kenterte um 02.35 Uhr und sank, Captain Moore und viele Männer seiner Besatzung mit sich nehmend.

Riefkohls Kreuzer konnte auch nur zwei Salven aus den Rohren jagen, von denen eine die *Kinugasa* beschädigte, bevor auch dieses Schiff den wuchtigen Schlägen der japanischen Breitseiten erlag. Granate auf Granate schlug auf dem Kreuzer ein. Dann detonierte ein Torpedo an der Steuerbordseite und vollendete das Vernichtungswerk. Als der Gegner das Feuer um 02.15 Uhr einstellte war auch *Vincennes* ein brennendes Wrack, dessen Besatzung die Flammen vergebens zu bekämpfen versuchte, bevor das Schiff um 03.00 Uhr unter schweren Verlusten kenterte und sank.
Die alliierten Kreuzer waren aber nicht vergebens verloren gegangen. In der Verwirrung und dem Durcheinander der jetzt seit weniger als einer Stunde tobenden Schlacht hatte auch Mikawas Geschwader den Zusammenhalt verloren. Der japanische Admiral konnte daher seine Streitkräfte nicht zusammengefaßt in Richtung auf die Transportschiffe Turners führen. Um wieder die taktische Kontrolle über seine Einheiten zu erlangen steuerte er mit *Chokai* nach Norden und befahl seinen Schiffen, sich dort an ihn anzuschließen. Dabei geriet *Ralph Talbot* vor die Kreuzer *Furutaka, Yubari* und *Tenryu,* die ihn schwer beschädigten, bevor der amerikanische Zerstörer von einer Regenböe verhüllt wurde. Bald hatte Mikawa seinen Verband wieder zusammengebracht. Dennoch entschloß er sich nicht, den Angriff gegen Turners Transportschiffe fortzusetzen, da er die Gefahr für zu groß hielt, die er bald nach Tagesanbruch in Form schwerer Luftangriffe durch Fletchers trägergestützte Flugzeuge erwartete. Darum lief er mit hoher Geschwindigkeit in Richtung Rabaul ab. Aber auch er sollte seinen Stützpunkt nicht ohne Verlust erreichen: Sein Kurs führte ihn durch das Patrouillengebiet des amerikanischen U-Boots *S 44.* Mit vier Torpedos konnte Lieutenant-Commander J. R. Moore den Schweren Kreuzer *Kako* versenken.

Erst um 02.50 Uhr, als Bode seine angeschlagene *Chicago* vom Blinde-Kuh-Spiel gegen Westen zurückgebracht hatte, erfuhr Crutchley, daß auch *Chicago* einen Torpedotreffer erhalten hatte und daß die *Canberra* ein brennendes Wrack war. Jetzt befahl er zwar sofort, daß sich sieben Zerstörer um *Australia* konzentrieren sollten. Sein Signal wurde jedoch so mißverstanden, daß die Zerstörer auf einer Position fünf Seemeilen nördlich von Savo zusammentrafen, von wo aus sie nichts mehr unternehmen konnten. Erst bei vollem Tageslicht des 9. August erfuhren die alliierten Befehlshaber das ganze Ausmaß der Katastrophe dieser Nacht. *Vincennes* und *Quincy* waren gesunken, *Astoria* und *Canberra* brennende Wracks. Turner ließ die *Canberra* um 06.30 Uhr versenken. Sie erwies sich jedoch als so standfest gebaut, daß mehr als 300 Granaten und fünf Torpedos der Zerstörer *Selfridge* und *Ellet* erforderlich waren, um sie auf den Grund des Meeres zu schicken. Viele australische Seeleute waren der Meinung, ihr Schiff sei unnötigerweise aufgegeben worden, insbesondere, weil Captain Greenman etwa gleichzeitig seine Versuche zur Rettung der *Astoria* weiterführen durfte, bis auch dieser Kreuzer durch eine Magazinexplosion gegen Mittag zerrissen wurde, kenterte und sank. (Vielleicht war es in der Absicht, die australische Meinung etwas zu besänftigen, daß die amerikanische Marine später einem eigenen neuen Kreuzer den Namen *Canberra* gab. Großbritannien überließ den Schweren Kreuzer *Shropshire* leihweise an Australien als Ersatz für den verlorenen Kreuzer).

Die Katastrophe dieser Nacht durchkreuzte Turners Absicht, die Transporter bei Einbruch der Morgendämmerung von den Landungsstreifen abzuziehen: Es gab zu viele Überlebende, viele von ihnen schwer verwundet, die zu versorgen waren. Das Entlöschen der Transporter dauerte noch während des gesamten 9. August an. Aber jetzt blieb das Kriegsglück den schwer angeschlagenen Alliierten günstig gesonnen: Tanakas Flugzeuge hatten es nämlich mehr darauf abgesehen, Fletchers Träger zu finden und zu vernichten. Natürlich konnten sie diese nicht finden, weil TF 61 ja inzwischen weit südlich von Guadalcanal stand. Ihr einziges Opfer war der glücklose Zerstörer *Jarvis*, der mit der ganzen Besatzung versenkt wurde.
Schließlich zog Turner seine Transporter in der Abenddämmerung des 9. durch *Australia, Chicago, Hobart* und *San Juan* geleitet in Richtung Noumea zurück. Hinter sich ließen sie 18 000 US-Marine-Soldaten mit knappen Lebensmitteln und wenig Munition und Ausrüstung, obwohl von dem weiteren Kriegsglück der gelandeten Truppen jetzt die Zukunft der Inseln Tulagi und Guadalcanal abhing, insbesondere aber Guadalcanals, wo sich die kleine japanische Garnison hatte im Gebirge verbergen können.

Das Ausmaß der Katastrophe von Savo für die alliierten Marinen wird durch diese beredten Zahlen verdeutlicht:

Tabelle 42: Statistik der Schlacht von Savo am 9. 8. 1942

	Alliierte Streitkräfte	Japanische Streitkräfte
Munitionsverbrauch	107 × 20,3 cm 385 × 15,2 cm	1020 × 20,3 cm 176 × 14 cm 592 × 12 cm
Geschossene Torpedos	8	61
Versenkte Schiffe	4 Schwere Kreuzer *(Canberra, Astoria, Quincy, Vincennes)* 1 Zerstörer *(Jarvis)*	1 Schwerer Kreuzer *(Kako)*
Beschädigte Schiffe	2 Zerstörer *(Ralph Talbot, Patterson)*	

Fortsetzung Tabelle 42:

	Alliierte Streitkräfte		Japanische Streitkräfte	
Tote	*Canberra*	85	*Chokai*	34
	Chicago	2	*Kinugasa*	1
	Astoria	216	*(Kako*	34)
	Quincy	370		
	Vincennes	332		
	Ralph Talbot	11		
	Patterson	8		
	(Jarvis	247)		
Verwundete	*Canberra*	55	*Chokai*	48
	Chicago	21	*Kinugasa*	1
	Astoria	186	*Tenryu*	2
	Quincy	166	*(Kako*	481)
	Vincennes	258		
	Ralph Talbot	11		
	Patterson	11		

Aber auch der Sieger war nicht im Triumph zurückgekehrt. Yamamoto kritisierte ihn heftig, weil er sich nach dem Nachtgefecht zurückgezogen hatte, anstatt gegen die vor Anker liegenden Transporter vorzugehen und diese zu dezimieren. Tatsächlich hätte eine solche kühne Entscheidung die ihm drohende Gefahr nicht beträchtlich erhöht, die er mit seinem Unternehmen ohnehin eingegangen war, nämlich am nächsten Morgen durch Fletchers Flugzeuge angegriffen zu werden, eine Gefahr, die jedoch nach dem Abzug der TF 61 nicht mehr bestand.
Die Alliierten zogen viele Lehren aus diesem unglücklichen Gefecht, manche waren eigentlich schon so alt wie der Krieg. Einmal waren da die Mängel bei den Streitkräften Crutchleys, einmal die Fehleinschätzung der Lage durch Crutchley selbst, dann Bodes seltsame Abwesenheit vom Kampfgeschehen auf der Suche nach einem Schatten, sowie Fletchers etwas kleinmütiger Einsatz der TF 61 (Nimitz schrieb: »Der gleichzeitige Abzug aller Flugzeugträger war höchst unglücklich«. Fletcher antwortete: »Die Entscheidung zum Abzug der Träger wurde angesichts der Tatsache als gerechtfertigt angesehen, daß in diesem Gebiet 40 feindliche Torpedoflugzeuge operierten«). Die von Admiral Arthur Hepburn später durchgeführte Untersuchung deckte weitere Unzulänglichkeiten auf. Vorher hatte der aufrichtige Crutchley geschrieben:

> Es gilt der Tatsache ins Auge zu sehen, daß wir ausreichende Kräfte besaßen, die für die Aufgabe bereitgestellt worden waren, jeden Überwasserangriff zurückzuschlagen. Als dieser Angriff dann erfolgte, wurde unser Verband vernichtet. Zwar konnten die Transporter da-

durch gerettet werden, aber die Verluste waren furchtbar. Ich bin heute überzeugt, daß in diesem Gefecht der Gegner eigentlich mit stärkeren Verlusten hätte bezahlen müssen, wenn auch bei Nachtgefechten der Vorteil immer auf Seiten des Angreifers steht.

Die alliierten Admirale und Kommandanten litten unter dem mörderischen Tropenklima sehr viel stärker als die Japaner und waren eigentlich immer noch nicht wirklich »kampforientiert«. Sie hatten zum Beispiel die Schwimmerflugzeuge der japanischen Kreuzer in der Dämmerung und Dunkelheit nur zu leichtgläubig als eigene Flugzeuge angesehen. Auch bestand auf alliierter Seite ein zu starkes Vertrauen in die Zuverlässigkeit der Luftaufklärung: Ebenso wie in früheren Zeiten erkannt worden war, daß aufklärende Kreuzer keineswegs immer einen sich nähernden Gegner sicher erfassen konnten, hätte man auch jetzt nicht an die absolute Zuverlässigkeit von Luftaufklärung oder Radargeräten glauben dürfen. Auch die Signal- und Funkkommunikation hatte sich als mangelhaft erwiesen: Nicht alle der auf den australischen Kreuzern eingebauten Funkanlagen waren mit denen der amerikanischen Einheiten kompatibel. Wie die Royal Navy arbeitete auch die australische Marine im wesentlichen unter der strikten Disziplin des Funkens im Morsecode bei Manövern und Feindmeldungen: Die amerikanische Marine hatte dagegen den Sprechfunk (TBS = Talk Between Ships) eingeführt, der zwar größere Geschwindigkeit, Leichtigkeit und Klarheit bieten konnte, aber diesmal noch durch das undisziplinierte und gleichzeitige Durcheinanderschreien vieler Schiffe ins Gegenteil verkehrt wurde. Turner und Crutchley hatten ihre Pläne auf das abgestellt, was nach ihrer Meinung die Japaner tun *würden,* anstatt alles zu berücksichtigen, was die Japaner tun *konnten:* Sie hatten unter der Annahme gehandelt, daß Mikawa erst bei Anbruch der Morgendämmerung am 8. August angreifen würde, wohingegen doch auch mit der Möglichkeit gerechnet werden mußte, daß er bereits während der voraufgehenden Stunden der Dunkelheit angreifen konnte.

Viele Befehlshaber mußten den Preis für dieses Desaster bezahlen: Anfang September, allerdings erst nachdem er durch Torpedotreffer des japanischen U-Boots *I 26* beinahe die *Saratoga* verloren hätte, wurde Fletcher seines Kommandos enthoben. Nach der beißenden Bemerkung des offiziellen amerikanischen Historikers »erhielt Fletcher für den Rest des Krieges Kommandos, die seinen Fähigkeiten eher entsprachen«[1], nämlich im weit entfernten nordpazifischen Raum[2]. Im Oktober befahl Nimitz die Ablösung Ghormleys durch Halsey. Dabei war er diplomatisch genug, dies mit der nachlassenden Gesundheit des ersteren zu begründen, die zu einem Mangel an Offensivgeist geführt habe. Denn es wäre schwierig gewesen, Ghormley wegen der Katastrophe von Savo wirklich begründete Vorwürfe zu machen, außer vielleicht wegen der voreiligen Genehmigung des zu frühen Abzugs Turners. Captain Riefkohl, der seitdem in der Illusion lebte, seine drei Kreuzer hätten die Transporter vor der Vernichtung bewahrt, wofür ihm eigentlich die Belobigung für einen amerikanischen Sieg zustand, erhielt nie wieder ein weiteres Kommando auf See. Captain Bode, der schon früher den Schock erlitten hatte, sein Schlachtschiff *Oklahoma* in Pearl Harbor zu verlieren, während er einen Nachturlaub an Land verbracht hatte, litt bald so stark an Schuldgefühlen, daß er Selbstmord beging.

Die beiden Befehlshaber, die eigentlich die Weichen für diese Katastrophe gestellt hatten, kamen glücklicher davon. Im Interesse der Bewahrung der alliierten Einheit rang sich der üblicherweise durchaus anglophobe Admiral King dazu durch, die Kritik seines Chefs des Stabes nicht anzuerkennen, der der Meinung war, »die Falschentscheidung der Teilung der eigenen Kräfte war ein Kardinalfehler, der seit Anbeginn aller Kriege als solcher bekannt ist.« Vielmehr fügte er Ghormleys Bericht diese Worte hinzu, bevor er ihn an Admiral Pound nach London sandte: »Ich halte es für angebracht und notwendig, meine Zustimmung zu den Entscheidungen und zum Verhalten von Konteradmiral R. K. Turner, USN, und Konteradmiral V. Crutchley, RN, zu verzeichnen. Nach meiner Überzeugung haben diese beiden Befehlshaber bei der Durchführung ihres Teils der Operationen in keiner Weise unzweckmäßig, geschweige denn fehlerhaft gehandelt.« Turner erhielt den Befehl bei zahlreichen weiteren amphibischen Landungsoperationen im Pazifik, die er zweifellos mit Erfolg durchführte. Crutchley verblieb Befehlshaber des australischen Geschwaders für die übliche Dauer eines solchen Kommandos und befehligte die kleine Streitkraft, die Großbritannien zum pazifischen Krieg beisteuern konnte, bis die Royal Navy schließlich im Spätjahr 1944 in der Lage war, eine größere Kampfgruppe an Schlachtschiffen und Flugzeugträgern zum Einsatz bei der US Pacific Fleet aufzustellen, deren Oberbefehl ein anderer erhielt.

Es sollten noch sechs Monate vergehen, bevor es den US Marines schließlich gelang, die Insel Guadalcanal ganz zu erobern, sechs Monate blutiger Kämpfe durch miasmische Sümpfe und feuchtheißen Dschungel. Die Luftüberlegenheit dank der Flugzeugträger, dann aber auch dank des lebenswichtigen Henderson Field, ließ die Amerikaner allmählich die Herrschaft über diese eng begrenzten Gewässer bei Tage erringen. Überlegene Flottenstreitkräfte gaben dagegen den Japanern die Kontrolle der See während der Nacht. Daher konnten beide Seiten ihre Streitkräfte auf der Insel ergänzen und versorgen. Zahllose Versorgungsunternehmen waren erforderlich. Sie wurden mit hoher Geschwindigkeit und großem Wagemut von Schiffen beider Seiten durch die enge Straße, den Slot, vorgetragen und führten zu mehr Seegefechten, als in jedem voraufgegangenen Unternehmen vergleichbarer Länge in der Geschichte, ausgenommen vielleicht die englisch-holländischen Seekriege im 17. Jahrhundert. Das Gesamtunternehmen kostete die Vereinigten Staaten insgesamt zwei Flugzeugträger, neun Kreuzer und 18 Zerstörer sowie zahlreiche Transporter und Hilfsschiffe. Japan verlor zwei Schlachtschiffe, zwei Flugzeugträger, acht Kreuzer, 37 Zerstörer und viele kleinere Fahrzeuge und Transporter. Die Platzbeschränkung eines selektiven Werks gestattet eine detaillierte Darstellung aller dieser Aktionen natürlich nicht. Der Rest dieses Kapitels muß sich daher mit einer kurzen Skizzierung der Ereignisse zwischen der Katastrophe von Savo und jener wichtigen Schlacht bescheiden, die nach der Insel Guadalcanal selbst benannt wurde.

Kurz nach der Schlacht vor Savo hatte Yamamoto den größten Teil seiner Vereinigten Flotte nach Truk verlegt. Die Funkaufklärung warnte Ghormely, daß die Japaner zur Versorgung ihrer Inselgarnison auf Guadalcanal einen Geleitzug aus Zerstörern und sehr schnellen Transportschiffen mit 1500 Mann ansetzen würden. Die nächtlichen Versorgungsfahrten der Japaner erhielten bei den amerikanischen G.I.'s den Spitznamen »Tokio Express«. Diese Operationen standen unter dem Befehl von Konteradmiral Raizo Tanaka und sollten den japanischen Widerstand auf Guadalcanal stärken helfen. Jetzt sollte ein solches Unternehmen durch drei Träger Nagumos, nämlich *Ryujo, Shokaku* und *Zuikaku,* durch das Schlachtschiff *Mutsu,* die Schlachtkreuzer *Hiei* und *Kirishima* sowie zehn Kreuzer unter Admiral Kondo gedeckt werden. Fletcher erhielt Befehl, mit den Trägern *Saratoga, Enterprise* und *Wasp* sowie dem schnellen Schlachtschiff *North Carolina* und neun Kreuzern aus Noumea auszulaufen, um diese Geleitzüge und ihre Deckungskräfte abzufangen. Bevor ihm dies jedoch gelang, wurde er durch unrichtige und ungenaue Aufklärungsmeldungen so irregeführt, daß er den Flugzeugträger *Wasp* und drei Kreuzer zum Bunkern entließ. Sie waren daher am Morgen des 24. August nicht bei seiner Flotte, als Maschinen der *Saratoga* und *Enterprise* den japanischen *Ryujo* fanden und schnell versenkten, jedoch keine weiteren japanischen Flugzeugträger ausmachen konnten. Am Nachmittag schlugen Flugzeuge von *Shokaku* und *Zuikaku* zurück und beschädigten die *Enterprise* schwer. Diese Halbierung der Einsatzstärke seiner Trägergruppe und das Unvermögen seiner Suchflugzeuge, die beiden großen japanischen Träger auszumachen, zwangen Fletcher zum Rückzug. Dadurch wurde Tanaka in die Lage versetzt, seine Truppen auf Guadalcanal zu landen. Allerdings mußte er dies mit dem Verlust seines Flaggschiffs, des Leichten Kreuzers *Jintsu* erkaufen, der durch amerikanische Flugzeuge versenkt wurde, die von Henderson Field aus starteten.

Dieser unentschiedenen Schlacht in den Gewässern der östlichen Salomonen folgte am 31. August ein Angriff des japanischen U-Boots *I 26* auf die *Saratoga.* Die von Korvettenkapitän Yokota geschossenen Torpedos setzten den wichtigen amerikanischen Träger für drei Monate außer Gefecht. Vierzehn Tage später, am 15. September, schoß *I 19* (Korvettenkapitän Narahara) einen Fächer von sechs Torpedos auf die einen Transportverband deckende amerikanische Kampfgruppe. Drei Torpedos versenkten die *Wasp,* die anderen verfehlten zwar die *Hornet,* be-

schädigten jedoch das Schlachtschiff *North Carolina* und den Zerstörer *O'Brien*, der später auch sank.
Dann kam es zum Seegefecht beim Kap Esperance. Zwei Transportschiffe Turners und acht Zerstörer, die Verstärkungen nach Guadalcanal brachten, wurden durch drei Kampfgruppen geschützt: Die erste, unter Konteradmiral G. D. Murray, formierte sich um den Träger *Hornet* und vier Kreuzer. Die zweite, unter Konteradmiral Willis Lee, umfaßte u. a. das neue Schlachtschiff *Washington* und zwei Kreuzer, während die dritte unter Konteradmiral Scott aus den Schweren Kreuzern *San Francisco* und *Salt Lake City* und den Leichten Kreuzern *Boise* und *Helena* sowie fünf Zerstörern bestand. Am Nachmittag des 11. Oktober meldete ein amerikanisches landgestütztes Suchflugzeug die japanischen Schweren Kreuzer *Aoba* (Flaggschiff von Admiral Goto), *Furutaka* und *Kinugasa* sowie zwei Zerstörer mit Kurs auf Guadalcanal. Diese Kampfgruppe deckte Konteradmiral Joshimas »Tokio-Expreß«, der sich aus zwei Seeflugzeugträgern und sechs Zerstörern zusammensetzte. Wieder einmal wollten die Japaner Versorgungsgüter und Verstärkungen nach der Insel durchbringen.
Scott ging mit der Fahrt herauf. Er hoffte die Japaner westlich der Savo-Insel abfangen zu können. Es gelang ihm auch eine völlige Überraschung des Gegners, als er kurz vor Mitternacht das Feuer auf *Aoba* auf nur 4400 m Gefechtsentfernung eröffnete. In dem folgenden heftigen Artillerieduell von nur etwas über einer halben Stunde Dauer fiel Admiral Goto. Die japanischen Schiffe hatten keine Gelegenheit, ihre gefürchteten Torpedos zu schießen. Der Kreuzer *Furutaka* und der Zerstörer *Fubuki* sanken, die *Aoba* wurde schwer beschädigt. Auf amerikanischer Seite sank nur der Zerstörer *Duncan* (durch amerikanisches Geschützfeuer). Der Kreuzer *Boise* und der Zerstörer *Farenholt* erlitten Beschädigungen. Daher ging Scott klar als Sieger aus diesem Treffen hervor. Er konnte jedoch Joshima an der Durchführung seines eigentlichen Unternehmens nicht hindern. Denn während der Nacht konnte dieser trotz des Verlustes von zwei Zerstörern, die durch amerikanische Luftangriffe versenkt wurden, die Verstärkungen dennoch landen. Andererseits hatte auch Gotos Reststreitmacht, da sie zum Rückzug gezwungen worden war, auch Turner nicht daran hindern können, seine Versorgungslandungen am 13. Oktober vorzunehmen.
Unmittelbar nach diesem Gefecht wurde Admiral Halsey als Nachfolger Ghormleys zum Oberbefehlshaber des Südwest-Pazifik-Bereichs ernannt. Admiral Thomas Kinkaid löste Admiral Fletcher als Kommandeur der amerikanischen Trägergruppe ab, die nun nur noch aus *Hornet* und der eilends reparierten *Enterprise* bestand.
Mitte Oktober gab Admiral Yamamoto den Befehl an einen Teil seiner Vereinigten Flotte zur Unterstützung eines größeren Landangriff auf Guadalcanal, der darauf abzielte, den Amerikanern nun endlich den lebenswichtigen Flugplatz Henderson Field zu nehmen. Dieser Angriff be-

gann am 22. Oktober. Als die Wegnahme dieses Flugplatzes aus den Händen der sich hartnäckig verteidigenden US Marines voreilig von japanischen Truppen gemeldet wurde, stießen die japanischen Schiffe nach Süden vor. Kondo führte die Vorhut mit den Schlachtkreuzern *Haruna* und *Kongo,* dem Träger *Junyo* und vier Schweren Kreuzern. Nagumo führte die Angriffskampfgruppe mit den Flugzeugträgern *Shokaku, Zuikaku* und *Zuiho* und dem Schweren Kreuzer *Kumano* und Konteradmiral Abe den aus den Schlachtkreuzern *Hiei* und *Kirishima* und drei Schweren Kreuzern bestehenden Angriffsverband. Diesen japanischen Streitkräften meldeten am 21., 23. und 24. Oktober japanische landgestützte Aufklärer wiederholt die amerikanische TF 64 unter Admiral Lee mit dem schnellen Schlachtschiff *Washington* und drei Schweren Kreuzern auf dem Weg nach Guadalcanal. Sie bildeten einen Teil jener Flotte, die Nimitz und Halsey zur Abwehr der japanischen Großaktion aus Noumea hatten auslaufen lassen. Die Japaner konnten aber weder Kinkaids TF 61 mit dem Träger *Enterprise* und dem neuen Schlachtschiff *South Dakota* und zwei Kreuzern noch Murrays TF 18 mit dem Träger *Hornet* und vier Kreuzern entdecken. Die amerikanische Kampfgruppe steuerte jetzt auf eine Position, wo sie mit der japanischen Vorhut zusammentreffen mußten, nachdem diese durch landgestützte amerikanische Flugzeuge am 23. Oktober gesichtet worden war. Dagegen sichtete erst am 26. Oktober ein Bordflugzeug des Kreuzers *Tone* die beiden amerikanischen Träger. Sofort starteten 138 Maschinen von allen vier japanischen Trägern gegen diesen amerikanischen Verband. Fast die Hälfte der Angreifer wurde von amerikanischen Jägern abgeschossen. Die übrigen erzielten jedoch mehrere Bombentreffer und drei schwere Schäden verursachende Torpedotreffer auf dem Träger *Hornet,* ferner drei Bombentreffer auf *Enterprise,* die jedoch keine wesentlichen Schäden anrichteten. Der Schwere Kreuzer *Portland* hatte Glück. Er überstand drei Torpedotreffer, die sich als Versager erwiesen und nicht detonierten.
In der Zwischenzeit hatten 16 Stukas der *Enterprise* auf einem bewaffneten Aufklärungsflug auch die Verbände Abes und Nagumos gesichtet. Sie brachten *Zuiho* zwei schwere Treffer bei, durch die das Flugdeck außer Gefecht gesetzt wurde, gerade als nach Empfang dieser Sichtmeldung die Träger *Enterprise* und *Hornet* eine Angriffswelle von 73 Flugzeugen gegen die japanische Flotte gestartet hatten. Diese erlitt nur geringe Verluste durch japanische Jäger und Flak, erzielte ihrerseits jedoch drei Bombentreffer auf *Shokaku,* die diesen Träger für fünf Monate außer Gefecht setzten, sowie fünf Treffer auf dem Schweren Kreuzer *Chikuma.* Als aber gegen Abend das Vorgehen Abes und Kondos gegen den angeschlagenen amerikanischen Träger bemeldet wurde, erhielt Captain Murray den Befehl von Kinkaid, den Versuch aufzugeben, den Träger *Hornet* durch den Kreuzer *Northampton* in Sicherheit schleppen zu lassen. Der angeschlagene Träger blieb liegen und wurde durch japanische Zerstörer versenkt (nachdem amerikanische Zerstörer dies versäumt hat-

ten). Kinkaid zog sich mit dem Rest seines angeschlagenen Verbandes nach Südosten zurück. Zum Glück für die Alliierten drängten aber weder Abe noch Kondo entschlossen nach, wodurch sie die einmalige Chance zur Versenkung der »Big E« *(Enterprise)* verpaßten.
Diese Aktion ging in die Seekriegsgeschichte als Schlacht bei Santa Cruz ein. Sie war zwar ein taktischer Sieg für Japan, konnte aber von den Japanern nicht ausgenutzt werden, weil die US Marines immer noch im Besitz von Henderson Field waren. Darüber hinaus hatten die Japaner mehr als 100 Flugzeuge verloren. Auch ihre Schiffe hatten beträchtliche Schäden erlitten. Nagumos große Träger besaßen jetzt nicht mehr die Kraft, die amerikanischen Verteidiger aus Henderson Field zu vertreiben. Da auf den japanischen Verbänden auch der Ölbestand zur Neige ging, mußten sie zum Bunkern nach Truk zurücklaufen.
Die nächste Schlacht trägt den Namen der Insel Guadalcanal selbst. Sie bedarf dem Thema dieses Buches entsprechend einer eingehenderen Darstellung, weil eine Phase dieses Geschehens von besonderem Interesse ist: Es war eines der letzten Seegefechte, die zwischen einigermaßen gleichstarken Schlachtschiffen mit ihrer schweren Artillerie ausgefochten wurden. Mitte November hatten beide Seiten neue Operationen zur Landung von Verstärkungen auf der Insel Guadalcanal eingeleitet. Yamamoto suchte immer noch die hartnäckigen US Marines endgültig von Henderson Field zu vertreiben, Halsey suchte dies mit allen Kräften zu verhindern.
Turners TG 67.1 mit dem Transporter *McCawley* (Flaggschiff) und drei weiteren Transportern mit 6000 Mann und dem Geleitschutz der Schweren Kreuzer *Pensacola* und *Portland* verließ Noumea am 8. November. 24 Stunden später folgte Scotts TG 62.4 mit drei Transportern und 1500 Mann geleitet durch Scotts Flaggschiff, den Leichten Kreuzer *Atlanta.* TG 67.4, geführt von Konteradmiral Daniel Callaghans Flaggschiff, dem Schweren Kreuzer *San Francisco,* mit dem Leichten Kreuzer *Helena* und dem Fla-Kreuzer *Juneau* ging zum Schutz beider Transportergruppen von Espiritu Santo aus vor. Diese Gruppen schlossen sich Turner in der Nacht des 11. November an, während Kinkaids deckende TF 16 aus Noumea auslief, geführt von seinem Flaggschiff *Enterprise* (dessen vorderer Flugzeugaufzug immer noch nicht einsatzfähig war, was seinen Flugbetrieb wesentlich beschränkte) und geleitet durch den Schweren Kreuzer *Northampton* und den Fla-Kreuzer *San Diego.* Unterstützung stand in der Nähe: Admiral Lees TF 64, welche aus dessen Flaggschiff, dem schnellen Schlachtschiff *South Dakota* und dem Schlachtschiff *Washington* bestand.
Vierundzwanzig Stunden nach dem Auslaufen Turners verließ Admiral Kondo Truk mit der japanischen Zweiten Flotte. Sie umfaßte u. a. die Schlachtkreuzer *Kongo* und *Haruna,* die Träger *Junyo* und *Hiyo,* die Schweren Kreuzer *Atago, Takao* und *Tone* und den Leichten Kreuzer *Sendai.* Aus einer Position nordöstlich der Salomonen sollte dieser Ver-

band Abes zwei Schlachtkreuzer *Hiei* (Flaggschiff) und *Kirishima,* den Leichten Kreuzer *Nagara* und 14 Zerstörer decken, die im Morgengrauen des 13. November Henderson Field beschießen sollten, ebenso Konteradmiral Nishimuras Schwere Kreuzer *Maya* und *Suzuya,* den Leichten Kreuzer *Tenryu* und vier Zerstörer, die in den frühen Morgenstunden diese Beschießung wiederholen sollten. Beide Gruppen wurden von Mikawa mit den Schweren Kreuzern *Chokai* und *Kinugasa* sowie dem Leichten Kreuzer *Isuzu* gedeckt. Die Beschießung durch Schiffsartillerie sollten Tanaka in die Lage versetzen, einen weiteren »Tokio-Expreß« durchzubringen, der diesmal aus elf Transportern mit einer ganzen Infantriedivision bestand und durch nicht weniger als elf Zerstörer geleitet wurde.

Die amerikanischen Transporter erschienen zuerst auf dem Schauplatz. In den frühen Morgenstunden des 11. November ankerte Scotts TG 62.4 vor Lunga Point und begann mit der Ausschiffung. Diese wurde unter Luftdeckung durch Flugzeuge von Henderson Field erfolgreich abgeschlossen. Nur ein Transportschiff wurde durch Angriffe von Flugzeugen des Trägers *Hiyo* beschädigt. Dann bombardierte das von Rabaul aus operierende japanische 11. Luftgeschwader Henderson Field, worauf sich TG 62.4 in Richtung Süden absetzte. Am nächsten Morgen kam Turners TG 67.1 an und begann mit der Ausschiffung. Callaghans TG 67.4 ankerte vor Lunga Point. Auch diese Schiffsansammlungen erhielt erfolgreiche Luftdeckung von Henderson Field, da *Enterprise* noch nicht in Jägerreichweite herangekommen war. Ein japanischer Luftangriff am Nachmittag beschädigte lediglich den Kreuzer *San Francisco* und den Zerstörer *Buchanan.*

Dann meldete die amerikanische Luftaufklärung die herankommenden starken japanischen Verbände. In der richtigen Annahme, daß diese für die amerikanischen Schiffe nichts Gutes im Schilde führten, brach Turner die Landeoperationen ab und zog sich nach Südosten zurück. Callaghan faßte den mutigen Entschluß, die zahlenmäßig stärkeren Streitkräfte Abes anzugreifen. Lees Schlachtschiffe standen noch zu weit entfernt, um eingreifen zu können. Er mußte jetzt wirklich Äußerstes leisten, wenn der japanische Plan mit den wenigen ihm zur Verfügung stehenden Schiffen vereitelt werden sollte.

Callaghan nahm Kurs auf die Straße südlich von Savo und formierte seine Kampfgruppe in einer langen Kiellinie. Vier Zerstörer liefen vor den fünf Kreuzern, denen weitere vier Zerstörer folgten. (Die Reihenfolge der Kiellinie liegt Tabelle 43 zugrunde). Es wurde später vorgebracht, diese taktische Formation sei insbesondere bei Operationen in so eng beschränkten Fahrwassern schlecht zu handhaben. Ferner habe er auch die Hälfte seiner Zerstörer in einer Position angesetzt, von der sie nur höchst unwahrscheinlich ihre Torpedowaffe einsetzen konnten. Dagegen hatte Abe keine Schwierigkeiten, seine Streitkräfte durch die enge Straße zu bringen, da er die überlegene Formation gewählt hatte: Zwei Schlacht-

Tabelle 43: Einheiten in der Schlacht von Guadalcanal am 12.–13. November 1942

Schiff	Typ	Wasserverdrängung (Tons)	Geschwindigkeit (Knoten)	Geschütze (cm)	Torpedorohre (cm)	Bemerkungen
Cushing	Zerstörer	1465	36	5 × 12,7	12 × 53,3	Versenkt
Laffey	Zerstörer	1620	37	4 × 12,7	5 × 53,3	Versenkt
Sterret	Zerstörer	1500	36	4 × 12,7	16 × 53,3	Beschädigt
O'Bannon	Zerstörer	2050	37	5 × 12,7	10 × 53,3	
Atlanta	L. Kreuzer	6000	32	16 × 12,7	8 × 53,3	Versenkt
San Francisco	S. Kreuzer	9950	33	9 × 20,3		Beschädigt
Portland	S. Kreuzer	9800	33	9 × 20,3		Außer Gefecht
Helena	L. Kreuzer	10000	34	15 × 15,2		
Juneau	L. Kreuzer	6000	32	16 × 12,7	8 × 53,3	Gesunken
Aaron Ward	Zerstörer	1630	37	4 × 12,7	5 × 53,3	Außer Gefecht
Barton	Zerstörer	1630	37	4 × 12,7	5 × 53,3	Versenkt
Monssen	Zerstörer	1630	37	5 × 12,7	10 × 53,3	Versenkt
Fletcher	Zerstörer	2050	37	5 × 12,7	10 × 53,3	
Nagara	L. Kreuzer	5170	36	7 × 14	8 × 60,9	
Amatsukaze	Zerstörer	2033	35	6 × 12,7	8 × 60,9	
Asagumo	Zerstörer	1961	35	6 × 12,7	8 × 60,9	
Akatsuki	Zerstörer	2090	38	6 × 12,7	9 × 60,9	Versenkt
Harusame	Zerstörer	1580	34	5 × 12,7	8 × 60,9	
Ikazuchi	Zerstörer	2090	38	6 × 12,7	9 × 60,9	
Inazuma	Zerstörer	2090	38	6 × 12,7	9 × 60,9	
Murasame	Zerstörer	1580	34	5 × 12,7	8 × 60,9	
Samidare	Zerstörer	1580	34	5 × 12,7	8 × 60,9	
Teruzuki	Zerstörer	2701	33	8 × 10,5	4 × 60,9	
Yudachi	Zerstörer	1580	34	5 × 12,7	8 × 60,9	Versenkt
Yukikaze	Zerstörer	2033	35	6 × 12,7	8 × 60,9	
Hiei	Schlachtkr.	31720	30	8 × 35,6 14 × 15,2	–	Später gesunken
Kirishima	Schlachtkr.	31980	30	8 × 35,6 14 × 15,2	–	

kreuzer liefen in Kiellinie, wobei *Nagara* und zwölf Zerstörer eine klassische U-Bootsicherung fuhren, so daß sie alle ihre gesamte Torpedowaffe einsetzen konnten. Die Wahl der Formation war nicht die einzige Fehldisposition Callaghans. Er versäumte es auch, seinen Kommandanten seine Lageeinschätzung oder einen Kampfplan durch Signal mitzuteilen. Sie blieben in dieser wolkenverhangenen, dunklen tropischen Nacht im Ungewissen. Den alliierten Schiffen fehlte also ein Gefechtsplan für den Fall des Zusammenstoßes mit dem Gegner.

Als der amerikanische Leichte Kreuzer *Helena* um 01.24 Uhr die erste Radarfühlung mit dem sich schnell annähernden Gegner auf eine Entfernung von 15 Seemeilen erhielt, befanden sich die japanischen Streitkräfte bereits im Ironbottom-Sund östlich von Savo. Um 01.30 Uhr meldete Scotts Flaggschiff die Annäherung einer Feindgruppe auf Gegenkurs.

Die Gegner stürmten mit einer kombinierten Geschwindigkeit von 40 Knoten aufeinander zu. Noch jetzt hätte Callaghan seinen Verband nach Steuerbord herumreißen können, um den taktischen Vorteil des »Crossing the T« zu erreichen. Stattdessen hielt er seinen bisherigen Kurs bei, bis um 01.41 Uhr der Spitzenzerstörer *Cushing* die dunklen Schatten der japanischen Zerstörer *Yudachi* und *Murasame* nur 1400 m voraus sichtete, deren Kurs jetzt den der Amerikaner kreuzte. Um eine Kollision zu vermeiden, warf Lieutenant-Commander Parker sein Ruder hart nach Steuerbord. Diese Wendung versetzte den Rest der amerikanischen Kiellinie in so starke Verwirrung, daß aus Angst, eigene Schiffe zu treffen, kein amerikanisches Schiff zu feuern wagte. Die japanischen Geschützbedienungen erhielten damit einen Vorteil, den Crutchley in der Schlacht von Savo nicht hatte: Obwohl sie überrascht wurden, hatten sie neun kostbare Minuten Zeit, alle Geschütze zu bemannen und die Bereitschaftsmunition, Granaten für die Küstenbeschießung, gegen die zur Bekämpfung gepanzerter Kriegsschiffe erforderlichen Panzersprenggranaten auszutauschen. Auch half es Callaghan nicht, daß die wohlgemeinten Sichtmeldungen seiner Streitkräfte wegen der Untugend der amerikanischen Marine, nämlich undisziplinierter und überreichlicher Gebrauch des Funksprechverkehrs, die Lage eher verwirrten als klären halfen. Erst um 01.50 Uhr eröffnete das erste amerikanische Schiff, der Leichte Kreuzer *Atlanta* (Captain S. P. Jenkins) das Feuer auf den Scheinwerfer eines japanischen Zerstörers, nur um sofort mit einem Feuerhagel von 35,6-cm-Granaten der beiden japanischen Schlachtkreuzer überschüttet zu werden. Admiral Scott fiel, die *Atlanta* war ein manövrierunfähiges Wrack, das später sank.

Danach löste sich das Gefecht in eine unübersichtliche Melée von Einzelkämpfen auf, das der offizielle Geschichtsschreiber der amerikanischen Marine so beschrieb:

> Es war ein höllisches Spektakel. Das grünliche Licht des aufblitzenden Mündungsfeuers und der Leuchtgranaten überstrahlte die Sterne. Rote und weiße Leuchtspurmunition zeichnete wilde und verwirrende Muster in die dunkle Nacht. Magazine explodierten in blendenden Bouquets weißer Flammen, ölgefütterte Brände ließen zerfetzte Fontänen gelber Flammen und schwarzen Qualms emporsteigen. Ringsum am Horizont lagen brennende Wracks aufgegebener Schiffe, glühten dort dumpfrot, loderten an anderen Stellen wieder mit blitzenden, explosionsartigen Stichflammen auf, wenn sich die Brände zu Brennstoff und Munitionskammern durchgefressen hatten. Die zahllosen Wasserfontänen der Fehlschüsse stiegen geisterhaft aus der See empor, die jetzt mit Bunkeröl und Wrackteilen bedeckt war.[3]

All dies war begleitet von dem Forte fortissimo der Kakophonie von Krachen, Heulen und ohrenbetäubenden Detonationen und den fast ununterbrochen aufgeregt schreienden Stimmen in den Sprechfunkgeräten auf den Brücken der amerikanischen Schiffe.

Während der überraschte und nicht auf Widerstand vorbereitete Abe seinen Verband nach Backbord herumriß, um sich um die Savo-Insel herum zurückzuziehen, führte Callaghan die verbleibenden Kreuzer zwischen den beiden japanischen Schlachtkreuzern hindurch, während seine vorauslaufenden Zerstörer Ziele für ihre Torpedowaffe suchten. Hierbei versenkte der japanische Schlachtkreuzer *Hiei* die *Cushing* und beschädigte die *Laffey*, nachdem die letztere jedoch den Kommandanten dieses japanischen Schlachtkreuzers mit Maschinengewehrfeuer tödlich verletzt hatte. *Laffey* wurde durch den Torpedo eines japanischen Zerstörers versenkt. Der Zerstörer *Sterret* dagegen konnte den japanischen Zerstörer *Yudachi* versenken, bevor er selbst außer Gefecht gesetzt wurde. Unter dem jetzt konzentrierten Feuer mehrerer amerikanischer Kreuzer aber, gegen das seine nur 203 mm starke Panzerung nur wenig Schutz bot, wurde auch der Schlachtkreuzer *Hiei* schnell zum brennenden und lahmenden Wrack.

Der Schlachtkreuzer *Kirishima* hatte mehr Glück. Davon informiert, daß sein Flaggschiff *San Francisco* (Captain C. Young) die außer Gefecht gesetzte *Atlanta* beschoß, ließ sich Callaghan hinreißen, allen seinen Einheiten vorübergehend die Feuereinstellung zu befehlen. Jetzt konnte *Kirishima* die *San Francisco* mit einem Granathagel überschütten. Die japanischen 35,6-cm-Granaten schlugen ihm schwere Wunden. Der Admi-

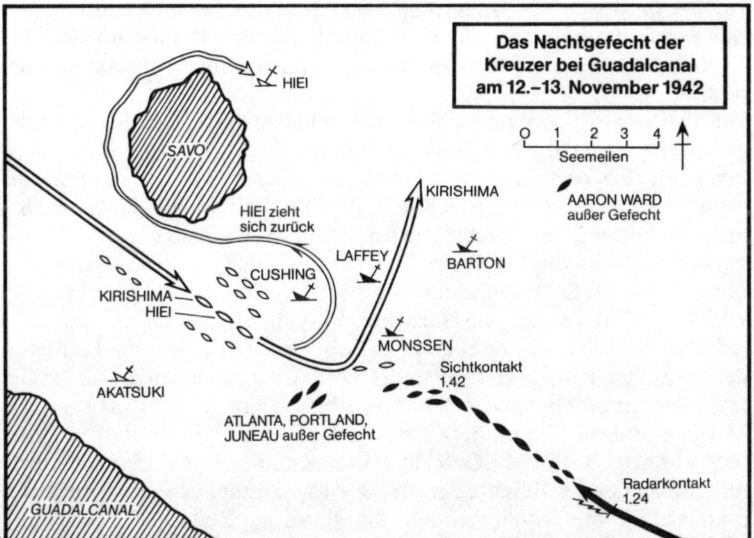

ral und der Kommandant fielen. Auch *Portland* (Captain L. DuBose) wurde getroffen: Ein Torpedotreffer zwang den Kreuzer, aus der Kiellinie auszuscheren. Der Flakkreuzer *Juneau* (Captain Swenson) wurde durch einen japanischen Torpedo manövrierunfähig geschossen. Der vordere Maschinenraum war aufgerissen, so daß der Kreuzer am nächsten Tag sank. Der amerikanische Zerstörer *Barton* wurde durch zwei »Long Lance«-Torpedos versenkt, der Zerstörer *Monssen* durch 37 Granaten in einen brennenden Trümmerhaufen verwandelt, so daß er kurz darauf in die Luft flog. Da auch der Zerstörer *Aaron Ward,* durch Geschützfeuer schwer beschädigt worden war, verblieben lediglich die Geschütze des Kreuzers *Helena,* um den Rückzug des Gegners zu erzwingen.
Um 02.26 Uhr befahl Captain H. G. Hoover, der sich jetzt plötzlich als rangältester amerikanischer Offizier zum örtlichen Seebefehlshaber avanciert sah, allen amerikanischen Schiffen den Rückzug. Aber nur *San Francisco, Juneau* und drei Zerstörer konnten seinem Befehl folgen. Während der Ausführung dieses Manövers wurde der Kreuzer *Juneau* durch das japanische U-Boot *I 26* (Korvettenkapitän Yokota) auf den Meeresboden geschickt. Der Kreuzer *Atlanta* erwies sich als so schwer beschädigt, daß er von seiner eigenen Besatzung versenkt werden mußte.
Aber die amerikanische Seite sollte noch zu einer Vergeltung für ihre Verluste kommen: Eine kleine von Lieutenant J. F. Sutherland geführte Angriffsgruppe von Maschinen des Trägers *Enterprise* fand die angeschlagene *Hiei,* als sie nördlich Savos lahmend zu entkommen suchte. Vier Torpedos ließen das Schiff bewegungsunfähig liegen bleiben. Und um 18.00 Uhr wurde der japanische Schlachtkreuzer erneut von in Espiritu Santo stationierten schweren amerikanischen Bombern getroffen, so daß er von der eigenen Besatzung verlassen und versenkt werden mußte.
Die Verluste in dieser ersten Phase der Schlacht von Guadalcanal betrugen zwei Kreuzer und vier Zerstörer auf amerikanischer Seite, dagegen einen Schlachtkreuzer und zwei Zerstörer auf japanischer; sie können als etwa gleich groß angesehen werden. Zweifel darüber, wer Sieger geblieben war, bestehen aber nicht: Die Entscheidung Callaghans, die Offensive gegen eine überlegene Streitmacht zu ergreifen, hatte zwar sein eigenes Leben[4] und das Scotts gekostet und die Operation war auch nicht so geschickt geführt worden, wie Harwoods Vorgehen beim Gefecht gegen die *Admiral Graf Spee* vor dem La Plata. Aber so wie damals die Laufbahn des deutschen Panzerschiffs beendet worden war, so beendete dieses Gefecht das Unternehmen des Admirals Abe mit einem Fehlschlag.
Mikawa und Nishimura ließen sich jedoch durch die Niederlage Abes (der übrigens nach dem Gefecht seines Kommandos enthoben wurde und nie wieder den Befehl über eine Streitmacht zur See erhielt) nicht entmutigen. Sie versuchten vielmehr ihr Bestes zur Rettung der Situation. Nishimura führte die Schweren Kreuzer *Maya* und *Suzuya* an der Savo-

Insel vorbei, um am nächsten Morgen, dem 14. November, Henderson Field von Lunga Point aus zu beschießen. Mikawa stand in der Zwischenzeit mit den Schweren Kreuzern *Chokai* und *Kinugasa* als Deckung im Westen. Keiner der beiden japanischen Verbände stieß auf Widerstand, weil zu diesem Zeitpunkt die amerikanischen Seestreitkräfte nicht mehr in diesem Seegebiet standen. Halsey hatte zwar Kinkaid befohlen, TF 64 während des voraufgegangenen Nachmittags dorthin zu detachieren, dieser operierte jedoch derzeit 350 Seemeilen südlich von Guadalcanal, zu weit also, um sofort eingreifen zu können, so daß Lees zwei Schlachtschiffe den Schauplatz erst erreichten, als Nishimura seine Beschießung beendet und sich zusammen mit Mikawa in nordwestlicher Richtung abgesetzt hatte.

Die halbstündige Beschießung durch zwei Schwere Kreuzer konnte natürlich nicht im Entferntesten so viel Schaden anrichten, wie er von Abes 16 schweren 35,6-cm-Geschützen verursacht worden wäre. Es wurden zwar achtzehn Flugzeuge zerstört und nicht weniger als 32 beschädigt; Henderson Field blieb jedoch weiterhin einsatzfähig. Kurz nach dem Morgengrauen konnten von dort amerikanische Flugzeuge wieder starten. Sie erfaßten um 07.00 Uhr die ablaufenden japanischen Streitkräfte. Eine Stunde später griffen 13 amerikanische Torpedobomber an und setzten die *Kinugasa* in Brand, während sie den Leichten Kreuzer *Isuzu* beschädigten. Jetzt aber stand der amerikanische Träger *Enterprise* nur noch 200 Seemeilen südlich und ließ eine Angriffswelle von 17 Torpedoflugzeugen starten. Ihr geschickter Angriff schickte die *Kinugasa* auf den Grund des Meeres und beschädigte sowohl *Chokai* wie auch *Maya*.

In der Zwischenzeit hatten amerikanische Aufklärer ein wichtiges Ziel entdeckt: Tanakas Transportschiffe, die schwer beladen durch den »Slot« eilten, um jene Infantriedivision zu landen, welche jetzt Henderson Field einnehmen sollte, nachdem die Verteidigung durch die Beschießung durch Nishimura niedergekämpft zu sein schien. Die japanischen Befehlshaber handelten auch unter der irrigen Annahme, der US-Träger *Enterprise*, läge immer noch jenseits des Geschehens zur Reparatur in Noumea. Der Jägerschutz der Träger *Hiyo* und *Junyo* konnte diesen Konvoi nicht gegen die amerikanischen Angriffe, zunächst durch Torpedobomber und Stukas von Henderson Field, dann durch Maschinen der *Enterprise* und schließlich durch schwere Bomber aus Espiritu Santo schützen. Bis zum Einbruch der Nacht verlor Tanaka alle bis auf vier seiner Transporter. Die große Masse der Truppen konnte allerdings von den Geleitzerstörern übernommen werden. Auf amerikanischer Seite waren nur fünf Flugzeuge verloren gegangen. Mit den übrigen Schiffen hielt der japanische Admiral entschlossen auf sein Ziel zu, da er sich von der Dunkelheit nunmehr Schutz gegen Luftangriffe versprach. Würde er immer noch in der Lage sein, seine noch fast vollzählige Division während der kommenden Nacht landen zu können und den lebenswichtigen

Flugplatz Henderson Field in seine Hände zu bringen, um so den Feldzug von Guadalcanal für Japan zu entscheiden?
Kondo war dazu fest entschlossen. Seit 10.00 Uhr hatte er einen starken Beschießungsverband von Norden her herangebracht. Das Flaggschiff *Atago* lief vor *Takao* und dem Schlachtkreuzer *Kirishima* abgeschirmt durch die Leichten Kreuzer *Nagara* (Flaggschiff des Konteradmirals Hashimoto), *Sendai* (Flaggschiff des Konteradmirals Kimura) und acht Zerstörer. Aber diese Streitkräfte wurden während des Nachmittags vom amerikanischen U-Boot *Trout* gemeldet, nachdem dieses einen allerdings erfolglosen Torpedoangriff ausgeführt hatte. Diese Meldung bewog Lee, der jetzt nur noch etwa 100 Seemeilen südlich von Guadalcanal stand, mit seinen durch vier Zerstörer gedeckten beiden neuen Schlachtschiffen mit Höchstgeschwindigkeit auf das westliche Ende der Insel zuzueilen, von der gleich starken Entschlossenheit beseelt, den gefährlichen Gegner abzuwehren.
Admiral Lee hatte den Vorteil, daß er jetzt zwei der neuesten, schwergepanzerten und schnellen Schlachtschiffe der US Navy in den Kampf führen konnte, die zudem mit Radargeräten ausgerüstet waren. Gegen sie standen auf japanischer Seite nur ein leichter gepanzerter Schlachtkreuzer und zwei Schwere Kreuzer, die alle ohne Radargeräte kämpfen muß-

Tabelle 44: Die Einheiten in der Schlacht von Gudalcanal am 14.–15. November 1942

Schiff	Typ	Wasserverdrängung (Tons)	Geschwindigkeit (Knoten)	Geschütze (cm)	Torpedorohre (cm)	Bemerkungen
Walke	Zerstörer	1570	38	5 × 12,7	8 × 53,3	Versenkt
Benham	Zerstörer	1500	36	4 × 12,7	16 × 53,3	Versenkt
Preston	Zerstörer	1480	36	5 × 12,7	12 × 53,3	Versenkt
Gwin	Zerstörer	1630	37	4 × 12,7	5 × 53,3	–
Washington	Schlachtschiff	35000	28	9 × 40,6 20 × 12,7	–	–
South Dakota	Schlachtschiff	35000	28	9 × 40,6 20 × 12,7	–	–
Sendai	L. Kreuzer	5195	35	7 × 14	8 × 60,9	
Ayanami	Zerstörer	2090	34	6 × 12,7	9 × 60,9	Versenkt
Uranami	Zerstörer	2090	34	6 × 12,7	9 × 60,9	
Shikinami	Zerstörer	2090	34	6 × 12,7	9 × 60,9	
Nagara	L. Kreuzer	5170	36	7 × 14	8 × 60,9	
Terusuki	Zerstörer	2701	33	8 × 10,5	4 × 60,9	
Hatsutsuki	Zerstörer	2701	33	8 × 10,5	4 × 60,9	
Shirayuki	Zerstörer	2090	34	6 × 12,7	9 × 60,9	
Asagumo	Zerstörer	1961	35	6 × 12,7	8 × 60,9	
Samidare	Zerstörer	1580	34	5 × 12,7	8 × 60,9	
Atago	S. Kreuzer	13160	34	10 × 20,3	16 × 60,9	
Takao	S. Kreuzer	13160	34	10 × 20,3	16 × 60,9	
Kirishima	Schlachtkreuzer	31980	30	8 × 35,6 14 × 15,2	–	Versenkt

ten. Die Japaner hatten die größere Zerstörerstreitmacht, die außerdem mit den gefährlichen »Long Lance«-Torpedos ausgestattet war. Das Schlachtschiff *Washington* war seit einiger Zeit in Dienst (sie hatte vorher bei der britischen Home Fleet in Europa gestanden) und konnte als einsatzbereit angesehen werden. Auf *South Dakota,* dem neuesten Zugang der amerikanischen Flotte, war die Besatzung jedoch noch nicht voll eingefahren. Die vier amerikanischen Begleitzerstörer kamen alle von verschiedenen Zerstörerdivisionen und hatten zuvor noch nie zusammen operiert. Das war teilweise auf den Mangel der US Navy an Zerstörern, aber auch auf die fehlende Einsicht dafür zurückzuführen, wie wichtig es ist, daß Kriegsschiffe voll ausgebildet und wenn möglich auch an gemeinsames Operieren gewöhnt sein müssen, wenn sie Erfolg haben sollen. Es bedurfte der überzeugungsstarken Argumente eines Zerstörergeschwaderkommandeurs vom Kaliber des »31-Knoten-Burke« (Admiral Arleigh Burke), diese Schwächen ins Gegenteil zu verkehren. Entsprechende Abhilfemaßnahmen hatten dann auch die Wirkung, daß z. B. in der Schlacht in der Kaiserin-Augusta-Bucht am 2. November 1943 die Dinge ganz anders liefen. Auch die britische Marine mußte die Einsicht in diese Notwendigkeiten bei ihren Geleitstreitkräften und U-Boot-Bekämpfungs-Support-Groups erst durch bittere Erfahrungen gewinnen.
Admiral Lee näherte sich der Insel Savo in Kiellinie. Die Zerstörer liefen vor den Schlachtschiffen in der in Tabelle 44 angegebenen Reihenfolge. Dies war für schwierige Manöver die günstigste Formation. Gleichzeitig setzte sie die Gefahr der Verwirrung und Verwechslung von Freund und Feind herab. Lee passierte westlich der Savo-Insel ohne etwas zu sichten, und hielt bis kurz vor 22.00 Uhr den Kurs weiter nach Osten in den Ironbottom-Sund bei. Er wollte sich vergewissern, ob die Japaner nicht etwa bereits vor Lunga Point angekommen waren. Natürlich konnte er nicht ahnen, daß Konteradmiral Hashimoto mit *Sendai* und drei Zerstörern einen vorgeschobenen Schirm vor Kondos großen Schiffen bildete und ihm in nur sieben Seemeilen Abstand noch *Nagara* und sechs Zerstörer als Nahschutz Kondos folgten. Wegen Verwechslungen von Land- und Schiffsechos konnten Lees Besatzungen auch auf ihren Radargeräten diese feindlichen Streitkräfte nicht rechtzeitig einwandfrei erkennen.
Das erste Schiff, das einen Gegner sichtete, war der japanische Leichte Kreuzer *Sendai.* Er erkannte Lees Verband, der durch den untergehenden Mond schwach beleuchtet wurde. Er warnte Kondo vor der unmittelbar bevorstehenden Gefechtsberührung. Hashimoto detachierte die Zerstörer *Ayanami* und *Uranami* zur Umrundung der Insel Savo, während *Sendai* und ein Zerstörer den Amerikanern achteraus folgten. Kondo reagierte dadurch, daß er *Nagara* und vier Zerstörern befahl, sich *Ayanami* und *Uranami* anzuschließen. Seine drei großen Schiffe und ein Zerstörer behielten ihren Kurs weiter bei. Die japanischen Admirale waren so stark von der Überlegenheit ihrer Schiffe im Nachtkampf überzeugt, daß sie ihre Streitkräfte absichtlich in drei getrennte Gruppen auf-

splitterten, eine Taktik, die ihnen den Sieg vielleicht hätte bringen können, wenn die amerikanische Seite nicht mit neuen Radargeräten ausgestattet gewesen wäre, von deren Leistung und Wirkung die Japaner noch nichts ahnten: Sie machten die Nacht zum Tage.
Als Admiral Lee bis 22.52 Uhr vor Lunga Point keine Feindeinheiten festgestellt hatte, ging er auf Kurs West zurück und lief durch die Straße südlich der Insel Savo, um den schwer faßbaren Gegner doch zu stellen. Diese Wendung war kaum ausgeführt, als die Radargeräte des Schlachtschiffes *Washington* einen Feindkontakt neun Seemeilen im Nordnordwesten auffaßten. Wenige Minuten später wurden die beschattende *Sendai* und ihr Begleitzerstörer auf eine Entfernung von 12 800 m gesichtet. Auf beiden amerikanischen Schlachtschiffen, der *Washington* (Captain G. B. Davis) und der *South Dakota* (Captain T. L. Gatch)

> schwenkten die 40,6-cm-Drillingstürme geräuschlos auf die erfaßten Ziele. In den Geschütztürmen arbeitete die massive Maschinerie leichtgängig und brachte die schweren Granaten und ihre Treibladungen vor die Verschlüsse. Schnell wurde geladen. Die Verschlüsse schlossen sich. Die langen, matt glänzenden Geschützrohre hoben sich, hielten an und drehten sich durch die Feuerleitgeräte genau gesteuert auf die Zielstellung. Die »Geschütz-Feuerbereit«-Lampen leuchteten auf. Um 23.16 Uhr gab Lee den Befehl: »Feuer eröffnen, sobald fertig.« Mit blendenden Blitzen und ohrenzerreißendem Donner eröffneten die schweren amerikanischen Geschütze das Feuer.[5]

Nagara und der Begleitzerstörer legten sofort eine künstliche Qualmwolke und gingen auf Gegenkurs, drehten aber sofort wieder auf die Ostseite von Savo zurück, als die schweren Schiffe Lees wieder ihr Ziel verloren.Um 23.22 Uhr sichtete der amerikanische Zerstörer *Walke* an der Spitze der Gefechtslinie Lees die japanischen Zerstörer *Ayanami* und *Uranami,* die nach Umrundung der Insel Savo von der anderen Seite in den Ironbottom-Sund einliefen. Sofort erhob sich ein hartes Artillerieduell zwischen den drei führenden amerikanischen und den zwei japanischen Zerstörern. Gleichzeitig beschoß der Zerstörer *Gwin* den Kreuzer *Nagara,* der mit vier Zerstörern der *Uranami* folgte. *Gwin* wurde dabei durch die unter Radarleitung schießende Mittelartillerie der *Washington* unterstützt. Auf dem Schlachtschiff *South Dakota* ereignete sich jetzt aber ein unangenehmer Stromausfall, der die Radargeräte unbrauchbar machte, so daß dieses wichtige Schiff kein Ziel mehr auffassen konnte. Es gibt keinen Zweifel, wer Sieger in dieser verwirrenden Acht-Minuten-Begegnung war. Das japanische Artilleriefeuer ließ die *Walke* lahmen, beschädigte *Gwin* schwer und versenkte die *Preston.* Auf japanischer Seite wurde nur die *Ayanami* beschädigt. Und Minuten später forderten die japanischen »Long Lance«-Torpedos ihren Blutzoll: Der Zerstörer *Walke* sank, der Bug der *Benham* wurde durch eine Torpedoexplosion abgerissen.

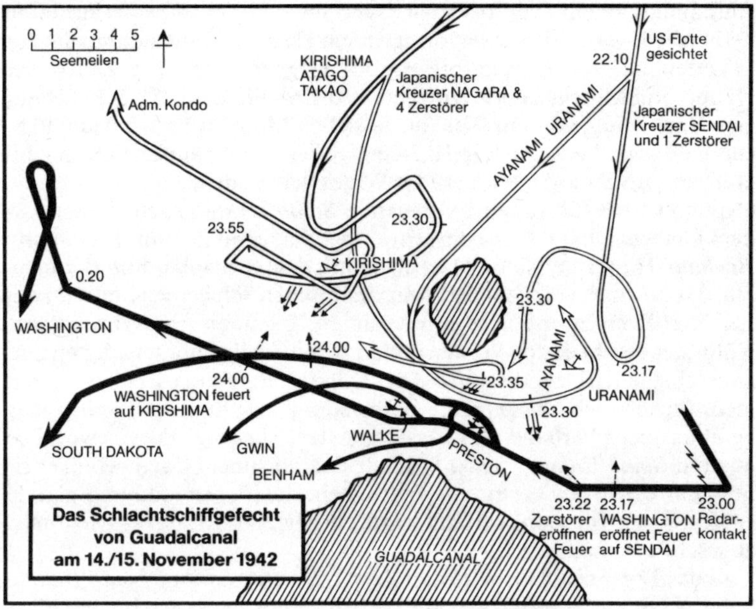

Kondos drei schwere Einheiten waren bisher im Westen von Savo unbeeinträchtigt geblieben. Er beabsichtigte weiter bis nach Lunga Point auszuholen, sobald seine Leichten Kreuzer und Zerstörer ihm die Gegner aus dem Weg geräumt hatten. Erst um 23.55 Uhr konnte der japanische Admiral erkennen, daß auf amerikanischer Seite auch Schlachtschiffe standen. Mit der tollkühnen Entschlossenheit dessen, der blind auf die eigene Stärke vertraut, lief er sofort auf diesen kampfstarken Gegner zu. Durch den Radarausfall blind geworden war die *South Dakota* aus Lees Kiellinie geraten und hatte die Fühlung mit dem restlichen amerikanischen Verband verloren. Nur dieses amerikanische Schlachtschiff lief Hashimotos Einheiten in die Hände, als diese sich nach Westen zurückzogen. Es wäre sicherlich von einigen der mindestens 34 Torpedos versenkt worden, die jetzt auf das Schiff abgeschossen wurden, wenn nicht wie durch ein Wunder all die vielen japanischen Torpedos vorbeigegangen wären. Minuten später wurde das amerikanische Schlachtschiff durch japanische Scheinwerfer taghell beleuchtet. Die 35,6-cm-Granaten der *Kirishima* und die 20,3-cm-Granaten der *Atago* und *Takao* schlugen verheerend auf dem amerikanischen Schlachtschiff ein. Da es sich nur dadurch wehren konnte, daß es seine 40,6-cm-Geschütze auf die gegnerischen Scheinwerfer richtete, hätte die unglückliche *South Dakota* sicherlich sehr viel schwerere Schäden erlitten, als sie die 42 Treffer in ihren

Aufbauten ohnehin verursachten, wenn nicht die *Washington* zur Hilfe herbeigeeilt wäre. Unter hervorragendem Einsatz ihrer Radargeräte zur Feuerleitung, zur Kursverfolgung des Gegners und zum Zielen der Haupt- und Mittelartillerie eröffnete jetzt Lees Flaggschiff das Feuer auf eine Entfernung von nur 7700 m. In sieben Minuten hatten neun 40,6-cm-Treffer und etwa vierzig 12,7-cm-Treffer den japanischen Schlachtkreuzer *Kirishima* in ein loderndes Wrack verwandelt.

Captain Gatch führte seine brennende *South Dakota* nach Westen aus dem Gefecht. Ihm folgten die schwer beschädigten Zerstörer *Gwin* und *Benham*. Hinter sich ließ er Lee allein mit dem Schlachtschiff *Washington*, das die noch verbliebenen zwei japanischen Schweren Kreuzer, zwei Leichten Kreuzer und acht unbeschädigte Zerstörer abzuwehren hatte. Kühn steuerte Lee nach Westen mitten zwischen die unbeschädigten und angeschlagenen Gegnerschiffe. Aber Kondo hatte genug. Er hielt es nicht mehr für möglich, die geplante Beschießung ausführen zu können und befahl seinem Verband den beschleunigten Rückzug. Dies bewog Lee nun mit *South Dakota* wieder Fühlung aufzunehmen. Dazu befahl er eine scharfe Kursänderung. Sie rettete sein Schiff, das dadurch gerade eben von den Torpedos verfehlt wurde, die zwei von Tanakas Zerstörern abgeschossen hatten.

Und das Ergebnis? Lee hatte drei Zerstörer verloren. Auf *South Dakota* hatte es Hunderte von Toten und Verwundeten gegeben, ein Geschützturm war außer Gefecht. Das Schiff mußte zu Reparaturen dieser Gefechtsschäden in die USA zurückgesandt werden und mehrere Monate vom Kriegsgeschehen fernbleiben. Aber Kondo hatte einen Schlachtkreuzer verloren, denn *Kirishima* mußte versenkt werden. Damit hatte Japan innerhalb von 48 Stunden zwei Schlachtkreuzer verloren, übrigens als erste Großkampfschiffe in diesem Krieg. Ferner war ein japanischer Zerstörer gesunken.

Bedeutsamer aber war es, daß diese Verluste und Schäden Kondo bewogen hatten, den Verstoß zur Beschießung aufzugeben. Dadurch wurden Tanakas vier verbleibende Transporter einem blutigen Schicksal überlassen. Sie kamen in der Morgendämmerung vor Tassafaronga an, wo sie schnell auf Strand gesetzt wurden um das Entladen zu beschleunigen. Jetzt waren sie jedoch unaufhörlichen Angriffen amerikanischer Flugzeuge von Henderson Field ausgesetzt. Alle gerieten in Brand und wurden zerstört. Sie hatten die japanischen Truppen auf Guadalcanal nur um 2000 Mann verstärken können, anstelle der geplanten 11 000 Mann. Auch hatten nur geringe Mengen an Lebensmitteln und Munition an Land gebracht werden können. Insgesamt also war das japanische Hauptanliegen, nämlich die Landung massiver Verstärkungen und wesentlicher Mengen von Versorgungsgütern auf der Insel katastrophal fehlgeschlagen. Die Vereinigten Staaten hatten dies dem Mut und der Initiative der Admirale Callaghan, Scott und Lee und den Besatzungen der beteiligten Schlachtschiffe, Kreuzer und Zerstörer und dem unerschrokkenen Geschick einer Handvoll amerikanischer Flugbesatzungen des US Marine Corps auf dem Flugplatz Henderson Field zu verdanken, die den Feind immer wieder angegriffen und geschlagen hatten. Insgesamt gesehen waren also diese Seeschlachten um Guadalcanal ein entscheidender amerikanischer Sieg, der auch das Schicksal der japanischen Truppen auf der Insel besiegelte.

Das Gesamtunternehmen zur Besetzung Guadalcanals dauerte jedoch noch zwei Monate. In dieser Zeit erfolgten noch zwei weitere Seegefechte. Nach der eben beschriebenen Schlacht hatte der pragmatische Yamamoto Guadalcanal einfach aufgeben wollen, Premierminister Hideki Tojo, der seine Hauptzielrichtung im Südpazifik von Neuguinea auf die Salomonen verlegt hatte, untersagte dies jedoch energisch. Dennoch unternahm Japan keine weiteren größeren Versuche, massive Verstärkungen nach Guadalcanal zu bringen. Es beschied sich mit dem nächtlichen »Tokio-Expreß«, der so häufig nach Guadalcanal geschickt wurde, als zur Versorgung der bereits auf der Insel befindliche Streitkräfte erforderlich war.

Diese nächtlichen Versorgungsunternehmen zu unterbinden befahl jetzt Halsey dem Admiral Kinkaid. Dieser organisierte einen Sonderverband mit Stützpunkt in Espiritu Santo und bildete ihn besonders für den Nachtkampf aus. Die Kampfgruppe bestand aus den Schweren Kreuzern *Minneapolis, Pensacola, New Orleans* und *Northampton,* dem Leichten Kreuzer *Honolulu* und mehreren Zerstörern. Kinkaid hatte nur wenig Zeit dazu, denn Nimitz gab ihm bald wichtigere Pflichten an anderen Brennpunkten des Krieges. An seiner Stelle entsandte er Konteradmiral Carleton Wright nach Espiritu Santo. Und nur zwei Tage nach Befehlsübernahme mußte Wright gegen den kampferprobten und mutigen Tanaka vorgehen.

Der japanische Admiral hatte wiederum einen Schnelltransport nach Tassafaronga geplant. Sein Verband bestand aus sechs Zerstörern, die bis zum Rand gefüllt mit Soldaten beladen waren. Aufgrund der Funkaufklärung erhielt Wright den Befehl zum Abfangen dieses »Tokio-Expresses«. Am 30. November eilte er aus dem Osten heran. Sein führender Zerstörer erhielt bald Radarkontakt mit dem Gegner, der die Nordküste von Guadalcanal entlangsteuerte. Es war 23.16 Uhr. Wright zögerte vier kostbare Minuten, bevor er seinen Zerstörern den Befehl zum Torpedoschuß erteilte. Denn jetzt, um 23.21 Uhr, war der japanische Verband bereits auf Gegenkurs gegangen und außerhalb der Reichweite der amerikanischen Torpedos. Zuvor aber hatte Wright durch den Befehl zur Feuereröffnung der Artillerie dem Gegner seine Position enthüllt. Tanakas Schiffe lancierten sofort zwanzig »Long Lance«-Torpedos. Diese versenkten nicht nur *Northampton,* sondern beschädigten auch *Minneapolis, New Orleans,* und *Pensacola* schwer. Nur *Honolulu* kam ohne Schaden davon. Tanaka verlor nur einen Zerstörer, die im Feuer amerikanischer Geschütze sinkende *Takanami.*

Dank des technischen und seemännischen Geschicks ihrer Besatzungen konnten die drei schwer angeschlagenen amerikanischen Kreuzer sicher in ihren Stützpunkt zurückgebracht und wieder instandgesetzt werden. Die Schlacht von Tassafaronga war jedoch für die amerikanische Marine »eine schwere Niederlage, die einem vorgewarnten und überlegenen Kreuzerverband durch eine überraschte und unterlegene Handvoll Zerstörer beigebracht wurde, deren Decks noch dazu mit Truppen und Versorgungsgütern voll gefüllt waren.«[6] Das Gefecht von Tassafaronga gehört somit zu den Ruhmesblättern der kaiserlich-japanischen Marine, nicht jedoch der US Navy.
Die Erste Division des US Marine Corps, die seit mehr als 17 Wochen fast ununterbrochen auf Guadalcanal in schwerem Kampf stand, wurde jetzt durch die Zweite US Marinedivision abgelöst. Vandegrift wurde durch Generalmajor Alexander Patch von der US-Army abgelöst. Einen Monat später, am 4. Januar 1943, nahm Premierminister Tojo das Unvermeidliche hin. Japan mußte Guadalcanal endgültig aufgeben. Die ersten japanischen Truppen wurden durch »Tokio-Expresse« fast unbemerkt abgezogen. Dann meldeten am 23. Januar amerikanische Aufklärer eine Konzentration von japanischen Transportern, Frachtern und Zerstörern in der Nähe von Rabaul, aber auch von Schlachtschiffen und Flugzeugträgern nördlich von Guadalcanal. Sie standen dort in Bereitschaft zur Dekkung des Abzugs von der Insel. Admiral Halsey dagegen, von der sonst ausgezeichneten Funkaufklärung diesmal nicht mit ausreichenden Nachrichten versorgt, nahm immer noch an, daß die Japaner einen erneuten Versuch machen wollten, umfangreiche Verstärkungen nach Guadalcanal durchzubringen.
In der Hoffnung, Yamamotos Flotte in eine große Vernichtungsschlacht locken zu können, schickte Halsey vier beladene Transporter als Köder nach Lunga Point. Zu ihrem Schutz entsandte er Konteradmiral Robert Giffen mit den Schweren Kreuzern *Wichita, Chicago* und *Louisville,* sowie drei Leichten Kreuzern und acht Zerstörern und, zum erstenmal im pazifischen Krieg, zwei der neuen Geleitflugzeugträger, die erst kurz zuvor während der amerikanischen Landungsoperationen vor Casablanca im Rahmen der alliierten Großlandungen in Nordafrika ihren Wert bewiesen hatten. Aber Yamamoto ließ sich nicht ködern: An Stelle seiner Hauptflotte schickte er von der neuen, durch Japan kurz zuvor in Munda auf den Zentral-Salomonen fertiggestellten Flugbasis einen starken Verband Torpedobomber. Diese griffen Giffens Streitkräfte im Zwielicht des 29. Januar an, als sie keinen Jagdschutz mehr hatten, weil die beiden Geleitflugzeugträger für einen anderen, an sich unwichtigen Einsatz an eine andere Stelle abgezogen worden waren.
Die nur durch die eigene Fla-Abwehr geschützte *Chicago* erhielt um 19.45 Uhr einen Torpedotreffer und wurde so schwer beschädigt, daß alle Maschinen ausfielen. Um das Schiff zu retten, gab Giffen der ganzen Kampfgruppe Befehl zum Rückzug. *Louisville* nahm den getroffenen

Kreuzer in Schlepp. Am nächsten Tag erhielten der Schleppzug und seine sechs Begleitzerstörer Schutz durch Jagdmaschinen der *Enterprise*. Dieser war jedoch nicht stark genug, um den nur mit 5–6 Knoten Fahrt laufenden Schleppzug zu schützen. Am 30. Januar um 16.00 Uhr schossen neun japanische Torpedoflugzeuge wenige Meilen östlich der Insel Rennell vier Torpedos in die *Chicago,* die zwanzig Minuten später sank. Die vier amerikanischen Transportschiffe dagegen konnten ihre Verstärkungen ohne Schwierigkeiten landen. Auch fünf weiteren Transportern gelang dies am 4. Februar. Zu diesem Zeitpunkt aber waren die Japaner schon fast ganz von der Insel verschwunden. In den Nächten vom 1./2., 4./5. und 5./6. Februar konnten sie ihre gesamten Landstreitkräfte von nicht weniger als 11 000 Mann mit großer Geschicklichkeit im Schweigen und Dunkel der Nacht ebenso unbemerkt evakuieren, wie seinerzeit die Alliierten ihr Expeditionskorps von der Halbinsel Gallipoli vor den Dardanellen im Jahre 1916. General Patch hatte keine Ahnung von dem, was vor ihm geschah. Am 9. Februar fanden seine Marinesoldaten nicht einen einzigen Japaner mehr auf der Insel. Triumphierend funkte er an Halsey: »Auf Guadalcanal hat der Tokio-Expreß keinen Endbahnhof mehr.«

> 6 500 Quadratkilometer miasmischer Sümpfe und wilder dschungelbedeckter Berge waren nach sechs Monaten blutigen Kampfes, härtester Arbeit und bittersten Leidens jetzt endgültig in amerikanischer Hand. Der vielzackige Vorstoß des Gegners gegen die Antipoden-Inseln war vereitelt worden, der erste Teil des langen amerikanischen Vormarsches gegen Rabaul eingeleitet. Guadalcanal wird immer ein stolzer Name in der amerikanischen Geschichte bleiben. Er bedeutet verzweifelte Kämpfe in der Luft, gewaltige Nachtgefechte zur See, verbissene Arbeit um Nachschub und Wiederaufbau und blutige Kämpfe im sumpfigen Dschungel, viele Nächte, die durch kreischende Bomben und die dumpfen Detonationen von Schiffsgranaten zerrissen wurden. Der zackige Bergkegel auf der Insel Savo brütet jetzt schweigend über den einst blutgefärbten Gewässern des Ironbottom-Sunds, als ewiges Denkmal für die Männer, Schiffe und Flugzeuge, welche die bedrohliche Angriffswelle des Feindes für immer abgewehrt und zurückgerollt hatten.[7]

Der Bergkegel der Savo-Insel monumentiert aber auch eine wesentliche Lehre, die aus dem Feldzug um Guadalcanal zu ziehen ist. Die US Marines, Elitetruppen der amerikanischen Bodenstreitkräfte, brauchten sechs Monate, um diese Insel einzunehmen. Während dieser Zeit mußte die US Navy mehr Seegefechte schlagen, als sie die britische Marine im gesamten Ersten Weltkrieg zu bestehen hatte. Aus diesen sieben größeren Begegnungen ging die amerikanische Marine nur in zweien als eindeutiger Sieger hervor. Von den übrigen war höchstens ein Gefecht als unentschieden zu bewerten. Dagegen erlitt die amerikanische Marine in mindestens vier Fällen eine Niederlage, zwei Begegnungen – die bei Savo und Tassafaronga – hatten sogar katastrophal geendet. Wo lagen die Gründe hierfür?

Eine Antwort auf diese Frage sollte sich jede Marine stets vor Augen halten: Die Japaner waren eine aggressive Nation, die vom Bushido-Geist, dem Kult und der Tradition der Samurai-Kämpfer erfüllt in das 20. Jahrhundert eintrat. Durch die Erfahrungen des Chinesisch-Japanischen Kriegs, des Russisch-Japanischen Kriegs und des Ersten Weltkriegs gestärkt, hatte die kaiserlich-japanische Marine ein hart und hervorragend ausgebildetes, hingebungsvolles und professionelles Offizierskorps und ebenso gute Seeleute herangebildet. Im Gegensatz dazu waren die Vereinigten Staaten eine eher friedliebende, sicher nicht kriegerisch veranlagte Demokratie. Die Erfahrungen der US Navy stützten sich höchstens auf die Ereignisse des Spanisch-Amerikanischen Krieges und die wenigen Jahre des Ersten Weltkriegs nach der Skagerrakschlacht, in denen keine Gefechte zwischen Überwasserschiffen bestanden werden mußten. Mit wenigen bemerkenswerten Ausnahmen, wie Alfred Mahan, William Sims und Ernest King, waren alle amerikanischen Marinebefehlshaber Amateure, sowohl als Seeleute wie als Kämpfer.

Und wie der Profi im Hochleistungssport und in den Künsten stets mehr leisten wird als der Amateur, so auch der Berufssoldat im Krieg. Das nächste Kapitel dieses Buches wird die Folgen für Japan aufzuzeigen haben, als die amerikanische Marine, aus den Erfahrungen während des kritischen Jahres 1942 energisch lernend, dann wirklich hart und gut ausgebildete und entschlossene Profis in den Kampf schicken konnte. Dies soll die These unterstreichen, daß – ungeachtet wie gern und fest ein maritimes Volk an den Frieden glauben mag – seine Marinebefehlshaber und Flottenbesatzungen zu professionellen Kämpfern zur See ausgebildet werden müssen.

Eine zweite These gilt es zu beherzigen: Kurz vor den hier geschilderten Ereignissen hatte die amerikanische Marine im Überraschungsangriff gegen Pearl Harbor einen fast endgültigen K.-o.-Schlag erhalten. Nie zuvor hatte sie die kaiserlich-japanische Marine jemals ernst genommen. Auch der britischen Marine ist übrigens die gleiche Unterschätzung Japans anzulasten, bis zu dem Zeitpunkt, in dem das Schlachtschiff *Prince of Wales* und der Schlachtkreuzer *Repulse* unter den Schlägen japanischer Luftstreitkräfte verlorengingen. Trotz aller gegenteiligen Beweise wollten und konnten es die Amerikaner vor dem Krieg einfach nicht glauben, daß Japan wirklich eine so kampfstarke Flotte, insbesondere starke Flugzeugträgerstreitkräfte und die stärkste Marineluftwaffe der Welt aufgebaut hatte. Ferner, und das war in gewisser Beziehung noch verhängnisvoller, wollte man nicht sehen, daß sich die Japaner zu den hervorragend ausgebildeten, fähigen und tapferen Kämpfern zur See und in der Luft entwickeln würden, als die sie sich dann im Pazifikkrieg erwiesen. Für diese Fehleinschätzung mußte die amerikanische Marine (und

in geringerem Umfang auch die britische) in den Jahren 1941 bis 1943 bitter und teuer bezahlen.[8]
Amerikanische Leser dieses Buches werden es vielleicht als für einen britischen Autor überheblich oder ungehörig betrachten, an der US Navy in dieser Weise Kritik zu üben, und das nach lobender Erwähnung der Erfolge der japanischen Marine. Daher ist der Verfasser dem bekannten amerikanischen Historiker Douglas H. Robinson für die Erlaubnis dankbar, in diesem Zusammenhang dessen folgende Ansicht als Schlußbemerkung diesem Kapitel nachstellen zu dürfen:

> Ihr Lob für die japanische Marine unterschreibe ich völlig: Wenn Patriotismus, Selbstaufopferung, Kampfgeist und Mut genug wären, dann hätte Japan den Krieg im Pazifik gewinnen müssen. Natürlich ermangelte es Japan aller Mittel für einen langen Krieg, insbesondere der ausreichenden industriellen Basis. Andererseits aber erwarteten die japanischen Führer, von ihrer abschätzigen Einstellung gegenüber dem Kriegspotential der USA in ihrer Urteilskraft getrübt, daß Amerika schon nach den ersten schweren Niederlagen und Verlusten um Frieden bitten würde. Japan brachte hervorragende und fortschrittliche Konstruktionen an Schiffen und Flugzeugen hervor. Zur Zeit von Pearl Harbor war die japanische Trägerwaffe allen anderen überlegen. Reichweite und Kampfkraft der japanischen Marineflugzeuge lagen zunächst bei weitem über den entsprechenden Leistungen amerikanischer Flugzeugtypen. Die Schlachtschiffe der *Yamato*-Klasse werden wohl für immer die *ultima ratio* aller Schlachtschiffkonstruktionen bleiben. Die durch Sauerstoff-Antrieb betriebenen 60,9-cm-Torpedos schließlich erwiesen sich bei den verschiedenen Nachtgefechten während des Feldzugs um Guadalcanal als fast entscheidend. Ihr Urteil über die amerikanische Marine ist zwar hart aber gerecht. Die kaiserlich-japanische Marine hatte sich zwanzig Jahre lang für den Krieg mit Amerika gewappnet, hatte ihre Besatzungen in härtesten Manövern unter realistischen Gefechtsbedingungen so gut wie möglich vorbereitet und ausgebildet und auch nicht gezögert, wertvolles Material zur Erprobung fortschrittlichster Waffenkonstruktionen zu opfern. Zwar sahen auch viele amerikanische Offiziere vom Anfang der 20er Jahre an einen Krieg mit Japan voraus. Die amerikanische Marine insgesamt hatte jedoch zu viele andere Sorgen, als alles auf die Karte der vollen Kriegsbereitschaft nur gegen Japan setzen zu können.
>
> Auch konnte Amerika seine Kriegsschiffsbesatzungen nicht mit der gleichen Härte ausbilden, wie sie Japan an den Tag legte. Es hätte einen Aufschrei der öffentlichen Meinung gegeben, wenn Amerika bei Manövern solche Menschen- und Materialverluste erlitten hätte, wie dies in Japan an der Tagesordnung war. Vor allem aber gefiel sich Amerika in dem Gefühl der eigenen Überlegenheit und litt unter dem weitverbreiteten Irrglauben, die Japaner seien ein Volk phantasieloser Nachahmer.

Dieser Einschätzung möchte der Verfasser noch folgende geradezu prophetischen Worte hinzufügen, die Admiral King 1932 im Naval War College schrieb: »Es ist eine Tradition (und eine Gewohnheit) für uns (die USA), daß wir für Kriege stets unzureichend vorbereitet sind. Dies ist die Folge einer Reihe von miteinander verknüpften Faktoren. Einer ist, daß die Demokratie jederman glauben macht, sie wisse alles am besten. Ein weiterer ist die Glorifizierung der eigenen Siege, bei völliger Unkenntnis oder Nichtbeachtung der eigenen Niederlagen und deren Ursachen.«
Die maritimen Nationen der freien Welt täten heute gut daran, sich der bitteren Niederlagen der amerikanischen Marine in den Jahren 1941–42 und der dazu führenden Ursachen und Gründe zu erinnern.

11. Die Philippinen

Auf das lange, verlustreiche, aber schließlich siegreiche Unternehmen gegen Guadalcanal ließen die Vereinigten Staaten zahlreiche amphibische Operationen gegen weitere Inseln der Salomonen-Gruppe folgen. Am 30. Juni 1943 landeten amerikanische Truppen auf Neu-Georgia, am 15. August auf Vella Lavella, am 1. November auf Bougainville und am 26. Dezember auf Neu-Britannien. Vor dem letztgenannten Unternehmen hatten die nunmehr für Admiral Nimitz und General Douglas MacArthur (der letztere hatte inzwischen den Oberbefehl im Südwest-Pazifik mit Hauptquartier in Australien erhalten) verfügbaren Streitkräfte wesentlich an Stärke zugenommen. So standen Nimitz jetzt z. B. ohne Berücksichtigung der kleinen Geleitflugzeugträger fast 20 Flugzeugträger zur Verfügung. Die japanischen Kräfte waren dagegen beträchtlich zusammengeschmolzen. Japan hatte in der Zwischenzeit nicht weniger als 8000 Flugzeuge und eine große Anzahl der besten Piloten verloren. Das erstarkende Amerika konnte nunmehr zu einer anderen Strategie übergehen.
Der Taktik des »Inselspringens« in Richtung auf Neuguinea, wo Rabaul das Hauptziel war, fügten die Amerikaner jetzt das taktische Vorgehen des »Überspringens« hinzu: In der Folge wurden jeweils nur wichtigere Inselgruppen in größerem Abstand voneinander genommen, die dazwischenliegenden von Japan besetzten Inseln dagegen unbeachtet liegen gelassen. Zur Beschleunigung des Vordringens gegen die Philippinen begann Nimitz einen erbarmungslosen Vorstoß quer über den Mittelpazifik nördlich der Salomonen. General MacArthur vertrieb die Japaner von den südlichen Inseln. Die von Japan besetzten britischen Gilbert-Inseln wurden am 20. November 1943 angegriffen, die Marshall-Inseln, welche seitdem sie 1914 Deutschland weggenommen wurden, de facto eine japanische Besitzung waren, fielen am 31. Januar 1944 in amerikanische

Hände. Der Angriff auf Saipan und Guam in der Gruppe der ebenfalls früher einmal deutschen Marianen, welche durch den Versailler Vertrag ebenfalls 1919 als Mandat Japan zugesprochen worden waren, war für Juni 1944 geplant.
Nach Besetzung der Marshall-Inseln konnten amerikanische trägergestützte Flugzeuge dem japanischen Stützpunkt Truk so schwere Schläge versetzen, daß Admiral Mineichi Koga, der Nachfolger des inzwischen gefallenen Admirals Yamamoto, seine Flotte nach Westen, nach Palau verlegte. Yamamoto hatte am 18. April 1943 von Rabaul aus eine Inspektion auf Bougainville durchführen wollen. Dies war durch die amerikanische Funkaufklärung erkannt worden. Vizeadmiral Marc Mitscher befahl 16 Jägern von Henderson Field die beiden Bomber abzufangen, die Japans führenden Marinestrategen und seinen Stab beförderten. Sie wurden in Flammen geschossen. Koga hatte ebenso wenig Glück: Am 31. März 1944 verschwand seine Maschine auf dem Flug nach Davao in Mindanao spurlos, wo er ein neues Küstenhauptquartier einrichten wollte. Sein Nachfolger, der einsatzfreudige Admiral Soemu Toyoda, war entschlossen, die amerikanische Pazifikflotte auszulöschen, ungeachtet der Tatsache, daß die wachsende Anzahl amerikanischer U-Boote jetzt mit viel größerem Erfolg operierte als die japanischen U-Boote. Unter ihren Schlägen gingen so viele japanische Tanker und Versorger verloren, daß sich Toyoda gezwungen sah, seine Flotte zunächst nach Singapur, dann nach Brunei und Tawi-Tawi zurückzuverlegen, wo die Ölversorgung von Sumatra und Borneo aus besser gesichert war.
Ende April 1944 wähnte sich Toyoda im Besitz ausreichender Informationen über die wahrscheinlich nächsten amerikanischen Operationen. Er begann mit der Vorbereitung energischer Gegenmaßnahmen. Nagumos Nachfolger, Vizeadmiral Jisaburo Ozawa, erhielt den Befehl, die japanische Erste Hochseeflotte im Sulu-Archipel (in der Straße zwischen Borneo und den Philippinen) zu versammeln. Ihre Kampfgruppe A umfaßte drei Träger mit 207 Flugzeugen, darunter die erst jüngst fertiggestellte *Taiho* als Ozawas Flaggschiff, ferner drei Kreuzer und neun Zerstörer. Konteradmiral Joshimas Kampfgruppe B bestand ebenfalls aus drei Flugzeugträgern mit 135 Flugzeugen, einem Schlachtschiff, einem Kreuzer und zehn Zerstörern. Die starke Vorhut unter Vizeadmiral Takeo Kurita umfaßte *Musashi* und *Yamato,* die einzigen mit 45,7-cm-Geschützen bestückten Schlachtschiffe der Welt sowie zwei Schlachtkreuzer, drei Flugzeugträger mit 95 Flugzeugen, vier Kreuzer und neun Zerstörer. Diese drei Verbände sollten sich auf eine »Entscheidungsschlacht bei erster sich bietender günstiger Gelegenheit« vorbereiten. Als solche wurde der Augenblick angenommen, wenn »mindestens ein Drittel der feindlichen Flugzeugträger von unseren küstengestützten Luftstreitkräften und U-Booten vernichtet« war.
Nimitz vertraute den Angriff gegen Saipan und Guam der Fünften Flotte unter Admiral Spruance an. Diese taktische Bezeichnung hatte inzwi-

schen der größte Teil der für diese Operation verfügbar gemachten Einheiten erhalten. Den Befehl über die eigentlichen Landungskräfte zur Einnahme Saipans erhielt Turner, der jetzt in der US Navy den Ruf des erfahrendsten Befehlshabers von Landungsunternehmen genoß. Er stieß von Hawai aus vor, wo sein Transportverband 71.000 Mann Angriffstruppen an Bord genommen hatte. Er kam am 8. Juni rechtzeitig in der vorgeschobenen Flottenbasis Eniwetok (westlich der Marshall-Inseln) an. Seine TF 52 umfaßte ferner eine Beschießungsgruppe von fünf alten Schlachtschiffen, alles wiederhergestellte Veteranen von Pearl Harbor, und zwölf Geleitflugzeugträger mit mehr als 300 Maschinen zum Schutz gegen Luftangriffe. Für den Angriff gegen Guam führte Konteradmiral Richard Conolly einen weiteren Verband, dessen Transporter 56 500 Mann Truppen zunächst von Guadalcanal und Tulagi nordwärts nach Kwajalein (in den Marshall-Inseln) brachte, wo sie ebenfalls am 8. Juni ankam.

Zur Niederkämpfung der auf den Marianen stationierten starken japanischen Luftstreitkräfte und der Befestigungsanlagen auf der Insel wurde TF 58 angesetzt, deren Befehlshaber Vizeadmiral Mitscher seine Flagge auf dem erst kürzlich fertiggestellten Träger *Lexington* (II) der brandneuen *Essex*-Klasse gesetzt hatte. Spruance wählte als Flaggschiff den alten Schweren Kreuzer *Indianapolis*. Die 15 Träger mit insgesamt 656 Flugzeugen, 17 Kreuzer und 53 Zerstörer der TF 58 waren in vier Trägergruppen gegliedert: Konteradmiral J. J. Clarks TG 58.1, Konteradmiral A. E. Montgomerys TG 58.2, Konteradmiral J. W. Reeves TG 58.3 und Konteradmiral W. K. Harrills TG 58.4. Die gewaltige Flotte umfaßte ferner sieben Schlachtschiffe, vier Kreuzer und 13 Zerstörer, welche die Kampfgruppe TG 58.7 bildeten, denn ein Gefecht mit schweren feindlichen Überwasserstreitkräften war keineswegs auszuschließen.

Zuerst auf dem Schauplatz des Kampfes um die Marianen-Inseln erschienen mehrere U-Boot-Bekämpfungsgruppen. In der zweiten Hälfte Mai vernichteten diese 17 der insgesamt 25 von Admiral Toyoda in diesem Seegebiet stationierten japanischen U-Boote. Sie hatten die Flotte von Admiral Spruance dezimieren sollen. Ihre Erfolge blieben jedoch gleich null. Hingegen wurden nicht weniger als sechs dieser japanischen U-Boote im Verlauf von nur zwölf Tagen durch den mit neuen Hedgehog-Werfern ausgerüsteten Geleitzerstörer *England* (Lieutenant-Commander W. B. Pendleton) vernichtet. Dieser Erfolg beleuchtet das inzwischen von der US Navy erworbene Geschick bei dieser Art Kampfführung ebenso wie das japanische Unvermögen zum richtigen Einsatz der U-Boote, was teilweise auf die übermäßige Größe der U-Bootstypen wie auf das Versagen so mancher japanischer Kommandanten im Unterwasserkrieg zurückzuführen ist.

Und dann kam TF 58, eine Streitmacht die zu einer Vollkommenheit ausgebildet war, die sich noch zwei Jahre zuvor niemand in Amerika hätte träumen lassen. TF 58 nahm diese Operation am 11. Juni auf. Bereits am

13. hatte sie die Luftüberlegenheit über die auf Saipan, Guam und Taipan gestützte Erste Luftflotte Toyodas errungen. Zuvor waren am Abend des 12. Juni TG 58.1 und TG 58.4 zum Angriff auf die Bonin-Inseln 650 Seemeilen nach Norden entsandt worden. Dies war die nächstgelegene Inselgruppe, von der Toyoda Ersatz für die Verluste seiner Luftverbände erhalten konnte. Nach dem Ablaufen der beiden Kampfgruppen schossen Lees TG 58.7 und Turners alte Schlachtschiffe Saipan mit schwersten Granaten sturmreif. Die Landung war für den 15. Juni festgesetzt. Die Landung auf Guam sollte am 18. Juni folgen.
Zuvor hatten jedoch andere amerikanische Verbände die Insel Biak (an der Nordwestküste Neuguineas) besetzt. Anfang Juni glaubte sich Toyoda in seiner Annahme bestärkt, daß in allernächster Zukunft keine weiteren amerikanischen Operationen im Zentral-Pazifik wahrscheinlich waren. Daher befahl er Konteradmiral Ugaki mit einem Teil der Vorhut Kuritas nach Süden vorzustoßen, sowohl zur Unterstützung der Verteidiger von Biak, als auch in der Hoffnung, Einheiten der amerikanischen Pazifikflotte in die Reichweite der gewaltigen Geschütze seiner Schlachtschiffe zu locken. Daher standen *Yamato* und *Musashi* am 11. Juni im Seegebiet der Molukken, als Toyoda erste Meldungen über Spruances beginnenden Angriff gegen die Marianen erhielt. Für den Augenblick begnügte er sich damit, die Abwehr seiner Ersten Luftflotte zu überlassen. Von ihr erwartete er, daß sie den amerikanischen Trägergruppen ernsthafte Schäden zufügen würde, selbst wenn seinen U-Booten dies nicht gelungen war. Am 13. Juni rief er dann doch Ugakis Geschwader zurück. Aber erst als er erfuhr, daß TF 52 vor Saipan lag und daß amerikanische Truppen bereits auf der Insel landeten, sandte er an Ozawas Einheiten, wie Togo vor der Schlacht von Tsushima (und Nelson vor Trafalgar) an seine Flotte einen Tagesbefehl: »Das Schicksal des Reiches hängt von dieser Schlacht ab. Von jedem Mann wird ein Höchstes an Pflichterfüllung erwartet.«
Am 15. Juni um 18.35 Uhr wurde der Kern der Streitkräfte Ozawas vom amerikanischen U-Boot *Flying Fish* (Lieutenant-Commander Risser) gesichtet, als dieser Verband aus der (die Philippinen-Inseln in zwei Gruppen teilenden) San Bernardino-Straße mit Ostkurs hervorstieß. Am nächsten Morgen, um 07.45 Uhr, meldete das U-Boot *Seahorse* (Lieutenant-Commander Cutter) die nach Norden kommenden Schlachtschiffe Ugakis, die sich Kurita anschlossen. Spruance verschob sofort die Landung auf Guam. Nach einer Besprechung mit seinen Befehlshabern fällte er folgende Entscheidung: Da Ozawas Einheiten Saipan nicht vor dem Morgen des 19. erreichen konnten, sollte das Entlöschen von Material und Versorgungsgütern bis zum Abend des 17. beschleunigt durchgeführt werden. Dann sollten die Landungskampfgruppen Anker lichten und sich nach Osten absetzen, jedoch mehrere ihrer Kreuzer und Zerstörer an die TF 58 abgeben. Diese sollte im Seegebiet von Saipan stehen bleiben und den Kampf mit der japanischen Flotte aufnehmen.

Tabelle 45: Die Einheiten der Schlacht in der Philippinen-See, 19.–21. Juni 1944

Streitmacht	Schlachtschiff oder Schlachtkreuzer	Flottenträger	Leichte Flottenträger	Schwere Kreuzer	Leichte Kreuzer	Zerstörer
TF 58	–	–	–	–	–	–
TG 58.1	–	*Hornet*	*Belleau Wood*	*Boston*	*San Juan*	14
	–	*Yorktown*	*Bataan*	*Baltimore*	*Oakland*	
	–	–	–	*Canberra*	–	
TG 58.2	–	*Bunker Hill*	*Monterey*	–	*Santa Fé*	12
	–	*Wasp*	*Cabot*	–	*Mobile*	
	–	–	–	–	*Biloxi*	
TG 58.3	–	*Enterprise*	*San Jacinto*	*Indianapolis*	*Reno*	13
	–	*Lexington*	*Princeton*	–	*Montpelier*	
	–	–	–	–	*Cleveland*	
	–	–	–	–	*Birmingham*	
TG 58.4	–	*Essex*	*Langley*	–	*San Diego*	14
	–	–	*Cowpens*	–	*Vincennes*	
	–	–	–	–	*Houston*	
	–	–	–	–	*Miami*	
TG 58.7	*Washington*	–	–	*Wichita*	–	13
	North Carolina	–	–	*Minneapolis*	–	
	Iowa	–	–	*New Orleans*	–	
	New Jersey	–	–	*San Francisco*	–	
	Alabama	–	–	–	–	
	Indiana	–	–	–	–	

Erste Hochseeflotte						
Vorhut	*Yamato*	–	*Chitose*	*Atago*	–	9
	Musashi	–	*Chiyoda*	*Takao*	–	
	Haruna	–	*Zuiho*	*Maya*	–	
	Kongo	–	–	*Chokai*	–	
Kampfgruppe A	–	*Taiho*	–	*Myoko*	*Yahagi*	9
	–	*Shokaku*	–	*Haguro*	–	
	–	*Zuikaku*	–	–	–	
Kampfgruppe B	*Nagato*	*Junyo*	*Ryuho*	*Mogami*	–	10
	–	*Hiyo*	–	–	–	
Insgesamt:						
USA	7	7	8	8	13	66
Japan	5	5	4	7	1	28

Gesamtzahl trägergestützter Flugzeuge: USA 956; Japan 473

Seit den Tagen der Schlacht vor dem Skagerrak dreißig Jahre zuvor waren niemals zwei so große Flotten aufeinander getroffen. Ozawas Streitkräfte in dieser Begegnung waren in allen Kategorien der teilnehmenden Schiffstypen und Waffen die schwächeren. Jedoch hatte er drei Vorteile auf seiner Seite, sofern er sie nutzen konnte. Spruance hatte die Landung auf Saipan zu schützen. Daher war zu erwarten, daß er in der Nähe dieser Insel kämpfen würde. Ozawa dagegen erhielt von dort die Unterstützung der japanischen Ersten Luftflotte. Spruance konnte nicht mit einer solchen Hilfe rechnen. Zweitens hatten die japanischen Trägerflugzeuge eine größere Reichweite als die amerikanischen. Ozawas Flugzeuge konnten bis zu 560 Seemeilen weit Aufklärung betreiben und Angriffsschläge bis zu 300 Seemeilen weit erteilen. Die Reichweite von Mitschers Kräften lag hingegen nur bei 350 bzw. 225 Seemeilen. Drittens gaben die in diesen Breiten vorherrschenden östlichen Passate Ozawa stets die Leestellung, so daß sich seine Verbände dem Feind auf einem Kurs nähern konnten, bei dem die Träger bereits in den Wind liefen und daher ihre Flugzeuge starten lassen konnten. Die amerikanischen Kampfgruppen hingegen mußten stets auf Gegenkurs in den Wind drehen, um ihren Trägern den Flugbetrieb zu ermöglichen. Es deutete also alles darauf hin, daß Ozawa die Wahl hatte, wann und wo er Spruance zum Gefecht stellen wollte, ohne dabei selbst in die Reichweite der amerikanischen Trägerluftwaffe zu kommen. Ozawas Nachteil war der schlechte Schutz und die leichte Bauart der japanischen Flugzeugtypen. Die Piloten waren überhaupt nicht gegen Splitter geschützt. Ihre Maschinen hatten keine selbstdichtenden Brennstofftanks wie die amerikanischen. Ferner waren die jetzt eingesetzten japanischen Piloten nicht mehr ausreichend ausgebildet. Es fehlte ihnen an Kampferfahrungen. Um einen japanischen Fluglehrer zu zitieren: »Die japanische Marine litt an einem verzweifelten Mangel an Piloten. Männer, die nie zuvor auch nur davon geträumt hätten, je in der Nähe eines Flugzeuges zu arbeiten, fanden sich plötzlich auf dem Pilotensitz und wurden in die Schlacht geworfen. Uns wurde befohlen, Piloten immer schneller auszubilden. Es war eine hoffnungslose Aufgabe.«
Am Nachmittag des 17. Juni übermittelte Spruance seine operativen Befehle an Mitscher:

> Unsere Luftgeschwader werden zunächst die feindlichen Träger außer Gefecht setzen und dann die Schlachtschiffe und Kreuzer des Gegners angreifen, um sie zu verlangsamen oder außer Gefecht zu setzen. Schließlich wird unsere Schlachtflotte die Feindverbände durch Artilleriefeuer vernichten, wenn der Gegner sich zum Kampf stellt, oder durch Versenkung der angeschlagenen langsameren Schiffe dezimieren, sofern er sich zurückzieht. Alle Aktionen gegen den Gegner müssen mit größter Härte und Entschlossenheit vorgetragen werden, um eine vollständige Vernichtung der gegnerischen Flotte sicherzustellen. Wenn nötig werde ich weitere allgemeine Operationsbefehle ausge-

ben, überlasse jedoch die Einzelheiten der taktischen Führung Ihnen und Lee.

Welcher Gegensatz zwischen dieser Delegierung von Befehlsgewalt an zwei Untergebene und der streng zentralisierten Leitung der Schlacht vor dem Skagerrak durch Jellicoe während des Ersten Weltkriegs; dies war einer der Gründe dafür, warum die Schlacht am 31. Mai 1916 für die Grand Fleet nur mit einem Unentschieden geendet hatte.[1]

Am gleichen Tag erhielt Spruance vom amerikanischen U-Boot *Cavalla* (Lieutenant-Commander H. J. Kossler) eine weitere Sichtmeldung über Ozawas Vorstoß nach Osten mit 20 Seemeilen Fahrt. Danach hatte er mit den Suchoperationen seiner Aufklärer wenig Glück. Er erhielt keinerlei weitere Feindmeldungen bis in die späten Stunden des 18. Juni. An diesem Abend brach Ozawa die Funkstille zur Weitergabe von Befehlen an Kurita. Peilstationen auf Pearl Harbor konnten die Position der Abgabe der Funksprüche einpeilen und meldeten Spruance um 22.00 Uhr, daß eine nicht näher identifizierbare feindliche Kampfgruppe 350 Seemeilen von ihm entfernt in West-Südwest stand. Spruance hatte bei Einbruch der Nacht Kurs nach Ost abgesetzt. Nun drängte ihn Mitscher zu einer Kursänderung, so daß ein massiver Luftangriff im Morgengrauen durchgeführt werden konnte. Spruance ließ sich jedoch nicht von seinen Plänen abbringen: »TF 58 muß Saipan decken«. Nur auf Meldungen der Funkaufklärung hin, deren Genauigkeit er ohnehin bezweifelte, und die ja ebenso auf einer japanischen Finte beruhen konnten, wollte er sich nicht in eine Falle ködern lassen. Während der gesamten Nacht versuchten landgestützte amerikanische Aufklärer den japanischen Flottenverband zu erfassen. Eine Maschine ortete die japanische Streitmacht durch Radar, konnte aber keinen Funkspruch absetzen. Erst nach Rückkehr der Maschine in ihren Stützpunkt erhielt Spruance um 09.00 Uhr Kenntnis davon. Jetzt aber war es schon zu spät, um auf diese Sichtmeldung entsprechend zu reagieren.

Ozawa erhielt bessere Aufklärungsmeldungen. Eine Suchpatrouille von sieben Flugzeugen seiner Träger ließ ihm während des Nachmittag des 18. Juni so viel an Informationen zukommen, daß sie zur Erkennung der Dispositionen des Gegners ausreichten. Nach seiner Kenntnis standen TG 58.1, TG 58.3 und TG 58.2 (in dieser Reihenfolge) auf einer Linie Nordsüd und etwa 12 Seemeilen auseinanderliegend nordwestlich von Guam. Fünfzehn Seemeilen weiter im Westen und bereit, mit der japanischen Vorhut jederzeit den Kampf aufzunehmen, stand Admiral Lee mit seinem Flaggschiff *Washington* und sechs weiteren Schlachtschiffen, sowie Kreuzern und einem schützenden Zerstörerschirm. Seine Schiffe hatten Luftdeckung durch die zwölf Meilen weiter nördlich stehende TG 58.4. Ozawa berechnete, daß der Gegner jetzt etwa 400 Seemeilen entfernt stand. Diesen Abstand wollte er nun wahren, um den Vorteil der größeren Reichweite seiner Flugzeuge gebührend ausnutzen zu können. Dazu befahl er Kursänderungen nach Süden. Zuvor aber, um 16.37 Uhr,

hatten die Träger seiner Vorhut eine Angriffswelle von 67 Flugzeugen gestartet. Sie sollten bei Sonnenaufgang gegen TF 58 vorgehen. Um Ozawas darauffolgenden Befehlen zu entsprechen, daß nämlich alles für einen massiven Luftangriff in den Morgenstunden des darauffolgenden Tages vorzubereiten war, wurden diese Maschinen wieder zurückgerufen, bevor sie von den Radargeräten der amerikanischen Schiffe erfaßt worden waren.
Während der Nacht ordnete Ozawa seine Verbände so, daß sie bereits zur Schlachtordnung entwickelt waren, als er um 04.00 Uhr wieder zurück auf Kurs Nordost ging. Einhundert Meilen vor ihm stand Kuritas Vorhut mit drei Flugzeugträgern, je 12 Seemeilen auseinander, jeder mit einer kreisförmigen Deckung durch Schlachtschiffe, Kreuzer und Zerstörer. Die Kampfgruppen A und B hatten ihre Träger in der Mitte konzentriert und darum eine einzige kreisförmige Abschirmung gruppiert.
Der Morgen des 19. Juni dämmerte klar. Bald lag die amerikanische Trägergruppe 110 Seemeilen südwestlich von Saipan in hellem Sonnenschein. Mitscher hatte keinerlei Meldungen über Ozawas Flotte erhalten. Er folgte Spruances Vorschlag für einen Luftangriff gegen Guam. Ab 08.30 Uhr schossen 33 amerikanische Maschinen mehr als diese Zahl an landgestützten japanischen Flugzeugen ab. Anderthalb Stunden später erfaßten die amerikanischen Radargeräte einen angreifenden feindlichen Flugzeugverband 150 Seemeilen westlich. Mitscher und Lee hatten genügend Zeit, ihre Schiffe gefechtsklar zu machen. Mitschers Träger konnten einen Großteil ihrer 300 Jäger sicher in die Luft bringen.
Kuritas Träger hatten um 08.30 Uhr 69 Torpedobomber mit Jagdschutz starten lassen. Sie wurden um 10.36 Uhr von amerikanischen Jägern abgefangen und daran gehindert, über Lees gut disponierten Schlachtschiffverband weiter östlich vorzudringen. Während die Japaner nur einen Treffer auf dem Schlachtschiff *South Dakota* erzielen konnten, wurden nicht weniger als 42 ihrer Maschinen abgeschossen. Eine halbe Stunde nach Beginn dieses Angriffs schickte Ozawas Kampfgruppe A eine zweite Angriffswelle von 128 Flugzeugen vor. Jedoch nur fünf Minuten später, um 09.05 Uhr, traf ein wohlgezielter Torpedo des amerikanischen U-Boots *Albacore* (Commander J. W. Blanchard) den 33000 Tonnen großen japanischen Träger *Taiho* und machte ihn bewegungsunfähig. Kurz darauf kam es zu einer Entzündung von Benzindämpfen (als Folge einer schlechten Leckwehrorganisation an Bord des Schiffes). Um 15.32 Uhr schickte eine gewaltige Explosion den Träger so plötzlich auf den Meeresgrund, daß zwei Drittel der Besatzung mit ihm starben. Ozawa mußte auf den Schweren Kreuzer *Haguro* übersteigen. Den Maschinen der *Taiho* und der anderen Träger der Kampfgruppe A war kein besseres Los beschieden: Sie wurden um 11.39 Uhr von amerikanischen Jägern abgefangen. Nur etwa zwanzig Maschinen kamen überhaupt bis zu den Schlachtschiffen Lees und nur sechs bis zu Mitschers Trägern durch. Nicht weniger als 98 wurden abgeschossen.

Ozawas dritter Angriffsverband von 47 Flugzeugen war um 10.00 Uhr von der Kampfgruppe B aus gestartet. Sie hatte in gewisser Weise mehr Glück. Zunächst wurde sie nach Norden fehlgeleitet. Die meisten Maschinen konnten weder Lees Schlachtschiffe noch Mitschers Flugzeugträger finden. Um 13.00 Uhr wurden sie zwar von amerikanischen Jägern abgefangen; diese konnten jedoch nur sieben Maschinen abschießen.

Der vierte Angriff von 82 japanischen Flugzeugen der Kampfgruppen A und B begann um 11.30 Uhr. Auch diese Maschinen flogen zunächst fehl. Sie waren diesmal zu weit südlich von den amerikanischen Streitkräften angesetzt worden. Nur sechs Maschinen konnten Montgomerys TG 58.2 ohne Erfolg angreifen. Bis auf neun wurden die japanischen Angreifer abgeschossen, als sie dann um 14.21 Uhr von amerikanischen Jägern abgefangen wurden. Andere japanische Flugzeuge versuchten auf Guam zu laden, wohin sie eigentlich befohlen waren. Um 11.35 Uhr wurde die *Shokaku* von drei Torpedos des amerikanischen U-Boots *Cavalla* (Commander Kossler) getroffen. Sie sank um 15.01 Uhr, etwas früher als *Taiho*. Während dieser ganzen Zeit gab sich jedoch Admiral Mitscher nicht damit zufrieden, die angreifenden Flugzeuge Ozawas abzufangen. Seine Bomber griffen die Flughäfen und befestigten Stellungen auf Guam immer wieder an. Seine Jäger stellten sicher, daß kein Flugzeug der landgestützten japanischen Ersten Luftflotte seine Träger angreifen konnte.

Die um 18.45 Uhr einbrechende Dunkelheit beendete die größte Flugzeugträgerschlacht des Zweiten Weltkriegs. Bei dem »Großen Truthahnschießen bei den Marianen«, wie die Schlacht später bei der amerikanischen Marine hieß, hatte Ozawa nicht weniger als 346 Flugzeuge und zwei seiner Träger verloren. Die amerikanischen Verluste betrugen lediglich 30 Maschinen. Die amerikanischen Schiffe hatten nur einen einzigen Bombentreffer einstecken müssen. Kein Sieg konnte vollständiger und vernichtender sein. Nichts hätte das Geschick und den Mut der amerikanischen fliegenden Besatzungen und die Überlegenheit der sie einsetzenden und leitenden Operations-Informationszentren der amerikanischen Flotte besser unter Beweis stellen können. Vor allem aber zeigte dieser Ausgang der Schlacht, daß die in der Schlacht bei Midway und in nachfolgenden Schlachten erlittenen Verluste die japanische Marineluftwaffe so weit geschwächt hatten, daß sie nun unvollkommen ausgebildete Piloten ohne jede Kampferfahrung in den Kampf werfen mußte, was nur noch zu Fehlschlägen führen konnte. Auch verdienen Leistung und Mut der amerikanischen U-Boote der Erwähnung, insbesondere USS *Albacore*, dessen Besatzung den eigenen großen Erfolg niemals zur Kenntnis nehmen konnte, weil die Japaner den Verlust des großen Trägers *Taiho* verschwiegen, bis das tapfere U-Boot auf seiner nächsten Feindfahrt mit seiner ganzen Besatzung verloren ging.

Das Ende dieses gewaltigen Ringens war jedoch noch nicht gekommen. Um 20.00 Uhr nahm Mitscher mit 24 Knoten Fahrt Kurs auf die Position des Gegners, von dem gemeldet war, daß er sich jetzt auf dem Rückzug nach Westen befand. Nur Harrills TG 58.4 verblieb vor Ort, um den Resten der landgestützten japanischen Ersten Luftflotte auf Guam und den umliegenden Inseln am nächsten Tag letzte vernichtende Schläge zu versetzen. Amerikanische landgestützte Suchflugzeuge konnten jedoch den Gegner für Mitschers Kräfte während der Nacht weder orten noch verlangsamen. Erst am nächsten Tag, dem 20. Juni, um 15.40 Uhr, konnte eine trägergestützte Maschine funken, daß die durch Ölübernahme auf See aufgehaltene Flotte Ozawas nur 275 Seemeilen entfernt stand. Dies zwang Mitscher zu einer sehr schnellen Entscheidung, wenn er verhindern wollte, daß ihm die japanischen Verbände während der folgenden Nacht entkamen. Er befahl allen verfügbaren Angriffsmaschinen den Start, selbst bei aller Gefahr ihres Verlustes auf dem Rückflug nach Einbruch der Dunkelheit. (Die amerikanischen Träger waren nämlich noch immer nicht für den Nachtflugbetrieb ausgerüstet, ihre fliegenden Besatzungen dafür noch nicht ausgebildet). Um 16.20 Uhr schickten TG 58.1, 58.2 und TG 58.3 insgesamt 131 Sturzkampfbomber und Torpedoflugzeuge sowie einen Geleitschutz von 85 Jägern bis an die äußersten Grenzen ihrer Reichweite vor.
Kurz vor Sonnenuntergang trafen sie auf sechs japanische Tanker, von denen zwei versenkt wurden. Dann griffen sie die drei verbleibenden japanischen Träger an. Dabei hatten sie den Vorteil, daß Ozawa, der den von ihm der TF 58 zugefügten Schaden beträchtlich überschätzte, die Disposition einer kampfstarken Abschirmung um seine Träger versäumt hatte. Zwei Torpedos trafen und versenkten *Hiyo*. *Zuikaku* (auf die Ozawa inzwischen vom Kreuzer *Haguro* umgestiegen war), *Chiyoda* und *Junyo* wurden schwer angeschlagen. Die Japaner verloren insgesamt weitere 85 Flugzeuge. Bombentreffer erhielten auch der Schlachtkreuzer *Haruna* und der Schwere Kreuzer *Maya*. Mitscher verlor jedoch bei diesem gewagten Unternehmen nicht weniger als 80 Maschinen. Sie waren entweder nach Erschöpfung des Brennstoffs auf See niedergegangen oder hatten bei Landeversuchen zwischen 20.45 Uhr und 23.00 Uhr auf den Flugzeugträgern Bruchlandungen gemacht. Jedoch wurden, bis auf 16 Piloten und 33 andere Besatzungsmitglieder, von den Zerstörern Spruances und den von Saipan aus operierenden amerikanischen Flugbooten die weitaus meisten Flieger gerettet.
Die Notwendigkeit für die lange Dauer der Aufnahme der rückkehrenden Flugzeuge die Träger erneut nach Osten in den Wind drehen zu müssen, ließ Mitschers Gruppe, obwohl sie gegen Mitternacht wieder Westkurs aufnehmen konnte, so viel Zeit verlieren, daß sie während des 21. Juni nicht mehr auf Angriffsreichweite an Ozawas Flotte herankam. Kurz nach Einbruch der Dunkelheit dieses Tages mußte Mitscher die Jagd nach dem geschlagenen Gegner aufgeben, nicht zuletzt auch des-

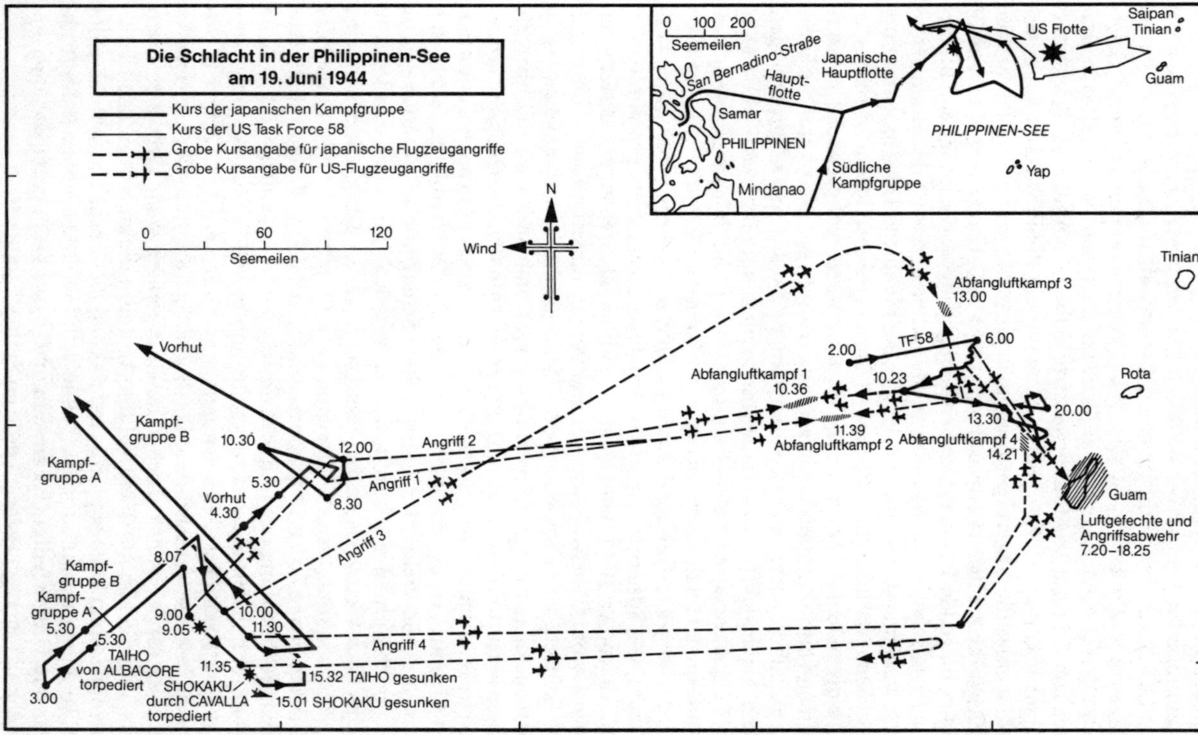
Die Schlacht in der Philippinen-See
am 19. Juni 1944
Kurs der japanischen Kampfgruppe
Kurs der US Task Force 58
Grobe Kursangabe für japanische Flugzeugangriffe
Grobe Kursangabe für US-Flugzeugangriffe
0 60 120
Seemeilen
N
Wind
0 100 200
Seemeilen
San Bernadino-Straße
Haupt-
flotte
Japanische
Hauptflotte
US Flotte
Saipan
Tinian
Guam
Samar
PHILIPPINEN
PHILIPPINEN-SEE
Südliche
Kampfgruppe
Yap
Mindanao
Tinian
Abfangluftkampf 3
13.00
TF 58
2.00
6.00
Rota
Vorhut
Abfangluftkampf 1
10.36
10.23
20.00
13.30
-14°N
Kampf-
gruppe B
11.39
Abfangluftkampf 2
Abfangluftkampf 4
14.21
10.30
12.00
Angriff 2
Kampf-
gruppe A
Angriff 1
5.30
8.30
Guam
Vorhut
4.30
Luftgefechte und
Angriffsabwehr
7.20–18.25
Angriff 3
8.07
Kampf-
gruppe B
Kampf-
gruppe A
5.30
9.00
9.05
10.00
11.30
5.30
TAIHO
von ALBACORE
torpediert
Angriff 4
11.35
12°
3.00
SHOKAKU
durch CAVALLA
torpediert
15.32 TAIHO gesunken
15.01 SHOKAKU gesunken
138° O
140°
142°
144°

halb, weil die Bunkervorräte seines Verbands schon gefährlich zur Neige gingen. Die große See- und Luftschlacht in der Philippinen-See war endgültig zu Ende.

Drei große Flugzeugträger Japans waren vernichtet. Einschließlich der von Guam aus operierenden waren ferner mehr als 480 japanische Flugzeuge zumeist mit den gesamten Besatzungen verloren gegangen. Angesichts dieser Niederlage und Verluste reichte Ozawa sein Entlassungsgesuch ein. Admiral Toyoda verweigerte jedoch die Annahme. Wie anders auf amerikanischer Seite: Hier hatten nur ein Bombentreffer auf einem Schlachtschiff und geringere Schäden auf wenigen anderen Fahrzeugen eingesteckt werden müssen. Zwar waren 130 Flugzeuge, aber nur 76 Mann fliegende Besatzungen verloren gegangen. Sie konnten dank der amerikanischen Überlegenheit an Menschen und Material unschwer ersetzt werden. Aber – und das ist eine beträchtliche Einschränkung des amerikanischen Sieges – die fünf japanischen Schlachtschiffe, insbesondere die mächtige *Yamato* und *Musashi,* waren unbeschädigt entkommen und bildeten weiterhin eine ernste Bedrohung. Die Flotte von Admiral Spruance hatte zwar einen überwältigenden Sieg in der Luft errungen, die Schlachtschiffe Lees waren jedoch nicht auf Geschützreichweite an die Schlachtschiffe Ozawas herangekommen. Auch hatten Ozawas Verbände nicht von den zahlreichen amerikanischen Zerstörern angegriffen werden können. Der amerikanische Sieg war daher keinesfalls so vollständig, wie Spruance dies mit seinem Operationsbefehl geplant hatte.

Im November 1940 hatte Admiral Somerville den ungerechtfertigten Zorn sowohl Churchills wie Admiral Pounds für seine Kampfführung in der Schlacht von Kap Spartivento (Sardinien) über sich ergehen lassen müssen und es war nahe daran, daß er des Kommandos über die britische Force H enthoben worden wäre, nur weil er in der Überzeugung gehandelt hatte, die Sicherheit und rechtzeitige Ankunft des von ihm eskortierten Geleitzuges in Malta sei wichtiger als die Verfolgung einer sich schnell zurückziehenden italienischen Schlachtflotte. Ähnlich wurde jetzt auch Spruance kritisiert, weil er Mitschers Einheiten den Vorstoß weiter nach Westen gegen den Feind versagt hatte. Dies, so meinten seine Kritiker, hätte er, wenn nicht schon nach Eingehen der Meldungen der U-Boote *Flying Fish* und *Seahorse* am 15. und 16. Juni, dann spätestens nach Sichtmeldung des U-Boots *Cavalla* am 17. befehlen müssen. Kurz gesagt, er habe eine zu defensive Position zu nahe an Saipan eingenommen, anstatt offensive Bewegungen in Richtung auf den Gegner vorzutragen, insbesondere während der Nacht des 18. Juni. Wie sehr viel stärker aber wäre er unter kritischen Beschuß geraten, wenn Ozawa ihn überlistet und flankierend überholt hätte, so daß er die amerikanischen Truppen auf Saipan hätte angreifen, oder schlimmer noch, Turners ablaufende TF 52 vernichten können. Schließlich konnte Spruance ja nicht ahnen, daß Ozawa lediglich eine Vernichtungsschlacht gegen die amerikanischen Flugzeugträgerverbände im Sinn gehabt hatte.

Aber selbst die angezeigte Kritik kann die Leistung von Spruance und Mitscher nicht schmälern, ebensowenig wie Rodneys Sieg bei The Saintes oder Howes Sieg am »Ruhmreichen Ersten Juni« nur deshalb herabgesetzt werden dürfen, weil sie es unterlassen hatten, den Restflotten von de Grasse bzw. Villaret-Joyeuse entschlossen nachzusetzen. Spruance und Mitscher waren und sind die Sieger der größten Trägerluftschlacht des Zweiten Weltkriegs, in der sich wie bei Midway und im Korallen-Meer die gegnerischen Überwasserverbände niemals auch nur einen Augenblick lang in Sicht bekamen. Die beiden amerikanischen Admirale hatten die Hälfte der japanischen Trägerstreitmacht vernichtet und deren Fluggeschwader nun zum dritten Mal praktisch aufgerieben. Die japanische Flotte war nicht mehr stark genug, den 25 000 Verteidigern Saipans zu Hilfe zu eilen. Jetzt waren die amerikanischen Streitkräfte ungehindert in der Lage, die Insel bis zum 9. Juli zu überrennen. Tausende von japanischen Verteidigern begingen Harakiri, einschließlich des Marinebefehlshabers. Dieser war kein anderer als Nagumo selbst, der berühmte Sieger von Pearl Harbor. Auch gab es jetzt keine ausreichend starke japanische Flotte mehr, welche die amerikanische Landung auf Guam hätte verhindern können. (Diese Unternehmung war allerdings wegen der Schlacht auf den 21. Juli verschoben worden). Am 24. erfolgte dann schon eine weitere erfolgreiche amerikanische Landung auf Tinian. Bis zum 12. August waren alle Hauptinseln der Marianen sicher in amerikanischer Hand.
Eine weitere Folge des Ausgangs der Schlacht in der Philippinen-See und des bald folgenden Falls von Saipan war der Rücktritt des Kabinetts Tojo und die auf einer Geheimsitzung am 18. Juli erfolgende stillschweigende Anerkenntnis durch die japanische Regierung, daß es nunmehr zur unausweichlichen Tatsache geworden war, daß Japan einer endgültigen Niederlage entgegenging.

Die Schlacht in der Philippinen-See war jedoch weder die letzte große Seeschlacht des Zweiten Weltkriegs noch – trotz der großen Anzahl von teilnehmenden Kriegsschiffen und Flugzeugen – die größte. Eine weitere und noch gewaltigere sollte im Herbst des Jahres 1944 folgen, in Form der vier miteinander verbundenen und fast gleichzeitigen Aktionen in der Sibuya-See, in der Surigao-Straße, vor Samar und bei Kap Engaño. Diese vier Begegnungen, jede eine größere Seeschlacht für sich, sind unter der Gesamtbezeichnung »Schlacht um den Leyte-Golf« in die Geschichte eingegangen. Für dieses Buch bietet sich kein besserer Abschluß als eine Darstellung dieses verzweifelten Versuchs dessen, was von der einst so starken, stolzen und siegreichen kaiserlich-japanischen Marine übrig geblieben war, den unaufhörlichen und erbarmungslosen Vormarsch der Amerikaner gegen das japanische Heimatland durch einen letzten großen Schlag aufzuhalten. Ein Großteil dieser Kämpfe erfolgte »nach klassischer Art«, Schiff gegen Schiff, Geschütz gegen Geschütz, aber auch mit Flugzeugen, Torpedos und Bomben, und das zum letzten Mal im

Zweiten Weltkrieg und wahrscheinlich auch in der Weltgeschichte des Seekriegs überhaupt. Nach vierhundertjähriger Herrschaft als allein entscheidende Waffe auf See war die Schiffsartillerie großer Schiffe durch Torpedos und Flugzeuge überholt. Heute ist sie durch Fernlenkwaffen aller Art übertroffen und endgültig verdrängt.
General MacArthurs Offensive Richtung Norden machte nach der Besetzung Neuguineas und nach dem Vordringen von Nimitz nach Westen über den Mittelpazifik nach Einnahme der Marianen so schnelle Fortschritte, daß die US Joint Chiefs of Staff eine gemeinsame große Operation bereits für Oktober, und nicht erst für Mitte Dezember genehmigten: Die Landung auf den Philippinen und die Einnahme dieser wichtigen Inselgruppe. MacArthur setzte dazu die Sechste Armee unter Generalleutnant Walter Krueger an. Sie sollte an der Ostseite der Insel Leyte, unmittelbar südlich von Samar landen und zwei Landeköpfe bilden. Der Angriff sollte direkt durch Kinkaids verstärkte Siebte Flotte unterstützt werden, bei der auch ein kleiner britischer Verband stand. All diese Streitkräfte standen unter dem Oberbefehl von General MacArthur.
Nimitz erhielt den Oberbefehl über die zur Deckung und Unterstützung der Landungskräfte angesetzten Flottenverbände. Für die Aufgabe der Deckung des Unternehmens gegen die immer noch kampfstarke japanische Restflotte erhielt Admiral Halsey, der mit Nachdruck die Vorverlegung der Operation um zwei Monate befürwortet hatte, das Kommando über diese Kernstreitkräfte der amerikanischen Pazifikflotte, welche jetzt die taktische Bezeichnung Dritte Flotte führten.
Auf diese zweigeteilte Kommandostruktur, die wie wir so oft sahen niemals eine gute Voraussetzung für einen glatten Erfolg ist, sei gleich vorwarnend hingewiesen. Admiral Kinkaid stand unter dem Oberbefehl von General MacArthur, Admiral Halsey dagegen unterstand Admiral Nimitz. Niemand wußte, wie man diese beiden erfolgreichen Oberbefehlshaber (Nimitz und MacArthur) zu einem Tandem hätte zusammenschmieden können, und niemand wagte daran zu denken, insbesondere wegen der Egozentrik MacArthurs, der durch geschickte Öffentlichkeitsarbeit das amerikanische Volk in den Glauben versetzt hatte, er sei ein Wesen das »gleich hinter Gott käme«, wie man den mächtigen Feldherrn dem Befehlshaber der größten Flotte aller Zeiten unterstellen konnte oder umgekehrt, wie sie zu einer Einheit zusammenzuschmieden waren, wenn die Weiterführung des Krieges eine gemeinsame Operation der Streitkräfte beider unbedingt erforderte. So kam es zu der unglücklichen janusköpfigen Kommandostruktur.
TF 77 und die eigentlichen Landungsverbände, für deren Sicherheit diese direkt verantwortlich war, versammelten sich Anfang Oktober in Manus und anderen Ankerplätzen an der Nordküste Neuguineas: Eine gewaltige Armada von insgesamt 738 Einheiten. TF 38 rüstete sich in Ulithi (südwestlich von Guam). Zusammen bildeten sie die gewaltigste und schlagkräftigste Streitmacht, die jemals für ein Unternehmen gemeinsam

Kampfgruppe	Schlachtschiffe	Schwere Kreuzer	Leichte Kreuzer	Geleitträger	Zerstörer oder Geleitzerstörer	Verschiedene
TF 77 Vizeadmiral T.C. Kinkaid	–	–	–	–	–	*Wasatch* (Landungsflaggschiff)
TG 77.2 (Feuerunterstützung und Landzielbekämpfung) Konteradmiral J. B. Oldendorf	*Mississippi*	*Louisville* (Flaggschiff)	*Denver*	–	15	–
	Maryland	*Portland*	*Columbia*	–		
	West Virginia	*Minneapolis*	–	–		
	Tennessee	–	–	–		
	California	–	–	–		
	Pennsylvania	–	–	–		
TG 77.3 (Nahunterstützung)	–	HMAS *Shropshire*	*Phoenix* (Flaggschiff)	–	6	–
Konteradmiral R. S. Berkey	–	–	*Boise*			
TG 77.4 (Drei Geleitträgergruppen) Konteradmiral T. L. Sprague (auf *Sangamon*), Konteradmiral F. B. Stump (auf *Natoma Bay*) und Konteradmiral C. A. F. Sprague (auf *Fanshaw Bay*)	–	–	–	18	20	–
TG 79.1 (Sonderkampfgruppe)	–	–	–	–	7	–
Insgesamt	6	4	4	18	48	–

eingesetzt wurde, auch wenn sie nach Zahl der Landungsfahrzeuge durch die alliierten Invasionskräfte übertroffen wurde, die in der Normandie im Juni 1944 den Angriff gegen die »Festung Europa« vortrugen.
Der Vorstoß der TF 77 in Richtung Norden begann am 10. Oktober. An diesem Tag begann die von Ulithi weit nach Westen geführte TF 38 mit wochenlangen Luftangriffen die Niederkämpfung der japanischen Luftwaffenstützpunkte auf den Philippinen und auf Formosa. Japan reagierte durch einen massiven Torpedobomberangriff gegen TF 38. Die Beschädigung der Kreuzer *Canberra* und *Houston* mußte mit 40 abgeschossenen Flugzeugen bezahlt werden. Radio Tokio behauptete dagegen in seinen Propagandasendungen, es seien nicht weniger als 11 Flugzeugträger, zwei Schlachtschiffe und drei Kreuzer versenkt und acht Flugzeugträger, zwei Schlachtschiffe und vier Kreuzer beschädigt worden. Toyoda, der sein Hauptquartier nach Tokio zurückverlegt hatte, fiel der eigenen Radiopropaganda selbst so sehr zum Opfer, daß er einen Verband von nur drei Kreuzern und fünf Zerstörern aus der japanischen Inlandsee auslaufen ließ, um die »Reste« der Dritten US-Flotte zu vernichten. Admiral Halsey bot seine zwei beschädigten Kreuzer, die langsam zu ihren Stützpunkten zurückgeschleppt wurden als Köder an, um diese kleine japanische Streitmacht in die Fänge seiner gewaltigen Flotte zu locken. Nur zu schnell mußten jetzt die schwachen japanischen Flottenkräfte erkennen, wie absurd die Erfolgsmeldungen fliegender Besatzungen sein konnten. Sie kehrten nach Hause um. Das veranlaßte den kampflustigen Halsey zu seinem berühmten Funkspruch an Nimitz »Habe meine gesunkenen Schiffe geborgen und fliehe mit Höchstgeschwindigkeit in Richtung Feind«. Bei Einbruch der Dunkelheit am Abend des 16. Oktober 1944 war die Stärke der japanischen Luftstreitkräfte auf Formosa und den Philippinen auf weniger als 200 einsatzfähige Maschinen zusammengeschrumpft. Die Amerikaner hatten nur 90 Maschinen verloren und leichte Schäden auf drei Trägern erlitten.
Am nächsten Tage räumten Minenräumer der TF 77 die Ansteuerungskurse im Leyte-Golf vor dem beabsichtigten Landegebiet. Am Mittag des 18. Oktober waren die kleinen Inseln am Eingang des Leyte-Golfs, auf welchen die Japaner nur Radar- und Beobachtungsstationen errichtet hatten, in amerikanischen Händen. Admiral Oldendorfs TG 77.2 nahm die geplanten Landungsabschnitte unter vernichtendes Feuer der schweren Schiffsartillerie. Zwei Tage später begannen Vizeadmiral Daniel Barbey und Vizeadmiral Theodore Wilkinson mit der Landung der Truppen aus den nördlichen und südlichen Transportgeschwadern in den Landezonen, begünstigt durch gutes Wetter und geringen japanischen Widerstand.
»Völker der Philippinen, ich bin zurückgekehrt«. Mit diesen stolzen Worten watete General MacArthur an Land, zweieinhalb Jahre nachdem ihn Japan zum Verlassen der Inseln gezwungen hatte. (Er mußte zweimal waten, weil es das erste Mal mit den Filmkameras der Berichterstatter

nicht geklappt hatte). Am 21. Oktober waren die beiden nächstgelegenen Flugplätze in amerikanischen Händen. Bei Mitternacht dieses Tages waren bereits 132 000 Mann und 200 000 Tonnen Fahrzeuge, Waffen, Ausrüstung, Munition und sonstige Versorgungsgüter gelandet. Im Leyte-Golf selbst waren nur noch drei amphibische Flaggschiffe (die von Kinkaid, Barbey und Wilkinson), 28 Liberty-Schiffe und 26 Panzerlandeschiffe verblieben.

Admiral Toyoda hatte eine amerikanische Operation gegen die Philippinen so genau und so lange vorhergesehen, daß er nicht weniger als vier SHO (= Sieg)-Gegenpläne entwickelt hatte, je nachdem, welche Insel die Amerikaner für ihre erste Landung wählen würden. Aber von allem Anfang an litt er unter zwei schweren Nachteilen: Seine Aufklärung und seine Nachrichtendienste gaben ihm keinerlei Vorwarnung über die eigentlichen Operationsziele MacArthurs. Erst als zahlreiche amerikanische Minensucher am 17. Oktober vor dem Leyte-Golf erschienen, erkannte Toyoda, daß dies der Ort der Landung sein würde. Zweitens hatten amerikanische U-Boote und Flugzeuge schon so viele seiner Versorgungstanker versenkt, daß er gezwungen gewesen war, seine Flotte weit zu verstreuen, von der Inlandsee Japans bis hinunter nach der Reede von Lingga Roads bei Singapur. Das machte die Heranführung der japanischen Verbände kompliziert und langwierig.

Man vergleiche Tabelle 48 (japanische Streitkräfte) mit Tabelle 46 und 47 (US Streitkräfte). Welcher Stärkeunterschied! Selbst wenn Toyoda restlos alle Einheiten der japanischen Marine zum Gegenschlag konzentriert hätte, würden Ozawas Verbände allenfalls die gleiche Stärke besessen haben, wie nur eine einzige der zahlreichen amerikanischen Trägerkampfgruppen. Und von dieser alles entscheidenden Schiffsklasse der Flugzeugträger besaß Japan jetzt nur noch vier, daneben zwei zu Halbflugzeugträgern umgebaute Schlachtschiffe (die jedoch ohne Flugzeuge waren). Noch entscheidender aber war, daß die japanischen Träger nur noch 160 Flugzeuge in den Kampf gegen die mindest zehnmal stärkere Anzahl Maschinen werfen konnten, über die Kinkaid und Halsey verfügten. Daher sah der Plan SHO-1 vor, daß Ozawas Trägergruppe von der japanischen Inlandsee als Köder nach Süden vorstoßen sollte, um Halseys Dritte Flotte einschließlich ihrer Träger weiter nach Norden zu locken, damit mit einiger Aussicht auf Erfolg Kuritas Erste Angriffsgruppe A von Lingga nach Nordosten durch die (Samar von Luzon trennende) San Bernardino-Straße und Nishimuras Erste Angriffsgruppe C von Lingga durch die Surigao-Straße (zwischen Leyte und Mindanao) vorstoßen konnten, um gemeinsam die vor dem Leyte-Golf liegende amerikanische Landungsflotte anzufallen und zu vernichten.

Schon bei der Entwicklung dieses überaus komplizierten Angriffsplans zeigte sich, daß Toyoda dem operativen Geist Yamamotos nicht ebenbürtig war. Der Plan war von vornherein zum Scheitern verurteilt, einmal aus Mangel an ausreichender Luftunterstützung, zum anderen, weil er

Tabelle 47: Die 3. US-Flotte vor dem Leyte-Golf im Oktober 1944

Kampfgruppe	Schlachtschiffe	Flottenträger	Leichte Flottenträger	Schwere Kreuzer	Leichte Kreuzer	Zerstörer
TF 38 Oberbefehlshaber Admiral W. F. Halsey (auf *New Jersey*)	–	–	–	–	–	–
TG 38 (1. Träger Task Force) Vizeadmiral Marc Mitscher (auf *Lexington*)	–	–	–	–	–	–
TG 38.1 Vizeadmiral J. S. McCain	–	*Wasp* (Flaggschiff)	*Monterey*	*Chester*	*Oakland*	13
	–	*Hornet*	*Cowpens*	*Salt Lake City*	*San Diego*	
	–	*Hancock*	–	*Pensacola*	–	
TG 38.2 Konteradmiral G. F. Bogan	*Iowa*	*Intrepid* (Flaggschiff)	*Cabot*	–	*Vincennes*	16
	New Jersey	–	*Independence* †	–	*Biloxi*	
	–	–	–	–	*Miami*	
TG 38.3 Konteradmiral F. C. Sherman	*Massachusetts*	*Essex* (Flaggschiff)	*Langley*	–	*Santa Fé*	15
	South Dakota	*Lexington*	*Princeton*	–	*Mobile*	
	–	–	–	–	*Birmigham*	
	–	–	–	–	*Reno*	
TG 38.4 Konteradmiral R. E. Davison	–	*Franklin* (Flaggschiff)	*San Jacinto*	*New Orleans*	–	13
	–	*Enterprise*	*Belleau Wood*	*Wichita*	–	

TF 34 (Angriffs-Kampfgruppe am 25. 10. um 4.30 Uhr aus TF 38 und den mit * bezeichneten Einheiten gebildet) Vizeadmiral W. A. Lee	–	–	–	–	–	–
TG 34.1	*Iowa*	–	–	–	–	–
Vizeadmiral W. A. Lee	*New Jersey*	–	–	–	–	–
	Massachusetts	–	–	–	–	–
	**Washington* (Flaggschiff)	–	–	–	–	–
	South Dakota	–	–	–	–	–
	* *Alabama*	–	–	–	–	–
TG 34.2	–	–	–	–	*Vincennes* (Flaggschiff)	8
Konteradmiral	–	–	–	–	*Miami*	
F. E. Whiting	–	–	–	–	*Biloxi*	
TG 34.3	–	–	–	*Wichita*	–	4
Konteradmiral				(Flaggschiff)		
C. T. Joy	–	–	–	*New Orleans*	–	
TG 34.4	–	–	–	–	*Santa Fé* (Flaggschiff)	6
Konteradmiral L. T. Du Bose	–	–	–	–	*Mobile*	
Insgesamt	6	8	8	5	9	57

† = Nachtjäger-Träger

schwer gegen das wesentliche Prinzip der Notwendigkeit zur Konzentration aller Kräfte verstieß. Der ausgeklügelte Plan beruhte zu stark auch auf der Voraussetzung hervorragender Kommunikation, welche die schlagkräftige Koordination aller Bewegungen der einzelnen japanischen Kampfgruppen sicherstellen mußte. Schließlich aber mußte der Plan fehlschlagen, weil die vier japanischen Befehlshaber (Ozawa, Kurita, Nishimura und Shima) keine ausreichenden Kommunikationsmittel zum Nachrichtenaustausch besaßen. Alle vier unterstanden direkt den Einsatzbefehlen Toyodas, der ein so kompliziertes Unternehmen natürlich vom fernen Tokio aus nicht richtig leiten konnte. (Dabei litt Japan ohnehin unter einem Problem, das nichts mit der Marine und ihrer Befehlsstruktur und ihren Nachrichtenverbindungen zu tun hatte. Winston Churchill bemerkte: »Die Starrheit der Planung der Japaner und ihre Tendenz, gesetzte Ziele aufzugeben, wenn ein Unternehmen nicht ganz planmäßig verlief, ist wesentlich auch der umständlichen und ungenauen Natur der japanischen Sprache anzulasten, welche es außerordentlich schwierig macht, mit Hilfe von Signalkommunikation zu improvisieren«.)
Aus geographischen Gründen konnte ferner keine japanische Kampfgruppe den Leyte-Golf erreichen, bevor Barbey und Wilkinson die erste besonders kritische Phase der eigentlichen Landungsoperationen abgeschlossen hatten und die große Masse der wichtigsten US-Transporter schon entlöscht und abgefahren waren. Schließlich aber konnte auch das völlige Gelingen des japanischen Plans höchstens dazu führen, daß die seewärtigen Versorgungsverbindungen General Kruegers zeitweilig unterbrochen wurden. Die schließliche Eroberung der Philippinen durch die Amerikaner konnte der Plan auch günstigstenfalls ebensowenig verhindern, wie die unvermeidliche endgültige Niederlage Japans. Aber in dieser Endphase des Krieges waren Admiral Toyoda und seine Mitstreiter bereits verzweifelte Männer.
Am 18. Oktober liefen von Lingga aus die Erste Angriffsgruppe A und die Erste Angriffsgruppe C die Brunei-Bucht auf Borneo zum Bunkern an. Um 08.00 Uhr am 22. setzten Kuritas Einheiten, darunter die Mehrzahl der verbliebenen japanischen Schlachtschiffe einschließlich der gewaltigen *Yamato* und *Musashi* und die meisten überlebenden Schweren Kreuzer Kurs in die Sibuya-See und nach der San Bernardino-Straße ab. Nishimuras kleinerer Verband nahm in der Sulu-See Kurs auf die Surigao-Straße. Nishimura sollte durch Shimas Zweite Angriffsgruppe unterstützt werden, welche die Inlandsee am 20. verlassen hatte, am gleichen Tag also, an dem Ozawas als Köder dienende Träger zu ihrem Täuschungsmanöver ausgelaufen waren, jedoch diesmal zu ihrem Leidwesen durch die von Nimitz zum Abfangen japanischer Flotteneinheiten vor den japanischen Inseln stationierten amerikanischen U-Boote oder amerikanischen Aufklärer nicht gleich erfaßt wurden.
Die Ouverture zu diesem Kampfgeschehen begann am 23. Oktober. Am

Tabelle 48: Die japanischen Seestreitkräfte in der Schlacht um den Leyte-Golf im Oktober 1944

Kampfgruppe	Schlachtschiffe und Schlacht-kreuzer	Flotten-träger	Schlachtschiff/ Flugzeugträger	Leichte Flug-zeugträger	Schwere Kreuzer	Leichte Kreuzer	Zerstörer
Trägergruppe	–	*Zuikaku*	*Hyuga*	*Chitose*	–	*Tama*	8
Vizeadmiral	–	(Flaggschiff)	*Ise*	*Chiyoda*	–	*Oyodo*	
J. Ozawa		–	–	*Zuiho*	–	*Isuzu*	
1. Kampfgruppe A	*Yamato*	–	–	–	*Atago* (Flagg-schiff)	*Noshiro*	15
Vizeadmiral	*Musashi*	–	–	–	*Takao*	*Yahagi*	
T. Kurita							
	Nagato	–	–	–	*Maya*	–	
	Kongo	–	–	–	*Chokai*	–	
	Haruna	–	–	–	*Haguro*	–	
	–	–	–	–	*Myoko*	–	
–	–	–	–	–	*Kumano*	–	
	–	–	–	–	*Suzuya*	–	
–	–	–	–	–	*Chikuma*	–	
	–	–	–	–	*Tone*	–	
1. Kampfgruppe C	*Yamashiro*	–	–	–	*Mogami*	–	4
Vizeadmiral	(Flaggschiff)						
C. Nishimura	*Fuso*	–	–	–	–	–	
2. Kampfgruppe	–	–	–	–	*Nachi*	*Abukuma*	4
Vizeadmiral					(Flaggschiff)		
K. Shima	–	–	–	–	*Ashigara*	–	
Insgesamt	7	1	2	3	13	6	31

frühen Morgen dieses Tages wurde die Erste Angriffsgruppe A westlich von Palawan durch die gemeinsam patrouillierenden amerikanischen U-Boote *Darter* (Lieutenant-Commander D. McClintock) und *Dace* (Lieutenant-Commander B. D. Clagget) entdeckt. Beide funkten Sichtmeldungen und versuchten dann in gute Torpedoschußpositionen zu gelangen. Um 06.30 Uhr versenkte McClintock den Schweren Kreuzer *Atago* mit zwei Torpedos und schoß zwei weitere in das Schwesterschiff *Takao,* das schwer beschädigt wurde. Clagget torpedierte und versenkte das Schwesterschiff *Maya. (Darter* lief danach auf den Bombay-Shoals auf Grund und mußte aufgegeben werden; McClintock und seine Besatzung wurden jedoch von *Dace* gerettet). Der Verlust von drei seiner Schweren Kreuzer, das eigene Flaggschiff eingeschlossen, konnte Kurita jedoch nicht davon abbringen, den Kurs Richtung Sibuya-See durchzuhalten. Schließlich umfaßte ja seine Kampfgruppe jene beiden mit 45,7-cm-Geschützen bewaffneten Giganten, das Schlachtschiff *Yamato,* auf dem er jetzt seine Flagge setzte, und das Schlachtschiff *Musashi,* denen der Ruf der Unsinkbarkeit vorausging.
Halsey hatte inzwischen auf die Feindmeldungen der U-Boote *Darter* und *Dace* reagiert. Um Mittag des nächsten Tages hatte er Mitschers 11 Träger in einer breiten Front von Osten her vor den Philippinen in Abwehrstellung gebracht: Shermans TG 38.3 im Norden, Bogans TG 38.2 vor der San Bernardino-Straße und Davisons TG 38.4 etwa 60 Seemeilen vor Samar (McCains TG 38.1 war nach Ulithi zum Bunkern entlassen worden. Sie wurde zwar sofort zurückgerufen, konnte jedoch erst am nächsten Tag, dem 28. Oktober, wieder am Schauplatz des Geschehens stehen). Bald nach dem Morgengrauen erfaßten Mitschers Aufklärer den Verband Kuritas und beschatteten ihn seither. Nun ließ Mitscher von seinen Trägern in mehreren Angriffswellen nicht weniger als 260 Flugzeuge gegen Kurita vorgehen.
Kurz bevor diese Maschinen ihr Ziel finden konnten, wurde die TG 38.3 von japanischen Flugzeugen, wahrscheinlich von Admiral Onishis Erster Luftflotte aus Luzon, aber möglicherweise auch von Ozawas Streitkräften, angegriffen. Die meisten dieser Maschinen wurden abgefangen und von Shermans überlegenen Kampfpatrouillen (CAP – Combat Air Patrols) abgeschossen. Lediglich eine japanische Maschine kam durch und konnte mit einer 250-kg-Bombe den Träger *Princeton* treffen. Die Bombe durchschlug mehrere Decks und verursachte einen größeren Benzinbrand. Die Leichten Kreuzer *Birmingham* und *Reno* gingen bei dem wunden Träger zur Hilfeleistung bei der Brandbekämpfung längsseits. Vergeblich, das Feuer erreichte die Magazine der *Princeton,* deren Explosion nicht nur den Träger so stark zerstörte, daß er von *Reno* torpediert und versenkt werden mußte, sondern auch etwa 600 Männer der *Birmingham*-Besatzung tötete und verwundete, die sich zur Feuerbekämpfung und zur Vorbereitung des Abschleppens auf dem beschädigten Träger befanden.

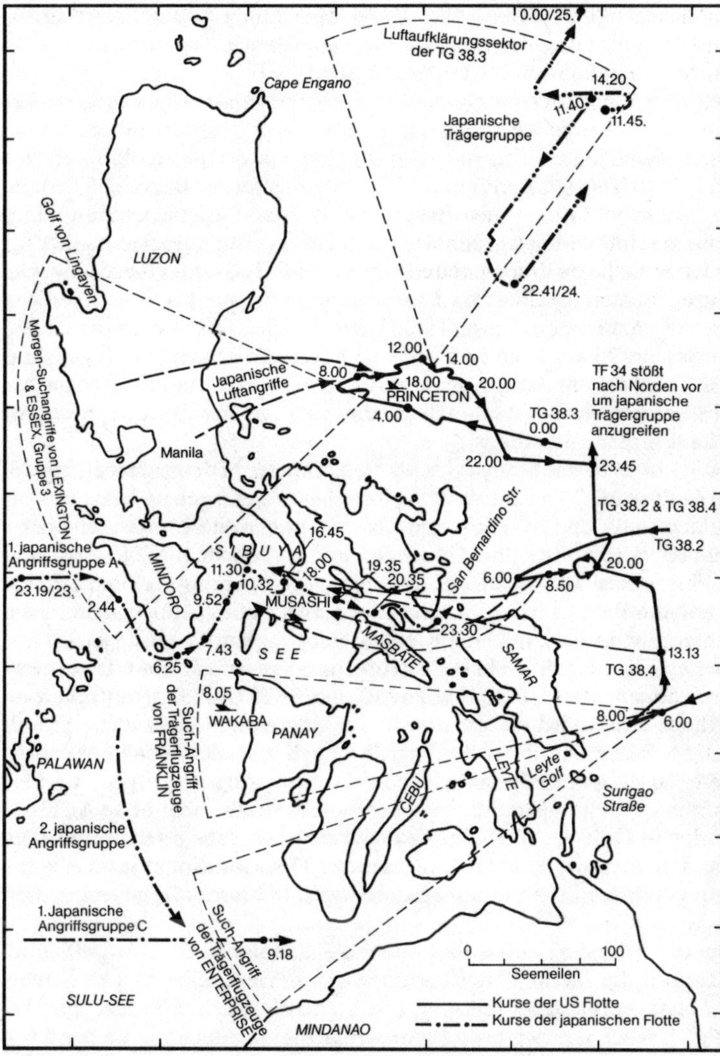

Die Schlacht in der Sibuya-See am 24. Oktober 1944

Mitschers Maschinen sollten bald Vergeltung üben können: Trotz schwersten Abwehrfeuers, das sie 30 Maschinen kostete, erzielten sie Bomben- und Torpedotreffer auf den Schlachtschiffen *Yamato* und *Nagato* und dem Schweren Kreuzer *Myoko*.
Die ganze Wucht der amerikanischen Angriffe mußte jetzt der Riese *Musashi* über sich ergehen lassen. Dieser Schiffstyp – letzter Höhepunkt des Schlachtschiffbaus – war so gut konstruiert und gepanzert, daß nicht weniger als 19 Torpedotreffer und 17 Bombentreffer zur Beendung der kurzen Seekarriere dieses gewaltigen, mit 45,7-cm-Geschützen bestückten Schlachtschiffs nötig waren. Um 19.35 Uhr kenterte der Riese und sank mit Konteradmiral Inoguchi und dem größten Teil seiner Besatzung. Der Rest der Ersten japanischen Angriffsgruppe A hatte keine weiteren ernsten Schäden erlitten. Gegen 15.00 Uhr sah sich Kurita wegen der Heftigkeit der amerikanischen Luftangriffe, gegen die er keinerlei Jagdschutz besaß, zur Kursänderung gezwungen. An Toyoda funkte er seine Absicht: »Halte es für zweckmäßig, zeitweilig aus der Zone gegnerischer Luftangriffe abzulaufen.«
Die Schlacht in der Sibuya-See war ein erneuter bedeutsamer Erfolg für die Amerikaner. Die Dritte US-Flotte hatte mehr geleistet, als nur ein Schlachtschiff und zwei Schwere Kreuzer (zwei weitere waren schwer beschädigt worden) bei einem eigenen Verlust von einem Träger und etwa 30 Flugzeugen zu versenken. Vielmehr war Toyodas Gesamtplan, dic amerikanischen Landungsstreitkräfte in einer Falle zu fangen und zu vernichten, schon stark in Gefahr fehlzuschlagen. Kurita würde jetzt schon den Leyte-Golf nicht mehr beim Morgengrauen des nächsten Tages erreichen können. Dennoch funkte Toyoda um 19.25 Uhr: »Im Vertrauen auf göttliche Hilfe wird die gesamte Flotte angreifen.« Eine halbe Stunde später befahl er Kurita, den »Angriff schnell und rücksichtslos vorzutragen.« Zu diesem Zeitpunkt steuerte die Erste Angriffsgruppe A erneut Ostkurs in Richtung auf die San Bernadino-Straße, aber ohne Aussicht, den Leyte-Golf vor 7.00 Uhr des nächsten Morgens erreichen zu können, d. h. erst drei Stunden nach dem im Operationsplan für die Vereinigung mit den Streitkräften Nishimuras und Shimas festgelegten Zeitpunkt.
Aber das Schicksal wollte, daß weder die japanische Erste Angriffsgruppe C noch die Zweite Angriffsgruppe den Leyte-Golf jemals erreichten. Der erste Verband wurde längst von amerikanischen Flugzeugen beschattet. Auch der zweite 40 Seemeilen achteraus stehende Verband war bereits von der amerikanischen Aufklärung erfaßt. In der richtigen Annahme, daß beide japanische Gruppen die Surigao-Straße ansteuerten, gab Kinkaid um 14.43 Uhr Admiral Oldendorf den Auftrag, ihren Durchbruch auf jeden Fall zu verhindern. Daher gingen bei Sonnenuntergang die sechs alten Schlachtschiffe der TG 77.2 mit ihrer Feuerkraft von insgesamt 48 35,6-cm-Geschützen und 16 40,6-cm-Geschützen in Kiellinie (in der Reihenfolge *Mississippi, Maryland, West Virginia, Ten-*

nessee, California und *Pennsylvania)* quer über den 15 Seemeilen breiten östlichen Ausgang dieser Meeresstraße in Abwehrposition. Oldendorfs vier Schwere und vier Leichte Kreuzer wurden in zwei Gruppen drei Seemeilen weiter feindwärts vorgeschoben: *Louisville, Portland, Minneapolis, Denver* und *Columbia* auf der linken Flanke, *Phoenix, Boise* und der australische Kreuzer *Shropshire* auf der rechten Flanke. Die Zerstörergeschwader 24 (Captain McManes) und 54 (Captain Coward) bewachten die westliche Einfahrt der Surigao-Straße mit dem Befehl, den erwarteten Gegner sofort mit einem Torpedohagel zu empfangen. Das Zerstörergeschwader 56 (Captain Smoot) stand weiter in Richtung offene See. Ein viertes Zerstörergeschwader schützte die Schlachtschiffe. Oldendorf verfügte zwar über keine Nachtaufklärer, setzte jedoch seine 39 Motortorpedoboote (PT Boats) optimal ein. Bei geradezu idealem Schnellboot-Angriffswetter (große Dunkelheit bei halbbedecktem Himmel, wenig Wind und eine relativ ruhige See) sandte Oldendorf seine Torpedoschnellboote unter Lieutenant-Commander R. A. Leeson in Gruppen von je drei Booten nach Westen auf Patrouillenpositionen innerhalb der Straße. Sie hatten Befehl, jede Feindfühlung sofort zu melden und den Gegner entschlossen anzugreifen.
Und so eröffnete denn auch das kleine amerikanische Schnellboot *PT 131* die Schlacht in der Surigao-Straße. Um 22.36 Uhr erhielt das Boot Radarfühlung mit der japanischen Ersten Angriffsgruppe C. Mit zwei weiteren Booten setzte der Kommandant zum Angriff auf Nishimuras Schlachtschiffe an, nachdem er eine entsprechende Feindmeldung gefunkt hatte. Während der ganzen 50 Seemeilen langen Strecke durch die Mindanao-See und die Surigao-Straße wurde der herankommende japanische Verband durch die gleiche Gruppe von PT-Booten laufend gemeldet und, allerdings erfolglos, angegriffen. Alle US-Schnellboote wurden von japanischen Scheinwerfern erfaßt und durch einen Granathagel abgedrängt, das letzte um 2.13 Uhr am 25. Oktober. Sie hatten jedoch Admiral Oldendorf jene wichtigen Informationen übermittelt, die er zum bestmöglichen taktischen Einsatz seiner Schlachtschiffe brauchte.
Fünfundvierzig Minuten später stieß Nishimura auf das amerikanische Zerstörergeschwader 54. Captain Coward erhielt um 02.30 Uhr Radarfühlung, früh genug um festzustellen, daß die japanische Erste Angriffsgruppe C in Kiellinie marschierte. Vier Zerstörer liefen zwei Meilen vor dem Schlachtschiff *Yamashiro*, das Schwesterschiff *Fuso* und der Schwere Kreuzer *Mogami* folgten im Abstand von je einer halben Seemeile. Um 03.00 Uhr führte Coward eine seiner Zerstörerdivisionen, die Zerstörer *Remey, McGowan* und *Melvin*, mit voller Geschwindigkeit gegen Nishimura auf Torpedoschußposition Steuerbord voraus. Siebenundzwanzig amerikanische Torpedos wurden auf eine Entfernung von zwischen 7300 und 8700 m abgeschossen. Ein Torpedo traf das Schlachtschiff *Fuso* und ließ es aus der japanischen Kiellinie ausscheren. Brände und Explosionen brachen aus, eine halbe Stunde später brach das Schlachtschiff in

zwei Teile und sank. Kurz nach diesem Erfolg griff Commander R. H. Phillips (Führerboot: *McDermut*) Nishimura von Backbord voraus an und torpedierte die Zerstörer *Yamagumo, Michishio* und *Asagumo*. Der erste sank, die beiden anderen waren kampfunfähig. Das Divisionsboot *Monssen* brachte dem Schlachtschiff *Yamashiro* einen Torpedotreffer bei, der zwei Magazine voll Wasser laufen ließ. Zehn Minuten später führte McManes mit *Hutchins* die sechs Zerstörer des Geschwaders 24 (bei dem auch der australische Zerstörer *Arunta* stand) zu einem Angriff gegen die Erste Angriffsgruppe C vor. Bei 19 Torpedoschüssen versenkte ein Torpedo den angeschlagenen Zerstörer *Michishio*, ein anderer traf das Schlachtschiff *Yamashiro* erneut. Nishimura hielt dennoch Kurs und Geschwindigkeit durch: Nichts, aber auch gar nichts schien ihn am Erreichen des Leyte-Golfs hindern zu können, so viele Schiffe seines Verbandes auch schon verloren oder beschädigt waren.

Daß ihm nun sechs amerikanische Schlachtschiffe, acht Kreuzer und zwei ganze weitere Zerstörergeschwader im Dunkeln den Weg verlegten, konnte Nishimura nicht ahnen, als er nun mit seinem einsamen Schlachtschiff, einem einzigen Kreuzer und einem einzigen verbleibenden Zerstörer auf diese gewaltige Übermacht zusteuerte. Um 03.23 Uhr erhielt Oldendorfs Schlachtflotte bei östlichem Kurs auf den Radarschirmen ersten Kontakt mit dem auf Nordkurs herannahenden Gegner. Admiral Oldendorf konnte seinen Schlachtschiffen befehlen, die überlegene klassische taktische Position für eine Schlachtflotte einzunehmen, die alle Marinetaktiker seit dem Siege Togos bei Tsushima als »Crossing the T« bezeichneten und schätzten. Eine halbe Stunde später, um 03.51 Uhr, eröffneten die amerikanischen Kreuzer das Feuer mit ihren 20,3-cm- und 15,2-cm-Geschützen auf eine Entfernung von etwa 14 600 m. Eine Minute später brüllten die schweren Geschütze der Schlachtschiffe auf. Die mit den neuesten Feuerleitradargeräten ausgerüstete *West Virginia* konnte ihre erste Salve auf eine Entfernung von fast 21 000 m feuern, eine für Nachtgefechte bisher nicht dagewesene Entfernung. In ihr Feuer fielen sofort auch *Tennessee* und *California* ein, da sie mit den gleichen modernen Feuerleitgeräten ausgerüstet waren. Die amerikanischen Schlachtschiffe verschossen mit sechs vollen Breitseitsalven insgesamt 225 Panzersprenggranaten. Die mit einem älteren Radargerät ausgestattete *Maryland* leitete ihr Feuer nach den Einschlägen der *West Virginia*. Sie konnte nur insgesamt 48 Schuß abgeben, *Mississippi* gelang nur eine einzige Salve. Auf *Pennsylvania* mußten überhaupt alle Geschütze schweigen, weil der Feuerbereich dieses Schiffes durch die anderen amerikanischen Einheiten verdeckt war.

Nishimuras drei einsame Schiffe hätten von diesem neuerlichen und völlig überraschenden gewaltigen Feuerhagel sofort überwältigt werden müssen. Sie wehrten sich jedoch tapfer und konnten schnell das amerikanische Feuer erwidern. Dabei beschossen sie die drei rechten Flankenkreuzer Berkeys. Andere Ziele vermochten sie mit ihren einfachen Feuer-

leitgeräten in der Dunkelheit nicht zu erfassen. Der Zerstörer *Shigure* wurde von seinem Kommandanten so geschickt manövriert, daß er nur einen Treffer erhielt, bevor er sich in Richtung Süden zurückziehen konnte. Um 03.55 Uhr entschloß sich auch der Kommandant der *Mogami* auf Gegenkurs nach Süden zu wenden, solange sein angeschossenes Schiff noch einige Fahrt machen konnte. Die 35,6-cm-Geschütze der *Yamashiro* konnten nur einen Treffer auf dem amerikanischen Zerstörer *Albert W. Grant* erzielen, bevor auch dieses letzte japanische Schiff nach Westen abdrehen mußte, von Bug bis Heck lichterloh brennend. Wenige Minuten später gingen die amerikanischen Schlachtschiffe und ihre flankierenden Kreuzer den Gegnerbewegungen entsprechend ebenfalls auf Gegenkurs.
Um 04.01 Uhr versuchte *Mogami* noch einen letzten vergeblichen Torpedoangriff. Eine Minute später zerschmetterte eine 20,3-cm-Salve des Kreuzers *Portland* auf Oldendorfs linker Flanke die Brücke des japanischen Kreuzers. Der Kommandant fiel. Maschine und Kesselräume wurden so schwer beschädigt, daß das Schiff fast fahrtlos liegen blieb. Um 04.04 Uhr preschten dann Smoots Zerstörer zum Torpedoschuß gegen die getroffene *Yamashiro* auf eine Entfernung von 5700 m vor. Das amerikanische schwere Artilleriefeuer wurde aber erst um 04.09 Uhr eingestellt, als Oldendorf sich um die Zerstörer Smoots sorgte. Tatsächlich hatte die glücklose *Albert W. Grant* vorher mindestens fünfzehn amerikanische 15,2-cm-Treffer erhalten.
Für Admiral Nishimura, der zweieinhalb Jahre zuvor als überlegener Sieger aus der Schlacht in der Java-See hervorgegangen war, und für seine Männer auf *Yamashiro* muß es wie das Walten göttlicher Vorsehung erschienen sein, daß ihr Schiff allen bisherigen furchtbaren Schlägen hatte trotzen können. Mit noch 15 Knoten Fahrt lief das angeschlagene japanische Schlachtschiff nach Süden. Diesen Kurs konnte es jedoch nur weniger als 10 Minuten durchhalten, denn kurz nach 04.11 Uhr trafen zwei vom Zerstörer *Newcomb* (Geschwader Smoots) geschossene Torpedos das überlebende japanische Schlachtschiff. Acht Minuten später rollte *Yamashiro* auf die Seite und sank, Admiral Nishimura, den Kommandanten und fast die ganze Besatzung mit sich nehmend.
Die erste Phase der Schlacht in der Surigao-Straße war zu Ende.

Lowestoft, Beachy Head, Kap Chesapeake, Trafalgar, Santiago und Skagerrak – alle größeren Seeschlachten der voraufgegangenen drei Jahrhunderte waren nach der klassischen Taktik voneinander in Kiellinie bekämpfenden Schlachtschiffen geschlagen worden. In der plötzlichen Stille, die sich nach dem brüllenden Kanonendonner der 35,6-cm- und 40,6-cm-Geschütze der Schlachtschiffe Oldendorfs nun auf die Surigao-Straße senkte, konnte man förmlich die Anwesenheit des Geistes der großen Admirale fühlen, von Raleigh und De Ruyter bis zu Togo und Jellicoe, die der nun dahinscheidenden Art der Seekriegführung, wie sie sie verstanden hatten, einen letzten Gruß erwiesen. Während der ersten Morgenwache des 25. Oktober 1944 war die Gefechtstaktik voneinander in Kiellinie bekämpfenden Schlachtschiffen eben so sehr zum Anachronismus geworden, wie die Taktiken der Rudergaleeren-Befehlshaber von Salamis und Syracus.[2]

Die Schlacht in der Surigao-Straße war übrigens auch eine der wenigen klassischen Begegnungen von Schlachtschiffen, bei welcher der Befehlshaber seine Flagge nicht an Bord eines Schlachtschiffes gesetzt hatte. (Oldendorf hatte den Kreuzer *Louisville* zum Flaggschiff gewählt.) Mehr als 300 Jahre waren die Admirale aller Flotten der Welt davon überzeugt gewesen, daß man eine Schlachtflotte nur von einem Schlachtschiff der Flotte selbst mit Erfolg leiten konnte. Die wenigen, die es wie Rodney je versucht hatten, den Befehl von einer Fregatte aus zu führen, waren sehr schnell eines Besseren belehrt worden.
Mit Ausnahme des leicht beschädigten Zerstörers *Shigure* und des angeschlagenen Kreuzers *Mogami* war die japanische Erste Angriffsgruppe C völlig vernichtet worden. Jetzt verblieb noch Shimas Zweite Angriffsgruppe. Bei ihrem Einlaufen in die Surigao-Straße wurde der Leichte Kreuzer *Abukuma* vom amerikanischen Schnellboot *PT 137* torpediert und mußte aus der Kiellinie ausscheren. Obwohl Shima bald darauf das brennende Wrack der *Fuso* passierte, handelte er noch um 04.20 Uhr unter der Annahme, er eile Nishimura zu Hilfe, dessen Streitkräfte in Wirklichkeit längst vernichtet waren. Dieser Umstand beweist die Mangelhaftigkeit japanischer Kommunikationsmittel einmal mehr. Als Nishimura Oldendorfs linke Flankenkreuzer erkannte, befahl er *Nachi* und *Ashigara* einen Torpedoangriff. Beide Kreuzer schossen acht Torpedos, jedoch ohne Erfolg.
Jetzt mußte Shima auch erkennen, daß bei der Ersten Angriffsgruppe C nicht alles zum Besten stand. Für einen japanischen Admiral zeigte er die ungewöhnlich große Vorsicht, auf Gegenkurs zu gehen und die weitere Entwicklung abzuwarten. In der Folge wurde sein Flaggschiff *Nachi* von der fast manövrierunfähigen *Mogami* gerammt und so beschädigt, daß die Geschwindigkeit auf nur 18 Knoten sank. Zu diesem Zeitpunkt hatte Admiral Oldendorf seine fünf linken Flankenkreuzer bereits herumgerissen, und die Zerstörer von Smoot eilten zur Verfolgung des Gegners mit hoher Fahrt nach Süden. Um 05.30 Uhr, in der ersten Morgendämmerung, konnte die Artillerie der Kreuzer *Louisville, Portland* und *Denver* der zerschmetterten *Mogami* weitere Schäden zufügen. Sieben Minuten später erkannte der amerikanische Admiral, daß er gegen Kuritas Erste Angriffsgruppe A später am Morgen noch einen weiteren schweren Kampf zu bestehen hatte, und entschloß sich zum Rückzug, statt sich beim Nachsetzen der Gefahr japanischer Torpedoangriffe auszusetzen. Um 06.17 Uhr wendete er jedoch kurz erneut nach Süden und schickte *Denver* und *Columbia* vor, »um die angeschossenen Gegner zu erledi-

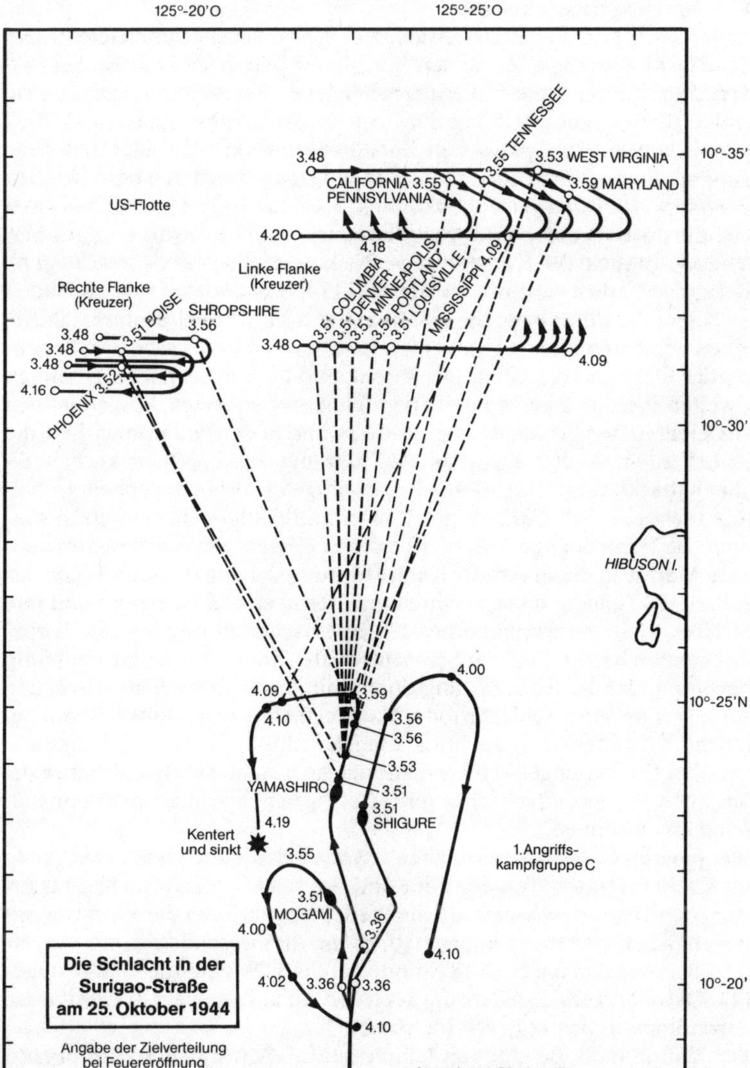
125°-20'O
125°-25'O
10°-35'
10°-30'
10°-25'N
10°-20'
US-Flotte
3.48
3.53 WEST VIRGINIA
3.55 TENNESSEE
CALIFORNIA 3.55
PENNSYLVANIA
3.59 MARYLAND
4.20
4.18
Linke Flanke
(Kreuzer)
3.51 COLUMBIA
3.51 DENVER
3.51 MINNEAPOLIS
3.52 PORTLAND
3.51 LOUISVILLE
MISSISSIPPI 4.09
3.48
4.09
Rechte Flanke
(Kreuzer)
3.51 BOISE
SHROPSHIRE
3.56
3.48
3.48
3.48
4.16
PHOENIX 3.52
HIBUSON I.
4.00
4.09
3.59
4.10
3.56
3.56
3.53
YAMASHIRO
3.51
3.51
SHIGURE
4.19
Kentert
und sinkt
3.55
1. Angriffs-
kampfgruppe C
3.51
MOGAMI
4.00
3.36
4.10
4.02
3.36
3.36
4.10
Die Schlacht in der
Surigao-Straße
am 25. Oktober 1944
Angabe der Zielverteilung
bei Feuereröffnung
Schiffskurse
Artilleriefeuer (US Einheiten)
Anmerkung: Die Angriffe
der US-Zerstörer-Geschwader
zwischen 3.00 und
4.00 Uhr sind hier
nicht eingezeichnet.
0
2000
4000
6000
m
3.00

gen.« Sie versenkten den Zerstörer *Asagumo,* dem vorherige Treffer das Vorschiff abgerissen hatten.
In der Zwischenzeit hatten sich ab 05.45 Uhr Flugzeuge und Geleitträger der TG 77.4 an der allgemeinen Verfolgung beteiligen können. Sie fanden drei Stunden später die angeschlagene *Mogami* und schossen sie endgültig bewegungsunfähig. Das von der Besatzung verlassene Wrack wurde von einem japanischen Zerstörer versenkt. Am nächsten Tage konnten landgestützte amerikanische Flugzeuge noch den beschädigten Zerstörer *Abukuma* versenken. Shimas zwei Schwere Kreuzer mit ihren vier Zerstörern konnten jedoch entkommen, ebenso wie die einzige überlebende Einheit der Kampfgruppe Nishimuras, der Zerstörer *Shigure.* Bei einem Verlust von nur 39 Toten und 114 Verwundeten sowie Schäden an einem Zerstörer hatte die amerikanische TF 77 zwei Schlachtschiffe, einen Schweren Kreuzer und einen Leichten Kreuzer sowie drei Zerstörer des Gegners vernichtet. Die amerikanische Marine hat im gesamten Zweiten Weltkrieg keinen umfassenderen Sieg errungen, ausgenommen vielleicht in den Schlachten bei Midway und in der Philippinen-See, die jedoch allein durch trägergestützte Flugzeuge ausgefochten wurden. Sicher hatte Admiral Oldendorf eine gewaltige Feuerüberlegenheit. Er hätte jedoch seine Schiffe kaum geschickter und erfolgreicher einsetzen können. Die Torpedoangriffe seiner Zerstörer zeigten, wie viel die amerikanische Marine in dieser Art der Kampfführung seit den dunklen Tagen des Jahres 1942 gelernt hatte, als ihre Zerstörer so erfolglos operiert und ihre Streitkräfte so verheerend unter den japanischen »Long Lance«-Torpedos gelitten hatten. Drei der Schlachtschiffe Oldendorfs hatten endgültig bewiesen, daß bei Feuerleitung durch mit Zentimeterwellen arbeitende Radargeräte eine Schlachtflotte Nachtgefechte ohne Einsatz von Beleuchtungsmitteln wie Leuchtgranaten, Leuchtbomben oder Leuchtraketen über Entfernungen schlagen konnte, an welche die Befehlshaber zur See noch 30 Jahre zuvor selbst für Gefechte bei Tage nicht im Traum hatten denken können.
Der japanische Oberbefehlshaber Toyoda hatte jedoch noch zwei Pfeile im Köcher: Ozawas Trägergruppe und den größeren Teil von Kuritas Erster Angriffsgruppe A, gefährliche Pfeile, die auch beinahe einen wesentlichen Sieg für Japan errungen hätten. Um dies zu schildern, müssen wir die Uhr zunächst um etwa 18 Stunden auf den Nachmittag des Vortages (24. Oktober) zurückstellen, um auch den Ablauf der weiteren Ereignisse chronologisch richtig zu schildern.
Der Wortlaut der Befehle von Nimitz an Halsey war in der Wahl ebenso unglücklich, wie die Entscheidung der US Chiefs of Staff, die Leitung der gewaltigen Operation gegen die Philippinen zwei voneinander völlig unabhängigen Oberbefehlshabern anzuvertrauen: »Sollte die Möglichkeit der Vernichtung eines größeren Teils der feindlichen Flotte bestehen oder geschaffen werden können, dann ist deren Vernichtung die Hauptaufgabe« der Dritten Flotte, d. h. anstatt der Deckung und Unterstüt-

zung der 7. Flotte. Selbst wenn die erste Aufgabe zum Schaden der zweiten durchgeführt werden sollte, konnten weder MacArthur noch Kinkaid die Entscheidungen Halseys direkt und sofort beeinflussen, denn dieser unterstand ja allein Nimitz.
Während des größten Teils der Tagesstunden des 24. Oktober entstanden aus dieser Doppelaufgabe der Dritten Flotte noch keine Probleme. Jetzt war zunächst die japanische Erste Angriffsgruppe A sowohl der Gegner, vor dem die Transportflotte im Leyte-Golf geschützt werden mußte, gleichzeitig aber auch der bis dahin geortete »größte Teil der Feindflotte«. Kein Zweifel also, daß Mitschers trägergestützte Flugzeuge nach dem Operationsbefehl die bereits beschriebene Schlacht in der Sibuya-See schlagen mußten. Ferner bestand die Möglichkeit, daß die Dritte Flotte auch gegen Überwasserstreitkräfte kämpfen mußte, sofern Kuritas Einheiten während der folgenden Nacht wirklich aus der San Bernardino-Straße auftauchen sollten. Daher funkte Halsey um 15.11 Uhr, die ihm unterstehenden vier Schlachtschiffe sollten sich Lees beiden Schlachtschiffen anschließen und mit sechs der Kreuzer und 18 Zerstörer der Gruppe Lee die TF 34 bilden (siehe Tabelle 45).
Kaum hatte Halsey diesen vorbereitenden Befehl herausgegeben, als ein amerikanischer Aufklärer auf einer Position weniger als 200 Seemeilen nördlich der Dritten Flotte und östlich von Luzon die japanische Trägerflotte mit Südkurs sichtete. Halsey mag nun gefolgert haben, Ozawa eile zur Unterstützung der anderen japanischen Angriffsgruppe herbei. Halsey konnte nicht ahnen, daß Toyoda diese Kampfgruppe als Köder ausersehen hatte. Seine erste Reaktion war, die TF 34 zu bilden und sie mit einer Trägergruppe als Luftdeckung zur Bewachung der San Bernardino-Straße stehen zu lassen, während der Rest der Dritten Flotte nach Norden gegen Ozawa vorstieß. Es kann auch kein Zweifel daran bestehen, daß Halsey dies auch hätte tun müssen. TG 38.3 und TG 38.4 mit ihrem Kern von sieben Trägern hätten nach Verstärkung durch McCains TG 38.1 mit fünf Trägern, die am nächsten Tage dazustoßen sollten, zur Niederkämpfung und Vernichtung Ozawas Kampfgruppe sicher ausgereicht. »Bull« Halsey aber sah alles anders: Für ihn war (nach den bisherigen Kriegserfahrungen) die japanische Trägergruppe »der größte Teil der Feindflotte«, welche zu vernichten seine befehlsgemäße Hauptaufgabe war und für welche er alle seine Träger einsetzen mußte; von diesen aber dürfe er, ohne ein zu großes Risiko einzugehen, auch seine Schlachtschiffe nicht trennen.
Halsey ging von dieser seiner Lageeinschätzung auch nicht ab, als ihm um 19.35 Uhr ein Nachtaufklärer meldete, Kuritas Gruppe steuerte erneut Ostkurs in Richtung San Bernardino-Straße. Dabei mag er durch die schon mehrfach erwähnte Neigung aller fliegenden Besatzungen zur Übertreibung der eigenen Erfolge irregeführt worden sein, denn Mitscher hatte berichtet, daß die japanische Erste Angriffsgruppe A starke Verluste erlitten habe, »mindestens vier, wahrscheinlich fünf Schlacht-

schiffe seien torpediert und durch Bombentreffer beschädigt, eines wahrscheinlich versenkt; mindestens drei Schwere Kreuzer torpediert, andere durch Bombentreffer beschädigt; ein Leichter Kreuzer versenkt; ein Zerstörer wahrscheinlich versenkt und vier beschädigt.« Daher befahl Halsey um 20.00 Uhr der TG 38.2, TG 38.2 und TG 38.4 den Vorstoß nach Norden. An TG 38.1 sandte er den Funkbefehl, sich mit Höchstgeschwindigkeit dieser Operation anzuschließen.
Etwa um die gleiche Zeit übermittelte Halsey seine Absichten über Funk an Kinkaid: »Laufe mit drei Gruppen nach Norden, um feindlichen Trägerverband im Morgengrauen anzugreifen«. Halsey nahm an, dies würde ausreichen, um den Befehlshaber der Siebten Flotte zu veranlassen, einige seiner Einheiten östlich der San Bernardino-Straße aufzustellen, um mit dem Rest der als hart angeschlagen gemeldeten Ersten japanischen Angriffsgruppe C fertig zu werden, sofern sie wirklich aus dieser Straße auftauchen sollte. Kinkaid hatte jedoch zuvor Halseys Funkspruch betreffend die Bildung der TF 34 erhalten. Er folgerte (fälschlich), daß es sich dabei nicht um eine vorbereitende Absichtserklärung handele, sondern daß dieser Befehl bereits in die Tat umgesetzt worden war. (Der Fehler lag wohl bei Halseys mißverständlicher Wortwahl, denn, wie später festzustellen sein wird, sollte auch Nimitz den als Absichtserklärung gemeinten Funkspruch Halseys in der gleichen Weise auslegen wie Kinkaid). Kinkaid war daher der festen Überzeugung, daß Halsey zwar mit drei Flugzeugträgergruppen nach Norden vorstieß, er jedoch seine Schlachtschiffe zur Bewachung des Ausgangs der San Bernardino-Straße (und zwar *nördlich* des Leyte-Golfs) zurückgelassen hatte. Daher zögerte Kinkaid nicht, alle seine eigenen Schlachtschiffe und Kreuzer am Ausgang der Surigao-Straße (d. h. *südlich* des Leyte-Golfs) aufzustellen, mit der für die japanische Erste Angriffsgruppe C und die Zweite Angriffsgruppe bereits beschriebenen entscheidenden Konsequenz.
Weil also die amerikanischen Streitkräfte in zwei separaten, verschiedenen Befehlshabern unterstellten Flotten geteilt, ohne koordinierenden Oberbefehl (ausgenommen im fernen Washington, von wo, wie schon mehrfach vermerkt, Admiral King niemals direkt in die Operationen eingriff) operieren mußten, nahmen jetzt Halsey und Kinkaid an, daß jeweils der andere den Ostausgang der San Bernardino-Straße während der Nacht vom 24. zum 25. Oktober versperren würde. Beide handelten unter der sicheren Annahme, daß der andere tatsächlich den Schutz der Straße bereits übernommen hatte. In Wirklichkeit aber stand Kurita nun nichts mehr im Wege, mit den gewaltigen Schlachtschiffen *Yamato* und *Musashi,* den Schlachtkreuzern *Kongo* und *Haruna,* sechs Schweren Kreuzern, zwei Leichten Kreuzern und 15 Zerstörern nach Durchlaufen der Straße über die amerikanische Landungsflotte im Leyte-Golf hereinzubrechen, bei der als Schutz nur die schwachen Geleitflugzeugträger der Siebten Flotte standen, die für die jetzt auf sie zukommende Aufgabe weder gedacht noch bewaffnet waren. Die kleinen Träger waren nur mit ein

oder zwei 12,7-cm-Fla-Geschützen bewaffnet. Ihre Geschwindigkeit betrug höchstens 18 Knoten. Sie führten höchstens je 20 Jäger und ein Dutzend Torpedobomber mit sich.
Als Kurita seine Erste Angriffsgruppe A kurz nach Mitternacht tatsächlich durch die schwierige Wasserstraße gebracht hatte und Kurs nach Süden zum Leyte-Golf absetzte, stieß er auf keinerlei Widerstand. Auch während der ersten Stunden des Tageslichts am 25. Oktober wurde seine Annäherung erst erkannt, als er mit dieser Hauptmacht der japanischen Flotte bereits auf nur 20 Seemeilen an das ersehnte Ziel der Gesamtoperation herangekommen war. Kinkaids 18 »Baby Flat-Tops« waren zu diesem Zeitpunkt in drei Gruppen von je sechs Geleitträgern organisiert. Jede Gruppe hatte einen Schutzschirm von drei Zerstörern und vier Geleitzerstörern. Diese drei Gruppen standen nach See hin nicht weit vor dem Leyte-Golf: Task Unit 77.4.1 (»Taffy One«, im amerikanischen Navy-Code) unter Konteradmiral Thomas Sprague (Flaggschiff *Sangamon*) im Süden, Task Unit 77.4.2 (»Taffy Two«) unter Konteradmiral Felix Stump (Flaggschiff *Natoma Bay*) in der Mitte und Task Unit 77.4.3 (»Taffy Three«) unter Konteradmiral Clifton Sprague (Flaggschiff *Fanshaw Bay*) im Norden. Die letztgenannte Gruppe bekam jetzt die volle Wucht des Angriffs von Kurita zu spüren.
Clifton Spragues Einheiten, die Geleitträger *St. Lo, White Plains, Kalinin Bay, Kitkun Bay, Gambier Bay* und einige Zerstörer hatten ihren Tag mit dem Routinestart von Luftpatrouillen zur Deckung der noch im Golf liegenden Transportflotte begonnen, gerade als Thomas Spragues Geleitträger eine Angriffswelle gegen Nishimuras und Shimas verbleibende japanische Schiffe in die Luft schickten, die nach dem mörderischen Gefecht in der Surigao-Straße nach Südwesten zu entkommen suchten. Dann gingen die fliegenden Besatzungen zum Frühstück. Um 06.45 Uhr meldeten jedoch plötzlich aufgeregte Ausguckleute der *Fanshaw Bay* Fla-Feuer im Norden. Eine Minute später erfaßten die Radargeräte nicht-identifizierte Schiffe im Norden. Eine weitere Minute später meldete der Pilot einer U-Boot-Abwehrpatrouille, er sei von einem aus Schlachtschiffen, Kreuzern und Zerstörern bestehenden Verband beschossen worden. Eine weitere Minute verstrich und der Ausguck der *Fanshaw Bay* sichtete die unverkennbaren Pagodenmasten japanischer Schlachtschiffe, die sich nun unaufhaltsam über den Horizont schoben. Von diesen schweren Streitkräften eröffnete fast unmittelbar darauf um 06.48 Uhr das Schlachtschiff *Yamato* mit seinen gewaltigen 45,7-cm-Geschützen das Feuer auf »Taffy Three« auf eine Entfernung von fast 34000 m. Der japanische Operationsplan schien aufzugehen.
Für das folgende Gefecht zwischen schwersten Schlachtschiffen und Schweren Kreuzern auf der einen Seite und schwachen Flugzeugträgern auf der anderen gab es nur einen Präzedenzfall in der gesamten Seekriegsgeschichte: Die Vernichtung des britischen Flugzeugträgers *Glorious* durch die deutschen Schlachtschiffe *Scharnhorst* und *Gneisenau* in

der Nordsee im Juni 1940. Aber kein Seestratege hätte die jetzt folgende ungleiche und seltsame Begegnung je für möglich gehalten. Clifton Spragues kaltblütige und entschlossene Befehlsführung seiner Einheiten unter so verhängnisdrohenden Umständen ist eine der bemerkenswertesten Episoden des gesamten Zweiten Weltkriegs zur See. Allerdings wurde der amerikanische Erfolg durch Kuritas auf falschen Informationen und einer Fehleinschätzung der Lage beruhende ungeschickte Führung seiner überlegenen Streitkräfte wesentlich erleichtert. Clifton Sprague drehte mit der Höchstgeschwindigkeit seiner Träger nach Osten in den Wind und ließ jedes verfügbare Flugzeug nach Armierung mit panzerbrechenden Bomben und Torpedos starten. Gleichzeitig funkte er dringlich um Hilfe. Thomas Sprague und Stump handelten sofort. Sie riefen ihre Angriffswellen zurück, von denen die letzte allerdings schon 60 Seemeilen, die erste nicht weniger als 130 Seemeilen (d. h. also etwa rund eine halbe Flugstunde entfernt) standen. Auch mußten die Maschinen ja erst zu ihren Trägern zurückkehren und erneut mit Bomben und Torpedos beladen werden. Kinkaid beorderte auch Oldendorfs im Süden stehende siegreiche Schlachtflotte mit Höchstgeschwindigkeit zum Punkt des gefährlichen Geschehens. Aber auch diese Schlachtschiffe konnten frühestens in drei Stunden zur Stelle sein.
Clifton Spragues sechs Geleitträger der »Taffy Three« bildeten einen engen Kreis von 2300 m Durchmesser. Die wenigen Zerstörer und Geleitzerstörer sicherten auf der dem Feind zugewandten Seite. Um 07.06 Uhr, so berichtete Clifton Sprague später, »holte der Gegner mit besorgniserregender Schnelligkeit auf. Die Stärke und Genauigkeit seines Artilleriefeuers nahm schnell zu. Es schien unmöglich, daß auch nur eines unseres Schiffe die nächsten fünf Minuten überleben würde.« Der unerschrockene Sprague setzte jetzt seine Begleitzerstörer zum Torpedoangriff gegen den Feind an, dann wurden seine Träger von einer, wie von einem Deus ex machina gesandten Regenböe verhüllt. Diese Regenwand und der dichte Qualm der mit Höchstgeschwindigkeit laufenden amerikanischen Einheiten ebenso wie eine Wand aus künstlichem Rauch deckte die Geleitträger für die nächste halbe Stunde gegen das Feindfeuer. In dieser Zeit unterlag Kurita der Fehleinschätzung, daß alle amerikanischen Träger mindestens 30 Knoten laufen konnten. Er konnte von Glück sagen, daß nun endlich japanische Schlachtschiffe zum erstenmal in diesem Krieg auf Geschützreichweite an amerikanische Träger herangekommen waren, ohne vorher in den zwei Stunden seit der Morgendämmerung schon vernichtenden Luftangriffen ausgesetzt gewesen zu sein. Er war fest entschlossen, mit seiner überlegenen Artillerie und der Torpedowaffe den amerikanischen Trägern größtmögliche Schäden zuzufügen, bevor amerikanische Flugzeuge ihn durch Gegenangriffe vom Kurs und seiner Aufgabe abdrängen konnten, wie er dies jetzt nach seiner Sichtung jeden Augenblick erwartete. Daher war für ihn höchste Eile geboten.
Anstatt eine klassische Kiellinie zu entwickeln, deren Geschwindigkeit

sich nach dem langsamsten Schiff hätte richten müssen, befahl Kurita daher: »Allgemeine Jagd, jeder für sich, ran an den Feind«. Damit gab er jedem Schiff frei, den Feind mit Höchstgeschwindigkeit zu verfolgen, etwa in der gleichen Weise, wie Admiral Cunningham dies in der Schlacht von Matapan getan hatte. Die Folge war jedoch, daß, als Clifton Spragues »Baby-Träger« wieder aus der sie verhüllenden Regenwand auftauchten, Admiral Kurita die Kontrolle über seine Einheiten als gemeinsam operierende, konzentrierte Streitmacht verloren hatte.

Commander W. D. Thomas stieß inzwischen mit den Zerstörern *Hoel, Heermann* und *Johnston* von »Taffy Three« nach Norden vor und kam bald unter Beschuß durch die Haupt- und Mittelartillerie der japanischen Schlachtschiffe. Dennoch konnten die Zerstörer auf 9000 m herankommen. *Heermann* (Captain A. T. Hathaway) schoß sechs Torpedos, welche die mächtige *Yamato* zwangen, zum Ausweichen zunächst auf Gegenkurs zu gehen, wodurch sie zeitweilig aus dem Gefecht ausschied. Der amerikanische Zerstörer *Hoel* war nicht so glücklich. »Meine Besatzung erfüllte ihre Gefechtsaufgaben ruhig und gelassen«, schrieb Commander L. S. Kintberger, »bis uns das Schiff praktisch unter den Füßen weggeschossen wurde.« Dies geschah um 08.55 Uhr. Der Zerstörer *Johnston* (Commander E. E. Evans) erzielte einen Torpedotreffer auf dem Schweren Kreuzer *Kumano,* der ganz aus dem Schlachtgeschehen ausschied, ebenso wie die schon vorher durch Bombentreffer beschädigte *Suzuya.* Dann aber erhielt *Johnston* drei 35,6-cm-Treffer und drei 15,2-cm-Treffer. Jetzt konnte der amerikanische Zerstörer »durch alle Tapferkeit und allen Mut dieser Welt nicht mehr gerettet werden«. Ein Hagel schwerer Granaten brach über das Boot herein. Dennoch kämpfte die Besatzung unerschrocken weiter. Um 09.50 Uhr lag der zerschossene Zerstörer bewegungsunfähig im Wasser. Evans mußte befehlen: »Alle Mann aus dem Schiff«. Ein japanischer Zerstörer gab der *Johnston* um 10.10 Uhr den Todesstoß. Von den kleineren amerikanischen vier Geleitzerstörern, die an diesem Torpedoangriff teilgenommen hatten, wurde sonst nur *Samuel B. Roberts* versenkt.

Als um 7.43 Uhr Clifton Spragues Geleitträger wieder aus der Regenböe auftauchten und unter schweres japanisches Feuer gerieten, mußten jedoch Kuritas Einheiten bereits wiederholte Angriffe amerikanischer Flugzeuge mit Bomben, Torpedos und sogar Bordwaffen über sich ergehen lassen. Alle 18 Geleitträger der Siebten Flotte trugen zwei Stunden lang und mit wechselndem Erfolg energische Luftangriffe vor. Dabei waren eine Reihe von Nahangriffen dieser Maschinen bloße Täuschungsmanöver, weil sie längst alle Munition verschossen hatten. Aber dadurch zwangen die amerikanischen Flieger die japanischen schweren Einheiten zu häufigen Ausweichmanövern und Kursänderungen, so daß sie trotz ihrer hohen Geschwindigkeit nur langsam die Entfernung zu Clifton Spragues mit Höchstgeschwindigkeit nach Süden stürmenden Geleitträgern verringern konnten. Um die Annäherung des Gegners weitgehend

zu verhindern, befahl Sprague allen seinen Maschinen zum Auftanken, Armieren und erneuten Einsatzstart zu den Trägern von Stumps »Taffy Two« zu fliegen, weil er sonst zur Aufnahme der Maschinen seine Träger hätte nach Osten in den Wind drehen müssen und dadurch Abstand vom Gegner verloren hätte.
Dennoch erzielten jetzt die japanischen Schweren Kreuzer *Chikuma, Chokai, Haguro* und *Tone* Treffer, welche absolut tödlich gewesen wären, wenn nicht die japanische Gefechtsmunition für dieses seltsame Gefecht unzweckmäßig gewesen wäre: Die panzerbrechenden japanischen Granaten barsten nicht an den dünnen Bordwänden der Geleitträger, sondern fuhren ohne zu detonieren einfach durch sie hindurch. Die leistungsstarke Leckwehrorganisation konnte *Kalinin Bay* auch nach 13 Treffern voll in Fahrt halten. Die *Gambier Bay* (Captain W. V. Viewag) litt jedoch in dem schon über eine halbe Stunde dauernden schweren Feuer so stark, daß sie um 09.07 Uhr kenterte und sank. Vergeltung übten jedoch wenig später vier von Commander R. L. Fowler geführte Torpedobomber der *Kitkun Bay*. Mit zehn Treffern schickten sie den Schweren Kreuzer *Chokai* auf den Grund des Meeres, schnell gefolgt von *Chikuma,* die von Maschinen der »Taffy Two« versenkt wurde. Und dann, gegen 09.15 Uhr, fast genau so schnell und überraschend wie das Gefecht begonnen hatte, und gerade als Spragues hartbedrängte »Taffy Three« jeden Augenblick die endgültige Vernichtung erwartete, endete das Gefecht. Zu ihrer großen Erleichterung sahen die amerikanischen Träger die Schweren Kreuzer *Haguro* und *Tone,* die ihnen am nächsten standen, hart abdrehen.
Zu den der japanischen Ersten Angriffsgruppe A durch US-U-Boote am 23. Oktober und durch Mitschers Flugzeuge am 24. Oktober zugefügten Verlusten hatten die Maschinen der Geleitträger der Siebten Flotte jetzt die Vernichtung von drei weiteren Schweren Kreuzern hinzugefügt (denn *Suzuya* war im Sinken). Unter Fehleinschätzung der Geschwindigkeit, mit der die Geleitträger von »Taffy Three« sich zurückzogen (Kurita schrieb Clifton Spragues Schiffen die unglaubliche Geschwinddigkeit von 30 Knoten zu), glaubte Kurita nunmehr, die amerikanischen Träger nicht mehr überholen zu können. (Mangelnde Kommunikation hatte ihn im unklaren darüber gelassen, wie dicht *Haguro* und *Tone* schon bei den verbleibenden Trägern von »Taffy Three« standen). Kurita glaubte, daß seine weit auseinandergezogenen Schiffe nun keine weiteren unabhängigen Angriffe gegen die Transporter im Leyte-Golf durchführen konnten, wo sie Gefahr liefen, auf amerikanische Schlachtschiffe zu stoßen (Oldendorf wartete dort jetzt tatsächlich auf ihn). Er hatte inzwischen auch erfahren, daß die Kampfgruppen Nishimuras und Shimas ausgelöscht waren, so daß er von dort keine Unterstützung mehr erwarten konnte.
Kurita hielt die Zeit zur Umgruppierung seiner Streitkräfte für gekommen. Dies war die Absicht seines Funkbefehls, der um 09.11 Uhr die Kreuzer *Haguro* und *Tone* zum Abbrechen des Gefechts zwang. Aber be-

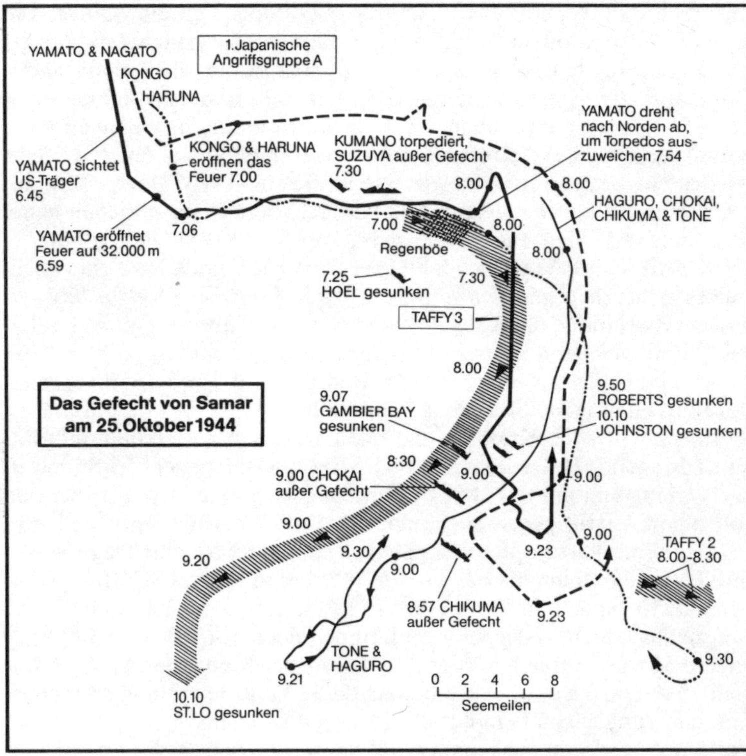

Das Gefecht von Samar am 25.Oktober 1944

vor sich Kuritas Streitkräfte reorganisieren konnten, mußten sie um 12.30 Uhr weitere Angriffe von 70 Maschinen von »Taffy Two« und »Taffy Three« über sich ergehen lassen, welche Treffer auf dem Schlachtschiff *Nagato* und dem Schweren Kreuzer *Tone* erzielten. Dies war für den japanischen Admiral genug. Er rang sich zu der Entscheidung durch, die Verfolgung der Geleitträger abzubrechen und auch nicht weiter gegen die Landungsflotte im Leyte-Golf vorzugehen, die sein Operationsziel gewesen war. Vielmehr funkte er an Toyoda, daß er sich durch die San Bernardino-Straße zurückziehe.

Dies war jedoch nicht alles, was es über die Schlacht von Samar zu vermerken gilt. Kurita hatte zwar keine Unterstützung durch trägergestützte Flugzeuge, jedoch die Luftunterstützung durch die japanische Erste Luftflotte auf Luzon, welche eine neue und gefährliche Art von Angriffsschlägen entwickelt hatte: Um 7.40 Uhr wurde der Träger *Santee* in »Taffy Three« von einem Kamikaze-Flugzeug getroffen. Dies war der erste Einsatz der japanischen Selbstmordflieger. Nur sechs Minuten später

traf auch ein Torpedo des japanischen U-Boots *I 56* die *Santee*. Die Rumpfkonstruktion dieser Geleitflugzeugträger, die ja nichts anderes als umgebaute Flottentanker waren, erwies sich jedoch als äußerst stabil: Das Schiff überlebte nicht nur diese beiden Treffer, sondern konnte sogar noch 16 Knoten Fahrt halten. Auch die kurz darauf von einem anderen Kamikaze-Flugzeug getroffene *Suwanee* konnte bereits um 10.09 Uhr wieder Flugzeuge starten lassen. Die Reihe an »Taffy Three« kam um 10.50 Uhr, als Kuritas Verband das Gefecht bereits abgebrochen hatte. Ein Kamikaze-Flugzeug stürzte sich gegen die *Kitkun Bay*, prallte jedoch in die See ab. Vier solcher Flugzeuge wurden durch Fla-Feuer abgeschossen, als sie gegen *Fanshaw Bay, White Plains* und *Kitkun Bay* vorgingen. Zwei trafen die *Kalinin Bay*, verursachten aber nur geringe Schäden. Eine weitere Kamikaze-Maschine durchbrach das Flugdeck der *St. Lo* und explodierte inmitten der Bomben und Torpedos im Hangar des Flugzeugträgers. *St. Lo* flog in die Luft.
Kuritas ablaufende Kräfte hatten mehr Glück. Als Reaktion auf Kinkaids dringende Hilferufe um 08.00 Uhr befahl Halsey der vom Südosten zur Vereinigung mit der Dritten Flotte herankommenden TG 38.1 den sofortigen Angriff gegen die japanische Erste Angriffsgruppe A. Unter richtiger Einschätzung der Dringlichkeit starteten McCains Träger sofort ihre Torpedobomber. Es war jetzt 10.30 Uhr und Kuritas Schiffe standen bereits 350 Meilen entfernt. Über so große Entfernungen konnten die Flugzeuge jedoch weder schwere Bomben noch Torpedos, sondern nur leichte Abwurfwaffen befördern, so daß sie bei ihren gegen Mittag erfolgenden Angriffen zwar selbst beträchtliche Verluste erlitten, aber keine Beschädigungen von Feindschiffen erzielen konnten.
Vor Samar verloren die Japaner drei Schwere Kreuzer, die Amerikaner zwei Geleitträger, zwei Zerstörer und einen Geleitzerstörer. Auf beiden Seiten wurden mehrere Schiffe stark beschädigt. Es traten große Personalverluste ein (auf amerikanischer Seite 1130 Tote und Vermißte sowie 913 Verwundete). Aber solche statistischen Daten sind kein angemessener Maßstab für die Bewertung des Ausgangs einer Schlacht. Das Entscheidende war dies: Kuritas Erste Angriffsgruppe A war nicht nur daran gehindert worden, ihren wichtigen fast geglückten Auftrag auszuführen, sondern war im Gegenteil unter schweren Verlusten zum Rückzug gezwungen worden. Eine übermächtige Kampfgruppe aus Schlachtschiffen und Schweren Kreuzern war von einigen schwachen Hilfsflugzeugträgern, deren Flugzeugen und wenigen Zerstörern besiegt worden. Im Verlauf des ganzen Zweiten Weltkriegs zur See dürfte keine Streitmacht einen unwahrscheinlicheren Sieg errungen haben. Dies wird stets zum Ruhm von »Taffy One«, »Taffy Two« und »Taffy Three« gereichen, zum Ruhm der Tapferkeit und dem Geschick ihrer Kommandanten, Besatzungen und Flieger. Vor allem aber gebührt Konteradmiral Clifton Spragues Führung der »Taffy Three« unter eigentlich katastrophalen Bedingungen allerhöchstes Lob. Seine Leistung dokumentiert exempla-

risch jene Verwandlung der amerikanischen Marine zwischen 1942 und 1944, die sich aus einer von enthusiastischen Amateuren geführten Flotte nun zu einem hart geschmiedeten Kampfinstrument unter entschlossenen Berufsoffizieren gewandelt hatte (mit einigen Ausnahmen, von denen eine jetzt darzustellen sein wird.)
Wo aber hatte in der Zwischenzeit eigentlich die große Masse der mächtigen Dritten Flotte gesteckt? Um 20.00 Uhr des voraufgegangenen Abends war sie Richtung Norden vorgestoßen, um Ozawas Trägergruppe im Morgengrauen des 25. Oktober anzugreifen, unter Vernachlässigung aller Kräfte, die der Gegner durch die San Bernardino-Straße vorschickte. Warum? Weil »die Meldung von der Annäherung japanischer Träger »Bull« Halsey rot sehen ließ und er unter keinen Umständen einen einzigen japanischen Träger entkommen lassen wollte.«[3] Ozawa, dessen Kampfgruppe aus vier Trägern mit 116 Flugzeugen (von denen er schon 40 nach Luzon zum Operieren von dortigen Flughäfen entstandt hatte), zwei hybriden Träger-Schlachtschiffen ohne Flugzeuge, drei Leichten Kreuzern und neun Zerstörern bestand, hatte Meldungen über die Sichtung von Shermans TG 38.3 am frühen Morgen des 24. Oktober erhalten und während des Vormittags alle 76 noch vorhandenen Flugzeuge gegen diesen amerikanischen Verband starten lassen. Aber diese Angriffswelle flog bis zur Grenze der Reichweite, ohne ihr Ziel zu finden. Nur 29 Maschinen kamen zu ihren Trägern zurück. Viele andere landeten auf Luzon. Etwa 15 mußten nach Verbrauch des Brennstoffs auf See niedergehen. Halsey dagegen hatte nicht weniger als zehn Flugzeugträger (die Träger von McCain nicht eingerechnet) mit 787 Flugzeugen, sechs Schlachtschiffe, acht Kreuzer und 40 Zerstörer. Daß dem Gegner jetzt schon die letzte Waffe entwunden war, konnte er ebenso wenig ahnen, wie daß es einziger Zweck des Vorstoßes von Ozawa war, eben die Dritte Flotte vom Leyte-Golf wegzulocken. In dieser Hinsicht hatten sich Ozawas Pläne voll erfüllt.

Beim Morgengrauen des nächsten Tages starteten Halseys Träger ihre erste Angriffswelle. Sie erreichten Ozawas Streitkräfte in mehreren aufeinanderfolgenden Wellen ab 08.00 Uhr und wurden nur durch heftiges Fla-Feuer empfangen. Diese Flugzeuge bombardierten und versenkten den Träger *Chitose* und einen Zerstörer, während sie das Flaggschiff *Zuikaku,* einen Veteranen von Pearl Harbor, durch einen Torpedo so beschädigten, daß Ozawa seine Kommando-Flagge auf dem Kreuzer *Oyodo* setzen mußte. Eine zweite amerikanische Angriffswelle schlug um 09.45 Uhr zu. Sie setzte den Träger *Chiyoda* durch Bomben in Brand. Gegen Mittag vereitelte ein dritter amerikanischer Luftangriff den Versuch des Trägerschlachtschiffs *Hyuga,* die manövrierunfähige *Chiyoda* in Schlepp zu nehmen, schickte den Träger *Zuikaku* mit drei Torpedos auf den Grund des Meeres und beschädigte den Träger *Zuiho* so schwer, daß er von der folgenden vierten Angriffswelle versenkt wurde.

Zwei weitere amerikanische Luftangriffe (der letzte erfolgte gegen 19.00 Uhr) waren weniger erfolgreich: Sie erzielten nur wenige Treffer. Insgesamt wurden von Mitschers drei Trägergruppen 527 Angriffseinsätze geflogen. Dabei waren alle vier japanischen Träger und ein Zerstörer versenkt worden. Ozawas zwei Schlachtschiffträger, drei Kreuzer und acht Zerstörer aber erlitten kaum Beschädigungen. Dies jedenfalls geht auf das Konto des guten und genauen japanischen Fla-Feuers. Vergleiche mit der Schlacht in der Philippinen-See zeigen an, daß die fligenden Besatzungen der amerikanischen Flottenträger im Luftkampf mit Gegnerflugzeugen viel erfolgreicher waren als bei der Bekämpfung feindlicher Schiffe mit Bomben und Torpedos. Warum dies so war, ist angesichts der Erfolge der fliegenden Besatzungen der Siebten Flotte allerdings rätselhaft.
Bereits nach dem ersten dieser Luftangriffe hatte Halsey ab 08.22 Uhr Kinkaids dringende Hilferufe erhalten, wonach er dringlich Schutz gegen die Vernichtung seiner Einheiten durch Kuritas Erste Angriffsgruppe A brauche. Wie schon erwähnt hatte Halsey dadurch reagiert, daß er McCains TG 38.1 zu einem Luftangriff gegen diese unerwartete japanische Bedrohung ansetzte. Jedoch entschloß er sich nicht, TF 34 dazu anzusetzen, um dem fliehenden Kurita den Rückweg zu verlegen, ebenso wie er sich während der voraufgegangenen Nacht dagegen entschieden hatte, Lees Schlachtschiffe zur Deckung der San Bernardino-Straße abzugeben. Er war fest entschlossen, alle seine schweren Schiffe bei sich zu halten, um durch Artilleriefeuer alle noch schwimmenden Schiffe Ozawas zu vernichten, nachdem die Flugzeuge der Dritten Flotte ihren Beitrag zur Schlacht von Kap Engaño geleistet hatten.
In seinem Hauptquartier in Pearl Harbor wurde Admiral Nimitz nicht nur durch Kinkaids Hilferufe alarmiert, sondern rätselte auch, wieso Kuritas Streitkräfte die Geleitträger der Siebten Flotte überhaupt angreifen konnten. Denn wie Kinkaid war er fest überzeugt, daß Halsey die neue TF 34 am Vortage tatsächlich gebildet und zur Verhinderung genau dieses plötzlichen japanischen Überfalls abgestellt hatte. Er entschloß sich zu einem warnenden Funkspruch an Halsey: »Wo ist Task Force 34?« Mit diesem Wortlaut hätte der Funkspruch auch an Admiral Halsey auf der Brücke der *New Jersey* übergeben werden müssen. Aber der mit der Übermittlung beauftragte Funkoffizier mußte nach dem aus Sicherheitsgründen eingeführten amerikanischen Funkverfahren bei der Kodierung den Funkspruch durch »Füllwörter« auf eine bestimmte Länge bringen. Solche Füllwörter standen in keinerlei Beziehung zum Text der übermittelten Befehle selbst und waren vorschriftsmäßig stets von der eigentlichen Funkmeldung klar unterscheidbar. Sie hätten vom dechiffrierenden Funker auf dem Flaggschiff der Dritten Flotte auf jeden Fall gestrichen werden müssen, bevor der Text Halsey übergeben wurde. Weil dieser Vorfall einen Admiral betraf, dessen zorniges Temperament in der ganzen Marine bekannt war, traf es sich höchst unglücklich, daß der Funk-

offizier im Hauptquartier von Nimitz Literaturliebhaber war, der den britischen Dichter Tennyson schätzte, und – einer Eingebung des Augenblicks folgend – zur Auffüllung des Signals auf die zur Übermittlung vorgeschriebene volle Länge folgende Zeile aus einem berühmten Gedicht Tennysons wählte: »So denkt verwundernd sich die Welt«[4]. Halseys Funkpersonal nahm bei der Dechiffrierung fälschlicherweise an, diese Worte bildeten noch einen Teil des Funkspruchs von Admiral Nimitz. Daher mußte jetzt auf der Brücke der *New Jersey* Halsey folgendes lesen: »Von Cincpac an Befehlshaber Dritte Flotte (Halsey). Zur Information an Cominch (King) Com TF 77 (Kinkaid). Wo ist, wiederhole, wo ist Task Force 34, so denkt verwundernd sich die Welt.«
Insbesondere weil der Funkspruch auch zur Information an King und Kinkaid gegangen war, mußte »Bull« Halsey bei diesem Wortlaut des Funkspruchs annehmen, er werde von Nimitz hart und kränkend kritisiert. Über dieser vermeindlichen Beleidigung brütete Halsey fast eine Stunde, bevor er sich um 10.55 Uhr entschloß, mit TF 34, einschließlich seines eigenen Flaggschiffs, der Siebten Flotte zu Hilfe zu eilen. Auf dem Weg nach Süden konnten sich seiner Schlachtschiffgruppe auch Bogans Träger (TG 38.2) anschließen. Die Hilfe kam jedoch um viele Stunden zu spät. Dies wäre auch ohne diesen umstrittenen Vorfall mit dem falsch dechiffrierten Signal der Fall gewesen. Als Halseys Kräfte am 26. Oktober um 01.00 Uhr vor der San Bernardino-Straße ankamen, fanden sie nur einen manövrierunfähigen japanischen Zerstörer vor. Die überlebenden Streitkräfte Kuritas waren bereits nach Westen entkommen, worüber niemand enttäuschter war als Lee, der sich schon darauf gefreut hatte, mit seinen sechs neuen Schlachtschiffen in einer richtigen Seeschlacht vier japanische zu vernichten. Liebend gern hätte er die Gewalt der 40,6-cm-Geschütze seiner *Iowa*-Klasse mit den 45,7-cm-Geschützen der *Yamato* gemessen.
Während TF 34 um 10.45 Uhr nach Süden lief, waren die Schweren Kreuzer *Wichita* und *New Orleans* sowie die Leichten Kreuzer *Santa Fé* und *Mobile* sowie neun Zerstörer mit den Trägergruppen Shermans und Davidsons weiter nach Norden gelaufen. Um 14.15 Uhr detachierte Mitscher die Kreuzer und Zerstörer unter Konteradmiral Laurence DuBose, um das, was von Ozawas Streitkräften noch übrig geblieben war, zu vernichten. Um 16.30 Uhr versenkten sie die von der Besatzung verlassene *Chiyoda*. Kurz vor Einbruch der Dämmerung überraschten sie auch *Hatsuzuki* und zwei weitere kleinere Zerstörer. Diese versuchten zu entkommen. Nach einem Artilleriegefecht, das mehr als eine halbe Stunde dauerte, ließ DuBose seine Zerstörer vorgehen. Ein Torpedotreffer verlangsamte die Fahrt der *Hatsuzuki* so stark, daß die Kreuzer auf 5500 m herangehen und diesen Zerstörer im Schein von Leuchtgranaten um 20.59 Uhr versenken konnten. Der ganze Vorfall sprach ebenso für die Qualität japanischer Zerstörerkonstruktionen wie gegen die Güte der artilleristischen Leistungen amerikanischer Kreuzer.

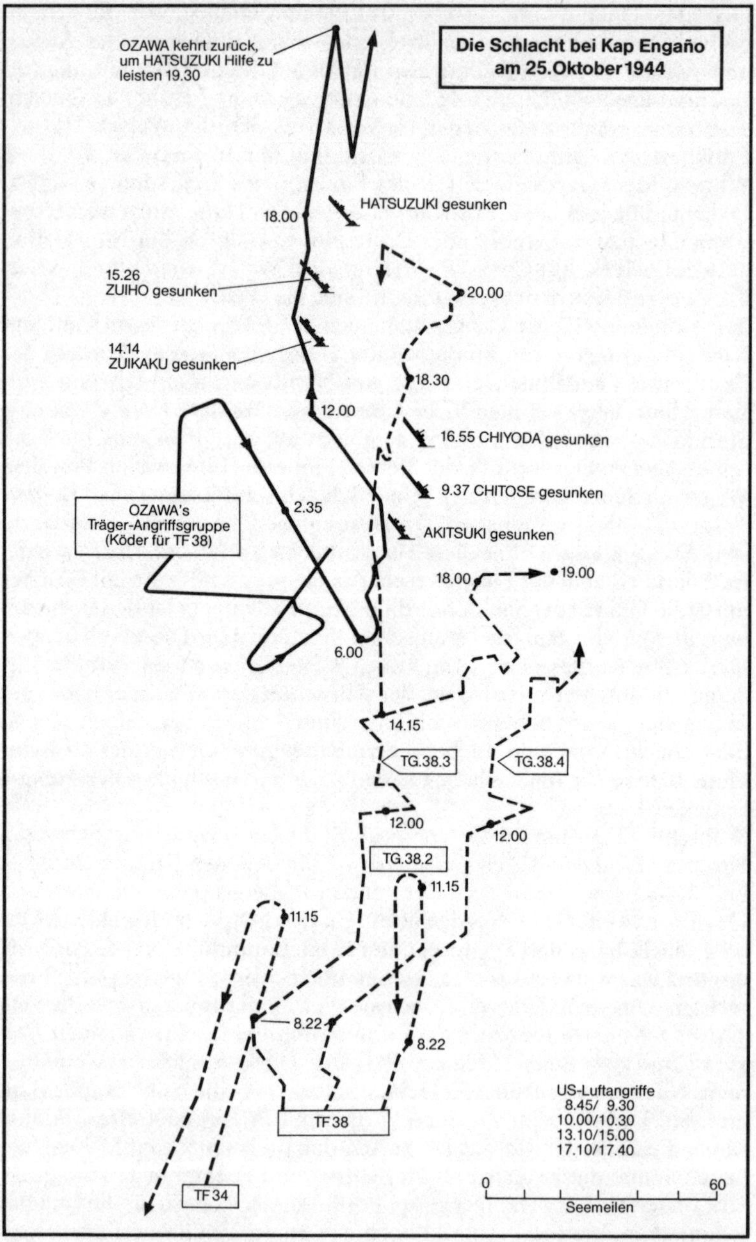
Die Schlacht bei Kap Engaño am 25.Oktober 1944
OZAWA kehrt zurück, um HATSUZUKI Hilfe zu leisten 19.30
HATSUZUKI gesunken
18.00
15.26
ZUIHO gesunken
20.00
14.14
ZUIKAKU gesunken
18.30
12.00
16.55 CHIYODA gesunken
9.37 CHITOSE gesunken
OZAWA's
Träger-Angriffsgruppe
(Köder für TF 38)
2.35
AKITSUKI gesunken
18.00
19.00
6.00
14.15
TG.38.3
TG.38.4
12.00
12.00
TG.38.2
11.15
11.15
8.22
8.22
TF 38
US-Luftangriffe
8.45/ 9.30
10.00/10.30
13.10/15.00
17.10/17.40
0
60
Seemeilen
TF 34

Eine halbe Stunde später fanden zwei Nachtaufklärer des Trägers *Independence* den Rest der Streitkräfte Ozawas. Diese waren jedoch schon so weit entfernt, daß DuBose sie nicht vor Einbruch des Tages noch überholen zu können glaubte, wo er dann auch schon innerhalb der Reichweite der auf Formosa gestützten japanischen Flugzeuge stehen würde. DuBose hielt es für klüger abzulaufen, anstatt *Hyuga* und *Ise* zu verfolgen, die mit zwei Kreuzern und fünf Zerstörern am 27. Oktober Häfen der Ryukyus erreichen konnten. (Der durch Bombenschäden in der Fahrt verlangsamte Leichte Kreuzer *Tama* wurde noch vom amerikanischen U-Boot *Jallao* torpediert und versenkt.)
Dies war das Ende des letzten Gefechts der großen Schlacht um den Leyte-Golf. In allen vier Gefechten hatten die Amerikaner gesiegt. Zu loben waren dabei die Leistungen der Flugzeugbesatzungen Mitschers über der Sibuya-See, Oldendorfs klassische Schlachtschifftaktik in der Surigao-Straße und der einzigartige Kampf der »Taffy Three« gegen die überwältigende Übermacht vor Samar. Eine Kritik muß sich vor allem gegen Halseys Führung der Dritten Flotte[5] und die unzureichenden Leistungen der Flugzeugbesatzungen Mitschers vor Kap Engaño richten. Auf japanischer Seite geht das Lob an Ozawa für den Erfolg seiner Rolle als Köder, trotz des Verlustes fast des gesamten Restes dessen, was einstmals Japans stolze und große Trägerflotte war. Lobenswert war auch die Leistung der Fla-Geschütz-Bedienungen der japanischen Schiffe. Wenig Lobenswertes ist dagegen über die Befehlshaber der drei anderen japanischen Kampfgruppen zu sagen, deren Unvermögen zur ausreichenden Koordination ihre Angriffe gegen die amerikanischen Transportschiffe im Leyte-Golf letztlich zum katastrophalen Fehlschlag des ganzen Unternehmens führte. Auch Toyoda verdient kein Lob dafür, daß er im entfernten Tokio einen praktisch undurchführbaren komplizierten Operationsplan ersonnen hatte und diese Operation direkt aus der Ferne selbst leiten wollte.

Die Schlacht um den Leyte-Golf beendete den Seekrieg im Pazifik ebensowenig wie das Gefecht vor dem Nordkap den Kampf gegen Deutschland. Nach dem Untergang des deutschen Schlachtschiffs *Scharnhorst* am 26. Dezember 1943 sollte die kritische Schlacht im Atlantik noch fast 18 weitere Monate dauern, bevor eine Delegation deutscher Befehlshaber im Mai 1945 die bedingungslose Kapitulation unterzeichnen und Dönitz seine U-Boote an die Alliierten ausliefern mußte. Ebenso verstrich nach der Vernichtung aller verbliebenen japanischen Flugzeugträgerstreitkräfte durch Halsey am 25. Oktober 1944 noch fast ein ganzes weiteres Jahr, bevor eine japanische Delegation unter den Augen von General MacArthur an Bord des Flaggschiffs von Admiral Nimitz, dem Schlachtschiff *Missouri*, in der Bucht von Tokio im September 1945 die Kapitulationsurkunde unterzeichnete. Admiral Halsey, dessen Fehler vor Kap Engaño seinen Ruf wegen hervorragender kämpferischer Leistungen während der dunklen Stunden um Guadalcanal und danach als Befehlshaber der Dritten Flotte nicht hatten trüben können, weilte wie Admiral Sir Bruce Fraser, der Oberkommandierende der britischen Pazifikflotte (welche 1945 einen wesentlichen Anteil am alliierten Trägerangriff gegen Okinawa und andere Ziele in der Nähe des japanischen Hauptlandes hatte) der eindrucksvollen Zeremonie kurz vor Sonnenuntergang auf dem britischen Flaggschiff *Duke of York* bei.

Vor dem Leyte-Golf war jedenfalls auch die letzte große Seeschlacht des Zweiten Weltkriegs geschlagen worden. Während dieses Treffens erfolgten auch die letzten Gefechte der gesamten Seekriegsgeschichte, die »nach alter Art« zwischen mit großen Geschützen bewaffneten Überwasserschiffen, oder gemeinsam mit dem neuesten Seekriegsmittel, trägergestützten Flugzeugen geschlagen wurden. Die Tinte unter den Kapitulationsdokumenten war kaum getrocknet, als die verbleibenden großen Seemächte der Welt bei der Planung ihrer zukünftigen Flotten der Tatsache voll Rechnung tragen mußten, daß der Flugzeugträger zur Königin des maritimen Schachbretts geworden, das Schlachtschiff aber endgültig von der Weltbühne abgetreten war. Nach über 500 Jahren der Vorherrschaft auf See durch dieses Kampfinstrument wurde jetzt kein weiteres Schlachtschiff mehr auf Stapel gelegt. Die unvollendet auf den Bauhelligen liegenden Schlachtschiffneubauten wurden verschrottet, die verbleibenden Kriegsveteranen nach und nach zu Abwrackwerften entsandt oder als schwimmende Museen bewahrt, so daß einige der Giganten, wie Nelsons Flaggschiff *Victory* als letztes großes Segelkriegsschiff im Kriegshafen Portsmouth in Großbritannien, auch heute noch der Nachwelt als Denkmal erhalten werden.

Die Nachfolger von Dudley Pound und Ernest King, Erich Raeder und Karl Dönitz, Andrew Cunningham und William Halsey, Chester Nimitz und Jack Tovey, Bruce Fraser und Raymond Spruance, Clifton Sprague und Philip Vian mußten sich jetzt auch mit den Auswirkungen der inzwischen entstandenen nuklearen Waffen, Raketen, Flugkörper und Lenkwaffen aller Art auf die zukünftige Seekriegsführung auseinandersetzen, und in noch jüngerer Zeit auch den – in jenem Augenblick, als die Sonne über der Bucht von Tokio am 2. September 1945 sank – noch gänzlich unvorhersehbaren Problemen des Wachstums einer neuen sowjetischen Marine zuwenden und deren Verwandlung von einer reinen Küstenverteidigungsmarine in eine mächtige Tiefwasserflotte, die auf allen Ozeanen operiert.

Im Frühjahr 1972 schrieb der Direktor einer berühmten britischen Schule in einem Leserbrief an die Herausgeber der Londoner TIMES: »Ein Weltkrieg ist heute unvorstellbar«. *Unvorstellbar* – ja, in diesem Zeitalter der Atomrüstung, aber *unmöglich* – nein. Ein zukünftiger Krieg braucht dabei keineswegs nur eine blitzartige nukleare Hölle zu sein. Atomare Verheerungen wären von geringem Nutzen, wenn überhaupt vorteilhaft, für einen Angreifer, der versuchen wollte, mit diesem Mittel zu siegen –

sofern die Götter die Machthaber nicht vorher mit Blindheit und Irrsinn geschlagen haben sollten. Vielmehr ist ein furchtbarer und weltweiter Kampf um die maritime Herrschaft viel wahrscheinlicher. Ebenso wie in ihrer ganzen bisherigen Geschichte wird die Menschheit auch in Zukunft von der See abhängig bleiben – zum Transport von Nahrungsmitteln, die sie am Leben erhält, zur Beförderung von Rohstoffen und Fertigwaren, die für ein zivilisiertes Leben erforderlich sind, zur Heranführung der Brennstoffe, mit denen der Mensch lebt und kämpft, und schließlich zur Überführung der Truppen, Ausrüstungsgüter und Waffen, mit denen Kriege an Land geführt werden. Und seit allerneuester Zeit wird das Ringen um die Meere auch um das gehen, was der Mensch Nützliches aus der See und aus dem Meeresboden fördern kann. Die Mächtegruppe, die es versäumt, ihre Schiffahrt und die Vorkommen an Öl und Gas auf dem Grunde des Meeres ausreichend zu schützen, muß der sicheren Niederlage entgegensehen. Auch in Zukunft wird der Sieg vom Ausgang maritimer Schlachten abhängen.

Seekriege der Zukunft müssen natürlich gänzlich anderer Art sein und ganz anders verlaufen als die von früheren Generationen geführten. Dies erzwingt schon der ungeheuerliche und nie stillstehende technologische Fortschritt. Die bei Trafalgar kämpfenden Seeleute hätten sich eine Skagerrakschlacht nicht vorstellen können. Für die unter Jellicoe und Scheer am 31. Mai 1916 in der Nordsee kämpfenden Männer waren Schlachten wie die bei Midway oder in der Philippinen-See ebenso unvorhersehbar. Aber ebenso, wie jeder der sich mit der Geschichte des Ersten Weltkrieges auseinandersetzt, erkennen muß, wie viel die Marinen der Welt in den Tagen der kämpfenden Segelschiffe gelernt hatten, was eben doch auch im Zeitalter der gepanzerten Dreadnoughts Gültigkeit hatte, so glaubt auch der Verfasser in diesem Buch gezeigt zu haben, wie viel im Ersten Weltkrieg Gelerntes, auch wenn es zeitweise vergessen, ja mit katastrophalen Folgen vergessen war, im Zweiten Weltkrieg wieder zur Geltung kam. (Eine brillante Darstellung der Versäumnisse der britischen Marine in der Zwischenkriegszeit von 1918 bis 1939 ist das Werk des amerikanischen Historikers Professors Arthur Marder »From the Dardanelles to Oran«. Eine vergleichbare Abrechnung mit den Versäumnissen der amerikanischen Marine in dieser Zeit verbleibt noch zu schreiben).

Es mag schwierig, ja unmöglich sein, die Art der Kämpfe zukünftiger Seekriege vorauszusagen. Eines aber ist sicher: Ungezählte Lehren aus früheren Kriegen werden auch künftig gelten. Nach den Worten des chinesischen Philosophen Sun Tzu ist »der Krieg eine große Staatsangelegenheit, ein Geschehen auf Leben und Tod, der Weg zur Sicherheit oder zum Untergang, eine Sache also, die mit äußerster Sorgfalt zu studieren ist.« Damit schließt sich der Kreis zu Churchills Worten, die diesem Buch vorangestellt wurden: »Die Gechichte ist unsere einzige sichere Anleitung für die Zukunft, sie – und Phantasie«, oder anders gesagt: Die Geschichte bewahrt die menschliche Weisheit aller Zeitalter.

Nachwort

Eine Szene aus einem jüngsten anglo-amerikanischen Spielfilm über gesellschaftliche Probleme unserer Tage: Auf einer Party sprechen zwei jüngere Leute über einen Mann mittleren Alters. »Er ist Veteran«, sagt ein junger Mann. »Vietnam muß furchtbar gewesen sein«, bemerkt ein Mädchen. »Nicht Vietnam! Er ist viel älter«, sagt der junge Mann, »Er war schon im Korea-Krieg.«
Der Zweite Weltkrieg liegt also heute für die Mehrheit der Amerikaner nicht mehr im Erinnerungshorizont; schließlich hatte dieser Krieg das Land selbst nicht verheert, und die USA haben seither zwei weitere wichtige Kriege geführt, die heute schärfer ins Bewußtsein eingeprägt sind: Korea und vor allem Vietnam. Auch über Großbritannien gingen nach dem Zweiten Weltkrieg schockierende Ereignisse hinweg: Die Auflösung des britischen Kolonialreichs, die Aufgabe aller militärischen Positionen östlich von Suez, wirtschaftlicher Niedergang und gesellschaftspolitische Erschütterungen, das Desaster des Suez-Krieges und der Abstieg Großbritanniens zu einer zweitrangigen Macht, der Streit um den Beitritt zur Europäischen Gemeinschaft. Deutschland dagegen war seit 1945 in keinen Krieg mehr verwickelt. Der Zweite Weltkrieg, vor allem aber seine Folgen, sind daher vielleicht noch unmittelbarer im Bewußtsein seiner Menschen.
Seinen britischen Lesern ruft Geoffrey Bennett nun den Zweiten Weltkrieg wieder ins Gedächtnis mit einer Überschau über die markantesten Ereignisse des Seekriegs 1939–1945.
Der Erste Weltkrieg war im wesentlichen ein europäischer Krieg. Tsingtau, deutsche Auslandskreuzer und Hilfskreuzer, der Kampf um die Dardanellen sowie der legendäre Feldzug des ungeschlagenen Lettow-Vorbeck in Ostafrika blieben nur Marginalien. Selbst der deutsche U-Boot-Krieg hatte 1914–1918 noch keine absolut ozeanischen Dimensionen annehmen können. Der Zweite Weltkrieg hingegen wurde tatsächlich global ausgefochten. Allerdings ruft es auch für diesen Krieg falsche Vorstellungen hervor, wenn man ihn als einheitliches Geschehen bezeichnet. Er wurde vielmehr in mehreren zwar gleichzeitigen, aber weitgehend unkoordinierten und einander überlagernden Parallelkriegen ausgetragen: Dem im Atlantik – Großbritanniens wichtigstem Beitrag zu diesem Krieg –; dem europäischen Landkrieg in Polen, in den Feldzügen im Norden und Westen; im Mittelmeer und in Nordafrika führten Deutschland und Italien ab 1940 einen teilweise koordinierten Krieg. Der Rußlandfeldzug führte zu Seekriegsereignissen auch in der Ostsee, im Schwarzen Meer und vor allem im Eismeer. Die deutsche Marine unternahm auch weltweite Unternehmungen (Handelsstörer und U-Boo-

te). Japan war gleichzeitig (seit 1937) in einen Großkrieg mit China verwickelt und mußte sich den Rücken gegen Rußland freihalten. Einer amerikanischen Wirtschaftsblockade suchte es durch den Pazifikkrieg zuvorzukommen. Dann tobte das große Ringen im Stillen Ozean von Europa völlig getrennt.

Von der westlichen Geschichtsschreibung wurde bisher jener weitere Parallelkrieg zur See und in den Kolonien vernachlässigt, den das geschlagene, aber unabhängig gebliebene Frankreich führte, und zwar bis zur deutschen Besetzung der unbesetzten Teile Frankreichs nach der angloamerikanischen Landung in Nordafrika Ende 1942. Ein Krieg, der schon deshalb gern heruntergespielt wurde, weil man nach dem Krieg, vor allem in Frankreich, nicht gern betonen wollte, wie relativ großmütig die deutschen Waffenstillstandsbedingungen des Jahres 1940 eigentlich gewesen waren, wie wenig vertrauensvoll und wie rücksichtslos Großbritannien gegen die verbliebenen französischen Marinestreitkräfte vorging und wie antibritisch sich wesentliche Teile der französischen Marine dazu verstanden, zwar nicht mit Deutschland, aber gegen Großbritannien zu agieren.

Mit Ausnahme des Geschehens im Pazifik war dieser Zweite Weltkrieg an seeschlachtähnlichen Begegnungen arm wie fast alle Seekriege. Auch er war vor allem ein maritimer »Stellungskrieg« mit sich dauernd verschiebenden defensiven und offensiven Fronten und wenigen plötzlichen, meist zufälligen Schlachten. Dazwischen aber herrschte der Kleinkrieg. Wirtschaftskrieg und Rüstungsanstrengungen entschieden solche Kriege allemal.

Wichtiger noch als in Kriegen zuvor waren im Zweiten Weltkrieg politische, wirtschaftliche, technologische und ideologische Faktoren. Zurecht widmet der Verfasser je ein Kapitel den marinepolitischen Ereignissen, die 1922 zum Flottenvertrag von Washington führten, der für die Vorkriegsrüstung aller Marinen wichtig ist, und einer Darstellung der technologischen Entwicklungen: Die Entstehung der Luftwaffen, die Rolle von Torpedoflugzeugen und Flugzeugträgern, die Weiterentwicklung des U-Boots, der Taktik im U-Bootkrieg, der Geleitzugführung, von neuen Torpedos, Radargeräten und sonstigen Abwehrmaßnahmen, von Geheimgeräten wie HF/DF (Huff-Duff), der Hochfrequenz-Funkortung, von IFF-(Identification Friend/Foe) und Radargeräten waren wichtiger als manche Schlacht. Wir erfahren ferner von den beachtlichen Entwicklungen auf dem Gebiet des Funkwesens, der Panzerung, der Flugzeugabwehr, der Feuerleitung (durch Radar) und der Seekriegstaktik. Die taktischen und strategischen Kommandoverhältnisse bei den wichtigsten Flotten während dieses Krieges werden ebenso berührt wie die schiffbaulichen Leistungen der beteiligten Länder.

Für deutsche Leser hier einige Anmerkungen über einige allgemeine Aspekte des Seekriegs der deutschen Kriegsmarine, die gemäß der Absicht des Verfassers, eine Gesamtschau zu geben, nicht berücksichtigt wurden, aber für ein Verständnis vom deutschen Standpunkt aus wichtig sind:

Für die deutsche Kriegsmarine war der Seekrieg gegen die angelsächsischen Großmächte von vornherein ein fast hoffnungsloses Unterfangen. Am 3. September 1939 herrschte bei den deutschen Admiralen tiefer Ernst. Sie wußten, was ein Krieg gegen England bedeutete. Sie kannten die fast unerschöpflichen Kräfte der britischen Seemacht, und daß sich diese stets erst allmählich entfalteten, dann aber immer überlegener zur Wirkung kamen. Über allem aber schwebte das Damokles-Schwert eines möglichen Kriegseintritts der USA.

Die kleine deutsche Marine hat im Zweiten Weltkrieg keine Seeschlachten mehr ausgefochten. An der von Historikern nur als »Gefecht« bezeichneten Begegnung auf der Doggerbank im Januar 1915 waren auf deutscher Seite noch Dutzende von Einheiten beteiligt. Wenn dagegen im Zweiten Weltkrieg deutsche Flottenchefs zu größeren Operationen in See waren, bestand ihre »Flotte« zumeist nur aus Zweierverbänden. Im Mittelmeer und im Pazifik dagegen spielten sich gegen vierzig größere Begegnungen ab, die als Seeschlachten bezeichnet werden können. Wahrhaft ozeanisch war dagegen der von Deutschland bis Anfang 1943 geführte Handelskrieg mit Überwasserstreitkräften, Hilfskreuzern und vor allem mit U-Booten. Nach dem Frühsommer 1943 aber konnte die deutsche Marine nur noch einen Küstenverteidigungskrieg führen.

Der Marinerüstung hatte Deutschland bis Anfang 1943 nur geringe Kapazität und Priorität gewidmet. Als Anfang 1943 Großadmiral Dönitz den Oberbefehl der Kriegsmarine übernahm, führt die Marine, wie übrigens die Luftwaffe auch, noch ihre eigene Rüstung durch. Erst jetzt gelangten die Rüstungsanstrengungen der Marine in die Hände des Rüstungsministers Speer. Mit Nachdruck wurde nun der Bau von U-Booten, die Entwicklung neuer U-Bootstypen und der Bau von Schnellbooten und Sicherungsstreitkräften betrieben, der Bau schwerer Einheiten jedoch endgültig eingestellt.

Den größten Teil der Flottenstreitkräfte, mit denen das Deutsche Reich einen über fünfjährigen Seekrieg gegen die Welt führte, mit denen es nahe daran war, das seebeherrschende Großbritannien in die Knie zu zwingen, hatte es 1939 überhaupt noch nicht gegeben. Mit etwa 250 Kriegsschiffen, Booten und Hilfsfahrzeugen (darunter kaum 60 U-Booten) war Deutschland in den Krieg eingetreten. Der Beitrag der deutschen Kriegsmarine zum Zweiten Weltkrieg mußte erst während des Krieges selbst geschaffen werden. Aber nicht nur eine Flotte galt es aus dem Boden zu stampfen: Im Nordraum, am Kanal, an der Atlantikküste, im Schwarzen Meer, im Mittelmeer und in der Ostsee mußten die deutschen Seestreitkräfte fast ausschließlich von in fremden Häfen improvisierten Stützpunkten aus operieren. »Die Besatzungen dieser Marine waren zumeist zivile Landratten«, die nie zuvor das Meer auch nur gesehen hatten.

Diese »Ersatz«-Marine wurde aus deutschen, norwegischen, dänischen,

holländischen, belgischen, französischen, italienischen, griechischen und jugoslawischen Handelsschiffen zusammengestückelt. Kriegsschiffe der Marinen vieler Herren Länder wurden übernommen. Mehr als tausend U-Boote, hunderte von Vorposten, Räum- und Schnellbooten, große Mengen von Marinefährprähmen, Kriegsfischkuttern, Fischdampfern und Hilfsschiffen wurden neu gebaut. Im Oktober 1939 hatte der deutsche Befehlshaber der U-Boote in sein Tagebuch schreiben müssen: »Die eigene Lage wird gekennzeichnet durch die geringe Zahl der verfügbaren U-Boote.« Nach seinen Aufzeichnungen betrug dann die monatliche Rate fertiggestellter U-Boote im Jahre 1940 nur 4,1 Boote, 1941 bereits 16,3 Boote, 1942 19,9 Boote, 1943 23,6 Boote (in diesem Jahr folgte die Umstellung auf neue Typen), im Jahr 1944 19,5 Boote (im ganzen Jahr 1944 wurden schon 98 Boote der neuen Typen XXI und XXIII gebaut). Im Jahr 1945 wurden zwischen Januar und März 26 Boote pro Monat fertig, insgesamt noch 83 Stück Boote des Typs XXI und des Typs XXIII. Auch die übrigen Bauanstrengungen waren groß. An Minenräumbooten wurden z. B. fertiggestellt: 1943 52 Boote, 1944 87 Boote, an Torpedo-Schnellbooten: 1943 41, 1944 62 Boote. An großen M-Booten wurden 1943 63 Einheiten fertig, 1944 24. Schließlich wurden im Jahr 1944 37 Kriegstransporter, über 300 Marinefährprähme, etwa 60 Fischdampfer und 354 KFKs fertiggestellt.
Zurecht stellt Bennett auch die wichtige Rolle der Luftstreitkräfte für den Seekrieg dar. Was die tapfer kämpfende und anfänglich auch erfolgreiche deutsche Luftwaffe betraf, der vom Gegner stets viel ritterliche Anerkennung gezollt wurde, muß jedoch für den Seekrieg insgesamt das bittere Wort festgehalten werden: »Deutschland führte seinen Seekrieg im Zweiten Weltkrieg ohne Luftwaffe; das war eines seiner am wenigsten zeitgemäßen und zugleich eines seiner am meisten ausschlaggebenden Kennzeichen« (Karl Dönitz).
Eine Darstellung der wichtigsten Leistung der deutschen Marine im Zweiten Weltkrieg, des U-Bootkriegs, der – wie im ersten großen Krieg – Großbritannien an den Rand des Abgrunds brachte, war nicht Gegenstand dieses Buches. Die erbitterte »Schlacht im Atlantik« mußte die deutsche Marine mit wenigen Booten und Männern aufnehmen. Die gefürchtete deutsche U-Bootwaffe entstand erst während des Krieges, mit einer vom Gegner unvorhergesehenen und ständig unterschätzten Kraftanstrengung. Der Höhepunkt dieses U-Bootkrieges kam im Frühjahr 1943, als die USA und Großbritannien alle Kräfte zusammenfassen mußten, um der zunächst so erfolgreichen deutschen U-Boote Herr zu werden: Nach dreieinhalb Jahren Seekrieg lief die gewaltige britische Seemacht Gefahr, die Atlantikschlacht zu verlieren – gegen eine U-Bootwaffe, die erst nach Kriegsausbruch »auf Stärke« gebracht werden mußte und nur die Hälfte der Boote besaß, die ihr Befehlshaber als unbedingt notwendig gefordert hatte, um einen erfolgreichen Seekrieg gegen England führen zu können. Auch als infolge gewaltiger schiffbautechnischer

und wissenschaftlich-technologischer Anstrengungen der Alliierten der deutsche U-Bootkrieg fast zum Erliegen kam, wurde er unter großen Opfern weitergeführt, um gegnerische Streitkräfte so lange zu binden, bis neue schlagkräftigere Seekriegsmittel und Taktiken entwickelt waren, die dann für die Weiterentwicklung der Unterwasserwaffe nach dem Krieg richtungsweisend werden sollten.
Während die angelsächsischen Mächte den Zweiten Weltkrieg von vornherein als globalen See- und Wirtschaftskrieg führten, glaubte die von Heer und Luftwaffe bestimmte deutsche Kriegsführung noch bis Ende 1942, diesen Weltkrieg auf dem Lande gewinnen zu können, obwohl die zwei größten Seemächte der Welt ihre Gegner waren. Eine Koordination der deutschen Strategie mit der Italiens erfolgte kaum, mit Japan gar nicht. Im Mittelmeer mußte, anfänglich noch mit Unterstützung der jedoch bald in Schwierigkeiten geratenden italienischen Marine, später sogar gegen diese, eine deutsche Flottenpräsenz überhaupt erst geschaffen werden. Zunächst wurden deutsche U-Boote durch die »Einbahnstraße« von Gibraltar in den Mittelmeerraum entsandt (denn bei den herrschenden Strömungsverhältnissen konnten U-Boote kaum hoffen, jemals aus dem Mittelmeer wieder in den Atlantik auszubrechen). Unzählige Kleinfahrzeuge wurden über Kanäle, auf Straßen und Schienen nach dem Süden überführt. Aus fremden Marinen wurden Schiffe übernommen und zusammen mit deutschen Handelsschiffen zur Versorgung des Afrikakorps eingesetzt. Ein starkes deutsches Fliegerkorps führte vorübergehend im Mittelmeer einen erfolgreichen aber kurzen See- und Luftkrieg, bis nach dem Beginn des Rußlandkrieges ein großer Teil dieser Luftstreitkräfte abgezogen werden mußte. Schließlich mußte noch hektischer improvisiert werden, als es galt, von Anfang September 1943 bis zum Herbst 1944 einen eigenständigen deutschen Seekrieg im Mittelmeer zu führen, mit einer deutschen Flotte die bei Beginn dieser Operationen weder vorhanden noch geplant war, die sich aber zur Stärke einer mittleren Marine entwickeln sollte. Ähnliche Improvisationen führten auch zu einem deutschen Seekrieg im Schwarzen Meer. Wenn man also eine einzige schlagwortartig charakterisierende Bezeichnung für die Kriegsmarine des Deutschen Reiches während des Zweiten Weltkriegs suchte, so würde ich dafür den Begriff »Die improvisierte Seemacht« wählen. Und diese Marine hat »bis zur letzten Stunde ihre Pflicht erfüllt«. So lautete das Urteil ihres letzten Befehlshabers, ebenso wie aller Gegner. Diese improvisierte deutsche Marine vernichtete Gegnerstreitkräfte von einem Vielfachen der eigenen Stärke, ganz zu schweigen von den ungeheuren Verlusten, die sie der gegnerischen Handels- und Versorgungsschiffahrt zufügte.
Wenn man der deutschen Flottenpolitik von 1914 den politischen Vorwurf macht, sie habe den Ersten Weltkrieg – und in dessen Gefolge den Zusammenbruch des Kaiserreiches – nicht verhindern können, so muß man der britischen Marinepolitik entgegenhalten, daß sich die über-

mächtige Royal Navy, die nach einem Jahrhundert der Pax Britannica als Garantie des britischen Imperiums galt, in zwei Seekriegen von der jungen deutschen U-Bootwaffe an den Rand des Abgrunds bringen ließ, und daß der nur mit amerikanischer Unterstützung ermöglichte britische Endsieg in zwei Seekriegen zwar jeweils zur Auslöschung der Feindflotten führte, jedoch nicht verhindern konnte, daß die britische Weltmachtstellung und jenes Gleichgewicht der Mächte endgültig verloren gingen, das zu erhalten Großbritannien ursprünglich in diese Weltkriege eingetreten war. Nicht nur für Deutschland, auch für Großbritannien muß die Bilanz des Zweiten Weltkriegs also bitter genug ausfallen. Im Kampf selbst war die Leistung der britischen Marine (wie auch der deutschen) im Zweiten Weltkrieg hervorragend, wie es ihrer langen Tradition entsprach. Im Ersten Weltkrieg hatte eine überwältigende Überlegenheit der Royal Navy Großbritannien in die Lage versetzt, eine passive Rolle zu spielen. Die Voraussetzungen hierfür waren dann aber spätestens 1940 weggefallen, als ein einheitlicher Kontinentalblock unter deutscher Führung gegen England stand.

Am Anfang des Krieges hatte die zunächst noch andauernde Neutralität Italiens und Japans der gemeinsam geführten anglo-französischen Flotte Großbritannien noch ein gewaltiges Übergewicht gegen die in den Anfängen des Wiederaufbaus stehende deutsche Marine gegeben. Das Norwegen-Unternehmen und der Fall der Niederlande, Belgiens und Frankreichs wendeten das Blatt: Europa war in den Händen des mächtigsten Diktators seit den Tagen Napoleons. Der Kriegseintritt Italiens schien das Mittelmeer für Großbritannien zu sperren. Der U-Bootkrieg nahm an Intensität zu, die japanische Bedrohung im Fernen Osten wuchs. Dann fiel Hitlers Entscheidung zum Angriff gegen Rußland. Eine Wirtschaftsoffensive der USA bewog Japan zum Schlag gegen Pearl Harbor. In jenen Tagen des Jahresendes 1941 stand der Glücksstern des Krieges für Großbritannien besonders tief. Beim Kriegseintritt der USA konnte Churchill jedoch aufatmen: »Jetzt ist der Krieg gewonnen«. Er sollte Recht behalten.

Eine ausgewogene Beurteilung des Seekriegs im Zweiten Weltkrieg muß aber zu dem für Großbritannien bitteren Ergebnis kommen, daß es, trotz seiner übermächtigen Flotte, ohne die gewaltige amerikanische Unterstützung von der improvisierten, schwachen deutschen Marine beinahe besiegt worden wäre, und daß selbst die britischen Erfolge, soweit sie von der Royal Navy allein erfochten wurden, ohne nicht-britische und marine-fremde Faktoren (Luftwaffe, moderne Technologie) unmöglich gewesen wären. Der britische Fleet Air Arm hatte zwar mit der Versenkung des deutschen Kreuzers *Königsberg* in Bergen im April 1940 den ersten größeren Erfolg von Flugzeugen gegen ein Kriegsschiff in der ganzen Seekriegsgeschichte erzielt. Dennoch waren in den ersten Kriegsjahren die Operationen der britischen Flotte innerhalb der Reichweite der deutschen Luftwaffe paralysiert, solange jedenfalls, bis große Teile der deutschen Luftstreitkräfte nach dem Osten abgezogen waren. Rein naval und ohne wesentliche Beteiligung von Luftstreitkräften verliefen nur die Begegnungen vor Montevideo, das Gefecht in der Barents-See und der Kampf der *Scharnhorst*. Dagegen zeigten der Ausgang des *Bismarck*-Unternehmens, die Ausschaltung der italienischen Flotte in Tarent und der Untergang des Schlachtschiffs *Tirpitz,* daß der mit großen Schiffseinheiten allein geführte Seekrieg endgültig zu Ende gegangen war. Dem relativen Abstieg der Marine während des Krieges selbst in Großbritannien entsprach, daß etwa 60 Prozent der gesamten britischen Rüstungsanstrengungen der Royal Air Force zugute kamen. Großbritannien hatte die Wirkung seiner Seeblockade und seines Bombenkrieges überschätzt, das deutsche Rüstungspotential unterschätzt. Deutschland war erst ab 1942 vor die Wahl »Kanonen oder Butter« gestellt. Bis dahin hatte es seine Rüstung in einer Anwandlung von sträflichem Übermut vernachlässigt, in dem Glauben »der Krieg ist gewonnen, der Gegner hat es nur noch nicht gemerkt«.

Erst nachdem die deutsche Führung den »totalen Krieg« proklamierte, erklomm die deutsche Kriegsproduktion in den Jahren 1943 und 1944 unter Rüstungsminister Albert Speer trotz aller Einschränkungen und Schäden durch den Bombenkrieg ihren Höhepunkt. Den britischen Sieg über Deutschland sicherten der fast unglaubliche Produktionsausstoß der amerikanischen Industrie und die sowjetischen Heere, deren amerikanische Versorgung die Royal Navy ermöglichte.

Bis zum Kriegsende im Jahre 1945 hatte die Royal Navy nicht weniger als 451 Kriegsschiffe verloren, war jedoch zu einer imponierenden Streitmacht von 1 065 Kriegsschiffen, 2 907 kleineren Kriegsfahrzeugen, 5 477 Landungsfahrzeugen und fast einer Million Mann angewachsen. Die Gegnerflotten Deutschlands, Italiens und Japans waren ausgelöscht. Für das britische Reich schien dieser Kriegsausgang den Status quo endgültig zu konsolidieren.

Die überlegene Gewalt der britischen See-, Finanz- und Wirtschaftsmacht hatte im 17. Jahrhundert den Zusammenbruch des niederländischen, im 18. Jahrhundert des französischen Rivalen und damit Großbritanniens Weltgeltung erzwungen. Dieses Schicksal sollte im 20. Jahrhundert auch dem aufstrebenden Deutschen Reich bereitet werden.

Großbritannien hatte jedoch seine eigene Stärke überbewertet, die des Gegners aber unterschätzt. Mit amerikanischer Hilfe war Großbritannien zwar siegreich aus zwei Weltkriegen hervorgegangen, seine Position als unabhängige Großmacht aber war angeschlagen. Die Gold- und Devisen-Reserven waren aufgezehrt und verloren, die Verschuldung gewachsen, viele Märkte in amerikanische Hände übergegangen. Empire und Sterlingblock brachen auseinander. Die Industrie war erschöpft. Die Handelsflotte besaß trotz aller verzweifelten Bauanstrengungen während des Krieges nur noch 70 Prozent der Vorkriegsgröße. Die amerikani-

sche Handelsflotte dagegen war größer geworden als alle europäischen Flotten zusammengenommen. Großbritannien hatte die meisten Auslandsinvestitionen verloren. Kolonien und Dominions machten sich selbstständig, soziale Veränderungen und innenpolitische Ereignisse erschütterten das Land; auf nuklearem Sektor blieb Großbritannien seither auf amerikanische Großherzigkeit angewiesen.
In den Zweiten Weltkrieg aber war Großbritannien eingetreten, um das Gleichgewicht aufrechtzuerhalten, ein deutsches Übergewicht zu verhindern und die Unabhängigkeit Polens zu bewahren. Mehr noch als der Erste hat der Zweite Weltkrieg die Welt von Grund auf verändert, und mit ihr Großbritannien. Den Rang als zweitstärkste Seemacht der Welt, auf den Großbritannien bereits nach den Ersten Weltkrieg durch die USA abgedrängt worden war, hat heute die sowjetische Flotte inne. (Anfang 1939 war es rund 200 britischen Zerstörern und Fregatten nicht gelungen, mit kaum 60 deutschen U-Booten fertig zu werden. Heute müßten etwa 80 britische U-Jagdschiffe gegen mehr als 400 sowjetische U-Boote ankämpfen.) Sogar Frankreich droht die Royal Navy zu überflügeln. Die britische Marine kann nicht länger auch nur im entferntesten daran denken, britische Seemacht in der ganzen Welt präsent zu halten. Die Admiralität als selbständige Führungsbehörde ist aufgelöst, der britische Verteidigungsbeitrag zum westlichen Bündnis zeigt schrumpfende Tendenzen. Und die NATO sucht die Bundesrepublik Deutschland durch Fallenlassen der letzten Tonnagebeschränkungen zur Übernahme immer weiter ausgreifender Operationsaufgaben für ihre neugeschaffene Marine zu ermuntern.
Die heutige Weltlage und die geschichtlichen Gesamtperspektiven machen die Scheinwelt aller rein militärischen Strategien offenbar. Zweimal hat Großbritannien ungeheure wirtschaftliche, moralische und militärische Anstrengungen gemacht, um insbesondere Deutschland zu besiegen, und hat dabei seinen Reichtum, seine Macht und sein Weltreich verloren. Die Entwicklungen seit 1945 entlarven die Kurzlebigkeit und Vergeblichkeit aller rein militärischen Siege, die dieses Buch anhand des Seekriegs stellvertretend für andere Kriegsereignisse darstellt. Wenn also Einzeldarstellungen in den großen Zusammenhang gestellt werden, dann lautet das Urteil: Was für ein furchtbarer Krieg, welche Opfer in aller Welt, welche Verwirrungen des Geistes. Vergleicht man die Zielvorstellungen der damals Verantwortlichen im Augenblick des Kriegsausbruchs mit den Folgen, die dieser gewaltige Kampf in unserer Welt hervorgerufen und welche noch andauernde Lage er geschaffen hat, dann zwingt sich diese Schlußfolgerung auf: Der Krieg – jedenfalls in einem ideologisch bestimmten Zeitalter – kann nicht mehr als »Fortsetzung der Politik mit anderen Mitteln« betrachtet werden. Einmal begonnen, entwickelt jeder Krieg zunehmend sein eigenes Schwergewicht und gerät völlig aus der Kontrolle jener, die ihn »führen« wollen. Ein ganzes Jahrzehnt lang hat die Welt das gesamte Bruttosozialprodukt der Menschheit

nur auf Zerstörung gerichtet und dabei auch die Leistungen vieler voraufgegangener Generationen vernichtet. Die Kriegsziele aller Beteiligten wurden über den Haufen geworfen. Die mächtigen USA wurden nach ihrem völligen Sieg über drei starke Gegner mit einer neuen bedrohlichen Supermacht konfrontiert und mußten sich mit den ehemaligen Gegnern verbünden. Frankreich geriet in eine Identitätskrise. Die Diktatoren Deutschlands, Italiens und Japans vernichteten sich selbst und rissen dabei ihre Völker in die Katastrophe. Großbritannien aber siegte sich zu Tode. Die Volkswirtschaften des geschlagenen Japans und Italiens, ja selbst des geteilten Deutschlands, sind schnell wieder erstarkt. Trotz aller Siege der Royal Navy trat für Großbritannien der wahre Preis für den letzten Weltkrieg erst in den Jahren seither langsam zutage: Die unabhängige und weltbeherrschende Handels- und Seemacht Großbritannien, wie sie die Welt von 1914 und 1939 bewunderte oder fürchtete, hat zu bestehen aufgehört. Die Kinder der Sieger in der »Schlacht im Atlantik« bauen mit den Kindern der ehemaligen Gegner ein neues Europa, nachdem sich die heute verbündeten, ja befreundeten Nationen der Freien Welt in zwei Weltkriegen selbstmörderisch gegenseitig selbst zerfleischt hatten. Diese für Sieger und Besiegte nachdenklichen Perspektiven tun aber den Leistungen und Opfern der Menschen, ihrem Kämpfen, Leiden und Sterben, die hinter den in diesem Buch geschilderten Ereignissen stehen, keinen Abbruch. Auch Soldaten sind schließlich Kinder ihrer Zeit. Mut, Hingabe, Geschick, Tatkraft und Opfersinn sind allgemein menschliche Tugenden. Das Andenken an sie zu bewahren, heißt nicht, den Krieg zu verherrlichen, wohl aber an diese Wahrheit zu erinnern: Quidquid agis, prudenter agas et respice finem.

Das marinegeschichtliche und sympathisch unpolitische Werk Bennetts bietet, auch wenn man vielleicht nicht in allen Einzelheiten mit den Akzentsetzungen seiner Schilderung mancher Ereignisse völlig einverstanden sein kann, eine fachmännisch zuverlässige und in ihrer ordnenden Überschau imponierende Darstellung der wichtigsten Begegnungen im Seekrieg 1939–45, die es in dieser gedrängten und anschaulichen Form, in so klugem Gleichgewicht, mit sorgfältig ausgewählten Karten und illustrativen Tabellen, die schnelle Stärkevergleiche erlauben, bisher noch nicht gab. Aus den manchmal verwirrenden Geschehnissen bringt es so viele relevante Einzelheiten wie möglich, und wie für ein Verständnis des taktischen und strategischen Verlaufs bei einer so komplizierten Materie erforderlich ist, ohne jedoch dabei den Gesamtblick zu verwirren.

Vor allem aber zieht das Buch immer wieder Lehren aus dem vergangenen Geschehen und stellt Beziehungen zur Gegenwart her, wobei es auch die Frage beantworten hilft: Wozu eigentlich Beschäftigung mit diesen »alten Seeschlachten«? Aber es gibt kaum etwas Aktuelleres als die Beschäftigung mit Seekriegsgeschichte, angesichts der gewaltigen sowjetischen Rüstung zur See, die von der UdSSR mit Propagandathesen begleitet wird, welche den »Marineprofessoren« der Flottenvereine im Eng-

land Lord Fishers und im Deutschland des Großadmirals v. Tirpitz gut gefallen hätten, ebenso wie den Marinekreisen jener Zeit, die von gewissen politischen Ideologen immer wieder so gern zur Zielscheibe genommen wurden. Jene bestimmte politische »Geschichtsschreibung« wird sich übrigens wohl angesichts der Töne aus Moskau im letzten Jahrzehnt stark umorientieren müssen, etwa nach dem Motto: »Nieder, zwar, mit der Gesellschaftsordnung und dem Imperialismus, denen ein Tirpitz oder Fisher dienten, aber ein großes Hoch auf den professionellen Navalismus, den sie verkörperten.«
Lehren aus der Seekriegsgeschichte zu ziehen, ist angesichts der weltweiten Konfrontation der Machtblöcke wichtiger denn je. Denn auch im Zeitalter ideologischer Utopien und Auseinandersetzungen gilt in allen Lagern die von der Realität geprägte strategische Einsicht: Wer die Meere beherrscht, beherrscht auch die Welt und ihre Zukunft. Geoffrey Bennett hilft uns, aus der Marinegeschichte zu lernen.

Hamburg, August 1980 R. K. Lochner

Anmerkungen

Kapitel 1

[1] Mit dieser Beurteilung ist in keiner Weise beabsichtigt, die Tapferkeit der Offiziere und Männer der deutschen Kriegsmarine in ungünstigem Licht erscheinen zu lassen. Im Gegenteil, um nur zwei der harten Schlachten zu erwähnen, die in späteren Kapiteln dieses Buches dargestellt werden: Die Besatzungen des Schlachtschiffs *Bismarck* im Mai 1941 und des Schlachtschiffs *Scharnhorst* im Dezember 1943 kämpften gegen weit überlegene britische schwere Seestreitkräfte mit dem ganzen Heldentum jener, die mit Sir Richard Grenville auf der berühmten *Revenge* bei Flores bei den Azoren 1591 kämpften und starben. In diesem Zusammenhang sei auch auf die Anerkennung der Tapferkeit der Besatzung des Schlachtschiffs *Bismarck* hingewiesen, die Admiral Tovey in seinem in Kapitel 7 zitierten Funktagesbefehl zum Ausdruck brachte.

Kapitel 2

[1] Arthur Marder in: »From the Dreadnought to Scapa Flow«.

[2] Ein weiterer Unterschied bedarf der Bemerkung: Während des Ersten Weltkriegs war der Verfasser noch ein Kind. Während des Zweiten Weltkriegs dagegen diente er in der Royal Navy an Bord und an Land in vielfältigen Stellungen.

[3] Die erste Zahl bezieht sich jeweils auf die Überwassergeschwindigkeit, die zweite auf die Unterwassergeschwindigkeit.

[4] Die erste Zahl gibt stets die Überwassertonnage, die zweite die Unterwassertonnage an

[5] »Nominell«, denn die Schweren Kreuzer der *Zara*-Klasse überstiegen die Beschränkungen des Vertrages um etwa 1 500 Tonnen, wie Großbritannien zur peinlichen Verlegenheit Italiens im Jahre 1936 feststellen konnte, als der Schwere Kreuzer *Gorizia* nach einer internen Explosion vor Tanger zur Vornahme von Notreparaturen in Gibraltar eingedockt werden mußte.

[6] Von den ursprünglich fünf Einheiten ging *Raleigh* durch Strandung im Nebel an der Küste Neufundlands verloren, während *Vindictive* zunächst zum Flugzeugträger, dann zum Kadettenschulschiff und schließlich zum Werkstattschiff umgebaut wurde.

Kapitel 3

[1] Die britische Marineluftwaffe (Fleet Air Arm) stellte ferner auch die fliegenden Besatzungen für 19 große Handelsschiffe (sogenannte MAC-Ships), die zum Schutz von Geleitzügen mit Flugdecks als Hilfsflugzeugträger ausgestattet waren und neben ihrer normalen Fracht auch Jagd- und Aufklärungsflugzeuge zur U-Bootbekämpfung beförderten.

[2] Vergl. Bodo Herzog: »U-Boote im Einsatz«. Ein anderes Werk gibt die Gesamtzahl der von Deutschland in Dienst gestellten U-Boote mit 1162 und die Verluste mit 785 an. Ferner seien 156 Boote nach Kriegsende ausgeliefert und 221 von ihren eigenen Besatzungen versenkt worden.

Kapitel 4

[1] Beispiele für die mangelnde Zusammenarbeit zwischen Luftwaffe und Kriegsmarine verzeichnet Cajus Bekker in: »Verdammte See; Kriegstagebuch der deutschen Kriegsmarine«.

[2] Admiral of the Fleet Sir Algernon Willis in seinen (unveröffentlichten) »War Memoirs«. A. J. P. Taylor war noch kritischer: »Diese strategische Besessenheit war die Hauptursache aller britischen Rückschläge im Zweiten Weltkrieg« (in: English History 1914–1945)

[3] Samuel Eliot Morison in: »The Two-Ocean War«.

[4] Großbritannien war zur Zeit der Abessinien-Krise von 1935/36 in den italienischen Geheimcode eingebrochen, eine Episode, welche andererseits auch dem Deutschen Reich die erste wirkliche Chance bot, in den britischen Geheimcode einzubrechen. Siehe auch die folgende Nachbemerkung.

[5] In einem Vortrag im Oktober 1972 vor dem Royal United Services Institute for Defence Studies.

[6] Lieutnant-Commander D. W. Waters in: »Notes on the Convoy System of Naval Warfare, Thirteenth to Twentieth Century«.

[7] Admiral Pound hatte sein Entlassungsgesuch bereits im Februar 1943 eingereicht, das von Churchill jedoch nicht angenommen wurde. Churchill weigerte sich auch, den Rat von Sir Stafford Cripps zu befolgen, dem andere See-Lords Anfang 1943 Vorstellungen des Inhalts gemacht hatten, daß Admiral Pound gesundheitlich nicht länger in der Lage sei, seine schwere Verantwortungslast zu tragen. Churchill war wenig geneigt, einen Ersten Seelord abzulösen, der seinen, des Premier-Ministers dynamischen Ideen für die Kriegführung zur See so selten widersprach oder hinderlich war. Churchill sah sich zur Annahme des Ab-

schiedsgesuchs von Admiral Pound erst gezwungen, als dieser im August 1943 einen lähmenden Schlaganfall erlitt. Admiral Pound starb zwei Monate später. Churchill mußte dann, wenn auch widerwillig, den entschlußfreudigen Admiral Sir Andrew Cunningham, damals Oberbefehlshaber im Mittelmeer, zum Nachfolger bestellen, nachdem Admiral Sir Bruce Fraser diesen hohen Posten mit dem Hinweis abgelehnt hatte, er »glaube zwar das Vertrauen seiner eigenen Home Fleet zu genießen, Cunningham aber besitzt das Vertrauen der ganzen Royal Navy.«

Nachbemerkung des Verfassers zu Kapitel 4

Seit Drucklegung der englischen Ausgabe dieses Buches ist sehr viel mehr über die britischen Erfolge bei der Entschlüsselung deutscher geheimer Funksprüche bekannt geworden. Das Buch »Aktion Ultra« von Group Captain F. W. Winterbotham berichtet, wie es dem britischen Secret Service kurz vor dem Zweiten Weltkrieg gelang, über Polen eine deutsche Enigma-Chiffriermaschine zu beschaffen. Dadurch konnte eine in Bletchley Park, Buckinghamshire, aufgestellte Spezialeinheit die deutschen geheimen Funksprüche dechiffrieren, welche vom britischen Y-Dienst aufgefangen wurden. (Später konnten weitere Enigma-Maschinen geborgen werden, so von *U 570,* das sich im August 1941 einem Flugzeug des Coastal Command ergeben mußte). Winterbotham erklärt auch, wie die allerwichtigsten solcher Informationen auf britischer Seite nur über Sonderfernmeldekanäle (unter Verwendung der absolut sicheren, nur einmal verwendbaren sogenannten Reciphering Pads) und nur an ausgewählte höchste britische (und später auch amerikanische) Befehlshaber weitergegeben wurden. Alle diese Nachrichten enthielten den Präfix »Ultra« zur Beschränkung der Verteilung nur an diejenigen, die unbedingt Kenntnis erlangen mußten. Er berichtet weiter, daß in keiner Weise auffällig auf solche Nachrichten reagiert werden durfte, bevor nicht eine Bestätigung durch andere Aufklärungsmittel erreicht war, z. B. dadurch, daß Suchflugzeuge ausgesandt wurden, obwohl die Absichten des Gegners bereits bekannt waren. Dadurch sollte verhindert werden, daß die deutsche Seite erkannte, daß der Gegner die überaus wichtigen Nachrichten schon auf direktem Wege erfahren hatte. Es war ein deutsches Versäumnis, keine vergleichbaren Vorsichtsmaßnahmen bezüglich der Anwendung der vom hervorragenden deutschen B-Dienst aufgefangenen Nachrichten zu ergreifen. Daher konnte Großbritannien bereits 1940 erkennen, daß die Sicherheit des eigenen Marinechiffriersystems gefährdet war. In seinem noch später veröffentlichten Buch »Very Special Intelligence« zeigt Patrick Beesly erstmalig einige Einzelheiten darüber auf, in welchem Umfang die britische Admiralität diese »Ultra«-Informationen bei vielen Gelegenheiten gegen die deutsche Kriegsmarine mit großem Erfolg anwenden konnte.

Es sind in diesem Zusammenhang drei weitere inzwischen erschienene Werke zu nennen: Anthony Cave Brown, »Die unsichtbare Front. Entschieden Geheimdienste den Zweiten Weltkrieg?« München 1976, »Die Funkaufklärung und ihre Rolle im Zweiten Weltkrieg«, hg. v. Jürgen Rohwer und Eberhard Jäckel, Stuttgart 1979, und Ronald Lewin, »Entschied Ultra den Krieg? Die alliierte Funkaufklärung im 2. Weltkrieg«, Koblenz/Bonn 1980.

Kapitel 5

1 Aus Ian Cameron: »Wings of the Morning«.

2 Man vermerke die kühne Verwendung des Wortes »Beabsichtige« durch Warburton-Lee. Das bedeutet im Sprachgebrauch der britischen Marine: »Dies werde ich tun, sofern nicht Sie, mein Vorgesetzter, mir dies ausdrücklich untersagen.« Die Alternative wäre die Verwendung des Wortes »Vorschlage« gewesen, was bedeutet: »Ich erwarte Ihre Anweisungen, ob ich dies tun soll oder nicht.«

3 Aus A. C. Hardy: »Everyman's History of the Sea War«.

4 Wenigstens ein Admiral hat schon während des Krieges seine Überzeugung aktenkundig werden lassen, daß auch der Oberbefehlshaber der Home Fleet sein Hauptquartier an Land aufschlagen müsse. Admiral Sir Max Horton, der 1940 u. a. zur Ablösung von Admiral Forbes vorgeschlagen wurde (bevor dann schließlich Tovey berufen wurde), hatte dieses Kommando abgelehnt, weil die Admiralität darauf bestand, daß er seinen Oberbefehl von einem in See befindlichen Schlachtschiff aus führen sollte.

Kapitel 6

1 Die Flugzeugträger *Ark Royal* und *Eagle* führten nur Aufklärer und Torpedoflugzeuge.

2 Sie waren auch später nicht erfolgreicher, als einige im Atlantik operierten. U-Boot-Operationen im Mittelmeer wurden für die britische Flotte erst dann zu einer ernsten Bedrohung, als Deutschland im Oktober 1941 einige U-Boote durch die Straße von Gibraltar entsandte.

3 Cunningham: »A Sailor's Odyssey«.

4 Admiral of the Fleet Sir Algernon Willis in seinen unveröffentlichten Kriegserinnerungen.

[5] Willis, a.a.O.
[6] Cunningham, a.a.O.
[7] Willis, a.a.O.
[8] Willis, a.a.O.
[9] Von S. W. C. Pack in »The Battle of Matapan« zitiert.
[10] Da es das Oberkommando der italienischen Luftwaffe versäumte, ihn durch weitere Luftaufklärung zu unterstützen, und ihm keinerlei Jagdschutz zukommen ließ. Darüber hinaus sollte ihm später auch die deutsche Luftwaffe nicht viel helfen, trotz ihres Erfolges gegen den Flugzeugträger *Illustrious*. Um einen italienischen Admiral zu zitieren: »Ich fühlte mich durch diesen Mangel an Zusammenarbeit sehr enttäuscht.«
[11] Cunningham, a.a.O.
[12] Von Pack a.a.O. zitiert
[13] Cunningham, a.a.O.
[14] Von Pack, a.a.O., zitiert
[15] Cunningham, a.a.O.
[16] Von Pack, a.a.O., zitiert
[17] Cunningham, a.a.O.

Kapitel 7

[1] In: »Enemy in Sight«
[2] THE TIMES am 26. Mai 1941.
[3] Kopilot war Ensign L. B. Smith von der »neutralen« US Navy, der unter Lend-Lease-Vereinbarungen bei der RAF mitflog. Dies erinnert an einen Vorfall im Jahre 1859, als Flagg Officer Josiah Tattnall, USN, auf der Fregatte *Mississippi* allen Neutralitätsregeln zum Trotz einem britischen Kriegsschiff Unterstützung zuteil werden ließ, das vor den chinesischen Pei-Ho-Forts in Schwierigkeiten geraten war. Seine berühmte Entschuldigungsformel hatte damals gelautet: »Blut ist dicker als Wasser«.
[4] Verschiedene Augenzeugenberichte beider Seiten.
[5] Captain Russell Grenfell, RN in: »The Bismarck Episode«.
[6] Mit wenigen Ausnahmen, so z. B. die auf Anregung Churchills an Tovey ergehende, höchst törichte Anweisung: »*Bismarck* muß versenkt werden, koste es was es wolle, selbst wenn es dazu notwendig sein sollte, das *King George V* solange auf dem Schauplatz bleibt, daß man sie nachher nach Hause schleppen muß.« Tovey konnte nach Versenkung der *Bismarck* einen Hafen mit eigener Kraft erreichen. Hätte er diesem ungewöhnlichen Befehl gehorchen müssen, so wären *King George V* und die sie schleppende *Rodney* bei nur 6–8 Knoten Geschwindigkeit

sicher den Luftangriffen der deutschen Luftwaffe oder den deutschen U-Booten zum Opfer gefallen. Es sei hinzugefügt, daß sich Pound später bei Tovey dafür entschuldigte, daß er es überhaupt zugelassen habe, daß ein solches Signal weitergegeben werden konnte.

7 Der Zorn über den Verlust der *Hood* und das beinahige Entkommen der *Bismarck* hatte Churchill so weit aus dem Gleichgewicht gebracht, daß er Pound überredete von Tovey zu verlangen, Admiral Wake-Walker *(Norfolk)* und Captain Leach *(Prince of Wales)* unter der Anklage vor ein Kriegsgericht zu stellen, sie hätten es pflichtvergessen unterlassen, die *Bismarck* während ihrer weiteren Fahrt nach Süden anzugreifen. Es gereicht Tovey zur Ehre, daß er den moralischen Mut hatte, sich nicht zum Komplizen einer so schreienden Ungerechtigkeit machen zu lassen. Tovey mußte dabei bis zu der Drohung gehen, er werde seine Flagge als Oberbefehlshaber niederholen, um in dem Kriegsgerichtsverfahren als Verteidiger dieser beiden hervorragenden Offiziere auftreten zu können. Dies überzeugte auch Pound, der von dem unmöglichen Ansinnen dann schnell abließ.

Kapitel 8

1 Ordinary Seaman Ted Cutler in: »The Listener«

2 The Second World War, Vol. V

3 Captain Stephen Roskill in: »The War at Sea«, Vol. II

4 Die *Tirpitz* war am 22. September 1943 durch britische Kleinst-U-Boote vorüberend außer Gefecht gesetzt worden. *Lützow* wurde gerade überholt, *Admiral Scheer* und *Admiral Hipper* waren zeitweilig als Kampfeinheiten außer Dienst gestellt. *Gneisenau* lag zum Umbau in Gotenhafen.

5 Die Tonnage stieg von 10 000 auf diese Zahl, als *Belfast* nach einem schweren Magnetminentreffer im Firth of Forth am 21. November 1939 in langwierigen Arbeiten wiederhergestellt wurde.

6 Lieutenant B. B. Ramsden, Royal Marines (seinerzeit an Bord des Kreuzers *Jamaica*) in: »The Sinking of the Scharnhorst«.

7 Ramsden, a.a.O.

8 Ramsden, a.a.O.

Kapitel 9

1 In japanischen Funksprüchen war das Hauptziel als »AF« bezeichnet. Um eine Bestätigung dafür zu erhalten, daß es sich tatsächlich um Mid-

way handelte, benutzte Nimitz eine Finte. Er ließ die Insel in offener Sprache nach Frischwassernachschub um Hilfe funken. Kurz darauf wurde eine japanische chiffrierte Nachricht aufgefangen, aus der hervorging, daß »AF« nicht mehr genug Wasser habe. Jetzt war alles klar.

2 *Saratoga* mußte zu dieser Zeit Schäden ausbessern. *Wasp,* der einzige andere US-Träger, befand sich auf dem Rückweg aus dem Mittelmeer, wohin er zur Überbringung von Jägerverstärkungen für Malta entsandt worden war. Jetzt bat Admiral King den britischen Admiral Pound am 19. Mai um Verstärkung der Flotte von Admiral Nimitz durch einen britischen Träger. Pound mußte antworten, daß ihm hierfür kein einziger britischer Flugzeugträger zu Verfügung stand. Der nächste stand mehr als 11 000 Seemeilen entfernt. Auch wenn er hätte abgegeben werden können, wäre dieser britische Träger niemals rechtzeitig zur Schlacht von Midway zur Stelle gewesen, selbst wenn Pound von King die Information früher erhalten hätte, daß ein japanischer Angriff diese Insel bedrohe. Nachdem noch in diesem Jahr auch der amerikanische Träger *Hornet* versenkt war, stellte Pound die *Victorious* zur Verfügung. Sie operierte dann sechs Monate während des Jahres 1943 mit der US-Pazifikflotte. Nur das launische Kriegsglück konnte verhindern, daß der britische Flugzeugträger während dieser Zeit seinen Wert gegen Japan voll beweisen konnte.

3 In dieser Schlacht, wie in der im Korallen-Meer, konnten sie sogar ein Hindernis überwinden, das sich die Amerikaner selbst in den Weg gestellt hatten. Bisher hatte die Leichtigkeit des Funksprechverkehrs die amerikanischen Besatzungen verführt, den Äther mit viel wohlgemeintem aber nutzlosen Schwatzen zu erfüllen, und dies so sehr, daß sie den Einsatz der mit Radar ausgerüsteten Flugzeugträger ernsthaft in Gefahr gebracht hatten: Wichtige Meldungen kamen nicht mehr durch. Aber der überwältigende Sieg von Spruance ließ die US Navy in Zukunft diese bittere Lektion lernen, wie lebenswichtig nämlich die Einhaltung striktester Disziplin im modernen Funksprechverkehr ist, wenn der Einsatz dieses leistungsstarken und wichtigen Fernmeldemittels nicht ins Gegenteil ausschlagen soll.

4 Die auf Hiroshima und Nagasaki abgeworfenen amerikanischen Atombomben konnten diese Entscheidung allenfalls verstärken. Allerdings war auch zu diesem Zeitpunkt noch eine große Anzahl Japaner entschlossen, den Krieg fanatisch fortzusetzen. Daher läßt sich durchaus argumentieren, daß ohne Verwendung der Atombombe nach dem August 1945 auf beiden Seiten noch sehr viel mehr Menschen gestorben wären, als im Feuerball von Hiroshima und Nagasaki oder an deren Spätfolgen sterben mußten.

Kapitel 10

[1] Samuel Eliot Morison in: »The Two-Ocean War«
[2] Fletcher hatte sein verantwortungsvolles Kommando zu lange inne für einen Mann, der sich bei aller schweren Belastung durch das Kriegsgeschehen auch noch mit einer Vielzahl von Detailfragen belastete, die er besser seinen Untergebenen überlassen hätte. Mit anderen Worten, er war ein Admiral, der niemals das Kommando in den Händen des Kommandanten seines Flaggschiffs belassen konnte oder wollte. Vandegrifts Marine-Soldaten auf Guadalcanal waren, was nicht überrascht, erbitterte Kritiker seiner Entscheidung, die Kampfgruppe TF 61 während der Nacht vom 8./9. August zurückzuziehen und die gelandeten amerikanischen Streitkräfte ohne ausreichende Luftdeckung zurückzulassen. Aber um Fletcher gegenüber gerecht zu sein: Es gab Gelegenheiten im Zweiten Weltkrieg, bei denen auch britische Heerestruppen die RAF ebenso stark dafür zu kritisieren hatten, daß sie ihnen eine ausreichende Deckung aus der Luft vorenthalten hatte.
[3] Samuel Eliot Morison in: »The Two-Ocean War«.
[4] Für seinen persönlichen Ruf mag dies vielleicht sogar ein glücklicher Umstand gewesen sein. Denn nach Meinung mancher Amerikaner wäre er, sofern er überlebt hätte, wegen der Mängel seiner Führung während dieses Gefechts vor ein Kriegsgericht gestellt worden.
[5] Donald Macintyre in: »The Battle for the Pacific«.
[6] Samuel Eliot Morison in: »The Two-Ocean War«.
[7] Samuel Eliot Morison, a.a.O.
[8] So konnte zum Beispiel noch am 1. Januar 1941 der britische Joint Planning Staff in blindem Optimismus folgendes schreiben: »Die Japaner haben noch nie gegen eine erstrangige Luftmacht gekämpft. Wir haben daher keinen Grund für die Annahme, daß ihre Operationen wirksamer sein könnten, als die der Italiener (gegen Cunninghams Flotte im Mittelmeer).«

Kapitel 11

[1] Aus dem gleichen Grund, nämlich der fast sklavischen Befolgung des Dogmas, wonach man nur in Kiellinie kämpfen könne, endeten von den 15 aufeinanderfolgenden Schlachten und Gefechten, welche die britische Marine im späten 17. und im 18. Jahrhundert zu bestehen hatte, praktisch alle mit einem Unentschieden. Dagegen hatte Nelson bei Trafalgar Collingwood zum »OTC« (Officer in Tactical Command) für eine Hälfte seiner Gesamtflotte bestellt, eine Maßnahme, die wesentlich zum überwältigenden britischen Sieg beitrug.

[2] Samuel Eliot Morison in: »The Two-Ocean War«

[3] Samuel Eliot Morison, a.a.O.

[4] Wann könnte je ihr Ruhm verbleichen?
O wilder Angriff ohnegleichen!
So denkt verwundernd sich die Welt.
Aus Tennyson: »The Charge of the Light Brigade«.

[5] Aus diesem Grund wird das Gefecht von Kap Engaño gelegentlich von Amerikanern als »Battle of the Bull's Run« bezeichnet. Zum Verständnis für diese Bezeichnung sei der nicht-amerikanische Leser auf die Geschichte der ersten Schlacht von Bull's Run (1861) im amerikanischen Bürgerkrieg verwiesen.

Register

A = Österreich-Ungarn
D = Deutschland
F = Frankreich
GB = Großbritannien (einschl. Dominions)
I = Italien
J = Japan
US = Vereinigte Staaten
N = Norwegen
NL = Niederlande
PL = Polen
R = Rußland
S = Schweden
SU = Sowjetunion

Die arabischen Ziffern geben die Seitenzahlen an, die römischen die Nummern der Bildtafeln.

1. Personenregister

Als Dienstgrade sind in der Regel die im Buch erwähnten höchsten genannt.

2. Schiffsregister

Gleichnamige Schiffe eines Landes werden durch eine interne Numerierung – (1), (2) – unterschieden.

Band 3

Mittelmeeranlieger, Rußland/ Sowjetunion, Niederlande und ABC-Staaten Südamerikas

1979, 176 Seiten, 185 Fotos, 17 Zeichnungen,
ISBN 3-7637-5176-9,
geb.

Terzibaschitsch, Stefan

Flugzeugträger der U.S. Navy

Band 1

Flottenflugzeugträger

1978, 360 Seiten, 322 Fotos, 94 Skizzen,
ISBN 3-7637-5180-7,
geb.

Band 2

Geleitflugzeugträger

1979, 232 Seiten, 238 Fotos, 21 Skizzen,
ISBN 3-7637-5212-9,
geb.

Terzibaschitsch, Stefan

Schlachtschiffe der US-Navy im 2. Weltkrieg

1976, 208 Seiten, 148 Fotos, 115 Skizzen, Deckspläne und Seitenrisse von Siegfried Breyer, Bildtexte und Tabellen deutsch/englisch,
ISBN 3-7637-0576-7,
geb.

Rössler, Eberhard

Geschichte des deutschen U-Bootbaus

1974, 472 Seiten, 94 Abbildungen, 81 Tabellen, 221 Skizzen, 17 Faltpläne in einer Tasche beigefügt,
ISBN 3-7637-0507-4,
geb.

Salewski, Michael

Die deutsche Seekriegsleitung 1935—1945

Band I: 1935—1941

1970, XVI, 595 Seiten, 17 Abbildungen, Beilagekarte,
ISBN 3-7637-5069-X,
Ln.

Band II: 1942—1945

1975, IX und 701 Seiten, 21 Fotos,
ISBN 3-7637-5138-6,
geb.

Band III: Denkschriften und Lagebetrachtungen 1938—1944

1973, 411 Seiten, 1 Abb., 13 Karten und Skizzen, 1 Beilagekarte,
ISBN 3-7637-5121-1,
Ln.

Band 1 – 3 cpl.
ISBN 3-7637-5168-8,
geb.